国土空间设计

吴次芳　王嘉琪　王梦婧　王艳琳　著

地质出版社
·北　京·

内 容 提 要

国土空间设计与国土空间规划是硬币的正反两面，是一个互为条件和相辅相成的有机整体。唯有将国土空间规划与国土空间设计实现真正意义上的“婚配”，才能将空间治理引向更加璀璨的未来现代化。本书以国家战略和国家制度为依据，系统探索国土空间设计的概念与境界、思想与历史、创意与方法，总体国土空间设计、城市国土空间设计、乡村国土空间设计、滨岸国土空间设计、景区国土空间设计、修复国土空间设计及国土空间设计的国际案例等。

本书可供高等学校相关专业教师和本科生及研究生，自然资源、住建、生态环境、农业农村、发改、交通水利等政府管理部门及相关企事业单位人员参阅使用。

图书在版编目（CIP）数据

国土空间设计／吴次芳等著. —北京：地质出版社，2022.1

ISBN 978-7-116-13014-2

Ⅰ. ①国… Ⅱ. ①吴… Ⅲ. ①国土资源-土地规划-研究-中国 Ⅳ. ①F129.9

中国版本图书馆 CIP 数据核字（2022）第 003594 号

GUOTU KONGJIAN SHEJI

责任编辑：柳　青
责任校对：李　玫
出版发行：地质出版社
社址邮编：北京市海淀区学院路 31 号，100083
电　　话：（010）66554528（邮购部）；（010）66554632（编辑部）
网　　址：http：//www.gph.com.cn
传　　真：（010）66554686
印　　刷：北京地大彩印有限公司
开　　本：787mm×1092mm　1/16
印　　张：33.75
字　　数：822 千字
版　　次：2022 年 1 月北京第 1 版
印　　次：2022 年 1 月北京第 1 次印刷
审 图 号：GS（2021）6016 号
定　　价：128.00 元
书　　号：ISBN 978-7-116-13014-2

前　言

“当我走向这个演讲大厅的进口处，我已经在那里了；倘若我不是在那里的话，我就根本不能走进去。”这是海德格尔在《依于本源而居（Dwelling Near the Origin）》一书中听起来像是一句鬼话的名言。然而，这是海德格尔的一个至高思想境界：存在关系先于知识关系或者其他任何关系。就国土空间设计（Territorial Spatial Design）而言，当下在国土空间规划背景下的存在性位置关系，应该优于先前储备的空间设计的专业依赖。这个新的“位置”为国土空间设计诸元素提供场所，把国土空间设计诸元素集聚成一个整体。它强调将自然地理格局、区域生态、土地利用、城市、乡村、工矿企业、风景旅游、矿产资源、水利交通等不同要素进行综合认知和整体谋划。换句话说，新时代国土空间设计的位置存在，决不再是过往城市设计、乡村设计、土地设计、景观设计或是它们的线性叠加，也不能是将传统空间设计的知识积累简单推延到把山水林田湖草海看作是一个整体系统的国土空间，更不能是将城市设计的尺度简单放大到全区域的国土空间。面对要素类型更加多样、空间尺度更加多种、对象边界更加宽广和系统结构更加复杂的国土空间，传统的城市设计、乡村设计、土地设计或景观设计显然已经不能适应，需要一次根本性的提升、创新和突破，需要在新的存在关系和更高层次上认识国土空间设计的价值、对象、理论结构和方法路径，否则就无法适应空间治理的新目标和新要求，这是走进国土空间设计所应该储备的第一层次认识观。

设计源于规划，规划本应包含设计。国土空间设计与国土空间规划是硬币的正反两面，它们是一个互为条件、相互依存和相辅相成的有机整体。国土空间规划的平面布局，是国土空间设计进行4维空间环境塑造的基础依据和前提。国土空间设计对空间的塑造与安排，可反馈回来对国土空间规划的平面布局进行完善、补充和调整，使两者都趋于更加合理化和有序化。从空间治理的历史发展进程看，设计与规划一直都存在着难舍难分的渊源关系。工业革命以前的很多国土空间规划，以今天的眼光来看就是国土空间设计，许多地方的相应机构都称为规划设计院，也足见规划与设计的“难舍难分”。2018年，中国建立了以促进治理体系和治理能力现代化为主要宗旨的国土空间规划体系，它不是简单的“多规合一”，而是一种超越“多规”之上的系统性重构。毫无疑问，如果说只有国土空间规划，而缺少国土空间设计，这显然是一种结构性缺陷，国土空间治理就会成为单轮驱动或单腿行动。国土空间设计的突出特征不仅是空间对象的放大或扩展，更重要的是设计要素从城市或乡村内部走向国土空间，山脉、河流、地貌、天象、森林、田野、海岸、交通廊道、水利设施、输电设施、工矿园区、风景旅游、文化遗址、大地景观、生物多样性、区域形象及其深层次的精神文化内涵等，都是超越传统城市设计或乡村设计视野的。唯有将国土空间规划与国土空间设计实现真正意义上的“婚配”，才能将空间治理引向更加璀璨的未来现代化。更简单地说，有国土空间规划，就应该有国土空间设计，而且两者需要“婚配”，这是开启国土空间设计新世界所要确立的第二层次认识观。

事实上，中华文明之所以能够如此完整、持久而独立，就在于中华民族在漫长的历史中形成了以天人合一为代表的整体观、平衡观和秩序观。作为中国传统文化根源和“金字塔”的《易经》，就认为宇宙万物存在的最高依据和终极原因是淳和未分、混而为一的元气。它是一种普遍联系的整体宇宙生成观，将人与自然之间的联系看作是一种承续关系。诺贝尔物理学奖获得者沃纳·卡尔·海森堡和协同学创始人赫尔曼·哈肯也都认为，世界不应该被划分为不同类别的物体，而应划分成不同类别的联系，世界呈现为许多事件的复杂组合，其中存在着各种联系的变化，需要从“关系”中理解和掌握系统的整体。按照这种整体平衡观，国土空间设计在空间维度上，需要将国土空间看作是一个与天地人及万物合而为一的整体并综合起来的系统，需要将生态、生活、生产、效率、产权、安全、韧性等功能性需求，与地域文化、景观形象、心理体验、社会精神、艺术审美等精神性需求进行关联、凝练和彰显，并且在时间维度上需要将规划、设计、建设和运营看作是一个整体的过程。它们必须被统一在一个有秩序的系统之中，而非被专业化的传统知识所分裂，也不能固守原有的空间设计理念和认知，如此才能保障国土空间设计发展的可持续性，这是从事国土空间设计理论和实务探索所需要秉持的第三层次认识观。

人类已经走进“心”世界，当今社会更加关注空间品质及其承载的生活品位和诗性，满足人民对美好生活的向往，是现代政府和科学工作者的历史责任。国土空间设计更加侧重于从人的角度出发，注重人对于空间和环境的舒适性、欣赏性和美感性，强调人对于国土空间生活、心理、行为和美丽的满足感。它在致力于提高国土空间环境质量的同时，更着力于对国土空间环境和景观的审美化建构。国土空间设计之本源就在于：营造世界，让生活更加美好；保育大地，让世界更可持续。它将技艺与自然和涌现相融合，设计作品的回归之处，就在于立于大地之上并在大地之中为历史性的人类建立他们在世界之中的美丽栖居。任何按照统一技术标准做出来的国土空间规划设计，都可能导致空间的死寂或千篇一律。尤其是国土空间设计，具有个性和特色的诗性艺术是其持久生命力所在。江南水乡的“一枕暗香听橹声，寻梦无痕到江南”，徽州地区的“碧树黄花寒烟翠，山映斜阳马头墙”，西南山地的“丛林坡上楼吊脚，青山绿水到野村”，古老北京的“水绕郊畿襟带合，山环宫阙虎龙尊”，苏州城的“万家前后皆邻水，四槛高低尽见山”，重庆城的“片叶沉浮巴子国，两江襟带浮图关”，青岛城的“云护芳城枕海涯，风鸣幽涧泛奇花”……国土空间设计，都似一幅幅美丽的大地画卷，带给人以无限美的享受。从这一角度来说，国土空间设计的重要性一点也不逊于国土空间规划，前者更是一种人性向美的体验，更是一种源于体验艺术的空间作品，是人类的一个永恒话题。北京的长安街，虽然每幢建筑单体都采用了中国最好的设计院和优秀建筑师作品，但就其美学价值而言，仍然是业界人士批判的焦点。究其原因主要不在于建筑本身造型，而在于缺乏国土空间设计所造成的对周围环境的忽视，以及强烈的个体表现欲所造成的空间整体不和谐，这是走进国土空间设计所要把握的第四层次认识观。

国土空间设计是对“天”与“地”两个世界区域的开启和确定，从而具有一种存在性或者本源性的意义。国土空间设计的存在意义首先在于它的“有用性”，但这种“有用性”却根植于“可靠性”。从有用性到可靠性是十分关键的一个跳跃，可以说是从日常经验到现象学思想经验的跃升。为了实现国土空间设计的可靠性，任何国土空间设计都必须立于大地之上。设计建基于大地，大地离不开设计之敞开领域，因为大地本身是在其自行锁闭的被解放的涌动中显现的。而设计不能飘然飞离大地，因为设计是一切根本性命运的具有决定作用的境地和道路，它需要把自身建基于一个坚固的基础之上。真正有启迪价值的国土空间设计是对历史性的此在已经被抛入其中的那个东西的开启，那个东西就是大地，对一个历史性民族来说就是设计者所在的自然大地，而绝不是商业性制度运作的“趋时附势”。无论是物质空间、存在空间、知觉空间、精神空间、情感空间抑或是虚幻空间的建构，都必须立足于当地文化，立足于当地的价值取向，立足于当地的审美体验，立足于场地的泥土、水、花叶、阳光、声音、香味、微风和体验等自己所拥有的独特属性，这是信仰国土空间设计所需要充分理解的第五层次认识观。

从历史和国际经验看，文化是国土空间设计模式建构及其运行的基本场域，国土空间设计模式选择不能离开文化场域而在真空状态里建构并运行。对西方世界而言，中华文明与欧美文明是完全不同的异质文化。欧美文化追求本质和清晰，是人与自然二元的支配型文明。中华文化在发展之端就孕育着“间性”思维，不否认差别，在差别之内溯源而上，使差别得以相通、彼此转化，形成一种中庸和朦胧的意象。中国在上古时代，约公元前21世纪的夏代开始，就逐渐形成了以《周易》为文化基因的国土空间设计思想，强调把物（自然环境）、象（物的外形）、数（符号、图形）、理（内涵）结合起来进行观物取象和空间构思。中华文化创造了灿烂的中华文明，当今中国创造的世界奇迹，也都是根植于中国浓厚的传统文化。在欧美国家，如此全域性和系统性都很强的国土空间设计很难成为空间治理的有效工具，但在中国的制度环境下必然会有助于空间治理体系和治理能力的现代化。况且，中国与欧美的观念意识、制度文化和审美情趣是很不相同的，中国人不能成为西方世界观的奴隶，不能只按照西方的语言和理念来表达空间设计。《晏子春秋》有一句经典：“橘生淮南则为橘，生于淮北则为枳。”因此，中国的国土空间设计，必须坚持文化自信和中国自信，从中国深厚的传统文化和先进的当代制度中寻找国土空间设计的思想基石。在此过程中，虽然需要避免过于强调国情而陷入狭隘民族主义和历史盲目主义，但是国土空间设计的思想基石必须立足于中国的文化和国情，选择具有中国特色的国土空间设计思想和模式，自觉创建中国学派的国土空间设计，这是发展国土空间设计所需要坚持的第六层次认识观。

国土空间设计是一个全新的学科，也是一个综合的、广泛的、实用的、有趣的、美妙的和玄奥的反思性领域，是人与自然、人与建筑、人与社会、人与文化、人与艺术、人与审美、人与空间、人与时间的对话。这种无比的多学科性、综合性、复杂性、思想性、文化性和智识性，从很多维度来看都令人望而生畏。笔者“众里寻它千百度”，但始终还没有找到国土空间设计的“灯火阑珊处”，其原因必定是尚未“望尽天涯路”。撰写本书只是抱着学习者、参与者和体验者的角色，探索国土空间设计的思想基础、理论框架、本质存在、内容结构、方法路径和初心目的，以便为有志于在该领域进行理论和实践探索的同行提供一些可能的思路借鉴和参考。

全书撰写分工如下：第一章，吴次芳；第二章，吴次芳、王嘉琪；第三章，吴次芳；第四章，吴次芳、王梦婧；第五章，王嘉琪；第六章，王梦婧、吴次芳；第七章，王艳琳、吴次芳；第八章，吴次芳、王艳琳；第九章，吴次芳；第十章，王嘉琪。刘钧炜、沈萍、苏浩、傅婷婷、胡沾沾、阮晨昕、吴逸欣、卞秋怡、罗姮、张田歌、韩闻颖、高欣悦等参加资料收集，吴逸欣和卞秋怡参与第十章的英文参考资料翻译。本书部分图件引用了一些网站上的图片，不能一一查实具体作者，谨在此向他们表示诚挚的感谢！全书由吴次芳撰写大纲，4 位作者交叉审稿，吴次芳负责最终修改、统稿和定稿。1000 多位国内外参考文献的作者，为本书撰写提供了重要的思想启迪和坚实的基础支撑，正是有这么多作者和这么多有深度的文献支撑，才能使本书顺利问世，对此真的不胜感激！本书在撰写过程中可能会有疏漏的参考文献，敬请国内外专家学者谅解和包容。

国土空间设计乃是对先行美丽世界的筹划，是某种很复杂又很难把握的科学与艺术融合体。迄今为止，国内外尚未见到全面论述国土空间设计的专著。要像其他成熟学科的专著一样建立起一个完整的国土空间设计体系，实在不是作者力所能及的事。尚祈国内外学者、政府官员和实践工作者不吝赐教，并期望与同行诸君携手深化研究其本体论、认识论、方法论和实践论，共同将国土空间设计作为美丽中国建设和美丽生活向往的一种推进方式，从而创建起一种诗意栖居的美丽中国和美丽世界。

吴次芳

2021 年 6 月

目　　录

第一章　国土空间设计：概念与境界

第一节　国土空间设计的内涵界定

一、国土空间设计的界面结构

（一）国土空间设计的空间界面

国土空间设计是伴随着人类的出现而产生，并随着人类文明的发展演化而不断向广度和深度推进的。它不仅受国土空间自然组成、物质结构和功能演化的影响，更与经济、技术、需求和文化密切联系。当人类面对“城乡融合”“伙伴社会”“美丽地球”和“共同未来”时，国土空间设计将日趋综合化、整体化和复杂化，并置于自然、社会、经济、生态、文化相互交织的多重空间界面之上。这一多重空间界面可以理解成地球3大关系圈层的集合（图1-1）。

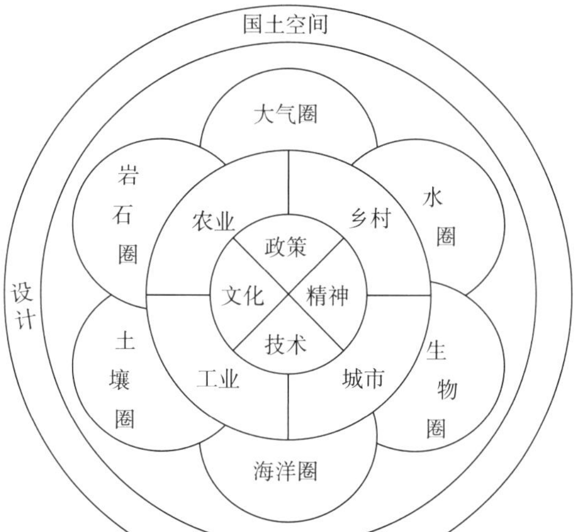

图1-1　国土空间设计的界面结构图

1）自然环境圈。国土空间虽然带有很强的国家主权的属性，但自然地理格局是其最重要的存在属性。它包括地球生物圈的全部循环特征，以及垂直刻面上的大气、土壤、下伏岩石和矿产及水文地质、第四纪地质、地貌、水文、植物与动物物种。青山、碧水、绿林、沃田、蓝天、镜湖，是自然格局的睿智存在。在这里有春分、清明、夏至、立秋、秋分、冬至，人类的一切都与自然格局的生态时间紧密相连。山水林田湖草、细菌、原生生物、植物、动物，通过生物小循环和地质大循环，创造了地球上可持续发展的生命有机循环系统和生物圈的“自创生”系统。国土空间设计需要融入自然环境圈的“自创生”系统，如果违背这种“自创生”规律或者造成生命有机循环系统的断裂，人类将会遭到自然界的无情报复。工业革命以来人类违背自然规律所进行的大量国土空间设计，例如不顾及生物多样性的交通道路设计、不顾及与自然共生的城市设计、不顾及自然生态系统运行规律的水利设计等，已成为21世纪人类生存环境严重退化的重要致因。

2）生产生活圈。国土空间是一个国家和人民生活的场所和生产的基地，是这个国家的人民赖以生存与发展的物质基础。人类由于生存的需要和为了更好的生活，需要不断地进行生产和劳动，从而形成了地球表面的生产生活圈。国土空间也由此具有特殊的社会经济规定性，是社会经济客体和现象的空间集聚场地和集聚形态；同时也具有一定的政治规定性，是国家权力对国土空间资源进行权威性配置的结果。例如田野和牧场、车站和工厂、城市和乡村聚落等构成地球的生产生活圈，无一不是如此。据世界银行WDI数据库2020年2月27日更新数据，在全球1.3亿平方千米土地上，用于种植作物的耕地占12%，森林用地占31%，草原等生态用地占35%，居民点和基础设施用地占1.2%，内陆水体占2.6%，合计占81.8%，已经形成庞大的生产生活圈。诚然，生产生活圈也有美学和精神文化价值，但它主要是以生产和实用而不是以视觉和美学为目的所形成的圈层，与人类活动最紧密地联系在一起，是最能体现人与自然是否和谐共处的大地景观。

3）精神文化圈。随着经济社会的发展，人类社会必然从“生存性需求”向“发展性需求”升级。在“生存性需求”阶段，发展的核心议题是“生产性努力”，解决这一议题的基本路径是“经济-温饱-发展”。可是在“发展性需求”阶段，社会需求的“内容多样性”和“内涵精神性”是其基本特征，“更好存在”和“更好活着”等非物质的和精神性的需求会上升为主导性需求，人类开始走进“心”世界，精神文化圈就是这种社会主导性需求和“心”世界的核心内容之一。事实上，即使在经济社会并不富裕的历史阶段，很多有识之士就开始严肃地思考这样一个问题：什么样的生命状态是最充实的？什么样的人生境界是最美好的？是劳动吗？当然人们必须劳动，因为“不劳动者不得食”；是自由吗？当然渴望自由，因为“不自由，毋宁死”。然而，生活的全部意义是否就是以劳作维系生命的存在？诚然，生命的终极意义是以追求精神富足和心灵自由为最后鹄的（范藻，2016）。中国东晋末年田园诗人陶渊明所描述的“采菊东篱下，悠然见南山”的诗意栖居生活，至今仍被推崇为人生居所的理想境界。所谓爱美之心人皆有之，国土空间当然会因其硕大而必然成为具有审美意义的艺术品。因此，在政策和技术的支持下，以追求“外在自然的人化”和“内在自然的人化”及以“诗意栖居”为主要宗旨的精神文化圈，是国土空间设计的合目的性与合规律性存在。

（二）国土空间设计的区域结构

区域的各种空间形态在一定地域范围内的组合及空间分异称之为区域结构或区域空间

结构。区域结构包括了区域内的物质环境、功能活动、文化价值和生态等组成要素之间的关系。不同学科对区域结构的理解会有所差异。建筑学和城市规划学强调区域结构内的实体空间，经济学强调区域结构的产业构成和经济机制，地理学和社会学强调土地利用结构及人的行为、经济和社会活动在空间上的表现（周春山等，2013）。区域结构是历史长期演变而发展的结果，也是人类根据区域的自然要素、区位要素和社会经济文化要素等选择所对应的发展策略。人类社会正从工业文明走向生态文明和信息文明，作为文明载体的区域结构也处于转型当中。从构成区域结构的框架和功能主体来看，可以将区域结构分为5种类型：

1）城镇型区域结构。各类城镇活动所形成的功能区，诸如小城镇、城市、中心城市、都市圈和城市群等，构成了以城镇为主导的区域结构的基本框架。它是以城镇居民生产生活为主体功能的国土空间区域结构，包括城镇建设空间和工矿建设空间，以及部分乡级政府驻地的开发建设空间。它们伴随着经济的发展、工业化的推进、交通运输条件的改善，不断地改变各自的结构形态和相互位置关系，并以用地形态来表现着城镇地域结构的演变过程和演变特征。城镇型区域结构不同于以农业为主导的乡村型区域结构，它比乡村区域结构更复杂，包含的要素更多，区域空间要素之间的联系也更密切，这些社会、经济、政治、文化等要素共同支撑着城镇型区域结构的有序运行。

2）乡村型区域结构。它是以农业生产和农村居民生活为主体功能，承担农产品生产和农村生活功能的国土空间区域结构，主要包括永久基本农田、一般农田等农业生产用地，以及村庄等农村生活用地，其核心是乡村聚落系统。以农业为主导的乡村型区域结构，具有自然性、多功能性、复合性、生态性和领域性等重要特性，是这些重要特性综合作用的结果（吴次芳等，2019）。乡村型区域结构在土地利用、景观生态、经济活动、社会结构、生活方式、文化基因等都不同于城镇型区域结构。例如，乡村地区土地利用构成中以林地、耕地、牧草地为主，其内星罗棋布有大量农村居民点、零星企业，河流和道路穿插而过，湖泊、水库、坑塘就像河流或溪流上的珍珠，成串分布，完全不同于城镇以建设用地为主体的土地利用方式。又例如，乡村地区地形地貌多样，动植物种类繁多，是一个充满各种生命满眼生机的生态系统，也是一个具有多样性、多功能的景观空间。乡村特质景观包括各类地形地貌、气候、水系、生物等自然生境景观，乡村村落格局、街巷肌理、院落构成、村庄形体空间、色彩质感、细部构成和节点空间等村落空间景观，风俗习惯、传统节庆、民间艺术和历史名人等非物质文化景观，以及农业生产田园景观等。再例如，乡村的文化特质主要体现在宗族文化和民俗文化上。地缘亲缘关系的集聚使得宗族文化发展的同时，也在潜移默化地形成当地的民俗文化，如婚丧嫁娶、节日庆典、礼尚往来等传统习俗浓厚。这些文化活动源于生活，并通过代际间的继承和发展，具有一定的稳定性和不变性。

3）生态型区域结构。具有自然属性、以提供生态服务或生态产品为主体功能的国土空间区域结构，包括水源涵养、生物多样性维护、水土保持、防风固沙、海岸防护等生态功能重要区域，以及水土流失、石漠化、土地沙化、海岸侵蚀等生态脆弱区域。中国目前正在构建以国家公园为主体的自然保护地体系、以生态廊道和生物多样性保护网络为主体的国土空间生态地域结构。所谓以国家公园为主体的自然保护地体系，就是将代表性生态系统、珍稀濒危动植物物种、重要自然遗迹与自然景观的保护关键区域划入自然保护地。所谓构建生态廊道和生物多样性保护网络，就是根据全球候鸟迁徙规律，构建东部、中部与西部3条候鸟迁徙通道，将主要候鸟停歇点纳入生态保护红线；在大熊猫、亚洲象、东北虎、海南长臂猿等大中型哺乳动物分布区建立迁徙廊道，促进栖息地的恢复；构建主要河流水系及岸边带生态廊道，提升鱼类等水生生物洄游通道的连通性；构建交通干道沿线生态廊道，减缓交通干线建设导致的栖息地破碎化。国家划定的国家公园、重点生态功能区和各地划定的生态保护红线区域等，都是典型的生态型区域结构。

4）文化型区域结构。对于何谓文化，目前的定义多达100多种，人类并没有形成共识。一般认为，文化（Culture）是凝结在物质之中又游离于物质之外的，能够被传承和传播的国家或民族的思维方式、价值观念、生活方式、行为规范、艺术文化、科学技术等，是人类社会相对于经济、政治而言的精神活动及其产物，分为物质文化和非物质文化。从国土空间设计的角度看，文化型区域结构主要指以下3大类型：①自然遗产型区域结构。“自然遗产”代表地球演化历史中重要阶段的突出例证；代表进行中的重要地质过程、生物演化过程以及人类与自然环境相互关系的突出例证；独特、稀有或绝妙的自然现象、地貌或具有罕见自然美地域。根据《保护世界文化和自然遗产公约》（简称《世界遗产公约》），自然遗产包括以下内容：一是从科学或保护角度看，具有突出的普遍价值的地质和自然地理结构以及明确划为濒危动植物生存区；二是从美学或科学角度看，具有突出的、普遍价值的由地质和生物结构或这类结构群组成的自然面貌；三是从科学、保护或自然美角度看，具有突出的普遍价值的天然名胜或明确划分的自然区域。②历史人文型区域结构。该类国土空间以人类创造的历史遗存为主，通常有物质和非物质两大类，如世界文化遗产、历史文化名城名镇名村、传统村落、历史文化村落、不同层级的文保单位、历史建筑、古道、历史文化线路以及各类非物质文化遗产分布区域。③文化景观型区域结构。该类国土空间兼具自然生态和历史文化的双重价值，包括各类风景名胜区、水利风景区、农业文化遗产等，例如杭州西湖文化景观、湖州桑基鱼塘系统等区域，都是文化景观型区域结构的典型实例。

5）海洋型区域结构。海洋是地球上最广大连续的咸水水体的总称，约占地球表面积的71%。海洋的中心主体部分称为洋；边缘部分称为海，水深通常不超过200米。海和洋彼此沟通组成统一的水体。就国土空间设计而言，海岛和海岸带应该纳入统一的海洋型区域结构，因为海洋、海岸带和海岛是很难分割的统一整体，它们具有更独特的生态系统结构、景观生态格局和生态系统服务功能。无论是从入海河口、海湾、滨海湿地、红树林、珊瑚礁等多种生态类型的结构功能看，还是从推进退围还海还湿、岸线整治修复、红树林保护修复、珊瑚礁保护修复、海草床保护修复、滨海湿地保护修复、岛屿热带雨林保护、生物多样性保护、海域环境综合整治修复等工程实践看，还是从夏威夷、墨尔本、巴厘岛、普吉岛、悉尼、威尼斯、温哥华、雅典、青岛、三亚等滨海城市建设的实际需求看，海洋型区域结构都有别于上述提及的4类区域结构。例如，滨海城市三亚有着“东方夏威夷”之称。天之涯，海之角，浪漫三亚不遥远。天蓝、海碧，阳光醉人；沙滩、椰林，风情醉人。它是永远的热带度假天堂，永远的梦中情人。独特的区域结构，要求国土空间设计必须融入这种环境优美、景色宜人和四季气候舒适的特有景观。

以上5种类型国土空间区域结构，在空间边界上可能有交叉或复合，它们在现代交通网络、高新技术网络和信息网络的作用下，会变得更加多样和复杂。但从总体上看，以上5种区域结构是人类历史自然景观复杂多样性与人类生产生活地域专门化的统一，具有相当的稳定性和独特性。需要指出的是，任何一种区域结构，其内涵都包括要素组成结构、数量结构、质量结构、空间组合结构和时间演替结构，都是一个具有多层次的空间复杂体系。其空间分异是具有尺度或规模差别的，例如可分为大、中、小尺度等级，或分为全球的、全大陆性的、区域性的、地方性的和局地性的。一般说来，分异的尺度规模越小，所形成的较低级的区域结构综合体就越多。例如，一个地区有数条河流，每条河流有数级阶地，每级阶地又可以划分为阶地面和阶地坡两个不同的空间结构。国土空间设计不仅要遵从不同类型区域结构的内在本质，还要遵从区域结构大、中、小尺度的空间分异规律，而且要特别重视研究不同区域结构综合体的个性和特色，如此才不会造成千城一面、千村一面、千景一面，才能更好地实现与自然共生，也才能创造出国土空间的无限美。

二、国土空间设计的研究维度

（一）形态维度的国土空间设计

黑格尔（1979）说："美的生命在于显现。"国土空间的美不仅以人们客观的社会生活作为它的内容，而且也以具体的可感性作为它的形式。国土空间的形态和结构，是人类生产生活活动的空间映射，也是空间结构本身的一种具体感性形式。国土空间是一个有极其多样的物质要素构成的集合系统，这些物质要素包括自然环境的大江大河、高山平原、花草树木、虫鸟禽兽等自然存在物，也包括构成人工环境的建构筑物、路桥舟车、园林绿地、亭台楼阁、小品雕塑等人工器物。这些物质要素既丰富多彩，又形式各异；既各有其独立的形体与形态，又组合成不同的国土空间和物质环境集合体，使国土空间具有了不同层次、不同视角、不同感性因素组合并极具魅力的形态与形式特征。构成国土空间的各种物质要素的外部形态，当其具有某种形式美的特性时，并符合形式美的规律，就能形成美的景观。国土空间形态维度所对应的是国土空间的物质实体及其相应的功能和活动，它是可规范的和可表达的，很大程度上与感知主体并无确定的关联，也可以不带价值判断地进行描述，它包括了国土空间所有可见和不可见的现实（张亚津等，2015）。在日常生活中，人们评价一个美女，首要的是其形体美。国土空间设计就是要创造一种空间形态，使人们能产生广泛的联想与想象，唤起人们对生活的激情和热爱，生成一种类似于爱的感情——美感。

（二）体验维度的国土空间设计

所谓体验，即"以身体之，以心验之"，它主要指从生理和心理两种身体官能组织所获得的感受，体验到的情感会使得人们感到真实，并在大脑记忆中留下深刻印象，具有想象性、持久性和超越性。体验不同于知觉刺激，后者仅仅是对外部世界的机械反应。体验是通过关照客观世界，在自己的心灵加工与自己的生命相融合之下所产生的一种感知力，而且会受主体所处的时代、环境、经历等外部条件的变化而变化，最后达到的是一种情感的共鸣，是体验者与体验对象在情感上的相融。体验是一种深入生命流的感受，是会通物我以及对人的存在的一种内省思考，最终达到庄子所说的“目击而道存”的境界（李亚芝，2020）。

体验维度的国土空间设计，是一种全面关注人本主义的设计，当然也是以文化实践为主导的空间美学知识的延展，它不能仅仅局限于美学和艺术领域，而且必须包括体验者日常生活中的方方面面，其重点是国土空间形态中可以被人感知到的那部分，是3维空间中被激活的有效信息。这种国土空间体验，有着某种跨主体的客观性，也就是不同观测者站在同样位置，以同等的感知条件、同等的感知能力和同等的感知意愿，以同样的方式感知到实存环境的某一部分，便可以称这种共同感知为跨主体的现实。在城市中心的一座博物馆，如果在特定的位置和视角下，公众能普遍感知到的视像与情感影响，如精深、兴奋、向往等，就属于国土空间体验。

随着社会进入后现代时期，高度发达的信息革命、符号消费和多元文化碰撞将推进国土空间形态进一步走向多样化，重构体验者对空间的感知，并且带来了前所未有的“空间压缩”。由此，空间的文化属性便能体现得更明显，空间霸权的意识形态渗透、赛博空间的虚拟仿像、大地艺术的空间表达、城乡建筑的空间意象等，这些本属于不同学科场域的知识话语通过“空间”再次找到了相互连接的枢纽。前现代和现代时期和谐、静穆、深层的空间体验已经让位与“超空间”的幻象和“千高原”般的认知地图，碎片化的经验与“瞬间失意”的图像沉浸体验主体全新的“视知觉”空间（裴萱，2019）。体验维度的国土空间设计，在后现代语境中不能仅仅通过主体的空间审美体验和审美超越来实现场域伦理的建构，而且应该以跨学科的视野进入充满空间符号的文化语境内部，让体验者感受到包括日常生活、意识形态、权力话语、身体行为、空间流动等在内的新的“空间体验”领域，使体验者可以随时回想起曾经亲身感受过的生命历程，也因此对未来有所预感。在以人为本的创新时代，体验维度的国土空间设计应该成为未来最重要的努力方向。

（三）意象维度的国土空间设计

意象之“意”就是意念、“象”就是物象，也就是寓“意”之“象”，就是用来寄托主观情思的客观物象。它是认知主体在接触过的客观事物后，根据感觉来源传递的表象信息，在思维空间中形成的有关认知客体的加工形象，在头脑里留下的物理记忆痕迹和整体的结构关系。这个记忆痕迹就是感觉来源信息和新生代信息的暂时连接关系。就城市而言，凯文·林奇倡导并被学界不断重复引用的五元素：道路、边界、区域、节点、标志物，就是典型的城市空间意象元素。国土空间的意象无非就是国土空间平面和立体空间结构的整合，诸如路网和建筑物、河流和湖泊、农田和森林、公园和廊道等的交汇与融合后所产生的意念、表象和概念，是人们从国土空间物质现实中提炼所得的心理图式。作为国土空间体验的精神与情感映像，也作为人与环境之间持续交互的产物，国土空间意象既取决于观察者各不相同的生理、心理和智力特征，也会受到国土空间形态中文化、社会、功能和空间结构的影响。

在国土空间感受者脱离物理环境、脱离讨论语境后，国土空间形态、功能和文化所赋予感受者的整体意象，是国土空间设计无形的核心性成果。“两岸花柳全依水，一路楼台直到山”的扬州城，“三山万户巷盘曲，百桥千街水纵横”的绍兴城，“欲把西湖比西子，淡妆浓抹总相宜”的杭州城，还有弗兰克·劳埃德·赖特设计的流水别墅、古根海姆艺术展览馆，埃罗·沙里宁设计的杜勒斯国际机场候机楼，贝聿铭设计的美国国家美术馆东馆，奥斯卡·尼迈耶设计的巴西利亚国民议会大厦，以及花园城市——新加坡意象，千年和风——京都意象，国都风范——华盛顿意象，浪漫之都——巴黎意象等，无一不在证明文化的价值和意象的魅力。国土空间设计就是要通过“立象与尽意”，无论是无序的或有序的，张扬的或阴郁的，华丽的或朴素的，感性的或理性的，殊途同归、异质同构，不断创造更加丰富多彩的空间意象和人文意象。随着后现代主义和人文主义时代的到来，意象维度的国土空间设计，不能只关注实体环境，将国土空间意象元素2维化或平面化，而应该更加重视社会意识、地域文化、风土人情、历史变迁、空间功能等在国土空间中令人深刻的各类文化社会活动和现象，积极融入社会文化、人文内涵等非物质的空间意象要素，以推进国土空间设计的意象升华。

（四）治理维度的国土空间设计

国土空间规划是国家意志的体现，政治决定其价值取向，是管制国土空间用途的公共政策，更是国家推进空间治理体系和治理能力现代化的重要工具。作为深化国土空间规划重要手段的国土空间设计，必然具有空间治理的内涵和属性，以及由空间治理内生要求的政治、法律、公共政策和公共管理属性。对于一个区域来说，不管区域的尺度如何，国土空间设计不但要求知道空间更适合做何用途，何时开发最有效，什么是这些用途的最恰当分布和最公平分配，而且还应该知道人口、社会经济和生态需求的分布变化，以及以区位为基础的距离和可接近性等问题。而所有这些问题，都需要通过政治系统运用公共权力在不同区域之间对空间的生产、生活和生态利益进行权威性分配，以实现空间资源配置的公平与效率目标。实际上，空间政治的重要本质，就是体现在一般意义上的空间规划和空间设计问题。

无论是在国家、区域、城市或乡村的各个范围内，任何一项国土空间设计，都必须要有完整的、明确的、形成体系的公共政策作为依据和指导。否则，分散和盲目的国土空间设计就会造成资源浪费，甚至相互矛盾，在全局上造成不良后果。现代国土空间设计包含了国土空间物质环境设计、社会系统设计和文化系统设计等多个层面。尤其是作为社会系统设计和文化系统设计，必然表现为政治、经济的和法律的连续决策和执行过程。在这个过程中，国土空间设计需要通过一系列的调控体系来对国土空间形态、环境及公共空间的建设进行控制和干预，也需要设计实施、维护管理和投资程序中的公共政策和法规条例支持。否则国土空间设计的目标、构想、原则、空间形态、节点，以及功能性与非功能性的设施与小品等，都难以在空间上落地实施。

国土空间设计所塑造的空间形态以及体验和意象，会涉及公共的、私人的以及公私混合等各种空间结构。随着国土空间系统演化和分工的专门化和细化，当代国土空间设计所关注的内容难以涵盖国土空间的所有方面，而是更专注于国土空间的“公共领域”部分。因为在现实中，公共空间的使用价值和交换价值，其规模和品质更直接地体现了国土空间的公共服务水平，也体现了国土空间的景观价值、文化价值和精神价值。当国土空间设计被理解为关注公共领域的行政过程时，公共管理的色彩就开始突显。由于国土空间设计是“设计国土空间而不是设计建构筑物”，其公共空间的塑造和发展过程，更属于公共事务范畴。长期以来，国土空间设计一直存在于“平民主义”和“专业主义”的两难困境。在价值的认定上，“公众”和“专家”的观点之间往往存在着分歧，在各自内部也包含着具有不同利益的群体，并持有不同的观点。因此，从宏观到微观层面的国土空间设计，无论是整体格局、形态结构，还是体验维度或意象维度的设计，或是公众的参与过程，都需要纳入政府公共管理的范畴，以借助有效的公共管理控制语言和机制，实现国土空间设计目标导向机制与动态反馈过程的共同作用。

简言之，缺乏空间治理机制和治理能力，仅仅依靠国土空间设计的知识汇集并不能直接导致良好的国土空间设计结果。通过国土空间设计引导不同利益的各方达成空间共识，并且将其转化成能够指导和约束各项建设行为的空间契约，使国土空间设计成为国土空间治理的依据，才能使国土空间设计最终成为提升国土空间品质和国土空间美丽水平的有用手段。可以认为，国土空间设计——导向更有品质和更加美丽国土空间的治理工具。

图 1-2　国土空间设计概念框架图

综上所述，国土空间设计的概念框架，是一个由形态、体验、意象和治理 4 个维度耦合而成的统一体，可用图 1-2 予以表达。

三、国土空间设计的基本概念

（一）国土空间设计的一般内涵

在中国语境下，设计其实有两层含义：①战略层面的谋划。“设计”原本是一个军事用词，如果要把中国原本的“设计”含义翻译成英语，可能更接近于“Strategy”。在中国智慧里实际上要比西方“设计”的概念高一个层次（王建国等，2020）。《广雅》云：“计，谋也。”“计”里面一定涉及有理解事情的本质，然后“设”了“计”，进而达到让事情圆满的目标和过程，这是一种非常有深度的智慧。《孙子兵法》云：“谋定而后动，知止而有得”，意思是说谋划准确周到而后行动，知道目的地才能够有所收获。《三十六计》或称三十六策，“计”就是指中国古代三十六个兵法策略。从这一个层面看，设计除了重视形态以外，还要十分重视非形态或者超越形态之上的精神和智慧。②战术层面的创意。根据工业设计师维克多·帕帕奈克（Victor Papanek）的定义，设计（Design）是为构建有意义的秩序而付出的有意识的直觉上的努力。通常认为，设计是指设计师有目标、有计划地进行技术性的创作与创意活动。设计的任务不只是为生活和商业服务，同时也伴有艺术性的创作。最简单的关于设计的定义，可以认为它就是一种“有目的的创作行为”。

对于何谓国土空间设计，这一概念可能是笔者第一次提出来进行系统阐述的，其难度或有不同理解甚至争议是显而易见的。从国土空间设计的空间界面、区域结构以及研究维度等角度看，可将国土空间设计的概念表达为：国土空间设计以国土空间规划为指引，是对国土空间形态结构、景观生态、特色风貌、历史文化、大地艺术、区域意象和场景精神的整体安排、创意开发和系统引导。其核心价值在于人与自然和谐、美丽国土营建、空间品质提升、生命活力焕发、特色创意彰显和空间治理有序。它依循人的多样化需求和感受，通过运用设计思维和手法去建构起形态、业态、生态、文态、活态相融合的诗意图景，满足人们对更高精神境界的追求和享受。这一概念包括以下 5 方面的内涵：

1）国土空间设计与国土空间规划目标具有广泛一致性，是深化国土空间规划的重要手段，也是国土空间治理体系和治理能力现代化的重要组成部分。可以认为，国土空间设计与国土空间规划是一个互为条件和相互依存的有机整体。国土空间规划重在平面布局，是国土空间设计进行 4 维空间环境塑造和空间体验及场所精神建构的基础依据。国土空间设计重在对空间的 4 维塑造，可反馈回来对国土空间规划的平面布局进行完善、补充和调整，使两者都趋于更加合理化、科学化和有序化。

2）国土空间设计关注特色格局、形态结构、大地景观、公共空间等物质环境，也关注行为、心理、社会和生态等人文需求和空间体验，是物质环境和人文环境的综合设计。它利用系统思维和复杂理论以推进更综合的国土空间区域整体谋划，为城市转型、乡村发展、生物多样性保护、水资源管理、休闲游憩、社区建设、文化认同和经济发展提供一种模式（Nijhuis et al.，2015；Neuman，2000）。国土空间设计的组织结构是以水系统、土地利用系统和交通系统为代表的韧性联通结构，它根据自然和景观的生理和功能塑造区域的物理形态，并致力于为未来美好生活创造条件，指明对区域可持续发展最有力的场所、功能、尺度和相互关系。特色格局体系、景观风貌体系、生态安全体系、历史承载体系、文化意象体系，是国土空间设计的 5 大核心内容。

3）国土空间设计超越将城市和乡村割裂开来的传统设计弊端，对国土空间大地环境进行整体性设计控制是其核心主线。其指向不仅是美丽城市或美丽乡村，而是美丽中国，城市设计或乡村设计仅仅是国土空间设计的组成部分。它能在区域到地方之间的不同尺度进行运作，也能由普遍到特殊，既保持整体连续性又兼顾局部偶然性，可在各类国土之间提供多种方式以平衡需求与质量间的关系（Busquets，et al.，2006）。根据尺度和服务需求的不同，为更好地实现与国土空间规划的“婚配”，国土空间设计可以分成以下 3 种类型：①总体国土空间设计。它以自然格局、城乡聚落、交通廊道作为支撑系统，围绕区域网络、都市区、走廊地区、乡村地区、混合地区、地方社区、联系通道、边缘区等不同空间要素以及文化审美等高层次需求为核心内容（Neuman，2000），重点关注大尺度特色景观格局、城乡风貌整体融合、区域空间整体秩序协调、关键空间意象塑造而展开。②专项国土空间设计。它是在总体国土空间设计框架的控制下，在特定区域或特定领域，为体现特定功能或特定目的所做的专门设计，是为解决国土空间专项问题而进行的干预，是总体国土空间设计的深入和补充，具有更强的针对性、实用性和可操作性，例如城市国土空间设计、乡村国土空间设计、景区国土空间设计、滨岸国土空间设计、修复国土空间设计等。③详细国土空间设计。它是在总体国土空间设计或专项国土空间设计的控制和指导下，直接对某一地段、某一场地或某一土地使用单位的国土空间做出具体的设计，能更好地提高土地价值和空间美学价值。

4）国土空间设计重视塑造区域和场地精神，重视生成空间情结和空间体验，建构场所感，营造有感染力的特色空间秩序——一种建构在空间体验之上的有特殊艺术感染力的空间共生关系，是对包括人、自然、社会、文化、精神和空间形态等因素的综合性研究和实践活动，国土空间自然美学、特色格局、特色风貌、心智体验和精神意象是其重要的价值取向。特色要素提取、特色资源评估、特色风貌分区、特色概念开发、特色格局优化，是国土空间设计的核心密码（吴晓等，2021）。在一定程度上可以说，国土空间设计是以别样的特色风采，来提升空间的美誉度和吸引力。它强调突出创意活动，其设计作品应更多地表现出区域或场所的个性和特色。通过创新思维意识和概念开发，国土空间设计不断挖掘和激活国土空间要素的组合方式，获得不同于其他过程和区域的产品，进而提升国土空间的物质和精神价值，不断满足人们对美好生活和更高精神境界的多样性需求。

5）国土空间设计汲取地理设计、景观设计、区域设计、生态设计、城市设计、乡村设计等学科营养，是一项跨学科的任务，工程专业、生态专业、人文专业等学科通过国土空间设计思维在此整合，是对自然环境、个体及信息、治理及相互关系进行跨越时空尺度的组织（Nijhuis，2019）。它承认国土空间肌理的集体性，是一种社会全纳性的设计方法，允许各类“作者”参与创作。设计过程本身作为视觉化空间问题的推动者，探索多种可能性，生成多样解决方案，通过集体创新型的整体化方式来解决复杂的空间问题，通过参与、观察和求索而获得洞见的理解方式（奈豪斯等，2019）。通过国土空间设计，从整体平面和立体空间上统筹国土空间建设布局、协调国土空间景观风貌，体现国土空间地域特征、民族特色、时代风貌和文化精神，实现国土空间的美和集体诗居大地的崇高境界。

（二）国土空间设计的基本特性

国土空间设计不仅涉及自然环境、景观环境、资源环境、生态环境，而且涉及人文环境、传统意识环境、美学艺术环境、经济环境和技术环境等不同层面，还涉及时间和空间过程，具有自然社会经济文化多元复合的特性。

1）国土空间设计的整体性。国土空间设计不仅需要处理自然环境、建成环境和人文环境的复合影响，并且要处理区域或场地边界、路径、节点、地标、形象元素的复杂关系，另外还要关注经济、文化、生活、政策、体制的限制与激励等。因此，整体性是国土空间规划设计的重要属性。这种整体性绝不能理解为城市设计或乡村设计等局部设计之和，更不是整体割裂后的拼贴。从全息方法论看，局部是整体的局部，脱离了整体就不是这个局部，整体和局部之间本质上是一种彼此确认的同时性逻辑。不能简单地把“整体”理解为“全部”，因为对“全部”的意识，本质上是一种整体割裂后的拼贴。这种拼贴违背了整体性内部基于特定关联关系相依相生、共同导向同时又受制于总和功能的属性，也就是违背了“整体关系链”逻辑。国土空间设计需要充分考虑各类系统之间及其与环境的相互耦合，充分考虑系统设计的互依关系，以“机器运行”“时钟运转”和“自然界运动”的整体性逻辑作为根本遵循。

2）国土空间设计的共生性。国土空间设计不能建立在对自然统治的父权制世界观之上，要向女性学习，以一种具体的、爱的行动与自然界相联系，更好地理解大地母亲的内在规定性和情怀。从国土空间自然环境的江河溪流、山谷平原、花草树木、鸟虫禽兽等自然存在物，到国土空间人工环境建（构）筑物、路桥舟车、园林绿地、亭台楼阁、街道家具、小品雕塑等人工器物，都要体现与自然共生，形成与自然同心同构的关系。当代城市建筑产品的均质化和标准化，使城市看起来和感觉起来都越来越相像，也就是所谓的“千城一面”，缺乏个性和特色，完全缺乏与不同自然场景的融合。据统计，2019年，中国有305个地级市、384个县级市，合计689个城市。如果从南到北、从东到西浏览这些城市，无论是炎热地区还是寒冷地区的城市，无论是大城市还是中小城市，无论是新城建设还是旧城改造，你都会发现形式、风格、色彩、标识十分雷同的建筑物，以及同样单调、呆板和兵营般排列组合的居住区和住宅小区，完全违背了与自然共生的设计原则。国土空间设计，要如《庄子·齐物论》所指出的那样：“天地与我并生，而万物与我为一”，实现人与自然共生共存。

3）国土空间设计的尺度性。国土空间的重要特性是具有尺度性，包括时间尺度和空间尺度。在国土空间设计的范畴里，空间尺度通常指一个区域的时空范围，如流域尺度、省级尺度、市级尺度、县级尺度、村镇尺度、场地尺度等，都是指一个特定的时空范围。国土空间设计研究对象格局与过程的发生、时空分布、相互耦合等特性都是尺度依存的，这些对象表现出来的特质是具有时间和空间抑或时空尺度特征的。因而，只有在特定的尺度序列上对其考察和研究，才能把握它们的内在规律。如果把国土空间设计作为一项公共政策就是如此，它必须要考虑不同尺度上特定形式和特殊问题的不同属性，考虑概念化后一个事件、一个过程、一种运动和互动关系在不同空间尺度上的作用差异，考虑如何将分析得出的结论在一个地域范围内的其他尺度或其他地域范围内的相同尺度内加以应用等，以实现地理区位、空间要素在不同空间尺度上的良好匹配。国土空间设计，无论是目标、工作范畴、工作内容等，在不同空间尺度都是有巨大差异的。宏观尺度的国土空间设计，更着力于区域景观、空间结构、交通系统和整体意象等；中等尺度的国土空间设计，更关注街道特征、地标和移动模式、焦点和视点等；微观尺度的国土空间设计，就需要关注群体建筑空间、单体细部及周边环境、街道立面、停车等。

4）国土空间设计的人文性。国土空间设计的出发点和归宿都是为了更好地满足人类对美好生活向往的需要，这是国土空间设计所必须坚持的人本主义思维。由于人类作为社会体的需要往往比生理性需要更为细致，同时其需要也会受到经济发展水平和文化大环境中主流价值观的影响，而且需要的满足必须以一定的经济条件为前提，在不同的经济发展阶段和水平上，人类需要在满足范围和满足程度上都会有相应的变化。因此，国土空间设计必须充分把握不同区域和不同发展阶段人类基本需要的特点，才能做出有实际价值的方案。现代国土空间设计的发展，必须突出以人为中心的价值取向，强调社会与文化在国土空间中的作用。国土空间设计面对共同的城乡聚落生活环境，不仅包括可见的物质环境，如聚落形态、聚落景观、基础设施、广场、建筑、天际线；也包括不可见的软环境，如生活环境的便捷性、居民交流的方便性、影响国土空间生命和活力的社会文化和功能要素、场地意象、个人视觉感受、居民幸福感。所有影响国土空间物质形态和美学特征的土地利用事项，所有损害国土空间品质生活的丑陋事物，所有阻碍区域可持续发展和彰显人文特色的虚实空间，都是国土空间设计所要坚持摒弃的。延伸20世纪50年代末兴起的10次小组（Team 10）的观点，国土空间设计应该特别强调不同国土空间的环境个性、场所感和可识别性。他们提出的“门阶哲学（Door）”和“过渡空间（In-Between Space）”概念，就特别强调了设计中以人为主体的微观层次。

5）国土空间设计的创意性。国土空间设计的过程是一个从创意产生到空间形态建构实施的创造性过程，本质上是将创意与创新推向应用的价值创造，需要在技术与艺术、功能与形式、理性与感性等认知体系中去寻求融合支点。在某种程度上可以认为，如果国土空间设计失去个性和创意性，其生命力就会黯然失色。创意（Create New Meanings）是创造意识或创新意识的简称，是对现实存在事物的理解及认知，所衍生出的一种新的抽象思维和行为潜能。创意是一个复杂的过程，很难按照传统的线性思维寻找出一种范式。但是无论何种创意，其中很重要的一个过程就是需要“立意”。中国诗词创作中强调“意在笔先”，“意得则舒怀以命笔”，“古人意在笔先，故得举止闲暇”（李先逵等，2018）。国土空间设计的创意必须要有个好的“立意”才能做到“胸有丘壑”“成竹在胸”。否则，国土空间设计就会失去目标和依据。国土空间设计的立意不是一般所云的设计构想，而是创立设计意境。意境注重主体感悟，是一个从物境到情境、再到意境的创造性思维过程。它不是简单由众多的设计意象汇聚而成，是主体感悟对设计意象进行品位精炼和巧接妙组后的“创设”和“提升”，它需要延伸出“象外之象”和“境外之境”，最终形成一种整体超越的设计意象。从方法论的角度看，创意离不开逻辑思维和理性思维，但更着重形象思维，常常还伴有灵感思维、情感思维以及潜意识和无意识等。例如上海虹口区的 1933 老场坊，是 1933 年由原上海工部局出资兴建的宰牲场，著名英国设计师巴尔弗斯设计，在当时全世界这样格局规模的宰牲场也只有 3 座。随着历史的变迁，后来演化成废旧的工业老厂房。2006 年 8 月，上海创意产业投资有限公司启动了 1933 老场坊创意产业集聚区建设。该公司在对建筑历史特征要素的提炼与价值评估结果的基础上，从“艺术觉醒”的时代立意出发，以生活方式、创意、求知为核心要素，融时尚发布、创意设计、品牌定制、文化求知、创意休闲为一体，汇聚艺术家、设计大师、教育家、企业精英于一堂，形成机体和内核整合互动为一、风尚诠释复古的创意生活体验馆。目前已成为上海时尚表演、发布、展示、交易、设计、服务、消费、休闲的中心，以旅游业带动区域性经济发展。同时，结合虹口区北外滩的改变形成互动，成为极具特色的区域性旅游特色产品，成为承接世界游客居住、旅游、消费的重要特色基地和国际顶层品牌活动的舞台。将一个废旧屠宰场通过取向、立意、赋形等设计过程，建设成为一个成功的国际顶级品牌特色基地，其核心的密钥就是创意。

6）国土空间设计的审美性。国土空间设计的审美性，是指人类理解国土空间的一种特殊形式，本质上是人与国土空间形成一种无功利的、形象的和情感的关系状态。审美包括“审”和“美”，其中审是指有主体介入，有人在“审”；美是指可供人审的客体和对象。如果通过国土空间设计，不能体现其结构美、社会美和艺术形象美，不能使人对自己的美好需求得到满足并产生愉悦，则可以认为国土空间设计是失败的。对于何谓国土空间的设计美，正如莎士比亚一句名言所指出的那样“一千个读者就有一千个哈姆雷特（There are a thousand Hamlets in a thousand people's eyes）”，也就是仁者见仁、智者见智。但是，电视剧《宰相刘罗锅》的主题歌《清宫谣》中有两句歌词：“天地之间有杆秤，那秤砣是老百姓。”天地之间有大美，老百姓的生存发展需要和生活愉悦是判断国土空间设计美的“秤砣”。庄子云：“天地有大美而不言，四时有明法而不议，万物有成理而不说。”大美、明法、成理存在于天地、四时、万物之中，是天地、四时、万物的组成部分。如果一个城市的交通拥堵不堪，治安的状况令人心寒，则这个城市有再好的迷人景观也不能称其为美的城市。如果在一个城市住上几天就会喜欢上它，并且待得越久就越感其甘醇之美，这就是一个美的城市。例如杭州和苏州，人们都称其为“天堂”，那就是一个美的城市，国土空间设计就是要追求这种生活美和艺术美的结合。当然，通过精心设计而使国土空间呈现强烈个性特色的艺术形象和精神境界之美，在国土空间的审美位阶上是最高层次的。

7）国土空间设计的动态性。国土空间设计从根本上看是 4 维的：第四个维度就是时间。国土空间设计既与空间有关，又与时间密切联系。所有国土空间的构成要素，不但在空间中分布，而且在不同的时间由不同的人塑造完成并满足不同发展阶段人的需要。例如建筑古典美和现代美的区分，就是反映了不同时代人们对美的偏好差异。苏轼的名句“横看成岭侧成峰，远近高低各不同”，其中横看、侧视、远眺、近观、高瞻、仰望等，就说明在登山的动态过程中对同一山峰会有不同的动态感受。在人类和社会进化的过程之中，感知时间的方式有其历史性，不同的时代和不同的群体，都有其特殊的时间类型和感知时间的方式。但无论差异性如何，都正如爱因斯坦在相对论中指出的那样：不能把时间、空间、物质三者分开解释，时间与空间一起组成 4 维空间，构成宇宙的基本结构。国土空间设计必须融入时间元素，必须关注更多的时间尺度，从空间设计走向时空间设计。所谓时空间设计，就是将时间和空间置于一个整体框架下进行统一谋划。它关注时空间关联、时空间结构秩序、时空间场景、时空间活动密度，也就是要充分关注国土空间设计的动态性。信息化和全球化进一步加速了动态的步伐甚至是动态的形式，国土空间的社会与环境每时每刻都在变化。国土空间设计方案、政策指引等具体内容必须需要随着时间逐步推进实施，因而国土空间设计必须从静止到动态的转向，并且具有调整的韧性。

8）国土空间设计的政策性。国土空间设计作为落实国土空间规划的重要工具，越来越显现具有公共政策的属性。事实上，国土空间设计的目的是一系列指导国土空间形态、体验和意象发展的政策框架，是对国土空间发展的管理与控制。从国土空间设计的概念演化历史来看，起初大多重视物质形态和视觉艺术，后来开始关注行为、心理、社会和生态要素，再到提升国土空间综合品质目标，并更加强调作为过程管控与公共政策指引的功能，是国土空间公共领域管制的重要方式。当代的国土空间设计，越来越重视从人、社会、文化、环境等方面建立评价标准。通过国土空间设计审查来管理较大地区范围内的形态结构、风貌特色、环境品质和美的意象，已成为国土空间设计的重要功能。在一定程度上可以认为，国土空间设计是在特定时期、特定情景中为实现一定的国土空间发展目标而被制定出来的。由政府组织编制的国土空间设计，首先是国家意志的体现，是为了更好地引导国家的空间秩序，保障国家的公共利益，满足人们对美好生活的需求，是政府的行政职能和政策实践。当然，国土空间设计作为一项知识性活动，不能纯粹理解为是一项公共政策制定。但无论如何，国土空间设计是政府对于国土空间建成环境的公共干预，必然具有浓厚的公共政策色彩。

（三）国土空间设计的结构体系

根据国土空间设计与国土空间规划体系相适应，以及国土空间设计的界面结构、研究维度和基本功能，本书将国土空间设计的结构体系分为：纵向体系与国土空间规划相适应，横向体系分总体国土空间设计、专项国土空间设计和详细国土空间设计。

总体国土空间设计涉及对“总体”概念的多重理解。它可以是按照层级制理论所规范的“国家—省—市—县—乡镇—村”不同层级总体国土空间设计，也可以是按照设计范围差异所区分的区域、景观、场地等尺度的总体国土空间设计。

专项国土空间设计是在总体国土空间设计指引下，对特定类型国土空间的设计，包括城市、乡村、滨岸、景区及待修复区的国土空间设计。

详细国土空间设计是对总体国土空间设计和专项国土空间设计的深化和精准干预，包括设计定位、功能布局、交通组织、竖向设计、开敞空间、绿道系统、人居环境、特色风貌、景观体验、空间情结、大地艺术、意象意境等一系列内容，是从物质空间到感知空间再向精神感悟和心灵境界的升华。

国土空间设计的结构体系框架如图 1-3 所示。

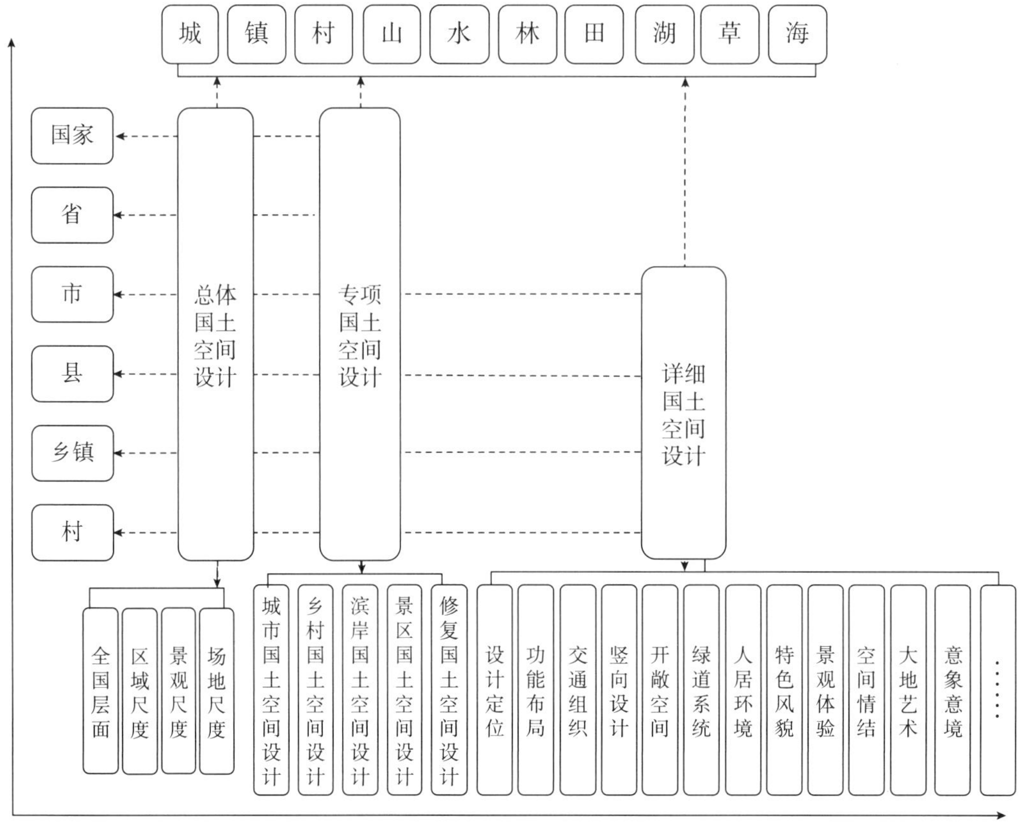

图 1-3　国土空间设计体系示意图

四、国土空间设计的工作内容

（一）国土空间设计的工作准则

国土空间设计面对如何将社会制度、规划政策、工程技术、大地艺术、景观风貌、审美情趣和旨在使社会经济原理与空间可持续关系一体化结合起来的复杂系统，需要坚持以下工作准则。

1）与规划要求相协调。国土空间设计作为深化落实国土空间规划的重要手段，其空间形态和景观风貌等塑造营建，都应该符合国土空间规划的总体要求。比如，当代国土空间规划关注生产空间、生活空间和生态空间（简称“三生空间”）的格局优化，那么国土空间设计就要研究如何优化“三生空间”结构，如何塑造生产空间集约高效、生活空间宜居适度、生态空间山清水秀的新国土空间结构和风貌。国土空间规划要建构与自然地理格局相适应和保护山水林田湖草生命共同体的新景观，国土空间设计就要营造尊重大自然格局“显山露水、透绿见蓝”的景观格局，拒绝违背与自然共生原理的“万楼一面、千城一貌”空间形态，要留得住绿水青山，让城乡居民“看得见山、望得见水”。更直接地说，规划和设计是一个整体，国土空间设计必须与国土空间规划相协调并保持总体的一致性。

2）设计融入自然人文。在国土空间设计过程中应该建立一种新的范式，即尊重自然和融入自然。任何个人或团体的意愿和目的都必须以不伤害自然生态系统为前提。换句话说．人们制定国土空间设计行为的目的必须是一种伦理上的约束性追求。每一种国土空间利用方式都有其最适宜的特定自然生境。一种国土空间利用方式可视为一个“生命感应中心”，它有其自身的适宜生境，其行为组织围绕这一生境而展开。人类必须十分珍惜、切实保护这种自然生境。国土空间设计的本质是建构天地人共生的新型空间。它不主张环境至上主义（Deep Green），即为了保护地球的环境和生态系统，任何国土空间干扰都必须全面停止。国土空间设计也不同意新古典经济学的主张，认为生态环境只是宏观经济的一个部分，任何资源短缺和环境问题都可以通过技术升级来解决。因此，国土空间设计的基本价值取向和指导原则就是要更有利于满足人类基本的生产、生活、生态和文化需要，包括基础设施、食物供给、交通运输、人身安全；保证自然动植物的生存环境，不随意侵占侵害生物生存空间。同时，国土空间设计要融入地方的人文环境，充分考虑行人安全、出行便利，在地方、区域以及更大尺度上考虑不同国土空间类型所依存的文化背景，并通过人文化的设计和管理，塑造出有利于人类健康、品质生活、环境保护以及可持续发展的决策、态度和价值文化。

3）突显特色和创意性。国土空间设计如果只是按照统一的规程或标准去制定方案，不能做到“因地制宜”，不能做到突显特色和创意性，很可能就是一种瞎折腾。要向女性学习观察事物细致、细腻的精神，深入观形察势，从大环境观察到小环境勘测，才能更好地凸显特色和创意。未来的国土空间设计必须要从建筑、开放空间以及场所精神等方面，不断提升区域的可识别性和场所的特色个性。特色是一个区域显著区别于其他区域的风格和形式，是由区域赖以产生和发展的特定的具体的环境因素所决定的，是其所属区域所独有的，区域的自然地理条件决定了国土空间设计特色和创新的基本方向。国土空间设计的建筑地标，除了考虑通过视觉的冲击力来吸引注意力之外，更要重视与周边环境对话，以及地标本身存在的历史文化意义。例如在南方地区，夏季炎热的气候下可以通过街区建筑的多种组合模式实现外部街道空间的遮阴效果，科学合理的建筑朝向以及窗墙比则可以有效降低室内温度并减少能源消耗，同时对于自然水环境特别是水面的利用也可以减少城市热岛效应。由此在国土空间设计中更应该强调建筑组合以及建筑设计与地域气候相结合，并通过适应性设计来实现空间能耗降低。《红楼梦》是中国古典文学的巅峰，也是中国文人中说不完的话题。它与敦煌学、甲骨文并称中国三大显学。正所谓：开谈不说《红楼梦》，读尽诗书是枉然。为什么《红楼梦》能取得如此之成功，核心是《红楼梦》的笔法结构与众不同，简单地说就是有重大的概念开发和创意。《红楼梦》的概念开发和创意技巧是什么？按照格式塔心理学的理论，就是充分运用了异质同构的原理和方法。所谓异质同构，就是找到两种不同物质的共通点进行融合从而找到另一种全新的能够表达情感的共同体。例如，《红楼梦》突破了一般传统理解的对称义，以“真、假”，“盛、衰”，“喜、忧”，“聚、散”，“悲、欢”，“离、合”构成对称双方的形式反差和内在并立。国土空间设计的概念开发和创意，应当学习、感知、感悟、引申、借鉴《红楼梦》的创新技巧，打造国土空间设计的区域独特样式和功能结构。

4）多样性与功能混合。自然生态系统的演化规律告诉人们：多样性才有稳定性；社会人文系统演替的经验表明：多样性才能有多种选择的可能性，对建设人性化尺度的国土空间具有重要的价值和意义。国土空间设计多样性的本质就是要将人们的住所、就业、文化娱乐活动、视觉趣味、便利医疗和教育设施等城乡生活内容与产业发展综合在一起，生产性与生活性的各项活动高效混合并推动着国土空间全天充满活力地运行（王伟强，2019）。从西方发展历史来看，功能混合的出现起始于罗马城市，非住宅用途与住宅用途在水平和垂直方向交错混合现象普遍存在，并在中世纪的城市中得到发展（Witherspoon et al.，1976）。当下国土空间功能混合利用已成为节约土地资源、促进空间紧凑、激发城乡活力的有效路径（Song et al.，2004）。常见的功能空间混合组织类型有：水平空间的混合、垂直空间的混合、综合混合。水平混合是不同空间用途的横向并置，如居住、办公、商业等功能空间通过路网结构等方式相互联系形成混合空间；垂直混合的用地性质一般为混合用地或综合用地，是建筑层面不同用途的竖向交叠，包括地下、地面、空中3维空间的组合；综合混合是水平混合与垂直混合的交叉与共存，同时具备水平混合与垂直混合的特征（郑红玉等，2018）。“尺度”是功能混合利用发生的时间或空间范围。空间尺度方面，Coupland（1997）提出微观建筑综合体的混合利用，如商业、办公与住宅在建筑单体上的垂直混合；Jacobs（1961）提出中观街区尺度的混合利用，倡导工作、居住、服务功能的平衡性混合，以提升区域活力和促进公共领域安全；Grant（2002）提出宏观区域尺度的混合利用。Rowley（1996）认为混合利用可应用于建筑单体、临街建筑组群、街道或公共空间、片区、城镇5种尺度；地块作为最小的土地利用单元是符合中国实际情况的一种混合空间尺度（Shi et al.，2015）。Hoppenbrouwer et al.（2005）的功能混合开发模型提出了混合的4类维度：点共享维度、水平维度、垂直维度和时间维度。总之，国土空间设计应当注重使用者从宏观到微观的需求，创造更多样性与功能混合区域，塑造更有人情味的国土空间环境。

5）空间结构更有效率。国土空间设计是推进国土空间有效治理的重要方式和手段，促进空间结构更有效率是其重要的目的和任务之一。在后工业社会，国土空间设计所要重点关注的基本要素，包括劳动力、土地、资本、技术、信息和管理6种，都是相对独立的投入生产要素。如果国土空间设计人为地割裂了劳动力市场，给人与人之间的面对面交往创造了障碍，则不利于商业机会的创造、知识技术的传播、创新和研发、市场信息的及时反馈等，从而降低空间的集聚效率。土地资源和资本资源是否根据土地价值进行最优配置，不仅影响土地资源和资本资源的利用效率，同时还影响城市基础设施和交通的效率。如果能够依据“最高最佳”原则，使土地利用空间分布符合地租竞标曲线，则资源的配置是有效率的（丁成日，2007）。国土空间设计在某种程度上可以理解为对要素和资源在空间上分布结构的改变，也意味着要素在区域之间的转换和流动。要素流动和技术扩散是国土空间结构转换的本质，而产业转换则是国土空间结构转换的具体形式。国土空间设计必须详细分析地区空间结构、要素流动和技术扩散之间的相互关系，认真研究地区空间结构、要素流动和技术扩散之间联动的增长效率。在新古典经济增长模型或外生经济增长模型的框架下，要素替代弹性是反映经济增长的重要参数，也在一定程度上反映区域要素的流动速率和要素替代程度。在规模效应不变的情况下，具有较高替代弹性的区域将具有更高的经济增长效率。因此，将技术进步偏向和要素替代弹性纳入优化国土空间结构的视野，应该是国土空间设计重要的工作准则之一。

（二）国土空间设计的主要内容

国土空间设计涉及地域功能、特色格局、空间结构、城乡聚落、土地利用、道路交通、建造形式和体量、保护和开敞空间、精神文化等，其内容不仅是这些多项要素内容的叠加，还是空间、时间和政策等多维度内容的融合，其重点内容应该包括以下几个主要方面：

1）谋划取象立意。国土空间设计的持续生命力在于其创意与创新，它需要在结构与功能、功能与形式、形式与艺术、艺术与理性的融合中寻找个性、特色和创意。因此，谋划、取象和立意就成为在国土空间设计物质形态、景观风貌和场地体验等内容的基础和前提：①谋划。从本质上看，国土空间设计是对特定区域和特定时间条件下国土空间发展系统关于物质形态、景观风貌等的整体谋划，是对国土空间包含非形态或者超越形态之上的理和形之下的日常生活观照和筹划。因此，国土空间设计从形而上到形而下对国土空间系统进行整体性的谋划，具有特别重要的意义。美国黄石国家公园、英国伊甸园、加拿大布查德花园、罗马尼亚盐矿主题公园、中国都江堰，“两岸花柳全依水，一路楼台直到山”的扬州城、“三山万户巷盘曲，百桥千街水纵横”的绍兴城等国土空间设计案例，其成功之处都是根据人与自然共生或“天人合一”原理进行有智慧谋划的结果。②取象。中国在周秦时代就有“观物取象”的传统。“观物”即是审视天地万物，“取象”即是抽取内在规律，提炼深层次的精神内涵。将其转译到国土空间设计领域，就是前期的“设计意象”之提炼与获取，也就是用取象的方法，对国土空间的审美创造做形象喻示，从而达到表现国土空间“意”的目的。不少中国现代园林设计所表达的就是人与自然共生的

“意”，其中所谓“虽由人作，宛自天开”就是造园设计的取象审美旨趣。③立意。国土空间设计的立意，不仅仅是确定一个区域的主题，也不仅仅是设计构想，而是要创立设计意境，是一个从设计意象走向设计意境的过程，是一种综合性定位。“立意”中常见的一种类型就是“引设”意境主题，是指引用别人诗作、历史典故等作为设计意境的主题和定位。例如自从东晋王羲之在会稽山阴撰写《兰亭集序》，留下饮酒赋诗的“曲水流觞”典故。后世以“曲水流觞”为立意的有隋炀帝所建“流杯殿”，圆明园“坐石临流”，中南海“流水音”，恭王府“流杯亭”，苏州留园的“曲溪楼”、曲园“曲池”“曲水亭”“回峰阁”等（李先逵等，2018）。

2）物质形态设计。充满了人类活动的国土空间，无论是山地、丘陵、平原和海洋，都是物质的存在形式，物质结构和物质形态是国土空间的最基本属性。从根本意义上说，国土空间设计的对象主要是能触摸到的地理空间或物理空间，是一定地域范围内通过自然环境要素与人工生产生活设施组成形态的实体，包括具有自然属性的地理场所和带有人文特征的建筑实体等。从这一角度看，国土空间设计是对以形态为主要内容的空间环境进行设计，核心内容是对空间形态发展的管理与控制。对国土空间设计层次结构的探索，首先要把握好空间物质结构这个基本层次。要着力研究国土空间的基本格局和物质性规律，按功能和美学原则通过设计手段国土空间进行有序调控。国土空间物质形态设计的内容主要包括：由大量地形、地貌、植被、水文、土地、景观、物种、建筑、聚落、遗存等空间要素组合所呈现出的不同结构、不同形式、不同密度、不同质量、不同功能、不同可达性、不同居住形态、不同绿色空间，以及多尺度、多层级的整体性外貌和空间视觉特征。

3）景观风貌赋形。不同学科对景观风貌的理解会有较大差异，从国土空间设计的角度看：①景观，是指一定区域内国土空间所呈现的景象，即国土空间的视觉效果。这种视觉效果反映了国土空间物质及其环境所构成的综合体，是复杂的自然过程和人类活动在大地上的烙印。它不仅包括“景”，还包括人的感知结果的“观”，以及人在“景”中实现“观”的过程。景观赋形就是要创造一个更美好的环境，并创造一个更适合人类生产生活的栖居之地。②风貌，由形而上的“风”（风格、品格、格调、精神等）和形而下的“貌”（面貌、外观、形态、景色等），也就是包括物质形态和文质形态两大部分。③景观风貌，是景观和风貌的复合，由城市景观风貌和乡村景观风貌及其连接体所组成，主要功能是对自然风景、历史、文化、空间保护、开发利用、生态修复、综合整治等方面进行控制引导，地形、地质、土壤、水系、植被、动物、考古、历史、人类活动等内容都应该纳入国土空间景观风貌设计与管理的范畴，其层次可分为国家—省域—市县域—城乡聚落—场地等，其主要任务是构建历史文化与自然景观网络，塑造更具特色、更加美丽和更高品质的活力国土空间。

4）场地体验创造。场地体验创造就是以身体-时间-空间的关系原型为基础，以加深人对场地空间的感知为主线，根据功能定位和差异性要素构建场地、场景、场域3种设计维度的抽象话语，包括物质建构、意义建构和场域建构（魏方等，2020）。它特别重视从使用者的角度即以人的场所体验和视觉、听觉、触觉、嗅觉、味觉五大感官反应出发，通过对典型场地设计作品的解读，重新审视场地场所精神的意义，也即将人类知觉体验的五要素纳入场地体验设计，使场地体验设计更具有人文性、特色性和地域性，进而完善和塑造场地的场所精神，提高场地体验设计作品的感染力（胡晓娟等，2014）。其具体工作内容可以描述为：根据场地的功能定位，结合场地的自然条件和建设条件，重视对场地周边环境的敏感性捕捉，以确定建筑物、构筑物及其他各项设施之间的平面和空间关系为基础，正确处理好建筑布局、交通组织、绿化布置、管线综合、生活设施、历史遗存、景观风貌的空间组构，使其有机组成多样性、自然性、畅达性、标识性、人文性、可赏性、可浸入性的功能协调整体，并与自然地形及周边环境相协调，从而创造一种自由、非均质、非线性、流动性、连续性的场地空间形式和人地关系。

5）意象意境塑造。国土空间设计的高级形态是要塑造一个有灵性、有层次、有意味和有教化的意象意境空间。所谓意象塑造，就是要将设计者主观的“意”和国土空间客观的“象”进行结合，也就是融入设计者思想情感的“物象”，是赋予某种特殊含义和文化意味的具体形象。它需要国土空间设计者充分运用环境心理学、社会心理学、行为地理学、聚居人类学、艺术设计等理论和方法，通过对国土空间的对话，在特定情境设定、事件激发作用下的社会参与、互动、统觉的过程中，使主体从形象的直观理解中获得概念构思、意象概括和譬喻性解释，形成基于个体经验的相对真理与认知原型。例如，将区域特有的山地网络和水系网络相互叠加，并在期间点缀寺观、亭台水榭、磨坊和农具，乡村建筑群无论是背山还是滨水，都随山就势，错落有致，就可以塑造出中国历史著名绘画长卷《千里江山图》的意象。在国土空间意境塑造中，设计者需要立象以尽意，将情感与文化物化为象传递给空间体验者。通过对国土空间中“象”的感知与体验，激起人们丰富的文化情感而达意。在国土空间中，象与意相互作用而形成空间意境。通过对空间意境生成的研究可有效塑造场所的特质，从文化层面提升国土空间设计的品质。对于塑造国土空间意境而言，需要将空间形态、空间体量、建设材料等巧妙的结合，使国土空间内的景色和情感完美融合，让国土空间具有生命感、心理归属感和文化认同感，使国土空间成为人与自我精神的媒介，成为有形、有神、有性格的生命空间，从而营造出视觉与情感共振的国土空间意境。例如通过下沉式空间、地台式空间、凹入与外凸空间等的变化组合，引起不同主体具有不同的感观感受和情感体验，其所隐喻的空间意蕴也就各不相同。

6）治理框架建构。作为一种空间治理手段，国土空间设计的重要目的是制定指导和约束国土空间建设的治理框架。国土空间设计的治理框架包括国土空间总体规划、国土空间详细规划和国土空间专项规划，以及国土空间用途管制和规划许可中涉及国土空间设计的所有政策要求。本质上，治理框架是寻求能使决策者或者决策者所代表的群体利益最大化的目标选择，或是选择为实现所追求的目标而需要的最合适的措施或手段，它是在一定范围内对不同群体间的利益矛盾或冲突协调，为国土空间的根本和长远发展服务。因此，国土空间设计必须依据公共政策原理，反映社会、经济、生态和文化需求，研究社会经济发展矛盾和冲突，策划国土空间整体社会文化氛围，促进国土空间文化风貌与美丽景观的形成，保障国土空间规划的落地实施。国土空间设计除了要充分考虑区域景观、整体意象、群体建筑空间、单体细部、周边环境、意境塑造等以外，还要考虑有利于国土空间用途的管控，把国家安全、生态安全、环境安全、粮食安全摆在最优先的地位。其根本的出发点是要超越狭隘的美学范畴和经济范畴，寻求公共安全和长远福利的最大份额。从政策功能的角度看，国土空间设计就成为多元主体的社会实践。而作为社会实践的国土空间设计，是各层级政府部门、开发商、投资者、设计师、居民、使用者等所有参与国土空间设计过程的多元主体之间的互动过程。国土空间设计不是要排除某些方面的需要，抹杀差别和冲突，而是要尽可能地反映和平衡各方面的需要，协调公平性与效率性。影响国土空间设计最终质量的各个主体之间的内在关系，是国土空间设计需要充分研究和发掘的重要内容。

第二节　国土空间设计的概念辨析

一、国土空间设计与国土空间规划

（一）国土空间设计与国土空间规划的一致性

自 2013 年中央城镇化工作会议提出“建立空间规划体系，推进规划体制改革，加快规划立法工作”以来，国家层面一直着力推动建立新的空间规划体系。2018 年 3 月，中共中央印发《深化党和国家机构改革方案》，组建自然资源部，将主体功能区规划、城乡规划、土地利用总体规划等统一整合到自然资源部，中国空间规划和空间治理走进了新时代。2018 年 8 月，中共中央办公厅、国务院办公厅印发《自然资源部职能配置、内设机构和人员编制规定》，设置国土空间规划局，更加明确了国土空间规划体系的顶层设计。2019 年 5 月，《中共中央　国务院关于建立国土空间规划体系并监督实施的若干意见》进一步明确国土空间规划的重大意义、总体要求、总体框架、编制要求、实施监管和法规政策与技术保障。至此，国土空间规划体系建设的“四梁八柱”基本建立。规划与设计是硬币的正反两面，二者紧密联系构成统一的整体。但是由于国土空间规划体系刚刚建立，国土空间规划与国土空间设计的相通点和差异性，各人的认识并不一致，笔者的理解也是初步的。在一般意义上，国土空间设计与国土空间规划在以下几方面具有一致性。

1）对象的一致性。无论国土空间设计还是国土空间规划，其研究对象都是国土空间的整体，是对国土空间开发保护上所做的整体性谋划，都具有全域性、系统性和连接性的特点。就国土空间设计而言，它不同于传统意义上以城市为对象的城市设计，也不同于以乡村为对象的乡村设计，而首先是将城市和乡村作为一个整体的空间设计。例如，以区域整体为对象的大地设计，以山水林田湖草为整体的生态空间设计等，无论其价值取向、目标任务和技术方法等方面，都是与传统的城市设计或乡村设计有很大不同的。在工作对象上，国土空间规划和国土空间设计都需要突破原来的城镇发展区范围，拓展至各类生态保护区、农田保护区、陆海统筹区、乡村发展区等。当然，国土空间设计不排除在国土空间整体设计控制之下的城市空间设计和乡村空间设计。但这种在国土空间整体设计控制之下的城乡设计，是设计尺度和设计体系的内生问题。从国家空间治理的角度看，国土空间设计和国土空间规划的对象范围具有广泛的一致性。

2）目标的一致性。整体谋划国土空间开发保护格局，综合考虑人口分布、经济布局、国土利用、生态环境保护等因素，科学布局生产空间、生活空间和生态空间；加快形成绿色生产方式和生活方式，推进生态文明建设和美丽中国建设；强调人与自然的和谐共生、历史文脉的传承积淀、社会包容的人文关怀；实现高质量发展和高品质生活，建设满足人们对美好生活需要的美好家园等，都是国土空间规划和国土空间设计的基本目标。在促进国家治理体系和治理能力现代化方面，国土空间规划和国土空间设计都需要融入“一张蓝图”，都需要融入全域国土空间用途管制，二者具有严格的一致性。

3）体系的一致性。目前国土空间规划体系的基本结构可以表达为“5+3”。所谓“5”，是指在纵向结构上，按照“一级政府、一级事权、一级规划”的总原则，全国分为5级规划：国家、省、市、县、乡5个层级。上下级规划的基本关系是：下级国土空间规划应当依据上一级国土空间规划编制，不得违反上级规划的强制内容。所谓“3”，是指规划的类型分为总体规划、详细规划和专项规划。总体规划是专项规划的基础，详细规划的依据；各类专项规划要相互协同，并与详细规划做好衔接。国土空间设计在纵向结构上也可以分为“5”级，即国家、省、市、县、乡5个层级。国家层面的国土空间设计是否需要单独编制，可以进一步探索。即或不单独编制国家层面的国土空间设计，但国家层面的全国国土空间总体规划，在区域协同格局塑造、国土安全空间营造、国土品质空间建造等方面，都需要融入国土空间设计的思维和内容，以推进美丽中国建设。在此基础上，与国土空间规划相一致，也需要进行跨区域的国土空间设计，例如城市群、都市圈、流域、经济带等国土空间设计。国土空间设计在类型结构上也可以分为“3”类，即与国土空间总体规划、国土空间详细规划和国土空间专项规划相一致，形成对应的国土空间总体设计、国土空间详细设计和国土空间专项设计。

4）管理的一致性。国土空间规划和国土空间设计，在管理上具有相当的一致性。一是都必须严格遵守国家法律法规、标准和技术规范，采用符合国家有关规定的基础资料。二是都需要明确表达国土空间管控的基本要求，以生态美丽、自然原真、整体和谐为原则，对农业、生态、城镇、乡村等空间内的各类人工行为进行引导控制。三是都应该最大程度守住国家安全和环境品质的底线，提高国土空间高质量生产和高品质生活的水平。四是都要坚持人与自然共生，使人工与自然融为有机整体，实现“美丽国土”的全域科学管控。五是都必须坚持主客体管理的相统一，也就是坚持规划设计管理主客体的一致性。从“新唯物主义”在“实践”这一最基本范畴上特有的理论视野来看，如果规划设计主客体错位或者相向而行，必然会导致空间治理体系的低效甚至混乱。

（二）国土空间设计与国土空间规划的差异性

国土空间设计与国土空间规划虽然在对象、目标、体系和管理上有广泛的一致性，但毕竟是谋划空间发展的两种手段，是硬币的正反两面，在价值取向、空间内容、功能作用和实现路径等方面都有较大差异，甚至存在某些本质性的差别。

1）价值的差异性。无论对国土空间规划和国土空间设计做出何种定义，其本质都是对未来状态的一种选择，是一种以一定价值目标和价值判断为前提的选择活动。这些选择经常包括在公平、正义、自由、效率、健康、安全、便利、环境、生态、善和美等诸多价值中做出取舍。这种选择不是一种技术操作，而更多的是一种价值判断。国土空间规划的价值选择会更多地围绕开发与保护的矛盾而展开，围绕底线管控、分配公正、持续发展、降低负外部性、确保区域竞争力等价值目标做出选择。例如，当人与生物利益在国土空间资源配置发生冲突时，冲突各方应尽可能等同分配并共享自然资源，例如划分自然保护地，实施环境整合规划、轮作、轮猎等，以保证人与生物之间的分配公正。国土空间设计的价值取向会更多地围绕人性化需求、特定功能、景观美学、地域文化等价值目标做出判断。例如，国土空间设计围绕人性化需求，更关注舒适、视觉趣味、可及便利、独特性、多样性、视景、可识别性等因素的价值贡献。简言之，国土空间规划会更关注空间的宏观价值选择，而国土空间设计则相对更加重视空间的微观价值功能。

2）内容的差异性。国土空间规划包含经济、社会、生态、环境、文化、资源、政策等多方面内容，安全、公平、效率、环境是其依循的基本准则，其内容总体上要比国土空间设计更宏观、更显战略性。但是，国土空间设计有着自己的独特性。第一，国土空间设计所关注的是人与国土空间形体环境的关系和国土空间生活空间的营造，具有较多的文化和审美含义，以及使用舒心和心理满足的要求。第二，国土空间设计是对国土空间规划的深化，内容更加具体而细致，更多的会在中微观层面形象地处理国土空间的物质形态关系，使国土空间各组成要素、各区域之间的相互空间关系更加完善和精细化，深度更高。第三，国土空间详细规划和国土空间设计虽然都是在总体规划指导下进行的，但详细规划更偏重于用地性质、地块划分、设施配套、道路交通等工程技术问题；而国土空间设计更多的与具体的生活环境和人对实际空间体验的评价，如艺术性、可识别性、舒适性、意象性、意境性、心理满足程度、景观特色等非工程技术问题有关，更重视涉及感性认识及其对人们行为和心理上的影响。第四，在成果表达方面，国土空间规划以表现 2 维内容为主，成果偏重于法律性的条款和政策，而国土空间设计会有更充分的具有 3 维直观效果的表现图纸，对于国土空间形态、景观特色、场所人文环境和公共空间的表达更加突出和直观。

3）功能的差异性。国土空间规划的核心使命是围绕如何处理好人与自然之间的相互作用关系而开展的，它以促进人地关系和谐为逻辑起点，以实现国土空间的高质量生产、高品质生活和持续性演进为目标，在确定不同类型和不同区域国土空间系统适宜性、潜力、优势、承载力、容量、生态系统服务功能以及脆弱点、恢复力、限制、边界、退化风险、激励结构、可持续性轨迹、长期趋势和演变规律的基础上，实现更合理的土地利用、更高效的设施布局和更优化的空间结构，战略引领、底线约束、有序开发、格局优化、结构平衡、基础设施与公共服务设施合理布局、整治修复国土是其主要的功能目标。而国土空间设计的主要功能是从使用者的角度塑造更高质量生产和更高品质生活的空间环境，协调人居环境建设与自然生态、历史人文资源之间的关系，凸显国土空间的区域和地方特色，满足公众对于国土空间审美、体验和使用要求，不断提升城乡居民对美好生活的需要和幸福感。

4）路径的差异性。国土空间规划是为实现未来国土空间开发保护目标或达到未来发展状态的行动顺序和布局决策。更具体而言，国土空间规划就是根据国土空间系统自身的功能和外部环境条件确定规划目标任务，在此基础上研制为实现目标可能采取的途径和政策措施，同时分析各种政策、措施可能造成的各种国土空间开发保护后果，从而编制不同时期、不同政策背景下形成的各种国土开发 保护状态的比较或模拟方案。然后，按照从目标和任务引申出的准则对各种方案进行比较和评价，以便产生被推荐的策略性规划方案。从技术上看，国土空间规划是横跨于决策过程和实施过程之间的特殊媒介，从决策到实施是一种组织行为，也是一种连续调整以适应环境和达成目标的行为。预测、评价、用途分区、决策支持等是国土空间规划重要的实施路径和方法。而国土空间设计是一种更好地理解人类生活需要的能力，其路径是通过对国土空间自然与建成环境的要素识别、品质评价和认知诊断，以人的物质、精神、心理、生理、行为规范等多方面的需求及其与自然环境的协调共生为主线，达成舒适、美丽和有文化意境的国土空间环境。虽然二者都通过定性、定量、定位、定序的“四定”路径来实施，但国土空间设计会更多采用艺术和感性的路径。

二、国土空间设计与相关空间设计

（一）地理设计

地理设计（Geodesign）是以地理科学系统理论为指导，以地理信息为基本支撑，对特定地理单元的资源合理利用提供谋划的一种设计方法。该设计方法的特点是在3维地理信息的环境下，将设计方案的创作与真实地理环境、系统思考和数字技术应用的影响分析模型有机结合，是设计学和地理学跨界融合的产物（Flaxman，2010；Goodchild，2010；管雯君等，2018）。地理设计的外延较为宽泛，凡是遵循系统理论指导，在全过程中充分运用地理信息技术，并注重“人地关系”互动机理探索的规划、设计、决策，都属于地理设计的范畴。地理设计并不是对专业领域设计的替代，而是将其地理思想和地理信息技术运用其中，以提高相关领域的决策效率与水平（张远等，2016）。地理设计总体上属于自然科学的范畴，重视用表达模型、运作模型、评估模型、变化模型、影响模型、决策模型等形成技术体系。其基本思想和技术方法，例如人地关系思想、数据挖掘技术、大地生存支持系统分析技术等，对国土空间设计有借鉴和参考作用，也可以成为国土空间设计的基础内容，它能更直接、更准确、更有效地帮助国土空间规划设计师更好地理解和表达每个国土空间场所的复杂性，选择最优质的设计和决策方案。但国土空间设计总体上不属于自然科学范畴，是自然科学和人文科学交叉融合的产物，而且在某种程度上更注重人文科学的风貌、审美、体验、意象、意境以及治理等内容。国土空间设计师除了需要应用现代技术支撑科学分析与判断以外，更需要用自己的智慧和灵感，在内心深处建立起与大地的情感联系。

（二）景观设计

“景观（Landscape）”概念，在很多学科中都是核心的词汇，比如“风景园林（Landscape Gardening）”“景观建筑（Landscape Architecture）”“景观地理学（Landscape Geography）”“景观生态学（Landscape Ecology）”“景观学（Landscape Study）”等。可是在不同领域有着很大的差异，甚至有所谓的“政治景观”的表述。20世纪70年代以来，景观规划（Landscape Planning）开始成为一个大众词汇。1974年，国际性学术刊物《景观规划》创刊，标志着景观规划从此奠定了学术地位（胡友峰，2019）。从当下国际上不同国家对于景观规划的不同理解来看，相对应的景观设计主要有两种理解，分别源于景观一词的两种不同用法：其一，景观表示风景时，景观设计意味着创造一个美好的环境；其二，景观表示自然加上人类之和时，景观设计意味着在一系列经设定的物理和环境参数之内设计出适合人类的栖居之地。狭隘的景观设计，等同风景园林规划设计，其要素包括自然景观和人工景观。它与规划、生态、地理等多种学科交叉融合，在不同的学科中具有不同的意义。20 世纪 70 年代以来，景观设计有明显的生态转向，开始偏重对景观的生态设计。它是指以景观生态学的原理和方法进行的景观设计，所注重的是景观空间格局和空间过程的相互关系，其中景观空间格局由斑块、基质、廊道、边界等元素构成。国土空间设计包含但远远超越景观设计的内涵，前者是对国土空间规划的深化和人文环境的提升，其内容涵盖景观、经济、社会、生态、环境、文化、资源、政策、美学等多个维度，具有更多的文化、艺术和审美含义，更关注营造特色、舒心、能满足情感和心理需求的生产生活空间，也更关注对空间治理的功能和贡献，二者有明显甚至是本质上的不同。当然，景观设计的整体观，以及与环境保护和生态美学结合的思想，对国土空间设计有重要的借鉴作用。

（三）生态设计

生态一词源于希腊文“Oikos”，其意为住所或栖息地。当下对生态学的理解，大多认为是研究生物与环境之间相互关系的科学，其中生物包括动物、植物、微生物及人类本身，即不同的生物系统；而环境则指生物栖息地中的无机因素，生物因素和人类社会共同构成环境系统。生态设计的实质就是运用生态学原理去综合评价、谋划和协调人与自然的关系，提升资源开发利用的生态经济效率。生态设计，也有称为绿色设计或生命周期设计或环境设计，是指将生态因素纳入设计之中，从而帮助确定设计的决策方向。生态设计要求在产品开发的所有阶段均考虑生态因素，从产品的整个生命周期减少对生态系统的影响，最终引导产生一个更具有可持续性的生产和消费系统。在人类面临生态平衡遭受破坏的时代，需要重新审视人与自然的关系，寻求人类与自然和谐相处的路径，生态设计是十分重要的应对举措，将生态一词放在多高的位置都不为过。但是，国土空间设计需要综合考虑社会、经济、生态、文化、艺术等多方面的因素，经过综合分析找到最适合的发展路径。每一块土地或每一个国土空间单元，其价值都是综合的，设计面对的问题也是复杂多样的，仅仅考虑生态的设计是不全面的，在现实中也会失去其价值的。例如，对城市公共空间而言，如果不考虑人的使用，那就失去了它的使用功能，也就意味着割裂了人与自然之间的密切联系，生态理念也就失去了存在的意义（王向荣，2019）。

（四）城市设计

国内外学者对城市设计的概念理解在不断深化，对城市设计概念边界的探索也从未停息。早期阶段的城市设计来源于建筑设计，之后不断融进社会学、地理学、景观学、美学、文化学、环境学等学科领域的思想内涵，城市设计的概念不断得到丰富和发展。据《简明不列颠百科全书》（1986）的解释，城市设计是“对城市环境形态所作的各种合理处理和艺术安排”。据《中国大百科全书（建筑、园林、城市规划卷）》（1988）的解释，城市设计是“对城市体形环境所进行的设计”。不同国家和不同研究人员对城市设计的定义有不少差异，但多数人都认为城市设计是在城市总体发展目标的约束下，以城市建筑环境中的空间组织和优化为目的，以场所营造为核心，对城市空间形态和景观风貌所做出的统筹安排和控制（王伟强，2019；王建国，2019）。从国土空间的角度看，城市只是国土空间中的点或者局部，因此可以认为城市设计与国土空间设计是点与面、局部与整体的关系，二者在价值目标、工作原则、内容结构、实现方式等方面都有重大差别。比如，国土空间设计所面临问题的界面结构，除去城市层面以外，还需要综合考虑乡村地区界面结构、生态保护地区界面结构、海陆统筹地区界面结构等；再比如，国土空间设计所追求的价值目标是全覆盖的诗画大地和美丽中国，而城市设计主要是营造城市区域的美丽空间环境；还比如，由于国土空间设计所面对的区域尺度会更大、层次会更多、内容会更复杂，其设计工具就会更多地采用地理信息系统技术、大数据和云计算技术、景观生态技术和遥感技术等。可以认为，由于大多数人都聚居在城市，城市设计是国土空间设计的重要基础和组成内容，但不能单以城市设计的思维范式、理论视野、方法论和工作传统来进行国土空间设计，毕竟二者有上述所指出的诸多差别。

（五）建筑设计

从物质层面看，国土空间设计和建筑设计都关注实体（Mass）和空间（Space）以及两者的关系，二者的工作对象在城乡建设活动中呈现出整体的连续性，并且通过相互的影响和干预来达成一种整体效果。但是，国土空间设计并非就是一个“建筑设计问题”，国土空间设计与建筑设计是点与面、局部与整体的关系。在通常情况下，一个良好的国土空间形态环境更多地取决于国土空间设计的效果，而不是建筑设计。通常的建筑师，也不如国土空间设计那样具有对国土空间整体性的自觉。特别是在市场环境的现实条件下，建筑设计师经常会更多地顺从业主的最高利益原则，使建筑单体建设在某种程度上脱离国土空间外部环境的约束，不恰当地增加容积率和覆盖率，以及缩小建筑日照间距和减少必要的绿色基础设施等。建构筑物的工程设计，主要任务是确定各项具体工程的形式、控制性尺寸、各部分结构和细部的构造及所用材料和施工方法，提出工程预算和施工进度安排，进行技术经济分析，并阐明工程效益，是对一项具体工程的组织实施所进行的参数设计活动。二者在目标、尺度、内容、结构、方法等方面，都有重大区别。

（六）区域设计

国外当代区域设计的先驱出现在20世纪80年代，以美国新泽西州区域系统顾问委员会、纽约区域规划协会等领导下的系列工作为代表，从区域规划中分离出区域设计理论和方法。一般认为，区域设计是在广域尺度国土空间范围内，围绕山川湖海等自然生态要素、城乡海岛等人工聚落要素、田野公路等生产支撑要素，以区域自然生态景观形象展示、人居环境整体空间形态构建、区域空间整体秩序协调、关键空间意象塑造等为主体内容，协同社会经济等其他相关因素而进行的区域空间形态整体研究与设计（周庆华等，2020）。区域设计所考量因素大多以宏观功能为主，对国土空间人的环境感知行为、审美体验、精神需求等缺少系统性考量，也不是以国土空间规划为指引，更没有与国土空间规划形成互为条件和相互补充的整体系统，二者在基本内涵、结构体系、主要特性、社会价值、治理功能、使命境界等方面都存在很大差异。

需要指出，地理设计、区域设计、景观设计、生态设计、城市设计、乡村设计和建筑设计等相关空间设计，都是国土空间设计的重要基础和关键组件。国土空间设计需要从这些相关空间设计中汲取精华，通过融合创生形成自己独特的理论框架、思维范式、逻辑板块和工作方法，不断增进国土空间设计基础理论的厚度韧性、技术体系的完善臻备和空间治理效能的日趋提升。事实上，国土空间环境形态、意象意境是整体统一和局部变化的有机结合，国土空间设计唯有与相关空间设计形成一种整体的“完形”效应，才能实现建设美丽中国的历史使命。

第三节　国土空间设计的当代价值

一、国土空间设计的科学地位

（一）国土空间设计的学科性质

国土空间设计以人地关系、人类聚居环境和国土空间的相互作用为主要研究对象，核心问题是要解决国土空间特色格局、形态结构、景观风貌、大地艺术、意境意象和人文需求之间的关系，以建构促进美丽中国建设和实现人们对美好生活新期待的创新模式。它需要将不同类型和不同区域的国土空间结构、功能、评价、大地艺术、美学标准、决策支持、社会认知、行动方式、权利关系、科学信息等最大限度地整合为更有效的社会体验和治理系统，已然成为包括自然科学、人文社会科学和工程技术科学的综合性学科。它具有以下基本的学科性质：

1）浓厚的交叉学科性质。国土空间设计的概念是建立在系统论基础上的，国土空间设计科学也正是在系统论的支持下，由自然科学与社会科学相互渗透而形成的。整体性和系统性始终在国土空间设计各个环节的研究中得到充分的体现，地理设计、景观设计、生态设计、城市设计、乡村设计、建筑设计及哲学、文化、艺术、美学、环境、经济、社会、政治、现代治理等多学科的深度交叉融合，几乎是从最形而上到最形而下的交叉融合，是其十分突出的学科样式。

2）突出的人文艺术倾向。相比较而言，国土空间规划会更侧重理性和宏观，国土空间设计则更注重中微观层面的感性和人文艺术倾向。国土空间设计重视空间的特征、结构和比例，但更倾向于将国土空间看作整体，看重建筑、自然景观和人工造型之间的韵律、和谐关系，看重是否满足人们对美好生活向往的需要。在它所关心的艺术性和如画性的背后，最终关注人和人的感受以及空间对人的内在心理影响。人本主义（Anthropocentricism）是国土空间设计重要的哲学思维方式之一。以城市绿地为例，规划会更侧重规模、结构和布局，设计会在公共健康、心理和艺术性的层面上，谋划绿地的休闲品质和艺术品质。对于城市路网，规划永远只服务于交通而不会服务于艺术。除非在图纸上或坐在低空盘旋的飞机上，否则人们永远都不能通过感观感知路网是否在美感和实用性之间找到了一种平衡。在很多乡村，你可能永远也找不到“青山旧路在，白首醉还乡”的感觉。国土空间设计把人对美好生活的需要，对诗性和艺术看作是必要的灵魂给养，以达到人类诗居大地的崇高目标。

3）鲜明的公共治理色彩。国土空间设计是落实和细化国土空间规划的一项行动方案，它影响自然资源在部门和产业之间的合理配置，关注国土空间开发保护的结构和布局，重视国土空间满足人们对美好生活向往的需要，更关注人与自然的共生关系。所有这些问题都是公共管理（Public Administration）和空间治理（Spatial Governance）的重要组成部分。由于在市场结构条件下，对国土空间这种具有公共性资源的配置、开发保护和生活品质塑造常常具有市场失灵的一面，因而需要强化政府对国土空间设计的干预、介入和管控，并且需要以公共政策作为依据和指导，否则就难以统合物质环境、社会系统和文化系统在多种场合下的矛盾和冲突。因此，国土空间设计需要纳入政府公共治理的范畴。

4）明显的时空耦合属性。国土空间设计具有明显的“时间感”和“空间感”。它的时间过程在静态上表现为结构、格局、意义和方式，在动态上表现为起承转合、进化发展和特色创新；同时，它在空间尺度上可分为国家、区域、地方和地块等不同层次。因而，国土空间设计具有明显的时空耦合属性，任何静止和僵化的设计思维，任何不能做到因地制宜的设计方案，都是违背国土空间设计时空耦合性准则的。在 21 世纪的生态文明新时代，国土空间设计需要将尊重自然规律、人与自然和谐、建设生命共同体上升为最高指导原则，将品质化、数字化、人本化、个性化、复合性、社区性、体验性、场景性、地域性纳入国土空间设计的内核框架，将绿色发展、高质量发展、协调发展、可持续发展内生为国土空间设计的思维结构。简言之，新时代的国土空间设计，就需要根据新时代的要求从工程营造走向生命共同体建设。这是历史的选择，也是历史的必然。

5）综合的应用学科特质。上文已经指出，国土空间设计是在地理学、社会学、艺术学、美学、管理学、设计学等学科基础上经综合创造而形成的，具有明显的综合性。同时，国土空间设计更是面对国土空间治理和国土空间美好生活营造的实践而言的，问题导向、目标导向和需求导向是其重要的实践原则，在总体上属于应用性学科。它强调国土空间设计对人类的可达性（Accessibility）、可用性（Availability）、可持续性（Sustainability）、可鉴赏性（Appreciability）和稀缺性（Scarcity），是将思维方式通过空间表达付诸实践的手段。

（二）国土空间设计的科学地位

国土空间设计涉及从物质环境变化到社会矛盾冲突再到人文境界追求的广阔领域，其价值源自国土空间设计对国土空间结构、功能与演化的研究，对自然与人文现象在不同地方和区域空间相互作用的过程及其影响的研究。处理这些问题虽然远远超出任何一门学科的能力和见识，但这些问题都包含着国土空间设计的基本方面。国土空间设计以独特的思维和方法观察世界的 3 个“透镜”：场地的综合、地方空间的相互依赖、人与空间的互动反馈，为科学认知人类如何诗意地栖居于大地作出独特的贡献。在地方空间、人与空间相互依赖的认知，在处理生态系统变化、经济与社会持续发展、人类生命健康以及冲突与合作等社会实际问题上，具有重要的方法论作用。

国土空间设计增进了对科学知识的贡献，它和其他学科通过建设更加紧密的伙伴关系，把它们解决问题的独特视角和方法论结合起来，能够更好地解决国土空间有效治理和人类可持续发展等一系列当代前沿性科学问题。比如，寻找人与自然共生的新路径、改善国土空间的生态景观和文化价值、创造更加包容健康和可持续发展的地球空间等，国土空间设计才能作出独特的贡献。事实上，国土空间设计关切的科学问题，直指当代决策者和公众的迫切需要。它对解决实际问题作出贡献的方式主要有：以研究成果直接影响决策，为城乡居民提供咨询从而成为决策过程的一部分，以设计成果直接促进人与自然的共生，并提供满足人们对美好生活需要向往的解决方案等。目前，国土空间设计学科中优先发展起来的城市设计、景观设计、建筑设计等，在欧美等发达国家的许多著名高校，如哈佛大学、宾州大学、麻省理工学院等，都已设立为学位学科。据统计，目前美国有超过 60 所大学设有景观设计、建筑设计专业的学位教育，其中 2/3 设有硕士学位教育，1/5 设有博士学位教育，已成为全球飞速发展的学科之一（刘滨谊，1999）。

二、国土空间设计的治理功能

（一）促进保护与开发矛盾的空间治理

从人类文明历史的发展进程看，当土地作为农业生产用途过程中受到其他产业生产、居民居住、社会消费、自然游憩等用途的竞争时，协调国土空间开发和保护便成为一个必然的重要话题。当代世界范围内对协调国土空间开发和保护的关注，可以追溯到 20 世纪初的美国和欧洲大陆国家，对快速城市化扩张所造成粮食生产能力下降、保护生态环境、维持景色美观和稳定农村生活的担忧（Plaut，1980；Peterson et al. 2000）。2018 年国家推进空间治理体系的重大改革，建立新的国土空间规划体系，其重要原因就是为了解决“因无序开发、过度开发、分散开发导致的优质耕地和生态空间占用过多、生态破坏、环境污染等问题”，本质上就是协调和治理空间保护与开发的矛盾。国土空间设计作为落实国土空间规划的重要手段，在促进保护与开发矛盾的空间治理过程中，具有以下 3 个方面的独特作用：其一，国土空间设计的根本出发点是要超越狭隘的经济范畴，按照风险预防原则寻求公共安全和长远福利的最大份额，把生态安全、环境安全和粮食安全摆在最优先的地位，客观分析可能出现的问题，制定妥善解决问题的国土空间设计方案，有利于促进解决在市场结构条件下的国土空间的保护问题。其二，国土空间设计通过认识各种国土空间组成要素、相互联系、结构功能及它们的发展演变规律，能更好地改善国土空间的结构、形态和开发方式，并且能按照这种认识和某种约束性来推进开发，使开发保护做到有条理、有秩序和规则不乱。其三，国土空间设计落实节约优先战略，通过对国土空间格局、产业结构、开发方式、利用模式的精细化设计，推动资源利用方式的根本转变。它关注国土空间开发利用的生产成本，产权转移实现的交易成本，寻求能将资源转化成高效配置的最佳交易路径，建构更加合理的地域分工形态、城乡建设用地分类形态、存量盘活和外延开发形态等，形成更加紧凑的国土空间格局，促进国土空间开发少占优质耕地和生态用地。

（二）提升生态和空间品质治理的效能

中国未来提升生态和空间品质的关键治理之举包括：维护生态安全、实施重要生态系统保护修复、提高重点生态功能区生态产品供给能力、建立以国家公园为主体的自然保护地体系、构建生态廊道和生物多样性保护网络、强化历史文化地区资源保护、强化自然景观地区资源保护和合理利用、营造宜业宜居宜游宜养的城市和乡村环境、塑造更有特色的城市和乡村风貌、推进国家魅力海岸海岛和海域建设等。国土空间设计通过研究自然地理格局、自然资源禀赋和生态系统各要素的相互作用、动态演变和地域空间分异规律，研究国土空间历史资源的系统性、关联性和典型特征，研究国家文化公园、历史文化名城名镇名村和传统村落等核心要素的空间网络分布规律，谋划构建更加合理的大地生态空间形态、拓展以文化实践为主导的空间景观美学、塑造可感知和可体验的国土空间特色风貌、建构更加精致完善的各级生活圈和公共服务设施以及各类公共健康设施配置等，是改善环境、生态和空间品质治理效能必不可少的基础研究和实践举措。

三、国土空间设计的社会价值

（一）满足社会对美好生活的需要

自工业革命以来，在工具理性和资本逻辑的全面渗透下，人类进入了“以物的依赖性为基础的人的独立性”的时代。20 世纪 30 年代雅斯贝斯就已经发现：世界正经历着一场极大的变化，以往几千年的任何巨大的变化都无法与之相比（雅斯贝斯，1997）。在 21 世纪的今天，人类的家园出问题了，这是不争的事实。比如乡村家园，正如梁漱溟先生 70 多年前那个振聋发聩的总结所指出的那样：“一部中国近百年史，从头到尾就是一部乡村破坏史。”（梁漱溟，2005）然而，当下人们已经开始对生活品质有更高的期望，例如不仅希望食物数量能够保障，更关注食物的质量和安全；不仅希望能够有房住，更关注住房的质量和生态环境；不仅希望有生产空间，更希望能有优良的休闲、娱乐、旅游、观光空间，如此等等。总之，随着社会发展从“生存性需求”向“发展性需求”的升级，人们对空间品质有更多的需求和更高的期望。既要创造更多物质财富和精神财富以满足人民日益增长的美好生活需要，也要提供更多优质生态产品以满足人民日益增长的优美生态环境需要。总体上看，随着社会、经济的发展和价值观的变迁，人们对于生活的追求不再局限于物质层面，社会各领域的变革也朝着满足品质生活而发展。重视度假与休闲、重视精神生活以及关注身体健康成为当代高品质生活的重要特征。国土空间设计重视环境保护和自然景观资源保护，重视构建活力多元的社区生活圈，重视品质优美和类型丰富的生态产品供给，重视城乡特色风貌和区域魅力的塑造，是实现人们对未来美好生活向往需要的重要路径。

（二）促进美丽中国的持续性建设

据调查，截至 2015 年，全国生态环境脆弱区面积占国土面积的 60%以上，其中全国荒漠化面积达 136.22 万平方千米。全国等级差的自然生态系统面积比例为 31.3%，其中差等级的森林生态系统约39.40万平方千米。全国草场主要分布于半湿润、半干旱和干旱的北部和西部地区的蒙新高原和青藏高原，草地总面积274.00万平方千米。由于长期超载过牧，有一半以上已经退化，其中1/4严重退化。2017年监测的典型海洋生态系统中，亚健康和不健康的占80%。全国90%的城市地下水已受到污染，国内近20%的城市集中式地下水水源水质劣于Ⅲ类。青藏高寒地区、西北干旱地区、黄土高原地区、西南喀斯特地区、内蒙古高原等地生态系统的恢复，在较长时期内都可能难以实现。因此，生态文明建设已成为关系中华民族永续发展的根本大计，建设天蓝地绿水清的美丽中国是国家发展的重大方略。国土空间设计以营造美丽国土空间为基本价值取向，以实现国土空间安全永续发展为基本指导方针，将山水林田湖草作为生命共同体，通过形态维度、体验维度、意象维度和治理维度的综合国土空间设计，能够更好地避免城乡生命共同体的空间阶层化、投机化和碎片化，推动形成绿色发展方式和生活方式，促进形成安全、和谐、开放、协调、富有竞争力和可持续发展的美丽国土。

四、国土空间设计的文化意义

（一）提升人类社会的文化品位

人是一种自然的存在，“自然生命”是人的生存前景。但人还是一种精神的存在，“精神生命”是人的生存标志。人与其他动物和个体不一样，人是用他的理智、信仰、意志和类价值来支配他自身的个体。其存在不仅是生理的，而且还有着更加丰富、更加高贵的层面，也即有着精神的和超越的文化品位存在。这种文化品位存在不仅仅是对物进行被动反应的精神生命，而且是具有复杂的自为的精神生命。精神生命或者说有意识的生命活动，是人高贵于动物的根本原因所在（余潇枫等，2006）。可是，自工业革命以来，在资本逻辑这种大环境的“他毁”和对国土空间功能认识偏误的“自毁”这两种力量的叠加和互动下，国土空间所应有的“多功能性”被窄化为生产要素的提取单位和货币载体。在西方中心主义与现代化意识形态主导下，国土空间则处于“非现代”和“反现代”的相对位置而被不断边缘化。以传统文明为基础的国土空间文化和价值，因难以分享资本主流坐标下的意义而日益空洞化，并且使得这种空洞化具有不可置疑的合理性，以及在政治经济权衡之下的可能“成本/代价”获得某种谅解（潘家恩等，2016）。故而，国土空间破坏成了一种趋势，国土空间文化品位成了绝对的牺牲品。当代人作为建筑住房的家园问题开始得到逐步改善，可是“温馨家园”“心灵家园”却加剧缺失，人类正陷入精神家园流离失所的困惑。这已经导致更多的人在发问：何处是文化家园，何处觅品位家园？从根本上说，人类今天面临的精神家园流离失所，是一种整体性的文化危机，它根植于工业革命以来形成的并隐藏在人性深处的价值理性缺失之中。国土空间设计关注人的精神归属和心灵安顿之处，通过赋予国土空间形态和结构功能以文化意义和整体意象，努力建构一个安顿与生成生命的文化品位家园。与古典主义景观的可信度与可理解性相比，浪漫主义和生物学景观是神秘的，自然科学家刚刚开始有零星的接触。可是，国土空间设计师早已发展出一种生物圈艺术，通过创造性的设计来提升人类社会的文化品位。例如，首届国际景观规划设计师联合会（IFLA）主席杰弗里·吉利柯，于1981年在阿尔卑斯山脚下布雷西亚（Brescia）地区所做的区域景观设计，从毗邻的水景之中提取出鱼的原形，变形为假山，而且打造出一个生命的牧场，展现出人类景观所折射的人与环境关系的哲学思想。“两岸花柳全依水，一路楼台直到山”的扬州城、“三山万户巷盘曲，百桥千街水纵横”的绍兴城，“欲把西湖比西子，淡妆浓抹总相宜”的杭州城等，都是国土空间设计对提升人类社会文化品位的经典案例。国土空间设计使文化实实在在地进入了存在的世界，同时给你我在审美愉悦中忘掉自我而达到自由的超脱。

（二）推动人类文明走向新高地

从用火开始，再到石器、青铜器、铁器、机器、电器、硅器、航天器及今天的互联网、物联网、大数据、云计算、人工智能、虚拟现实和服务型机器人，是这些技术进步推动了人类的文明和国土家园的升级。人类正进入一个“高”时代：高技术、高铁、高速公路、信息高速公路等。这种“高”时代造就了前所未有的发展，也造就了代表未来不同于过往的新一代。任何人都无法回避这样的现实，也无法再回到农耕时代那种“牧童经济”的生产方式和生活样式。今天的大部分人没有电脑很难生存，没有手机更无法生存。社会没有计算机网络一定会瘫痪，甚至整个经济都会崩溃。可是，技术的每一次革命，在为人类造福的同时，也让人的贪婪在规模上得到一次恶性升级。科技革命带来的物质富余，实际上为人类的贪婪和折腾提供奖励。科技与资本结盟之后，形成了如此这般的恶性循环：因为有利可图，科技被发明；之后生产效率被提高、物质生活被改善，又勾引人们对利润的贪念；竞争迫使企业降低成本，而降低成本的最简单方法就是发明更先进的科技。如此循环，永无休止（石军，2013）。但不管怎样的循环路径，其结果是导致前所未有的历史断裂，导致“精神家园更惨”，导致人类文明的堕落。国土空间设计的思维方式和内在结构，都更重视“文化意义”“审美悟道”和“诗意之魂”。从古典主义到现代主义再到后现代主义；从机器时代到后机器时代，从物质社会到后物质社会等，国土空间设计不仅重视革命性的先锋批判，而且始终重视科学与艺术的结合，重视设计融入自然、设计关照伦理、设计内生诗化，实现科学的逻辑性和精确性与艺术的形象性和情感性的高度融合。因此，在很大程度上可以认为，正是国土空间设计，推动人类的栖居文明不断走向新的高地。

第四节　国土空间设计的使命境界

一、国土空间设计的历史使命

（一）人类聚居空间演进的历史规律

在人类发展历程中，各种形式的聚居地统称为聚落。它不单是房屋建筑的集合体，还包括与居住直接有关的其他生活设施、生产设施和生态环境。聚落既是人们居住、生活、休息和进行各种社会活动的场所，也是人们进行生产的场所。按照不同的功能和特点，可分为城市聚落和乡村聚落两种主要的类型。最早的人类原始聚居大约出现在 200 万年前，称为“原始无组织聚居”，呈自然的无组织状态。直至中石器时代，大约 15000 年以前，人类开始形成了永久性聚居——村落，考古学家从印度到波罗的海沿岸的广大范围内发现了大量永久性聚落的确切证据。中国发现的新石器时代遗址就有 7000 余处，仅甘肃省就普查到 1000 多处，陕西省也发现 900 多处。陕西仰韶文化的代表性遗址如西安半坡、宝鸡北首岭、临潼姜寨、华县泉护村和元君庙等，已经有相对完善的村落结构。这种原始村落主要是围绕着两大主题——食和性而展开的：一个是生命的维续，另一个是生命的繁衍。但随着村落定居人口以及规模的逐步扩大，生产、生活、经济、商业、文化、宗教等功能不断多样化，原始村落已经无法满足人的多样性需求。城市，作为人类的一种新聚居形态，开始在旧-新石器文化的（Paleo-neolithic）聚落中孕育。很多城市的建筑构造和象征形式，在新石器时代的农业村庄中就已经开始出现：从更晚一些时期的证据中还可推断，连城墙也可能是从古代村庄用以防御野兽侵袭的栅栏或土岗演变而来的。在这样一种院落范围内，儿童们可以安全地游戏，否则无法受到保护；夜里，家畜在里面也可避免虎狼侵扰（芒福德，2004）。城市是一种特殊的聚居形态，其构造致密而紧凑，足以用最小的空间容纳最多的设施；同时又能扩大自身的结构，以适应不断变化的社会需求和更加复杂的功能形式，例如劳动分工、文化渗透、财富与人格等，因而人类越来越多地聚居在城市。2019 年中国居住在城市的人口达到 60%，美国已经超过 80%。然而遗憾的是，在城市的形成发展过程中，原来在新石器时代村落聚居中那种积极的共生关系开始被大部分破坏，取而代之的是建筑在分化、剥削、战争、奴役和寄生基础上消极的共生关系，这就导致城市不良的形体变化、抗病能力降低、生命周期缩短。

城乡聚落形成过程中受到自然环境和人文环境的影响而出现不同的分布格局。其中，自然环境因素，如气候、光照、水文、地形、地质、土地类型等首先作为人类生存环境，通过影响人口分布而对城乡聚落分布产生影响，并且随着城市和乡村的不断分化，经济、人文和社会环境，如战争、行政、文化传统、交通、生产方式等开始成为其主要的影响因素。在城乡聚落形成的初期，乡村聚落的分布特征主要表现为在自然条件好的地方分布多，在自然条件差的地方分布少，具体分布在：①临近水源所在地；②地形较为平坦，气候、植被、土壤条件较好的地方；③临近交通便利的地方；④靠近集市、宗教活动地。而城市聚落的分布特征也反映出对自然条件的依赖。一般来说，大城市对自然条件的依存关系比非特殊职能的小城镇要紧密得多，气温、降水、地形条件等都是城市分布的重要影响特征。从城市聚落的发展历程来看，其分布特征主要表现为：①人口密集地区城镇数量较多，并在其人流、物流的枢纽部位；②沿河、沿海、沿湖地区城镇较多，在河流交汇处或大河流入海口；③交通运输枢纽处；④历史文化圣地、著名旅游地、大规模的商品集散地或者比较大的边境口岸；⑤大型或特大型矿产资源分布地区（王恩涌等，2002）。此外，区域内的经济、社会条件对城市聚落的分布影响也相当巨大。如基础设施状况、区域劳动力数量和质量，经济发展的历史传统、发展水平和结构特征，未来的开发潜力等。按照道萨迪亚斯人类聚居学理论，人类聚居空间的演进规律深受以下 5 大系统综合支配：

1）自然系统。自然系统主要是由岩石圈、大气圈、生物圈、水圈、土地圈等所构成的复合物质系统，是聚居产生并发挥其功能的基础。例如，土地具有肥力，能够提供生长于其中农作物水分、养分、空气和热量的需要，直接参与农产品形成。土地参与农业生产，为人类生存提供必需的生活资料。因此，大多数的乡村和城市聚落产生初期都分布在土地肥沃的区域，如冲积平原、河海交汇处等。又例如，大地构造部位和相应的地貌类型特征，决定人类聚居的适宜性和居住环境的优劣。不少不适宜居住的区域，就是大地构造和地形地貌条件不利的地质灾害危险区。再例如，在自然资源丰富，特别是矿产资源丰富，或连接此类地区的中间区域常形成城市聚落。山东省东营市，就是源于胜利油田的开采，20 世纪 50 年代几乎没有城镇人口，但到 2020 年城镇常住人口达到 210 多万人，几乎所有资源型城市都有类似的情况。

2）人类系统。作为个体的聚居者，人类系统的规模、结构和功能需求直接影响到聚居的适宜性和动态变迁。大量人口快速集聚到城市，会完全改变原有自然生态系统的结构和功能。由此会带来交通拥堵、水资源短缺、大气污染、土地退化、森林破坏、生态恶化问题，带来资源环境承载力超载的问题，等等。例如，据武汉市水务局调查数据显示，曾经的“百湖之市”武汉市城区 50 年来近百个湖泊消失，湖泊面积由 1980 年的 719 平方千米锐减至 2015 年的 490 平方千米，35 年减少了 229 平方千米，湖泊面积减少近 1/3。分析武汉市湖泊侵占与洪涝灾害现状发现，武汉市近 30 多年来湖泊侵占现状严重，面积锐减，从而影响了湖泊在防洪排涝体系中的重要作用，是造成武汉市历年遭受特大洪涝灾害特别多的重要原因之一。古丝绸之路沿线文明、美索不达米亚文明、环地中海文明的衰落等，虽然影响因素是多方面的，但人口剧增及土地利用不当所引起的环境破坏是家园丧失的主要原因。

3）居住系统。为人类聚居及其功能和活动提供庇护的建构筑居住系统，会直接影响人类聚居的动态演变。一个更安全、更稳定、更舒适、更便捷的居住系统，会让更多的人口聚居下来。例如，日本是一个地震灾害多发的国家，但是日本的居住系统有很强的抗震能力，政府对每一处建筑物都制定了明确的抗震标准。倘若一个建筑物不符合抗震标准，它就不能存在。即使日本 2011 年 3 月 11 日的大地震也几乎没有使受震的房子倒塌，而大多数的房子是被出乎意料的大海啸冲走的。现在日本人即使平常接收到地震紧急警报，一点也不慌张，只是保护好自己的头部，不让房子上被摇晃的东西掉落砸伤自己，而一般不担心房屋的倒塌（史少博，2014）。可见，一个强抗震的居住建筑系统，大大提高了日本的聚居规模，形成了东京、大阪、名古屋、横滨、京都等特大城市和大城市。

4）社会系统。社会系统是由社会人与他们之间的经济关系、政治关系和文化关系所构成的具有特定结构和功能的系统。社会系统的城镇化进程、产业结构、就业机会、经济水平、文化习惯、信仰空间、交往体系、政策结构、体制机制等因素，都是人类聚居形态演变的主要动因。发生在 14—16 世纪的欧洲文艺复兴（Renaissance），作为一场弘扬新兴资产阶级文化的思想解放运动，为早期的资本主义萌芽发展奠定了深厚的基础。文艺复兴运动开始于意大利，后由地中海沿岸转移到大西洋沿岸，出现如罗马、佛罗伦萨、威尼斯及尼德兰等众多著名的新型城市，资本主义工商业开始茁壮发展，资本也开始源源涌入这些新兴城市，从而在很大程度上改变了欧洲的人类聚居形态。更简单来看，今日中国为什么会有更多的人涌向北京、上海、广州、深圳、杭州、成都、重庆、南京、苏州等发达城市，而以东北三省为主体的 100 多个城市的人口反而在收缩，原因就是那些发达城市具有更多的就业机会、更高的收入水平、更好的产业结构和更顺畅的运行机制。2019 年末，杭州全市常住人口突破千万，达到 1036.0 万人，比 2018 年末净增 55.4 万人。其中，余杭区常住人口最多，共计 189.1 万人，常住人口增加 28.8 万人，超过全杭州市的 50%；而萧山区增加 8.4 万人、滨江区增加 6.3 万人，上城区、下城区、淳安县等常住人口数量与 2018 年基本持平。其中重要原因就是，阿里巴巴总部落户余杭区，提供了大量的就业岗位。

5）支撑系统。支撑系统是指所有人工或自然的联系系统，服务于聚落并将聚落连为整体。简单来说，主要包括各类以交通为主体的基础设施、新基建、绿色基础设施、公共服务设施，以及所有的物流系统和流通能力系统。中国的北上广等国家中心城市，长江三角洲等国家级城市群，之所以会集聚大量人口，与这些城市更完善的支撑系统有密切的联系。据《2019 年上海市综合交通运行年报》，2019 年，上海港集装箱吞吐量达 4330.3 万标准箱，连续 10 年世界第一；上海机场通航全球 51 个国家和地区，通航点总数达 314 个；上海国际航空枢纽港已成为中国民航业务量最大的客货运枢纽，客运和货运量分别居全球第四位、第三位。发达完善的交通区位，为上海人口聚居提供了优越便利的条件。

综上可见，人类聚居空间的动态进化即是以时间为轴线、以空间为基础，由人类聚居的 5 大系统相互影响和相互作用的演进过程（张志强等，2018；吴良镛，1996，2001；熊馗，2000；吴次芳等，2013）。借用莫里斯（2016）《人类的演变》的观点，人类聚居演进存在一个基本事实：人必须获得物质能量才能生存下去，而且获得的能量较多才能更繁华，才能发展出进化、精致甚至奢华的聚居形态。而且，人类聚居的演进从开始以物质形态为主，逐渐转向以物质和精神相结合并以精神文化为主导的更高阶段。

（二）国土空间设计的重要历史使命

国土空间设计几乎与人类文明的历史同样悠久。在古代建造人类聚居点的第一要务就是将聚落划分为不同的功能和地块，紧接着就是建立不同用地彼此之间的联系。例如，新石器时代仰韶文化聚落的半坡遗址，就将聚落划分为居住区、墓葬区和制陶作坊区。其中居住区由 1 条大的人工壕沟围绕，区内被 1 条小沟分为 2 片，每片中心有 1 座大房子，周围是小居室。房屋形制有半地穴式和地面建筑 2 种，房子之间有储藏东西的窖穴。房子周围还发现长方形家畜圈栏、小孩瓮棺葬和幼儿土坑墓。大沟外北边是公共墓地，东边是窑区。房屋类型有小型圆屋、中型圆屋，小型方屋、中型方屋、大型方屋等。他们具有较强的审美观念，在彩陶上绘着人面、鱼、鹿、植物等象生性花纹和三角形、圆点等几何图案，还用石、骨、陶、蚌制成耳饰、发饰等装饰品（张新斌等，2010）。这种早期的聚落设计就是当代国土空间设计的雏形。18 世纪以来的近代社会，随着工业文明的快速崛起，随着经济学逐利法则的大行其道，人类选择了一条以牺牲良好生存环境而换取高速经济增长和财富积累的道路，出现了人类的国土空间开发利用行为，对山水林田湖草自然生态系统造成严重破坏的现象。世界各地所出现的各种国土空间严重生态退化及环境恶化等问题，已日益成为历史延续和人类健康发展的重要障碍，并日益构成人类发展的巨大威胁。国土空间设计作为人类生命价值重要的承担者和实现者，有一种“天赋”的责任和义务，需要实现以下重要的历史使命。

1）维护自然性。自然的最初含义是指非人为的本然状态。如《道德经・二十五章》所说的“人法地，地法天，天法道，道法自然”，指的就是事物自然如此的、天然的、非人为的、自然而然的状态。国土空间设计要强调突出亲自然性，也就是更强调一种贴近自然和减少人为造作的空间形态。国土空间景观的形成更依赖地质、水文、气候等自然因素，强调保持山岳、湖泊、沼泽和峡谷等自然景观。在国土空间环境中的人工建筑物，总体上不应影响到自然景观面貌和生态系统的物质能量循环。由于人类生存的需要，在遵循自然规律的前提下，可以对土地和植被等自然要素施加影响，进行一定的改变，但应该顺应并融合自然而产生，体现人与自然和谐共处。人与自然环境相统一、相协调的整体自然观在中华文化中是异常鲜明的。中国传统文化的基本思想，就是把大自然看作是一个充满生命的整体，并且其中的所有事物都是有机地相互联系。人处于天地大系统之中，是天地万物自然界的一部分，人源出于自然并统一于自然界，且必须在自然所给予的条件下才能生存。以道家为例，道家认为宇宙间的一切自然之物都是以“道”为其最大的共性和最初的本源，道是创造一切生命的总源泉，是融合万物的总动力，从而将天地人联系在一起，构成了有机统一的整体。以“道”为基础，道家提出了“道法自然”的观点，认为人类与自然是整体的统一，并把个人作为自然有机体置于与他物平等相处的地位，在此前提下来确认自我、规范自我。庄子说：“万物皆种也，以不同形相禅，始卒若环，莫得其伦，是谓天均。天均者，天倪也。”（《庄子・寓言》）也就是说，万物都是相互联系和变化的，整个宇宙是一部生生不息的有机整体。除了道家的“道法自然”，儒家也提出了“天人合一”的思想。人与自然界不可分割，人既是自然界的产物，又是自然界的一个组成部分，人与自然万物并不是分裂的，而是统一的，“人”与“天”共同组成了宇宙这个统一整体。儒家经典的《易传》认为，乾元代表天道，是原始的创造力之源，它刚健流行，统摄万物，维持整个世界的正常持续；坤元代表地道，它柔顺宽容，顺承天道的创造性，养育、辅助和成就万物，具有厚德载物的慈善品格。乾坤之道的演化，产生了天地万物和人类社会，并且天然地规定了上下尊卑等级秩序的完整系统。这就表明，天地是万物的根源，有万物然后才有人类社会，人是天地自然变化的结果，自然环境是人类生命的源泉。《周易・乾卦》中说：“夫‘大人’者，与天地合其德，与日月合其明，与四时合其序，与鬼神合其凶。先天而弗违，后天而奉天时。”就是说，在天地人的关系中强调按自然规律办事，顺应自然，谋求天地人的和谐。

2）营造高品性。人类向往乡村的青山、碧水、蓝天、绿野，也钟情乡村能闻到自然界的芳香，听到自然界的鸟鸣，看到自然界的原风景，触到自然界的灵感，感到自然界的睿智，但更多的人还是从乡村来到城市，那是因为城市使生活更美好。为什么会生活在城市体验到更美好，因素是多方面和综合的，但主要是由于城市有更高的品性。“品”主要体现在城市的功能上，因为城市有更便捷的交通设施，有更完善的给水设施、排水设施、供电设施、燃气设施、供热设施、通信设施、防灾设施、教育设施、医疗设施、娱乐设施、体育设施，有更充分的就业机会等，这是生活更美好赖以存在的基础；“性”是指城市所特有的性质，包括城市精神文化，城市功能定位、职能定位、形象定位、延伸定位，城市景观风貌、邻里关系等。简单来说，国土空间设计的基本样式，一定是高品性的。现代人的主要焦虑是，既需要城市的高品性，又需要乡村的大自然。那么，国土空间设计就是要达到既有城市的品质，又有乡村的味道。其实，人类早已开始这种探索。在法国，路易十六为玛丽·安托瓦内特王后在凡尔赛宫的一角修建了小特里亚农宫，在其附属的庭园及水池边再现了绿色的乡村风景；在日本，由后水尾天皇所建的修学院离宫内，在下御茶屋、中御茶屋和上御茶屋的前面置有稻田，现在还由宫内厅将其委托于民间耕作，以保护乡村的绿色梯田风景。全世界的别墅，多建在城郊或风景区。中国的别墅也不例外，西晋开始出现别墅，如洛阳石崇的金谷别墅，历代著名的别墅有唐代蓝田王维的辋川别业、明代苏州的拙政园、清代杭州的金鳕别业和北京的勺园等，都建成在著名的风景区。3 世纪意大利山坡地带就出现了台阶式别墅。近代、现代最具特色的别墅有：赖特设计的流水别墅，柯布西耶设计的萨伏伊别墅等。无论别墅的形态如何演变，其显著特点都是“城市的品质，乡村的味道”。《红楼梦》第一回：“况那晨风夕月，阶柳庭花，更觉得润人笔墨。”就是指台阶前的垂柳，庭院中的鲜花，如此庭院景致的绿色景致给人以美的享受。遗憾的只是，那些高档的别墅和宫苑，只供富人享受，而绝大多数人无缘享用。当然，国土空间设计绝不就是营建别墅，而是具有更高的功能性、生产性、安全性、便利性、自然性、风景性、美观性、社会性、精神性、感动性和共生性，是营造一种扎根于区域自然、历史和文化的新家园。

3）保障持续性。持续思想第一次被正式提出是在 1980 年世界自然保护同盟（IUCN）发布的《世界自然保护战略》，其中提出了可持续发展（Sustainable Development）的理念，目的是通过保护生物资源实现可持续发展。所谓可持续发展，就是既要考虑当前发展的需要，又要考虑未来发展的需要，不要以牺牲后代人的利益为代价来满足当代人的利益。它是一种立足于环境和自然资源角度提出的关于人类聚居长期发展的战略和模式。自从联合国第二次人居大会以来，以生活品质为中心，突出特色化与个性化，建设公正、安全、健康、便利、负担得起、有韧性和可持续的人类聚居地，已成为全人类的基本共识，可持续发展由此成为宜居城市建设的主要目标和评价标准。国土空间设计要把保障国土空间生产功能的持续性放在优先的领域，像保护大熊猫一样保护国土空间的生产功能；要重视保护国土空间经济活力的可持续性，按照国土空间的最佳投资适合度去节约集约利用空间资源，按照当前利益和长远利益、局部利益和整体利益相结合原则优化国土空间结构，以便从国土空间开发利用中取得最大的经济效益并保持经济活力的可持续性；要充分保障国土空间后代利用的可持续性。国土空间是人们赖以生存和发展的基础支持系统和共同家园，也是人类唯一的栖息地和生命平台。当代人的国土空间设计理念必须遵守理性配置的原则，不能在“赤字”状况下追求国土空间的配置效率。否则，生活在后代的子孙，就只能面对一片凄凉，这不仅是一个严重的人道主义问题，更关系到人类文明是否能良性延续。因此，国土空间设计的重要特质之一是知足知止的适度发展观和节俭观，追求人与自然合一的国土空间可持续境界。

4）塑造诗意性。诗的本义是把心中的思想表达出来的语言，后延伸至比喻美妙而富于生活情趣或能引发人强烈感情的事物等。《说文解字》认为诗是“心志”。以超验的原则把世界诗化，在西方世界最早是由柏拉图提供的。所谓诗化，就是把诗当作超越现实，解决人间矛盾而达到理想的自由境界的本体世界，即使世俗人间诗意化。它是一片自由的、感动人并超度人的、符合人的天性的国土，其根本是人的审美转化，是作为人的主体性的展现。“生活不止眼前的苟且，还有诗与远方”，因触动了很多70后、80后的心灵成为网络著名鸡汤文，也在某种层面反映了年轻一代对诗性生活的向往。国土空间设计的诗意性，本质上是追求一种自由超脱的审美享受，也即摆脱功利、生死、得失、荣辱等欲望的束缚，从而达到精神的超越，把主体精神的自由摆在了生活的最高位置，这就使国土空间的聚居与诗歌有了相通之处。诗歌是强调摆脱功利，抛却杂念，寻求精神的自由，以臻艺术至高境界。中国诗学早期的审美理论主要是“虚静”说，其出自道家思想，主旨是摒除妄念，以返照内心的清明。陆机在《文赋》中提出“罄澄心以凝思”，罄即空，澄即静，意思是说作家要排除一切欲念的干扰，以达到精神高度集中的状态。皎然在《诗式》里讲“有时意静神王，佳句纵横，若不可遏，宛若神助”，直接点出唯有内心虚静，精神才能旺盛，才思方能泉涌，出现“佳句纵横，若不可遏”的情况。苏轼在《送参寥师》中写道：“欲令诗语妙，无厌空且静。静故了群动，空故纳万境。”虚静才能懂得万物之变化，空明才能接纳万事之境界，进而获得自由超脱的审美享受，这也是诗歌与国土空间设计相通的内在机理。

二、国土空间设计的时代责任

（一）时代对国土空间设计提出的新要求

国土空间设计并不是一种生物遗传的复制，它是一种动态存在，是在历史发展过程中形成、进化和选择的产物。任何国土空间设计模式都具有时空性，并随着时间和空间的不同而呈现不同的形态，事实上都具有某种历史的必然性。根据预测，2025年末中国GDP总量将超过19万亿美元；2030年左右中国GDP总量将超过美国，成为世界第一大经济体；2035年人均GDP将达到2万美元左右，跨入高收入国家行列；2035年长三角地区经济总量将达到6.0万亿~6.5万亿美元，人均GDP接近3万美元，成为全球高收入人群最为密集的地区之一。长三角城市群将成为仅次于美国东北部大西洋沿岸城市群和都市圈。在橄榄型社会结构中，富裕层大约占10%~15%，中间层大约占60%~70%。大量信息表明，人类历史上规模最大的快速城镇化进程即将结束，全球规模最大的数字经济体已经出现。充满变革、前所未有的新时代图景正徐徐展开。新时代对国土空间设计提出了以下诸多新要求：

1）更加重视个性特色的塑造。当人类进入21世纪，后现代主义、原教旨主义、文化多元主义开始流行。这种流行不仅改变了人们的家庭生活方式和消费偏好，改变了而且改造了服饰、音乐、艺术、文学、影视等社会文化结构。人们对个性化和特色化需求日趋强烈，消费方式从简单划一的“标准化消费”将转向旨在让人性获得全面发展的“个性化消费”。年轻人与中老年人在文化意识上的“代沟”，比任何一个时代都更深、更宽和更难以填平，一场新的“个性革命”是必然的。应该深刻认识到，现在盖好的房子，主要是供当下还是青少年的群体享用的。如果国土空间设计不能适应青少年群体的文化意识，以及人类生产方式的第二次大转折，盖好的房子可能会没人住，建好的广场也可能会没人去。设计、创造、建设并使新的文化“符号”流行，是国土空间设计面临的严峻挑战。

2）更加关注非物质化的功能。数千年来，人类普遍用1/3的劳动时间盖房子，为神灵盖，为自己盖，为工商业盖，为社会管理机构盖。与此相对应的，国土空间设计主要是围绕着物质的设计而展开的。如同第一次大转折，人类生产方式第二次大转折将带来全新的文化意识和文化概念。这种大转折，会使得人类不再总是盖房子，盖房子也不再总是创造财富的主要经济活动。比如不少城市新城盖了那么多写字楼和住宅楼，结果的景象是："昔人已乘黄鹤去，此地空余黄鹤楼。黄鹤一去不复返，白云千载空悠悠。"人类社会发展的定位总是从经济定位、生态定位再进入社会学以人为本的定位。国土空间是人的空间，国土空间设计要为人类社会追求自由和幸福感受，创造最基本的空间。未来人类会把越来越多的劳动所得用于旅游、休闲、健身、冒险、影视、戏剧，用于发现新奇的文化，热衷于精神生活。从此，精神产品越来越丰富，越来越"值钱"，"符号"成了权力和财富的明确代表，导致出现有形产品的"廉价"和高端无形产品的"天价"。国土空间设计需要尽早理解从有形产品主导到无形产品主导的大转折。不仅要关注国土空间设计的物理性，而更多地需要关注国土空间设计的非物质化功能。

3）更加强调韧性空间的发展。面对气候变化和百年未有之大变局，国土空间设计达成韧性发展的效果是新时代的主要目标之一。荷兰、英国等欧洲国家及日本、韩国等亚洲国家在国土空间规划设计中都认识到了韧性发展的重要性，并将其作为主要内容予以要求。韧性发展指的是对于干扰、冲击或不确定因素的抵抗、吸收、适应以及恢复（Lu et al，2013），不仅针对社会、经济维度，更不可忽视自然方面。一个地区国土空间的抵抗力和恢复力来自对生态的保护与修复，来自高标准品质的硬件设施，也来自高效度、高信度的结构支撑和制度保障。随着人类需求的多元化以及面临越来越多不确定性的现状，一些先行国家在国土空间设计中提出了诸多让社会发展能够有所缓冲的制度、生态和品质解决方案。在面临气候变化和洪涝灾害的威胁背景下，荷兰在21世纪伊始制定了从国家到地方层面的多项有助于国家韧性发展的文件。经过多年经验的积累，荷兰从"对现状的关注""对未来趋势及潜在威胁的认识""学习经验能力""设定目标能力""自主行动能力"和"处理公共关系能力"6个方面搭建形成了一套完整的适用于评估国土空间应对自然环境变化的韧性评估框架（Lu et al，2013）。在欧盟及西班牙、荷兰、芬兰、爱尔兰等国土空间规划设计过程中，都将韧性发展列为重要的目标和指引（Alexiadis，2017；Pitarch-Garrido，2018；Zandvoort，et al，2017；Luukkonen，2011；Macfeely，2016）。

4）更加凸显生命整体的价值。自然生命物种进化的历史告诉人们，自从蓝藻、绿藻等早期地球生命产生以来，演化到现在大约有1000万种的生物圈，最显著的特点就是生命物种整体系统的多元共生与协同进化。国土空间环境的各种生命、各个要素，都有自己的"生态位"，却相互依赖共同构成生命系统不可或缺的循环结构。国土空间环境的任何细微改变，都可能会成为天地人共生系统的"催化剂"。所谓"催化剂"，就是指在化学上那些虽然量微且本身的质量和化学性质在化学反应前后都没有发生改变，但却改变了90%以上工业过程微量物质。聚焦生命的完整性和系统性，平等地对待世界万物，是国土空间设计需要坚持的基本准则，甚至是必须坚持的第一准则。所谓生命的完整性，是指物种的生命目的和物种的典型能力不受破坏。如果物种不能按照其典型的方式继续生存，则被视为"破坏"。国土空间设计要关注人、动物、植物、环境等生命共同体中各方角色的有机整合，从更高层级上探寻不同生命的和谐共存方式，才能实现天地人共生。以鸟类生息环境为例，它需要有利的土地利用空间、水资源利用空间、地形地相空间、森林树种空间，以及鸟类食物链空间等在一个复杂组合状态之下的环境构造和有机整合。所谓有机整合，简单说就是大地空间各个要素的互相结合。这些要素的互相结合，并不相互抵触、牵制，而是各出所长，相互取长补短，获得更好的天地人共生的结果。就像化学中无机络合物和螯合物的形成一样。其中心体（中心离子）都是金属离子，配位体为阴离子或中性分子，配位体向中心体提供电子对构成配价键，彼此吸引而实现络合，形成有机络合物。自然界存在大量的有机整合案例，例如黏土矿物通过阳离子交换和有机质间的相互吸引机制，对有机质进行吸附形成新的复合体，能在常温常压下的水溶液中稳定存在。国土空间设计要不断有机融合山、水、林、田、湖、草空间，进一步凸显国土空间生命整体健康的持续价值。

（二）国土空间设计需要履行的时代责任

由于工业化、城镇化和气候变化等影响，全球土地状况迅速恶化，主要表现为水土流失、养分枯竭、有机碳丧失、土壤板结，以及受过量的盐、酸和重金属污染等。据联合国粮农组织 2015 年 12 月发布的《世界土壤资源状况》报告，目前全球 33%的土地由于盐碱化、板结、酸化和化学污染等原因，正处于中度到高度退化之中。由于侵蚀，每年导致 250 亿~400 亿吨表土流失，造成谷物年产量损失约 760 万吨，人为因素造成的盐渍化影响全球 76 万平方千米的土地。生物多样性和生态系统服务政府间科学政策平台（IPBES）土地退化和恢复专题评估指出，人类活动造成的土地退化已经影响到 32 亿人的福祉，使地球出现第六次物种大灭绝。每年因土地退化造成的生态系统服务价值损失高达全球总产值的 10%以上（Le，et，al.，2016；Montanarella et al.，2018）。当前全球多达 15 亿人居住并依赖于退化的土地，80%农业用地、10%~20%牧场、87%湿地正遭受严重退化（UNCCD，2015；Millennium Ecosystem Assessment，2005；Gibbs，et al.，2015；Davidson，2014；郭晓娜等，2019）。加拿大最后一个完整的北极冰架——米尔恩冰架解体，冰架面积在 2020 年 7 月最后两天减少超过 40%，还剩大约 111 平方千米。一片面积近 80 平方千米的冰脱离冰架。近 30 年来，北极气温上升速度达到全球平均值的 2 倍，被称为“北极放大”现象。2020 年的北极升温现象尤其显著。极地海冰 2020 年 7 月面积降至 40 年来最小（佚名，2020）。因此，基于自然资源永续利用与人地关系和谐发展的“山水林田湖草”生命共同体建设，已成为当代国土空间设计最重要的时代责任，具体分述如下：

1）建构人与自然“共生”的家园。人类和一切生命都依附于其上的大地，这个大地就是由山水林田湖草构成的生命共同体。没有任何一种生命能够离开大地而存在，天空中的飞鸟也不例外。在《易传》看来，人与大地本来就是统一的，二者不能分离。人类离开了大地，就不存在生命。大地离开了人类，基本上失去了存在的价值。大地之上的山水林田湖草生命共同体，具有无限性和永恒性。所谓“天地之道恒久不息”，就是说明地之厚能够“生物”，也能够“载物”，从而使一切生命的存在能够“生生不息”。但是这种无限性和永恒性，是建立在“共生”基础之上的一种存在。原本共生（Symbiosis）只是生物科学中的一个概念，但在人类进入生态文明时代的框架下，共生是一种进化理念，更是一种共同理念、合作理念和互惠理念。动物、植物和微生物的互利共生，揭示了生命发展的动力源泉和发展机制。正是相互联系、相互依存、相互帮助，才能在协同中激活双方，才能在协同中进化发展。国土空间设计工作者需要向生物圈学习、向基因学习、向动物学习、向植物学习，建立与自然共生的文化，要使得“人类的善，是灵魂在一个完美的生活里依照德行而活动”（罗素，1996）。国土空间设计之所以重要，并不是居于山水林田湖草之上，而是需要养育山水林田湖草，完成“参赞化育”之功。正所谓：“君子之于禽兽也，见其生，不忍见其死”。

2）创设更有魅力品质的国土空间。所谓国土空间设计要走“回乡”之路，在设计过程中需要遵循返璞归真、道法自然、天人合一的生态美学指导原则。“回乡”就是返归于最本初、无污染、非异化的“无何有之乡”。自然性与文明性相协调的国土空间是最具人性的、理想的生存方式，国土空间设计就是要建构一个返璞归真、和合共生、天人合一的魅力品质和诗意栖居家园。创设更具魅力品质的国土空间，回乡之路只是基本的方向，推进以下多项功能更具魅力品质是题中之义：①改善区域交通运输功能品质；②改善区域水资源管理功能品质；③促进城乡共同发展；④提升环境保护、供给以及废物处理能力；⑤提高自然保护和景观保护能力；⑥促进旅游休闲业和健康养老的发展；⑦预防洪涝灾害；⑧保存文化遗产；⑨创建现代基础设施以减弱人口迁移；⑩营造更加舒适、多样性和美的国土空间居住环境等。充分体现国土空间合目的性、合规律性与合愉悦性，创设更有品质和魅力的国土空间，已然成为当代国土空间设计最重要的使命之一。

3）传承中华传统的优秀设计文化。中华文化博大精深，中华文明完整、持久而独立。中华文化源于《周易》，其核心思想是：互补、包容、冲突、变通、平衡、协同，它与当代国家的发展理念：创新、协调、绿色、开放、共享是相通的。《周易》之道的核心之一是：天时地利、天人合一、人地协调的“三位一体”（图1-4）。中国古人在漫长的历史进程中，以“易”为内核，形成了以天人合一、阴阳调和为代表的整体性、平衡性和秩序性国土空间设计思想。并且以此为基础，在语言、艺术、道德等多个领域达到了极高的设计水平。大格局融合思想、全方位营造理念、因地制宜设计方案，是中华最主要的传统优秀设计文化。中华传统优秀设计文化对中国古代的城市设计产生了深刻的影响。一方面，中国传统城市无不成为政治、军事、建筑、文化、自然等多个维度上的高度综合，做到了计划行为与建筑行为的统一、功能与艺术的统一、人工建筑与自然环境的统一，以及建筑、雕刻、绘画、园林的结合等；另一方面，严格的等级制度、空间秩序与因地制宜的具体建设相并存的现象，造就了中国传统城市独特而长久的魅力。都城如唐长安城和明清北京城，普通城市如南宋平江府，小城镇如宁波，旅游休闲区如承德避暑山庄等，都是国际设计学者高度赞赏的经典案例（段进等，2018）。由于历史的原因，中国社会的剧烈转型带来了中华优秀传统设计文化的断层以及迷乱的价值观，冲击了传统优秀设计文化的结构和角色认知，大量国土空间设计作品，只有知识而缺乏文化。例如，自然大地的肌理被剧烈地改变，人与土地的亲密关系不复存在，传统聚落被破坏，宝贵的文明传统被割裂，城市空间充满着冷淡疏离，设计上一味抄袭和低层次克隆等。一句话，国土空间设计已经丧失了中国传统文化之魂。传承传统中华优秀设计文化精神，重新寻找国土空间设计的优秀中华魂、推进在融会贯通自身文化基础之上的民族自信和特色创新，是国土空间设计需要履行的重要时代责任。

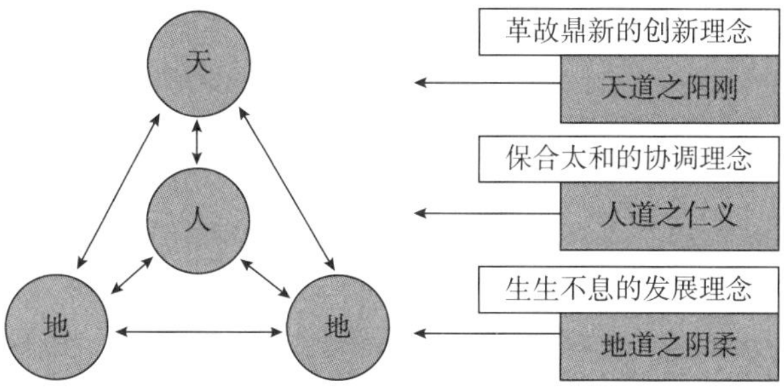

图 1-4　中华传统文化核心思想示意图

4）重构国土空间设计的范式和评价主旨。在中华传统优秀设计文化之天地人“三才”和谐共生模式下，国土空间设计的范式应体现以下 7 个特征：①反对规划设计单一化，强调规划设计形式多元化以满足不同个体和群体的需求。②反对规划设计师“工业化”，强调规划设计师亲近自然和熟悉乡野的味道。③反对绝对理性主义，关注个人的情感，主张以人文的情怀做规划设计。④强调形态的隐喻、符号和历史文化，注重规划设计的人文含义，将产品的功能与人的生理、心理以及社会、历史相结合。⑤关注规划设计与资源环境的关系，强调规划设计与人类社会的可持续发展问题，规划设计的形式和功能要人性、绿色、环保和节能。⑥在注重“人”对“物”主导地位的同时，也要注重“物”对“人”的制约作用，强调人对自然生机保护和尊重的态度。取用自然要适度，要不妨害自然界动植物的“生”与“长”，保持自然生化的可持续性和取用自然，更要从时间、空间、“数”上顺应自然，达到与生化节律的谐合。⑦应采用现象学方法，结合中国传统文化中独具特色的整体论的生命哲学思想，以“天地人”系统理论为架构模式，探索在诗意栖居范式下的国土空间设计的方法论，形成特有的天地人共生的思维方式或思维定式，最终不是以创造而是以培育的方式，形成与自然共生的人类诗意栖居家园。与此同时，重构国土空间设计评价的新范式和指标体系，不断倡导和引入国土空间设计对生物多样性的影响、对景观格局的影响、对生物地球化学循环的影响、对地下水动态演化的影响、对公众生命健康的影响等指标，坚持激励和约束并举，逐步引导国土空间设计融入生命共同体建设。

三、国土空间设计的价值标准

（一）国土空间设计所要秉持的价值取向

从本质上说，国土空间设计是伦理价值选择的过程。无论是国土空间设计目标的制定、国土空间设计方案的选择，还是国土空间设计实施政策的拟定，都离不开设计师的基本价值取向。国土空间设计过程中的任何一个决策都离不开两方面因素的综合考虑：一是可行性；二是可欲性。也就是说政府或设计师的决策除了关心设计是否可行之外，同时要关注这样做是否值得和应该，这样做对谁有利。设计究竟应该代表谁的利益，就不是纯粹的一个技术过程，而是一种价值选择。从这个意义上说，国土空间设计是一个具有浓厚色彩的价值判断过程。在这个过程中，国土空间设计包含着以下 3 个方面最基本的价值取向。

1）环境价值取向。这是国土空间设计对区域发展最为传统的关注，也是判断国土空间设计实效的最直接标准。通过对各种不具兼容性的土地使用分区，以及对居住、基础设施、服务设施、开放空间和其他土地使用的类型制定环境的设计标准，来保持区域生态环境的整体平衡和居民的生活、生产、交通、游憩等方面的基本物质环境质量，同时对具有历史价值和审美价值的环境资源开发进行控制保护，以维持人文环境的质量。国土空间设计的环境价值取向还包括寻求人与自然的对话、人与自然的共生和对其他物种生命价值的认同，对其他生命个体从伦理道德层面给予关怀和支持。

2）效率价值取向。国土空间设计的效率价值取向包含了整体效率和局部效率两个部分。需要指出的是，局部效率是指各利益主体，包括政府、各种经济组织及居民的效率，不能简单地认为政府或其他公共部门的效率就代表了整体效率。所谓整体效率应该是指区域内全体社会成员或者最大多数人的共同效率和长远效率。何谓最大多数人的共同效率，在全球化和后现代社会，价值取向是多元化的，要准确、合理地确定哪些人属于最大多数人是很困难的，计算和预测某一设计实施过程中可能带来的共同利益或长远利益也不是轻易之举。因此，处于社会最低地位的弱势群体的效率是否得到保障，就成为效率价值取向的基本判断准则。

3）公平价值取向。公平意指法律和权力之间的平等，国土空间设计努力实现的公平就是在有阶层差别的前提下，缩小各阶层在享用与国土空间具有相倚性的基础设施、公共服务设施以及其他物质环境资源上的权利和机会。作为社会和环境意义上存在的不公平性的对称，追求公平成为国土空间设计传统上的一种职责。是否维护社会公平成为判断国土空间设计社会意义存在与否的关键标准，这个价值的重要性甚至超过了效率价值。究其原因，缘于社会的经济机制会使国土空间开发“自动地”倾向于对效率的追求，而设计的公平需要一种人为施加的平衡力才能得以实现（Jackson et al.，2004）。如果说效率价值体现了国土空间设计的经济意义，那么公平的价值取向则体现了国土空间设计承担的政治意义。国土空间设计的整体性，是公平性的重要保障。如果在国土空间设计实施的过程中，政府通过对国土空间设计的解释权，对国土空间设计进行调整，包括设计的时序、设计的内容和选择开发受益主体等，就必然会对不同群体的利益做出倾向性的选择，这在很大程度上会影响设计的整体性，也就违背了公平的价值取向。

环境、效率和公平 3 种国土空间设计的基本价值取向，应当互为补充，避免价值取向上的偏颇，才能获得社会整体信任的价值保证。从国土空间设计在资源分配中所承担的作用、设计师的职业使命和人类正面临可持续发展挑战 3 个角度来看，环境的价值取向应该是设计价值中的优先价值，公平的价值取向是设计价值中的核心价值。

（二）国土空间设计成果评价的价值标准

在后现代社会、市场结构和当代科层制治理的框架下，如何对国土空间设计的成果进行评价，倡导何种价值意思，对国土空间设计的模式选择、范式转换和发展方向都有着重要的影响。可是，评价是一种主观活动，是主体对于客体的价值判断。由于价值标准因人而异，由此导致每个人的评价标准都可能是不相同的。于是就出现了所谓：一千个读者就有一千个哈姆雷特。而且还可能会出现昨天做出的评价结论不同于今天做出的评价结论，明天做出的评价结论又不同于今天做出的评价结论。杜牧的“正是客心孤回处，谁家红袖凭江楼?”正好说明了主体性的情感和倾向，会因时因境而变化。因此，有必要按照国土空间设计的历史使命和时代责任，围绕人与自然共生的价值取向，建立以下成果评价的基本准则：

1）是否更有利于满足人的多元需要。国土空间设计的重要本质是建构人与自然和谐的新型关系，但其出发点和归宿还是为了更好地满足人类对美好生活向往的需要，这是评价国土空间设计成果必须要坚持的人本主义思维。国土空间设计不能有任何的过“左”思维，采用简单的禁止方式或者一禁了之，而不顾人类的最基本需求。由于人类作为社会体的需要往往比生理性的需要更为细致和多元，同时需要也会受到经济发展水平和文化大环境中主流价值观的影响，而且需要的满足必须以一定的经济条件为前提。在不同的经济发展阶段和水平上，人类需要在满足范围和满足程度上都会有相应的变化。因此，国土空间设计成果的评价必须充分把握不同区域和不同发展阶段人类基本需要的多元特点，才能不会使营造人类美好家园的梦想成为新的乌托邦。例如，笔者的调查研究表明，《中国农村扶贫开发纲要（2011—2020年）》中14个集中连片贫困地区共涉及680个县，2020年脱贫以后，与发达地区城乡居民的平均收入来比，大约还相差20年，他们对国土空间设计产品的需要是有很大差异的。如果国土空间设计产品不能适应这种需要的差异，失效是必然的。

2）是否更有利于国土空间实现有机整合。国土空间设计要更加关注人、动物、植物、环境等生命共同体中各方角色的有机整合，要从更高层级上探寻人与自然的和谐共存。国土空间格局是国土空间多重性与人类需求多样化双向选择的结果，也是自然界复杂多样化与生产地域分工专门化相互作用的产物，还是海陆空间、交通空间、土地利用空间、景观生态空间、社会文化空间、投资发展空间和虚拟空间综合平衡过程的矛盾统一。国土空间生态景观是自然景观、经济景观和文化景观的多维生态网络复合体，是国土空间表层的生态联系。自然景观主要是地理格局、水文过程、气候条件、生物活力等的复合，经济景观主要是能源、交通、基础设施、土地利用、产业过程等的复合，人文景观主要是人口、体制、文化、历史、风俗、风尚、伦理、信仰等的复合。国土空间设计成果的评价，需要强调国土空间生态系统内部与外部环境之间的和谐，系统结构和功能的耦合，以及天地生人之间的融洽性。国土空间设计要更有利于实现国土空间的有机整合，防止出现“按下葫芦浮起瓢”的现象。例如，过度重视生态和文化空间保护，而忽视人对生活空间的基本需求等，国土空间设计成果应该更有利于大地上不同空间类型的有机整合和相互促进。

3）是否更有利于国土空间扎根本土历史。国土空间设计需要扎根本土历史风俗，助力文化传承，平衡本土历史风俗与其他社会文化的交互碰撞，发扬社会的公众参与，致力人与人、人与社会的友好和安定，构建与自然和谐并实现可持续发展的韧性国土空间。它需要把一个区域的文脉、历史、文化、邻里和社区的物质形式当作一个活的生命来对待，当作一种文化的形式和一种文化体系来对待，而且要根据它的生命和文化历史以及生存状态来进行维护、保持、整治、发展和更新。因此，国土空间设计的指导原则是以自然复原为基础的文化复兴，其成果应该是一种在伦理框架下的“上善若水”建设和“格式塔”式的社会自然复合系统设计。

4）是否更有利于国土空间实现生命的共生。国土空间设计需要在同步完善物质需要、景观美学、自然生态、社会文明的基础上，打造国土空间城乡聚落的精神风貌，使其具有文化象征性，实现生命的共生与感动：丰饶的自然景象，易辨别的地理环境，存在有表现区域特性的人文景观，令人能够联想到与当地历史文化风俗有关的物质或非物质符号。国土空间设计发展的重要方向和准则，就是要有利于社区文化保护、调和与创造的平衡，有利于城乡意向和审美情趣的提升，有利于后现代主义场景建设，有利于融微、并、气、间、秘、素、假于一体的审美景观构造，使国土空间设计成果成为人们的一种意识、思维和宗旨，并且融入其生命的组成部分。

四、国土空间设计的存在境界

（一）国土空间设计的宇宙法则

1）多极对立和周期交替的宇宙法则。人类最初的文明集中分布在北回归线到北纬35°这10多个纬度之间，从西向东依次排列是：克里特文明、埃及文明、美索不达米亚文明、印度哈拉巴文明和中国夏商周文明。这些文明大多依傍大河而生长发育，如尼罗河、幼发拉底河、底格里斯河、印度河、黄河等，是农耕生产生活需要的结果。在这个狭长文明地带的南边基本上是沙漠和大海，在它的北边则是广大游牧民族生息的欧亚大草原。由于农耕和游牧是两种不同的生产生活方式，结果导致文化形态、经济发展水平和军事力量的长期对峙冲突。在公元前1800年至公元前600年的1200多年时间里，剽悍的游牧民族持续攻击柔弱文静的农耕民族，最后取而代之。但是，那些剽悍的游牧民族很快接受了先进的生产生活方式而放弃了自己的游牧习性，从而造成了一种“征服者反过来被其征服的先进文化所征服”的历史效应。在经过长时期的杂交和融合之后，最初的人类文明在公元前1000年前后纷纷解体。之后，希腊罗马文明、波斯文明、印度吠陀文明和中国秦汉帝国文明应运而生。而古埃及文明由于缺乏游牧文化的杂交，缺乏进行文明形态的自我更新，最终蜕化成为死而不僵的文明“木乃伊”（赵林，2020）。再之后的文明形态演化，无论是西方基督教社会、阿拉伯帝国、中国隋唐以降的封建社会，印度各异族王朝，还是工业时代的各种文明形态，直接的动因似乎都是由于更高的生产力和更强的军事力量综合作用的结果，但其持续存在都是多种文明形态融合的结果。其基本规律是：多极对立宇宙法则和周期交替的宇宙法则。所谓多极对立宇宙法则是指：如同生物多样性才能导致稳定性，世界的文明也需要多种形态的对立和并存，才能得以存在。周期交替的宇宙法则是指：在能的不变法则和熵法则的综合作用下，文明形态会发生周期性的交替演化。能的不变法则是指无论怎样改变文明形态，其能的量保持不变，也就是能量守恒法则。熵，即为衡量混乱程度的度量，熵定律也被称为热力学定律。热力学第二定律，又称“熵增定律”，表明了在自组织过程中，一个孤立系统的总混乱度、总稳定度，即熵不会减小，长期演化的结果必然导致系统走向无序和崩溃。熵法则就是指：外部文明环境提供的负熵流足以抵消内部文明形态产生的熵增加，则该文明系统才可以通过自组织作用向有序化继续演化。否则，该文明形态就会变成完全均衡的混乱状态，即文明解体。所有宗教，都相信存在着神明或是其他超自然对象来决定人类文明的演化。在宗教徒的信仰中，都认为有某种超人类秩序控制着整个世界，但他们所崇拜的这个秩序，本质上也是自然法则或宇宙法则。例如，根据佛教经典，释迦牟尼本人就达到了涅槃，从痛苦中完全解脱。而在这之后他就被称为“佛陀”，意为“觉悟者”。接着，佛陀一生前往各地普传佛法，希望让所有人离苦得乐。佛陀的教诲一言以蔽之：痛苦来自欲望；要从痛苦中解脱，就要放下欲望；而要放下欲望，就必须训练心智，体验事物的本质。对佛教徒来说，这条“佛法”就是举世皆同的自然法则，“痛苦来自欲望”这件事举世皆同，就像在现代物理里 E 总是等于 MC^2（赫拉利，2016），也就是上文指出的多极对立宇宙法则和周期交替的宇宙法则。

2）国土空间设计的最高法则：建设生命共同体。根据村山节先生的《文明之研究》，东西文明，有史以来，至今以每 800 年一个周期，实际已准确交替了 7 回。目前正值第八回交替周期，现在，正处在这一交替的过程中。至今已活动了 800 年的西方文明，其间正与处于休眠中的东方文明进行交替（岸根卓郎，1999）。东方文明的特点是自然顺从型的自然共生型文明，而西方文明是自然对抗型的自然支配型文明。人类学和历史学的研究表明，人与自然对抗，必然导致生态环境破坏，这是不变的宇宙法则。因此，人类文明必须遵循宇宙法则，建设人与自然的共生系统。国土空间设计也概不能例外，必须以构建人与自然和谐共处的生命共同体为基本法则，由原有单一地块或某一具体项目区为设计单元逐渐向生命共同体建设单元（如一个流域、一片区域）转变，明确“山、水、林、田、湖、草”生命共同体各要素、“田、水、路、林、村”国土空间设计各要件之间的内在关联和相互统一关系，按照生命共同体的整体性、系统性及其内在规律，推进国土空间设计模式转变和创新。在国土空间生命共同体设计时，要着力发现隐秘于山水林田湖草之中的宇宙法则和熵减少规律，遵循和服从国土空间系统的质能守恒法则，该法则可表达如下：

假定国土空间系统具备以下基本条件：

1）时间间隔 Δt 和距离增量 Δx，为一个趋于无限小的量 $\mathrm{d}t$ 和 $\mathrm{d}x$。

2）在任何时刻的一个点上，其浓度的瞬时变化为偏导数 $\partial c/\partial t$。

3）随着点的移动变化，浓度变化为偏导数 $\partial c/\partial x$。

在以上基本概念的约束下，则在 1 维条件下，国土空间系统质能守恒的微分方程形式可以写成：

$$\frac{\partial c}{\partial t} = -u\frac{\partial c}{\partial t} + K_x\frac{\partial^2 c}{\partial x^2} \pm s \qquad (1-1)$$

式中：K 为扩散系数；u 为迁移速度；s 为物质的增量或减量。

对于在 3 维条件下，如果假设在 3 个方向上的平流或扩散也都是均匀的话，那么此时的微分方程表达式即有

$$\frac{\partial c}{\partial t} = -u_x\frac{\partial c}{\partial x} - u_y\frac{\partial c}{\partial y} - u_z\frac{\partial c}{\partial z} + K_x\frac{\partial^2 c}{\partial x^2} + K_y\frac{\partial^2 c}{\partial y^2} + K_z\frac{\partial^2 c}{\partial z^2} \pm s \qquad (1-2)$$

式（1-2）即为国土空间系统质能守恒微分方程形式的典型表达。应用此类微分方程，可以很好地分析国土空间系统内部的状态变化，并预测系统下一时刻将要发生的行为。如果

国土空间设计违背了上述质能守恒法则，则必须要调整设计方案。否则，国土空间系统会向低极化、无序化和衰退的状态发展。

（二）国土空间设计的生命境界

纵观近40亿年来生命的历史，全球生物经历了5次物种大消亡，每次约有75%~95%不等的物种消失。据统计，现在全世界每天有75个物种灭绝，每小时有3个物种灭绝。科学家们推断，地球正面临第六次生物大灭绝。据不完全统计，如今地球上每天发生的各类灾害，所波及的人口占到了世界总人口的1/10到1/5不等。2003年非典（SARS）以来，16年来就有6次（2013年猪瘟不计）大的公共卫生事件，波及全球2/3以上人口。2020年新冠肺炎疫情的灾难影响，其后果还无法估计，但损失一定是惨重的。从地球上生命的进化过程和人类的发展情况来看，生命的进化本质上是物质结构形式的进化，人类自身是自然演化的结果，是宇宙进化的一个组成部分。鱼类从水中走出演化成爬行动物，古猿从密林走出演化成人类，如此等等，都说明了生命的进化本质是物质性的演化结果。近代分子生物学和遗传学的研究表明，基因突变是物种进化的主因，但只有被自然接受且与自然共生的基因突变，才造就物种的成功演化。毫无疑问，作为以生命肉体为主体的人类，与自然共生维护生命健康是至高的境界。

从至高价值的角度看，人类意识与物质，个人与群体、人与自然的一体化，实现"物我同源""物我齐一"和"物我两忘"3个设计境界，最终指向"天人合一"的终极旨归，总体上就形成了国土空间设计崭新的宇宙图景。回望中华5000年历史，人们不难发现以"天人合一"为主体的中华优秀传统设计文化，曾经创造了中华文明最璀璨夺目的辉煌，它使中国人有更高的精神境界和更美好的丰饶家园，实现了高雅粹美的生活生命境界。可是，如今土地在退化，动物在呐喊，植物在流泪，地球在变暖，环境荷尔蒙在加剧，精神家园在流失，全球变化和全球化正在深刻地改变着我们生存和发展的地球。为什么当代人不能传承中国优秀传统文化中灵慧闪光的设计文化，为什么不能感悟中国充满悟性的设计文化去重塑更有生命活力的人类家园，为什么不能融合各种精思妙想的设计文化将国土空间打造成人类更有活力的生命景观：唤醒人的心灵，培养人的天赋，开导人的胸怀，激活人的健康能量，延长人的生命循环。中国的陶渊明与美国的梭罗，中国的庄子与德国的海德格尔及英国的罗素，他们的共同特点都是崇尚自然、回归自然、返璞归真、追求健康生命。因此，国土空间设计应该以生命健康为最高境界，将建构赏心悦目的健康生命空间作为终极目标，倡导回归物质的自然，倡导回归人性的自然，建设人的精神家园，还聚居以自然状态，重塑健康生命与精神追求的平衡架构，并以此建构当代中国国土空间设计新的乐章和诗篇。

新的国土空间设计乐章，是一种生命的情感联系，也是生命存在与理性的统一。山水林田湖草是自然界的存在，它应是无限和永恒的。建设山水林田湖草生命共同体，实现"与天地合德"，才是国土空间设计的终极关怀和意义世界。通过国土空间设计去促进和改善有利于所有生命健康生存的生物圈的自我调节，保障生物圈有序和安全所需的各种生态参数的稳定，建构具有呼吸和代谢功能的生命景观（Rappaport，1971；Newman，1999；Huang et al.，2013；Voskamp et al.，2018；Jongert et al.，2011），这应该成为国土空间设计的价值取向和终极目标所在。为此，应该虚心倾听自然的教诲，认真吸取自然的智慧，掌握生态系统自组织和自我调节的基本原则，如相互依存、反馈循环、多样性和稳定性，以及作为所有这些结果的可持续性，才能遵循生态规律去参赞化育，恢复和重建山水林田湖草生命共同体的复杂联系和生命之光。

参考文献

《简明不列颠百科全书》编辑部. 1986. 简明不列颠百科全书［M］. 北京：中国大百科全书出版社.
岸根卓郎. 1999. 环境论［M］. 何鉴，译. 南京：南京大学出版社.
丁成日. 2007. 城市空间规划［M］. 北京：高等教育出版社.
段进，刘晋华. 2018. 中国当代城市设计思想［M］. 南京：东南大学出版社.
范藻. 2016. 诗意栖居：生命美学视域下的休闲境界［J］. 湖北理工学院学报（人文社会科学版）(5)：14-18.
管雯君，杨传勇. 2018. 自然资源部统筹下的新型地理设计思路探索［J］. 规划师（12）：68-72.
郭晓娜，陈睿山，李强，等. 2019. 土地退化过程、机制与影响：以土地退化与恢复专题评估报告为基础［J］. 生态学报，39（17）：6567-6575.
赫拉利 尤瓦尔. 2016. 人类简史：从动物到上帝［M］. 林俊宏，译. 北京：中信出版社.
黑格尔. 1979. 美学：第1卷［M］. 北京：商务印书馆.
胡乔木. 1988. 中国大百科全书（建筑·园林·城市规划卷）［M］. 北京：中国大百科全书出版社.
胡晓娟，鲍英华. 2014. 探寻场地的场所精神［J］. 建筑文化（2）：145-148.
胡友峰. 2019. 景观设计何以成为生态美学［J］. 西南民族大学学报（人文社会科学版）（4）：162-168.
李先逵，刘晓晖. 2018. 诗境规划论［M］. 北京：中国建筑工业出版社.
李亚芝. 2020. 重提感受：体验美学与文本阐释［J］. 西安建筑科技大学学报（社会科学版）（4）：88-93.
梁漱溟. 2005. 乡村建设理论［G］//梁漱溟全集. 第2卷. 济南：山东人民出版社.
刘滨谊. 1999. 现代景观规划设计［M］. 南京：东南大学出版社.
罗素. 1996. 西方哲学史：上［M］. 何兆武，李约瑟，译. 北京：商务印书馆.
芒福德 刘易斯. 2004. 城市发展史［M］. 宋俊岭，倪文彦，译. 北京：中国建筑工业出版社.
莫里斯. 2016. 人类的演变［M］. 马睿，译. 北京：中信出版社.
奈豪斯 斯特芬，熊亮，坎纳特拉 丹尼艾勒. 2019. 三角洲适应性转型：基于景观的区域设计［J］. 风景园林（9）：8-22.
潘家恩，温铁军. 2016. 三个“百年”：中国乡村建设的脉络与展开［J］. 开放时代（4）：126-145.
裴萱. 2019. 空间美学的知识谱系与方法论意义［J］. 西南民族大学学报（人文社会科学版）（7）：166-173.
石军. 2013. 人类问题的由来与出路［M］. 上海：上海人民出版社.
史少博. 2014. 日本地震对策及对我国的启示［J］. 自然辩证法研究（2）：71-75.
王恩涌，等. 2002. 人文地理学［M］. 北京：高等教育出版社.
王建国. 2019. 城市设计［M］. 南京：东南大学出版社.
王建国，崔愷. 2020. 城市设计发展前沿［M］. 北京：高等教育出版社.
王伟强. 2019. 城市设计导论［M］. 北京：中国建筑工业出版社.
王向荣. 2019. 景观笔记［M］. 北京：生活·读书·新知三联书店.

魏方，黄子舰. 2020. 身体经验与时空想象［J］. 景观设计学（4）26-41.
吴次芳，吴丽. 2013. 土地社会学［M］. 杭州：浙江大学出版社.
吴次芳，叶艳妹，吴宇哲，等. 2019. 国土空间规划［M］. 北京：地质出版社.
吴良镛. 1996. 关于人居环境科学［J］. 城市发展研究（1）：1-5.
吴良镛. 2001. 人居环境科学导论［M］. 北京：中国建筑工业出版社.
吴晓，王承慧，殷铭，等. 2021. 总体城市设计三辩［J］. 城市规划（2）：73-82.
熊楦. 2000．"乡村—都市"连续统一人类聚居形态的类型学思考［J］. 现代城市研究（4）：4-43.
雅斯贝斯 卡尔. 1997. 时代的精神状况［M］. 王德峰，译，上海：上海译文出版社.
佚名. 2020. 加拿大最后一个完整北极冰架解体［N］. 都市快报，08-09.
余潇枫，张彦. 2006. 人格之境［M］. 杭州：浙江大学出版社.
张新斌，李龙，王建华. 2010. 黄河流域史前聚落与城址研究［M］. 北京：科学出版社.
张亚津，王骞. 2015 城市设计：欧洲 80 年代城市规划转型期的新兴价值观［J］. 西部人居环境学刊（5）：41-46.
张远，金贤锋，张泽烈，等. 2016. 地理设计理论、技术与实践［M］. 北京：科学出版社.
张志强，谭益民，许程，等. 2018 基于聚居动态进化理论的传统村落形态演变研究［J］. 南方建筑（3）：71-77.
赵林. 2020. 告别洪荒：人类文明的演进［M］. 长沙：湖南人民出版社.
郑红玉，吴次芳，沈孝强. 2018. 土地混合利用研究评述及框架体系构建［J］. 经济地理，38（3）：157-164.
周春山，叶昌东. 2013. 中国城市空间结构研究评述［J］. 地理科学进展，32（7）：1030-1038.
周庆华，杨晓丹. 2020. 面向国土空间规划的区域设计探析［J］. 城市规划学刊（6）：87-93.
Millennium Ecosystem Assessment. 2005. Ecosystem and human well-being：biodiversity synthesis［M］. Washington, D. C.：World Resources Institute.
UNCCD（United Nations Convention to Combat Desertification）. 2015. Sustainable financing for forest and landscape restoration［R］. Rome：UNCCD.
Alexiadis S. 2017. Territorial cohesion and prospects for sustainable development：a co-integration analysis［J］. Habitat International（68）：75-83.
Busquets J, Correa F. 2006. Cities X lines：approaches to city and open territory design［M］. Boston：Harvard University Graduate School of Design.
Coupland A. 1997. Reclaiming the city：mixed use development［M］. London：Routledge.
Davidson N C. 2014. How much wetland has the world lost? long-term and recent trends in global wetland area［J］. Marine and Freshwater Research, 65（10）：934-941.
Flaxman M. 2010. Fundamentals in geodesing［C］//. Berlin：Peer Reviewed Proceedings of Digital Landscape Architecture.
Gibbs H K, Salmon J M. 2015. Mapping the world's degraded lands［J］. Applied Geography（57）：12-21.
Goodchild M F. 2010. Towards geodesign：repurposing cartography and GIS［J］. Cartographic Perspectives（66）：7-21.
Grant J. 2002. Mixed use in theory and practice：Canadian experience with implementing a planning principle［J］. Journal of the American Planning Association, 68（1）：71-84.
Hoppenbrouwer E, Louw E . 2005. Mixed-use development：theory and practice in Amsterdam's eastern docklands［J］. European Planning Studies, 13（7）：967-983.
Huang C L, Vause J, Ma H W, et al. 2013. Urban water metabolism efficiency assessment：integrated analysis

of available and virtual water [J]. Science of the Total Environment, 452-453 (May1): 19-27.

Jackson T, Curry J . 2004. Peace in the woods: sustainability and the democratization of land use planning and resource management on crown lands in British Columbia [J]. International Planning Studies, 9 (1): 27-42.

Jacobs J. 1961. The death and life of great American cities the failure of town planning [M]. London: Pimlico.

Jongert J Nelson N, Goosens F. 2011. Recyclicity: a toolbox for resource-based design [J]. Architectural Design, 81 (6): 54-61.

Le Q B, Nkonya E, Mirzabaev A. 2016. Biomass productivity-based mapping of global land degradation hotspots [M] //Nkonya E, Mirzabaev A, von Braun J. Economics of land degradation and improvement: a global assessment for sustainable development. Cham: Springer: 55-84.

Lu P, Stead D. 2013. Understanding the notion of resilience in spatial planning: a case study of Rotterdam, the Netherlands [J]. Cities, 35 (4): 200-212.

Luukkonen J. 2011. The europeanization of regional development: local strategies and European spatial visions in Northern Finland [J]. Geografiska Annaler, 93 (3): 253-270.

Macfeely S. 2016. Opportunism over strategy: a history of regional policy and spatial planning in Ireland [J]. International Planning Studies, 21 (4): 1-26.

Montanarella L, Scholes R, Brainich A. 2018. The IPBES assessment report on land degradation and restoration [R]. Bonn: Secretariat of the Intergovernmental Science-Policy Platform on Biodiversity and Ecosystem Services.

Neuman M. 2000. Regional design: recovering a great landscape architecture and urban planning tradition [J]. Landscape and Urban Planning (3-4): 115-128.

Newman P W G. 1999. Sustainability and cities: extending the metabolism model [J]. Land Use and Urban Planning, 44 (4): 219-226.

Nijhuis S. 2019. Cultivating regions through design [J]. Atlantis (3): 43-46.

Nijhuis S, Jauslin D. 2015. Urban landscape infrastructures, designing operative landscape structures for the built environment [J]. Research in Urbanism Series, 3 (1): 13-34.

Peterson J M, Boisvert R N. 2000. Optimal land conversion at the rural-urban fringe with positive and negative agricultural externalities [C] //. Tampa: The American Agricultural Economics Association Meeting.

Pitarch-Garrido M D. 2018. Social sustainability in metropolitan areas: accessibility and equity in the case of the metropolitan area of Valencia (Spain) [J]. Sustainability, 10 (2): 371.

Plaut T R. 1980. Urban expansion and loss of farmland in the United States: implications for the future [J] . American Journal of Agricultural Economics (62): 537-548.

Rappaport R A. 1971. The flow of energy in an agricultural society [J]. Scientific American, 224 (3): 117-133.

Rowley A. 1996. Mixed-use development: ambiguous concept, simplistic analysis and wishful thinking [J]. Planning Practice & Research, 11 (1): 85-98

Shi B, Yang J. 2015. Scale, distribution, and pattern of mixed land use in central districts: a case study of Nanjing, China [J]. Habitat International (46): 166-177.

Song Y, Knaap G-J. 2004. Measuring the effects of mixed land uses on housing values [J]. Regional Science and Urban Economics (34): 663-680.

Voskamp I M, Spiller M, Stremke S, et al. 2018. Space-time information analysis for resource-conscious urban planning and design: a stakeholder based identification of urban metabolism data gaps [J]. Resources, Conservation and Recycling, 128 (1): 516–525.

Witherspoon R, Abbett J P, Gladstone R M, et al. 1976. Mixed-use developments: new ways of land use [M]. Washington, D. C.: Urban Land Institute.

Zandvoort M, Campos I S, Vizinho A, et al. 2017. Adaptation pathways in planning for uncertain climate change: applications in Portugal, the Czech Republic and the Netherlands [J]. Environmental Science & Policy (78): 18–26.

第二章　国土空间设计的思想与历史

第一节　国土空间设计的思想基础

一、地理格局思想

（一）地理格局的概念内涵

所谓地理格局（Pattern），是指地理环境时空异质性的外在表征，“格局”一词在复杂性学科中又被称作“构型”。地理格局直接影响国土空间的光能、热能、生产力、生物多样性、生态系统、水分等重要因子分布。按照地理格局的时空特性区分，可以分为3种格局：①空间格局，是地理环境和生态变量在空间梯度上展现出来的异质性分布特征，它决定了国土空间系统的结构、流率、循环活动等基本特性。②时间格局，是指不同状态变量的地理因子在限定时间区间内表现出的异质性特性。③时空格局，是空间格局和时间格局耦合形成的一种格局类型。空间格局和时间格局是对地理系统运行机制进行限制和控制的基本结构，会导致不同地理单元在不同的时段内具有异质性的功能。地理格局包括自然地理格局和经济地理格局，其概念内涵是以下诸组成要素的复合体：

1）地理空间结构。它是指在一个特定的空间范围或区域内，地理诸要素的有机组合关系。作为地理空间组成要素的各类地理事物，诸如河流、土壤、地貌、植被、气候、岩石等，都是受某种统一的基本规律支配的。在这种基本规律支配下，地理空间形成了一个具有等级、有序和特定格局的空间结构体系。例如，中国地势西高东低，呈现海拔差异明显的3级阶梯状结构。地貌类型上有高原、盆地、平原、沙漠、河流、湖泊、海洋；气候类型上有热带、亚热带和温带季风气候，也有温带大陆性、高原山地和海洋性气候；流域面积超过1000平方千米的河流有11500多条，面积在1平方千米以上的天然湖泊有2700多个，等等。这些自然地理诸要素的有机组合，形成了中国复杂的自然地理空间结构。国土空间设计的功能定位和治理规则制定，必须要与地理空间结构体系及其分异规律为基本前提。

2）地理空间分布。地理空间的分布与尺度有密切关系，通常可以分为两个不同的层次：一是全球和国家层面上的地理空间分布，主要受自然规律分布的影响，地理空间地带性就是这种宏观意义上空间分布规律的基本表达。例如热带雨林、亚热带常绿阔叶林、温带落叶阔叶林和北方针叶林在地理空间的分布，就属于这种宏观层次的地理空间分布。二是区域和地方层次的地理空间分布，主要受社会经济规律分布的影响。例如，在长江三角洲地区，上海、杭州、南京、苏州、合肥、宁波、嘉兴、湖州等不同等级层次在地理空间上的分布，就属于这种中微观层次的地理空间分布。国土空间主体功能区、经济区、用途区等的划分，深受地理空间分布的规律制约和影响。

3）地理空间差异。地理空间在区域上的分布是很不均衡的。这需要从以下两个方面去做深刻的理解：一是地理空间总是存在差异，无法在地球表面上找到任何两个完全相同的地理空间。换句话也可以说，任何两个地理空间的资源丰度、自然资源适宜性、地形地貌、开发成本、区位优劣、人力资源、初始条件、基础水平、发展机遇等都会存在不同适度的差异。二是人类社会发展的进程，本质上也要求此种不均衡性的存在。如果地理空间完全没有差异，物质的迁移、能量的交换、信息的流动因为缺少梯度就将全面停滞。因此，国土空间设计的策略需要考虑区域的均衡，但必须保持某种合理的区域发展梯度，把区域的空间差异规范在某个临界阈值之内。否则，区域发展就缺少了原动力。

4）地理空间循环。地理空间存在两个基本循环：一是地质大循环。它是指地表岩石矿物的风化过程及其产物的迁移、淋溶、搬运、转化和累积等过程，在地球表面周而复始地进行。它是固结在岩石中的营养元素经过风化以后释放出来，成为生物可以利用的有效元素。固结状态的岩石矿物成为地表松散堆积物，产生蓄水性能、保热性能和通气性能。其中，次生黏粒矿物的形成，能吸附与交换一定数量的阳离子，因而使土壤具有一定的保肥性能。这就为地球生命和陆地植物的生存、演化和发展，创造了适宜的生长条件。二是生物小循环。它是指岩石经风化后释放出的化学元素在生物体与土地（土壤）之间的循环。具体来讲就是：植物从土地中吸收化学元素，尤其是营养元素，形成植物体。后者供动物生长，而动植物残体回到土地中，在微生物和动物的作用下转化为植物的化学成分，构成物质与能量的循环，促进地球生态系统生产力的形成和发展。国土空间设计，不仅要研究全球生态系统的地质大循环，同时还要研究局部生态系统的生物小循环；要把“土壤圈”和“水圈”的生物地球化学循环作为国土空间设计研究的核心问题，任何国土空间设计都不能破坏或者阻隔地理空间的地质大循环和生物小循环。

5）地理空间节律。地理空间随时间重复出现的变化规律通常称为自然地理环境的节律性，是自然界一种特殊的时间循环，也是一种递进中的循环，主要由天文因素和地球运动特性所决定。它主要有 3 种类型：一是周期性节律，是自然地理过程按严格的时间间隔重复的变化规律。它发生在地球自转和公转及地表光、热、水的周期性变化基础之上。例如春夏秋冬的季节节律、潮汐的周日变化等。二是旋回性节律，是以不等长的时间间隔为重复周期的自然演化规律。例如地质时期古生代、中生代和新生代的地壳演化，冰期—间冰期的气候旋回等。三是阶段性节律，是生物自身特性所形成的节律，具有阶段性的特点。例如生物生长在每一个生长期内，其生长过程符合罗吉斯蒂曲线即 S 形曲线，多年的记录就反映出阶段性的节律重复。国土空间设计需要充分考虑自然地理空间各种要素具有周期性和阶段性的特点，按照持续发展的节律性更加精准和精细地制定各种设计方案。

6）地理空间竞争。在国土空间开发利用过程中，除了面临资本竞争、生产竞争、利润竞争和技术竞争等以外，另外一个很重要的就是对地理空间的竞争，包括对地理位置的竞争，如市场范围的竞争、生产地点和原料地点的竞争等。之所以会出现地理空间竞争，主要有两个方面的原因：一是，在众多的地理空间系统中，开发者总是会选择用途最为合适的、经济最为合算的、时间上最为合宜的空间区域。这种选择上的“受胁迫”状态或“非自由”状态，本身就体现出了竞争的内涵。二是，在众多的开发者中，均不同程度地需要同一类的空间地域，势必就会出现对于区域开发程度、对于资源利用经济性、对于区域识别优先度等一系列复杂的竞争关系。国土空间设计必须十分重视地理空间的竞争现象，以地理空间的竞争关系作为重要的设计依据，才能更好地保障空间治理的有序性。

（二）设计遵循的地理格局

地理空间的结构系统性、天然不均衡性、地表形态有序性、地理过程动态性、空间竞争性、空间连通性等，毫无例外地会影响并制约国土空间设计的过程和效果。因此，国土空间设计必须遵循以下地理格局的内在规律，尤其是自然地理格局结构和功能，才能实现天人合一的至高境界。

1）地理格局的整体性。气候、地质、地形、水文、土壤、植被、野生动物、土地利用等地理格局要素，是一个相互作用、相互依赖的有机系统，整体性是其最重要的特性。对其中任何一个要素的改变，都会影响其他要素变动。例如对地下水的开采，会引起土壤、植被、野生动物等的结构改变和退化。国土空间设计的重要准则就是必须遵循地理格局的整体性规律，将大尺度的自然地理山水与微观的建筑构图做整体性结合，将山、水、植物、野生动物、建筑等自然和人工要素做整体性处理。国土空间设计的另外一个重要准则就是要寻求保持地理格局的整体性，或者说在这种整体性遭到了破坏之后如何去修复它，以此来形成地理格局的整体性特征来对抗种种的商业化过程。到目前为止，没有一种经济学理论可以将那些跨越各个异质性地理空间界限的内在联系统一起来。国土空间设计可以将经济、利益、建筑、景观这些看上去彼此分离的要素整合起来，将那些仅通过单纯的市场运行中分裂及商品化从而受到损害的空间联系通过创造、修补等设计手段保持下去或恢复过来。时间的连续性、空间的整体性和利用的多样性构成了地理空间格局整体性的3个描述向度，是国土空间设计生命景观过程的自主表现，也是自然地理格局生命有机体演化的内在规律，它们应该成为一个有机的整体（Organic Wholeness）。

2）地理格局的地域性。受地球公转和自转等而产生的地质构造的作用，使各种地理格局的空间分布存在着明显的地域性。地域分异规律导致地理空间格局间自然资源本底、生态系统、资源承载能力、生态足迹、社会人文等各不相同。不同地域，其气温、降水、风、气压、温度、蒸发和日照，地貌形态的高度、坡度和地面切割程度，第四纪地质的残积物、坡积物、崩积物、洪积物、冲积物、湖积物、风积物、海积物、冰碛物，水文地质的容水性、持水性、给水性、透水性、水质、径流，江河水文的流量、径流总量、径流深度、径流模数、径流系数、年径流量变差系数，岩土的物理性质、水理性质、力学性质、工程地质类型，地质构造的褶皱、断层、裂隙和劈理，土壤的机械组成、水分状况、养分结构、交换量、酸碱度、盐基饱和度等，都是呈地域性分布的。它们的组合，就像7个音符可以组成无限多的乐曲一样，可以构成无限多的地理空间格局。国土空间设计必须要因地制宜，遵循地理格局地域性的多样化，采取适地、适时、适宜的方法和手段，才能创造出符合自然地理格局规律的设计方案。

3）地理格局的协同性。地理格局存在着明显的协同效应（Synergy Effects），简单地说就是“1+1>2”的效应。例如胡焕庸线，这条线从黑龙江省瑷珲到云南省腾冲，大致为倾斜45°基本直线，该线东南方36%国土居住着96%人口，而该线西北方人口极低。其原因就是该线东南方属湿润和半湿润地区，雨量和耕地的匹配产生了协同效应，其生产力远远高于该线西北方区域，所以能够承载更多的人口，自古以来就是经济基础更好的区域。国土空间设计就是要遵循地理格局的这种协同效应，通过两种或两种以上的组分调配，产生更大的增效作用。例如，对于干旱缺水地区，国土空间设计可以基于自然解决的方案，通过设计回收、再利用、再循环水系统，通过设计混合灰色和绿色基础设施系统，通过设计家庭雨水收集、农业雨水收集、学校雨水收集系统，通过设计含水层补给和生态恢复系统等，来解决水资源短缺的问题，如此就可以产生协同效应，促进区域的可持续性和复原力。当人类面临自然资源枯竭的现实问题时，单一的生态、环境、经济或社会途径都无法有效解决资源硬约束，国土空间设计可以让不同学科领域直接通过复杂的耦合方式集成在一起，运用有效的设计手段和策略，通过多学科之间的相互作用，获得最佳的解决方案。国土空间设计的协同不是协同的设计，不是把设计任务按照学科分解到不同领域的专家去实施后进行整合，而是在国土空间这个平台上，不同学科的思想、观念、方法、模型、路径的高度耦合、共同作用的结果。

4）地理格局的自组织性。从涌现理论（Emerging Theory）和协同学理论的角度看，地理空间格局的演化机理主要是自组织力、他组织力和噪声效应3种动力系统综合影响的结果。国土空间设计需要倡导基于自然的解决方案，遵从地理格局的自组织力作用规律，以最小的耗费产生最佳的效果。所谓地理格局的自组织性，就是指地理空间在没有外部指令干扰的情况下，系统按照相互默契的某种规则，各尽其责而又协调地、自动地形成有序结构。从热力学的观点来说，地理空间的自组织是指系统通过与外界交换物质、能量和信息，而不断地降低自身的熵含量，提高其有序度的过程。自组织理论认为，系统的有序是通过涨落来实现的。自组织理论主要由3个部分组成：耗散结构理论（Dissipative Structure Theory）、协同学（Synergetics）、突变论（Catastrophe Theory）。例如地理空间的森林生态系统，其各组成要素如植物、动物及微生物的内部以及之间都存在非线性作用，正是这种非线性作用使得一些有利于发展的因素增长了，而不利于发展的因素衰减、同化了，为森林生态系统不断地向更高级转变提供了前提条件；也正是这种非线性作用才涌现出各要素简单相加所不具有的森林强大的生态环境保护功能。城市发展从聚落—村镇—城镇—城市—城市群的形成过程中，通过市场机制的作用，实现要素资源由低层次向高层次城市功能的转化，也是一种自组织过程。研究表明，地理空间的自组织属性愈强，其保持和产生新功能的能力也就愈强。

二、人文主义思想

（一）人文主义的思想根基

早期的国土空间规划设计更加倡导“功能主义”，使得空间开发保护更专注于经济发展。借助于现代技术的应用，国土空间经济水平不断提升，工业化进程不断推进，但结果是方格式的大厦比比皆是，城市环境日益退化，资源日益紧张，空间开发忽视人文关怀，人的幸福感不断下降。于是，人文主义作为一种新的思想理念开始兴起。其根基性内容是强调“对人的关怀”，也如《周易·贲卦·彖传》所指出的那样：“观乎人文，以化成天下”，所以人文主义也称人本主义。后现代主义的基本精神内涵也是人文主义，强调对现代主义的反思和批判，呼吁空间的功能主义向人性、文化和多元价值的回归，突显空间对人类的有用性（Availability）、可达性（Accessibility）、稀缺性（Scarcity）和供给的可持续性（Sustainability）。其本质是对实证主义反思的产物，也是对现象学和存在主义哲学的空间响应。人文主义观点认为，空间和地方分别代表着人生经验中的感觉和经验，通过展示自然、空间、地方、景观，来解释空间感知差异，人是通过感知来理解丰富多彩的空间外部环境的。空间事实不是只有“物”，人们在“物”之上的附加意义更有价值（Lowenthal，1961），应当将“空间作为要素”转向“空间作为本身”，重视“人”对“地”的文化感受和符号的象征意义，重视人的主体性及其思想和情感，以及社会文化再生产中的和谐性（Seamon，1979）。之后虽然出现了诸如批判性人文主义和后人文主义的研究范式，导向超越人类中心主义的批判话语，更强调空间过程及伦理的空间实践和人性的提升，但其思想根基仍然都保留着以人为本的强大基因（Badmington，2004）。

（二）人文主义的设计准则

按照人文主义的思想内核，人文主义导向下的国土空间设计强调以人类理性、物性和群性为本，通过国土空间的合理使用、分配与布局来满足人在生产、生活和生态活动中对空间的需求，包括满足物理需求和心理需求。人文主义导向的国土空间设计，主要突出以下原理和准则：

1）人文关怀准则。国土空间设计以关注使用者体验和感受为特征，以“人-自然-社会”3维复合的视角进行国土空间塑造，将提升生产空间质量和生活空间品质作为国土空间设计的主旨。重视人文关怀，创建更富魅力的幸福人文空间，重点要把握好两个基本要点：一是强调国土空间塑造要具有人性化，功能定位要以人的生存和发展为基本依据，要重视社区生活圈的构建，彰显更有特色的城乡风貌，形成有归属感的社区公共空间，打造宜居、宜业、宜学、宜游、宜养的未来社区，完善公平共享、弹性包容的基本公共服务体系，健全可负担、可持续的住房供应体系。二是强调国土空间塑造要有利于促进人的发展，有利于提升人的素养和品质，有利于激发国土空间的文化活力。要通过国土空间设计不断完善高品质文化休闲设施功能结构，优化不同层次教育设施功能结构，优化不同等级体育健康设施功能结构等，以促进人的全面发展和品质提升。

2）生态伦理准则。强调以人为本并不是强调“人类中心主义”，而是要提倡一种尊重将土壤、水、植物和动物都视为休戚相关的土地共同体的伦理观。人类在国土空间设计过程中应该更加尊重自然，任何个人或团体的意愿和目的都必须以不伤害自然生态系统为前提，其目标都只能是一种伦理上的约束性追求。国土空间设计要坚持环境损害最小原则，当人与生物利益在空间配置发生冲突时，应尽可能同等分配并共享自然资源，或者应当设法通过生态重建和环境复原等方式给生境以补偿。人类在进行国土空间设计决策时，有义务为了自身和其他生命形式的延续而保护自然生态环境。人类对国土空间的健康应该有一种责任感，通过对国土空间的养护，不断提高生命景观的活力和品质。

3）文脉继承准则。国土空间是承托自然和人文延伸变化的平台，包含了历史的变迁和生活的真实体验。国土空间的地域文脉，是一个地区真正区别于其他地方的重要特性。毫无疑问，国土空间设计需要联系国土空间的历史传统，注重文脉的继承。事实上，国土空间历史愈悠久，文化积累愈深厚，国土空间景观就愈丰富动人。这就要求国土空间设计必须十分尊重当地历史文化，严格保护国土空间历史记忆和历史景观。文脉继承应加强对文化空间整体格局保护的重视，针对不同地域的传统文化空间结构及格局进行更深入的研究、分析、传承和转化。如一个传统城市的城市形态、纪念性或地标类的文化建筑场所、市井生活类的民俗文化空间、科考教育类的文化空间、祭祀及节庆活动类的文化空间等，这些不同类型的文化空间如何组织起一个城市的空间设计。要重视历史文化名城、名镇、名村的区域协同设计，重视传统城镇与现代城镇过渡区的设计。在国土空间设计时，除了坚持文脉继承以外，要重视创造多类型文化空间，包含历史文化保护空间、纪念性文化空间、民俗类文化空间、休闲活动类文化空间等，并适当考虑给予文化创意空间一定的比例。

4）多元价值准则。20世纪下半叶以来，人文主义更加关注研究人类生活的多样性和国土空间结构对诸如阶级、种族、性别、话语、自然、政治、信仰、情感、身份、认同、美学的影响，更加关注空间文化“自下而上”的底层建构，更加注重多元化的价值取向。在国土空间设计过程中，设计人员通过深入调查可以很好地贴近社会公众的感知与需要，但无法做到全然替代。因此，多元价值准则还包括倡导真正意义上的公众参与，居民之间的沟通成为专业图纸设计必须要面对的重要内容。这种多元的价值观，是用“本体生成（Ontogenesis）”代替传统的“本体存在（Ontology）”，最终追问“我是谁，我将是谁”，以及“人与空间环境”“人与自然”“我的幸福与安全”等本体论和关系意义的价值建构，对于弥合国土空间设计与人文主义的缝隙具有创新价值（Whatmore，2006）。

三、景观生态思想

（一）景观生态的思想本质

德国著名生物地理学家C. Troll于1939年提出景观生态学（Landscape Ecology）一词（Naveh et al.，1984），自1980年的后期逐渐成为世界上环境、资源、生态方面的研究热点，1982年在荷兰成立了国际景观生态学协会（IALE）。之后，景观生态学的概念内涵、思想本质、实际应用、发展方向与关键科学问题等逐渐形成了基本共识。Forman et al. 关于景观生态学的定义具有相当的代表性，他认为景观生态学是研究景观结构、功能和变化的一门科学（Forman et al.，1986）。强调空间格局、生态学过程与尺度之间的相互作用、景观尺度上生物多样性与自然过程的保护、全球变化与未来景观、景观生态规划与区域可持续发展等，是景观生态学研究的核心所在（Risser et al.，1984；Turner，1989；肖笃宁等，1997）。

景观生态学也可以称为空间生态学。它以景观生态系统的空间关系为研究重点，注重空间结构与生态过程的相互影响，强调尺度的重要性与时空异质性。其思想本质是强调景观生态的整体性、异质性、多样性和联通性，认为景观生态是一个系统，优化系统结构与功能并提升空间的连接性，是其最重要的目标。该系统的生存与成功，可以被描述为优化—适应—健康；其对立面是恶化—不适应—病态。要实现这一目标，系统需要找到最适宜的生命环境，并改造这种环境及自身结构。要成功地调整适应，就必须维护并提高生命景观的健康，最终才能维持人类文明的延续并增加自身的幸福。例如，狼群要避开某些特定的土地利用类型，如耕地、园地、草地和落叶林地，它们喜欢至少有一些针叶树的森林。同时，狼群的发生很大可能需要满足公路密度在 0.23 千米/平方千米以下的条件，在被重要高速路分割的地区不会有任何狼群的出现。美国密歇根州北部狼种群数量远高于威斯康星州，原因就是后者的土地利用很破碎，且缺少高的空间连接性。

（二）景观生态的设计要点

景观生态设计依据生态学原理和景观生态学理论与方法，通过对生物环境和社会相互作用过程的规律揭示，寻求资源和空间利用的最适宜途径与方式。其核心是通过景观创新与创造，尤其是通过对最适宜的区位、生态过程、空间形态、材料以及地方性的表达，来对大地进行更有效的保护和恢复，为人类创造更适宜的生活环境。其设计要点可表述如下：

1）维护可持续的人类-社会-自然复合生态系统。景观生态设计强调保护自然格局的整体性，包括人在内的所有存在物都是景观生态系统的内在组成部分。整个地球景观是人类-社会-自然复合而成的有机生态系统，其物质循环和能量流动以自组织的规律不断进行。任何一个环节受到破坏，都会带来整个地球生态系统的不稳定。要通过景观结构与功能交互影响与相互促进的设计，通过调控人类活动与生物共生相协调，着力维护这一复合生态系统的有效性与稳定性相统一，使景观开发保护更加协调有序和可持续。

2）保护和增加景观生态多样性-连通性-健康性。景观生态多样性包括生态斑块多样性、生态组分种类多样性和生态格局多样性。它对于物质迁移、能量交换、生产力水平、物种分布都有重要影响。景观连通性关键是增强景观元素相互间的连通度，它可以通过以下几方面得到表达：斑块的大小、斑块的形状、同类斑块之间的距离、廊道存在与否、网络结构是否顺畅有效。通过生态恢复、保育和保护去促进人、生物和生态系统相互依赖的健康，即维护景观生态系统的健康和活力，维护其恢复力、多样性和生产力，使邻近景观和生态系统没有负面影响或者破坏最小化，是景观生态设计的基本要求。因此，通过对景观生态网络的系统分析，以鉴别哪里需要创造新的生态景观和生态节点，或对景观生态进行恢复，以便更有效保护和不断增加景观生态系统的多样性、连通性和健康性，是景观生态设计需要把握的核心准则和要点。

3）营造地方性和有机性的整体景观人文生态系统。景观是所有的自然和文化特征，如村落、农田、山体、建筑、荒漠、森林和水体等有别于另一地表的特征，生境或人文生态系统的空间排列组合构成了景观。景观生态设计强调以地方性的文脉、史脉和经脉作为基础和灵魂，认为景观生态设计的核心和主体对象是整体人文生态系统，这是一个以自然过程为重点、以满足人的合理需求为根本的有机人地技术体系、文化体系和价值伦理体系（王云才，2007）。地方性的土壤、植物、动物、水体、岩石及其他物种环境共同构成自然景观的有机整体，任何技术经济系统和社会文化系统必须有机融入这种自然景观生态系统。人类有意识的设计景观，必须在非对抗性人类集团所掌握的高度科学基础之上，并与自然因素、强烈的宗教、艺术或文化相联系为基本特征，仅仅以简单的文化物证或者历史遗产保护是很不充分的。它应该是地球表面文化现象的复合体，能够充分反映一个地区的地域文化和区域特色，从而营造出具有地方性、特色性、有机性和整体性的景观人文生态系统。

四、大地美学思想

（一）大地美学的思想境界

现代美学的创始人鲍姆加登（A. G. Baumgarten）认为，专门研究感性认识的学科即为美学。他将美学正式定义为感受学（Aesthetics），即美之学的核心在于“感”。英文里美学的原本含义，就是指对美的事物所具备的感受（Sensation）或认知（Perception）。一般认为，美学是研究美、美感和艺术美的科学（刘鑫垚，2012）。在哲学领域，美学与伦理学之间有着密不可分的关系，因为它们都是探讨价值理论的学科。伦理学所探讨的价值理论是关于对错、是非、好坏的分辨，而美学则是关于判断美丑、好不好看等的学问。

大地美学本质上是土地美学（Land Aesthetics），这里没有使用土地美学（两者应该是可以互换的概念），只是因为工业革命以来已经有太长的时间人们一直把土地视为一种可以消费的财产，而“大地”则可隐喻为“万物之母”，就是把土地和母亲紧密地联系一起而具备物质和精神的双重属性，弥补人们对土地的精神性、生态性、人文性、审美性的认知不足，从大地母亲的感知去关爱和审美土地，更能符合普通大众的审美旨趣。当然，审美价值也就更能深深地蕴含其中。使用“大地美学”一词，就是试图突破传统的人地二元割裂的思维定式，尊重土地的生态和美学功能，促进土地伦理观、农地价值观和道义责任感的发展，从而使得地球表层生态系统得到切实保护。

大地美学是利奥波德（Aldo Leopold）及其诠释者卡利科特（J. B. Callicott）所确立的。利奥波德倡导一种保护主义的美学，其核心是“共同体”的观念。这种美学不仅在于其提供了“自然美”的新向度，而且在整个环境决策和环境保护运动中产生了确确实实的影响，这是在研究大地美学时应该注意到的核心意义。卡利科特甚至认为，自然美学的声音就是保护政策或土地管理的重要声音（Callicott，1983）。在大地美学中，“共同体”并非一种经济或政治的共同体，而是指向大地本身中的各种构成元素，包括土壤、水、植物和动物，是生命共同体的概念，是建构在土地伦理之上的。也就是说，这种共同体除了内在价值的赋予外，还具有“美感价值”，而这种价值不但是一种工具价值，也可以视为一种荒野本然自存的内在价值之一。利奥波德认为，文化是从土地孕育出来的，是一种美的收成（the Aesthetic Harvest）。为了文化的承载和历史的延续，人类必须维护土地健康运作的技能，使人类能够与自然和谐相处。在判断一种土地开发行为的是非对错时，“生物群落的美”应该是一项非常重要的指标（Leopold，1987）。

大地美学并不只是一种抽象意识上的美学，它直接关系到人与土地、人与自然间的互动。在大地审美中，所有土地上的生命共同体呈现一种深层的生态平衡，以及人与环境和谐关系所呈现的美丽。其本质是一种基于保护大地生态系统、促进人地和谐的审美观；其境界是人类在对生态文明追求的过程中产生的一种全新的存在观，是人与自然趋于动态平衡、和谐一致时所处审美状态的存在观。面对景观生态和谐严重受损、农田污染加剧、垃圾围城破坏城市生态、矿山开采导致生物多样性降低、乡村特色景观逐渐丧失、土地利用空间布局混乱等全球生态和环境危机，大地美学以建立人地和谐关系和维持土地的生态可持续性为主旨，强调创造土地的人文景观美，突出自然景观美和生态美，着力营造宜居宜乐的环境美，这是人类的一种至高境界。同时，这也是一种人地和合、知行合一的精神境界，个体把对土地的情感作为生活的一部分，把对土地的保护作为自己承担的责任，帮助人们在对待土地问题时能更好地将“意识”代替“本能”，如此也会使自己更加充满激情与责任。例如，美国国家公园不仅成为著名的旅游目的地，而且也成为人们心目中彰显美国民主价值观的典范。正如美国环境史学家霍尔·罗斯曼（Hall Rothman）所言：“国家公园是美国民主的闪光点，不管你是移民还是本地人，不管你来自城市还是乡村，你都属于这个世界，都能在这个广阔的空间中拥有一席之地。”

（二）大地设计的美学框架

大地美感的内在心理过程分析表明，从大地审美出发的大地设计，不仅仅是去创造满足于视觉美感体验的艺术品，也不是管理者或设计者主观随意的发挥，而是一种特殊的大地空间环境构建和组织方式，把人的情感、思维方式和生活方式呈现出来，以及最终达到万物一体、天人合一的精神境界。从这个意义上讲，大地设计的美学框架，一方面要体现大地环境生态化的结构，另一方面又需要体现人的内在精神世界的生态化功能，从而实现大地美的外在性和内在性、表现性和表意性、在场性和超越性同时共存。在大地设计的美学框架中，大地是人通过审美关系的中介合而为一的，是“真”“善”“美”的统一，也是人的审美心理的认识深化和在知、情、意上的拓展（李剑，2009）。

1）求“真”的大地形态。从审美角度关照自然，早在古希腊时代就已经开始，毕达哥拉斯学派认为人与自然的和谐就是美。大地形态是大地空间、建筑、环境与人所共同形成的整体构成关系，直接反映了一个区域的结构形式和类型特点，也反映了生活在其中的人们的历史图式和文化特征。大地环境只有具备了“真”的形态，才能具备创造美感的基本条件，才会具有独特的感染力（徐苏宁等，2002）。因此，国土空间设计首先必须强调是“真”的，这种“真”主要表现在忠实于当地的气候、地形地貌、土地、水文和所有真实存在的自然环境和人文环境。

2）求“善”的大地环境。所谓善的大地环境主要指 3 个方面的内容：①环境伦理。其核心是以“敬畏生命”为准则，将伦理学的范围由人扩展到所有生命，把爱的原则扩展到动植物，充分关注自然和土地的价值，尊重生物的多样性，重视保护“土地”这一生命共同体的整体、稳定和美丽（Schweitzer，1990）。②环境文脉。它是大地赖以存在的基础，是与大地内在本质相关联的人文环境和历史文化景观。国土空间设计要从整体上把握大地的文化结构以及质、量、形与意之间的内在关联，保护历史文化景观的空间联系性和时间延续性，将建筑、场景与人的知觉三者拉近，并放在文化的高度创造更有品质的生存环境。③环境美学。其本质是日常生活的美学（Carlson，1991），要借助人自身对环境的感知与经验，让人们理解大地对于人类的各种具体呈现方式。乡村的道路、整齐的田块、奔流的小溪、枯藤的老树等，都应该被理解为人类与自然环境之间的情感纽带。美是离不开善的，离开善就不能称其为美。

3）求“美”的大地意境。王国维在《人间词话》中指出：有境界（即意境）则自成高格。诚然，并非所有的大地设计都能够达到产生意境的艺术高度，但意境却是追求的目标。有研究表明：意境的构成包括纵向结构关系和横向结构关系的融合。纵向结构关系中意境与景色、景象、风情有关，横向结构关系中与个体的心境、以往的经验、设计的寓意和感受转换有关（刘滨谊，1990）。意境的物化对象构成是蕴含其中的大地文化，包含物质文化、行为文化和精神文化，它们有形、情、意之区分，由“形”到“意”是主体的人对大地文化由浅入深的理解。“枯藤老树昏鸦”这一诗句，可以很好地阐释意境的构成。树、藤和鸦都是基于形的景物，经过诗人情感的渲染，老树、枯藤和昏鸦则形成不同的意象，这些有着情感因素的意象组合在一起，衬托出苍凉的“境”，体现了诗人悲切的“意”，从而在艺术上得以升华。形、情、意和景、象、境共同构成了大地整体意境（戴代新等，2009）。

第二节　国土空间设计的理论基础

一、形态维度理论基础

（一）优化理论

国土空间设计是一个对空间做实体性改变的社会过程，同时也是一个包含自然、社会、经济、生态、文化等在内的综合性问题。所谓优化，是指根据特定的设计目标，依靠一定的设计手段，在一定的约束条件下使系统具有所期待的最佳功能。它是从众多可能的选择中做出最优选择，使国土空间系统的目标函数在约束条件下达到最佳化。现代优化理论是在20世纪40年代发展起来的，其包括以下几方面的基本准则：

1）局部服从整体原则。最优化状态可以是局部的或全局的。局部最优化状态下目标变量的值比在某一邻域中任何其他可能状态下的值更大。任意一座山的顶点从局部看在高度上都是最大值，但从全局看就不是最大值，除非这座山正好是喜马拉雅山，这是小概率事件。国土空间是一个由各要素相互作用、相互依赖而形成的复杂系统，是一个具有特定结构和功能的有机整体。它在特定的地域范围内，通过有规律的镶嵌形成特定的功能。不同地域之间的功能，是一个相互补充的自创生整体。局部最优的设计，并不等于整体最优。在处理局部与整体关系时，必须把整体优化作为主要目标。

2）系统多级优化原则。国土空间设计不同于传统的城市设计或场地设计，本质上是一个更大规模的复杂系统。在空间上，国土空间存在不同层级的设计优化，下一层级的国土空间设计优化必须要符合上一层级国土空间设计的基本要求；在时间上，从目标、方案、模型、评价到决策，每个因素都存在优化问题。特别是对系统运行过程的多阶段的逐级优化，是系统整体优化的保证。为了理解、认识、设计大规模复杂系统，需要掌握坚实广泛的基础理论与系统工程的设计方法和工具，诸如决策理论、博弈论、控制论、网络科学、组织理论、行为经济学、生态学、地球科学等，实现架构设计的跨专业、跨领域和跨阶段集成。

3）优化相对性原则。系统“达优”本身是绝对的，但优化的程度又是相对的，是相对一个可能性集合而言的。这个可能性集合与系统的态空间有关，例如一个只包含用钱可以购买的可能性集合，在经济学上可能是适当的，但对于旨在追求最大幸福的问题，这个集合又不是适当的。在进行国土空间设计时，能实现理想的优化最好；但考虑各种条件，尽管不理想，但能实现“满意性”优化也可。据说有一个数学家想要吃到世界上最优的苹果，他把苹果的各种参数（如糖分含量、氨基酸含量、水分含量、各种矿物质含量、成熟度等）输入计算机，通过最优化求解最优苹果的各种参数。然后拿着这些参数到全世界去找最优的苹果，寻找3年一无所获。后来按照妻子的意思到家门口的苹果园尝到了满意的苹果。西蒙就是因为发现了满意性原理，提出了从最优到满意的转变，获得了诺贝尔奖。

（二）图底理论

底图理论又称图底关系理论，最早是由美国康奈尔大学的罗杰·特兰西克（Roger Trancik）教授在《寻找失落的空间：城市设计的理论（Finding Lost Space：the Theories of Urban Design）》一书中提出的一种有关空间设计的重要理论。图底关系理论，是将研究形态视觉结构的“图形”与“背景”理论应用于空间设计领域，是研究空间与实体之间存在规律的理论，知觉的选择性是其理论基础。该理论将研究形态视觉结构的“图形”与“背景”理论应用于空间设计领域，有助于人们更好地理解空间总体结构和空间等级的关系。在城市空间设计领域，有助于人们更好地了解城市的肌理特色、发展动态，有助于帮助人们客观、深入地分析城市空间现状，充分认识城市空间的建筑、围墙之类的边界线的存在，提高人们将城市空间赋予“图形”的意识和技术手段，从而创造出积极的城市空间（孙颖等，2003）。图底理论是基于黑、白二维图示来阐明空间形态的，以黑色或者白色指代建筑或建筑之间的空间是建筑师们最熟悉的、常用的指代空间肌理形态的图示。基于该图示，国土物质空间的状态可以清晰地呈现出来，可以细分为格网、径向放射、角度、轴线、曲线、有机组合等要素，这样的方式对空间形态的设计有直接指导作用。该理论是研究作为建筑实体的“图”和作为开敞空间的“底”的相互关系，关键在于实体与空间的控制与组成，以及相互的比例关系。图底理论可以化无为有，可以化消极空间为积极空间，使开敞空间得到完形，并且通过渗透性界面化大空间为小空间（李建华，2009）。它比较适用于对传统城市空间特征的解析、旧城改造与更新项目、城市中心区、中央商务区（CBD）及其他高密度建设区域。

需要指出的是，国土空间是否受欢迎，是与空间的本质密切相关的，其社会学意义远远比建筑学意义更为重要。“图底关系”仅仅是空间在图形学方面的表现特征。在现代国土空间设计过程中，过分迷信“图底关系”，可能会犯重视问题的表象，忽视问题本质的错误。可以说，现代城市的大多数空间都不符合“图底关系”理论，然而它们并非都是失落的空间，并非在城市中起着消极的作用。反过来说，符合“图底关系”理论的城市空间不一定就是良性空间，处理得不好，也有成为失落空间的可能（谭文勇等，2006）。

（三）连接理论

连接理论，也称为关联耦合理论，致力于分析空间各元素的“线路”，强调空间的线性联系，用各种联系的基线把建筑与空间串接起来（李建华，2009）。其要点在于通过国土空间“线”的组织，包括地段边界、交通流线、轴线等，把建筑物与外部空间环境联系起来，目的是组织一种关联系统或是一种网络，建立有序的国土空间结构。在国土空间设计中，组织公共空间要素是塑造国土空间形态的必要手段，这是对连接思想最直接的认识，即作为塑造美好国土空间形态的设计方法（卢峰等，2016）。连接理论关注国土空间环境中的视觉和功能的联系，以及环境秩序的建立。这些联系可以由街道、人行通道、线状开放空间和其他连接要素组成。通过对各种“联系线”进行分析，建立国土空间要素之间的关联系统，使国土空间要素具有整体性，提高空间的使用效率，是一种同时组织建筑和空间的控制性构思。它明确了在国土空间设计中，外部空间的组织应作为一个整体先行建立（杨纵横，2013）。作为国土空间设计的基础理论，其线性组织并不仅指交通流线、景观轴线等物质线，也包含人流、视觉通廊等虚拟线。国土空间设计所关心的问题应是通过将国土空间各个部分联系起来，进而形成一个巨大的整体（胡晓彤，2019）。北京紫禁城以太和殿、中和殿、保和殿 3 个大殿为中轴线节点，呈东西展开，当人们置于其中之时，一系列无穷无尽、连绵不绝的轮廓线与曲线形体切入天空，这就是典型的连接理论应用案例。同样，在华盛顿设计中，与我国紫禁城不同的是，连接理论的线性思想伸展扩大到了整座城市之中，华盛顿以两条轴线为基础，通过斜向道路与正交格网的叠加将政府职能与市民生活联系起来；而后的费城更新，随着东西轴线的延续，市政厅东侧原有的带状公园由步行线路和轨道交通连接，重要建筑物和公共空间由空间走廊连接（郑洋，2019）。国土空间设计特别强调整体结构，连接理论具有一定的实践应用价值。

强调空间线性联系的连接理论，在景观生态设计中也有广泛的应用。在国土空间环境中，植物和动物种群除了需要足够数量的生境外，它们的生长和繁殖还往往需要景观中生境的缀块之间有一定的连接性。景观连接度（Landscape Connectivity）就是指景观空间结构单元之间的连接性程度，包括结构连接度（Structural Connectivity）和功能连接度（Functional Connectivity）两个方面。种子传播距离、动物取食和繁殖活动的范围以及养分循环的空间尺度等都与景观结构连接性的相互作用有密切联系（邬建国，2002）。国土空间生态系统具有复杂网络的基本特性（彭建等，2020；Martin，2017），应用复杂网络理论和方法对国土空间重要景观生态网络节点进行识别和优化设计，契合复杂网络的理论分析框架，是未来科学研究和践行国土空间生态设计的新视角和新工具。比如，分析生态廊道的连接性如何对区域网络产生影响，研究物种间通过“流”的连接性如何影响物种多样性和生态群落动态过程，研究流域间各种“流”的连接性、水循环连接性等，复杂网络分析的有效性都得到了证实（傅伯杰，2021；Watts，1999；Liljeros et al.，2001；Sen et al.，2003）。

（四）场所理论

场所是特定的人或事物占有特定的国土空间，包含实体形态、人类活动、文化意义等多种内容。场所的本质在于使人在世界中定位，并从中深刻地体验自身与世界的意义。场所不仅仅指单纯的地点，它是由自然与人造环境相结合而构成的有意义的整体。这个整体应真实地反映在特定的时空维度中人们的生活方式与环境特征，具有精神上的含义。场所比起地点，更倾向于是有行为意义的动态空间概念，是一种人本主义价值取向。场所和空间的区别在于，空间是3维围合而成的虚体，具有抽象性。当物质空间承载了人们认知空间的历史、经验、情感、意义和符号时，空间才完成向场所的转化。因此，要营造特色鲜明的国土空间，应反映国土空间此地、此景、此时的独特性。创造具备可识别性的国土物质空间环境，激发居民的公共活动，国土空间才能为人所认同（杨纵横，2013）。

场所理论是对各类建设不考虑周围环境和文化背景，而盲目套用国际主义风格的理论批判。建筑理论家诺伯格·舒尔茨以“栖居精神”为源泉，借助胡塞尔现象学理论，开创建筑现象学理论用以分析建筑空间与筑造现象，而场所理论正是建筑现象学的主要内容。舒尔茨认为，场所是有清晰特性的空间，是人类生活发生之地。他提出两种场所精神：方向感和认同感，前者指人具有辨识空间能力，后者指人能得到满足和安全感（王亚红，2008）。场所理论强调从空间的认知角度认识人与环境之间的关系。以人的认知角度解释人与场所之间的物质、经济、社会与文化等方面的空间关系及其结构（张中华等，2010）。从人文主义视角看，场所经由人的居住与经常性接触，人们就会对场所产生各种强烈和持久的依附反应。如果场所能充满着具有意义的真实经验或发生过动人的事件以及有动人的故事，个体就会产生对场所的认同感。此时，国土空间单元就会被转化为场所，从而具有象征意义、个人情感、态度与价值等（Relph，1976；Tuan，1977）。

场所理论不仅强调实体空间的形式，更强调精神上的意义。因此，场所精神是场所理论的更核心内容。所谓场所精神，就是与当地历史、传统、文化、民族等一系列主题密切相关的特质，是一种总体气氛，是人的意识和行动在参与的过程中获得的一种场所感、一种有意义的空间感。从国土空间设计的角度看，场所精神可以体现为一种地域特色。这种特色是根植于场地自然特征之上的，对其包含及可能包含的文化特征的提炼，是一个时间与空间、人与物、物与环境、人与环境、现实与历史融合在一起形成的（王亚红，2008）。设计师只有通过深度体验并在社区的深度参与下，才能更好地把握地域特色，使整个场所具有统一性与和谐性。当然，场所理论过于强调人的感受，忽略了场所中具体事物的本性和对人的影响及它们之间的相互作用，还有用静态的观点来看待场所的认同感、根基感和存在意义等，这些有待进一步完善。在具体的设计操作过程中，需要将其与优化理论、图底理论与连接理论综合运用。否则，场所就会失去外部的重要联系，国土空间设计就会变成纯粹的抽象空间营造，从而失去其存在的价值。

二、体验纬度理论基础

（一）体验设计的概念内涵

体验（Experience）的词源来自拉丁语的Experior，通常指非理性的、由感知得来的信息，是指当人的情绪、体力、智力甚至精神达到某一特定水平时所产生的美好感受。20世纪末体验经济的到来，它将设计指向了人们的心理感受（李瑞等，2020）。体验最初的构成来源于“经历”，并经常出现在旅行和人物传记中。体验来源于经历，在意义上与其既相近又不同。经历指向人的生物性或社会性的阅历，体验对主体有着深刻的意义，并在主体的记忆中占有较重要的位置（余洋，2010）。约瑟夫·派恩第一次对体验设计给出了定义：是将消费者的参与融入设计中，是企业把服务作为“舞台”、产品作为“道具”、环境作为“布景”，使消费者在商业活动过程中感受美好体验的设计（派恩等，2002）。国土空间作为人类活动的场所，是体验过程中不可或缺的，它往往以显性和隐性的方式影响着人们的体验感受。当你清晨推开窗户，如果窗外满地堆满垃圾，往往会直接影响一个人当天的心情。

早期的体验设计更加关注用户的主观体验感受，例如感官、态度、情绪、情境等，从生理和心理方面探索用户的体验。随着研究的持续深入，体验设计方法呈现出从“问题驱动”向“幸福驱动”的发展路径转变，转向积极正向的体验思维研究（李瑞等，2020）。不少学者认为，体验设计不仅仅是问题驱动式的，而是以幸福美好的生活方式驱动设计的（Desmet et al.，2012），必须重视设计的意义结构和沉浸于生活体验之中的深层体验（Jensen，2014），最终能够建立起一种人文创新的文化，这种文化将空间设计技术理解为一种直接改善空间生活的可能性，而非仅仅是一种解决空间问题的工具。

（二）体验设计的理论维度

国土空间设计是以国土空间为主要研究对象的，而与国土空间体验联系最为紧密的是国土的公共空间，后者是国土空间体验的主要容器，也可以称之为国土空间环境或景观。一个优美的国土空间环境，会对人在国土空间中的体验起到促进作用。很显然，国土空间环境因为有了人才被赋予存在的意义，由此形成了体验的多维度理论结构。

1）感知理论。康德、费希特、谢林、黑格尔等哲学家们都对感知理论进行了颇有建树的研究，并逐步建立起了较为完善的感知理论体系，达到了精神概念的认识。国土空间设计体验维度的感知理论，主要是基于人的心理感受而建立起来的空间感知，是对人们赖以生存的物质空间及生存其间的丰富感知规律进行揭示。空间感知理论认为，标志个人空间领域的“气泡”，是人体上下肢运动形成的弧线所决定的球形区域，是随人而动的空间。“气泡”概念的形成，使人们对空间有了正负的区分（郭研琳，2003）。在国土空间环境里，人与空间的关系是通过感知而建立的，是感官对信息的进一步组织、识别和理解，是一个基于体验的过程，它能帮助人们更加准确地表达和理解环境。感觉指人体器官主动或被动地接受或反应环境中的声音、颜色、气味、温度等。感知在感觉的基础上增加了与人相关的时间、维度、思维和记忆等主观因素。感知不仅是视觉、听觉、触觉等各种环境因素的简单整合，而且是对丰富环境信息的全面体验、深入理解和情感输入（连欣玥，2020）。所谓“场所感”，就是人的情感与所相处环境相互作用而产生的一种感知反应，因为人的记忆、感受与价值等情感因素与空间资源之间会产生情感意义上的互动，所以个人就会产生对场所的依附行为。比如可以显示个人身份或信念的空间，可提供个人有宁静感觉的空间，可提供一个可控制隐私的空间，能够引起强烈回忆的空间，能够稳定个人与社会关系间相互作用的空间，能够引起思乡情怀的空间等，都会将人与环境之间深深地连接在一起而产生场所感（Rosaldo，1989；Schwarzer，1998）。

2）主体间性理论。长期以来人们普遍认为主体性是人作为活动主体的质的规定性，是人在与客体相互作用中获得发展的本能。笛卡尔的“我思故我在”，就是典型的主体性经典表达。主体性的唯我论不断导致人与自然关系的对立，也导致遵循独白范式，无法形成通力合作。“主体间性”理论，强调主体间的一元关系，消解主客体对立的二元分野，突显用对话理性、交往理性取代主体中心理性。主体间性的理论萌芽于德国古典哲学时期，主体间性最早是胡塞尔现象学的一个核心概念，强调主体间的相互认识以达到主体间的共识。胡塞尔首先提出“交互主体现象学”，系统地论述了主体间性理论。在他看来，与单数的“我”相比，在复数的“我们”中才能建立起作为“严格的科学”的现象学学说，所以必须从“自我”走向“他人”。萨特的“为他”学说紧随其后，认为个人在选择时不仅要对自己负责，而且还要对他人负责。哈贝马斯强调交往行动（Communicative Action）和生活世界问题，认为要从日常的生活世界出发，重视语言和沟通作用。于是，主体间性理论逐步走向成熟。传统的空间设计理论认为，人为事物是设计的本质（唐林涛，2006）。按照这一理念，在设计过程中设计师是主体，设计作品是客体，设计师对设计方案拥有绝对的支配地位，从而忽略了存在的更本质方面——主体与主体间的关系。在国土空间设计过程中，应当把自然看成有生命的主体，其中的任何一部分都是不能孤立存在的。国土空间设计不只是一个工具或某种技术手段，最终目标是寻求与地球共生存，建立一种全新的主体间关系。它应当把一个设计区域的文脉、历史、文化、工程、利用方式和土地的物质形式当作一个活的生命来对待，当作一种生命的形式、一种生命体系来对待。同时，国土空间设计应该建立“新人文”理念，提倡建立城乡居民的广泛公共参与，在设计中使各方的意见都能充分表达，得到价值沟通和情感共鸣，使设计方案更为普遍地体现人文关怀并满足公众的需要。

3）具身认知理论。“具身认知”主要指生理体验与心理状态之间存在着强烈的联系。例如，人们在快乐时会微笑，在微笑时也会变得快乐；在伤心时会哭泣，在哭泣时也会变得伤心。相对于离身认知（Disembodied Cognition）的具身认知（Embodied Cognition），强调认知的形成离不开身体活动及其体验，认为认知产生直接来自感知运动的身体，抑或依赖于大脑、身体和环境之间的相互作用（叶浩生，2011）。认知理论发展最令人惊讶的发现是，无意识认知在生活中极为普遍，甚至多达90%的认知都是无意识的（Damasioa，2010）。在日常生活中，人们都会选择远离在大幅度倾斜的墙体旁边，因为源于人类的成长经验，你已经无意识认知联想出来靠近它是很危险的。具身认知理论提出，无论是直接反应还是隐喻图式等，都有一个载体——身体。认知是具身的，认知的内容由身体提供并会受到身体的限制，是心理、身体、环境三方面综合作用的结果（戈德哈根，2019）。具身认知理论符合人的生物性本能反应，国土空间设计中遵循具身认知理论，强化人的生物性的环境体验设计，对最终体验感会起到重要作用，例如：①瞭望+庇护的环境模式。人们去餐厅喜欢靠窗或者靠墙的位置，就是因为人类进化过程留下的一个偏好，靠墙有庇护感，靠窗能更好地瞭望。②清晰易辨的整体形态。过于混乱的空间会使人产生紧张感，这就决定了人们对清晰易辨环境的渴望。③模式化复杂性。完全相同和重复会让人觉得沉闷，抹杀了模糊性、复杂性、神秘性的环境会让人想要逃离。④自然元素。基因学研究表明，人类亲近自然是天性，比如自然光、自然地貌、绿色植物都是人们所喜爱的。⑤心理图式。当你在散步时看到一个很大很高的建筑时，心理就会联想出它可能很重要（刘曦等，2021）。

4）景观体验理论。景观体验是人们对景观认知的一种本能。身体通过不断的移动来感知环境，当同等的生命力量产生共振时，就会直接震撼人的心灵，这就是体验“以身体之、以心验之”的过程。体验连接了身体和想象之间的距离，使景观空间获得了可以被无限放大的可能。这些来源于身体的景观感知，使形象具有了特殊的意义，被具有相同背景的体验者在无意识之中接受，这就是景观的社会认同。在某些情况下，景观的社会认同会超越民族的界限，引起所有人的共鸣（余洋，2010）。“景观知觉”的概念，是由杨至德教授在2009年出版的《风景园林设计原理》一书中首次提出的：景观是一种物理刺激，由光波产生视觉刺激，经个体内在知觉作用产生印象，同时也成为记忆经验，且此种认知还会影响下一次的知觉反应，这种心理过程就是“景观知觉”（杨至德，2009）。要合理地运用视知觉理论，通过景观构成要素在空间里组合的变化设计来体现景观空间的情感与空间，并将其推广到国土空间人造环境的设计中去，就能形成更好的景观体验。地域特色主要涉及国土空间自然山水景观、人工形态格局景观、居住区风貌景观、建筑物景观等体现视角感知为主的空间形态和文化意义，国土空间设计的重要任务就是要遵循景观体验原理，让人们进入预设的景观情景当中，形成整合景观片段后的整体认知和判断，是国土空间更有互动参与性、文本阅读性和物我同一性。

三、意象纬度理论基础

（一）意象与形象、意境区分

由于哲学家、心理学家、美学家、文艺理论家和批评家都在各自领域研究或使用“意象”这一概念，而且中国古代和西方美学也都在各自文化背景下使用意象一词，因此就使得意象之含义有多种理解，在某种程度上还成为令人困惑的一个术语。有这么一则故事，说的是某小学老师在课堂用粉笔头在黑板上按了一下，指着粉笔头留下的印痕问他的学生：“你们看，这是什么？”于是就得到了各种不同的回答：太阳、地球、人头、飞碟、足球、炮弹、树、花朵、纽扣等，甚至还有不是圆形的东西。当他用同样的问题去问一群大学生，得到的几乎是一个答案，它就是一个圆点！所以，符号的意义不在于我们看到了什么，而在于我们想到了什么。小学生充满着想象力，而大学生的想象力基本已被科学所淹没（马武定，2005）。这个故事说明，符号的意义取决于人的理解力和想象力，它具有多义性和歧义性。这种具有所指意义的能指符号，应该就是通常所称的“意象”。意象的产生加入了个体的心理及性格因素，更多的是超脱现实的主观设想，高于一般的认识表象和记忆表象而成为具有创造性想象的新质产物。它是一种象征式语言，是用外在的形象来表达人们内心的体验。

形象是把事物本身展现在人们面前，其初始意义是纯指客观的“象”而并不包括主观的“意”，所以它的意蕴就有较直接的展示；而意象所表现的是内心观照所形成的观感，因而它“不露本情”，使意蕴显得较为幽深。意象与意境的区分可以认为是局部与整体的关系，意境的完成是意象有机组合的结果，即所谓多种意象成意境。即使一“象”成“境”，也不能说是此“象”即此“境”，毕竟“境生象外”。在中国艺术理论中，意象与形象和意境经常并行使用，它们的内涵与外延及其美学特征在一般意义上是难分难解的。

（二）空间意象及其审美特征

如果将空间作为一种文本、一个整体性的文化指令符号，其审美价值的意味就在于它与人的关系上所表现出来的文化特征的倾向性。按照美国的凯文·林奇在《城市意象》中的观点，空间意象是观察者与所处空间双向作用的结果，它由3个部分组成：个性、结构和意蕴。个性具有独立存在的唯一意义；结构包括空间或形态上的关联；意蕴则是只提供给观察者情感上的联系（林奇，2001）。一个具有可识别的空间是由各个易于辨别的部分所组成，且能够组成一个整体，形成整体的空间意象审美特征。一个独特的、有秩序的空间有助于居住者能根据周围的空间环境产生安全感。因而空间应该是具有“可意象性”的，无论是从观察者研究对象之间的区别和联系的角度理解，还是从它与观察者的空间“心智地图”的一致性来说都应该如此（王建国等，2002）。所有这些语义归结到一点就是文化特征，更主要的也来自“语境”。就国土空间设计而言，空间意象更多地表现为景观意象，包括象征与隐喻，象形与转意，点景的借鉴，人格化意境的传承，意象符号的创造，中国式空间与氛围的营造，历史、典故、传说的运用，地域特征与精神的提炼，传统风水学的科学运用，传统与现代内在关联性的探寻（丁绍刚，2011），其内涵可以归结为4个方面：

1）景观结构性意象。所谓景观结构性意象，就是人们通过认识、了解景观的基本要素对景观进行解构后形成的综合意象。景观上“可识别性”或“可意象性”的不同主要在于建成环境的“结构质量”有差异，包括视觉结构的清晰性和简单性，边缘和表面的连续性及景观的“节奏感”。在人们形成的景观意象中，导致一种形态单元对另一种形态单元的支配地位，一方面是由于人们的观察角度、比例尺度不同，另一方面也与观察者当时的观察兴趣强度有关（顾朝林等，2001）。在具体的国土空间设计过程中，景观结构性意象主要表现为空间布局和“意”的联动，其中“意”的概念起着决定性的作用。例如，通过创造出适宜的空间构成序列、中心景物之间的距离、空间的视觉联系、围合与开放空间的比例、光与影的对比、交通流线的组织、不同质感材料的变化等，体现层次清晰的空间格局及如气的流动、画意、延伸感等。在国土空间设计中，不能将设计思维局限于单向的、内敛的空间格局，内部空间与外部相关空间之间的相互作用是需要特别关注的首要问题。它不仅仅是平面关系的结构布置，而是整体环境的结构质量，后者主要的构成要素包括水、石、山、土壤、植被、光线、声音乃至气味等，要通过艺术化的设计手法使景观结构产生丰富的审美体验。

2）景观个性化意象。主要是指民族个性和地域特色的景观意象，突出景观独有的个性，并且这种个性是在本土文化和审美情趣的基础上发展起来的。这里的“象”并非具象，多数可能是“似像非像”，是某种客观景观外形的变形和夸张，或者是对景观外形或内在精神的一种或多种典型特征的概括与提炼。如苏州拙政园中的冠云峰，即因为太湖石外形颀长、玲珑而又曲线婀娜，犹如江南美丽的少女，故当时的园主将之以自己的爱女之名“冠云”命之，这里的“像”并非具象而是“神似”（丁绍刚，2011）。空间意象设计需要充分体现出社会文化的差异性和地方性，很多纪念碑式的、雄伟壮观的标志性建筑所体现的是一个由网络覆盖的巨大社会空间的会聚点，标志性建筑总是体现和灌输一个浅显易懂的信息，它表征了一个地域的集体意志和集体思想。例如中国北方，由于气候较为寒冷，还有局部的干旱地区，其景观意象只可能表现出雄壮的气势，而绝不像南方那样秀雅润泽。晋派建筑、鲁南民居、徽派建筑、水乡建筑、闽南建筑、岭南建筑、宗教建筑等，就体现了不同地域景观的文化个性意象。景观意象涉及社会学、哲学和艺术问题，设计师必须充分考虑到不同的文化背景和地域脉络，才能创造出契合地域集体意志的景观意象。

3）景观美学化意象。景观美学不仅涉及自然或生态现象，更是文化的组成部分。同一景观可以被不同的人或人群感受，产生的体验通常也存在明显的差异，心理印象及唤起的情感意象都会有很大的差别。例如一座花园，在富人的眼中具有某种特殊的美学价值，但对穷人来说其主要功能是种植蔬菜或者药用植物。因此在一般意义上，似乎不存在评价景观美学形态的普遍标准（吴家骅，2000）。可是，求真、求善、求美是人类共同的基本欲望，也是景观美学形态的基本问题。任何人都希望接触自然和亲吻土地，都喜欢绿色和自然光线。景观形态的结构、斑块、廊道、质感、色彩、体量、林冠、林相等，连同自然条件、历史文化和社会民俗紧密结合起来，就可以创造出丰富斑斓的景观美学化意象。以城市景观设计为例，并非仅仅限定在某些特定的实质元素，如广场、林荫步道、植栽等，而是提供一个组合这些实质元素的合理方法，确立设计方向，并且界定其或独特或重要的元素，形成城市空间特色的元素并将其整合成城市景观美学化意象，就能达到景观美学形态的新境界（刘怡等，2004）。

4）景观意蕴性意象。景观意象与景观形象不同的本质，就在于它们的意蕴含蓄是否不同。所谓意蕴，就是人在景观素材中所见到的象征意义。在文学作品里，意蕴就是该作品中渗透出来的理性内涵，比如华夏意韵、仙风道骨等。从严格意义上说，意蕴与意象相比是一个更高层次的境界。通常是伴随着意象在脑海中的形成产生初步美感，然后需要突破意象表层去体悟景观意象内蕴，才能产生景观意蕴。例如，徽州古村落的构成基本上是中西方聚落形态的综合，其巷道系统明晰地反映了人们的生活需求、宗族关系、风水观念、社会经济情况及自然因素等，充分体现出村落景观的生态意蕴、文化意蕴和美学意蕴。徽州古村落的景观意蕴，既呈现出千百年来形成的自然美景，又淋漓尽致地体现着徽州人的价值思想和文化根基，是徽文化长期积淀的结果，散发着浓郁的人文特色，其厚重的文化意蕴蜚声中外（王巍等，2015）。但是，你只有突破意象表层，才能深切体悟到“徽派建筑”的景观意蕴。

四、治理纬度理论基础

（一）公共政策理论

公共政策作为一种历史现象，最早可以追溯到公权力（政府）产生之时。美国学者威尔逊作为行政学的创始人，指出公共政策是由掌握立法权的政治家所制定，再由行政人员所执行的法律法规（冯静，2007）。美国政治学家伊斯顿则认为，公共政策就是对整个社会的价值做出一种权威分配（伍启元，1985）。美国政治学家戴伊的观点是，公共政策就是政府选择做什么，或选择不做什么（张国庆，2004）。公共政策学鼻祖拉斯韦尔认为，公共政策是包含目标、价值和策略三要素的大型计划（林水波等，1982）。美国学者安德森是决策理论的研究者，他认为公共政策是“源于政府的有目的的一个活动过程”，且这些活动是一个或一批行为主体为了处理某一问题或事务而采取的，强调了公共政策的目的性、实证性和动态性（安德森，1990）。甘华鸣等认为“公共政策是指国家机关或执政党制定并付诸实施，旨在解决某一问题的具有权威性的行动准则”（甘华鸣等，2002）。学者张金马认为，公共政策是党和政府用以规范、引导有关机构团体和个人行动的准则和指南（张金马，1992）。其表现形式有法律规章、行政命令、政府首脑的书面或口头声明和指示及行动计划与策略等。陈振明则指出，公共政策是公共权力机关经由政治过程所选择和制定的为解决公共问题、达成公共目标、以实现公共利益的方案（陈振明，2004）。总体上看，日本学者药师寺泰藏的概念比较简明扼要，他认为：“公共政策”的意思是与其字面意思相同，即为“公共”而制定的“政策”（药师寺泰藏，1991）。

从以上分析可以看出，虽然对公共政策的内涵有不同理解，但基本上都认可公共性、政府性和权威性是公共政策的基本特性。由此可将公共政策的概念理解为：是政府或其他公共权威组织基于维护公共利益，合理分配社会资源的原则而制定的行为规范和行动指南。它是在特定时期、特定情境中为实现一定的具体目标而被制定出来的。其行为通常包括以下 5 个方面（郭巍青等，2000；吴次芳等，2019）：

1）确认公共政策问题。政策始于问题，之所以要制定某项特定的公共政策，就是因为需要解决某种特定的实际问题。对于公共政策制定来说，首要和基本的任务是需要说明，什么是问题、怎样去正确地认识和确定问题。同时还要确定问题的范围、性质、真假、大小、轻重、缓急、难易、时序等。

2）确定公共政策目标。它是公共政策所要追求的目的和达到的状态，是基于解决问题的途径，或基于未来发展而确定的理想状态，具有概括性、可达性、可观测性、约束性、时效性等特征。公共政策所确定的目标，通常都会涉及价值选择问题，例如是优先发展经济还是优先保护生态等。所以在确定目标时必须要明确确定这种目标的价值或效益有多大，在多大程度上和在什么条件下值得去追求。

3）制定公共政策方案。政策方案是解决公共问题、达到政策目标的途径和措施，制定政策方案就是寻找这一路径的过程。针对某一特定的公共问题和目标，决策人员需要拟定多个政策方案，通过政策论证和方案评估，择优选择或综合出一个最佳的政策方案。

4）组织实施公共政策。它是将已经制定好的政策方案的内容付诸实施的过程，是政府部门有组织和有计划的行动。如果按照哈佛大学肯尼迪政府管理学院前院长阿利森对公共政策研究的经典表述：政策成功 = 10%×（政策制定）+90%×（政策实施），从中不难看出政策组织实施的重要性。公共政策的组织实施会涉及许多环节，其中既要服从和落实，也需要某种程度上的主动和创新，还需要寻找更好环境条件的配合，因此是一个需要去发掘、重组、改善甚至创造的过程。

5）监控优化公共政策。任何政策都是基于预期基础上而形成行动方案，政策实施后所引起的各种后果，不可能事前就完全清楚地了解和把握。因此，所有公共政策实施都需要有监控和评估，以便根据情况的变化做出必要的调整。然后，根据变化的新环境和新问题，对公共政策方案进行调整优化。

由政府组织编制的国土空间设计，首先是国家意志的体现，是为了更好地引导空间秩序，保障公共利益，维护区域的公平与效率，内生着政治属性和政治功能，是政治的价值实现，也是政府的行政职能和政治实践。因此，公共政策无疑是国土空间设计的重要理论基础。当然，国土空间设计有其技术特质，是一项知识性活动，不能纯粹理解为是一项公共政策制定。如何在公共政策的框架下，协调好政治与技术的矛盾性和复杂性，是一项需要深入研究的长期课题。

（二）公共利益理论

在《辞海》与《词源》中，“利益”一词都有“好处”之意。当然，这只是一个通俗的说法，作为一个经济学、社会学和法学名词，它的含义更为复杂深远，许多学者也曾对此做出不同的解释。但从总体上看，多数人认为“利益”是指主体对客体（其他人、事物或者关系）的参与，表现为某个特定的（精神或者物质）客体对主体具有意义，并且为主体自己或者其他评价者直接认为、合理地假定或者承认对有关主体的存在有价值。也就是说，利益更多地表现为对主体与客体的关系的一种价值判断，是被主体所获得或肯定的积极的价值（陈新民，2001）。因此，价值判断的主观性、多元性和历史性也决定了在不同的社会背景、历史文化下，利益的内容具有相当的多面性和可变性，它是由个人、集团或整个社会的、道德的、宗教的、政治的、经济的及其他方面的观点所创造的。

“公共利益”的概念最初可以追溯到公元前 5~6 世纪。在当时推崇“整体国家观”的古希腊，公共利益被视为全体社会成员的共同目标，是社会存在所必需的一种抽象价值。亚里士多德曾提出，国家的目的是实现“最高的善”，而公共利益就是这种“最高的善”在现实社会中的物化。时至如今，已经有更多学者对公共利益的概念做出了不同的诠释，例如美国学者庞德认为公共利益是“包含在一个政治组织的社会生活中，并基于这一组织的地位而被提出的各种要求、需要或愿望”。而德国学者洛厚德则指出：“公益是一个相关空间内关系人数的大多数人的利益，地区内的大多数人的利益就形成了公益。”无论对公共利益做何理解，核心都是体现在公共上。“公共”一词在辞典中有“公众共同”之义，《牛津高级英汉双解词典》中对“Public”一词的解释则是“公众的、与公众有关的”。这说明公共利益是一个与私人利益相对的概念，其落脚点是所有社会主体所共有的普遍利益，而不仅仅是某一个体或是某个特定利益共同体的利益。真正的公共利益应该使社会中的每个人都能从其提供的服务中得到益处，获得生活质量或生活状况的改善。简言之，公共利益是与公众有关，为全社会主体所共有的整体利益。

国土空间设计的合法性是建立在“公共利益”基础之上的。这既是公共政策的本质诉求，也是国土空间设计伦理的首要原则。其中涉及“国土空间设计为谁而做”的问题，实际上就是确定国土空间设计主要服务的社会主体是谁的问题，它不是为权力阶层而设计，也不是为少数利益集团而设计，而是为全体人民而设计，尤其是要为占绝大多数的普通居民而设计，后者的利益才是一个社会公共利益的集中体现。在设计实践中，如何秉持空间设计的“公共利益”属性，是一件十分复杂和困难的决策选择。一部分人会从国土空间设计中获利，而另外一部分人则可能会受到某种形式的损失。在后现代社会，公共利益作为一种价值判断，更加多元化和多样性，自我利益、职业利益、部门利益、地方利益、开发商利益、性别利益、群体利益、社区利益、环境利益、经济利益、国家利益等，都很可能以不同方式重叠或矛盾。因此，国土空间设计需要引进现代治理理论，自始至终依赖于开放和透明的过程，防止个人决策中心化，同时也要防止公共利益被等同于个人自由。要通过制度和程序设计，实现“公平博弈”，达成最大化公共利益的目标。从根本上说，为了能够在实践维度上秉持国土空间设计的公共利益属性，需要不断提问：本设计能兑现一个更好社会、更好环境和更好经济的承诺吗？

（三）可持续发展理论

所谓可持续，虽然是一个定义不明、充满争议的概念，但多数人认为其核心内涵是指：称心如意的活动应该能够持续很长时期或无限期，否则存在资源耗尽的危险或其他环境的不良影响，而这些影响对替代或恢复是困难的或不可能的（帕克等，2013）。这一概念是建立在人类学视野之上的，主要强调人的需要，是从人的心满意足和强调事情的发展符合心意的角度进行定义的。既然如此，也可以从政治学角度、环境学角度、经济学角度和伦理学角度等定义可持续。1983 年联合国大会的《布伦特兰报告》，从更宽泛的视角来定义可持续发展：我们的发展不可以为了满足这一代人的需要，而妨碍未来的人去满足他们自身需要的能力。可持续发展不是固化的状态，而是一个变化过程。在这一过程中，资源利用、投资引导、技术开发方向和机构变化与未来协调一致，就跟当下的需求一样。这一定义的重点放在了满足当下与未来的需要，而不是“市场”的需要。这一定义经常被批评为不可救药的模糊，并认为是不能实际操作的。问题的症结在于大家对“发展”的意义有不同的看法，是指经济成长，还是指生活改善，或是指环境优美。然而，可持续发展理论并不在于寻找一个精确的定义，而在于建立一种人类的基本价值，其核心是要寻求环境保护与经济增长之间的一种平衡，寻求世代之间与世代之中公平的发展权利，寻求人与自然在一个健康和多样性的环境下共存共生。

之所以要将可持续发展理论作为国土空间设计治理维度的理论基础，除了国土空间设计和可持续发展具有一致的目标以外，在设计模式和操作层面上都对国土空间设计的治理功能具有重要指导意义，具体体现在以下 3 个方面：

1）资源利用可循环。资源利用可循环是可持续发展理论对国土空间设计提出的内在要求，有利于治理空间资源的低效和浪费利用。国土空间设计的利用可循环：一是要促进废弃物的利用，对物质整个流程和储存进行分析，确定能源使用的较佳方式，减少生产过程末端对废弃物处理所承受的巨大负担，即在减少污染处理开支基础上把废弃物处理变成一个新的利益来源以节约资源和保护环境。二是要按物质闭环流动进行空间组织，利用可循环要求把经济活动实体组织成具有“资源—产品—再生资源”反馈式流程的模式，要求所有经济实体活动过程中的物质和能源得到合理循环与持久利用，全盘考虑建设产品的整个寿命周期，构造满足物质循环、生产生活密切联系的国土空间结构（张远等，2016）。

2）减少不可逆破坏。国土空间设计要特别重视对生态环境的影响，要坚持守住底线，不能突破国土空间系统的生态更新能力，避免出现超越“阈值”的不可逆的破坏。为了减少这种影响，细致和慎重的开发适宜性评价、资源承载力评价、环境影响评价和生态服务功能评价是十分需要的。国土空间设计必须明确在不损害土地健康和相关生态系统功能的前提下，某一给定设计区域可以允许的最大自然资源消耗和废弃物排泄率，包括不会引起物种退化和消失等。

3）避免不平衡赤字。国土空间设计作为一项协调人地关系为逻辑起点和主线的活动，旨在维持人与自然之间的一种长久平衡。它必须遵守理性设计的原则，不能在“赤字”状况下追求国土空间的配置效率和形象美学，而应该考虑国土空间的世代配置效率和生态系统的稳定能力。否则，生活在后代的子孙，就只能面对一片凄凉，这不仅是一个严重的人道主义问题，更关系到人类文明是否能良性延续。国土空间设计作为人类生产物质生活的创造活动，不能用超自然的手段和工具来满足其基本生存的需要和对美好生活的需求，必须坚持合目的性与合规律性的结合，避免“寅吃卯粮”的不平衡赤字设计。

（四）现代治理理论

主导 20 世纪公共管理的两个范式——公共行政和新公共管理，经过近 100 年的探索，证明这两种模式都不是很奏效。即或新公共管理创造出了内部非常高的效率，但是却永远不能满足其外部经济和社会目标的公共服务组织（Osborne et al.，2013，2015）。竞争市场在现代资源配置上也常常是高度无效率的一种机制，它有着高昂的交易成本（Lindsay et al.，2014）。于是在 20 世纪 90 年代左右开始出现了“第三条道路”——现代治理理论（Governance Theory）范式，这是全球发展的一个基本趋势。但是，与西方国家面临市场失灵和政府调控失效从而寻求第三条道路，即治理的现实不同，中国的市场结构、制度背景和政府监管能力从根本上说是不同于西方国家的。因此，需要区分识别西方语境下的现代治理与中国的现代治理的基本内涵。

1）西方语境下的现代治理。所谓治理，全球治理委员会将其定义如下：各种公共的或私人的个人和机构管理其共同事务的诸多方式的总和。它是使相互冲突的或不同的利益得以调适并采取联合行动的持续过程（The Commission on Global Governance，1995）。事实上，西方虽然将治理称为理论，但却“不提供一套规范的理论”，这就为争议留下了空间（Stoker，1998）。因此，关于治理理论，各国的理解并不相同，但都包含一个共同点，即认为治理理论是一种汇聚利益相关的多元主体，以持续互动和充分协商的方式来处理公共问题的范式（程栋等，2018；王刚等，2017）。与传统管理范式相比，现代治理的理论框架具有以下两个典型的基本特征：一是强调治理主体的多元化。在传统的科层制管理体制中，强调集权，通过等级形成的权威来推进行动方案，其主体是单一的政府组织，偏重运用国家的力量。而现代治理立足于“多元主义观”，国家、企业、社会组织和公民个人都是治理的主体，而且不仅仅限于社会力量的参与，而是多元主体共同治理。在多元主体中，相互关系是平等的，强调合作与授权，是一种“网络制格局”，而不是等级与控制。二是治理机制的协商化。现代治理采用多种机制和多种利益相关主体博弈互动，但核心是利益相关行为者的平等协商和持续互动，没有形式性的命令等级或科层链条贯穿其中。不同主体围绕共同目标，在一种稳定的相互依赖的环境中，通过持续对话减少个体的机会主义行为（Jessop，1998）。虽然在这种协商和持续对话的过程中，各个主体的权力结构不见得完全对称，利益关系也未必绝对平均，但各个主体之间通过共享公共权力的协商与约定，通过对特定公共事务的信息共享、决策共议、行动共商等机制，共同达成治理的目标。事实上，西方学者倡导治理，是由于公共服务和代议制的困境，其论点主要是关于如何改进行政和公共服务提供方式，以及在代议制民主中增加直接参与的要素（郁建兴等，2017）。总体上看，在西方语境下，现代公共治理理论属于新自由主义的范畴，是作为一种意识形态上的新自由主义而存在的。但是，公共治理理论并不敌视国家与公共部门，现实性较为明显。需要辨识的是，新自由主义在国内与国际的不同：在国内生活中，公共治理理论需要应对的是市场失灵与政府失败；在国际生活中，公共治理理论客观上为干涉他国内政提供了理论支撑（魏崇辉，2018）。推进西方语境下的治理，通常假设存在以下两个前提条件：一是在社会多元主体之间存在成熟的伙伴关系；二是民主和信任的氛围很浓及相互协商的能力很强。

2）中国的现代治理的基本内涵。在汉语中，“治理”一词古已有之，指的是“管理”“统治”。如《荀子·君道》中有一句：“明分职，序事业，材技官能，莫不治理，则公道达而私门塞矣，公义明而私事息矣。”又如《孔子家语·贤君》中有：“吾欲使官府治理，为之奈何?”瞿秋白也曾使用过“治理国家”的说法。但是，在中国很长的历史时期内，“治理”一词使用的主要内涵是“处理、整修”，如我国大陆出版的《现代汉语词典》与台湾地区出版的《重编国语辞典》都有这种解释，这种含义是英文“Governance”所没有的（王绍光，2018）。在历朝历代直至 21 世纪初，中国语境下的治理，通常使用更多的是土地治理、黄河治理、淮河治理、沙漠治理、盐碱地治理、坡地治理、湖泊治理、流域治理、环境治理等。这些治理的含义主要是指应用工程和非工程措施改良土地和环境的不良性状，提高资源利用率、生产率和环境效能，以促进集约高效发展的过程。2013 年 11 月，中国共产党十八届三中全会提出：“全面深化改革的总目标是完善和发展中国特色社会主义制度，推进国家治理体系和治理能力现代化。”从此，“治理”一词在政治、行政、社会和学术等领域，开始广泛使用并进行了卓有成效的大量研究。部分学者有意或无意把国家所说的“治理”拉入西方主流治理理论的话语体系，以为中国的现代治理就是西方语境下的治理，还认为从管理走向治理、从统治走向治理，是人类社会发展的普遍趋势，这可能是一种误解。事实上，2014 年 2 月 17 日习近平总书记在中央党校的讲话，把这个问题说得很清晰，指出推进国家治理体系现代化，就是“为党和国家事业发展、为人民幸福安康、为社会和谐稳定、为国家长治久安提供一整套更完备、更稳定、更管用的制度体系”，其内涵与西方主流治理理论是完全不相同的。关于治理能力现代化，就是要增强“制度执行能力”。因此，在中国语境下的治理，无论是在自然科学还是在社会科学范畴，都更多的是指向“处理、整修”。虽然在社会治理层面，国家也提倡有更多的公众参与，更多的民主和协商，与西方语境下的治理有一定的相通之处。但是，在国家治理层面，中国语境下的现代治理与西方主流理论所倡导的治理是完全不相同的。再回到现实中看，当下中国总体上并不存在成熟的多元管理主体，中国共产党一元化领导的政治结构存在着长期的现实合理性，并不存在西方治理理论生长的土壤。简言之，在中国文化环境和制度体系下谈论现代治理，切忌简单搬用西方主流的治理理论。

国土空间不仅弥漫着社会关系，还是一种充斥着各种意识形态的产物，具有深厚的政治属性（Henri，1968）。在具体的国土空间设计过程中，它涉及错综复杂的权力网络，以及发生在这一网络中的政治交换的普遍存在和空间发展或土地使用中的阶级和利益关系。

事实上，现代国土空间设计包含了物质环境、社会系统和文化系统设计等多个层面，其中的社会系统设计和文化系统设计，必然表现为一系列的政治、经济和法律的政府决策和执行过程。不仅如此，国土空间设计的组织实施，会面临更为复杂的外部环境和更多的不确定性，尤其需要对多个行政管理部门进行统筹、对多元参与主体进行协调。如果不能有效解决部门管理权责的切分与交织、公共权益与个体权利的博弈拉锯、上下层级传递实施中的规则缺位等问题，国土空间设计就难以在空间上落位实施。因此，国土空间设计必须以现代治理理论作为指引，建构起一种能将资源利用、生态系统演变、集体行动、制度结构、跨时空范围和治理绩效融合在一起的“共同语言”，将工具选择和价值认同这两个“形式”与“实质”基质相互渗透、彼此促进，建立国土空间设计的现代治理机制，才能实现国土空间设计促进空间治理体系和治理能力现代化的初心和目标。

第三节　国土空间设计的思想源流

一、国外国土空间设计的思想源流

（一）城市设计的思想基础

城市设计几乎与城市文明的历史同样悠久。大约在公元前 800 年，古希腊人就开始建立城邦，实施民主政治。公元前 5 世纪希波丹姆斯（Hippodamus）所做的米列都城（Miletus）重建规划及后期的普南城（Priene）建设中就充分体现了自由发展的设计思想。城市形态的十字正交格网系统一方面使得城市街道系统得以独立存在，另一方面也通过宽度一致的街道、尺度相同的街坊与规则的广场构筑起一种强烈的视觉有序的城市景观。虽然这种格网布局早在古埃及卡洪城及一些印度古城中使用过，但希波丹姆斯第一次从理论上论述了这种设计模式并大规模付诸实践，因而被公认是西方城市设计理论的起点，其标志着以往城市设计中运用的土地占卜巫术及神秘主义思想已经为一种新的理性标准所取代（王建国，2009）。从历史演化的角度看，不同的社会经济文化发展阶段，城市设计的核心思想及其主要模式虽然存在着传承的关系，但在根本上是有明显区别的，而且西方与中国的城市设计思想也有显著不同。

1）19 世纪以前。19 世纪以前西方的城市设计，无论是古希腊、古罗马，还是中世纪欧洲或是文艺复兴时期的城市设计，其核心思想主要是突出人本主义、理性原则、政治导向、巴洛克与古典主义。例如在文艺复兴时期，人本主义是城市设计的主导思想。该时期对“人”的崇拜引发了中世纪社会对于自然的热爱及对“美”与“秩序”的追求。设计师们认为数与美的规律可以决定城市存在的理想形态，而这种形态又可以通过人的意图加以控制。于是中世纪崇尚的自然主义思想逐步退去，正方形、圆形、八角形等更多蕴含着科学性、规范性的理想城的探索逐步发展起来。著名的城市设计先驱阿尔伯蒂就主张城市设计应该符合实际需要与理性原则，通过对地形、土壤、气候等综合因素的考虑决定城市的选址和选型，并且结合军事设防需要来考虑街道系统的安排（王建国，2009）。

2）19世纪末至20世纪初。在该时期是全球工业化快速推进阶段，城市设计的主导思想主要是城市空间艺术、田园城市、反工业化和自然风格设计。当时，19世纪末以来快速的工业化，西方城市空间被大量快速无序地建成，新建的城市空间普遍缺失美学景观。1889年，西特在《根据艺术准则规划城市（City Planning According to Artistic Principles）》一书中，选取了古希腊、中世纪以来优秀的城市空间案例，分析了城市、广场、纪念物的空间结构，比较并批判了新建城市空间在品质和美学方面的贫瘠，首次明确表述了城市空间设计的艺术准则，它所提出的城市空间环境的“视觉有序（Visual Order）”理论，是现代城市设计学科形成的重要基础之一（陈瑾羲，2015）。英国社会学家埃比尼泽·霍华德（Ebenezer Howard）于1898年出版了《明天的田园城市（Garden Cities of To-morrow）》一书，其核心思想是强调城市的低密度组团式发展，利用大面积的绿色空间降低城市密度，创造优美的城市环境，以解决工业化阶段城市化的所有缺陷，包括城市空间、社会和政府管理的弊端（陈爽等，2003；仇保兴，2003）。

3）20世纪初至60年代。该时期世界人口急剧增长，工业化和城市化快速推进，人口向城市大量集聚，城市环境日益恶化。在此背景下，城市设计的核心思想是强调功能主义、“广亩城市”、有机疏散和现代主义。勒·柯布西耶（Le Corbusier）的功能主义理论、弗兰克·劳埃德·赖特（Frank Lloyd Wright）的“广亩城市”、伊利尔·沙里宁（Eliel Saarinen）的有机疏散理论、“小组10（Team 10）”的“人+自然+人对自然”观念、弗雷德里克·吉伯德（Fredderik Gibberd）的《市镇设计》、戈特曼（Jean Gottmann）的城市群概念等，都这方面设计思想的典型代表。例如，法国建筑师勒·柯布西耶旗帜鲜明地倡导建筑设计要向前看，传统的装饰和审美应该被抛弃。针对城市中的居住、噪声、交通等现实问题，柯布西耶提出用功能分区来合理安排设计城市。随着《明日之城及其规划（The City of Tomorrow and Its Planning）》（1929）和《光辉城市（La Ville Radieuse）》（1933）的出版、C. I. A. M.（国际现代建筑协会）会议的召开和《雅典宪章（Athens Charter）》的通过，功能主义理论影响广泛，成为当时西方城市设计的主流理论。

4）20世纪60年代至80年代。20世纪50年代末，特别是60年代以来，尊重人的精神要求，追求典雅生活风貌、古城保护和历史建筑遗产保护，成为现代城市设计区别于以往主要注重形体空间美学的主要特征（石磊等，2012）。该时期城市设计的主流思想是城市意象、人与社会、形式主义、结构主义、历史文化保护、城市形态、场所与空间、设计结合自然等。林奇（Kevin Lynch）、雅各布斯（Jane Jacobs）、文丘里（Robert Venturi）、卡伦（Gordon Cullen）、罗西（Aldo Rossi）、舒尔茨（Christian Norberg-Schulz）、麦克哈格（Ian Lennox McHarg）、巴奈特（J. Barnett）、拉波波特（Amos Rapoport）、克里尔（Rob Krier）都是该时期城市设计主流思想的卓越代表。1960年林奇出版的《城市意象》，第一次把环境心理学引进城市设计，从认知的角度对城市空间形式进行解读，认为印象内容总体上可分为5类元素：道路（Path）、边界（Edge）、区域（District）、节点（Node）、地标（Landmark），在城市意象领域取得了开拓性的研究成果。麦克哈格于1969年出版了《设计结合自然》一书，运用生态学原理研究大自然的特征，从而更合理地创造人类的城市生存环境，成为70年代以来西方推崇生态学方法的里程碑。

5）20世纪80年代至21世纪初。该时期为解决日益突出的全球性人口、资源、环境与发展（PRED）问题，可持续发展思想开始被广泛认同。这一时期城市设计的核心关键词主要有：设计过程论、生态规划、新城市主义、触媒理论、后现代主义、景观都市主义、全球化等。希尔瓦尼（H. Shirvani）的《城市设计过程》、霍夫（Michael Hough）的自然进程角度、西蒙兹（John Ormsbee Simonds）的生态景观规划与城市设计、亚历山大（Christopher Alexander）的整体性过程理论、卡尔索普（Peter Calthorpe）的新城市主义、雅各布斯（Allan Jacobs）等的《走向城市设计的宣言》、洛干（Donn Logan）的城市触媒理论、始于"城乡差距较大"的东亚乡村建设理论、基于"城乡发展均衡"的西欧乡村建设理论等，是这一个时期的代表性理论观点。例如，20 世纪 80 年代以后，在经历了几十年的"郊区疯长"之后，城市发展的不可持续性日趋明显，越来越多的人开始对当下的发展模式提出批评与质疑。"新城市主义（New Urbanism）"旗帜鲜明地向郊区化无序蔓延"宣战"，以做郊区化蔓延的"终结者"为己任，倡导回归"以人为中心"的设计思想，重塑多样性、人性化、社区感的城镇生活氛围。TOD（Transit-Oriented Development）发展模式就是在"新城市主义"的城市设计运动中产生的（王慧，2002）。

6）21 世纪初至今。进入 21 世纪，城市发展更加关注生态、品质和韧性发展，更加从系统角度解决发展与安全问题，更加重视深层数字化、网络空间和智慧城市建设。因此，21 世纪城市设计的主导思维是系统思想、生态城市设计、绿色技术、GIS、智慧城市与城市大脑建设。21 世纪以后系统论对城市设计的影响已经发生了质的变化，它已渗透到城市社会、经济、文化等各个范畴，形成一种城市生态系统思想，为城市生态化设计提供了重要的方向。基于"绿色城市主义"思想的"绿色城市设计"理论，是当代城市设计界认识上的一次飞跃。该理论提出了绿色街区、绿色城市、绿色建筑等概念，不仅包括以往城市设计对城市公共领域的空间环境形态的处理，更强调自然生态和人类生态内容，即综合考虑人与自然、技术与自然及人与人关系的和谐问题。

从以上梳理的分析可以看出，城市设计的人本主义、理性原则、自然风格设计、功能主义、空间艺术、城市意象、设计结合自然、田园城市、新城市主义、绿色都市主义等，事实上已经成为国土空间设计的重要思想基础。

（二）景观设计的思想启迪

景观设计的理念和实践由来已久，19 世纪在美国兴起的城市公园运动、在英国兴起的工艺美术运动，19 世纪末和 20 世纪初兴起的新艺术运动等，都折射出浓厚的景观设计思想。但作为一个专业术语的出现并开始普遍使用还是在 20 世纪 70 年代初期（Sedon，1986）。其核心思想是整体人文生态系统设计，是一种最大限度借助于自然力的最少设计，也是一种基于自然系统自我有机更新能力的再生设计。景观设计思想强调保存自然风景，一般应避免整形设计，提倡为居民活动提供大草坪、圆形剧场、音乐台等休闲娱乐活动设施。1938 年，英国景观设计师唐纳德（C. S. Tunnard）出版的《现代景观中的园林》写道："如果现代的造园家在设计时，心中浮现的构思有 3 个根据的话，那么第一是功能主义；第二是日本庭园；第三是现代美术，指抽象主义、超现实主义的作品。"由于该书提出了功能和运用抽象的园林设计手法，标志着和历史风格的决裂，树立新的美学思想，从而和传统的园林设计划清了界线，形成了现代主义景观设计的基本理论（廖秋林，2005）。

20世纪50年代以来，景观建筑学的发展推动了景观设计的逐步成长。Simonds于1961年发表《景观建筑学：人类自然环境的建造（Landscape Architecture：the Shaping of Man's Natural Environment）》，提出对景观进行规划设计的最终目的在于为人类创造一个理想的和持续的生活、发展环境。但实现此目的，必须从比以往只关注建筑地段内部及周围的工程条件和建筑文化风格更广泛的时空尺度上考虑，并基于这些思想详细勾绘出景观规划设计的全过程（Simonds，1961）。这一时期景观设计思想的显著特征是生态思想的融入，使得景观设计与生态设计在景观水平上逐渐走向结合。McHarg（1969）将生态学思想应用于区域及景观规划设计的大量实践是这一时期生态规划设计发展的一个完整总结。尽管如此，这一时期的生态学在很大程度上只是作为一种指导思想或代表人类一种对自然所持的态度，而并没有直接地参与到景观的设计中去。其中一个关键因素就是以能量流和物质流为研究对象的生态学和以空间结构为研究对象的景观设计之间缺少连接的共同点。从60年代起，人们开始对现代主义提出了质疑，开始进入了所谓“后现代社会”。波普艺术、极简艺术、概念艺术、行为艺术、过程艺术、大地和场所艺术、新意象艺术、新表现主义、新抽象艺术等，如雨后春笋般纷纷涌现出来。

从20世纪70年代起，在景观设计领域，受到当代的后现代主义建筑和艺术的影响，西方当代景观设计朝着多元化方向发展。1980年美国景观设计师玛莎·施瓦兹设计了面包圈花园，它以全新的表现手法，引起了很大的轰动，引发了一场后现代主义景观的讨论。1982年1月的学术期刊《Landscape Architecture》以专刊的形式，讨论后现代主义景观。经过后来的不断讨论和实践，后现代主义景观在90年代形成了高潮，产生了大批的设计作品。事实上，60年代以后，小尺度的景观建筑设计受到环境艺术的影响以及后现代主义的激励，对艺术与景观的联系问题做了大量新的形式探索，注重对于现有的景观空间的改建恢复和对人类生活的关心，运用新的景观建筑和庭园设计手法，创造了各异的景观设计形象，被称为所谓的“后现代景观艺术”。当时景观设计的主要倾向为：①设计要素的创新；②形式与功能的结合；③现代与传统的对话；④自然的精神；⑤对意义的探索；⑥场所精神和文脉主义倾向；⑦生态与设计；⑧当代艺术的影响（王晓俊，2000）。除大地艺术和生态主义设计之外，在70年代以后景观设计的新思潮主要为：①后现代主义；②解构主义；③极简主义；④艺术的综合；⑤艺术和科学的结合；⑥人类与自然共生（童欣，2007）。70年代末，景观逐渐替代建筑，成为新一轮城市发展过程中促进增长和重新组织城市发展空间的最重要手段，于是产生了景观都市主义（杨锐，2009）。

20世纪80—90年代以来，景观设计开始走向成熟，它与生态设计、景观生态设计开始走向融合，而在更多的场景下会使用景观生态设计，而且景观设计与景观生态设计经常不做更严格的区分。在景观生态学中，景观设计与景观生态设计已是同一概念，都更加重视空间设计和生态系统相互作用的研究，以及景观单元（即生态系统）配置、能流、物流和整体优化，成为人类改善生态环境、建设美好家园的重要工具（赵羿等，2005）。1986年哈佛大学Richard T. T. Forman教授提出斑块（Patch）、廊道（Corridor）和基质（Matrix）是构成景观的基本元素，众多绿色廊道相互交织则形成网络，景观生态学将这一客观存在的自然景观现象称为生态网络。它具有引导养分、能量和基因迁移的功能，其本身可作为生物的栖息地，而良好的植被则有助于防止水土流失，保护生态环境，因而视为一种能从空间结构上解决环境问题的景观设计范式（陈爽等，2003）。始于2003年的欧洲绿色都市计划，它努力融合城市化、后工业、农业和自然属性，来设计一个城市地域新的类型，这个地域的属性可以被理解成为一些熟悉的元素系列：城市中心、开放空间和公园、废弃煤矿等，都是主导的城市形态。为了结合新的使用功能和促进面向未来的发展，这些元素可以形成多元功能的活动中心，并且缓解压力，恢复区域的多元性（付帅等，2017）。

从总体上看，景观设计强化人类与自然共生，认为应该提倡最大限度借助于自然系统自我有机更新能力的最少设计，来创造整体人文生态系统的满意景观，以及景观都市主义、景观生态主义、大地艺术主义等，对当代国土空间设计的发展演化都起到了关键的作用。

（三）地理设计的思想融合

地理设计思想由来已久。约7000年前，我国陕西半坡遗址的新石器时代先民，就已经知道运用地形和水文的简单知识，把村落选址在近水、避洪的浐河二级阶地上，创造出人与自然和谐共生的地理设计典范。但是，现代地理设计在理论和实践上都是刚刚起步。进入21世纪后，随着RS、GNSS、GIS和计算机新技术的飞速发展，为全面精确获取地理空间数据提供了强大支撑，空间信息数量化、可视化、集成化、网络化发展也到了新的高度，数据处理能力不断提升，空间数据分析方法日益改善，信息表达手段也日趋完备。于是，2008年GIS与设计中的空间概念会议在美国召开，会议强调重新审视GIS和设计之间的联系，地理设计的概念首次被提出。2010年第一届地理设计峰会在美国召开，来自地理学、信息科学、建筑规划、环境科学等诸多领域的专家学者就地理设计的概念及内涵进行了讨论，并初步形成地理设计的几大研究方向。此后，地理设计峰会每年在美国定期举行，成为促进地理设计发展最重要的学术会议（杨言生等，2013；张远等，2016）。

对何为地理设计，目前各人理解并不一致。但主要可以归纳为3个方面的观点：①将地理设计作为一种思维。例如，威廉·米勒（William R. Miller）认为："地理设计是一种思维过程，包含了对一件处于地理空间中的事物的创造。此处地理空间中的事物是指那些在地面坐标内定位的事物。"即地理设计是在地理生境中创造产品和服务的进程。他同时认为，这种定义能够赋予我们理念的力量，可以在3维地理空间中创造任何类型的复杂事物，进而提高地球生命的质量（米勒，2010）。②将地理设计作为一种方法。例如，Steinitz认为"地理设计即通过设计来改变环境"（Steinitz，2008）。Goodchild则指出如果将地理视为作用于地球表面的过程以及这些过程所形成的形式的总称，那么地理设计可以看作通过处理这些形式并干预这些过程来达到特定目的（Goodchild，2010）。Fisher认为传统的设计偏重于考虑当下的状况而缺乏长远的、可持续的考虑，常常相互分离，而地理设计可以矫正这一缺陷，考虑空间分析并具有时间因素，是联系过去与未来的桥梁，可以为现代设计注入新鲜的生命力（Fisher，2010）。③将地理设计作为一种技术框架。例如，Flaxman认为地理设计是一种将设计方案的创作与其对地理环境的影响模拟紧密结合起来的设计和规划方法（Flaxman，2010）。Dangermond的解释则更为具体，他认为地理设计将地理分析引入设计过程中，通过借助存储于数据库中的描述项目空间范围内各类自然与社会要素的众多信息，使得初始设计草图能及时得到适宜性评价（Dangermond，2010）。不少学者认为地理设计的技术框架可从计算机辅助规划和设计技术中得到借鉴，CAD、GIS、虚拟现实等技术已经在规划设计领域得到广泛应用，同时规划支持系统等工具平台也初步具备了整合整个规划过程的能力（杨言生等，2013；Carl，2012）。

虽然地理设计的定义和内涵还一直在讨论之中，尚未形成一致明确的理论和技术体系。但基本形成共识的是：地理设计是作为思想设计、作为平台设计、作为方法设计、作为过程设计的综合，它将地理分析引入设计流程，适时对设计环节进行评估和决策，进而达到控制和设计未来的目的。综合性、地域性、开放性、工具性、实践性是地理设计的主要特点。从过程的角度看，地理设计由 4 个部分构成，分别是地理调查、地理分析、地理评估和地理设计。从对象的角度看，地理设计包括的范围几乎可以涉及区域和全球尺度所有与地理相关的空间问题。

地理设计是地理信息发展的必然产物，是深入探索人地系统内在规律、从地理视角解决空间发展问题的重要手段和方法。它一方面充分应用现代地理信息技术和地理分析模型，体现了当代技术的方法取向；另一方面又充分体现了设计结合自然中的思想内涵，在设计过程中视自然过程为资源，对生态因子进行全面调查和综合分析，使用千层饼模型等对自然演变进行动态模拟，通过叠合图层设计更和谐的人地关系等，是值得国土空间设计学习借鉴的。

此外，20 世纪 80 年代兴起的区域设计思想，以地理区域整体性研究人地关系体系，致力于通过交通、通信及其他联系方式，将整个区域的各个节点连接成一个网络，并且通过对原有景观要素的优化组合构建新的发展格局，形成人文建设与自然和谐统一的环境景观。在某种意义上，区域设计是对第二次世界大战以后城市蔓延发展方式的纠正，其核心在于区域协作，在地理和人口意义上更公平的分配增长的成本与收益，也是国土空间设计十分重要的思想源流。

二、中国国土空间设计的思想源泉

（一）中国古代国土空间设计的思想智慧

国土空间设计虽然是一个全新的概念，但它并不是一个全新的思想，其倡导的理念与方法在古代的相关理论与实践中已有体现。早在远古时期，中国先民就从生产和生活的实践经验中总结出一定的人地关系知识，并重视运用这些知识去解决与国土空间环境有着关系的实际问题，营造一个人与自然协调共生的人居环境。中国古代文明记载了大量针对特定地理环境进行空间布局并创造出人与自然和谐共生的设计典范，总结出了大量生活实践的国土空间设计经验（魏秦，2008）。众多考古资料表明，中国在远古时期就根据地理气候的特点形成了“山水聚落”的观念。在距今约 7000~5000 年的仰韶文化时期，伴随着原始农业的发展，原始社会人们开始过着以农耕为主的定居生活，于是出现了原始村落，部落居民开始饲养家畜，烧制陶器，并安排了集中的墓葬地。通过分析不难发现，其原始聚落选址及布局模式，对后期的城市布局有着很大的影响，如城市位于河流附近，中心建宫殿社稷，城市有分区等，凝聚着中国古代浓厚的空间设计思想（问红光，2009）。中国古代的国土空间设计思想极其丰富，主要有礼制秩序思想、因地制宜思想、天人合一思想、功能分区思想、形式主义象征思想、集中主义思想、意识形态展现思想、农本思想、中庸思想、尚祖思想、内敛思想及以“风水”理论为代表的和谐生态思想和反映吉凶理论的神秘主义象征思想等（戴吾三，1994；胡江伟，2010）。尤其是，中国古代的儒家礼制思想、因地制宜思想、天人合一思想、风水景观思想等，至今仍闪耀着空间设计的思想光芒。

1）儒家礼制思想。中国古代城市空间设计思想与古代占统治地位的儒家思想极为关联。早在公元前11世纪，我国城市规划设计就已形成一套较完整的为政治服务的“营国制度”。《周礼·考工记》所记载的“匠人营国，方九里，旁三门。国中九经九纬，经涂九轨。左祖右社，前朝后市，市朝一夫”，被认为是中国古典城市建设中的基本规范，它概括了所有政治中心城市，特别是都城的空间设计原则：官衙居中，尊祖重民，功能清晰，规整、棋盘式街道和街坊的划分体现着主次有序、均衡稳定的空间构图，符合我国古代社会的政治理念和审美观。这一“自上而下”的都城建设思想也反映了统治阶级在物质和精神方面的需求，为后来历代封建王朝所沿袭（孙贺等，2012）。《周易》的“崇效天，卑法地”与《礼记》的“上律天时，下袭水土”，使得人们可以根据自身环境进行直观具体的设计安排。即是：由天上的日月星辰对应到地上的山岳河川，表现了一种在时空中的不同形象和布局；祭祀山川天神，目的之一是向往山川的崇高和天神的神力，祈求得到好的命运。这就使得人们希望自己所处的生活环境能够像日月星辰那样优美，为了能达到这种目的，最好的办法就是合乎“礼”与“乐”的规范。因此，古代城市设计均是按照《周礼》与《周易》进行设想，以追求合乎礼乐的空间序列，从而精心地安排环境。于是乎讲究“法天象地”“阴阳为序”的城市规划设计方法应运而生，并且长盛不衰（问红光，2009）。

2）因地制宜思想。虽然礼制思想长期占据着中国传统文化的主导地位，但是非礼制的思想也一直存在，持有这种思想的代表人物当数春秋时代著名的思想家管仲。管仲主张注重实际，不求形式规整，与礼制等级思想迥然而异。管仲提出“因天材，就地利”的因地制宜思想，是中国传统国土空间设计的重要思想智慧（王建国，2009）。以下例举4个方面进行说明：①管仲在《管子·乘马》中指出：“上地方八十里，万室之国一，千室之都四。中地方百里，万室之国一，千室之都四。下地方二百里，万室之国一，千室之都四。”这就是说，要根据区域的土地状况统筹安排城市分布，在土地肥沃的地区，耕地产量高，可以供养较多城市的人口，故国土空间的城市分布密度可大；反之，则国土空间的城市分布密度宜小，这是一种城乡统筹布局的国土空间设计思想。②管仲在《管子·八观》指出：“夫国城大而田野浅者，其野不足以养其民。城域大而人民寡者，其民不足以守其城。”他又指出：“凡田野，万家之众，可食之地方五十里，可以为足矣。万家以下，则就山泽可矣。万家以上，则去山泽可矣。”管仲的这种思想就是认为要根据具体的区域用地条件，因地制宜确定城市分布密度与开发强度，形成人-城市-环境三者之间的和谐关系。③管仲在《管子·乘马》中对城市型制也相应提出了“因天材，就地利，故城郭不必中规矩，道路不必中准绳”的见解，强调城市型制应充分结合地利条件，务必视地形的实际情况而定，不必强求形式上的规整。这对突出城市个性特色，摒弃单一的城市格局，有着积极的意义，也是古代崇尚自然的传统观念的集中体现。④管仲在《管子·大匡》中提出城市的组织要“凡仕者近宫，不仕与耕者近门，工贾近市”，又在《管子·小匡》中进一步阐述了“士农工商四民者，国之石民也，不可使杂处，杂处则其言哤，其事乱。是故圣王之处士必于闲燕，处农必就田野，处工必就官府，处商必就市井”的按职业作为分区依据的城市布局思想。管仲从有利于城市功能发挥，便于城市管理的角度出发，认为宫城的布局应居中而处，故在《管子·度地》中指出“天子中而处，此谓因天之固，归地之利。内为之城，城外为之郭”。由此可见管仲关于城市布局设计的论述，不仅涉及了城、郭的具体安排以及按职业聚居划定分区，实际上还形成了以功能分区作为规划设计结构的基本组织单元的见解（龙彬，1998）。

3）天人合一思想。“天人合一”是我国古代文化、哲学的基本精神，是我国古代哲学对天人关系的一种诠释。我国的“天人合一”观念历史悠久，十分复杂。儒家、道家、墨家及其余各家都有与之类似的思想，尤以儒、道两家最为著名。从具体形态而言，“天人合一”思想的来源和产生主要以《周易》与《道德经》为主，它所表述的是一种人与自然和谐共生的思想原则。《周易·乾卦·文言》中所述：“夫‘大人’者，与天地合其德，与日月合其明，与四时合其序，与鬼神合其凶吉。先天而天弗违，后天而奉天时。”其中“天地”即指人类外部自然界，“人”指人类本身及其创造性活动，这句话揭示了“天人合一”的思想，也是人类发展的最高境界。《道德经·二十五章》所述：“故道大，天大，地大，王亦大。域中有四大，而王居其一焉。人法地，地法天，天法道，道法自然。”其中“王”即指人类，表明人类要顺其自然行事，追求人与自然的和谐统一，敬畏天地自然，不违背天命，因为，天地自然与人是一个统一的有机整体。另外《庄子·齐物论》的“天地与我并生，而万物与我为一”及《庄子·天地》的“天地虽大，其化均也；万物虽多，其治一也；人卒虽众，其主君也。君原于德而成于天，故曰：玄古之君天下，无为也，天德而已矣。”这些言论都同样表达了“天人和谐”的思想。从某种意义上说，正是在古代城市和乡村的规划布局中所体现出来的“天人合一”观念，才是中国古代城乡风貌的精髓所在，而由此展示出来的人与自然环境的精神沟通，则又在相当程度上符合现代国土空间的设计基本准则（马继云，2002；武前波等，2005）。

4）风水景观思想。风水，作为中国最古老的山水之术，它对山水的特别关注和丰富实践，蕴含着先民发达的山水情愫和深厚的山水文化积淀。19 世纪英国传教士伊特尔认为风水是“中国古代神圣的景观科学”；李约瑟（Needham）认为风水是“使生者与死者之所处与宇宙气息中的地气取得和合的艺术”；贝内特（Bennett）和利普（Lip）认为风水是一种“宇宙生态学”；新西兰学者尹弘基认为：“风水是为找寻建筑物吉祥地点的景观评价系统”；俞孔坚认为风水“是中国人内心深处和文化深处的那种理想景观模式”（杨柳，2005）。风水正如其名，特别关注两个概念，一是“风（气）”，一是“水”。首先，风水认为“风（气）”是根本，万物由“气”生成，“气”之所聚处是生命生成和生长之地。同时，风水认为“水”是生“气”之源，例如许多古村落前都有池塘曰“风水池”，使得村庄和四周景观尽入水中，波光水影，客观上美化了景观视觉，又保护了水环境。除了选择自然佳地之外，风水更因应自然，对环境有着一份经营，例如按照风水的要求，保护和建设村落和城镇周围的“风水林”，形成了良好的小气候，也是村落和城镇长治久安的保证。这一切都体现了风水通过关照山川自然，包括地址、水文、气候、气象、景观等一系列自然地理环境因素，结合人文情感与美学心理等做出评价、选择、因应和应对，追求一种生态环境优美，进而设计出可以赏心悦目、安顿心理的栖居空间。由于风水融汇了我国古代的哲学精髓：阴阳五行、易经八卦，又集天文地理、景观生态、伦理心理、建筑美学于一体，因而可称之为一种系统的、综合的古代国土空间设计思想。例如，中国的传统城市虽然有共同的文化内涵，但每个城市都有各自的风水系统，各个城市稍有一处环境差异即子系统的微差，就势必连锁到母系统的巨差，从而形成了中国传统城市构思虽同、而风貌各异的特色。再例如，风水认为，“气乘风则散，界水则止”，以“藏风聚气”为佳，在地理优选上要求“山环水抱”。山环可以藏风，水抱可以揽气。林木主要功能利于藏风，水面利于揽气。因此，古代城市绿地总体布局的理想模式为：城市的北部、西北部、东北部以林木绿地为好（如果有山更好）；城市的南部、东南部、西南部有水面为佳，这也就是风水理论要求的基本模式，从而避免了人与自然的分离

城市周边外缘，有环城绿地，这些绿地、水面引入城市中心地区，形成楔入绿地（含水面）系统，且湖面、水塘连成系统。林不断、水不死，形成良好的风水环境，从而避免了人与自然的分离（王娅琳，2004）。

（二）中国现代国土空间设计的思想内涵

中国现代意义上的国土空间设计发展从1980年开始起步，至今已40余年，总体顺应了发达国家为代表的国土空间设计发展潮流，同时开始建立本土化的国土空间设计理论和方法，尤其在城市空间设计方面，积累了较丰富的理论和实践成果。近年来，随着国土空间规划体系的逐步建立，国土空间设计的研究范畴也不断拓展，并开始结合中国的“多规合一”运作特点探索本土化的国土空间设计道路。可以认为，中国现代国土空间设计的思想内涵是极其丰富的，在借鉴国外国土空间设计思想的基础上具有众多开拓性成果，本书无力进行全面梳理总结，以下仅对几个具有代表性的国土空间设计思想进行阐述，可能会挂一漏万或以偏概全。

1）广义建筑学思想。广义建筑学是吴良镛先生提出并倡导的一种新建筑观，《广义建筑学》的第一版问世于1989年。广义建筑学思想从聚居论、地区论、文化论、科技论、政法论、业务论、教育论、艺术论、方法论和广义建筑学的构想等10个方面，系统地阐述了广义建筑学的体系。在广义建筑学看来，建筑学的问题和发展应根植于本国和本区域的土壤，在此基础上吸取外来文化精华并加以整合，最终建立一个“和而不同”的人类社会。该思想着眼于“时间-空间-人间”为一体，有意识地探索建筑若干方面的科学时空观，例如建筑的人文时空观、建筑的地理时空观、建筑的技术经济时空观、建筑的文化时空观、建筑的艺术时空观等，促进建筑学与更广阔的世界关系最终集中在建筑的空间组合与形式的创造上❶。广义建筑学思想为国土空间设计如何将规划建设、新建筑设计、历史环境保护、一般建筑维修与改建、古旧建筑合理地重新使用等多层级的技术构建以及技术人文的结合，奠定了扎实的理论基础并指明了未来的发展方向。

2）山水城市思想。1990年，著名科学家钱学森在给吴良镛先生的信中提出一个问题：“能不能把中国的山水诗词、中国古典园林建筑和中国的山水画融合在一起，创立‘山水城市’的概念?”（傅礼铭，2005）。“山水城市”是在传统的山水自然观、天人合

---

❶ 参见1999年6月，国际建筑师协会第20届世界建筑师大会在北京通过的《北京宪章》第3.2节。

一哲学观基础上，把中国的山水诗词、园林建筑和山水画三者的意境融合在一起而提出的未来理想城市构想。它不是简单地指有山有水的城市，其核心精神是以人为本，天人合一，建设人与自然和谐共存的人居环境，具有可持续发展的城市形态，它有3层含义：一是人与自然和谐统一，二是人工环境与自然环境协调发展，三是城市人文与城市环境有机融合（孙彦青，2007）。山水城市是一个富含“诗境”的城市，也是中国文化所表现的那种充满幽情与雅致的诗情画意。“万家前后皆临水，四槛高低尽见山”的苏州，“七溪流水皆通海，十里青山半入城”的常熟，“水光潋滟晴方好，山色空蒙雨亦奇”的杭州，“青罗江水碧连山，城在山光水色间”的桂林等，都是传统山水城市所蕴含丰富诗境的典型代表。山水广而言之，泛指自然环境，城市广而言之泛指人工环境。因此，山水城市是人工环境与自然环境的协调发展，其最终目的在于建立人工环境与自然环境相融合的人类聚居环境（王新文，2002）。山水城市开创了国土空间设计既尊重自然的生态意识，又积极注入人文情怀以建立人与自然间的审美关系这样一种具有中国独特诗文化方式的审美视野和文化方向，也与国际上的绿色生态方向相契合，是具备中国文化修养传承视野与方向的现代国土空间设计新思想。

3）多规合一思想。中华人民共和国成立后，借鉴学习苏联模式，开始编制不同类型的空间规划或计划。经过长达半个多世纪的探索实践，中国空间规划设计工作取得了长足进步，已制定诸多不同层级、不同内容的空间性规划，组成了一个复杂的体系共同进行经济、社会、生态等政策的地理表达，主要包括主体功能规划、城乡规划、土地利用、生态环境规划、基础设施规划等系列。然而中国空间规划体系却存在许多问题：一是规划种类日益繁杂、相互掣肘，影响规划运行效率；二是规划层级日益增多、事权错配，影响空间政策的统一性和有效性；三是规划决策部门色彩浓厚、领导干预过多，影响规划的权威性和严肃性；四是规划法制化、规范化建设滞后，影响规划的公正性与科学性；五是空间规划呈现强烈的以建设为主的工业化特征，缺少整体性和系统性，缺少对人文、生态和社会的全面关注。基于此，2007年浙江大学与美国马里兰大学率先在浙江省武义县正式立项开始“多规融合”研究，并于2008年完成了国内首份多规合一研究报告：《多规融合：市场经济发展的必然趋势——浙江省武义案例》。之后，浙江大学组织有关学者正式出版了国内多规合一的第一本专著：《“多规合一”的理论与实践》（浙江大学出版社，2017）。在有关方面的推动下，国家层面加快推进“多规合一”的体制改革。2018年3月，中共中央印发《深化党和国家机构改革方案》，组建自然资源部，将主体功能区规划、城乡规划、土地利用总体规划等“多规”统一整合到自然资源部。2018年8月，中共中央办公厅、国务院办公厅印发《自然资源部职能配置、内设机构和人员编制规定》，设置国土空间规划局，进一步明确了“多规合一”体系的顶层设计。“多规合一”后的国土空间规划体系，其基本结构可以表述为“5+3”。所谓“5”，是指在纵向结构上，按照“一级政府、一级事权、一级规划”的总原则，全国分为5级规划：国家、省、市、县、乡5个层级。上下级规划的基本关系是：下级国土空间规划应当依据上一级国土空间规划编制，不得违反上级规划的强制内容，例如耕地保有量和永久基本农田等不得低于上级国土空间规划确定的控制指标。所谓“3”，是指规划的类型分为总体规划、详细规划和专项规划。总体规划是专项规划的基础，详细规划的依据；各类专项规划要相互协同，并与详细规划做好衔接。中国在“多规合一”基础上建立的国土空间规划体系，在严格意义上与欧洲及美国、日本、韩国等的国土空间规划是很不相同的，对空间治理是一个历史性的贡献，是现代国土空间设计的思想基础和运行依据。

4）层级治理思想。1978年党的十一届三中全会的召开，揭开了中国改革开放和社会主义现代化建设的序幕，中国从此走上了中国特色社会主义道路，也由此建立了中国特色的政治、社会、经济制度。这种特色的中国政治、社会、经济制度，催生了中国特色的“一元多样”层级空间治理格局。所谓“一元”，就是在空间治理中坚持中国共产党的一元化领导。所谓“多样”，就是在空间治理中坚持因地制宜，根据各地实际情况选择合适的空间治理模式。也就是，集权与分权相结合、集中与分散相融合、一元与多元相协调。例如，分灶吃饭的财政制度：交足中央的，体现集权；剩下的留给地方，体现分权，各地可以创造性地利用资源、区位和机会，进行不同的空间再生产，创造不同的财富积累。再例如，以土地利用总体规划为依据的空间治理，设置基本农田、城乡建设用地规模等约束性指标，体现集权和一元；设置园地、林地、其他建设用地等预期性指标，体现分散和多样。从体制上来看，中国政府分国家、省、市、县、乡5个层级，科层制是不同层级之间空间治理的重要方式。因此，中国的空间规划在不同层级之间有较好的纵向传导机制。以《全国土地利用总体规划纲要（2006—2020年）》为例，在国家层面设置了耕地保有量、基本农田保护面积、城乡建设用地规模、新增建设占用耕地面积、耕地补充面积、人均城镇用地规模等6个约束性指标，这些指标通过层层传导，最后都落到地块上。规划实施评估的结果表明，这些约束性指标在各层级都得到比较好的落实和执行。规划实施期间耕地保有量、基本农田保护面积、新增建设占用耕地和土地整治补充耕地等规划指标的实施情况，至规划期末总体上都实现了预期目标。空间治理的重要任务，是要合理配置空间资源，对各类空间开发利用和保护整治修复做出有序分工，对重大资源能源、设施配套等关键性空间要素进行合理的引导控制。中国特色的国土空间治理体系，具有科层制委托代理、外包制授权经营和市场制自由配置等融合优势，有利于形成更合理的空间分工，从而提高资源的配置效率。例如改革开放以后，国家允许部分地区先富起来，引导资源向19个条件相对优越的重点地区集聚。从国土空间的合理分工来看，要素投入向沿海地区转移，有利于发挥区位优势，获得更优的集聚经济效益，促进全球化、专业化、规模化生产和空间地域分工体系的不断完善，极大地提高了国土空间资源的配置效率。国土空间治理的层级传导思想，为国土空间设计的模式选择、体系创新、机理融合、利益平衡、组织决策、实施评估、开发与保护协调、从形体秩序到社会秩序、从全域到公共域等提供了丰富的理论指引和思想基础。

第四节　国土空间设计的演化趋势

一、国土空间设计的历史经验

（一）国土空间设计需要融合多元理论源流

国土作为稀缺资源出现在世人面前，其空间问题就成了众多学科研究的焦点，包括地理学、规划学、经济学、建筑学、景观学、社会学、文化学、生态学、农学等在内的多个学科，都会把空间作为本学科研究的落脚点。空间从古代有形物质（车、器、室）做对比得出的“无”即是空间，到现代多元意义的空间，如实体空间方面：宇宙空间、区域空间、城市空间、建筑空间、乡村空间等，抽象空间方面：思想空间、信息空间等。这些空间都紧密地与其所属的学科结合在一起，成为具有特定指向和含义的专业名词（宗跃光等，2011）。

Neuman（2000）认为，比较完整规范的当代国土空间设计出现在20世纪80年代。他提出以“城乡聚落、交通廊道、自然基底”作为国土空间支撑系统，并围绕区域网络、都市区、走廊地区、乡村地区、混合地区、地方社区、联系通道、边缘区等不同空间要素展开国土空间设计。随着生态心理学、认知神经科学等交叉研究的深入，国内外学者从人与森林、荒漠、旷野等国土空间关系出发，从文化心理、荒野审美、精神疗愈等角度拓展对国土空间环境的价值认知（黄潇婷等，2019；陈望衡，2019；Seo et al.，2015；Buckley et al.，2019），国土空间设计更加进入了一个全新尺度的综合领域。它涉及社会发展、经济增长、生态保护、城市竞争力、土地可持续利用、交通组织、水利建设、旅游发展、乡村振兴、国土整治、空间治理等内容和学科领域。这些不同学科领域的理论基础、专业术语、研究方法、表达方式、资料运用、价值取向、话语体系等都有很大差异，国土空间设计需要融合多元理论源流，进行恰当的科际整合，否则就会陷入困境甚至导致失败。早期在美国和英国等一些西方国家进行空间设计时，很少有地质方面的专家参与，结果就导致了设计区域遭受地震、洪水、海啸、泥石流、滑坡等灾害。后来，空间设计吸取了早期失败的教训，十分重视科际整合，大大提高了设计的效益和效果。事实上，国土空间设计是在广义尺度的国土空间范围内围绕山川湖海等自然生态要素、城乡海岛等人工聚落要素、田野公路等生产支撑要素，以及文化审美等高层面需求要素，以区域自然生态景观形象展示、人居环境整体空间形态构建、区域空间整体秩序协调、关键空间意象塑造等为主体内容，以高品质国土空间营建为目标，协同社会经济等其他相关因素而进行的区域空间形态整体研究与设计（周庆华等，2020）。因此，国土空间设计需要融合多元理论，采用风景园林学、景观生态学、地理学、建筑学、土地利用学、环境美学等进行空间导向研究，同时也需要利用系统思想和复杂理论推进更综合的国土空间设计，以涵盖构成国土空间景观的各种复杂关系网络，为城乡转型、生物多样性保护、水资源管理、休闲游憩、社区建设、文化认同和经济发展等提供依据（Nijhuis et al.，2015；Neuman，2000）。

（二）国土空间设计应遵循因地制宜和以人为本的准则

由于各个区域的地理格局、发展历史、文化传统、资源禀赋、环境背景、人口结构、土地利用、交通结构、景观生态、发展阶段都有很大差别，而所有这些要素都与国土空间设计存在很大的关联性。因此，严格意义上说，每个区域的国土空间设计模式都应该是不相同的，因地制宜编制国土空间设计方案是必须遵循的普遍准则。例如，地处海岸带的国土空间设计，首先就需要处理好与海洋资源利用、海岸带景观风貌的关系，协调好海洋资源开发与保护的矛盾（Smith，2018；Georgios et al.，2017；Appolloni et al.，2018；Hassler et al.，2018）。而随着全球气候变暖可能引起的海平面上升，国土空间设计还需要面对更多来自大自然的挑战，减轻灾害可能带来的负面影响，保证民众的正常生活并构建广域机制及地区防灾能力，建成具有超强抗灾能力的聚居地。在进行国土空间设计时，除了需要在自然、地理条件方面因地制宜之外，还需要充分考虑到本地的社会、经济、政治、文化情况，做出最为合理的判断和设计。

随着全球国土空间设计开始从重视物质转向以人为中心，认为应该把扩大人的选择范围和改善人的生存环境放在更突出的中心地位。在这个过程中，要对生活福利、生活环境、自然保护、文化传承和社会生态等非生产性领域中的问题引起高度关注，将国土空间通过设计成为人的精神场能和生命景观。例如对于人行道的设计，需要更加强调其人际交往功能、安全功能及对儿童成长的帮助功能，人并不需要以“设计为本”的道路。日本、韩国等国家国土空间设计的历史经验一再表明，所有设计都应该特别强调把生活环境质量的改善和提高放在突出的地位，应当强化环境导向型的土地利用、打造优良的生活环境、加强疾病的预防与控制、确保充足的水供应等。国土空间设计的组织结构应当是以水系统和交通系统为代表的“强健”且联通的结构，这些组织结构能够支持区域发展，融入当地实际，满足的人需要，经受各种挑战，也足以灵活地迈向未来（Corner，2004）。在设计过程中，本地居民的想法和支持要得到高度重视，对自然环境、个体及信息、治理及其相互关系进行跨越时空尺度的组织设计，通过对人的行动观察和需求探索获得洞见的想象、创造和创新的设计理解方式（Njhuis，2013，2019；奈豪斯等，2019）。

（三）国土空间设计须坚持整体性和中立性

过去，人们在关注国土空间设计时将大多数的焦点放在了与工业化、城市化息息相关的城市用地之上，且囿于“地块”这一狭小的空间概念。而实际上，国土空间是一个有机的生命整体，是山水林田湖草路村城的有机结合，是地块、交通线和整个地区的点线面综合，是陆地、湿地、海洋的多维度整体。同时，国土空间也是整合自然、社会、文化资源，促进城市、乡村和产业发展，承载个人美好生活的物理实体，与人类社会存在互相影响、互相作用的密切联系。因此，在考虑国土空间设计时，应当将国土空间视为一个有机的生命整体，以综合、全局的眼光对其进行考量。以区域整体为研究对象，以空间全要素系统性优化为目标导向，是国土空间设计区别于城市设计、土地设计、环境设计、生态设计、交通设计等空间设计的重要识别标志。

坚持国土空间设计的整体性，取决于对国土空间正确的价值谱系认知，包括对安全价值、生态价值、经济价值、社会价值及日益突显的文化价值、美学价值、伦理价值、疗愈价值乃至哲学价值的平衡。从国土空间设计承载不同物种的角度来看，其价值导向应该是互利共存的，既要满足人类发展的空间需求，也要满足其他物种生存的空间需要，其所有需求的总和应该在国土空间的承载力阈限之内。为实现这一目标，国土空间设计需要平衡不同价值取向所投射的空间载体。在此目标下的国土空间设计，城乡聚落与非建设区域的自然地区不再是图底关系，而是物我一体、互为互成的关系。在这个意义上说，国土空间设计必须具有中立性和综合性，在更高层级上协调设施廊道、城乡建设、耕地生产、景观生态、文化意义、形态美学等。这种价值的中立性，并非仅仅通过生态保护等基本过程就能简单达到，而应该通过更加深刻与复杂的调查和理解，融合社会学、经济学、心理学等高层级功能，才能回应高质量生产和高品质生活的社会需求，并通过与景观生态更紧密的设计语言表达出来（周庆华等，2020）。

（四）国土空间设计要建构完善的结构体系

国土空间设计涉及空间的位置、通道（1 维），空间的形态、结构和界面（2 维），空间的建筑高度、容积率和体量（3 维），空间开发的时间、场合和机遇（4 维），空间还包括“人”这一主体对客体空间的感知、记忆和体验（5 维），空间还会与 5G、AR、VR 等虚拟空间的融合（6 维），空间与资产、资本的融合会产生新的价值维（7 维），如此等等。可见，国土空间设计的对象是一个多维的复杂系统。面对如此多样的复杂系统，国土空间设计不能简单地是一种控制或引导，而是一个具有层次、结构和相互勾连的结构体系。大量研究证实，国土空间设计研究对象的特质、过程发生和时空分布及相互耦合等都是尺度依赖的。也就是说，这些对象表现出来的特质，是具有时间和空间，抑或时空尺度特征的。因此，只有在特定的尺度上对其进行考察和研究，才能把握它们的内在规律。事实上，不同尺度的空间特性和功能是完全不同的，产生的效应也是不同的。应站在尺度上看待国土空间设计，才能更好地理解国土空间设计的完整性和连续性。通常的空间尺度包括全球尺度、国家尺度、区域尺度、地方尺度、场所尺度等，但就一般意义上的国土空间设计而言，尺度依赖的国土空间设计结构体系可分为以下 4 个层级：

1）战略层级。重点落实省级以上国土空间规划中区域发展战略涉及国土空间设计的关键要素并在空间上予以合理组织，同时就开发保护在空间秩序上存在的冲突寻找更适应性的设计方案，以此作为省级以下总体国土空间设计的基本前提。例如，对具有战略性价值的空间区位和海岸带自然保护等重大工程，设计出减少区域要素优化交易成本和提升区域竞争力的“一揽子”方案。

2）总体层级。聚焦市县级层面国土空间整体框架和运行模式的适应性与可控性，为有效控制和引导国土空间结构功能整体优化和可持续发展提供设计依据。重点是对国土空间进行整体意象分析定位，组织协同城乡结构、海陆结构、山水结构、生态格局、文化秩序、空间肌理、景观框架等多种国土空间秩序，具有设计对象的全域性、设计目标的整体性、设计内容的系统性等特点。

3）专项层级。根据实际发展需要，遵循国土空间设计的构成逻辑，对生态景观、文化旅游、城市、乡村、景区、滨岸、生态修复等进行专项层级的国土空间设计，深度支撑国土空间总体规划和总体国土空间设计的落地落位。例如，城市国土空间设计，从城市系统演化结构、过程和特点及其与山水林田湖草生命共同体相互作用的整体视角出发，根据每个城市的发展阶段和特色提出创新性的个性化、风格化和意象化的空间设计方案，支撑战略层级和总体层级国土空间设计在生态伦理、社会公平、资源平衡、美丽中国、诗化大地等目标的空间落实。

4）场地层级。场地层级的国土空间设计，属于详细设计的层面，其根本目的是通过设计使场地中的各要素，尤其是建筑物与其他要素能形成一个有机整体，以发挥效用，并使基地的利用能够达到最佳状态，以充分发挥用地效益，节约土地，减少浪费。它更加注重场地的地理特征、周围建筑与邻里露天空间的特征、设计成果对使用心理的影响，使场地更有人文性、特色性、可赏性、地域性和可浸入性，进而完善和塑造场地的场所精神，提高场地的空间感知和感染力。

二、国土空间设计的发展趋势

（一）国土空间设计的理论发展趋势

国土空间设计从最初的建筑和景观美学研究的基础上发展至今，已经积淀了较深厚的理论板块。早期的国土空间设计理论主要集中于国土空间环境的物质领域，诸如景观-视觉设计理论、类型-形态设计理论等；之后，国土空间设计理论以主体的人和客体的环境为研究对象，形成了认知-意象设计理论、环境-行为设计理论等；进入 21 世纪，国土空间设计的理论以主体的人、客体的环境和主客体之间相互关系和相互作用为研究对象，形成了社会设计理论、功能设计理论和程序-过程设计理论等（张剑涛，2005）。

未来国土空间设计的理论发展，将会体现更多的与社会学、心理学、地理学、美学、艺术学、历史学、工程学等学科的日益融合，体现出多学科的跨界与共生趋势，从而建立以人地共生为内核的多层次、多尺度国土空间设计理论架构。以人类生态哲学观和生物生存空间观相结合的可持续全域全要素国土空间设计观，将可能成为国土空间设计的理论基础。该理论基础的核心是要阐明人类需求与国土空间的相互作用过程、时滞、惯性和动力机制，将独立的设计、监测、评价、决策支持、市场结构、社会标准和科学信息最大限度地整合为更有效的社会学习和管理系统，建立国土空间设计协调发展的概念框架和理论板块。更加关注绿色、可持续和韧性发展，更加关注人文需求、空间品质和美学特质，更加关注个性化、多样化和艺术化，尤其是文化、生态和景观的深度融合，将成为理论发展的基本趋势。从学科建构的角度看，未来国土空间设计理论研究面临的首要任务就是要深刻认识信息文明社会的大背景，深刻认识国土空间复杂系统的理论结构，从而建立起国土空间设计特有的理论架构并验证理论架构。而理论架构研究有赖于它的概念、术语、变量的建立和展开，有赖于它的语言规范的建立和其他学科理论的引入、消化、吸收、改造和提升，也有赖于它的方法论的完善和创新。

（二）国土空间设计的研究方法趋势

21 世纪是数字化的时代，数字化不仅是一种将信息转换为数字信号的处理技术，更是当代国土空间设计研究方法的重要发展领域。近 20 年来，在“数字地球”“智慧城市”与移动互联网乃至人工智能日益发展的背景下，国土空间设计的方法和技术获得了全新的发展，数字技术正在深刻改变国土空间设计的专业认识、作业程序和实操方法。在大数据、数据科学、机器学习及计算机创造性等多重因素的驱动下，未来国土空间设计将可能要发生大的变革，也可能会产生革命性的跃升。这种跃升的实践条件包括：一是在数字化技术集成的支撑下，将可以对大尺度国土空间形态属性进行快速而准确的认知，使得大尺度国土空间设计走向科学化成为可能。二是数字技术的日新月异使国土空间设计方法的创新成为可能，它强烈拓展并深刻改变了人们看待世界物质形态、社会构架和空间再生产的视角和看法。在很大程度上，数字技术将帮助人们重新建构一种超越个体感知的国土空间设计认知方式和方法。三是数字化国土空间设计强调基于价值观的设计创意与多源数据在长效管理导控量化基础上的有机结合，使国土空间设计实施操作更加科学有效。景观可视化技术、大地参数化设计技术、地理设计支撑技术、人工智能技术、艺术与生态景观融合技术、绿色设计技术、可再生资源利用设计技术、空间体验与场所精神塑造技术等，将会成为未来国土空间设计研究方法的重点领域。

在国土空间规划的大背景下，国土空间设计不仅具有融合时间空间要素的技术统筹性，还能够通过设计逻辑串联起不同层级、不同类型的国土空间规划体系。通过国土空间设计可以融合设计思维，推动政策实施，落实空间管控，进而实现生态系统的安全持续、历史文脉的传承发展、空间美学的引导控制、空间使用的社会公平正义。因此，有关国土空间设计如何有效融入国土空间治理体系，如何使设计语言有效向管理语言转译的研究也将是国土空间设计研究方法的必然趋势。不论是“先底后图”的全域国土空间设计，还是“一张图”国土空间信息平台的建设，都体现了设计制度化、管控精细化的发展趋势。未来的国土空间设计将充分发挥其多学科融合、多视角思考的特点，通过设计思维方法的介入、设计导则制度的建立、设计管控要素的支撑，实现从设计语言到管理语言的转换，塑造具有全域性、逻辑性、高质量性的国土空间格局与空间形态。在不同尺度下，设计与制度融合的方式也有所不同：宏观层面，注重与编制体系的有效结合，介入“三区三线”划定，按生态、农业、城镇顺序协调空间关系；中观层面，关注纵向管控逻辑的传导，完善与单元规划的衔接，提升空间治理能力；微观层面，追求用途管控方式的多元化，保持管控要素的灵活性，推进规划与设计的结合，以公共利益最大化为最终目标。

（三）国土空间设计的战略行动展望

国土空间是人类文明的积淀，人类的伟大进步都与国土空间密切关联。它是系统的集合，空间各要素之间隐含着内在的组织性、逻辑性和共生性。如果人类失去了整体把握国土空间的能力，而只是思考那些单独的建筑物、城市或乡村，而没有把它看作一种整体空间，你就无法读懂国土空间这部“书”。国土空间设计绝非设计建筑或设计城市，它需要为国土空间组织合理的功能配置、高效的交通体系、舒适的空间环境、良好的景观风貌、公平而有效率的开发控制。国土空间的魅力、品质和品位，其来源更在于体验、更在于个性、更在于特色、更在于活力，并由生活在其中的每一个居民共同诠释。当今国土空间设计正日益彰显着人类对美好生活向往这一发展需求，营造更高的国土空间品质和活力，在历史进程中发挥着自身独特的作用。未来国土空间设计的战略行动，至少需要回答以下几个重大问题：

1）如何实现国土空间设计的历史使命。国土空间设计的核心使命是围绕如何处理好人与自然之间的相互作用关系而开展的，它以促进人地关系和谐为逻辑起点，以实现国土空间的高质量生产、高品质生活和持续性演进为目标，在确定不同类型和不同区域国土空间系统适宜性、潜力、优势、承载力、容量、生态系统服务功能，以及脆弱点、恢复力、限制、边界、退化风险、激励结构、可持续性轨迹、长期趋势和演变规律的基础上，设计出新的国土空间结构目标，并沿着这个目标创造出能更好地满足人类对美好生活向往需要的新功能、新人文、新美学价值和应对国土空间成长变化的新策略。这里需要思考的是为什么要进行设计？预期目标、意图和结果及其相关目的是什么？如何进行设计？国土空间设计应该采用何种依据、原则、技术、方法和假设？步骤和过程是如何设计的？

2）如何建构国土空间设计的价值体系。国土空间设计价值体系的建构，取决于对国土空间的价值认知。国土空间的价值谱系应该包括安全价值、社会价值、生态价值、经济价值、文化价值、治理价值，以及日益突显的美学价值、体验价值、疗愈价值和哲学价值等。从国土空间承载不同物种的角度来看，国土空间设计价值体系建构的基本导向是既要满足人类对美好生活向往的空间需求，也要满足其他物种对生存空间适宜性的需要，要在资源环境承载力和国土空间开发适宜性允许的范围之内，寻找到各类生命共同体之间的平衡。国土空间设计下的城乡聚落与非建设区域的自然地区不再是图底关系，而是物我一体、互利共存的关系。国土空间设计除了需要充分考虑形态美学的基本价值取向以外，还要融合经济学、社会学和心理学等更加复杂深刻的价值需求。在此背景下可以认为，国土空间设计的价值体系应该满足以下基本逻辑：以人的感知机制为基点，以空间形态为主体表达语言，以优质耕地和生态景观保护展示为主导，以激发区域环境文化精神为引领，以实现国土空间综合战略目标，融合社会经济等现实需求，实现国土空间高品质发展和满足人们对美好生活向往的需要（周庆华等，2020）。

3）如何组织国土空间设计的共同体。国土空间设计是一个跨界和跨学科的共同体，如何组织和设计这一共同体的结构平衡和权责边界，是未来需要着力推进的重要战略行动。在这一个多元主体组成的共同体中，谁在进行设计？政府官员、专家、设计师、企业家、公众或是他们的联合体？他们各自应该拥有何种比例和话语权？在何种条件下设计？设计的自然生态背景、经济社会发展阶段和时代性如何？设计方案是在什么条件下达成共识的？争论的主要焦点是什么？谁在实施设计？为了实施这项设计，什么样的资源、参与者、合伙人和条件应该是必备的（Parker et al.，2012）？尤其是财政金融资源、社会资本资源、政策制度资源是否匹配，是否对设计实施具有关键性的作用等，都需要有整体性和多尺度的运行导则。

4）如何制定国土空间设计的发展战略。国土空间设计未来将更加迈向战略、行动与政策的一体化，它需要创新、创造和想象。未来需要付诸行动的是制定何种发展战略，使国土空间设计能够更好地应对不确定性和全球挑战，能够更好地通过多个尺度上的众多项目设计来开发区域的潜能和活力，能够更好地阐明国土空间的整体关键结构和过程协调，能够更好地构成土地利用格局、植被、水、空间类型和其他要素，以促进生态系统服务功能提升及文化表达，能够更好地建构社会、文化、心理上的联系和实现空间善治。

5）如何建设国土空间设计的学科体系。学科体系是支撑国土空间设计持续发展的关键，未来的国土空间设计需要围绕这一关键采取更有效的行动方案。①要深刻认识信息文明社会的大背景，深刻认识复杂系统的理论结构，从而建立起国土空间设计特有的理论架构并验证理论架构。而理论架构研究有赖于它的概念、术语、变量的建立和展开，有赖于它的语言规范的建立和其他学科理论的引入、消化、吸收、改造和提升，也有赖于它的方法论的完善和创新。②如何推进专业建设和人才培养，如何整体推进理论能力建设、技术能力建设和工程能力建设，如何加强学士、硕士和博士学位建设，如何强化重点实验室和工程中心建设。③如何根据国土空间设计文理兼容但以自然科学技术为主的特点，强化模式化、数量化和公理化研究，将定性分析技术和定量分析技术整合成“高阶系统技术”，寻找新的交叉学科生长点。④如何更加关注地球表层演变过程、机制与效应等重大基础问题，瞄准国土空间设计的科学前沿，提高解决国土空间资源和社会经济可持续发展的重大科学问题能力，重点领域关键技术研发实现跨越式发展，进行国土空间设计科学理论创新、技术方法创新和研究思路的创新，强有力支持国家经济社会发展需求和美丽中国建设等，都应成为未来国土空间设计核心能力和学科建设的一个根本性方向。

参考文献

安德森. 1990. 公共决策［M］. 唐亮，译. 北京：华夏出版社：3.

陈瑾羲. 2015. 20 世纪西方城市设计理论的批判性发展回顾［J］. 建筑创作（5）：218.

陈爽，张皓. 2003. 国外现代城市规划理论中的绿色思考［J］. 规划师（4）：73-74.

陈望衡. 2019. 城市审美如何容纳荒野［J］. 郑州大学学报（哲学社会科学版）（4）：5-8+158.

陈新民. 2001. 德国公法学基础理论［M］. 济南：山东人民出版社：182.

陈振明. 2004. 公共政策学［M］. 北京：中国人民大学出版社：4.

程栋，周洪勤，郝寿义. 2018. 中国区域治理的现代化：理论与实践［J］. 贵州社会科学（3）：123-130.

戴代新，戴开宇. 2009. 历史文化景观的再现［M］. 上海：同济大学出版社.

戴吾三. 1994. 论《管子》的城市规划和建设思想［J］. 管子学刊（3）：30-34.

丁绍刚. 2011. 景观意象论：探索当代中国风景园林对传统意境论传承的途径［J］. 中国园林（1）：42-45.

冯静. 2007. 公共政策学［M］. 北京：北京大学出版社：2.

付帅，李晨曦. 2017. 由生态定义城市形态：生态都市主义理论发展回顾及其对重庆的启示［C］//中国城市科学研究会，海南省规划委员会，海口市人民政府. 2017 城市发展与规划论文集：7.

傅伯杰. 2021. 国土空间生态修复亟待把握的几个要点［J］. 中国科学院院刊，36（1）：64-69.

傅礼铭. 2005. 钱学森山水城市思想及其研究［J］. 西安交通大学学报（社会科学版）（3）：67.

甘华鸣，等. 2002. 公共政策［M］. 北京：中国国际广播出版社.

戈德哈根. 2019. 欢迎来到你的世界［M］. 丁丹，张莹冰，译. 北京：机械工业出版社.

顾朝林，宋国臣. 2001. 城市意象研究及其在城市规划中的应用［J］. 城市规划（3）：70-73+77.

郭巍青，卢坤建. 2000. 现代公共政策分析［M］. 中山：中山大学出版社.

郭妍琳. 2003. 从空间感知理论谈中国传统戏曲舞台空间［J］. 南京工业大学学报（社会科学版）（4）：58-60.

胡江伟. 2010. 中国近代城市规划中的传统思想研究［D］. 武汉：武汉理工大学.

胡晓彤. 2019. 浅析连接理论下城市轴线的延续与发展［C］//2019 中国城市规划年会.

黄潇婷，张琳琳，苘茂兰. 2019. 从地域人到区域人假设的提出：旅游移动视角下关于地方感的思考［J］. 旅游学刊（6）：28-36.

李建华. 2009. 试谈城市设计的理论思索［J］. 黑龙江科技信息（21）：91.

李剑. 2009. 土地美学的基础理论问题及其应用研究［D］. 杭州：浙江大学.

李瑞，章鸿. 2020. 在体验设计实践与研究共性基础上的国际前沿探究［J］. 创意与设计（1）：94-99.

连欣玥. 2020. 感知理论在展示空间设计中的应用［J］. 美术教育研究（5）：62-63.

廖秋林. 2005. 后现代主义符号学景观设计理论研究［D］. 长沙：中南林学院.

林奇 凯文. 2001. 城市意象［M］. 方益萍，何晓军，译. 北京：华夏出版社.

林水波，等. 1982. 公共政策［M］. 台北：台北五南出版公司：8.
刘滨谊. 1990. 风景景观工程体系化［M］. 北京：中国建筑工业出版社.
刘曦，夏冬，李锐. 2021. 环境体验设计要素：人的生物性研究［J］. 美与时代（城市版）(2)：83-84.
刘鑫垚. 2012. 基于美学观的山地城市设计研究［D］. 重庆：重庆大学.
刘怡，王曦. 2004. 城市意象形态：一种致力于创造城市特色的城市设计方法［J］. 青岛建筑工程学院学报（1）：34-38.
龙彬. 1998. 管仲城市营建思想及其历史贡献探析［J］. 城市规划汇刊（4）：23-29+64-65.
卢峰，刘亚之. 2016. 连接理论的起源与发展脉络［J］. 国际城市规划，31（3）：29-34.
马继云. 2002. 论中国古代城市规划的形态特征［J］. 学术研究（3）：54-58.
马武定. 2005. 城市美学［M］. 北京：中国建筑工业出版社.
米勒 威廉. 2010. 地理设计定义初探［J］. 中国园林（4）：27-28.
奈豪斯 斯特芬，熊亮，坎纳特拉 丹尼艾勒. 2019. 三角洲适应性转型：基于景观的区域设计方法［J］. 风景园林，26（9）：8-22.
帕克 加文，多克 乔. 2013. 规划学核心概念［M］. 冯尚，译. 南京：江苏教育出版社.
派恩，吉尔摩. 2002. 体验经济［M］. 夏业良，鲁炜，译. 北京：机械工业出版社.
彭建，吕丹娜，董建权，等. 2020. 过程耦合与空间集成：国土空间生态修复的景观生态学认知［J］. 自然资源学报，35（1）：3-13.
仇保兴. 2003. 19 世纪以来西方城市规划理论演变的六次转折［J］. 规划师（11）：6.
石磊，魏春雨，颜潇潇. 2012. 浅谈西方现代城市设计理论发展［J］. 中外建筑（11）：52.
孙贺，陈沈. 2012. 城市设计概论［M］. 北京：化学工业出版社.
孙彦青. 2007. 绿色城市设计及其地域主义维度［D］. 上海：同济大学.
孙颖，殷青. 2003. 浅谈图底关系理论在城市设计中的应用［J］. 建筑创作（8）：30-32.
谭文勇，阎波. 2006. "图底关系理论"的再认识［J］. 重庆建筑大学学报（2）：28-32.
唐林涛. 2006. 工业设计方法［M］. 北京：中国建筑工业出版社.
童欣. 2007. 景观设计发展浅析及世博会景观设计研究［D］. 南京：东南大学.
王刚，宋锴业. 2017. 治理理论的本质及其实践逻辑［J］. 求实（3）：50-65.
王慧. 2002. 新城市主义的理念与实践、理想与现实［J］. 国外城市规划（3）：35.
王建国. 2009. 城市设计［M］. 北京：中国建筑工业出版社.
王建国，费移山. 2002. 城市设计的整体性理论［J］. 城市规划（11）：63-68.
王绍光. 2018. 治理研究：正本清源［J］. 开放时代（2）：153-176+9.
王巍，张红松，李景欣. 2015. 徽州古民居村落街巷空间景观意蕴再现［J］. 艺术教育（10）：118-119.
王晓俊. 2000. 西方现代园林设计［M］. 南京：东南大学出版社.
王新文. 2002. 城市化发展的代表性理论综述［J］. 中共济南市委党校济南市行政学院济南市社会主义学院学报（1）：25-29.
王亚红. 2008. 试论场所理论［J］. 美术观察（12）：112.
王娅琳. 2004. 风水与我国古代城市规划［J］. 山西建筑（20）：12-13.
王云才. 2007. 景观生态规划原理［M］. 北京：中国建筑工业出版社.
魏崇辉. 2018. 公共治理理论中国适用性：批判的理路与话语的构建［J］. 行政论坛（5）：81-85.
魏秦. 2008. 黄土高原人居环境营建体系的理论与实践研究［D］. 杭州：浙江大学.
问红光. 2009. 中国古代建城思想研究［D］. 西安：西北大学.
邬建国. 2002. 景观生态学［M］. 北京：高等教育出版社.
吴次芳，叶艳妹，吴宇哲，等. 2019. 国土空间规划［M］. 北京：地质出版社.

吴家骅．2000．景观形态学［M］．叶南，译．北京：中国建筑工业出版社．
伍启元．1985．公共政策·上［M］．台北：台湾商务印书馆：4-5
武前波，崔万珍．2005．中国古代城市规划的生态哲学：天人合一［J］．现代城市研究（9）：47-51．
肖笃宁，李秀珍．1997．当代景观生态学的进展和展望［J］．地理科学（4）：356-364．
徐苏宁，郭恩章．2002．城市设计美学的研究框架［J］．新建筑（3）：16-20．
杨柳．2005．风水思想与古代山水城市营建研究［D］．重庆：重庆大学．
杨锐．2009．景观都市主义的理论与实践探讨［J］．中国园林（10）：60-63．
杨言生，李迪华．2013．地理设计：概念、方法与实践［J］．国际城市规划，28（1）：94-97．
杨至德．2009．风景园林设计原理［M］．武汉：华中科技大学出版社．
杨纵横．2013．从空间到场所［D］．重庆：重庆大学．
药师寺泰藏．1991．公共政策：政治过程［M］．张丹，译．北京：经济日报出版社．
叶浩生．2011．有关具身认知思潮的理论心理学思考［J］．心理学报（5）：589-598．
余洋．2010．景观体验研究［D］．哈尔滨：哈尔滨工业大学．
郁建兴，王诗宗．2017．当代中国治理研究的新议程［J］．中共浙江省委党校学报（1）：28-38．
张国庆．2004．公共政策分析［M］．上海：复旦大学出版社：3．
张剑涛．2005．简析当代西方城市设计理论［J］．城市规划学刊（2）：6-12．
张金马．1992．政策科学导论［M］．北京：中国人民大学出版社：19-20．
张远，金贤锋，张泽烈，等．2016．地理设计理论、技术与实践［M］．北京：科学出版社．
张中华，张沛，朱菁．2010．场所理论应用于城市空间设计研究探讨［J］．现代城市研究（4）：29-39．
赵羿，胡远满，曹宇，等．2005．土地与景观［M］．北京：科学出版社．
郑洋．2019．连接理论视角下城市商圈立体化交通建设研究：以重庆市渝北区嘉州商圈提升策略为例［C］//中国城市规划学会，重庆市人民政府．活力城乡　美好人居：2019中国城市规划年会论文集（06城市交通规划）：9．
周庆华，杨晓丹．2020．面向国土空间规划的区域设计探析［J］．城市规划学刊（6）：87-93．
宗跃光，张晓瑞，等．2011．空间规划决策支持技术及其应用［M］．北京：科学出版社．
Dangermond J．2010．地理信息系统：设计未来［J］．马劲武，译．中国园林（4）：19-26．
Flaxman M．2010．地理设计基础［J］．迟晓毅，译．中国园林（4）：29-34．
The Commission on Global Governance．1995．Our global neighborhood［M］．Oxford：Oxford University Press．
Appolloni L，Sandulli R，Vetrano G，et al．2018．Assessing the effects of habitat patches ensuring propagule supply and different costs inclusion in marine spatial planning through multivariate analyses［J］．Journal of Environmental Management，214（Suppl 2）：45-55．
Badmington Neil．2004．Alien chic：posthumanism and the other within［M］．New York：Routledge．
Buckley R，Brough P，Hague L，et al．2019．Economic value of protected areas via visitor mental health［J］．Nature Communications（1）：1-10．
Callicott J B．1983 Leoppold's land aesthetic［J］．Soil Water Conserv（38）：329-332．
Carl Steinitz．2012．A framework for geodesign：changing geography by design［M］．NewYork：Esri Press．
Carlson Allen．1991．The aesthetics of landscape［M］．London：Belhaven Press．
Corner J．2004．Not unlike life itself：landscape strategy now［J］．Harvard Design Magazine（21）：31-34．
Damasioa Antonio．2010．Self comes to mind：construction the conscious brain［M］．New York：Pantheon-Books．
Desmet P M A，Hassenzahl M．2012．Towards happiness：possibility-driven design［J］．Human-Computer Interaction：the Agency Perspective（396）：3-27．

Fisher T. 2010. The what and why of geodesign [C] // Redlands: 2010 GeoDesign Summit.

Forman R T T, Gordon M. 1986. Landscape ecology [M]. New York: John Wiley & Sons.

Georgios T, Nikolaos R. 2017. Maritime spatial planning and spatial planning: synergy issues and incompatibilities. evidence from Crete Island, Greece [J]. Ocean & Coastal Management (139): 33-41.

Goodchild M F. 2010. Towards geodesign: repurposing cartography and GIS [J]. Cartographic Perspectives (66): 7-21.

Hassler B, Gee K, Gilek M, et al. 2018. Collective action and agency in Baltic Sea marine spatial planning: transnational policy coordination in the promotion of regional coherence [J]. Marine Policy (92): 138-147.

Henri Lefebvre. 1968. Dialectical materialism [M]. Sturrock John, Trans. London: Jonathan Cape Ltd.

Jensen Jesper L. 2014. Designing for profound experiences [J]. Design Issues (3): 39-52

Jessop B. 1998. The rise of governance and the risks of failure: the case of economic development [J]. International Social Science Journal (155): 29-46.

Leopold Aldo. 1987. A sand county almanac, and sketches here and there [M]. Oxford: Oxford University Press.

Liljeros F, Edling C R, Amaral L A N, et al. 2001. The web of human sexual contacts [J]. Nature, 411 (6840): 907-908.

Lindsay C, Osborne S, Bond S. 2014. The new public governance and employability services in and era of crisis: challenges for third sector organisations in Scotland [J]. Public Administration (1): 192-207.

Lowenthal D. 1961. Geography, experience, and imagination: towards a geographical epistemology [J]. Annals of the Association of American Geographers, 51 (3): 241-260.

Martin D M. 2017. Ecological restoration should be redefined for the twenty-first century [J]. Restoration Ecology, 25 (5): 668-673.

McHarg I L. 1969. Design with nature [M]. New York: Doubleday, Garden City.

Naveh Z, Lieberman A S. 1984. Landscape ecology: theory and application [M]. New York: Springer-Verlag.

Neuman M. 2000. Regional design: recovering a great landscape architecture and urban planning tradition [J]. Landscape and Urban Planning (314): 115-128.

Nijhuis S. 2013. New tools: digital media in landscape architecture [G] //Vlug J. et al. The Need for Design Exploring Dutch Landscape Architecture. Velp: Van Hall Larenstein: 86-97.

Nijhuis S. 2019. Cultivating regions through design [J]. Atlantis, 29 (3): 43-46.

Nijhuis S, Jauslin D. 2015 . Urban landscape infrastructures: designing operative landscape structures for the built environment [J]. Research in Urbanism Series (1): 13-34.

Osborne S, Strokosch K. 2013. The co-production of public services: integration the services management and public administration perspectives [J]. British Journal of Management, 24 (S1): S31-S47.

Osborne S, Radnor Z, Vidal I, et al. 2015. The service framework. towards sustainable public service organisations in the 21st century [J]. British Journal of Management, 26: 424-438.

Parker Gavin, Doak Joe. 2012. Key concepts in planning [M]. London: SAGE Publications Ltd.

Relph E. 1976. Place and placelessness [M]. London: Pion.

Risser P G, Karr J R, Forman R T T. 1984. Landscape ecology: directions and approaches. a workshop held at Allerton Park [M]. Piatt: County Illinois: 16.

Rosaldo R. 1989. Culture and truth: the remaking of social analysis [M]. Boston: Boston Beacon.

Schwarzer M. 1998. The ghost wards: the flight of capital from history [M]. New York: Thresholds.

Schweizer Albert. 1990. Out of my life and thought (1933) [M]. New York: Holt.

Seamon D. 1979. A geography of the lifeworld: movement, rest, and encounter [M]. London: Croom Helm.

Sedon G. 1986. Landscape planning: a conceptual perspective [J]. Landscape and Urban Planning (13): 347-355.

Sen Parongama, Dasgupta Subinay, Chatierjee Arnab, et al. 2003. Small world properties of the Indian railway network [J]. Physical Review E. (67): 036106.

Seo S C, Park S J, Park C W, et al. 2015. Clinical and immunological effects of a forest trip in children with asthma and atopic dermatitis [J]. Iranian Journal of Allergy, Asthma, and Immunology (1): 28-36.

Simonds J O. 1961. Landscape architecture: the shaping of man's natural environment [M]. New York, Toronto, London: Mcgraw-Hill Book Company, Inc.

Smith G. 2018. Good governance and the role of the public in Scotland's marine spatial planning system [J]. Marine Policy (94): 1-9.

Steinitz C. 2008. On scale and complexity and the need for spatial analysis [C] // Santa Barbara: Specialist Meeting on Spatial Concepts in GIS and Design.

Stoker G. 1998. Governance as theory: five propositions [J]. International Social Science Journal (155): 17-28.

Tuan Y F. 1977. Space and place: the perspective of experience [M]. Minneapolis: University of Minneapolis Press: 150-162.

Turner M G. 1989. Landscape ecology: the effect of pattern on process [J]. Annual Review of Ecology and Systematics (20): 171-197.

Watts Duncan J. 1999. Networks, dynamics, and the small-world phenomenon [J]. American Journal of Sociology, 105 (2): 493-527.

Whatmore S. 2006. Materialist returns: practising cultural geography in and for a more-than-human world [J]. Cultural Geographies, 13 (4): 600-609.

第三章 国土空间设计：创意与方法

第一节 国土空间设计的创意开发

一、国土空间设计的创意内涵

（一）国土空间设计创意的基本概念

创意思维，是国土空间设计最重要的思维方式；创意成果，是国土空间设计最珍贵的文化遗产。所谓创意（Creativity），可被理解为创意意识或创新意识的简称。国土空间设计的创意，是指对现实国土空间存在条件、结构和功能的理解及认识，通过创新思维意识，延伸出一种新的抽象思维和行为潜能，从而进一步挖掘和激发国土空间资源组合方式，进而提升国土空间复合功能和价值潜力的方法。国土空间设计的创意方法，是一门打破常规的哲学，它追求创新、创作和创造新的意识、观念、智慧、思维和产品，本质上是追求有创造性的想法和构思。例如，上海虹口区 1933 老场坊的改造，就充满了国土空间设计的创意过程。该老场坊是 1933 年由上海工部局出资兴建的宰牲场，后来由于历史的原因变成一个废旧的工业老厂房。在城市更新和旧城改造的进程中，上海创意产业投资有限公司从“艺术觉醒”的时代立意出发，通过取向、立意、赋形等设计过程，将一个废旧屠宰场改造成一个成功的国际顶级品牌特色时尚基地，取得了很大成功，其核心的密钥就是创意。再例如，西安“唐皇城”的改造复兴，不是被动“复古”，而是通过创意设计，实现对传统的创造性转化。它一方面忠于历史，以“唐”为其时间坐标、以老城作为其空间坐标，寻找周、秦、汉、唐以来的历史印记和文化遗存，认真加以挖掘、整理及保护；一方面以“唐文化”为切入点，弘扬优秀传统文化，打造一个涵盖西安各历史时期的、完整的文化板块，使城市更富人文精神、更具文化魅力，以构建具有东方文化神韵的城市，并以文化带动经济，增强城市整体竞争实力，凸现古都风貌的大气派，建构重返世界中心地位的发展蓝图（李先逵等，2018）。

需要指出的是，创意必须要遵循一个原则，就是要引导人们走向真、善、美的世界。它是应当不断修正人性对真、善、美的偏离，引导人们在生活情境中实现知善、改善与完善，在知行统一中创造社会生活的真、善、美，而不是相反。

（二）国土空间设计创意的核心要义

从词源学的角度考察，“设”意味着“创造”，“计”意味着“安排”。英文 Design 的基本含义是“图样”“构思”“谋划”等。因此设计的基本概念是“人为了实现意图的创造性活动”，它有两个基本要义：一是人的目的性；二是活动的创造性。国土空间设计创意的核心要义也主要是围绕这两个方面展开的，简要阐述如下：

1）设计创意的出发点和落脚点都是人的需要。设计活动总是在某些特定的条件下进行的，如基于某一时代、某一地域、某一技术支持、某一思想观念等，因而设计活动往往表现为一种适应外部条件而采取的有限选择。同时，设计活动也是带有目的性的活动，任何设计决策都是满足某个特定的目的的，如满足需求、提供便捷、彰显理念、改善功能、提高品质、强化特色等。特别是在市场结构条件下，交换价值和工具理性盛行。建立在市场机制基础之上的国土空间结构功能，在“功利主义”的驱动下，会逐渐背离国土空间开发利用的初衷，自利个体与公共福利契合的社会逻辑原点不断遭到蚕食，“蜜蜂的寓言”在这里也逐渐失去了其适切性。由此，国土空间设计不能仅仅追求经济的繁荣和GDP的增长，而更重要的是在财富增长和人类福祉之间搭起一座桥梁，将出发点和落脚点都落在人类存在的回归上。所有的国土空间设计产品，都是为了更好地满足人类日益增长的物质和文化需要，是为了人类生活得更美好，是为了人类更可持续发展。简而言之，国土空间设计应该回到人的基本需求上来。如果你在沿江投入很大的财力去进行公园设计建设，但可能因为风太大，又远离居住区，去的人很少，还不如在大型社区周边建小一点的公园，老百姓会更满意。感受经济学（The Feeling Demanding Economy），是研究消费者感受的性质、功能与规律从而促进经济发展的一门边缘交叉微观经济学。感受经济学有许多条定律，其中最主要的是感受优先定律。国土空间设计的指导思想上，要以多数人的感受优先，以大众的感受优先。不要以GDP优先、以“引资”优先、以官员的政绩优先。国土空间是人的空间，国土空间设计要为人类社会追求自由和幸福感受，创造最基本的魅力空间。它是创造生活美学，而不是创造艺术哲学。

2）设计创意是技术与艺术的高度契合凝聚体。国土空间设计的创意，是其灵魂和持续生命力所在。它是对一般意义上国土空间设计指引的突破，是破旧立新的创造与迭代的循环。设计创意要由无形的概念转化为有形的物质或信息产品，只有有形的、可被体验的成果才能被认同，从而满足人的需求。物质的实现是由技术决定的，这就不得不谈到创意背后的技术支持。例如，正是透视学的发展才成就了文艺复兴，正是发明了电梯才使高楼大厦成为可能。也就是说，国土空间设计的创意不仅要是具有启发性和引导性的想法，还应是具有特质性和针对性的解决方案。因此，对于国土空间设计而言，必须要把创意融入国土空间系统中去，并有效融合艺术与技术，才是有意义的创意设计。不能为创意而创意，为创造而创造，为创新而创新。所有的设计创意，都必须高度契合国土空间的在地情境、深层结构、内在规律和演化趋势。国土空间设计创意的本意在于更好地解决国土空间与人、国土空间与自然环境的矛盾。不断地去考虑如何调整国土空间开发利用矛盾之间的关系，如何去寻找国土空间开发利用矛盾的解决方案，是国土空间设计的时代责任。国土空间设计要把结构上的求异求美冲动，转化为对国土空间内涵与品格的提升；要把形式上的修辞冲动，转化为国土空间的文化建设和生态修复上来，使国土空间的美变成一种有深度的美，真正惠及大众的美。只有将创意设计与国土空间规划法定体系的多层次、多向度和多方式的结合与融贯，才能不断丰富国土空间设计的创意理论并在解决现实的问题中有更多贡献。

二、国土空间设计的创意逻辑

（一）国土空间设计的创意思维

人类从原始的洞穴到当代的高楼，国土空间经历了多次的迭代升级。国土空间设计是创新与人文、创造与技术的结合体，是推进国土空间进化的力量之一，也凸显出国土空间设计创新思维的重要性和出色表现。然而创意并不是那些天才怪胎的专属品，也不是灵感一现的产物。其实，创意是每个人与生俱来难以置信的创意力，是人类发展和适应环境的产物。它来自人的内心，而且创意是可以学习和培育的。英国创意产业之父约翰·霍金斯（John Howkins）曾经指出："创意从无聊中来。循规蹈矩的重复记忆，让人们觉得枯燥乏味；为了让生活变得有趣，我们产生了想象。创意的关键就在于抓住想象，让它逻辑化。现实与想象找到结合点，创意就产生了。"赖声川在其《赖声川的创意学》一书中也探讨了创意的来源：创意的原始材料来自人的内心，而外界的刺激是激发内心的催化剂。一个人的创意能力高低与他对自己内心的认知程度有关系，并且与个人的生活经历、情感、性格等因素有关。设计师经常被要求去用心体味生活，感受周遭的人和物，其实就是在做创意的训练——积累创意的原始材料（张晨，2008）。国土空间设计的创意思维，源于对国土空间复杂性、整体性、约束性、关联性、开放性和动态性的持久观察、分析和嵌入式体验，源于对人的动物性需求和社会性需求的长期观察、特殊认知点和功能认知点的把握。其基本逻辑执行的顺序是，首先需要对人类需求和国土空间功能进行细微调查评价和识别，然后开发出新的物态组合同时建构新的文态进行融合，再推断其效用、美学价值和其他的社会参数（图 3-1）。事实上，在国土空间设计创意中所有重大的价值、创造、惊奇、特色、个性和创新是创造国土空间里所有结构功能整合体的一部分，必须详细分析各类空间要素的类比、优化、替换、还原、互补、增减和属性依赖关系，在整体中通过阶跃函数创造出新的模式和产品。它需要选取与国土空间密切相关的自然环境、人文信息及当地风土人情的关键词，从中确定国土空间设计创意的基本思路。要充分考虑国土空间设计创意中无法实现的元素，在尽可能保留国土空间结构功能完整性的情况下，改变其中不可实现的要素，最终转化为功能创新并可实现的国土空间实体。

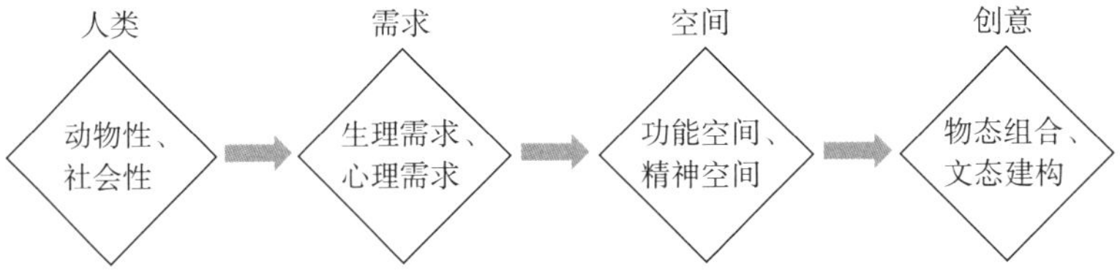

图 3-1　国土空间设计创意思维过程示意图

（二）国土空间设计的概念开发

概念开发是系统工程中的一个关键概念。何谓概念开发，诸葛亮草船借箭的典故是最好的阐述。该典故的梗概如下：借箭由周瑜故意提出，限十天造十万支箭，机智的诸葛亮一眼识破是一条害人之计。按照一般的思维，需要箭就要“造”，要造箭就要准备材料、聘请造箭师、盖厂房，这无疑不能在十天内实现。诸葛亮将“造”改成“借”，趁大雾垂江的天气，调了几条草船诱敌，一夜之间就借到了十万余支箭。这在系统工程上就称之为“概念开发”，对于国土空间设计的创意开发具有至关的重要性。概念开发以建构主义哲学为指导，是一种有序的、有组织的、有目标的创造活动。其本质在于通过主动设计研发国土空间创新概念，构设未来国土空间发展图景，从而引导和管控国土空间开发保护实践。在人们对美好生活有不断新向往的时代，国土空间设计的概念开发具有以下鲜明的特点：

1）首创性。首创性是指开发出的概念具有非模仿性和差异性，从形式和内容上都排斥业已存在的概念。它是从新的角度和用新的方法来考察未来国土空间开发保护的情境，“新”是其本质要求。如果没有首创性，只是人云亦云，那么概念开发也就无从谈起。如果将原来概念“旧貌换新颜”或将“舶来品”包装后作为概念开发成果，那可能只是一种概念炒作，在实践中并无用处。例如，2014 年在杭州云栖大会上提出的“特色小镇”概念，从概念开发角度看具有首创性。但如果借用特色小镇的概念进行房地产开发，那就只是一种概念炒作，不仅无用而且有害。杭州云谷特色小镇，企业主体提出了打造云计算产业大生态圈的概念，规划在 5 平方千米的空间范围内，未来将集聚 5 万的核心产业人口和 3 万左右的大生态圈产业人口。从概念开发的角度看，打造云计算产业大生态圈具有首创性。但是，不同创业者需要怎样的创业空间，是吸纳大企业，还是小微企业，或是在同一个空间内并存，需要在国土空间单元设计中不断深化和创新，否则在实践中也并无用处。

2）抽象性。抽象性是指国土空间设计概念通过对国土空间复杂现象提炼和概括，用简洁的文字和图示表达或引导某种设计理念或思想。首先，从概念开发的过程来看，国土空间设计概念作为主客体相符合的认知产物，是人们在实践基础上对国土空间设计及其规律的反映。这种反映，离不开人们的思维对感性材料所进行的科学抽象。只有通过科学的抽象，才能使人们对国土空间设计的认识从个别上升到一般，从感性上升到理性，从简单规定上升到思维具体，才能更好地反映国土空间设计的本质。其次，从概念的存在形态来看，从形式到内容，国土空间设计概念都是以抽象的形态存在，这种抽象的形态虽然可以通过书面或口头的形式把它描述出来，被人们认识、学习、把握和运用，但它的确是摸不着、看不见的表达，不能被人的感官直接感知。它只能存在于人的头脑之中，只能被人的理性思维所把握（徐国强，2013）。例如，景观具有各种各样复杂的不规则形状，将之抽象成“圆形”，并进一步抽象成“心镜圆”，用于表达象征性和神秘性，激发庄严、崇高的景观气氛，就是一种国土空间设计的抽象性。

3）共生性。国土空间是自然和人工共同作用的产物，其赖以生存发展的自然环境是由岩石圈、生物圈、大气圈、水圈和土地圈 5 层相互依存的巨系统，即地球生态系统。但是作为地球的表层，它不仅与深层岩石圈、上层大气圈紧密相连，而且与外部天文宇宙系统紧密相连。自然系统内部及其外部环境的任何变化，一旦超过特定阈值，将对人类造成严重损害。国土空间设计的概念开发，必须敬畏自然、尊重自然、顺应自然、保护自然，不能挑战其他物种的生存空间，不能破坏自然界的生态平衡。对地形的因借，不破坏地貌、与地貌共生才是真正虔诚于土地的神秘性，因借地形才谈得上融入环境并与自然共生。从聚居自然环境的江河溪流、山谷平原、花草树木、鸟虫禽兽等自然存在物，到人工环境建（构）筑物、路桥舟车、园林绿地、亭台楼阁、街道家具、小品雕塑等人工器物，都要体现与自然共生，形成与自然同心同构的关系。2019 年，中国有 305 个地级市、384 个县级市，合计 689 个城市。如果从南到北、从东到西浏览这些城市，无论是炎热地区还是寒冷地区的城市，无论是大城市还是中小城市，也无论是新城建设还是旧城改造，你都会发现形式、风格、色彩、标识十分雷同的建筑物，以及同样单调、呆板和兵营般排列组合的居住区和住宅小区，这就完全没有体现与自然共生，因为各地的自然都是各不相同的，应该有不同的国土空间设计概念开发。

4）实践性。在国土空间设计中，具体的问题抽象化（Abstraction），抽象的概念具体化（Concretization），是一个相辅相成的分析化过程。国土空间设计的概念开发，具有很强的实践性。也就是说，国土空间设计概念所传达的信息是既抽象又具体的，它本质上是一个从一般到特殊的设计引导过程，是对应于逻辑学中的演绎结果。一方面，其抽象性在于对概念内涵的包容性，为后续概念的深化与落实减少不必要的限制。国土空间设计的设计策划延续了以城市设计、乡村设计、区域设计等设计的“二次订单设计（Second-Order Design）”（George，1997）特点，即国土空间设计师并非像建筑师、景观建筑师那样直接给出针对具体对象的设计方案，而是通过设计影响空间形态的一系列决策，使下一层次的设计者们在这一决策环境规则的指导下做专业化的具体设计。另一方面，其具体性在于对概念信息的准确性，能够表达可解读、可深化、可操作的设计方向，并有效引导后续的设计朝这个方向努力，从而不至于因为概念过于宽泛而导致“什么都能套用”的情况。例如，不少国土空间设计师都会追求设计解救现代人精神枷锁的景观，追寻精神上的自由解放，开发出理想主义的概念，从长远看是很完美的，但如果缺乏实践性，也都会“乌托邦”。例如，19 世纪末英国人埃比尼泽·霍华德提出的“田园城市”理念，就是乌托邦主义的产物。在《明日的田园城市》一书中，霍华德从关心人民利益出发，系统分析了城市和乡村各自的优缺点，提出应建设一种兼有城市和乡村优点而又摒弃二者缺点的理想社会城市，称为“田园城市”；具体又分为单个“田园城市”的结构和“田园城市”的群体组合两个层次，并对建设“田园城市”的资金来源、土地规划、城市收支、经营管理等问题提出了建议。霍华德于 1904 年和 1920 年先后在伦敦周边购置土地，建立了莱契沃斯（Letchworth）和韦林（Welwyn）两座“田园城市”，力图将“田园城市”思想付诸实践。继霍华德之后又一位理想主义规划设计大师是勒·柯布西耶，其主要观点见于《明日的城市》（1922）和《阳光城》（1933）。柯布西耶认为，从中古时期发展起来的城市，包括巴黎在内，已不能适应现代社会经济发展的需要，必须彻底改造。根据对巴黎城市发展历史和现状的调查研究，他提出一个 300 万人口的“现代城市”设想方案，宣称要将传统的密集街道统统清除，代之以开敞式的“阳光城市”。具体改造原则是：城市按功能分成工业区、居住区、行政办公区和中心商业区等；城市中心地区向高空发展，建造摩天楼以降低城市的建筑密度；建筑物用地面积应该只占城市用地的 5%，其余 95% 均为开阔地，布置公园和运动场，使开阔绿地围绕建筑物四周；城市道路系统根据运输功能和车行速度分类设计，以适应各种交通的需要；采用规整的棋盘式道路网，采用高架、地下等多层的交通系统，以获得较高运输效率；各种工程管线布置在多层道路内部。“田园城市”“明日城市”都是很好的概念开发，从长远来看是完美的，对现代国土空间规划设计理论的形成和发展也产生了深远影响。但是，由于“田园城市”“明日城市”过于理想主义，过于深信城市物质空间的重构能够医治城市社会问题，与社会的种种制度相背离，在实践中就没有取得预期的成效，由此也被冠以“乌托邦”。

《红楼梦》是中国古典文学的巅峰，也是中国文人说不完的话题。它与敦煌学、甲骨文并称中国三大显学。正所谓：开谈不说《红楼梦》，读尽诗书是枉然。为什么《红楼梦》能取得如此之成功，核心是《红楼梦》的笔法结构与众不同，简单来说就是有重大的概念开发。《红楼梦》的概念开发技巧是什么，按照格式塔心理学的理论，就是充分运用了异质同构的原理和方法。所谓异质同构，就是找到两种不同物质的共通点进行融合从而找到另一种全新的能够表达情感的共同体。古希腊哲学家毕达哥拉斯曾说过：“美的线条和其他一切美的形体都必须有对称的形式。”在文学创作中，“对称法”始终是最主要的笔法结构。《红楼梦》也充分运用了“对称法”，但进行了一系列创新突破：一是突破了一般传统理解的对称义，以“真、假”“盛、衰”“喜、忧”“聚、散”“悲、欢”“离、合”构成对称双方的形式反差和内在并立。例如，前半部中王熙凤何等威行令施、力拔山河，而后半部却力不从心、捉襟见肘等。二是突破了对对称的简单化理解，将对称建构成一个网络化、多层次的多元复合体。例如第十九回中林黛玉与贾宝玉、花袭人与贾宝玉、慧紫鹃与贾宝玉、薛宝钗与贾宝玉等，在大对称中包含小对称，此对称中又影射着彼对称。三是将对称建构成双方因相互依存而不可割裂并突显新意的整体。例如，来自地道农村的刘姥姥，与贾府的少爷、贵妇、千金、丫鬟等构成鲜明的对比，这是一个不可分割的整体；再例如前半部分贾府的鲜花似锦，与后半部分的妻离子散、人财两空，人们感受到了最真实的生命和最永恒的真理（郑铁生，1999）。国土设计的概念开发，应当学习、感知、感悟、引申、借鉴《红楼梦》的创新技巧，打造国土空间设计的区域独特样式和功能结构。国土空间设计是一个由相关知识、能力和物质手段构成的动态系统。应当将国土空间设计建构成一个网络化、多层次的多元复合体系，从认知系统、功能定位到技术范式，充分运用同质异构推进创新发展。国土空间设计时要像曹雪芹那样“另辟蹊径”——概念开发，才能实现国土空间设计的目标、功能、任务和责任。

第二节　国土空间设计的系统谋划

一、国土空间设计的整体谋划

（一）国土空间设计整体谋划的概念

国土空间设计重要任务，是解决国土空间整体和内部各组成部分在空间地域上更优更美的分布状态。所谓国土空间设计的整体性谋划，就是以系统理论为指引，在分析研究国土空间系统一般模式、结构和规律的基础上，始终立足于整体，通过部分之间、整体与部分之间、系统与环境之间的相互作用和相互联系的分析研究，来达到对国土空间设计对象整体形态、整体体验、整体意境、整体治理的总体把握。国土空间是一个非线性系统，整体不等于部分之和。设计一个结构健康和环境优美的非线性系统，整体大于部分之和。整体性谋划公理的准则，是基于正常的、不存在结构性弊病的非线性系统的协同分析。整体是构成一个事物的相关局部的总和，但不能误解为独立的、自我的、先验的局部之和。其中误解的重要原因就在于现有的认知逻辑基本上是线性逻辑，如演绎逻辑和归纳逻辑等，比如认为先有局部再有整体，但从全息方法论看，局部是整体的局部，脱离了整体就不是这个局部，整体和局部之间本质上是一种彼此确认的同时性逻辑。不能简单地把“整体”理解为“全部”，因为对“全部”的意识，本质上是一种整体割裂后的拼贴。这种拼贴违背了整体性内部基于特定关联关系相依相生、共同导向同时又受制于总和功能的属性，也就是违背了“整体关系链”逻辑。例如，把不同美女的五官和肢体拼贴在一起，并不能生成更有魅力的生命。“机器运行”“时钟运转”和“自然界运动”也都是同样的逻辑。例如，健康的流域应具有格局完整性、过程连续性和功能匹配性，上游的“供体”与下游的“受体”是一个系统整体。长江流域 1998 年的特大洪水灾害，其重要原因就是上游过度放牧、陡坡地开垦、森林植被砍伐和湖泊湿地围垦等不合理的人类活动，从而导致流域内生态格局的完整性被破坏。再例如，东北、华北、西北，特别是西北地区，地下水的水文地质过程是一个连续的整体。如果局部地区利用咸水资源开发盐碱地，咸水资源被利用完后，更大区域土壤会更加盐渍化甚至变成盐漠，这会在短时间内造成极大的生态灾难。通过开采地下水种植水稻来改良利用盐碱地的情况也相似，改良了流域内某一片区盐碱地却引发了另一片区的土地盐渍化。还例如，在加快局部工业化和城市化进程的同时，却导致了全国性日益严重的资源与能源环境压力。

国土空间是一个复杂巨系统，具有整体性和时空性等特征，国土空间单元和国土空间要素间存在相互联系和相互作用的关系。国土不仅仅是一个物质空间，还是有历史、有时间、有文化的生命共同体。国土空间的不同结构、纹理和形态，构成了各种丰富多彩的景观。丰饶的国土空间自然景观，为人类提供了丰富的风景资源和美学感知及意向。当你体验生动的国土大地，能感悟到它本身就是一个真理。如果国土空间设计缺乏整体谋划这一环节，很容易陷入就地块论地块、就单元论单元、就要素论要素，导致设计成为“坐井观天”或“盲人摸象”。例如，意大利的威尼斯、葡萄牙的里斯本、澳大利亚的悉尼和布里斯班、新西兰的奥克兰、中国的香港，与海洋和海岸带整体共生，创造了魅力无比的滨海城市。广州、上海、天津、深圳也临近海岸线，但没有很好地与海洋和海岸带的整体文明共生，结果就像内陆城市搬到了近海，海洋和海岸带的魅力和风光所剩无几。巴黎城市用对历史原真性的保卫，包括对咖啡馆情景的维护，着力与复杂多样的整体历史文脉共生，让来自世界各地的人们寻找到失落的心灵信仰。但如果你浏览中国东西南北中分布的 600 多个设市城市，你很快就会发现，不少城市有着相似的街道，有着形式、风格、色彩都十分雷同的建筑，有着兵营一般排列组合的居住区。就连“山水甲天下”的桂林，在象鼻山、叠彩山、伏波山之间，也已经盖起了大量的楼房，欲与“三山”试比高，完全与区域的国土空间整体性设计准则相违背，成为当代城市设计的败笔。究其原因，从根本上看就是缺乏系统的国土空间设计整体谋划，没有充分考虑与当地自然和人文环境的有机整合与共生。

（二）国土空间设计整体谋划的要素

国土空间设计整体谋划的一个基本原则是，每一个要素都要与其他的任何一个要素相关联，并形成系统性的设计效果。例如，当设计与人类的利益产生联系时，最小的生态系统单元必须是整个流域盆地，而不仅仅是水体。应用于实际空间治理之中的生态系统设计单元必须至少20倍陆地流域范围内的每平方米或每英亩[1]的水体面积（Odum，1971）。因此，国土空间设计的整体谋划，需要对国土空间的构成要素进行全面的调查、评价和设计分析。

1）国土空间地理环境要素。国土空间地理环境要素，主要由地质、地貌、水文、气候、动植物、土地等6项基本要素相互交叉组合而成，它们从诸多方面以不同程度、不同范围、不同方式对国土空间设计产生影响。例如，地形影响国土空间设计的功能布局、平面布置和空间形态；太阳辐射、温度、湿度与降水影响人居环境及建筑物布置的日照标准、间距、朝向、遮阳设施布置等；地下水补给区、固结和未固结含水层的位置及出水量、水量和水质、地下水位和承压供给水、季节性高水位、不同地质单元的水文特征、渗透率、分水岭和汇水盆地、河流、湖泊、河口、海岸线和湿地、洪水威胁区、水物理化学特征、水的细菌特征、淡水或海洋的动植物群落、水体的富营养化等水文学参量，都会影响国土空间形态、体验、意象和政策的设计。由于国土空间所处地理位置及地域状况的差异，6项地理环境要素对国土空间设计的影响程度各不相同。有些国土空间受气候条件的制约比较突出，有的则受地质条件的影响较为显著。而每一项国土空间地理环境要素对设计的影响又往往存在着有利和不利两方面，有时还有着相互制约或抵消的关系，有时则相互配合加剧了某种作用。例如，同样的洪水级别，在丘陵山区、河谷平原、水网地区、滨海地区的循环路径和影响是很不相同的，对基因多样性、野生动植物栖息地的作用也是不相同的；同样为膨胀土，在干旱地区和非干旱地区对建筑地基的破坏作用也是很不相同的。

2）国土空间社会经济要素。国土空间社会经济要素主要包括：一是影响社会活动和社会组织空间分异的要素，例如社会需求、劳动力、人口结构、邻里和社区的空间存在状态和区域分布等；二是影响构成社会结构经济关系和生产方式存在形式及生产力和生产关系的空间要素，例如经济总量、经济结构、经济增长潜力、工业化水平、经济发展阶段等；三是社会的技术进步及其适用性。在一定程度上可以认为，利用各种技术手段创造出更加舒适的人居环境是国土空间设计的起点。传统技术强调地方性和传统性，更能体现与自然结合。例如，埃及的乡村通过传统的水冷却与净化系统来冷藏果汁和其他易腐败的食物；巴基斯坦西部一些地区的居民充分利用沙洲区所形成的天然空调系统，在屋顶设置风斗将主导风引入室内；伊朗人则将一些村庄组织在水流的周围，并使溪流流经房屋和内院，通过水汽蒸发降低温度并提高空间湿度；在非洲地中海沿岸的城市，其街道大都与海岸垂直，以引导海风进入市区；在炎热的地中海地区的城镇建筑形式，经常以庭院住宅为基础密集布局，道路狭窄以增强遮阴效果；而在一些严寒地区，传统的圆顶小屋具有最大

[1] 1英亩=4046.856平方米。

的容量和最小的热损耗表面积，在最艰难的状况下创造出更适宜居住的环境。现代技术包括新材料、新装备、新工艺及信息、环境、能源等领域的高技术等，更能突出高效、低耗，高技术、低污染，高附加值、低运行成本，创造贴近自然、环境友善、舒适健康的人居环境（徐小东等，2018）。可见，社会经济要素能极大地改变国土空间设计谋划的方向、路径和模式，但在传统的空间设计谋划中较少考量，应该引起高度重视。

3）国土空间人文历史要素。聚居生活是一种求好的精神，是在一个有限的条件下寻求最好的风格与方式。无何有之乡，心安即是归处。无何有之乡，就是强调把物从心物对立的领域中拯救出来，达到心物一体和天人合一的精神境界。中国的陶渊明与美国的梭罗、中国的庄子与德国的海德格尔、英国的罗素和美国的马斯洛，无论他们在时间上相差多长，在空间上相差多远，他们都在追求共同的精神家园。这种精神家园，已经不是可以用感觉和计算性的思维去感知和认识的具有大小、多少、长短、高矮等性质的对象性事物，而是一种原初的澄明世界和具有人文历史深耕沃土的精神归宿。满足人类精神属性的需要，营建更具有深厚人文历史的心灵空间，是国土空间设计的根本目的之一。社会的知识结构、意识形态、价值观念、社会心理、乡风民俗、行为方式、宗族制度、民族文化、宗教文化、历史记忆、历史沿革、文物古迹、地域特色、耕读文明等，都会对国土空间形态布局、建筑朝向、外部空间组织、广场布置、道路定线与建筑定位等产生深刻影响，进而影响区域意象、意境和精神空间的塑造。

4）国土空间土地利用要素。土地利用是国土空间设计关注的最基本问题之一。土地决定了国土空间物质形态环境的二度基面，其利用方式和功能布局直接影响国土空间开发强度和交通流线组织，进而影响国土空间的利用效率、生态功能和环境质量，是国土空间物质形态设计的关键要素。土地利用是自然环境、社会经济和人文历史综合作用的结果，它不仅涉及土地的自然组成、结构和功能演化过程，也涉及经济、技术和人类活动的影响，而且与人口增长、资源短缺、环境变化和区域发展（Population Resources Environment Development，PRED），并置于自然、社会、经济、生态、文化、政策、技术相互交织的多重界面之上。在人多地少的国情背景下，国土空间设计应进行经济学和社会学的分析，达成土地的最高最佳利用，尽量避免和最大限度地减少土地在时间和空间上的使用低效。道路设计应该追求与产业和空间的耦合，探索多功能使用的可能，如用作游憩场地、开发利用屋顶、改造利用废弃建筑等。对用地要进行地上、地下和地面的综合开发，以综合体和复合利用的方式来提高土地使用的效率。例如，日本东京市的东京、新宿、涩谷、池袋车站就都是超大规模和尺度的建筑综合体；北京通州碧水再生水厂升级改造项目采用创新的下沉式再生水系统，污水处理全部转为地下，由于不同功能层空间叠加在一起较原项目节约土地约2/3，地上建设活水生态公园，大幅改善周边水生态环境，提高土地价值；浙江余杭临平净水厂采用“全地埋+湿地公园”的建设模式，污水处理过程全部在地下进行，噪声、除臭等外部效应得到有效控制，地面部分建设水文化主题湿地公园，厂区绿化率达80%以上。所有的这些设计，都是土地复合利用和立体开发的优秀案例。

5）国土空间建设条件要素。国土空间建设条件是一个更为综合的要素，它与自然条件不同，主要侧重于各种对国土空间建设与使用可能造成影响的人为因素和各类设施条件。国土空间建设，不仅要有适宜的自然条件，国土空间所载负的种种人工施加条件的良好配合也至关重要。它所涉及的范围包括以下3个层次：①建设空间与区域的关系，包括在区域中的位置、同类设施与相关设施分布、区域交通设施与交通流向、区域基础设施条件与环境状况等。②建设空间与周围环境的关系，包括与直接影响的地域之间的联系，建设场地内部与外部环境的和谐性，如周围土地使用状况、邻近建筑空间、道路分布、公共服务设施、管线系统与容量、环境保护等。③建设空间内部建设及现状条件，包括现存建筑物与构筑物的状况及可利用价值、绿化分布、场地平整、景观特征，以及供水系统、污水处理系统、雨水污水排放系统及排放地点、固体垃圾处理场等。建设条件对国土空间设计的影响，常因建设项目的性质与建设场地自身特点的差异，而有不同的内容组成和影响方式。例如，对居住建筑项目而言，周围公共服务设施的分布及场地内现存绿化、道路、环境状况等的影响更为重要；而商业建筑项目更侧重于场地及其周边交通状况、环境空间特征等（姚宏韬，2000）。

6）国土空间公共限制要素。为协调国土空间开发与保护的矛盾，保障国土空间整体运行的综合效益，也为保障国土空间开发利用降低其负外部性并实现与自然共生，国土空间设计必须遵守一定的公共限制。这些公共限制主要来自：①主体功能区，生态保护红线、永久基本农田保护红线、城市开发边界，地理标志农产品分布范围，战略性矿产资源分布范围，蓄滞洪区，滨海防患区，重要水源保护区，地质灾害高危险区，自然与遗产保护区，以及城市区域范围内的城市红线、城市绿线、城市蓝线、城市紫线和城市黄线等。②国土空间用途管制和国土空间生态修复要求。③当地城乡建设管理的有关规定。④与建设直接相关的消防、人防、交通、市政、生态环境等主管部门的要求。⑤国家与地方政府的法律、法规、规范、标准等规定。⑥国土空间规划及与开发建设和使用有关的其他限制。在通常情况下，多数公共限制条件是通过设计中一系列的技术经济指标控制来实现的，例如开发建设边界、用地性质、形态、强度、容量、密度、限高、绿化等多方面指标。

在对以上国土空间设计各要素进行详细调查分析的基础上，充分认识国土空间的运动性及各要素的社会生态位，分析各要素间的关联性，谋划出协调国土空间设计各要素并达到整体功能最大化和整体意象更升华的方案。

1）国土空间设计要素间关联谋划。国土空间是一个包含众多要素且各要素间存在相互关联的巨系统。要认识国土空间的设计特征，必须从单要素分析进入多因素综合分析，明确国土空间设计要素间相互作用和相互联系的机理。在此基础上，进行国土空间设计要素的空间组配，促进国土空间设计要素的协调与共生，进而达到国土空间形态最优、系统功能最大和整体意境最高的目标。同时，基于国土空间设计要素间的关联分析，有助于认清特定国土空间单元和系统的优势与劣势，为突显特定国土空间单元或系统的个性特征提供依据。

2）国土空间设计单元间关系谋划。国土空间具有显著的结构层级性特征，一个特定的国土空间设计单元可以是另一个国土空间设计单元的组成部分，也可以包含若干个次一级的国土空间设计单元。因此，在进行国土空间设计整体谋划时应明确特定国土空间设计单元在不同层级国土空间设计单元中的地位，保证不同层级国土空间设计单元目标的一致性。与此同时，即使是同一层级的国土空间设计单元，它们之间的关系也不是孤立的，还存在差异与联系等各种关系。只有深刻分析国土空间设计单元间的关系，才能明确特定国土空间设计单元的谋划方向与功能意象定位。

3）国土空间设计系统间整体谋划。对国土空间设计这样一个复杂巨系统，必须以系统观开展国土空间设计整体谋划，强调对各要素的合理安排和对各子系统的优化配置，实现各要素和各系统的整合高效有序；强调对系统差异和区域联系的分析，实现不同国土空间系统核心功能和意象的整合发展。

国土空间设计决定了国土空间的综合结构功能和选择国土空间开发保护的方式。国土空间设计不能像股民买股票，应把握好战略定位与总体目标，坚持全域视野、系统思维、整体谋划，着眼于资源利用、要素配置、空间安全、空间功能、人居环境的角度统筹各类空间行为，将目标、动能、形态、方式、格局、体验、意象、权益、网络、治理置于国土时空范畴下进行系统谋划，并对空间规模、空间结构、空间品质、空间流动、空间景观、空间美学及生态、城乡、产业、设施、文化等格局做出系统设计，以推进美丽中国建设和满足人们对美好生活向往的需求。

二、国土空间设计的综合策划

（一）国土空间设计综合策划的概念和意义

"策"，本义指竹制的马鞭（头上有尖刺），引申为驾驭马匹的工具，包括缰绳之类，并进一步引申为策略；"划"，指筹谋、筹划，如出谋划策。在行动之前，根据调查掌握的信息，推测事物发展的趋势，分析需要解决的问题和主客观条件，对指导思想、目标、方针、政策、战略、策略、途径、步骤、人员安排、时空利用、融资路径、方式手法等做出构思，形成系统完整的方案，就是策划（马文军，2005）。国土空间设计综合策划，是指根据国土空间总体规划的目标设定，以国土空间设计整体谋划为指引，通过分析研究，提出国土空间设计的目标、初步方案构想、设计策略、创新行动和实施计划等，是国土空间设计的重要组成部分。它向上与国土空间规划直接发生联系，向下直接影响并作用于国土空间设计内容，与预先设计（Predesign）的阶段较为接近，是指导国土空间设计的前期程序，为国土空间设计提供科学和逻辑的设计依据，同时为国土空间开发保护决策者提供决策基础，做到有"策"可决。事实上，国土空间设计综合策划是在国土空间设计的框架之下所进行的一种合理引导手段，贯穿于国土空间设计全过程之中。它需要综合区位、交通、环境、经济、文化等因素，并在此基础上研究人群需要、功能业态、空间秩序、空间形态、景观格局、交通优化、开发策略、空间意象等，以此指导整个国土空间设计的全过程，是一种多维度的统筹构思、概念开发和实施决策。就概念区分而言，国土空间设计整体谋划，更侧重于对国土空间整体形态和整体意境等内容的总体把握，是带有方向性和结构性的，主要是"出点子"；而国土空间设计综合策划，是要在"出点子"的基础上提出国土空间设计的初步方案构想及实施计划等内容。二者都是国土空间设计的重要前期工作和组成部分，但从国土空间设计整体谋划到国土空间设计综合策划是一个不断递进和深化的过程，也是从思想和思维层面逐渐走向技术和运作层面的过程。简言之，国土空间设计综合策划就是为国土空间设计行动谋划和选择合适的方案。从本质上看，也可以认为国土空间设计是综合策划中的一种安排。

国土空间设计作为一项社会实践活动，具有关联系统复杂、不确定因素多、开发主体多元、实施操作性强等特点。立足宏观发展背景和市场环境，全面分析设计对象面临的主要问题、矛盾和发展潜力，才能更好地把握全局，确立合理的设计目标和结构，减少或避免主观设计与现实发展之间的矛盾，使设计更具有科学性和可实施性。在操作层面上看，国土空间综合设计策划要在设计之前完成方案优化、选择、决策等任务，需要理性和创造性地选择可行的优选计划，能够更好地从政策面、需求面、技术面、艺术面的角度保障国土空间设计顺利落地实施，是设计决策科学化的要求，也是设计专业自身发展的内在逻辑使然。

（二）国土空间设计综合策划的内容和程序

国土空间设计涉及物质形态、景观环境、身心体验、意象意境和空间治理等不同层面及文化、经济、社会、运营等操作层面内容，其综合策划需要将这些内容都转化成可以操作的空间设计策划方案语言。一般而言，国土空间设计综合策划的主要构成内容包括以下几个方面：

1）形态层面。虽然当代国土空间设计策划的内涵已经从过往的物质形态层面拓展到体验、意象、意境、治理等非物质形态层面，但国土空间毕竟是一个自然地理和物质空间的实体，物质形态的策划仍然是最重要的基础和关键内容。广义的物质形态策划通过对自然、生态、经济、社会、文化、政治等自然和非自然属性功能在国土空间开发保护过程中对国土物质空间的作用和影响的历时性研究，对国土空间的使用、尺度、结构、布局、组配、强度、密度、方式、建筑、地块、边界、街区、演进等提出契合设计目标的方案构想和行动路线。其中核心要素是土地使用模式、空间形态结构、生态空间结构、立体界面结构、公共空间体系、开敞空间网络、景观风貌特色、建设强度布局、建筑体量布局、天际线与视廊布局、节点与地标布局等的策划。

2）意象层面。意象层面的策划秉承“以人为本”的核心理念，以人的情感与心理需求为出发点，综合个性化设计策划、感情化设计策划等多种设计策划方法，将感性意象发掘、空间形态重构、设计要素分析、感性意象和设计要素关联、空间意象造型智能设计等结合，着力将人的审美感受、心理反应和情感内容进行物化，成为个人对国土空间持有信仰、观念和印象的总和（Crompton，1979）。地域分异规律和空间等级层次规律必然要对国土空间意象的形成、演化产生重要影响。国土空间设计在意象层面的策划，必须要遵循这两个基本规律，认真研究国土空间的区位、界线、结构、尺度、等级及大小、距离、方向、形状、模式、动态和空间内部要素之间的关系，形成能够感知的具体环境意象，也称为“认知地图（Cognitive Map）”，也就是设法在人的头脑中形成关于认知环境（空间）的“抽象替代物”，又叫“心像地图（Image Map）”（乌铁红等，2012）。

3）体验层面。在以人为本的时代，体验被视为创新模式的核心。它作为一种图景思维、震撼心灵和感动生命的活动，是人类最基本的生存方式之一。国土空间体验的感知创造是当代国土空间设计策划的重要内涵。按照感知理论，人与国土空间关系的核心内容是感知，后者是一个基于体验的过程，是感观对信息的进一步组织、识别和理解。感知不仅是视觉、听觉、触觉、嗅觉、味觉等各种环境因素的简单整合，而且是对丰富国土空间环境信息的全面体验、深入理解和情感输入。国土空间设计在体验层面的策划，就是要设法将人的情感与空间环境、空间产品相结合，使人们与空间产生情感上的共鸣，并且通过国土空间的互动体验设计，更好地满足人们对美好生活向往的生理和心理需求。一方面，互动体验设计是对行为感知的强化。例如，通过对国土空间开发产品形态、颜色、材料、光线、装饰等元素的心理控制策划，就能更好地提高用户的视角感知。另一方面，互动体验设计是充分考虑人的行为与空间尺度的耦合性，是出于人本关怀的设计。有一些设计过分追求好看、好玩，却在实际使用上与人的行为需求不适配，比如因盲目追求宏伟大气而导致尺度过大，缺乏对残疾人的关怀、对老年人或儿童的特殊需求的考虑等，这都是不可取的。事实上，设计策划不纯粹是一种技能，而是对捕捉事物本质感觉能力和洞察能力的创造，其任务是提高信息的品质，增强对用户的感染力量（连欣玥，2020；原研哉，2010），使国土空间成为具有更多自然性、人文性、可赏性、可浸入性、互动性、畅达性的功能和环境协调整体。

4）经济层面。在市场环境条件下，国土空间的行为主体数量不断多样，自主性日益增强，自由度也越趋增加。另外，在一个全球化和逆全球化胶着的时代，国土空间开发建设活动既面临更多的机会，也面对更激烈的竞争与挑战。国土空间设计策划需要主动应对市场变化和消费者行为变迁的需求，努力捕捉更好的发展机遇，规避发展中的风险，创造更好的活力和效益，不断提升国家和区域的竞争力，在竞争中取胜。国土空间设计在经济层面的策划，就是要分析国内外和目标区域的市场环境，依据市场运行规律，认真研究国土空间的资本市场、土地市场、劳动力市场、技术市场等竞分结构，合理策划不同类型的开发保护项目组合，进行投入-产出分析，努力选择在其开发上最为合适的、在经济上最为合算的、在时间上最为合宜的设计模式，创造更好的自然-社会-经济支持系统的外部适宜条件，以提升国土空间的竞争能力、韧性能力、承载能力、生产能力、缓冲能力、稳定能力和调节能力。

5）技术层面。21 世纪是一个多元多种技术交叉、复合和并存的时代，国土空间设计在技术层面的策划必须建立多元的技术观，融合多种技术方法，更合适、更优化、更有效、更快速地设计出更科学的方案。现代高新技术和现代建造技术日新月异，很多复杂技术都可以应用于国土空间设计，诸如大数据、云计算、区块链、3S 技术、新型材料、新型基础设施、绿色技术、装配式建造技术、工程总承包管理技术（EPC）等。但是，国土空间设计技术不存在低级和高级之分。选择何种技术，要由国土空间设计的环境所决定，成熟的传统技术也有很大优势，只有在最有必要的地方才需要使用复杂技术。关注国土空间的可持续发展及其城乡居民的生活质量，是决定技术模式选择的重要准则，而形态、风格和美学等应该是适应于这种技术模式的。应当将传统技术与现代技术、乡土材料与现代材料、传统工艺与新工艺，并且从视角上和经济上将二者结合起来，而且要与国土空间规划要求、基础设施建设能力和城乡居民的需求密切结合起来。例如，由保罗·索勒里设计的美国阿科桑底（Arcosanti）城利用高新技术和传统乡土技术相结合的近似“仿生”的手法，在技术层面上模拟生物在不断完善自身性能与组织的进化过程中所获得的高效低耗、自觉应变、肌体完整的保障系统的内在机理及生态规律，赋予其某些“生物特性”，并使之成为整个自然环境的有机组成，就是传统与现代结合的典范（徐小东等，2018）。

6）运营层面。由于国土空间设计产品需要满足用户的需求，而且在很多场景下还要获得市场的认可，因此需要将运作和运营的理念作为国土空间设计谋划的重要内容贯穿始终。在运营层面，SWOT（Strengths：优势，Weakness：劣势，Opportunities：机会，Threats：威胁）分析是常用的工具之一。这是一种“先有策略构思，再验证其环境前提”的思维模式，能够帮助设计者在探讨背景环境（Context）的问题时，更好地把握问题的答案与各项设计因素的关系。从现代市场营销的角度看，大规模国土空间开发项目的设计策划，不仅需要生产导向、产品导向，更需要营销导向（Marketing Orientation）。营销导向的核心在于科学确定目标市场的需要和欲望，而且能更有效和更有利地提供目标市场所希望满足的设计产品。对于区域和大型项目的国土空间设计策划，可行性分析是不能回避的重要内容。它是通过对国土空间设计主要内容和配套条件，如市场需求、建设规模、技术选择、工艺路线、环境影响、资金筹措、营利能力等，从技术、经济、工程等方面进行调查研究和分析比较，并对国土空间设计项目建成以后可能取得的财务、经济效益及社会环境影响进行预测，从而提出该设计项目是否值得投资和如何进行建设的咨询意见，为设计项目决策提供依据的一种综合性的系统分析方法。可行性分析应具有预见性、公正性、可靠性、科学性的特点，为国土空间设计在运营层面的策划提供科学依据。

从现代意义上讲，国土空间设计综合策划是一个复杂的系统工程，需要融合功能、空间、景观、交通、经济、文化、社会、开发模式等多重因素。同时由于策划以智慧为灵魂，以创新为生命，以应变为策略，所以，原则上并不应该有完全固定的步骤和完全规范的程序及方法。但在一般情景下，根据系统分析的基本步骤，结合雷诚等（2015）、马文军（2005）和庄惟敏等（1992）研究，国土空间设计综合策划大致可以划分为以下几个基本步骤：

1）调研分析。该步骤主要包括以下2项基本内容：①对现状的充分调查和分析，包括外部条件的调查分析和内部条件的调查勘测，找出国土空间设计中关键的问题与契机。具体内容包括收集调查设计区域的背景与现状、特色与优势、问题与短板、上位规划、市场环境、对标案例等相关资料，并通过分析找出关键问题。②对未来需求的调查分析，对设计区域未来可能出现的问题、社会的需求倾向、市场的演化规律和风险等进行分析判断。要坚持“儿子思维”“孙子思维”，调查分析下一代的需求导向和行为轨迹，使国土空间设计谋划更有前瞻性和生命力。在充分调查分析的基础上，建立原始资料数据库，以此为下一个步骤的开展提供科学依据。

2）前期策划。该步骤主要包括以下3项内容：①概念策划。提出国土空间设计的整体策略和设计理念，其关键是要有创意和概念开发，使国土空间设计更有特色并且能更融入地方性。例如，创造别致和可识别的空间特色，培育居民共同的认知感与归属感；建立多样而有效的空间组织，为居民提供一个具有明显向心性和良好可达性的交流场所等。②定位策划。发挥国土空间设计对国土空间规划的逻辑串联作用，明确对应设计区域的整体定位和预期目标。例如，明确与人性价值需要有关的人性目标，与使用、功能、造型、经济、时间等因素相关的效用目标，与管理政策、使用观念、经营策略有关的经营目标等。

定位和目标应是多方面、多层次的，它指明了从各种可能策略中选择最佳方案的原则，只有合理的目标才能引导成功的设计。③结构策划。发挥国土空间设计对国土空间规划的深化落实作用，明确国土空间设计的规模、性质、结构、形式，以及从平面布局和立体空间两个方向明确更具体的用地结构、空间结构、产业结构、自然资源结构、劳动力结构、人口结构、市场结构、功能结构、生态结构、景观结构、形态结构、技术结构等。

3）设计策划。设计策划的核心是如何通过土地利用、空间形态、空间体验、空间形象、空间意境策划将概念设想、目标定位和结构策划的相关内容落实在图形与文本中，使之具体化和具象化。同时，设计策划必须发挥其“二次订单设计”的特点，应配合现有国土空间治理机制、将设计语言转译为管理语言，形成引导性的准则。核心内容主要包括以下3个方面：①空间形态策划。主要是指与空间布局相关的边界、结构、分区、圈层、廊道、网络、组配、单元及其与周边外部环境的关系，以及与空间形态相关的尺度、强度、密度、高度、模式等。②土地利用策划。主要是指用途管控、结构管控、分区管控、控制线管控、边界管控及其与基础设施、重大工程、地上地下空间、产业结构、交通方式等的协同关系。③形象意境策划。主要指形象风貌、重要节点、开放空间、生态廊道、细部要求及路网和建筑物、河流和湿地、山水林田湖草等交汇融合后所产生的意象意境的策划。其中，尤其要重视将社会意识、风土人情、历史变迁、文化遗存等融入国土空间，形成国土空间新的印象地图和心理图式。

4）实施策划。实施策划分为2个方面：①从产业链、供应链、价值链、服务链等角度进行整体的运营策划。②融入法定化管理的运行机制、权责分配、审查制度和工作流程的管理策划。具体的实施策划要遵循可行性原则、创新性原则、价值性原则、前瞻性原则、实效性原则和系统性原则，统筹经济、社会和环境效益，提出运营策略、开发时序、经济估算、动态监控、风险预警、绩效评价等实施要求与建议。

第三节　国土空间设计的基础方法

一、国土空间设计的调查预测方法

（一）国土空间设计调查分析方法

国土空间基础信息与数据调查勘测是国土空间设计的基础性工作。调查分析工作是否扎实、真实和详细，是影响国土空间设计成功与否的关键环节。

无论是从整体上把握国土空间设计策略，还是编制国土空间设计方案，都需要获得尽可能完善的国土空间基础信息资料及其对这些资料的整理和分析。国土空间基础信息资料的来源，一方面，应充分利用各部门、各行业已有的调查成果，但这些以部门和行业应用为目的的调查资料，其调查项目、时限、精度必然参差不齐，如果简单地汇集起来，不可能对国土空间设计形成全局的认识，需要加以综合的处理。另一方面，为了对目标区域的国土空间设计有一个深刻、全面的谋划和评价，还需要对自然、历史、社会、经济、文化等方面做广泛的信息调查研究。按照国土空间设计基础信息的不同类型，其主要调查内容可简要阐述如下：

1）国土空间文字信息调查勘测内容。国土空间文字信息调查主要包括下面几个方面的内容：①调查收集设计区内国土空间的种类、数量、质量、规模、分布、组合、结构数据与信息。②调查收集设计区周边地区及上一级行政区域的国土空间状态特征及开发保护现状数据和信息。③调查收集设计区国土空间开发保护历史与现状资料。④调查收集设计区的经济社会发展状况资料。⑤调查收集设计区国土空间开发保护的科学研究成果档案资料。⑥调查收集国内外国土空间设计比较成功的国家和地区案例、研究成果及经验数据资料。⑦调查收集各类国土空间开发利用保护设计及实施效果、各种国土资源调查评价报告等。⑧调查收集国土空间设计涉及的物质形态、景观环境、身心体验、意象意境和空间治理等不同层面及文化、经济、社会、运营等操作层面的资料。⑨调查收集各类政策法规资料，包括各级权力机构的法令、法规、政策、政府工作报告等。

2）国土空间图像信息调查内容。图像信息主要包括遥感图像（如航空相片）、卫星图片、各种地图及航拍图片、街景图片、现场照片等。彩色航空相片，可用于国家和区域制定综合的国土空间设计方案，还可以用于制定各种专项的国土空间设计方案。地图是国土空间设计方案制定与实施不可缺少的信息支撑，大致可划分为综合地图和专题地图。其中，专题地图是指对特定主题有突出表现的地图，有主要以自然条件为对象的，如水文地质图、地形分类图、植被图、湖沼图等，有主要以人文条件为对象的，如地籍图、行政区划图、道路图、工业分布图等，有与自然、人文相关的，如土地分级图、土地利用图等。上述图像类型多以大地平面为拍摄对象，而航拍图片、街景图片、现场照片等则以3维空间为对象。通过航拍图片，可以直观地观察具体某一片大尺度或中等尺度区域的立体空间形态，包括地形起伏、开敞空间网络、建筑群高度、建成环境密度等。通过街景图片和现场照片，可以反映小尺度区域的空间现状，如风貌特色、建造质量、设计品质、空间活力、日照情况等。但是，由于这些图像信息往往拍摄于某一时间点，涵盖较复杂且片段化、静态化的信息，目前尚无成熟的图像解析技术可以准确地对图像信息进行定量解读或评价，对于这些图像往往开展的是定性调查或个例式的量化评价。

3）国土空间数值信息调查内容。国土空间数值信息有表示位置的坐标资料与特定网格内属性的网格资料。它是将地形、地质、土壤、高程、土地利用现状、流域、铁路与道路、湖泊与海岸线、行政界线及重大工程、公共设施等有关信息，通过网格或坐标的形式，存储于纸、光盘、磁盘等相关媒介中形成的。网格信息，作为表示位置数值化的方法，原则上是采用经纬线将地区分为网格状的“标准区域网格”。标准区域网格，是按大体等形、等积进行划分的。网格的大小，是由区域的特点、研究工作的深度及精度所决定的。坐标信息包括重大工程、公共设施等点状信息，以及海岸线、行政界线、河川、道路等线状信息。

国土空间设计研究的对象极其复杂，与国土空间设计相关的资料是多方面的，既有经济社会文化方面的，又有自然生态方面的。因此，国土空间设计调查的方法是多种多样的，而且涉及各种专业领域，每一个专业领域又都有调查的技术门槛，这里无法进行系统阐述，需要学习和查阅相关领域的专业调查方法。例如，卫星遥感调查方法，具有视点高、视域广、数据采集快和重复、连续观察的特点，获取的资料为数字化，可直接进入用户的计算机图像处理系统，具有传统调查方法无法比拟的优势，在土地、森林、地质矿产、水利等领域调查已经达到比较成熟的阶段。可是，遥感调查方法涉及辐射校正、几何纠正、图像镶嵌、图像增强、投影变换、特征提取等一系列专业技术，需要经过专门的学习训练才能实现。在一般意义上，国土空间设计的调查分析方法可以分为以下 6 种类型：

1）野外调查方法。野外调查方法主要有路线调查法和典型调查法。路线调查主要任务是了解调查地区的自然条件、生态环境状况、主要土地类型及其分布、国土空间布局等。路线选择是否恰当，对调查的质量有直接影响，一般选择路线调查考虑下列原则：考察的路线密度应满足调查和制图的比例尺和任务的要求，并与调查区国土空间设计的复杂程度相适应；在整个调查区，考察路线分布应均匀；考察路线尽可能穿越所有的国土空间设计类型区；考察路线要考虑交通的方便，尽可能离公路或乡间道路不远，以便进行考察。典型调查是按照国土空间设计调查的要求而专门组织的一种非全面调查。从全部调查区域中，选出若干典型单位进行周密系统的调查研究，以典型去代表一般。如在典型用地单位内对土地构成要素的重点考察；对景观类型分布规律的考察等。

2）专家及公众征询方法。即列出调查项目，向专家发出征询表或向公众征求意见，专家或公众凭自己的独立判断进行回答，然后做综合的分析判断。这种方法能够调查收集到公开渠道搜集不到的基础信息，如未来发展趋势、行业格局、竞争格局、地方特色、意识形态、区域文化、传统习俗等。公众征询方法通常有问卷调研、公众意见征集、网络投票、讨论会等。专家征询方法通常包括以下步骤：选择专家—准备问题—访谈沟通—结论整理—费用结算。在实践中，选择实力雄厚的“智库”进行专家意见征询，是十分有效的方式之一。

3）数字测图方法。数字测图是利用全站仪、3 维扫描仪、全景摄像仪等仪器在野外进行各种调查数据的采集，在计算机上通过专门软件对所采集数据进行编辑处理，最后输出成图。其方法减轻了测图人员的劳动强度，保证了图件的绘制精度，提高了绘图效率，使测量成果能够以数字的形式传输、处理和共享。

4）航空遥感方法。航摄像片调绘是在充分研究影像特征（形状、大小、色调、纹理、图型等）与地物、空间构成要素、土地利用等的相互关联或对应关系的基础上进行国土空间类型、国土空间开发保护的判读、调查和绘注等的工作。航片调绘一般包括国土空间类型调查、线状地物调绘及境界和权属界调绘等内容。国土空间设计调查中航片调绘主要包括资料分析、划分航片调绘面积、室内预判、外业调绘和补测、室内转绘和整饰等 5 个阶段。此外，利用航空遥感方法进行国土空间设计调查时也可以采用国土空间的景观特性结合航空影片影像的特征进行综合分析。

5）卫星遥感方法。卫片是通过人造卫星上装载的对地观测遥感仪器对地球陆地表面进行观测所获得的遥感图像。卫片与航片相比具有突出的优点：宏观性强、覆盖面积大；多时相重复，资料更新快，现势性强；以多波段方式观察，可反映地物的光谱特征；以数字方式记录，除制成图像产品外，还可以提供数字产品，便于进行各种专业用途的计算机处理；观测平台高，几何畸变小，在计算机图像几何精度纠正后制作的卫片，一般专业用途可不纠正直接成图；用于国土空间设计详细调查可大大加快调查进度，节省经费等。随着航天遥感发展，多光谱和高分辨率卫片，可以满足大比例尺国土空间设计调查的要求。

6）数据库技术方法。数据库技术方法和数据分析系统是20世纪60年代崛起的新技术。由于它所显示的功能，使这项新技术成为国土空间设计调查分析重要的方法手段之一。国土空间设计数据库及数据分析系统是指存储于电子计算机存储器中的国土空间设计各要素的特性及其分布位置的数字信息集合，以实现国土空间设计数据共享和快速存取、修改和更新。数据库技术能够对庞大的数据信息用科学方法进行系统整理、保存、更新和分析并为社会所共用。国土空间设计数据库及数据分析系统一般由空间数据和非空间数据按一定的组成结构体系所形成的，由数据库管理系统、数据库处理系统和数据分析系统三大部分组成。国土空间设计基础调查信息通过数字化、扫描、转换、录入等方式输入计算机，根据数据结构和数据库的构建方式形成一个设计区完善的数据库，这种数据库在其配套的数据库管理系统、数据库处理系统与数据分析系统的配合支持下，可以根据设计者或用户的需要输出各种符合国土空间设计要求的图像、计算结果、统计表格等。

（二）国土空间设计综合评价方法

在国土空间调查分析的基础上进行综合评价，是国土空间设计必不可少的前期工作，对国土空间设计的方向、结构、质量、环境影响和可持续性都有着深刻的影响，同时也是国土空间设计方案编制的重要依据。一般意义上说，国土空间设计的综合评价主要包括以下7个方面：

1）适宜性评价。国土空间开发保护的适宜性，是指某一特定国土空间对于某一特定开发保护方式的适宜程度（Food and Agriculture Organization of the United Nations，1977）。进行国土空间开发保护适宜性评价是利用地理空间基础数据，在核实与补充调查的基础上确定国土空间的生态功能、建设功能、农业功能和其他功能适宜开发保护、较适宜开发保护、较不适宜开发保护和不适宜开发保护的区域，为国土空间设计提供更详细的依据。主要方法有综合指标评价法、多因子综合评价法、主导因子评价法、最低限制因子评价法、标准值对照评价法和地域比对评价法等6种（刘成武等，1999）。

2）承载力评价。承载力是指有能力而有条件或适于承担、接受某类影响（Barnhart，1953）。适宜性和承载力在很多场景下是两个经常被互换使用的概念，它们都是“总体探讨区域和场所的精神”，是国土空间设计的基础依据。承载力评价是在某一特定的自然和社会经济允许成本的标准上，评价国土空间对于不同开发保护模式的适应能力，以及提供资源、产品、服务和允许资料利用的能力，是环境空间所能容忍的最大限度（Laird et al.，1979；U. S. Congress，1979）。承载力评价包括资源承载能力评价、环境承载能力评价、生态承载能力评价和设施承载能力评价等方面，具体方法又可以分为基于最小限制因子的承载力评价方法、基于多因素综合的承载力评价方法、基于承压状态空间的承载力评价方法、基于相对思维的承载力评价方法和基于生态足迹的承载力评价方法等（吴次芳等，2019）。

3）环境影响评价。它是指对设计项目实施后可能造成的环境影响进行分析、预测和评估，提出预防或者减轻不良环境影响的对策和措施。它包括可能产生的环境污染状况、诱发自然环境灾害的可能性及其危害程度、可能形成的生态经济损失、必须采取的环境保护措施或管理手段等。重点是分析评价设计项目对大气环境、水环境、声环境、土壤环境、景观环境等的影响。

4）社会影响评价。要确定一个设计项目的社会影响，最直接的办法莫过于分析谁从项目的实施中获益，又有谁从中受害，用于谁受益和谁受损的一个工具是矩阵。例如修建一个水库，规划设计者、开发商、下游土地所有者、垂钓爱好者等可能受益，而工程所在地的土地所有者、鱼类、野生动物、环境保护主义者等可能受损。其评价内容包括对社会政治、安全、社区服务、社会文化、文物古迹、地区形象、区域发展、科教文卫事业、项目所在地居民及弱势群体的影响等。

5）景观生态评价。景观生态评价是国土空间设计的基础，也是国土空间设计的有机组成部分。其目的在于对景观生态格局和过程进行合理的认识，规定人类对不同景观类型的干扰程度与干扰方式，提高人类行为与景观环境的相容性，进行景观生态格局的合理设计，促进国土空间的可持续发展。传统的景观生态评价主要集中在自然度、旷奥度、美景度、敏感度、相容度、可达度和可居度的“7度”评价上。随着景观评价的深入，景观生态评价发展到现代“7度”评价，主要集中在相容度、敏感度、适宜度、连通度、原生度、持续度和健康度的评价上（王云才，2010）。

6）生物多样性评价。生物多样性（Biodiversity 或 Biological Diversity）主要是指生命形式的多样性（The Diversity of Life）（Wilson，1992），是人类社会赖以生存和发展的基础，人类的衣、食、住、行及物质文化生活的许多方面都与生物多样性的维持密切相关。生物多样性评价，是生态文明时代国土空间设计重要的依据。它通常包括对遗传多样性、物种多样性和生态系统多样性3个组成部分的评价。其中物种多样性评价是核心，它主要指地球上动物、植物、微生物等生物种类的丰富程度。区域物种多样性的评价主要有以下3个指标：①物种总数，指特定区域内所拥有的特定类群的物种数目。②物种密度，指单位面积内的特定类群的物种数目。③特有种比例，指在一定区域内某个特定类群特有种占该地区物种总数的比例。[1]

7）空间品质评价。空间品质评价包括空间质量评价、空间活力评价、空间效率评价、空间可识别性评价、空间合理性评价等内容。“以空间品质为导向、以3维化分析为视角、以策略化控制为抓手”是国土空间设计的关键特征，也是国土空间整体建成环境步入人性化、精细化发展阶段的必然需求。目前，对空间品质评价的模式有很多，不同模式的具体对象范围、指标构成、方法技术都不一样。例如，一些综合性较强的空间评价选择了从意向性、围合度、人尺度、透明性、丰富性（复杂度）、环境影响等纬度对建成环境的整体品质进行定量评价（Ewing et al.，2006；王兰等，2018）。又如，一些专题性的评价则选择整合空间句法、空间矩阵和混合功能3类指标综合评价空间的活力（叶宇等，2016）；选择基于街景图像识别出的建筑、沿街商业、环境绿化、道路、公共设施的建造质量和破损程度对建设质量和利用效率进行评价（陈婧佳等，2020）。同时，随着新数据环境的成熟，街景数据、位置服务数据、兴趣点数据、结构化网页数据等多源数据也逐渐被应用，大大提高了3维空间品质评价的精度。需要注意的是，在开展空间品质评价的过

---

[1] 生物多样性的主要组成［OL］．中国林业新闻网．2017-03-01.

程中，一定要明辨“大数据”与“数据大”的问题，基于实际情况和技术条件选择合适的评价专题和评价模式，有效利用新技术的优势分析国土空间设计中的关键问题，并在后续的方案中有所回应，而非为了炫技而评价。

（三）国土空间设计综合预测方法

预测是国土空间设计施行空间治理功能的重要依据，是国土空间设计的基础和有机组成部分。传统的空间设计通常不重视对未来发展的预测，因此导致空间设计产品不能适应未来发展的需要。未来是不确定的，预测是否能取得预期的成功效果，很大程度上取决于预测研究的程序设计和预测方法的选择。国土空间设计的各类预测，需要遵循以下一般程序：

1）确定预测任务。要明确预测目的（目标）、预测期限和范围。预测的问题或目的不同，所需的资料和采用的预测方法也有所不同。如就业预测、交通需求和绿色空间需求预测，它们所采用的资料和方法都应该是很不相同的。有了明确的目的，才能据此搜集必要的统计资料和采用合适的统计预测方法。

2）确定预测因素。找出（或确定）和预测目标任务相关联或有一定影响的预测因素。例如要对交通用地结构进行预测，就要找出产业、就业、人口、GDP、固定资产投资、需求等因素，才能更好地预测不同时段交通用地的合理结构。

3）搜集和审核资料。准确的调查资料是进行预测的基础。预测之前必须掌握大量（完备）的、全面的、准确有用的数据和信息。为保证资料和信息的准确性，还必须对资料和信息进行审核、调整和推算。对审核、调整后的资料和信息要进行初步分析，画出图形，以观察数据的性质和分布，并分析其发展变化的规律，作为选择预测模型的依据。

4）选择模型进行预测。国内外文献所记载的预测技术多达 150 多种，其中常用的有 10 多种。不同预测技术所适用的类型、范围和期限都有很大差别，如何科学合理选择预测模型进行预测，就成为十分关键的问题，但现阶段尚未形成统一的共识。在通常情况下，模型选择的基本原则：一是要符合预测对象变化的自然规律，二是需要反映出预测对象随时间变化而动态变化的特性，三是应依据不同的需求确定选择的方法。由于不同的单个预测模型考虑不同的因素变量，这些变量含有不同的信息，它们均能从各个侧面体现同一个复杂预测系统的发展状态，因此组合预测成为国内外预测领域推荐的重要范式。在组合预测模型构建方面，基于信息算子的组合预测模型、基于相关性指标的组合预测模型、模糊环境下的组合预测模型、智能组合预测模型等都得到广泛的应用（陈华友等，2017）。

5）误差分析与模型检验。预测误差是预测值与实际观察值之间的离差，其大小与预测准确程度的高低呈反比。预测误差虽然不可避免，但若超出了允许范围，就要分析产生误差的原因，以决定是否需要对预测模型和预测方法加以修正。计量经济学（预测）有句名言：检验、检验、再检验，可见检验的重要性。

国土空间设计预测的内容主要包括：产业、业态、就业、收入、人口、住房、土地、基础设施、交通、绿色空间、消费水平、文化发展等，其中就业结构、人口结构、收入结构、消费结构的预测是核心。而所有这些变量，都与就业机会与产业发展高度关联，产业发展能提供更充分的就业，更充分的就业才有更高的收入和更多的消费，由此也会改变对绿色空间和精神文化的需求。因此在国土空间设计预测过程中，产业发展和就业机会的预测就变得更加重要。从产业和就业的角度看，预测方法可分为直观预测法、因果预测法和时间序列预测法。其中，直观预测测法一般用于定性预测，而因果预测法和时间序列预测法主要用于定量预测。在选择预测方法时，一般考虑6个基本要素：预测的应用范围、预测的资料性质、模型的类型、预测方法的精确度、适用性和使用预测费用。对于较为常用的预测方法从以上6个方面进行比较。众多预测方法按其性质的不同可分为定性预测和定量预测：①定性预测。又称经验判断预测，常用的方法有：德尔菲法、头脑风暴法、历史分析法、主观概率法等。②定量预测。常用的方法有：时间序列分析法、指数平滑法、移动平均法、回归分析法、马尔科夫链法、模拟仿真法、灰色预测法等。各种预测方法的具体操作和计算，可见文献《预测方法与技术》（苗敬毅等，2019）和《国土空间规划》（吴次芳等，2019）等。

二、国土空间设计的系统分析方法

（一）国土空间设计系统分析基本过程

系统分析是国土空间设计研究的最基本的方法。所谓国土空间设计的系统分析，就是采用整体观点认识并解决国土空间设计问题的一种系统工程方法，也是在各种不确定条件下帮助设计者处理复杂问题的一种方法。它把一个复杂的设计项目看成系统工程，通过系统目标分析、系统要素分析、系统环境分析、系统资源分析和系统管理分析，准确地诊断问题，深刻地揭示问题起因，有效地提出解决方案和满足用户的需求。系统分析过程是信息再加工的过程。通过分析与综合将分散无序的数据转化成有用的信息，找出规律，获得结论。其一般工作过程包括以下6个步骤（张发等，2019；姜向阳等，2008）：

1）认识问题。所谓问题，是现实情况与设计目标或理想状态之间的差距。系统分析的核心内容有两个：其一是进行“诊断”，即找出问题及其原因；其二是“开处方”，即提出解决问题的最可行方案。所谓认识问题，就是要明确问题的本质或特性、问题存在范围和影响程度、问题产生的时间和环境、问题的症状和原因等。认识问题是系统分析中关键的一步，如果在系统分析开始阶段未能清楚地阐明问题，则后续的设计工作必然会缺乏针对性，最终是否解决了问题也无法判断。在认识问题时，要注意区别症状和问题，探讨问题原因不能先入为主，同时要判别哪些是局部问题，哪些是整体问题，哪些是过去问题，哪些是现在问题，哪些是将来可能出现的问题。问题的最后确定应该在调查研究之后。

2）确定目标。系统分析目标应该根据设计的要求和对需要解决问题的理解加以确定，如有可能应尽量通过指标表示，以便进行定量分析。对不能定量描述的目标也应该尽量用文字说明清楚，以便进行定性分析和评价系统分析的成效。

3）深化调研。深化调查研究和收集数据应该坚持问题导向、目标导向和需求导向，一方面要验证有限定问题阶段形成的假设，另一方面要探讨产生问题的根本原因，为下一步提出解决问题的备选方案做准备。调查研究常用的有4种方式，即阅读文献资料、访谈、观察和调查。收集的数据和信息包括事实（Facts）、见解（Opinions）和态度（Attitudes）。要对数据和信息去伪存真，交叉核实，保证真实性和准确性。

4）谋划方案。通过深入调查研究，使真正有待解决的问题得以最终确定，使产生问题的主要原因得到明确，在此基础上就可以有针对性地谋划解决问题的综合方案。综合方案是解决问题和达到设计目标可供选择的建议或设计，应提出两种以上的备选方案，以便提供进一步评估和筛选。为了对综合方案进行评估，要根据问题的性质和所在区域具备的条件，提出约束条件或评价标准。

5）方案选择。根据上述约束条件或评价标准，对备选方案进行评估。评估应该是综合性的，不仅要考虑技术因素，更要考虑生态、社会、经济、文化等因素。评估小组应该有一定代表性，除项目组成员外，要广泛吸收不同专业和不同类型的代表参加。根据评估结果选择最可行的方案，最可行方案并不一定是最佳方案，它是在约束条件之内，根据评价标准筛选出的最现实可行的方案。如果用户满意，则系统分析达到目标；如果用户不满意，则要与用户协商调整约束条件或评价标准，甚至重新限定问题，开始新一轮系统分析，直到用户满意为止。要着力通过灵敏度分析与风险分析等途径，减少环境变化对最佳决策方案的影响，提高政策与策略的相对稳定性和环境适应性。

6）计划实施。方案选择完成后，系统分析人员不能由提交系统分析报告为工作目标，而是以实施最佳方案、达到预期设计目标为追求。实践中较大规模的国土空间设计是一个长期过程，需要面对大量的技术、经济、社会、环境、文化、景观、安全、费用等问题。通过制定实施计划，可以对国土空间设计系统整个生命周期过程有更深入的了解，对可能出现的问题和风险有所准备，从而保证设计方案的可执行。实施计划制定好以后，要以目标为中心强化过程的监管和控制，不断推进计划实施以逐渐逼近设计目标。

（二）国土空间设计系统分析主要方法

系统分析与综合中的主要方法有：系统测辨、株连分析、多方案比较、效益-代价比较、模糊因素关系分析、聚类分析、因子分析、层次分析、趋势分析、突变分析、头脑风暴法、书面头脑风暴法、形态方格法、亲和图法、思维导图、鱼骨分析法等。就国土空间设计更需要创意和创新的角度来看，头脑风暴法、形态方格法、思维导图、鱼骨分析法等，有更针对性的价值，具体操作可详见《大规模复杂系统认知分析与构建》（张发等，2019）。

三、国土空间设计的自然科学方法

（一）国土空间设计的自然科学方法概览

从空间设计的传统来看，空间可以分成：物理空间、知觉空间、心理空间和存在空间。无论对“物理空间”做何理解，也就是无论将其理解为牛顿空间，还是经爱因斯坦修正后的时空概念，它都是一种“功能主义”的空间观。对“知觉空间”和“心理空间”是基于人的“生理”和“心理”的区分，但其中的“人”，更多的是具有生物学意义，也就是卡西尔和怀特所说的动物具有的“记号”性质（朱文一，1993）。“存在空间”即“意义空间”，其核心基础离不开现象学和存在哲学。建立在上述传统空间分类基础上的空间设计，由于其中的物理空间、知觉空间、心理空间都带有更多的自然科学倾向，因而自然科学方法在空间设计中长期占有重要地位。自然科学以“物”为主要研究对象，注重功能性和实用性，因此功能主义在现代空间设计中便成为最主要的理念和理论指引。功能主义设计思想起源于19世纪中期的英国，20世纪初在德国得到系统发展，成为20世纪的正统主流设计思想。

按照功能主义的设计观，强调“形式服从功能”“外形跟随功能”，将实用作为美学的主要内容，将功能作为设计目标的一种追求。对城市空间规划设计影响最为深刻的《雅典宪章》，是奠基于物质空间决定论的基础之上的。它认为通过物质空间变量的控制，就可以很好地解决城市中发展的社会、经济、人文和政治问题。在这种指导思想下，城市空间活动被生硬地划分为居住、工作、游憩和交通4种“最基本分类”。尤其是第二次世界大战结束后，西方城市规模迅速扩大，人口大量涌入城市。在社会发展的驱动下，城市蔓延及人口扩张、街区活力丧失、城市环境恶化等城市问题困扰了许多地区，关于功能主义的规划设计思想更进一步成为社会的主流。早期的功能主义重点解决的是人的生理需要，其设计方法“由内向外”逐步完善。在功能主义发展的晚期，人的心理需要被引进设计之中。可是，在当时功能主义框架里的“人”，是最没有细节特征的，人变成了单位，变成了数字，可以抽象成代码。随着功能主义的发展从传统功能主义、结构功能主义到新功能主义。所谓新功能主义，认为环境对行动有强制性，行动对环境有变革作用，行动具有偶然性与创造性，更强调研究方法的包容性和研究理论的多维性，使功能主义呈现出一种新的意识形态色彩。由此空间设计技术的发展更为多元，逐渐从早期的建筑美学设计转为空间功能结构的规律探究阶段，更具有科学性和系统性。其中，以凯文·林奇的城市空间意象法为主要代表，分析总结了影响城市空间整体设计的5个主要要素——路径、区域、边缘、节点及地标。这一阶段的空间设计往往更加理性，但仍然缺少了一些前瞻性，忽视人的多样性和对社会交往的多元需求，也因此带来了其他空间问题。例如欧美主要国家在有机疏散设计方法的指导下，大量的城市建设和实践使得城市的活力缺失。在功能主义发展后期，空间设计领域开始纳入空间计量的技术方法，试图通过生态技术及社会调查技术，将居民对空间的认知和环境对空间的影响系统全面地整合到设计过程中去，体现空间设计的系统性和复杂性。

事实上，国土空间设计不只是简单的空间营造，而是应该将其理解成一种为人类提供更有生存品质的空间神圣行为，是时间、空间、功能、活动和人完美结合的艺术。20世纪60年代以来，规划设计者开始逐步认识到，非线性设计模式能更好地适应于空间设计的多变量与过程连续性，能更好地保持空间肌理、再现空间的生命力、创造更美好的生活形态。由此，国土空间设计模式开始从封闭走向开放、从刚性走向弹性、从静态转向动态，在方法论上不仅仅是解决国土空间建成环境的功能与美学问题，而是回归自然的进化，回归人性的关怀。按照非线性设计模式，国土空间设计进入一个螺线进行迭代的过程。例如，巴利·玻姆（Boehm，1988）的螺旋模型采用一种周期性的方法来进行系统开发。螺旋模型是一种进化式的设计方式，将线性模型导入螺旋环后，设计的各个阶段都受到4个象限的控制：①目标确定，②限制条件分析，③设计方案，④使用评价。每个设计周期由这 4 个阶段进行迭代。过程每迭代一次，设计前进一个层次。把原有线性的每一个步骤分解成一个个小的单元，每个设计阶段都沿螺旋环展开，每个设计阶段都经历设计目标、设计分析、使用者评价、设计成果 4 个阶段，确保设计过程的综合，保证“社会-空间-人”彼此密切的联系（钱缨，2013）。就国土空间设计自然科学方法的具体形态而言，有空间分析法、空间格局分析法、形态组织法、要素整合法、基面组织法、地理设计法、景观设计法、生态设计法、数据设计法、新技术等。总体上看，国土空间设计方法的演变，大多以解决当时具体的空间问题为出发点，以不同时代科学技术的发展演变为基础，体现了不同发展阶段的目标和价值取向，呈现出与时代科学技术发展同频共振的特征。

（二）国土空间设计的主要自然科学方法

1. 国土空间设计的空间分析方法

空间分析方法是基于空间数据的分析技术。它是以地球科学原理为依托，通过分析算法，从空间数据中获取有关国土空间位置、空间分布、空间形态、空间结构、空间功能、空间关系和空间演变等信息，从而为国土空间设计提供科学分析的工具。全球化、气候变化、快速增长的城市化和后现代社会需求的多样化，使得国土空间环境和国土空间要素之间的关系变得异常复杂，产生多种多样的不确定性，只靠定性分析已远远解决不了国土空间设计面临的多种相互交错的空间问题，必须引入定量分析的技术与方法，以预测未来不同变量下的国土空间设计多方案比较，从而生成更满意的设计解决方案。以计算技术、地理信息系统、遥感和虚拟现实技术作为技术支撑建立的反映国土空间发展规律的空间分析模型，用客观量化的方法模拟国土空间动态生长的现象，总结其发展规律和趋势并预测未来，可以更好地满足国土空间设计的现实需求。借用知识分类的标准，国土空间知识可分为 3 个方面：一是揭示空间现象和空间事物成分、结构、性质和机理；二是揭示空间的演变过程、变化规则、时序规律和发展趋势；三是揭示空间现象必然联系、关联规则、区位依存和发生条件。由此可以将宏观层面的国土空间分析模型分成 4 大类：

1）国土空间现象分析模型，包括空间聚类分析模型、空间分析模型、空间自相关模型、空间方向分布模型、地统计学模型、地形表面创建和分析模型、植被覆盖度分析模型等。

2）国土空间结构分析模型，包括多样性分析模型、连接度分析模型、紧凑度分析模型、廊道-斑块-基质模型、空间引力模型、空间场强模型等。

3）国土空间机理分析模型，包括多元分析模型、相关分析模型、主成分分析模型、灰色关联分析模型、累积耗费距离模型、建设用地适宜评价模型、气温空间变化模拟模型、人口空间变化模型、公共服务设施选址模型、城市热环境反演模型等。

4）国土空间过程分析模型，包括趋势分析模型、Hurst 指数模型、小波分析模型、土地利用转变模型、土地利用变化预测模拟模型等。

这些模型的详细计算可参阅《地理设计理论、技术与实践》（张远等，2016）。

在国土空间设计的微观层面，图形-背景分析、基地分析、心智地图分析等都是最常用的空间分析方法：

1）图形-背景分析是建立在格式塔心理学中“图形与背景（Figure and Ground）”关

系基础上的一种空间分析方法，其本质是对国土空间结构进行研究，也称为“底图分析”。该方法实际上是想通过增加、减少或变更格局的形体几何学来驾驭空间的种种联系，旨在建立一种不同尺寸大小、单独封闭而又彼此有序相关的空间等级层次，从而在某一地域范围内建构更加清晰的空间结构。

2）基地分析是指对国土空间设计区域相关的各种外部条件的综合分析，凯文·林奇的《基地规划（Site Planning）》有系统的阐述，其分析过程涉及空间的社会、文化、心理、自然、形体等广泛的文脉要素，通过综合分析决定空间设计的各种可行性。

3）心智地图分析是从认知心理学领域中吸取而来的空间分析技术，具体过程还借鉴了社会学调查方法，是国土空间景观和场所意象的有效驾驭途径。其具体操作是通过询问或书面方式对居民的心理感受和印象进行调查，有设计者分析，并翻译成图的形式，或者更直接地鼓励居民本人画出有关空间结构的草图，这种认知草图就是所谓的心智地图（Mental Map）。这样的地图可以识别出对于体验者来说是重要的和明显的空间特征和联系，从而为国土空间设计提供一个有价值的出发点和参考（王建国，2019）。

2. 国土空间设计的形态组织方法

国土空间设计的成功与否，与国土空间形态有着直观的因果关系，国土空间形态组织方法也就因此成为国土空间设计普遍采用的方法，也是达成美观环境和特色目标的重要方法。国土空间形态不仅是一个自然地理和物质空间的实体，也是社会经济活动和行为知觉的场所，它包含了特定时空条件下人的活动以及反映这些活动的物质形态内涵，还反映出国土空间地域内的空间方式和某些要素的组配，如建筑物及其土地利用以及社会集团和经济活动之间的空间安排等。

在宏观层面，国土空间形态主要表现为国土空间格局，它是生态或地理要素的国土空间分布与配置，是国土空间利用结构、利用方式和利用模式在空间尺度上的安排、设计、组合、布局及有效的组配。国土空间格局设计在传统空间设计中是一个短板，它主要包括3个层次的内涵：①区域（景观）内空间的类型设计；②空间实体类型的空间布局设计；③空间实体的数量结构设计，即由空间的类型、数量、形状、空间分布及空间组合决定。不同国土空间实体的斑块因形成机制不同表现出相异的形态特征，国土空间设计需要综合考虑周长、面积、数量、平均规模、形状指数、分维数、破碎度指数、多样性指数、均匀度指数、优势度指数等，形成空间的秩序统一、对称平衡和节奏韵律。

在中微观层面，土地使用、建筑结构、地块模式、地籍模式、通道结构、网络系统、社区类型是国土空间形态组织最重要的7大因素。国土空间设计的基本方法就是遵循形体与空间形态的基本法则，尊重地域传统、尊重多层次环境与文化内涵，从上述7大因素的有机组配中形成秩序统一、对称平衡、比例尺度适当、节奏韵律有趣、密度类型适度的空间形态。人们创造出空间环境，并赋予它美的属性，其中重要的法则就是建构多样性的统一。人们运用各种不同的手法，即各种空间组织手法，例如对比、比例和尺度、色彩、绿化等，其目的都在于寻求空间环境的多样性统一。例如安徽西递，重重叠叠的马头墙，微微起翘的屋檐，古村落特有的韵律，就像一首宁静的歌，引领人们回到桃花源中；再例如，荷兰风车，简单的几个形体，简单的组合方法，却形成了美妙的韵律。缓缓转动的几架风车，让你恍如掉进童话世界一般。空间组织方法，并不仅有以上几种，所举的例子也并非只使用了一种组织手法。正是由于这些不同的空间组织手法，才形成了如此丰富多彩、各具特色的各种国土空间形态。

国土空间分析法、国土空间要素整合法、国土空间基面组织法、国土空间生态分析法、国土空间景观分析法等，是常用的5种国土空间形态组织法。国土空间分析法是国土空间组织的基础，在传统的空间设计中得到了广泛采用，上文已有详细阐述。国土空间要素整合法，类似于建筑设计中的空间组合，是国土空间设计的基本方法。它主要是指对各种空间要素，包括自然山体、水域、土地利用、建构筑物、地上与地下空间、自然与人工空间、历史与新建环境、建筑与公共空间，以及区域与区域之间的整合等。国土空间设计的要素整合，相对于国土空间规划，更重视3维形态的整合，以及整合过程强调要素的开放、渗透与结合方式。国土空间基面组织法主要是指在城市空间设计中，要考虑不同的城市基面，创造更好的城市环境。所谓城市基面是指立体步行系统、地下空间发展区域、城市综合体或山地城市，这些地区在不同标高集聚各种城市要素的公共活动面（卢济威等，2009）。多基面组织设计城市立体化的动力基础、高度的设定、城市要素组合的内容，以及地形塑造的特征等。国土空间设计的生态分析方法和景观分析方法，可见下文详述。

3. 国土空间设计的景观生态方法

景观生态分析方法最早是在欧美这些早期的发达国家的乡村设计中开始实践的，在20世纪中期已经形成了比较成熟的设计理论和方法体系，对世界各国乡村设计的发展提供了有力的支撑。例如，捷克景观生态学家Ruzicka和Miklos（郭文华，2004）在总结已有的规划设计方法和模型的基础上，提出了LANDEP系统，以指导景观生态规划设计；W. Haber为协调乡村景观的重新规划设计与城市的土地利用，建立了土地利用分化体系（Differentiated Land Use，DLU）；van Lier et al.（1994）带领国际土地多种利用研究组（The International Study Group on Multiple Use of Land，ISGMUL），提出了以“生态网络系统（Ecological Networks）”和“空间概念（Spatial Concepts）”等方法来描述多目标的景观生态设计与乡村土地利用规划。Forman（1995）提出了一种基于生态空间理论的集中与分散相结合的最佳生态土地组合与景观规划模型，并融合文化背景与生态知识，被称为可能景观设计（Possible Landscape Designing）。从实践层面，景观生态学视角下的技术方法应用主要包括：

1）GIS与景观格局指数。包括斑块面积、斑块数等景观单元特征指数和多样性指数、生境破碎化指数等景观整体特征，应用这些指数可以定量描述景观格局，研究特定生态系统（例如农田）的结构、功能和过程，并且对不同的乡村景观进行比较。

2）空间统计学。主要包括用于分析空间自相关的地统计学方法、分析格局梯度特征的趋势面分析趋势面分析、分析尺度变化的聚块样方方差分析等。

3）景观模型。目前应用较广的主要有AHP层次分析法、专家打分法、用于分析景观局域变化关系及其时间演化的元胞自动机、小尺度微观景观实验研究等。

通过构建某一生态系统工程的生态效益评价指标体系，服务于乡村空间设计。随着工业化和城镇化的持续推进，作为乡村发展两大核心要素的人口与土地发生了剧烈的变化，给乡村地域的生产、生活与生态空间带来了深远的影响。土地整治作为空间重构的助推机制，在乡村规划设计中有重要的实践意义（龙花楼，2013）。发达国家在土地整治技术方面比较成熟，如德国在土地整治技术方面一直处于世界领先地位，早在20世纪80年代，德国的巴伐利亚州已普遍应用计算机数据处理技术，建立土地整治信息系统（LE-GIS），将各种数据、图件和权属状况等资料储存于该系统中。通过对地块价值的评估控制整治前后的所有地块总价值相等（Yomralioğlu et al.，1993）；将模糊专家系统模型（Fuzzy Expert System）应用于土地整治后的土地权属分配中，以公平原则提高农户满意度（Caya et al.，2011）。通过建立模型定量研究土地整理和土壤重构对农业景观的影响（Chartin，et al.，2013），利用层次分析法研究土地整理配置标准的评价（Cay et al.，2013），以地理信息系统为平台研究半自动化地理预测软件（Marzaioli et al.，2010）。一些学者从具体的土地整治层面提出了针对不同类型的土地进行生态整治的设计技术。将重点放在土地重建技术对土壤动物、微生物与不同植被等生物多样性影响，最终形成包含不同类型土地整治区的生态化整治与景观设计技术集成体系框架（韩博等，2019）。此外，基于景观生态学的土地整治项目规划设计的实践主要包括：生态导向的土地整治区空间优化与规划设计（Bao et al.，2009）、农地整理中路沟渠生态化设计（Ye et al.，2011）、大都市郊区景观生态型土地整治模式设计（Gu，2012）、农田防护林的生态景观设计方法（刘文平等，2012）、基本农田保护区规划调控下的土地利用空间重构、基于耕地破碎度的耕地整治规划设计方法（张蚌蚌，2017）等。

由于乡村问题的复杂性，与城市地区相较，系统的空间设计数字化技术无法大规模复制，但在未来乡村地区空间设计的过程中，也可以多借鉴城市地区空间设计中热门的数字化技术在具体设计目标的实现上进行引入。在运用监控设备的基础上，获取大量关于乡村动植物资源、能源流动、废物废气收集以及水系统循环方面的数据，并在此基础上将数据综合、运用到相关研究与实践中去；考虑结合空间数据可视化，快速提取乡村地区土地利用信息和建立乡村地区空间模型，能更好地服务于村民主体参与式空间设计。

4. 国土空间设计的地理设计方法

地理设计并不是一个全新的理念。自远古时代起，人类就在简易的地图上标识猛兽的位置以避开危险；中国风水师则针对特定的地理环境布局村落建筑，创造出人与自然协调共生的设计典范（Steinitz，2008）等，都是人类通过设计来改变当下所处地理环境现状的案例。但是，地理设计（Geo Design）作为一个科学的概念，还只有10多年的历史。2008年GIS与设计中的空间概念会议在美国召开，会议强调应重新审视GIS和设计之间的联系，地理设计的概念首次被提出。2010年第一届地理设计峰会在美国召开，来自地理学、信息科学、城市规划、环境科学等诸多领域的专家学者就地理设计的概念及内涵进行了广泛讨论，并初步形成地理设计的几大研究方向。此后，地理设计峰会每年在美国定期举行，至2020年2月已经召开了11次。关于地理设计的定义还在讨论中，比较有代表性的观点主要包括：Steinitz（2008）认为地理设计即通过设计来改变环境；Dangermond（2009）认为地理设计是将地理分析引入设计过程中，通过借助存储于数据库中的描述项目空间范围内各类自然与社会要素的众多信息层，使得初始设计草图能及时得到适宜性评价；Goodchild（2010）则指出如果将地理视为作用于地球表面的过程以及这些过程所形成的形式的总称，那么地理设计可以看作通过处理这些形式并干预这些过程来达到特定目的；Flaxman（2010）认为地理设计是一种将设计方案的创作与其对地理环境的影响模拟紧密结合起来的设计和规划方法。无论对地理设计的概念做何理解，但对其核心要素和支撑技术已基本形成共识。

通常认为地理设计要素包含地理设计数据、地理分析模型和地理设计标准规范等3部分。地理设计支撑技术主要包括计算机技术、物联网技术、现代测绘技术、3S集成技术等。计算机技术主要有云计算技术、大数据技术、非关系型数据库及云数据库技术、智能终端技术；现代测绘技术主要有无人机低空遥感技术、3维激光扫描技术、移动测量系统、3维仿真及虚拟现实技术等（张远等，2016）。地理设计的目标是通过建构一个科学与设计紧密结合的方法与技术框架，实现对空间环境高效而准确的设计与评价，在世界各国的国土空间生态安全格局设计、城市空间设计、乡村空间设计等领域已经得到广泛应用，对于提高国土空间设计的科学性及可持续发展等都有重要的意义，是国土空间规划设计重要的决策信息平台（管雯君等，2018）。在2020年2月24日至27日在美国举行的第十一届地理设计峰会成果还表明，地理设计对于解决现实世界中国土空间项目的布局优化问题，能够更加“看得清楚（Seeing Clearly）”。

5. 国土空间设计的综合分析方法

从总体上看，国内外国土空间设计的研究方法大致经历了4个阶段（Li et al.，2012）。①起步阶段（19世纪至20世纪20年代）。以描述性研究方法为主，主要研究了聚落空间形态与类型、内部结构、空间与自然地理环境的关系。②发展初期（20世纪20年代至60年代）。研究内容涉及聚落的区位特点、发展条件、形成过程和空间规划等方面，研究方法以小规模的实地考察为主。③发展变革期（20世纪60年代至80年代）。地理计量运动推动了定量分析和实证研究，强调人类决策行为对空间分布、形态和结构的作用（McGrath，1998）。这一阶段研究方法出现了定性和定量相结合的趋势，已有多种学科，如建筑学、地理学、景观生态学、城乡规划和技术，如RS、GIS、GPS、景观模型等综合运用于空间设计研究中。④转型重构期（20世纪80年代以来）。这一时期的空间设计研究受人文地理学的“文化转向”等影响，开始向社会和人文方向转型，研究内容主要涉及空间冲突（Woods，1998）、人口迁移、空间环境可持续发展、空间重构（Kiss，2000）、空间社区类型与老年人居住区域的关系（Burholt et al.，2005）等。由此可见，传统的空间规划设计主要关注城乡聚落、产业用地等物质性实体空间，在分析方法上以经验分析为主导，随着地理计量运动的出现，才使得实证研究和定量分析得以加强。

目前，有关空间设计的研究更加关注基于居民社会网络构建、生态特色保护与开发等非物质实体性空间。随着人文地理学中“文化观点”的爆发，与之相伴的是定性方法的应用与发展，半结构化访谈、扎根理论（Annes et al.，2012）、关注群体（Pini，2002）、参与者观察和文献分析等定性分析获得广泛应用，国外学者调查和研究了女性与男性同性恋者、留守乡村的年轻人（Leyshon，2002）等特征人群在空间设计中的参与程度和意见偏好。不可避免随之而来的是空间地理学研究方法的两极分化，即相关研究倾向于仅采用定量或仅采用定性的方法。英国空间地理学中定性方法占有主导地位，但是在美国、澳大利亚和欧洲国家等，定量方法仍被广泛使用（Woods，2010）。然而，Madsen et al.（2004）通过研究表明，定性与定量相结合的多元方法模式有助于研究单个参与者的行为和价值观，从而有助于强化发达国家和发展中国家有关国土空间用途的认知。近年来，多元方法集成运用成为国土空间设计研究方法的趋势性选择和挑战（Suryanata，2002）。将“空间的生产”理论引入国土空间研究，构建了感知的空间、生活的空间和表征的空间之空间“三重空间”模型，运用人本分析和结构分析揭示国土空间的变化特征及驱动机制（Halfacree，2006）。其中，以定性问题因子化和定性数据定量化为特征的Q方法是体现两者结合的突破性成果（Duenckmann，2010）。Riley et al.（2007）论证了空间地理学中口述史料研究方法的运用，其目的在于加强与个人描述变化之间的密切联系，并丰富对空间重构的微观尺度动力机制及其影响的认知与理解；Duenckmann（2010）运用Q方法，探究了不同的“空间”观念，并试图对传统的与空间结构和空间生活相联系的社会、文化和道德价值观进行重构。

在国土空间设计中综合运用空间分析法、空间形态组织法、景观生态分析法、行为学方法、现象学方法、艺术学方法、公众参与方法等定性和定量相结合的方法，已成为发展趋势。这些不同的方法具有不同的产生背景和适用条件，体现了不同的设计目标和设计价值取向，更有利于解决日趋复杂的当代国土空间设计问题。

四、国土空间设计的人文科学方法

（一）国土空间设计的人文科学方法概览

自19世纪末，西特首次明确表述了城市空间设计的艺术准则起，空间设计对“美”的问题开始研究，空间规划设计就被看作是建筑的延伸（特兰西克，2013）。传统空间设计的核心是以视觉效果为主的空间环境营造，这一阶段的空间设计方法主要以定性为主，例如形态秩序法、功能集中法等。因此，在空间设计方法和技术上，大多从建筑要素（例如石板、门窗等）的艺术创造开始，逐渐延伸至街区（朱骁，2018）。可见，人文科学方法在国土空间设计中从一开始就占据主导地位。从源头上来说，国土空间设计是一种艺术，它重视空间的特征、比例、韵律等因素，倾向于将空间看作整体，看重建筑和空间造型之间的关系，看重艺术性或如画性背后的人和人的感受本身，看重国土空间对人的内在心理感受的影响。按照亚里士多德所言，一座城市应该安全，同时应该让人感到愉悦。那么，国土空间也不例外，应该让人感到愉悦。当代人们对城市空间、乡村空间等国土空间设计的最大不满，认为就是在资本的驱动下导致了人们对土地竭尽可能地加以利用，一系列效果出色的母题因此被抛弃，每一块地都采用了现在的方盒子作为原型加以修建，空间与艺术失去了关联（西特，2020）。事实上，每一座城市、每一个乡村、每一片国土空间，都有自己独特的文化，如同基因一般独一无二，在气候、地形、地貌、地质、土地利用、历史文化、人文背景、日常生活等众多因素影响下不断传承与演进，是国土空间特色的重要源泉。国土空间设计的重要方向，就是通过人文科学方法不断挖掘这种特色，将国土空间设计成一件重要的充满灵魂的艺术作品，塑造出伟大国家的大地整体艺术。在一般意义的空间设计中，视觉秩序分析法、“小组10”与场所结构分析、空间活力分析、认知意象分析、文化生态分析、心智地图分析、标志性节点空间影响分析、序列视景分析、空间注记分析等社会人文科学方法，都已经被广泛采用（王建国，2019）。

20世纪空间设计方法论的发展虽然呈现多元化现象，但追根溯源仍可发现以卡尔·

波普（Karl Popper）为代表的实证主义和以胡塞尔（E. Husser）为代表的现象学影响最大。实证主义在设计上表现为“功能主义”和“结构主义”的方法论；而现象学派则主张对现象做总体、非定量的阐述，抛开各种预定原则及常规理念，承认世界的模糊性及非确定性，强调从空间中寻找出意义（Meaning），关注“场所精神”和“空间知觉”，从设计上看是一种典型的人文科学方法论。《周易》中说：“小利有攸往，天文也；文明以止，人文也。观乎天文，以察时变；观乎人文，以化成天下。”把天文、地理与人文三者紧密结合在一起，是中华民族独特的文化基因和思维方式。由此可以总结出史脉、地脉和人脉三条线索，从这三方面对国土空间设计进行综合分析，就能了解其天时、地利、人和的因素，从而创造出物境与心境相统一、具体境象与深邃情思相统一的新国土空间文化景观。

（二）国土空间设计的主要人文科学方法

1. 国土空间设计的现象学方法

现象学（Phenomenology）是20世纪德国犹太人哲学家E. 胡塞尔（E. Edmund Husserl，1859—1938）创立的哲学流派或重要学派。其学说主要由胡塞尔本人及其早期追随者的哲学理论所构成。现象学不是一套内容固定的学说，而是一种通过“直接的认识”描述现象的研究方法。它所说的现象既不是客观事物的表象，亦非客观存在的经验事实或马赫主义的“感觉材料”，而是一种不同于任何心理经验的“纯粹意识内的存有”。其基本特点主要表现在方法论方面，即通过回到原始的意识现象，以中立的态度描述和分析观念（包括本质的观念、范畴）的构成过程，以此获得有关观念的规定性（意义）的实在性的明证，是通过描述和分析来还原事物或现象意义的过程。在哲学领域有这样一种说法，“现象学占据了半部哲学史”，表明了现象学在哲学发展中的地位和广泛影响。作为研究方法的现象学，主要探讨如何依靠一套可靠的程序和步骤发现事物的意义，揭示事物的本质。现象学的基本主张是“回到事实本身（to the Things Themselves）”，将事实作为认识的起始点和出发点，消除抽象概念、抽象理论对人们认识的影响和局限。现象学作为一种国土空间设计方法，归纳起来主要有以下几个方面的要点（姜梅等，2010；戴代新等，2009；季铁男，1992）：

1）认识事物的本源。设计者需要将自己的预设和偏见悬置起来，恢复意识对外部世界的开放性，与人们所体验的世界建立最直接和最原始的联系，以事物最本源的方式来认识国土空间。

2）设定相关存在的情境。设计者不是追求客观、抽象和概括，追求一般规律和基本原理，而是根据问题的本质与解决方式，从个体、具体和活生生的人中精雕细琢，贴近地面设立国土空间各种相关存在的情景。该要点可以使用社会科学中的常人方法学，更加重视细节、重视日常生活问题。

3）建立空间大结构。将情境转化为设计上可应用的国土空间关系及形态，例如将园林景观情境转化为富有吸引力的节点和其间的连线所构成的拓扑关系，将场所的情境转化为空间和人类赋予意义的结合，进而转化为国土空间景观序列的基本形态等。

4）填充空间的生活内容。包括物理、功能及社会文化行为因素，把人们所看到、听到、触摸到、闻到、品尝到、感觉到、知到、直觉到的对象、事件、情境和体验等生活内容填充到所设计的国土空间中去，使国土空间设计与生活世界联系紧密。

2. 国土空间设计的行为学方法

国土空间设计离不开人的环境行为，国土空间设计的空间和人的行为具有高度的相互依存性，任何人的意识行为都会在空间中与环境形成互动和影响。迪赛（C. M. Deasy）在《为人的设计（Design for Human Affairs）》中指出："规划和设计的目的不是创造一个有形的工艺品，而是创造一个满足人类行为的环境。"（伯克等，2009）国土空间设计作为高品质国土空间的塑造者，需要综合考虑人的需求和行为，确保国土空间的使用效率和高品质，确保空间的多样性和场所性。行为学规律的研究表明：①在特定的环境之中，具有特定个性的人，有特定的行为表现；②在相似的环境之中，具有相似个性的人或相似共性的群体，有相似的行为表现；③任何一种行为，都会相应产生一种以上的后果。任何一种控制行为的行为，也都会相应产生一种以上的后果。而任何一种行为的后果，都有其自身固有的演化规律，与行为者和实施控制行为者的主观愿望无关（徐世勇，2012）。行为科学的资料不是全然的动作（Movement），而是来自行为（Action），而且这些行为要有意义与目的。国土空间设计者必须先知道行为的状态，也就是要先了解一项特殊行为所代表的意义，然后再去寻求诠释此一行为的意义，以及此一行为与其他行为或状况之间的关系与意义。例如：在观察居民购房的行为时，一定会先去观察购房的状况，然后再去研究及诠释购房行为及其结果的意义。人类在国土空间中的行为大致可以分为 4 种类型：消费行为、迁移行为、通勤行为、交际休闲行为，其活动可以分为 3 种类型：必要性活动、选择性活动、社交性活动。必要性活动基本上不受环境品质的影响，比如等候公共汽车去上班就是一种必要性活动；选择性活动与环境品质有很密切的关系，比如饭后散步，人们一定会选择美观清净的绿道，而不会去选择坑坑洼洼的泥泞道路；社交性活动和环境品质的好坏也有很密切的关系，比如参加聚会，都会要求有一个很优质的环境。安全感、领域与私密性、可达性、隔离与平等、预防犯罪、人性尺度、群体适应与持续活力等，都是国土空间设计需要特别关注的人类空间行为。空间情境的行为模式设计、人与空间互动的行为模式设计、人对空间综合感观感知的行为模式设计等，都是行为学方法在国土空间设计中应用的几种常见类型。参照《行为科学研究方法》（弗雷德里克等，2020）等的相关研究，国土空间设计的行为学方法可以分为以下几种类型：

1）变量测量方法。变量测量是基本的行为科学研究方法，在实践中运用测量的量表通常包括名量表、顺序量表、等距量表和比例量表 4 种，通过变量测量来了解和把握不同行为者在国土空间中的行为规律和存在差异。

2）研究设计方法。该方法包括描述性研究设计、相关性研究设计和实验研究设计。描述性研究设计一般包括观察性研究设计、调查性研究设计和个案研究设计 3 种类型；相关性研究设计是发现国土空间变量间的共变关系；实验研究设计在于操纵国土空间中行为人自变量，控制外变量，观测并记录因变量，以揭示国土空间行为人自变量和因变量之间的因果关系。

3）实验设计方法。该方法主要有被试间研究设计、被试内研究设计、非实验和准实验研究设计、析因设计和单被试研究设计，其中被试间研究设计和被试内研究设计是单因素实验设计，是国土空间设计行为学方法的两种基本类型。

4）统计分析方法。当国土空间设计使用统计方法时，一个要问的重要问题是：我们从事设计工作的目的是什么？如果我们的目的是在于塑造所观察对象的一般叙述性法则的话，那么统计方法应该显然是最重要的描述与整合结果的方法。如果研究的目的在于解决我们在实际经验中的问题（Problems）的话，统计方法虽然重要，但是其角色却只是整个研究过程中的工具而不是研究的目的。需要注意的是，高度相关并不能解释为具有因果关系。正统统计学与控制统计学的基本差异非常之大，而必须把它们分别看待。正统统计学是用来量度国土空间随机样本的，是静态的，而且是孤立的；控制统计学则是用来分析国土空间连续性关系的，这种关系并不是盲目地从静态资料中抽取的样本之间的关系，而是从一项行动中持续观察所得到的资料之间的关系。换言之，一项行为的特点是一连串过程关系的互动或者说是控制统计的结果。

3. 国土空间设计的艺术学方法

“艺术”一词从其产生至今已经有 2500 多年的历史。早期艺术与技术并没有明确的区分，人们通常把它称为技艺，也谓之“有用的技巧（Useful Skill）”。直至 18 世纪“美的技艺（Fine Arts）”概念的出现，艺术才开始逐渐发展成一个相对独立的学科。艺术本质上是用形象来反映现实但比现实更有典型性的社会意识形态，是一种借助于某些手段或媒介，塑造形象、营造氛围，来反映现实和寄托情感的一种文化。虽然对何为国土空间设计，至今并没有形成共识。但是，人们都会普遍赞成国土空间设计既是一门科学，也是一门艺术。作者认为，国土空间设计介于艺术和科学之间，可以界定为“艺术化的科学（Artful Science）”。现代社会，艺术和科学之间的区分已经变得很难界定，因为价值和事实、真和美、真实和虚构，以及主观和客观之间的清晰界线再也不一成不变了。国土空间、城市、乡村和建筑是固化的人类历史，一直以来被赋予厚重的历史内涵，是人类伟大的艺术品，国土空间设计因其联系国土空间物质环境和人的活动历史而具有独特的艺术特征。按照卡瑞尔、费舍尔、哈特曼、马克斯等人对艺术的理解（马武定，2005），国土空间设计既有空间艺术的特征，又有时间艺术的特征，是一个由多种艺术体系所构成的综合性环境艺术系统。从外部形态看它是具有多维空间的造型艺术，但同时却是富有寓意的以暗示艺术为主的诗的艺术，即其在含义信息方面是比较隐蔽和多样性的。国土空间既是日常生活所在的实体空间，又代表着人们心灵中十分重要的生活意象。实用与审美的统一，是国土空间设计艺术最本质的存在。国土空间设计需要了解政治学、社会学、行为学、经济学、生态学等相关背景知识，吸收建筑、景观、规划等学科的技术和经验，通过程序、标准和控制等方法来提高国土空间的感知质量。同时，在充分考虑地域社会生产，生活方式的差异，结合所处的不同历史阶段和该历史阶段下的文化内涵，设计反映出鲜明地域性特征和历史文明特征的产品，使空间在艺术上的美感和环境上的和谐感相融合而成为一个统一的整体。

从严格意义上说，艺术还很难有像自然科学那样的方法，最多只能称为艺术手法或艺术技巧，而且在很多场合下只能是“意会”，很难“言传”，这也是自然科学和人文科学的内在规定性不同所决定的。在通常情况下，所谓艺术手法主要包括：表现手法、表达方式和修辞手法 3 大类型。表现手法又包括：象征、虚实相生、用典、借古讽今、托物言志、烘托、联想、想象等；表达方式通常有4种：记叙、抒情、议论、描写；修辞手法有比喻、拟人、夸张、对偶、排比、反问、设问、对比、借代、反复、反语等。20世纪中后期以来，抽象主义、波普艺术、极少主义、照相写实主义、视幻艺术、身体艺术、观念艺术、行为艺术等各种艺术形式和思潮（卢世生，2006）为国土空间设计的设计灵感提供了丰富的资源，也为国土空间设计提供了大量丰富而有启发意义的手段和艺术模式。在国土空间设计的形成和演化进程中，美观、生活和自然规律是同等重要的，艺术的人本主义思想、形式感、色彩感和创造精神能够为国土空间设计的发展开辟新的路径。

4. 国土空间设计的文化景观方法

文化景观是地球表面文化现象的复合体，它包括人类对自然景观的所有可辨认出的改变，也包括对地球表面及生物圈的种种改变（De Blij et al.，1986；李旭旦，1984）。聚落、人物、服饰、街道、交通工具、栽培植物、驯化动物等以及它们与道路网、建筑材料、土地利用格局、自然屏障、自然资源的关系，还包括思想意识、方言结构、生活方式、风俗习惯、宗教信仰、审美观、道德观、政治因素、生产关系、宗教教义等，是文化景观的重要组成元素。20世纪70年代以来，与文化景观有关的感知和行为研究越来越受到重视，对文化景观设计的探索需要在景观设计中能够超越较为表面的形式和功能，进而达到对周围世界人文含义的更深刻理解（Walmsley et al.，1984；Wright，1947；Kirk，1963；Salter et al.，1977；Gold，1980）。从方法论的角度看，国土空间设计的文化景观方法必须关注以下几个要点：

1）应当采取定量和主观感知相结合的方式，注重景观要素在组合上的相关性。国土空间设计的文化景观方法的着力点，就是要捕捉环境的文化信息，而且在信息操作的时候一定要特别关注无机的符号化的东西和关注信息的表达和再现功能，作为维系人与社会环境关系的钥匙。

2）国土空间设计的文化景观方法，不是由建筑几何学或城市形态决定空间设计模式的，而是由国土空间生态系统的地理分布来决定的。国土空间设计师的职责不是在一张白纸上画一张最美丽的图画，而是在一张固有的自然格局和社会文脉的基础上勾画出相互关联的有秩序的图景。

3）作为视觉图像的国土空间设计语言，可采用并列、重叠、蒙太奇等手法构成空间，作为信息来源而体现“社会缩影”的设计理念，使国土空间变成读取印象和记忆的装置。

4）国土空间场地的艺术化，需要充分理解景观（Landscape）的真正含义，将单体的设计创造融于场地，富于场地细部更多的艺术风格，超越单纯线型的组合与节奏，使其在满足原有功能的基础上，显示出全方位的艺术表现，包括材料、色彩、造型、工艺等。

5）景观蕴含的历史文化如何转化为实体形态是国土空间设计的核心问题。文化的影响因素很多，而变量难以用数学方式描述，建模困难很大，特别是评价标准受个体评价者文化背景、教育程度、社会心理、情绪心情和历史情感等众多因素影响，量化研究通常并不具有很好的准确性、普适性和推广性（戴代新等，2009；Yu，1995）。

6）如果抛开定性和定量“两分”的研究方法论，无论是后实证主义、自然主义还是解放主义的方法，都可能被用来研究国土空间的文化景观设计，而且会为国土空间的文化景观设计研究打开新的思路。

7）在国土空间的文化景观设计研究中，历史不仅仅是研究的因素，更重要的是一种工具和研究方法，“历史文化”是国土空间设计的重要方法论和技巧。在使用历史文化方法进行国土空间设计时，“再现”具有再生（Regeneration）的含意，是国土空间设计文化景观方法的重要方法论指引，也是设计者的心灵再现，更是景观的时空物化，本质上是将历史文化在心灵的重演和表达，它和保全（Conservation）相比更倾向于在新的状态下如何保持价值和生命力，其实质是对象价值的转化与创生。

8）“地球艺术（Earth Art）”，是可以借用来研究大尺度国土空间文化景观的一种方法。美国宇航局地球观测计划在1999年至2006年间，在地球上空数百英里[1]处飞行的最为先进的几颗卫星，捕捉到拥有艺术画卷般的地球图像。这些图片覆盖地球各个区域，从美国科罗拉多州落基山脉到澳大利亚内地迪瑟波因特门湖及墨西哥科利马火山。通过分析地球不断变化的地形及从上升的海平面到采伐森林等环境变化，可以更好地揭示国土空间文化景观的变化图景。

5. 国土空间设计的公众参与方法

由于不同区域的地理格局、发展历史、文化传统、资源禀赋、环境背景、人口结构、发展阶段、生活福利、生存环境、社会生态等都有很大差别，而所有这些要素都与国土空间设计存在很大的关联性。从严格意义上讲，每个区域的国土空间设计模式都应该是不相同的，因地制宜和满足人的需要是国土空间设计必须遵循的普遍准则。100多年来的国土空间设计经验表明：遵循规律是准则，整体性是边界，因地制宜是灵魂，满足需要是宗旨。要切实做到因地因时因景制宜，并能更好地满足不同个体和群体的基本需要，当地公众的参与是十分必要的。因为在很多情景下，当地公众更知道他们是如何生活的，更知道当地的情景和历史是如何演变的，更知道他们需要什么样的空间环境。20世纪60年代末兴起的“公众参与（Public Participation）”设计，就是强调让公众充分参与设计过程，强调与公众一起设计，而不是为他们设计。在国土空间设计过程中，公众参与可通过多种形式进行：公众讨论会、城乡居民特别工作小组、组织公众到设计场地参观、居民意向调查，利用新闻媒介举行问题辩论会，举办设计方案展览及关于设计的公众论坛等。设计者可以在现场建立办公地点，让人们去提问、交流并及时得到信息。充分公开化的实体模型、绘图表现、数字可视化模型、讨论设计构思的会议也可以在这一层次上组织。美国、日本及欧洲国家等都积累了不少公众参与空间设计的成功案例，他们将空间设计的基本原理和环境改善建议用卡通画的方式表现出来，供广大居民了解，其主要内容包括环境品质、生活场所、工作场所、交通和货物运输方式等进行通俗易懂的说明，收到了比较好的效果（王建国，2019）。但是也应该注意到，在西方兴起的公众参与制度，其理论依据是自由主义民主，是哈贝马斯的交往理性理论。可是交往理性的本质是康德先验主义的复活，很容易陷入唯智主义。按照阿罗不可能定理：要从已知的各种个人偏好顺序中推导出统一的社会偏好顺序是不可能的。也就是说，在一般意义上，如果国土空间设计有超过3个以上的选择让参与者排序，理论上无法通过投票的方式确定满足阿罗条件的集体排序。

[1] 1英里＝1609.344米。

因此，从国际经验看，无论集权制国家还是民主制国家，为了保障国土空间设计的整体利益和长远利益，引进公众参与机制、强化精英主导模式，应该是一种理性选择。但是，国土空间设计必须处理好公众和精英的关系，过分强调服从公众意愿，将可能导致国土空间长远利益和可持续发展受到损害。

事实上，在国土空间设计的实践中，更多的是将自然科学方法和人文科学方法紧密结合，以及与下一节提到的现代技术相融合。比如，传统中微观层面设计经常用院落串联布局法（简称“院落法”），分区搭接统一法（简称“分区法”），建筑与山、川、地理自然环境融合法（简称“融合自然法”），对比、对仗法（简称“对比法”），综合归类选择法（简称“归类法”），高台、高阁、高楼突现法（简称“高台法”）（汪德华，2009）等配合使用，也就是将自然科学方法和人文科学方法相融合，以取得更佳的设计效果。

第四节　国土空间设计的现代技术

一、新数据环境下的现代技术进展

（一）新数据环境下国土空间设计总体进展

近 30 多年来，在“数字地球”“智慧城市”及移动互联网乃至人工智能日益发展的背景下，数字化国土空间设计技术方法开始步入快速发展阶段。例如，1983 年的松冈（Matsuoka）提出的舒适微型城市设计法，1985 年 Wessel 提出的 Storm Sewer 辅助设计，再到 1992 年 Belden 提出的距离和图像数据 3 维模型等，试图从计算机辅助制图的角度出发服务于国土空间设计。随着信息技术的进一步发展，新数据环境主要呈现出覆盖广（能够涵盖不同尺度和不同时间段的空间信息）、精度高（以单个的人或设施为基本单元）、更新快（每月、每日甚至每分钟更新）等特点（龙瀛等，2017）。它不仅意味着更大的数据量，更反映了数据背后关于人群行为、移动、交流等活动的丰富信息，与新时代“以人为本”“存量更新”“自下而上”等国土空间设计理念不谋而合。国土空间设计的技术方法得到了快速的发展，围绕数字化呈现多样化的发展态势，其应用主要有以下几个方面：

1）国土空间数据的可视化与辅助识别技术。例如，通过图片识别等能够分析得出国土空间的色彩，进一步指导国土空间的风貌设计，发现国土空间建设过程中用地不匹配的地段；Garcia-Dorado et al. （2013）提出的量化街景景观街道树法、Behar 提出的变差图识别土地利用法、机器学习评估国土空间环境等辅助性快速识别方法均能帮助设计者高效设计；VR 技术空间设计法、I City 3D 垂直模拟法、城市可视化法、混合现实的空间分析可视法等虚拟现实技术，通过空间形态的直观表达便于国土空间设计中的公众参与。

2）对国土空间中人的行为进行分析量化。通过社交空间分析法、语义集成平台法和人群行为法等，侧面刻画国土空间活力和基于空间设计的国土空间感知。

3）国土空间形态和情景模拟。例如，基于元胞自动机模拟国土人口-空间扩展（Santé et al.，2010）、涉及可变参数的竞争性国土空间设计情景模型（Patt，2015）等技术方法。通过对复杂国土空间环境的模拟，设计者们可以在一定程度上预测未来某一阶段国土空间的发展可能，并通过对未来国土空间设计方案的模拟分析，更好地得到国土空间设计的具体措施（Trevor，2018）。

国土空间设计演变至今，其关注点更加多层次，落脚点更加具体，从区域的大地景观层次到社区和街区等更小的尺度，涉及的技术方法更加系统，正朝着更加人文化、精细化、生态化和多样化的态势发展。

（二）基于人本化的空间感知和精细化设计

当代国土空间设计方法，能够通过海量的数据分析，揭示不同尺度的国土空间形态的内在规律及构成原理，具有一定的前瞻性和技术迭代性。在设计中，通过对手机信令等大数据的分析和挖掘，可以得出城乡居民的实时空间轨迹和活动特征，从而进一步分析国土空间的活力热点地区和活力冷点地区。此外，得益于手机等通信工具的普及，国土空间设计除了依托遥感影像等传统测算手段之外，开放街道地图（Open Street Map，OSM）、兴趣点（Point of Interest，POI）、出租车数据和手机通话等新型数据类型作为人类活动与国土空间环境在个体粒度上的直接表征，构建了全新的社会感知网络（Zheng et al.，2011）。Ye et al.（2019）就将典型的地理空间大数据（POIs）与多源遥感数据相结合，采用随机森林模型，绘制了比 WorldPop Population（世界流行人口）数据集更为精确的区域人口地图，为未来的国土空间规划设计提供指引。

大数据方法为研究国土空间设计评价与居民感知、行为与情绪之间的关联性提供了可能，使得国土空间设计的着眼点从国土空间转变为聚焦个人的尺度，更加关注人的需求，国土空间设计的相关研究更加精细化和人本化。例如，龙瀛等（2013）以北京市为例，利用多种方法获得了家庭、企业、居民活动、地块等全样本的微观数据，建立微观尺度的 BUDEM 模型，对城市的交通、环境、能耗等多方面进行评价，并由此对未来的城市空间扩展进行分析。黄怡等（2018）以上海中心城区若干社区为例，通过多元回归模型，分析老年人日常活动特征及其感知评价的影响因素，并探索采用个体 GPS 定位技术和活动日志的新方法，深入探讨老年人的日常活动及其感知评价与社区公共空间的关系。许溪（2016）以南宁市某商业步行街设计项目为例，通过 VR 方法使公众认知空间设计内容，并且获取公众评价反馈并予以利用，验证了 VR 方法在空间设计中具有认知、评价和调动参与积极性 3 个方面的优势。此外，通过语义分析的 Facebook、微博等社交论坛数据也可以用于表征公众对国土空间的认知，有利于促进国土空间感知和精细化设计。

尽管目前大数据在国土空间设计中的应用很广，但需要注意以下问题：①与传统调研数据相比，大数据本身与空间规划设计目标没有直接关系，与研究对象的关联性需要转换论证。②研究成果主要集中于解释现象而不是直接服务于设计问题解决。③基于大数据的国土空间设计研究仍然存在一定的特殊性，在不同国土空间的可复制性不强，不同的研究成果间也缺乏有效的耦合。因此，在未来研究中如何构建国土空间设计领域的方法论和系统性的理论体系，如何实现大数据应用与国土空间设计的衔接和转化等需要进一步探讨。

（三）基于绿色可持续发展的国土空间设计

在1987年可持续发展的概念提出以后，世界范围内掀起了“可持续发展”的热潮，可持续发展理论和方法成为新时期进行国土空间设计研究的重要手段。生态景观设计、绿色基础设施设计、地理设计等都成为国土空间设计中的新关注点。利用定量分析技术，可以为生态化国土空间设计提供多领域的支持，如地表温度反演、风环境模拟、生态格局分析、生态敏感度、生态修复土地占用量估算等；通过建筑能耗大数据及城市物理环境的模拟，能解决城市的能源供给平衡的问题，并结合不同国土空间形态的分析评价，提高居民的空间品质和舒适度。利用WRF中尺度气象模式耦合CFD流体模型，对不同国土空间形态的街区通风性能进行分析，指出合理的国土空间设计和建筑布局能够有效增加局部区域的通风性能（刘冲等，2019）。

紧凑城市是一种有利于可持续发展的空间形态，其特征是物理紧凑性、高密度发展和设施完善的公共交通。“紧凑城市”一词特别用于欧洲和英国，北美的“智慧增长”描述了一个类似的概念，即密集、对行人和交通友好的城市化。紧凑城市政策旨在通过严格的土地法规、振兴城市中心和褐色土地、提高生活质量和提供经济适用房来应对许多城市问题，如土地边缘区的消费、能源和资源浪费、空气污染、可访问性和社会隔离（Haaland et al.，2015）。然而，一些包括交通拥堵和空气污染等的副作用阻碍了紧凑城市中的高质量生活，特别是在紧凑城市系统服务的供给往往低于其需求（Larondelle et al.，2016）。为此，一些学者试图为紧凑城市和绿色城市构建一个系统的概念框架，并称为“智慧-紧凑-绿色”城市（Artmann et al.，2017）。“智慧-紧凑-绿色”城市框架可以被认为是一个基于层次指标的目标系统，它包括两个方面：一是考虑通过智慧增长限制城市扩张的需要；二是反映城市绿色基础设施的保护和（再）发展。为平衡这两个方面、将现有指标相互关联而提出的基于层次指标的目标体系具有如下4个特征：紧凑城市和绿色的智慧环境、多功能政府治理特征、智慧多功能、智慧政府和智慧治理。这有望提供一个复杂的“智慧-紧凑-绿色”城市系统的描述，并为综合空间监测提供城市系统的描述，为综合国土空间设计提供基础（Artmann et al.，2019）。

在过去几年里，以自然为基础的解决方案在欧洲的国土空间规划设计中大量涌现，是以应对气候变化、城市退化和基础设施老化等挑战并促进可持续发展的可行的解决方案。基于自然的解决方案不应被视为城市中的“可选的奢侈品”，而应当成为在可持续发展背景下基础设施再开发和改进的强有力候选解决方案。国土空间设计中基于自然的解决方案概念验证和实施阶段相关的主要教训有：①自然的解决方案需要足够优美，使其能吸引公民。②自然的解决方案需要创建新的绿色国土空间。③尝试自然的解决方案需要对地方政府的信任。④自然的解决方案需要多样性和学习社会创新。⑤自然的解决方案需要协作的治理。⑥自然的解决方案的包容性的使命阐述可以使很多国土空间议程得以整合。⑦自然的解决方案需要能够在长期内促进和复制它们（Frantzeskaki，2019）。

二、国土空间设计的现代主要技术

（一）3S 空间分析处理技术

国土空间设计不仅涉及大量的空间数据、属性数据和社会统计数据，同时又要综合多目标下的各种设计因素，以及考虑设计完成后的有效实施和管理。而且，现代国土空间设计必须在与国土空间相关的物质构成、功能要求、社会经济、历史文化、景观生态、行为模式等多种因素的矛盾与协调中寻求最优化的解决方案，需要系统完整的资料储备和综合分析能力。为了提高国土空间设计的工作效率和决策的科学性，3S 空间分析处理技术在国土空间设计中的应用，已成为必然和普遍的趋势，是国土空间设计的重要技术和手段。所谓 3S 技术，是遥感（Remote Sensing，RS）、地理信息系统（Geography Information Systems，GIS）和全球定位系统（Global Positioning Systems，GPS）的统称，是空间技术、传感器技术、卫星定位、导航技术和计算机技术、通信技术相结合，多学科高度集成的对空间信息进行采集、处理、管理、分析、表达、传播和应用的现代信息技术。

1. 遥感技术

遥感技术是应用探测仪器，不与探测目标相接触，从远处把目标的电磁波特性记录下来，通过分析来揭示物体的特征性质及其变化的综合性探测技术（梅安新等，2010）。遥感技术具有全局视野、可进行重复观测、不会干扰对象、数据的采集不会引入现场调查中的采样偏差、可以观测一些由于自然或政治因素无法访问的区域的优点。当然，遥感技术当然也存在着一些局限性，例如遥感不能提供物理、生物或社会科学研究所需要的信息，它只提供一些空间、光谱和时间信息，遥感过程中的许多人为参与（图像处理、解译）可能会引起误差。遥感一般信息提取技术流程包括辐射校正、几何纠正、镶嵌、图像增强、投影变换、特征提取、分类及各种专题处理的一系列操作，从而达到预期目的。作为一项应用于国土空间设计的空间分析处理技术，遥感对于国土空间设计的作用是不言而喻的。国土空间设计中所面临的基础资料，包括人口、资源和环境等问题都可以借助遥感技术进行调查、监测和评价。由于遥感技术的应用，使得设计中的野外调查工作周期缩短、成本降低，提高了工作效率，并且解决了设计中时效性的问题。遥感技术能够提供及时、详细、准确、宏观视野、多层面的地表信息，弥补了以往设计技术方法的不足。同时，遥感技术为空间信息系统提供了强大的查询、分析、统计的基础数据，是国土空间设计不可或缺的基础资料。它的使用为国土空间设计带来了极大的便利以及技术支撑作用。

2. 地理信息系统技术

地理信息系统技术是 20 世纪 60 年代开始迅速发展起来的一门新技术。地理信息系统是以采集、存储、管理、描述、分析地球表面和地理分布有关的数据的信息系统（陈述彭，1999），具有数据录入、编辑、修改、信息查询和统计、测量和空间分析与模拟和专题地图制作等功能。空间分析是 GIS 的主要特征，有无空间分析功能是 GIS 与其他系统相区别的标志。在国土空间设计中，除了运用 GIS 的一般的查询、测量、数据编辑和统计功能外，更重要的就是利用 GIS 的空间分析功能，主要有空间叠置分析、缓冲区分析、网络分析、空间统计分析与3维空间分析。

1）空间叠置分析。在GIS中，数据通常是以分层的方式来组织的，空间叠置分析就是建立在空间拓扑关系的基础上，将有关数据层进行叠加分析产生了一个新的数据层的操作。通常，有两种方法可用于执行叠加分析：要素叠加（叠加点、线或面）和栅格叠加。要素叠加分析通过输入多边形边界的交集，采用标识（Identity）、相交（Intersect）、交集取反（Symmetrical Difference）、联合（Union）、更新（Update）方法操作，创建了新的多边形，生成的多边形具有原始多边形的所有属性。在栅格叠加中，每个图层的每个像元都引用相同的地理位置。这使其非常适用于将许多图层的特征合并到单一图层中的操作。通常，通过将数值指定给每个特征，通过分区统计（Zonal Statistics）、合并（Combine）、加权叠加（Weighted Overlay）、加权总和（Weighted Sum）的数学方式合并图层，并将新值指定给输出图层中的每个像元。

2）缓冲区分析。缓冲区分析是以点、线、面实体为基础，在输入要素周围按设定的距离条件创建缓冲区多边形。该分析功能是地理信息系统重要的空间分析功能之一，在国土空间设计中有着广泛的应用。在划定河流水体生态安全格局时，可以根据设计和生态保护的需要和要求进行缓冲区分析，形成水体生态安全格局结果图。

3）网络分析。网络分析功能包括走廊分析（两点间移动的最小费用计算）、最优路径计算和网络联系功能。在设计中可用于场地选址等工作，如根据交通等现状要素的分布，系统能对任意多点之间的通行或布局进行路径优化分析，以取得最佳路径，从而协助设计人员进行场地选址。

4）空间统计分析。将空间信息（面积、长度、邻近关系、朝向和空间关系）整合到经典统计分析中，以研究与空间位置相关的事物和现象的空间关联和空间关系，从而揭示要素的空间分布规律。在国土空间设计中，通过空间统计分析建模，可应用于土地利用变化、景观生态学、土地利用空间自相关分析以及土地资源的适宜性研究等，是深入了解土地利用变化复杂性的重要手段。

5）3维空间分析。现实的国土空间世界是一个3维空间（不包括时间维），国土空间实体除了平面坐标外，还包括空间坐标（高程值）。3维空间分析功能主要包括数字高程模型分析、时态分析、追踪分析、3维网络分析以及2维要素3维化。在国土空间设计中，3维空间分析可以提供最基本的数字高程模型（DEM）、坡度、坡向、阴影分析，为下一步的设计分析提供参考。

3. 3S技术集成

将RS、GIS和GPS合称为3S技术集成，形成一个统一的有机体。RS、GIS、GPS三者都是关于空间信息获取和处理分析的技术，其中RS、GPS技术主要是针对地理空间数据的获取，以及对其变化的动态监测，而GIS针对的是地理信息和空间数据的存储、分析和处理。三者分开来看，均有自身独特的空间分析特点，实际上三者之间存在着明显的相辅相成、相互促进的关系（刘咏梅等，2009）。随着空间分析技术的不断发展，相互独立地使用3S技术已经逐渐不能满足现实的需求，因此需要将它们集成在一个统一的平台中，不仅能发挥它们各自的优势，而且可以做到空间分析技术的集成利用，解决现实中遇到的复杂问题。随着3S空间分析处理技术集成的不断发展，国土空间设计可以通过RS和

GPS获取空间数据，在此基础上结合“互联网+”和大数据背景获取一些属性数据，并引入公众参与，以此建立国土空间利用系统，来进行设计的编制，实现新背景下的空间分析技术多元化集成。例如通过多元遥感（高分辨率遥感、高光谱遥感、超光谱遥感、无人驾驶低空遥感、多光谱遥感）的智能化处理，并通过与GIS、GPS等多种空间信息的集成，可建立动态监测条件下的城乡发展预测模型、区域性生态环境动态监测系统的运行组织等，提高国土空间设计的动态管理水平。此外，通过集成CAD、GIS、RS和多媒体数据和处理技术，可更好地辅助国土空间设计的方案制定，也可更好地采用2维、3维可视化进行专题表现。集成空间数据库和关系数据库技术，可支持国土空间设计方案制定的基础数据收集和分析；采用数据挖掘技术，可提高设计基础数据的利用率、设计指标计算核算效率和设计成果的多专题表现能力；采用高分辨率卫星遥感影像技术与GIS的集成，可大大丰富国土空间设计基础数据、提高国土空间设计表现能力和加快国土空间设计基础数据的更新频率。

新一代3维GIS体系通过融合了激光点云、3维地形、地下管线、倾斜摄影、手工建模数据、BIM、3维场等数据，通过集成WebGL的“零客户端”技术、VR、3D打印、AR等新兴技术，使得新一代3维GIS技术体系具备强大的3维异构数据融合能力，高效的3维数据运算和分析功能、面向行业的规则定制能力以及Web端的设计能力（沈轩等，2021）。

（二）CAD和图形图像处理技术

在国土空间设计中通常要用计算机对不同方案进行大量的计算、分析和比较，以决定最优方案。各种国土空间设计信息，不论是数字的、文字的或图形的，都能存放在计算机的内存或外存里，并能快速地检索。由计算机自动产生的设计结果，可以快速做出图形。利用计算机可以进行与图形的编辑、放大、缩小、平移、复制和旋转等有关的图形数据加工工作。诞生于20世纪60年代的计算机辅助设计（Computer Aided Design，CAD）技术、图形图像处理技术及其相关计算机软件已经被广泛应用于建筑设计和城市设计的日常实践。CAD具有的3维建模功能能够建立准确的空间模型，并在照相机、光线设定等步骤完成之后生成透视图、轴测图等线框图和简单的渲染图，能更好地表现国土空间的3维效果，并以此进行国土空间视觉景观的综合分析，较大程度地改变了设计方式和设计成果的表达。在图形图像处理的代表软件中，3D MAX系列软件的建模、渲染及对3维静态效果的表现能力比CAD更强，并具有制作动画、展示动态效果的能力。而Photoshop主要用于对CAD和3D MAX生成的图示进行修饰和处理，进一步完善其表现力。在日常实践中，通常表现为从CAD、3D MAX到Photoshop的流程，在国土空间设计中可广泛运用于3维空间模拟和视觉景观分析评价（王建国，2019）。近年来美国推出的一种建筑草图设计工作软件Sketch-Up，可以与CAD、3D MAX等软件相互连接，能更好地直接面向设计方案创造过程，可以迅速建构、显示、编辑3维建筑模型，导出具有精确尺寸的透视图等平面图形，还可以在软件内设置照相机、光线和漫游路线，为模型表面赋予材质和贴图，插入2D、3D背景，进行模拟渲染及动画展示，快速反映设计构思及效果，是一种文件小、运算快、实施性强的新图形图像处理技术，能更有利于把握国土空间形态的整体效果（王建国等，2008)。从发展趋势来看，国土空间设计需要从 CAD 平台向 GIS 平台转变，才能更好地融入国土空间规划。

(三) 虚拟现实、模拟和智能技术

物质空间 3 维形体及人的空间体验的表现和分析，以及对现实世界的事态（State of Affairs）或过程的一种模仿，是国土空间设计的重要内容。以数学模型、计算机图形学、多媒体、人工智能、多传感器及网络为基础，揭示国土空间系统背后的因果关系和演化机理，直观表现 3 维国土空间、形体环境、视觉效果和动态的空间体验，能更好地达成国土空间设计的目标。国土空间设计中的空间模拟、动态仿真和人工智能技术，主要包括虚拟现实、系统动力学、多智能体、元胞自动机、人工智能等。

1. 虚拟现实

虚拟现实（Virtual Reality，VR）于 1989 年由美国 VPL Research 公司的 Jaron Lanier 首次提出。虚拟现实技术采用以计算机为核心的现代高科技手段生成逼真的视觉、听觉、触觉等一体化虚拟环境，用户借助特殊的输入输出设备，采用现实的方式与虚拟世界中的物体进行交互，相互影响，从而产生亲临真实环境的感受和体验（Madole et al.，1995）。该技术集成了计算机图形（CG）技术、计算机仿真技术、人工智能技术、传感技术、显示技术、网络并行处理技术等的最新发展成果，是一种由计算机技术辅助生成的高技术模拟系统。该技术突破了时空条件和物质实体的限制，使得对国土空间发展历史、重要影响因素、生态环境和历史遗迹的复原保存及分析成为可能。该技术的常用软件 Multigen-Vega 主要由强大的 3 维建模工具 Creator 和虚拟仿真引擎 Vega 组成，还往往结合运用 3D MAX、Photoshop、Lightscape 等辅助型软件。具体应用通常包括资料输入获取、建立模型、贴图及特效处理、漫游设定及场景管理等步骤，可将观察者植入虚拟场景，表现国土空间环境的视觉效果和动态的空间体验（王建国，2019）

2. 系统动力学

国土空间设计的动态模拟需以连续性的模型来实现，系统动力学模型可以较好地进行模拟。系统动力学（System Dynamics，SD）模型是建立在控制论、系统论和信息论基础上，研究因果关系网络分析结构中，反馈系统结构、功能以及动态行为的一类模型。其突出特点是能够反映复杂系统结构、功能与动态行为之间的相互作用关系，处理非线性的多重反馈问题，对复杂系统进行动态的模拟，提供决策支持，而不再完全依赖国土空间开发利用历史时间序列。最早的 SD 模型可以追溯到 1971 年由系统动力学创始人 J. W. Forrester 提出的“世界模型”。目前国内外众多研究表明 SD 模型可以反映系统复杂行为，模拟出系统运行的场景。在国土空间设计中进行 SD 模型的动态模拟，可以分为这样几个步骤：①定义系统。定义系统就是确定国土空间设计动态模拟要解决的问题和发展的目标。通过对设计方案的初步分析，预测设计系统可能出现的期望状态，然后分析设计系统的有关特征，最后确定系统的问题，并描述出与问题有关的状态，以及估计问题产生的范围与边界、选择适当的变量。②分析因果关系。系统动力学是把研究的对象作为系统来处理的，根据反馈动力学的原理，把反馈环看成是系统的基本组件。系统动力学通过因果关系

图分析系统各要素之间作用的因果关系。因果关系的分析将系统的要素通过箭头表示。然后根据系统边界诸要素间的因果关系形成反馈环。③建立流图。系统动力学模型流图包括流位（系统内部的定量指标）、流率（描述系统实体在单位时间内的变化率）、流线（表示对系统的控制方式）和流函数（由流位传来信息所确定的决策函数）等。④构造方程与运行模型。根据系统的对应关系构造符合时空变化的方程，然后利用计算机仿真语言，将系统动力学模型转化成系统的仿真模型。⑤结果分析。借助计算机软件，输入对应参数以及相关控制语句运行模型，得出结果。再对结果进行分析，若存在错误或缺陷，可对模型进行修正，直到得到满意的结果。

3. 多智能体

多智能体系统是多个智能体组成的集合，它的目标是将大而复杂的系统建设成小的、彼此互相通信和协调的、易于管理的系统。基于智能体的模型（Agent-Based Model，ABM）是一种“自下而上”的微观模型，是一类模拟自治智能体的行为和相互作用以期评估它们对整个系统的影响的计算模型，结合了博弈论、复杂系统、突现论、计算社会学、多智能体系统和进化规划等元素。究其本质，ABM 能被视作一种确定个体团体行为的可能的系统级结果的方法。ABM 既支持确定性层次模型的建立，又支持整体系统（其中多层次随机规则以不可约的方式协同工作，产生整个系统级的结果）的创建。例如，ABM 可以表达多层次系统中的反馈，高层的智能体和低层的智能体同时影响和限制彼此（张戈，2018）。大多数 ABM 模型包含：①多尺度的数个智能体；②决策方法；③学习规则和适应过程；④相互作用的拓扑结构；⑤环境。ABM 关注的是国土空间系统中大量智能体之间的关系与交互，可通过模拟异质性的个体决策者的社会经济以及空间行为来表达宏观空间结构的总量特征，体现从不稳定中产生秩序的规律。ABM 可以使用机器学习算法来模拟智能体的有限理性行为、某些非线性的因素，例如政策法规等的影响也可以显化在模拟中。因此，ABM 的研究需要对国土空间开发利用变化的决策者建立微观行为模型，通过观察微观智能体与系统之间及智能体之间的交互作用，来研究系统层面整个区域的国土空间的演化过程。在国土空间设计的复杂模拟中，可以建立通过社会、经济、政策等因子反映不同类型智能体的决策偏好，并为不同类型的智能体定义行为以实现智能体之间、智能体与环境之间的交互。

4. 元胞自动机

元胞自动机（Cellular Automata，CA）最初由数学家乌尔姆、冯·诺伊曼（Stanislaw M. Ulam & John von Neumann）于 20 世纪 50 年代提出，是一种时间和空间都离散的动力系统。散布在规则格网中的每一元胞取有限的离散状态，遵循同样的作用规则，依据确定的局部规则做同步更新。大量元胞通过简单的相互作用而构成动态系统的演化。不同于一般的动力学模型，元胞自动机不是由严格定义的物理方程或函数确定，而是用一系列模型构造的规则构成。凡是满足这些规则的模型都可以算作是元胞自动机模型。因此，元胞自动机是一类模型的总称，或者说是一个方法框架。其特点是时间、空间、状态都离散，每个变量只取有限多个状态，且其状态改变的规则在时间和空间上都是局部的。元胞自动机最基本的组成为元胞、元胞空间、邻居及规则 4 部分。简单讲，元胞自动机可以视为由一个元胞空间和定义于该空间的变换函数所组成。在国土空间设计中，元胞自动机有着广泛的运用，因其具有较高的灵活性和可扩展性，以CA核心原理为基础而开发的CLUE-S、SLEUTH等经典模型，为探索城市系统演变、城市扩张机制等提供了全新的认知视角（岳文泽等，2017）。最为常见的是CA与GIS的集成，通过发挥CA在时空动态建模方面的优势并利用GIS强大的空间数据管理能力进行优势互补。此外，将CA模型与分形算法结合，可体现空间系统所具有的分形特征，更好地预测并控制空间系统的演化方向。神经网络模型、遗传算法等也可以与CA模型集成以进一步提高国土空间CA模型的应用能力。但是2维城市CA模型主要是对平面空间信息的表达，无法完整地描述3维空间的发展。而如今国土空间的动态变化很大程度上依赖于3维空间，因此有必要将CA模型向3维扩展，以便更加准确、真实地表达空间系统的特征。到目前为止，利用3维CA模型进行的空间研究仍处于初级阶段，但其重要性已愈发显现，国土空间CA模型向3维发展已成为必然趋势（刘翠，2018）

5. 人工智能

人工智能（Artificial Intelligence，AI），是研究、开发用于模拟、延伸和扩展人的智能的理论、方法、技术及应用系统的一门新的技术科学。它试图了解智能的实质，并生产出一种新的能以人类智能相似的方式做出反应的智能机器。该领域的研究包括机器人、语言识别、图像识别、自然语言处理和专家系统等。AI技术较之CAD技术和BIM（Building Information Modeling，建筑信息模型）技术更能体现国土空间设计的规则、知识和推理。它通过一定的数据输入、机器学习、深度学习、知识推理来自动完成完全遵照规范的规定性参数设计，能自动辨别国土空间设计是否符合规范，是否因地制宜，是否效益最大化。高层次的人工智能可以由机器人自学习产生国土空间设计的初步方案，再由设计师、专家及管理者根据国土空间特性进行优化调整。其实际应用包括机器视觉、专家系统、人脸（指纹、视网膜、虹膜、掌纹）识别，自动设计、自动搜索、定理证明、博弈、智能控制、机器人、语言和图像处理等。由于人工智能具有深度学习设计的能力，通过学习海量的国土空间设计方案，对设计策略、设计原则、设计目标、边界条件形成概念意识，输出边界参数，进行系统建模和图形输出等具有类人脑的功能。由于国土空间设计相当复杂，当下的人工智能技术还处于探索阶段。但是未来的国土空间设计必然会逐步渗透人工智能技术，有人甚至提出：机器人做城市设计，还远吗（沈国红，2017）。随着大数据智能、跨媒体感知、混合增强智能、群体智能、自主协同控制、高级机器学习、类脑智能、量子智能等技术的不断突破完善，国土空间设计将会进入人工智能时代。

（四）大数据、云计算和区块链技术

大数据、云计算和区块链技术，是近年来迅速发展起来的现代信息技术分支领域。大数据和云计算已经在国土空间规划设计中尝试应用，区块链技术还处于设计思维的阶段。但这些技术对未来国土空间设计的发展，如同上文提到的虚拟现实、多智能体和人工智能技术一样，可能会有颠覆性的影响。

1. 大数据技术

麦肯锡在其报告《大数据：创新、竞争和生产力的下一个前沿》中给大数据的定义是：大小超出常规的数据库工具获取、存储、管理和分析能力的数据集。国际数据公司（IDC）从大数据的4V特征来定义，即海量的数据规模（Volume）、快速的数据流转和动态的数据体系（Velocity）、多样的数据类型（Variety）及巨大的数据价值（Value）。研究国土空间设计大数据的关键技术中，最为基本的也是次序最先的技术是大数据采集技术。在生产经营、国土空间管理及相关业务交互等活动中产生了文本、图像、视频、传感器、社会经济环境属性数据、空间地理信息等海量结构类型不尽相同的数据，分为结构化、半结构化及非结构化数据。如何有效地从众多不同的信息源里高效地采集数据是大数据采集技术的焦点，常用的大数据采集技术工具有 Hadoop、网络爬虫、API 或者 DPI 等（甘云燕，2015）。Hadoop 是一个由 Apache 基金会所开发的分布式系统基础架构，用户可以在不了解分布式底层细节的情况下开发分布式程序，通过充分运用集群系统的威力进行高速运算和大量存储。网络爬虫，又被称为网页蜘蛛、网页追逐者，是一种按照一定规律自动抓取网页信息的程序或脚本。由于互联网信息数据量巨大，且存在重复现象，为了解决这些问题，定向抓取相关网页资源，获取目标信息，使得网络爬虫技术应运而生。API（Application Programming Interface，应用程序编程接口）是一些预先定义的函数，目的是为了让开发者在无须访问源码或理解内部工作机制细节的情况下，调用他人共享的功能与资源。对于网络流量的采集则可以使用 DPI 或者 DFI 等带宽管理技术。随着国土空间设计数据的不断增加，需要按照数据的不同类型和结构对其进行分类储存和管理，并具有很强的可扩展性以满足需求。相较于以往小范围小容量的处理方式，对国土空间设计大数据的储存要求高吞吐量和利用新的存储架构、文件系统，并研究利用 No SQL 数据库为大数据管理设计新型的数据管理技术。同时，针对特定的数据要设计特殊的数据库以提升数据的高效与实用性。通过 PC Server 上搭建大规模的存储集群，运用 HBase 等技术来解决国土空间设计中不同结构的数据管理问题。也可利用云计算中虚拟化技术将各类资源虚拟化成资源池来实现数据的统一分析与处理（王星月等，2017）。与传统数据挖掘类似，大数据应用包括两个方面目标：①面向过去，发现潜藏在国土空间大数据表面之下的历史规律或模式，称为描述性分析（Descriptive Analysis）。②面向未来，对未来趋势进行预测，称为预测性分析（Predictive Analysis）。把大数据分析的范围从“已知”拓展到“未知”，从“过去”走向“将来”，这是大数据在国土空间设计中的真正生命力和“灵魂”所在（岳文泽，2016）。

2. 云计算技术

云计算（Cloud Computing）是分布式计算的一种，指的是通过网络“云”将巨大的数据计算处理程序分解成无数个小程序，然后，通过多部服务器组成的系统进行处理和分析这些小程序得到结果并返回给用户。云计算早期，简单来说，就是简单的分布式计算，解决任务分发，并进行计算结果的合并。因而，云计算又称为网格计算。通过这项技术，可以在很短的时间内（几秒钟）完成对数以万计的数据的处理，从而达到强大的网络服务。现阶段所说的云计算已经不单单是一种分布式计算，而是分布式计算、效用计算、负载均衡、并行计算、网络存储、热备份冗杂和虚拟化等计算机技术混合演进并跃升的结果（许子明等，2018）。为克服传统 2 维设计方法的缺陷，同时更好地解决当国土空间设计参与人员较多时设计的合并和冲突处理问题，采用 3D 模型与云计算相结合的方式对国土空间设计工作方式进行优化，在实践中已经取得了积极效果（齐越等，2019）。基于云计算的区域信息采集系统设计及运行结果表明，与传统的信息采集方法相比，云计算环境下的区域信息采集系统准确率可由91.8%提升到96.3%，且平均准确率可提升3.9%左右（莫年发等，2020）。

3. 区块链技术

区块链（Blockchain）是一个共享数据库，是分布式数据存储、点对点传输、共识机制、加密算法等计算机技术的新型应用模式，具有“去中心化”“不可伪造”“全程留痕”“可以追溯”“公开透明”“集体维护”等特征。随着区块链技术的发展成熟，必将产生一批基于区块链的智能产品和软件应用。对于国土空间设计人员而言，需要积极认知和理解区块链技术，把握时代发展的先机。区块链设计思维，就是为国土空间设计研究人员和设计师开发新一代智能产品和交互软件提供的全新思维视角。区块链技术涉及密码学、编程、通信、数据库、系统论等领域的知识，其复杂性和颠覆性是国土空间设计人员面临的巨大挑战。国土空间的区块链设计思维，包括多方面的内涵，例如去中心化思维、可证可溯数据传输思维、分布式存储思维、智能合约思维、通证化思维、分布式成本结构思维等，可能会在很大程度上改变当下的国土空间设计模式和运行机制。例如，智能合约思维，就可以使设计业务完全依赖技术就能达成可靠的公信力，不需要第三方信用机构背书，更能够满足复杂业务设计的需求，这是具有颠覆意义的（李国清，2020）。国土空间设计是为人服务的，需要明确不同群体和个体的需求，给用户以方便快捷的服务并提高其满意度是国土空间设计存在的重要基础。融入区块链理念，构建国土空间设计数据管理架构、管理流程、管理机制和管理保障，制定国土空间设计数据池的记账、存储、共识和激励机制，有利于国土空间设计的诊断分析和后评价。通过区块链技术收集、整理、归纳和分析各种用户行为的各类数据信息，充分利用区块链技术信息不可篡改、公共透明、数据集体维护、数据管理可靠、去中心化、成本较低等特点，不断探究数据的潜在价值，对用户的需求做出客观的综合评价与判断，制定具有个性化的设计策略，应该是国土空间设计重要的新技术和新方向。

（五）空间句法分析技术

20世纪70年代末至80年代初，由英国伦敦大学学院（UCL）Hillier et al.（1984）提出的空间句法（Space Syntax），其基本思想是将空间看成是社会经济活动开展的一部分，进而对空间进行尺度划分和空间分割，分析其相互之间的复杂关系，揭示物质空间形态的社会成因及其影响，本质上也是一种空间网络分析方法。空间句法中所指的空间，不仅是欧氏几何所描述的可用数学方法来量测的对象，还是所描述的空间之间的拓扑、几何、实际距离等的关系。它不仅关注局部的空间可达性，还强调整体的空间通达性和关联性。空间句法将空间之间的相互联系抽象为连接图，再按图论的基本原理，对轴线或特征各自的空间可达性进行拓扑分析，最终导出一系列的形态分析变量：连接值（Connectivity Value），表示某节点连接的节点个性和空间渗透性的连接测度；控制值（Control Value），表示节点之间的相互控制程度，数值上等于与之相邻的空间的连接值的倒数之和；深度值（Depth Value），表示两个节点间最短路程和节点的可达性；集成度（Integration Value），表示节点与系统内所有节点的联系紧密程度；穿行度（Choice Value），表示系统中某一空间被其他最短路径穿行的可能性。在空间句法中主要有轴线分析、凸空间分析、视域分析等3种空间分析方法，还有上述提及的连接值、控制值、深度值、集成度、智能度等几种量化拓扑学形态计算参数指标（Hillier et al.，2012）。空间句法软件通过预测和分析空间布局导致的人的行为模式或交通的出行模式，从而去更好地理解人类生存的社会与空间的互动关系，领悟形式和功能的相辅相成，以便改善和辅助国土空间的空间设计。各种参数的计算已经可以由计算机自动完成并生成相应图示。空间句法能为国土空间形态的量化研究提供可能性与工具，对于国土空间历史演变、路网空间形态分析、国土空间文化设施可达性等设计研究都有一定的应用价值。总体上看，空间句法主要针对二维平面进行分析，具有一定的方法前提和适应范围，但作为分析空间与社会经济关系的量化方法，是对国土空间与社会文化互动影响的有益探索。

（六）复杂性科学计算技术

在市场环境条件下，国土空间设计信息的质和量，总是随着时间和空间的变化而不断变化，尤其是随着区域经济的快速发展，工业化、城市化进程的快速推进和城乡居民消费观念及文化需求的快速变化，更显得极其复杂。由此，人们在其所处的环境下或系统中采取设计行动时就必然充满着不确定性、非线性和涌现性等问题。从设计的角度来看，不确定性的种类至少包括4种：环境的不确定性、价值的不确定性、相关决策的不确定性、方案寻找的不确定性（Hopkins，1981）。从更深层次的角度来看，不确定性源于信息经济学上所谓的信息扭曲（Garbling）（Marschak et al.，1972）。这种不确定性的产生是由设计决策者对所处空间系统认知不足所造成的。而且由于空间系统具有变化多端的复杂性，且人们认知能力有限，编制设计方案或决策时不确定性是不可避免的。为了更好地解决国土空间设计中面临的非线性、不确定性、自组织性和涌现性问题，需要借助复杂性科学理论思维和计算技术，才能更好地予以解决。

复杂性科学兴起于20世纪80年代，是系统科学发展的新阶段。英国著名物理学家霍金称“21世纪将是复杂性科学的世纪”。复杂性科学是对还原论的批判和超越，也是对整体论的追求和超越，更是对“融贯论（Syncretism）”的创建与追求。其基本特征是：非线性、不确定性、自组织性和涌现性。复杂性科学体系是随着复杂性研究的深入而不断发展的，总体上由3部分组成：系统科学、非线性科学和进化计算科学。其中系统科学包括耗散结构理论、协同学、超循环理论、突变论、复杂巨系统理论；非线性科学包括混沌理论、分形理论等；进化计算科学可细分为进化编辑、遗传算法、人工生命、元胞自动机、涌现学等。3个部分之间互为补充，共同构成复杂性研究的理论、方法和技术的基础，详细计算可见《大规模复杂系统认知分析与构建》（张发等，2019）等相关专著。

如果将国土空间看作是一个复杂的网络系统，其设计将主要面对两种模型（Strogatz，2001；詹卫华等，2011）：①小世界网络（Small World Networks）。其特点是作为数学图形中大部分的节点不彼此邻接，但大部分节点可以从任意其他点经少数几步就可以到达。如果将一个小世界网络中的点代表一个个体，而连接线代表个体与个体认识，则小世界网络可以反映陌生个体由彼此共同认识的个体而连接的小世界现象。试验表明，少量的捷径

（Short Cut）的建立，就能使整个网络不知不觉地变成小世界网络。现实国土空间的社会、生态等网络都是小世界网络。在这样的系统里，信息传递速度快，并且少量改变几个连接就可以剧烈地改变网络的性能。例如在空间规划设计体系中，少量改变高速公路网、高铁网、水网、铁路网、生态网等通道结构，就会极大地改变国土空间的聚合系数，显著提高国土空间的效能。②无标度网络（Scale Free Networks）。这是一种大多数节点仅有少量的连接而少数节点拥有大量连接，而度分布符合幂律分布的复杂网络。一般而言，无标度网络符合 Zipf 定律，也就是 80/20 马太效应定律。无标度网络具有严重的异质性，度的分布很不均匀。网络中拥有极其多连接的节点通常称为 Hub 点，这些少数的 Hub 点对无标度网络的运行起着主导作用。按照这一原理，在国土空间设计中重视大城市、交通节点、生态节点等的主导作用分析，具有特别重要的意义。国土空间设计中的统筹和均衡是需要的，但不能违背无标度网络的规律。大量研究表明，网络的拓扑结构会在很大程度上影响博弈的合作水平。Hauert & Doebeli 研究了规则网络上的雪堆博弈模型，得出与囚徒困境不一样的结论。其后 Santos et al. 研究了均匀小世界网络的囚徒困境模型，对比规则网络，得出更一般的结论：异质因素促进合作的涌现。不少学者研究了无标度网络上的囚徒困境和雪堆博弈模型，再次验证了异质因素对促进合作涌现的重要作用，并指出无标度网络是目前最有利于合作涌现的网络结构（季铭等，2010）。因此，在国土空间设计如果忽视 Hub 点上的城市功能设计，在无标度网络中将会大大增加合作的难度，这是不利于促进区域协调发展的。

参考文献

伯克 菲利普，戈德沙克 戴维，泽 爱德华，等. 2009. 城市土地使用规划［M］. 吴志强译制组，译. 北京：中国建筑工业出版社.

陈华友，朱家明，丁珍妮. 2017. 组合预测模型与方法研究综述［J］. 大学数学，33（4）：1-10.

陈婧佳，张昭希，龙瀛. 2020. 促进公共健康为导向的街道空间品质提升策略：来自空间失序的视角［J］. 城市规划，44（9）：35-47.

陈述彭. 1999. 地理信息系统导论［M］. 北京：科学出版社.

戴代新，戴开宇. 2009. 历史文化景观的再现［M］. 上海：同济大学出版社.

弗雷德里克 J 格拉维特，罗妮安 B 佛泽诺. 2020. 行为科学研究方法［M］. 邓铸，等，译. 上海：上海教育出版社.

甘云燕. 2015. 基于国土资源的大数据应用分析［J］. 西部资源（5）：35-37.

管雯君，杨传勇. 2018. 自然资源部统筹下的新型地理设计思路探索［J］. 规划师（12）：68-72.

郭文华. 2004. 农田景观演变与农业发展［J］. 国土资源情报（1）：48.

韩博，金晓斌，沈春竹，等. 2019. 基于景观生态评价与最小阻力模型的江南水乡土地整治规划［J］. 农业工程学报，35（3）：235-245.

黄怡，朱晓宇. 2018. 城市老年人的日常活动特征及其感知评价的影响因素：以上海中心城社区为例［J］. 上海城市规划（6）：87-96.

季铭，许晨. 2010. 演化雪堆博弈模型中的合作行为［J］. 苏州大学学报（自然科学版），26（1）：57-60+65.

季铁男. 1992. 建筑现象学导论［M］. 台北：桂冠图书股份有限公司.

姜梅，姜涛. 2010. 现象学：作为城市设计方法［J］. 中国园林（3）：55-57.

姜向阳，张红专. 2008. 围绕系统分析过程图组织“系统工程”教学［J］. 中国电力教育（12）：22-23.
雷诚，范泽宁. 2015. 城市设计策划方法及应用探析：以镇江市丁卯核心区城市设计为例［J］. 西部人居环境学刊（6）：80-86.
李国清. 2020. 区块链设计思维的来源与内涵［J］. 工业设计（10）：112-113.
李先逵，刘晓晖. 2018. 诗境规划论［M］. 北京：中国建筑工业出版社.
李旭旦. 1984. 人文地理学［M］. 上海：中国大百科全书出版社.
连欣玥. 2020. 感知理论在展示空间设计中的应用［J］. 美术教育研究（5）：62-63.
刘成武，杨志荣，方中权，等. 1999. 自然资源概论［M］. 北京：科学出版社.
刘冲，彭云龙，王体健，等. 2019. 基于 WRF-CFD 耦合的复杂城市形态街道通风性能模拟研究［J］. 装备环境工程，16（6）：63-71.
刘翠. 2018. 基于细胞自动机的城市空间研究进展［J］. 华中建筑，36（4）：16-19.
刘文平，宇振荣，郧文聚，等. 2012. 土地整治过程中农田防护林的生态景观设计［J］. 农业工程学报，28（18）：233-240.
刘咏梅，李谦，符海月，等. 2009. 3S 技术在衔接主体功能区规划与土地利用管理中的应用［J］. 长江流域资源与环境，18（11）：1003-1007.
龙花楼. 2013. 论土地整治与乡村空间重构［J］. 地理学报，68（8）：1019-1028.
龙瀛，崔承印，茅明睿，等. 2013. 大数据时代的精细化城市模拟：方法、数据、案例和框架［C］//中国城市规划学会. 2013 中国城市规划年会论文集：1-21.
龙瀛，刘伦伦. 2017. 新数据环境下定量城市研究的四个变革［J］. 国际城市规划，32（1）：64-73.
卢济威，于奕. 2009. 现代城市设计方法概论［J］. 城市规划（2）：66-71.
卢世生. 2006. 城市景观艺术设计研究的主要内容及其意义［J］. 华中科技大学学报（城市科学版）（2）：59-62
马文军. 2005. 城市开发策划［M］. 北京：中国建筑工业出版社.
马武定. 2005. 城市美学［M］. 北京：中国建筑工业出版社.
梅安新，彭望琭，秦其明，等. 2010. 遥感导论［M］. 北京：高等教育出版社.
苗敬毅，董媛香，张玲，等. 2019. 预测方法与技术［M］. 北京：清华大学出版社.
莫年发，谢锡锋，梁红. 2020. 基于云计算的农田规划区域信息采集系统设计［J］. 农机化研究（5）：201-205.
齐越，薛天寒，房卓，等. 2019. 基于云计算的 3D 协同工程设计方法［J］. 港口科技（12）：11-14.
钱缨. 2013. 城市设计的非线性模式［J］. 美术学报（2）：106-110.
沈国红. 2017. 机器人做城市设计，还远吗［J］. 交通与运输（2）：1-3.
沈轩，徐元晓，陈飞. 2021. 3 维 GIS 在区县级智慧城市中的应用［J］. 信息技术与信息化（2）：39-41.
特兰西克 罗杰. 2013. 寻找失落空间：城市设计的理论［M］. 朱子瑜，等，译. 北京：中国建筑工业出版社：63.
汪德华. 2009. 中国城市设计文化思想［M］. 南京：东南大学出版社.
王建国. 2019. 城市设计［M］. 南京：东南大学出版社.
王建国，蔡凯臻. 2008. 数字技术方法在现代城市设计中的应用［J］. 南方建筑（2）：28-32.
王兰，王静，徐望悦. 2018. 城市空间品质评估及优化［J］. 城市问题（7）：77-83.
王星月，马友华，王静，等. 2017. 基于国土资源的大数据应用研究［J］. 国土与自然资源研究（4）：74-80.
王云才. 2010. 景观生态规划原理［M］. 北京：中国建筑工业出版社.
乌铁红，闫立杰，王汉祥. 2012. 地理学视域下旅游地意象感知的时空特性分析［J］. 内蒙古大学学报

（哲学社会科学版）(1)：75-79.
吴次芳，叶艳妹，吴宇哲，等. 2019. 国土空间规划［M］. 北京：地质出版社.
西特 卡米洛. 2020. 遵循艺术原则的城市设计［M］. 王骞，译. 武汉：华中科技大学出版社.
徐国强. 2013. 论军事概念开发［J］. 南京政治学院学报，29（6）：126-129.
徐世勇. 2012. 组织行为学［M］. 北京：中国人民大学出版社.
徐小东，王建国. 2018. 绿色城市设计［M］. 南京：东南大学出版社.
许溪. 2016. 基于虚拟现实技术（VR）的公众参与方法在城市设计中的应用研究［D］. 南宁：广西大学.
许子明，田杨锋. 2018. 云计算的发展历史及其应用［J］. 信息记录材料，19（8）：66-67.
姚宏韬. 2000. 场地设计［M］. 沈阳：辽宁科学技术出版社.
叶宇，庄宇，张灵珠，等. 2016. 城市设计中活力营造的形态学探究：基于城市空间形态特征量化分析与居民活动检验［J］. 国际城市规划（1）：26-33.
原研哉. 2010. 设计中的设计［M］. 纪江红，朱锷，译. 桂林：广西师范大学出版社.
岳文泽. 2016. 土地大数据发展与土地管理转型［J］. 土地科学动态（3）：1-13.
岳文泽，高佳斌，熊昌盛. 2017. 基于CA非均质性邻接关系的城市扩张模拟［J］. 浙江大学学报（工学版），51（11）：2232-2238.
詹卫华，关佶红，章忠志. 2011. 复杂网络研究进展：模型与应用［J］. 小型微型计算机系统，32（2）：193-202.
张蚌蚌. 2017. 细碎化视角下耕地利用系统空间重组优化理论、模式与路径［D］. 北京：中国农业大学.
张晨. 2008. 新产品概念开发中的创意管理［J］. 艺术与设计（理论）(2)：127-129.
张发，于振华. 2019. 大规模复杂系统认知分析与构建［M］. 北京：国防工业出版社.
张戈. 2018. 基于智能体的城市土地利用规划决策支持模型研究［D］. 南京：南京大学.
张远，金贤锋，张泽烈，等. 2016. 地理设计理论、技术与实践［M］. 北京：科学出版社.
郑铁生. 1999. 半个世纪关于《红楼梦》叙事结构研究的理性思考［J］. 红楼梦学刊（1）：3-5.
朱文一. 1993. 空间·符号·城市：一种城市设计理论［M］. 北京：中国建筑工业出版社.
朱骁. 2018. 基于谱系脉络的城市设计技术方法发展研究综述［D］. 南京：东南大学.
庄惟敏，李道增. 1992. 建筑策划论：设计方法学的探讨［J］. 建筑学报（7）：4-9.
Flaxman M. 2010. 地理设计基础［J］. 迟晓毅，译. 中国园林（4）：29-34.
Food and Agriculture Organization of the United Nations. 1977. A framework of land evaluation (Publication 22) [M]. Wageningen: International Institute for Land Reclamation and Improvement.
U. S. Congress. 1979. National forest system land and resource management planning [J]. Federal Register, 44 (181): 53983-53999.
Annes A, Redlin M. 2012. Coming out and coming back: rural gay migration and the city [J]. Journal of Rural Studies (28): 56-68.
Artmann Martina, Bastian Olaf, Grunewald Karsten. 2017. Using the concepts of green infrastructure and ecosystem services to specify leitbilder for compact and green cities: the example of the landscape plan of Dresden (Germany) [J]. Sustainability (9): 198.
Artmann Martina, Kohler Manon, Meinel Gotthard, et al. 2019. How smart growth and green infrastructure can mutually support each other: a conceptual framework for compact and green cities [J]. Ecological Indicators (96): 10-22.
Bao H J, Xu B G. 2009. Planning mode for land remediation based on ecological priority: a case of Qixing Town of Jiaxing [J]. Economic Geography, 29 (11): 1903-1906.

Barnhart Clarence L. 1953. The American college dictionary [M]. New York: Harper & Brothers.

Boehm Barry W. 1988. Understanding and controlling software costs [J]. Journal of Parametrics, 8 (1): 32-68.

Burholt V, Naylor D. 2005. The relationship between rural community type and attachment to place for older people living in North Wales, UK [J]. European Journal of Ageing, 2 (2): 109-119.

Cay T, Uyan M. 2013. Evaluation of reallocation criteria in land consolidation studies using the analytic hierarchy process (AHP) [J]. Land Use Policy, 30 (1): 541-548.

Caya T, Iscan F. 2011. Fuzzy expert system for land reallocation in land consolidation [J]. Expert Systems with Applications (38): 11055-11071.

Chartin C, Evrard O. 2013. Quantifying and modeling the impact of land consolidation and field borders on soil redistribution in agricultural landscapes [J]. CATENA, 110 (11): 184-195.

Crompton J L. 1979. An assessment of the image of Mexico as a vacation destination and the influence of geographical location upon that image [J]. Journal of Travel Research, 17 (1): 18-23.

Dangermond J. 2009. GIS: designing our future [R/OL]. Redlands: ESRI. http://www. esri. Com/news/arcnews/summer 09 articles/ gis-desgning-our-future. html.

de Blij Harm J, Muller Peter O. 1986. Human geography: culture, society and space [M]. 3rd ed. New York: John Wiley and Sons.

Duenckmann F. 2010. The village in the mind: applying Q-methodology to re-constructing constructions of rurality [J]. Journal of Rural Studies (26): 284-295.

Ewing R, Handy S, Brownson R, et al. 2006. Identifying and measuring urban design qualities related to walkability [J]. Journal of Physical Activity and Health (3): S223-S240.

Forman R T T. 1995. Land mosaics: the ecology of landscape and regions [M]. Cambridge: Cambridge University Press.

Frantzeskaki Niki. 2019. Seven lessons for planning nature-based solutions in cities [J]. Environmental Science and Policy (93): 101-111.

Garcia-Dorado I, Demir I, Aliaga D G . 2013. Automatic urban modeling using volumetric re-construction with surface graph cuts [J]. Computers & Graphics, 37 (7): 896-910.

George R Varkki. 1997. A procedural explanation for contemporary urban design [J]. Journal of Urban Design, 2 (2). 143-161.

Gold John R. 1980. An introduction to behavioral geography [M]. Oxford: Oxford University Press.

Goodchild M F. 2010. Towards geodesign: repurposing cartography and GIS [J]. Cartographic Perspectives (66): 7-21.

Gu X K. 2012. Ecological effect of different types land consolidation in Hubei Province of China [J]. Chinese Journal of Applied Ecology, 23 (8): 2263-2269.

Haaland C, van den Bosch C K. 2015. Challenges and strategies for urban green-space planning in cities undergoing densification: a review [J]. Urban Forestry & Urban Greening (14): 760-771.

Halfacree K. 2006. Rural space: constructing a three-fold architecture [M] //Cloke P et al. Handbook of Rural Studies. London: Sage: 125-141.

Hillier B, Hanson J. 1984. The social logic of space [M]. Cambridge: Cambridge University Press.

Hillier B, Yang T, Turner A. 2012. Advancing DepthMap to advance our understanding of cities: comparing streets and cities, and streets to cities [C] //8th Space Syntax Symposium.

Hopkins L D. 1981. The decision to plan: planning activities as public goods [M] //Wal F J, van Lierop Peter Nijkamp. Locational Developments and Urban Planning. Persian Gulf: Sijthof and Noordhoff: 273-296.

Kirk W. 1963. Problems of geography [J]. Geography (48): 357-371.

Kiss E. 2000. Rural restructuring in hungary in the period of socio-economic transition [J]. GeoJournal, 51 (3): 221-233.

Laird Raymond T, Perkins Jeanne B, Bainbridge David A, et al. 1979. Quantitative land-capability analysis [R]. U. S. Geological Survey Professional Paper 945.

Larondelle Neele, Lauf Steffen. 2016. Balancing demand and supply of multiple urban ecosystem services on different spatial scales [J]. Ecosystem Services (22): 18-31.

Leyshon M. 2002. On being "in the field": practice, progress and problems in research with young people in rural areas [J]. Journal of Rural Studies, 18 (2): 179-191.

Li H B, Zhang X L. 2012. A review and trend on rural settlement geography abroad [J]. Human Geography, 27 (4): 103-108.

Madole D, Begault D. 1995. 3-D sound for virtual reality and multimedia [J]. Computer Music Journal, 19 (4): 99.

Madsen L M, Adriansen H K. 2004. Understanding the use of rural space: the need for multi-methods [J]. Journal of Rural Studies, 20 (4): 485-497.

Marschak J, Radner R. 1972. Economic theory of teams [M]. New Haven: Yale University Press.

Marzaioli R, D'Ascoli R, de Pascale R A, et al. 2010. Soil quality in a Mediterranean area of Southern Italy as related to different land use type [J]. Appl. Soil. Ecol. (44): 205-212.

McGrath B. 1998. The sustainability of a car dependent settlement pattern: an evaluation of new rural settlement in Ireland [J]. The Environmentalist, 19 (2): 99-107.

Odum Eugene P. 1971. Fundamentals of ecology [M]. Philadelphia: W. B. Saunders.

Patt T. 2015. Generative master planning inspired by cellular automata with context-specific tessellation [J]. Generative Design-Concepts (2): 461-466.

Pini B. 2002. Focus groups, feminist research and farm women: opportunities for empowerment in rural social research [J]. Journal of Rural Studies (18): 339-351.

Riley M, Harvey D. 2007. Oral histories, farm practice and uncovering meaning in the countryside [J]. Social and Cultural Geography, 8 (3): 391-415.

Salter C L, Lloyd W J. 1977. Landscape in literature [C] //Resource Papers for College Geography. No 76-3. Washington, D. C.: Association of American Geographers: 21977.

Santé Inés, García Andrés M, Miranda David, et al. 2010. Cellular automata models for the simulation of real-world urban processes: a review and analysis [J]. Landscape and Urban Planning, 96 (2): 108-122.

Steinitz C. 2008. On scale and complexity and the need for spatial analysis [C/OL] // Specialist Meeting on Spatial Concepts in GIS and Design 2008. Santa Barbara: University of California Santa Barbara. http: //ncgia. usb. edu/projects/scdg/postion/Steinitz-position-paper. pdf.

Strogatz Steven H. 2001. Exploring complex networks [J]. Nature (410): 268-276.

Suryanata K. 2002. Diversified agriculture, land use, and agrofood networks in Hawaii [J]. Economic Geography, 78 (1): 71-86.

Trevor Ryan Patt. 2018. Multi-agent approach to temporal and punctual urban redevelopment in dynamic, informal contexts [J]. International Journal of Architectural Computing, 16 (3): 199-211.

van Lier H N et al. 1994. Sustainable land use planning [M]. Amsterdam: Elsevier.

Walmsley D J, Lewis G J. 1984. Human geography: behavioral approaches [M]. New York: Longman.

Wilson E O. 1992. Sociobiology [M]. Cambridge: Harvard University Press.

Woods M. 1998. Researching rural conflicts: hunting, local politics and actor-networks [J]. Journal of Rural Studies, 4 (3): 321-340.

Woods M. 2010. Performing rurality and practising rural geography [J]. Progress in Human Geography (34): 835-846.

Wright J K. 1947. Terrae incoqnita: the place of the imagination in geography [J]. Annals of the Association of American Geographers (37): 1-15.

Ye T, Zhao N, Yang X, et al. 2019. Improved population mapping for China using remotely sensed and points-of-interest data within a random forests model [J]. Science of the Total Environment (658): 936-946.

Ye Y M, Wu C F, Yu J. 2011. Ecological design of ditches in agricultural land consolidation: a review [J]. Chinese Journal of Applied Ecology, 22 (7): 1931-1938.

Yomralioğlu T, Parker D. 1993. A GIS-based land readjustment system for urban development [C] // Fourth European Conference on Geographical Information Systems in Genoa, EGIS'93 Conference Proceedings. Vol. 1: 372-379. Utrecht, Amsterdam. The Netherlands.

Yu Kongjian. 1995. Cultural variations in landscape preference: comparisons among Chinese sub-group and Western design experts [J]. Landscape and Urban Planning (32): 107-126.

Zheng Y, Liu Y, Yuan J, et al. 2011. Urban computing with Taxicabs [C] //Proceedings of the 13th international conference on Ubiquitous computing: 89-98.

第四章　总体国土空间设计

第一节　总体国土空间设计的特质和重点

一、总体国土空间设计的概念特质

（一）总体国土空间设计的重要特质

20 世纪 70 年代以来，世纪经济全球化和区域化问题日益突显。极端气候频繁、生态环境恶化、生物多样性减少、资源能源短缺等全球性问题，是任何国家发展都不可回避的共同障碍。生态系统、生物圈关系和人类存在的交叉网络使得各种问题变得日益复杂化，任何单一或单项设计都无法解决区域和国家层面的重大问题。如何将国土空间作为一个整合的系统来进行综合考量，以提升国土空间的建成环境，优化国土空间的资源配置，改进国土空间的功能结构，并最终改善生态环境质量和人们的生活品质，已成为当前人类发展面临的重大议题。

总体国土空间设计，也称整体国土空间设计或国土空间总体设计，是国土空间整体层面的设计。它更有利于促进从全局层面为国土空间发展制定战略与框架，并寻求在法规层面强化对国土空间建设的控制与引导，是解决当前空间发展日趋复杂化和综合化问题的重要手段。如果说总体城市设计是解决美丽城市建设的问题，那么总体国土空间设计是解决美丽中国建设的问题。后者更能突出体现国土空间的整体性和综合性，更加聚焦国土空间整体框架和运行模式的适应性与可控性，为有效控制和引导国土空间结构功能整体优化和可持续发展提供决策依据。总体国土空间设计以国土空间总体规划为基础和指导，又作为国土空间总体规划的有益补充和深化，二者相得益彰，在国土空间全局发展中缺一不可。其基本特点是探求国土空间各个部分、各种因素和多个层次之间相互联系的方式，即空间结构的机理与功能，由此形成一种新的国土空间整体性认知。从这一角度看，总体国土空间设计具有以下基本特质：

1）设计对象的全域性。总体国土空间设计的对象是指区域范围内的全部国土空间和要素，而不仅仅是单一的土地资源、水资源或交通要素和人口要素，实行的是全域国土空间的统一设计。它要对自然地理格局、经济地理格局、整体生态环境、人口产业发展、基础设施配置、全部人文景观、城乡结构、海陆统筹、山水林田湖草等进行全面研究，将各种资源、空间形态和空间要素的认识连接起来，形成新的统一整体认识。它更加着力设计一个区域的发展功能，把城市和乡村放在一个整体的框架下进行设计，更加重视全域性空间治理、全域性多功能实现、全域性开发保护协调和全域性特色格局建构。

2）设计目标的整体性。国土空间是由一系列社会生态系统组成的具有特定结构和功能的整体。各种空间要素间发生着密切的相互渗透和相互作用，通过水循环、生物循环和地质循环等物质运动和能量交换过程，从而形成了一个可持续发展的生命有机循环系统和生物圈的“自创生”系统，这是一个“它弃你用”“你无我补”的互补互动运营紧密系统。每一个要素通过与其他要素进行物质能量交换，改变着其他要素的性质，对国土空间的形成演化起着重要作用，各个要素是综合地发挥作用的。任何一个环节受到破坏，都会带来整个空间系统的不稳定和结构失衡。因此，应将整体性作为总体国土空间设计的核心目标，将维持和保护国土空间的完整、有序、稳定、平衡和持续存在作为衡量设计成败的根本尺度。

3）设计内容的系统性。国土空间是一个由若干要素组成的具有特定结构的功能系统，包括层次、结构、功能、反馈、信息、平衡、涨落、突变和自组织等内容。总体国土空间设计强调系统和环境的物质、能量和信息交换，强调系统和环境是相互联系和相互作用的统一体，反对孤立研究其中任何问题及从个别方面思考和解决问题，比如不是孤立地研究城市设计或乡村设计等，而是要把城市、村落、农田、山体、建筑、荒漠、森林和水体等进行系统设计。要系统地提出设计问题，明确设计要素之间的相互关系，确立空间系统结构设计的组成和相互关系，重视空间系统设计输入与输出之间相互作用、自我调节的循环过程，空间系统设计的干扰和噪声，外部条件连续变化时空间系统发生在跃迁临界点上的不连续性突变，系统评估空间自发走向有序结构的性质和能力。当代德国的总体国土空间设计，就是将避免自然干预、可持续雨水管理、气候保护、可再生能源利用、大地景观、城市性、乡村性、功能混合、绿色交通、短途城市等内容进行系统设计。

4）设计要素的复杂性。国土空间是一个由自然、社会、经济、文化、景观、生态等要素所组成的复杂系统，各种设计要素都具有异质性、多样性和非线性相关等特点。例如，从群落或生态系统水平上看，国土空间生态系统由大量的物种构成，物种之间存在捕食和被捕食、寄生和互惠共生等复杂的种间关系，这些物种直接或间接地联系在一起，形成一个复杂的国土空间生态网络。该系统组成单元数量庞大、单元之间有大量联系、具有自适应性和进化能力、具有动力学特征。总体国土空间设计要突破传统的思维方式和手法，重视应用人工智能、神经网络、免疫系统、人工生命及自催化反应等，才能更好地揭示国土空间设计要素复杂化的演化机理及发展规律，使设计成果更有前瞻性和可用性。

（二）总体国土空间设计的关键要素

对于总体国土空间设计，空间要素主要指物质形态中那些诉诸视觉的可识别内容，诸如土地利用、基础设施、生态景观、建筑形态、艺术形态等，但从总体国土空间设计的目标整体性、内容系统性和要素关联性等角度来看，一些重要的非视觉可识别内容，也可能是更加关键的要素，例如区域功能、人文环境等。因此，在确定总体国土空间设计的关键要素时，不能只局限于传统的“物质形态”范畴，而需要进行更全面的整体性分析。在一般意义上，总体国土空间设计的关键要素大致构成如下：

1）区域功能设计。国土空间设计是实现区域功能的有效途径和工具，有其独特的功能系统，这是国际国土空间设计的一般经验和规律。在总体国土空间设计时，首先要明确它在经济社会和生态文明发展中所承担的历史责任、时代任务和所应该起到的作用，即总体国土空间设计的功能是什么，功能的内在结构和各项功能要素间的相互关系又如何，也就是要进行区域功能设计。当代总体国土空间设计的主要任务和所起的作用应该是促进可持续发展、提升竞争力、满足人们对美好生活向往、实现空间治理现代化等国家目标的达成。从这一角度看，总体国土空间设计应当具有安全永续功能、品质提升功能、资源节约功能、城乡统筹功能、文化维护功能、区域协同功能、人地共生功能等，是一个多功能叠加在一起的集合体。由于国土空间设计的有效性和客观性是情境化和地方化的，因而必须因地因时制宜，对不同区域的主导功能和附加功能进行设计，例如是以文化复兴功能为主导，抑或是以生态安全功能为主导，是总体国土空间设计的统领性关键要素。如果总体国土空间设计偏离合理功能定位，或者说发生功能错位，就无法实现设计的初心和目标。

2）特色风貌设计。通过调查梳理评价区域环境的空间特征，分析历史过程中国土空间景观结构的变迁及其机制，研究本区域国土空间景观要素在更大范围区域内的特征和地位，凝练出本区域的国土空间景观风貌特色，确定本区域国土空间未来应该具备的风貌形象。它需要结合地形地貌、景观本底、生态特质、水网机理、历史人文、城乡聚落形态、区域空间格局、不同层次空间网络的衔接关系、森林田野、交通廊道、高压走廊、河流湖泊、工矿园区、混合地区等，综合创造有特色的外部空间样貌，达到整体风貌质量的提升。不同区域规模和本底气质会给国土空间设计带来不同的设计理念，如国际化发展区域应追求一定的多元化、综合功能、社会开放性国际形象；而小尺度区域就不宜过分追求“大”，而应强调空间的宜人、亲切、舒适。

3）特色格局设计。本书第一章已经指出，特色格局设计是国土空间设计的核心密码，它是提高国土空间美誉度和吸引力的重要路径。它需要对区域的山、水、林、田、湖、草、沙、海、路、城、村及文化基因等特色资源进行评估，提取特色要素，寻找和提炼出承载和彰显历史演进轨迹、动态复合印迹、得天独厚禀赋的特殊符号。通过特色要素级别、数量、规模乃至类型的调整，有机组织到国土空间格局优化和特色彰显的策略之中，进而生成结构清晰、特征鲜明的国土空间特色格局，其中包括特色山水格局、特色土地利用格局、特色生态环境格局、特色景观风貌格局等。要重视在区域和城乡聚落的景观交互界面进行特色设计，确保山水格局、生态环境、土地利用、交通运输等景观要素的空间布局和结构形态能够保持协调性和完整性，这是总体国土空间设计的重要任务之一。以往的城乡建设在以成本控制的经济性为主导的价值观驱使下，也因考虑问题的空间尺度局限，河流截弯取直、道路选线主观性强，其结果常常隔断了自然生态系统中生物迁徙、觅食路径。如今的国土空间设计从更宏观的尺度思考动植物群落的固有生态习性，搭建具有良好景观连接度的空间格局，能更好地促使人与自然形成亲密无间的共生关系。

4）网络结构设计。伴随着全球化和信息化时代的到来，国土空间出现等级逻辑和网络逻辑并存的格局。空间网络结构所具有的节点性、规模中立性、水平联系可达性、双向流动性等特点深刻影响着国土空间的组织形态。互联网、交通网络、生态网络、物流网络等打破了单一的层次性等级结构，形成了分布式功能结构。总体国土空间设计需要对生态基础设施空间网络结构、交通基础设施空间网络结构、互联网和物联网空间结构、城镇体系空间网络结构、镇村体系空间网络结构及社会网络结构等进行组合设计，才能实现空间主体、空间区位、空间类型、空间形态、空间规模、空间结构、空间分布、空间联系和空间配置等的最佳联动。

5）土地利用设计。国土空间设计的要素和资源，最终都要落到土地上。土地利用在很大程度上决定了国土空间物质形态环境的三度基面，自然成为国土空间设计需要研究的关键要素。土地利用可以根据其利用方式不同分为生态利用、空间利用和景观利用 3 种既有联系又有区别的不同类型。土地的生态利用是指土地作为生态系统通过物质循环能量转化生产植物、动物等生物性产品的过程；土地的空间利用是指利用土地的空间特性，为人类各种生产和生活活动提供场地、基地和操作空间；土地的景观利用是指利用土地的景观功能发展旅游业、休闲业等，是现代土地利用的一种重要方式。在总体国土空间设计中，土地利用作为一项关键要素主要考虑以下 3 个方面的内容：①土地利用是否协调匹配，包括土地利用内部的开发、利用、整治、保护是否协调匹配，土地利用与交通和公共设施是否协调匹配，土地利用与人类日益增长的物质和文化需要是否协调匹配。②土地利用是否持续高效，包括是否有利于保持和提高土地的生产力，是否有利于降低生产风险的水平，是否保护自然资源的潜力和防止土壤与水质的退化，经济上是否可行，社会上是否能接受等。③土地利用是否符合美学原则，包括土地功能要素与人的感知性情感合一，土地文化要素与人的想象性情感合一，土地审美追求与人的理解性情感合一。在风景区的一些破坏性建设，就毫无美感可言。

6）文化景观设计。文化景观是特定时间内形成某地或某区域基本特征的自然和人文因素复合体，是具有意义的历史事件、活动、人物有关的包括文化资源和自然资源在内的地理区域（戴代新等，2009）。它是人与自然环境相互融合和协同演化发展形成的有机整体，其本质是人地协调的共生模式，是以满足人的合理需求为根本的人-地技术体系、文化体系和价值伦理体系。总体国土空间设计需要深入把握文化景观形成的历史过程，把握整体文化景观的有机性与和谐性、完整性与整体性、区域性与地方性、文化性与技术性、科学性与持续性。景观蕴含的历史文化如何转化为实体形态，如何实现国土空间设计的景观文化表达，应该是总体国土空间设计的核心问题之一。在总体国土空间设计中，不能局限于以往对历史文化景观只注重保护的传统，而是要通过创造性的设计再现历史文化景观，充分表达区域和区域精神及场所和场所精神，设计出更具有地方秩序与特色要素、时间与事件要素、尺度与界面要素、历史与人文要素、文物与艺术要素的知觉和意义空间，充分展示“历史积淀”“景观美学”“空间意境”和“有序演进”四大特色。

7）景观生态设计。国土空间是一个以大型开放空间为主导的景观形态，农田、林地、湿地、水域等是最主要的构成，也是地方原生性景观特色的代表。总体国土空间设计层面的景观生态设计，其对象是整体人文生态系统。景观环境所具有的格局、过程、节律、恢复、容量等自然规律和生态系统阈限特征成为设计行为体系的关键问题，重点是对物种与生态系统、生态与自然过程、文化与行为健康 3 个核心元素进行整体设计。从景观生态学角度和原理出发的景观生态设计需要重视 3 个设计理念：①设计结合自然（Design with Nature），使设计能够保证自然格局的整体性、自然过程的完整性和自然界面的原生性。②设计结合地方（Design with Place），必须以设计区域史脉、文脉、经脉的地方情境为基础和灵魂，不能简单地搬用“舶来品”。③设计为了健康（Design for Health Living），必须立足国土空间生态系统的地方结构与功能，实现整体生态系统的平衡性、和谐性与健康性（王云才，2010）。

8）场地形态设计。主要包括建筑形态设计和场景形态设计，是国土空间设计最主要的决定因素之一。国土空间中建筑物的体量、尺度、比例、空间、功能、造型、材料、用色等，对国土空间环境具有极其重要的影响。广义的建筑还应包括桥梁、道路、堤坝、碑塔、水泥杆、烟囱等构筑物。国土空间设计虽然不直接设计建筑物，但是需要从景观感知的角度设计建筑形态的组合、结构方式及其与外部空间的联系、标志性建筑布局、空间建筑界面等。需要强调的是，国土空间设计最基本的特征是将不同的建筑形态组合，使之成为一个新的场地环境。设计者不仅必须充分考虑建筑形态本身的设计，而且需要考虑建筑形态与其他建筑和物体之间的关系，以艺术和美学的视角将建筑形态融入自然、与周边环境或自然景观形成整体的环境特色。场景形态设计更加关注人性尺度的回归，将群体形态的组织方式、单体间的空间营造放在更突出的位置，用生态群落的形态去塑造一个更具有艺术性的建筑场地。它需要在尊重场地景观和地形条件的前提下，从人的动态体验感出发，挖掘自然空间形态之美、秩序之美和适宜之美。在国土空间的山水世界中，建筑总是隐在一隅，必须要形成建筑与自然、建筑与环境、建筑与社会、建筑与文化、建筑与建筑之间的连接、对话和气场。

二、总体国土空间设计的重点内容

（一）空间格局整体性设计

在可持续发展的背景下，国土空间格局整体性首先是建立在生态系统整体性设计的基础之上的。它是在特定景观空间中多样化的生境相互镶嵌形成的具有内在性的整体生态系统。以河谷生态系统整体性设计为例，由于生境的不同和生态空间的差异，不同的种群镶嵌在河谷特定的生境内，形成具有景观特色的群落系统。河谷国土空间格局的生态系统整体性设计，不仅需要与河谷生态系统的整体性而且要与流域生态系统的整体性高度统一。国土空间格局整体性设计主要体现在以下4个方面的综合设计：

1）国土空间结构设计。国土空间结构是指国土空间整体中各个部分关系的总和，具体是指一个区域的国土空间面积中各种国土用途之间的比例关系或组成，使经济结构、产业结构、社会结构、人口结构、劳动力结构等结构图谱中的基础结构和影射，是“物理-地理空间”“社会-经济空间”和“心理-文化空间”综合作用的结果。国土空间结构设计以协调人地关系为逻辑起点，以探讨地域特征和规律为依托，对土地利用结构、景观生态结构、空间开发保护结构、基础设施和公共设施分布结构等进行系统设计，使之构成一个统一的整体。

2）国土空间强度设计。国土空间强度是指一定区域的国土空间开发利用程度、累积承载密度和开发利用效益的综合表征，通常用单位面积承载的人口数量和就业规模、单位单元所能提供的产品（价值）和服务、单位面积上的技术资本和劳动力投入数量、建设用地总量占区域国土空间总面积的比例、容积率和建筑密度等单项或复合指标来表达。国土空间强度设计根据尺度的不同，从大到小主要体现为国土空间利用程度设计、国土空间投入强度设计、国土空间利用效益设计和容积率设计等。

3）国土空间用途设计。国土空间用途是指国土空间利用的方式、性质和功能，诸如生产用途、生活用途和生态用途等。国土空间用途设计主要是依据国土空间用途分区及其管制规则，根据不同用途的适宜性、限制性和对区域发展的贡献大小，对国土空间用途进行3维立体化和更细化的设计。它需要深入调查自然区域空间、社会空间、文化空间、经济空间、土地空间、生态空间、交通空间、区位结构和虚拟空间的存在现状、地方特点、发展过程和系统内部不同要素之间的关系，以及系统要素的调整与整体发展的相互作用，系统分析不同空间在过去、现在和可能未来的整体性、关联性、层次性、开放性、动态性和自组织性特征，以“整体思考”的方式进行解析、解析、再解析，还要尽可能降低对资源环境的破坏和环境灾害对区域发展的影响程度，对国土空间各类用途进行3维立体化的优化设计。

4）国土空间布局设计。构成国土空间的各要素不但表现为一定的数量，而且在空间发展深化的过程中，总是按照社会经济活动对区位发展的特殊要求，具体地分布在国土空间的某一位置上，并根据社会经济活动的特点，形成多层次、多方位的组合关系，及其相应的物质样貌的地域分异。国土空间布局设计就是指不同用途空间的布置和安排，以及不同功能组织的空间相对位置关系的设计。布局设计直接影响和决定形态，它是空间结构的整体形式设计，是空间布局和开发强度相互影响、相互作用而引起的空间3维形状和外观表现的设计。国土空间的形态是引导力和限制力综合作用的结果，诸如区位、产业、交通、服务、人口、政策、生态等因素会直接或间接地决定空间开发的边界范围和形态（张俊，2017）。

国土空间设计通过对上述结构、强度、用途和布局等方面的优化设计，可不断提高国土空间开发保护的科学性、合理性、有序性和有效性，从而促进国土空间的可持续发展、生命共同体建设和整体利益的最大化。这一过程是国土空间多重性与人类需求多样化双向选择的结果，也是自然界复杂多样性与生产地域分工专门化相互作用的产物。其基本目标是在地域空间内协调好人口、资源、环境和发展之间的关系，促进形成区域国土空间的凝聚力、竞争力、共生力和持续发展能力。以城市与大尺度山水的整体格局设计为例，具体设计主要体现在以下3个层次：

1）体现在城市的轴线及空间形态设计上。即城市以周边山水为既定的景观参照点，将自身的主方位、主轴线与景观参照点遥相直对，或依循多个景观点的连线网络作为城市空间格局秩序的基准，将城市轴线、形态与之相重合，进而形成与周边山水空间相呼应及多层次对景关系的和谐整体。

2）体现在对城市关键建筑空间形态的设计上。通过“坐落”“朝对”“吸纳”等手法，巧妙地建立城内关键建筑与城外山水景观之间的良好对景关系，实现自然山水环境与城市关键建筑秩序的有机联系，并在人们对其互动感知的过程中相互支撑，共同呈现为一组具有文化意义的空间秩序。

3）体现在对城市内外呼应的“寻巧”过程上。设计者仰观俯察之际进行城市内部空间创作的过程，需要有很深的专业积累和修养，它会深刻影响城市内部的布局、文化品质和景观意象，使得原本可能仅初设于城市至自然形胜之间的“两点一线”式的空间连线关系，成为具有特色鲜明的城市空间文化脉络，并留下珍贵的景观遗产，这是更高层次的空间格局整体设计。

（二）空间过程持续性设计

国土空间的发展均具有生成性的特征，其最本质的特征是“动态性和整体性”，每一阶段都不同于其他阶段，但是却组成一个统一事物，正如“阴阳有别，但又合一。”从时间上来看，国土空间设计也具有这样的特征，它是一个历史发展过程，前后相继，又各自不同，在动态中形成整体。以城市系统为例，城市的发育过程，从小镇到小城市、中等城市、大城市、特大城市、超大城市等。正如 Batty et al.（1994）所指出的那样：小村变成村庄，村庄变成城镇，城镇变成城市、大都市区（Metropolitan Area），最后城市变成城市区域（Urban Region），所有这些都涉及增长过程和合成空间力（Spatial Forces），而它们在空间形态的深化方面都会留下某种印记。

国土空间过程设计不同于国土空间格局设计，前者强调国土空间发展的动态性，强调国土空间要素之间的相互联系方式与相互作用机制，以及物质和能量的循环过程。面对越来越不确定的国土空间环境变化，比如全球化、逆全球化、气候变化、经济涨落等，国土空间设计必须从静态、类型和结构的分析转变为动态、过程和机制的研究；必须充分考虑人类需求与国土空间开发利用之间的相互作用过程、时滞、惯性和动力机制，以及退化风险、恢复力、激励结构、可持续性轨迹、长期趋势和演变规律。更为重要的是，由于国土空间区域作为一个地球上固有的自然单元的本质以及其尺度大、要素多的特征，广义地说，自人类在一个区域中居住开始，便开始建构区域空间秩序，只要区域中有“人居”，已经存在的区域空间秩序的基础就不可能完全被抛弃；而且，也正因为有“人居”，国土空间设计又会面临新的需求，需要不断演化以应对。因而，国土空间设计必然是在一个可持续发展框架下，逐步改造和演进的过程。参照 FAO（1993）、Smyth et al.（1995）等国际上有关空间过程可持续管理的思想，国土空间过程持续性设计主要关注以下要点：

1）安全性。国土空间设计必须有利于降低国土空间开发利用的风险水平，使国土空间的效益和服务能够基本稳定。要特别重视对生态环境的影响，重视对生命栖息和支撑、植物生产和生物养育、环境净化和修复、地球生态系统物质与能量循环的作用，在设计时要像保护眼睛一样保护国土空间的安全性。

2）生产性。国土空间设计要有利于保持和提高国土空间的生产功能，包括农业和非农业用途的国土空间生产功能及环境美学方面的效益。由于生产功能是国土空间的第一性功能，人类的全部食物都依赖国土空间的生产功能来提供，在设计时要像保护大熊猫那样保护国土空间的生产性。

3）活力性。国土空间的活力主要指其生长能力和成长性，它是国土空间生存力、凝聚力、应变力、竞争力、盈利力和发展力的有机合成。在国土空间活力结构中，经济成长性是其最重要的基础和决定性因素。它涉及两个方面：一是对生产要素的凝聚力与吸引力；二是资源配置与资源利用的效率。在市场条件下，国土空间设计尤其要重视能够产生足够的经济活力。否则，国土空间的开发利用就会失去动力机制。这就要求国土空间设计要按照国土空间的最佳投资适合度去节约集约利用空间资源，从长远和整体的角度优化国土空间结构和布局。

4）世代性。当代人的国土空间开发利用必须遵循理性配置的原则，不能在“赤字”状况下追求国土空间的配置效率，而应该考虑国土空间的世代配置效率。否则生存在后代的子孙，就只能面对一片凄凉。这不仅是一个严重的人道主义问题，更关系到人类文明是否能良性延续。因此，国土空间设计必须要依据国土空间资源的承载能力、国土空间环境的缓冲能力、国土空间生态的服务能力、国土空间利用的稳定能力，以及国土空间结构的调节能力等进行综合诊断，不要以牺牲后代人的利益为代价来满足当代人的需要。

（三）空间生态连通性设计

国土空间生态系统的重要特征是具有整体性和连通性，影响国土空间生态系统功能和生物多样性保护的重要因素是其整体性和连通性受到破坏。例如国土空间规划中的生态红线划定，如果没有充分考虑连通过程，就很容易破坏景观的网络格局，而影响节点的可接近性，影响物种流能迅速从源达到汇，增加了路途过程中能量的消耗，提升了捕食者袭扰的概率，从而造成“生物孤岛”，影响生物的多样性。由于自然保护区、生态红线区、孤立雨林或高山、湖泊、戈壁、沙漠山地、孤立雨林甚至人类社会包围下的小块自然栖息地的物种数量状况等都可当作类似的岛屿，如何保障生态系统的完整性和连通性，如何才能不会造成“生态孤岛”，是国土空间设计需要特别加以重视的一个重要概念。国土空间设计需要在以下两方面的设计来提高空间生态的连通性。

1）融合景观连通理论设计国土空间生态连通性。景观连通性主要是指结构连通性、功能连通性和栖息地连通性，它可以通过以下几个方面得到反映：斑块的大小和形状、同类斑块之间的距离、廊道是否存在、不同类型树篱之间相交的频繁和由树篱组成的网络单位的大小等。度量景观连通性目前已有多种方法，例如 Forman（1995）利用连接与节点的数量，通过一个简易公式对连通性（*con*）进行计算：

$$con = L/3(V-2) \quad (4-1)$$

式中：L 为连接的数量；V 为节点的数量。

这种方法在景观连接与节点均容易识别的精密尺度下比较方便使用。但在区域尺度和景观尺度上，国土空间高度多样化和复杂化，比如有不同形式的连通性等，就需要借助 GIS 的新工具对连通性进行量化，景观生态学家和科学家们还开发了多种可供公众使用的景观连通度计算模型（McGarigal et al.，2002）。美国农业部的《森林服务通用技术报告》连通性计算模型，可从网站上下载，其中 FRAGSTATS 主要是基于斑块内聚力指标、连接性指标、可通行性指标等进行综合计算的（Mace et al.，2012）。FRAGSTATS 空间分析模型以 GIS 数据作为输入层，计算出连通性及许多其他景观参数，在实际应用中已经表现出较高的效率（陈思清等，2017）。

2）运用复杂网络理论设计国土空间生态连通性。大量研究表明，国土空间生态连通性主要取决于生态网络的连通性（Zhao et al.，2019；荣月静等，2020），可运用复杂网络理论和方法完善生态网络节点体系，提升国土空间的生态连通性。基于复杂网络理论和方法，通过度分布、平均路径长度、集聚系数、介数等控制参量的表征和测度，建构国土空间重要生态节点分布的小世界网络模型和无标度网络模型分析框架。在此基础上，采用土地利用数据、遥感影像数据、POI 数据、社会经济数据、生态保护红线划定等相关数据建立数据库，选取地形地貌指数、植被指数（NDVI）、水体指数、土地利用变化率等进行多指标综合评价，结合 GIS 综合分析提取不同尺度和不同类型的生态节点。根据生态网络的特性，采用符合生态节点网络生成规则的无标度网络 Scalefree Rank 算法，从节点权威性角度来识别网络中的重要生态节点。同时，从网络的功能——传播角度，采用 Small-world Rank 算法从节点传播能力角度来识别网络中的重要节点。通过比较权衡，设计“资源型战略点-结构型战略点-生态廊道-结构型薄弱点”的国土空间重要生态网络节点体系，有利于提高国土空间的生态连通性（张晓琳等，2020）。

（四）空间景观审美性设计

总体国土空间设计与国土空间总体规划的重要差别之一，就在于前者有更多的景观审美偏好。国土空间系统的区域性决定了总体国土空间设计景观审美特色的地方性和独创性，这是其生命力所在。空间景观的审美性设计主要表现在以下两个方面：

1）空间景观审美的特色性和差异性。国土空间的景观审美特色主要是指特定范围的区域在其发展过程中由历史积淀、自然资源本底、空间类型结构、文化民俗活动和人类使用痕迹等共同构成的、在人的感知层面上区别于其他区域的景观形态特征。地方性所具有的空间特色性和差异性，在总体国土空间景观审美设计层面主要涉及“历史积淀”“景观美学”“空间意境”和“有序演进”4 大构件：①“历史积淀”是指设计区域的风貌特色，是由历史缘起、人类建设活动、自然生态条件等多方面共同作用形成的。如特定区域的雨量、阳光、温度、湿度、风向、土壤等的特征与空间结构布局、人类使用方式、建筑形态材料都有密切关系。②“景观美学”通过研究自然美的保护和加工，以及通过探讨自然美的成因、特征、种类及开发利用和装饰自然美的方法途径等，使得国土空间更具有自然美学特征和审美价值。③“空间意境”是指人们通过视听等知觉接受国土空间景物环境所给予的感受和意念，从而唤起情感回忆与联想散发，进入审美情趣的更高层次。一般说来，国土空间设计中的“意象”是局部的和个别的，而“意境”是整体的和综合的。遍布中国大地并历代传承的“秩序井然”的栖居佳境，古都北京的“水绕郊畿襟带合，山环宫阙虎龙蹲”，古都南京的“钟山抱金陵”“海色照宫阙”，苏州城的“万家前后皆临水，四槛高低尽见山”，广州城的“几处楼台皆枕水，四周城郭半围山”等区域意境，必然不是“妙手偶得”的产物，而是有意识进行意境设计的成果。④“有序演进”来自对国土空间的发展本质上是“动态、生长和变化”特性的认识。例如，杭州城市国土空间从 20 世纪 90 年代以前的“小西湖”时代，进入 20 世纪 90 年代以后的“大西湖”时代，再到 21 世纪初以来的“拥江”时代，就是一个有机和有序的演进过程，其景观审美设计就需要适应这种有序演进的过程，从小西湖景观审美到大西湖景观审美，再到拥钱塘江发展的大地景观审美。

2）空间景观审美在空间分布上的不可重复性。国土空间的区域特征不仅取决于生态环境的区域性，而且还取决于人文特征的区域性。同时由于地理环境和人文环境在空间上的不可重复性，决定了国土空间景观审美设计所具有的不可重复的区域性特征，也就是唯一的地方性。常熟城的“七溪流水皆通海，十里青山半入城”，岭南之国的“五岭北来峰在地，九州南尽水浮天”，青岛城的“云护芳城枕海涯，风鸣幽涧泛奇花”，延安城的“三山鼎峙人云天，一水东流归大海”，丽江城的“家家门前流活水，户户垂柳拂屋檐。粉团花红引蝶来，雪山倒影映渠面”（李先逵等，2017）等，都是景观审美在空间分布上不可重复性设计的典范。所谓记得住乡愁，不是简单的茅屋上袅袅的炊烟、牧童的短笛或是吹面不寒杨柳风，而是传统的乡村建设具有很强的景观审美地方性和不可重复性，给人们留下了深刻的印象以至于久久难以忘怀。当代的城市空间设计经常是水泥的、钢筋的、理性的、计算的、经济的、消费的、交换价值的、契约的、千篇一律的；而传统的乡村空间设计更多是泥土的、情感的、含混的、整体的、血缘的、使用价值的、地方的，能更好地满足人们对文化和精神层面的审美需求和情感。国家 2012—2019 年公布了 5 批传统村落，共计 6819 个，这些传统村落之所以必须加以特别保护，其根本原因就在于这些村落都拥有独特性的物质形态和非物质形态文化遗产，是农耕文明不可再生的文化遗产，保留着民族文化的多样性，同时也是由于这些村落在空间景观审美上的不可重复性。

（五）空间治理差异性设计

国土空间设计于一般意义上的景观设计或景观生态设计的最大差别，就在于前者需要直接服务于国土空间治理，为国家空间治理体系和治理能力现代化提供基础和依据。无论是空间格局整体性设计、空间过程持续性设计、空间生态连通性设计还是空间人文地方性设计等，在国土空间开发保护矛盾冲突不断加大的现实背景下，大多需要依靠空间治理差异化设计来提供保障其落地实施。所谓空间治理差异化设计，具体表现为对空间控制权和剩余索取权分配的一套法律、文化和制度性安排的差异化设计。这是一个政策化的设计过程，要把政府权力的利益边界、市场行为的利益边界和社会组织的利益边界划清楚，并制定不同主体的利益博弈规则和权力制衡机制，才能实现有效的空间治理。它需要对具体空间层面的功能分区、空间构成、空间组合、各项用地种类、空间使用性质、不同空间数量比例、空间形象，以及地上地下的开发利用等空间元素设计进行控制和引导，制定一个“如果则如何（If-Then）”的空间设计规则，指导人们按照空间设计准则和规范进行更有序、更高效和更有品质生产和生活，从而促进空间的可持续发展。例如，农业发展区、农村发展区、城镇发展区、生态保护区、文化传承区、陆海统筹区的国土空间设计，其治理体系、治理结构、治理路径和治理规则都是有根本性差异的。总体国土空间设计，需要根据这些不同空间的结构和功能差异，设计更有针对性和更加有效性的治理结构和管控规则。甚至在某些场景下，可以根据空间治理体系和治理能力现代化建设的需要，反推空间格局整体性、空间过程连续性、空间人文地方性等设计的目标任务和内容结构。

综前所述，总体国土空间设计的内容极其广泛，但必须要有所为有所不为。要从影响地域功能格局和可持续过程的资源、生态、环境、灾害和文化 5 个属性入手，确立研究人地关系中自然和人文要素作用力的研究基点，把着眼点放在国土空间形体环境和国土空间形态的“大格局、大系统”上，其核心内容可主要聚焦在以下 4 个方面：①特色国土空间风貌设计；②特色国土空间格局设计；③国土空间网络连通性设计；④国土空间过程持续性设计。

第二节　总体国土空间大地景观设计

一、国土空间大地景观设计内涵

（一）大地景观设计发展历程及其发展趋势

在人类生活的地球系统中，大地景观（Earthscape）与人类的关系最为密切。任何生活在地球上的人都希望有更好服务、更优品质和更美环境的大地景观。在漫长的农耕文明时代，大地景观设计主要侧重于风景造园（Landscape Gardening），以个体的花园建造欣赏为主，核心是提供宜人的生活外部环境。

18 世纪之后，随着人口的快速增长和工业革命的突飞猛进，为使大地景观更适合自己的需求，大规模的大地景观改造活动在全球展开。由于人类对大地的认识能力有限，更由于人类贪得无厌的自私欲望膨胀，同时也由于各种战争和自然灾害的频频发生，人为干扰对大地景观的破坏开始遍及地球的各个角落，以至于人类赖以生存的大地景观生态系统功能开始大幅度下降，甚至危害人类本身的生存和可持续发展。当人类在经历一系列教训中重新审视人与自然关系时，为了解决现实存在的问题，大地景观规划设计的思想应运而生。英国建筑师埃比尼泽·霍华德（Ebenezer Howard）针对解决工业化城市问题提出的“田园城市”，可以说是一种现代大地景观规划设计思想的早期萌芽；苏格兰生物学家和社会学家帕特里克·格迪斯（Patrick Geddes）提出了恢复地球景观及其资源的“地生态技术”，可以认为是现代大地景观规划设计技术的拓荒者（Fabos，1979）。

现代意义的大地景观设计起源于 19 世纪末至 20 世纪初的园林设计和景观建筑（Seddon，1986），而以景观建筑学（Landscape Architecture，国内也翻译为风景园林）作为其核心内容。根据 1986 年的《牛津园艺指南（The Oxford Companion to Garden）》（第 332 页），景观建筑最早的使用者是吉尔伯特·密森（Gilbert Meason）。在他的《论意大利伟大绘画中的景观建筑（On the Landscape Architecture of the Great Paintings of Italy）》一书中首次使用该词。随后被弗雷德里克·奥姆斯泰德（Frederick Olmsted）和沃克斯（Calvert Vaux）在美国 1858 年纽约中央公园的规划设计中借用，并在 1865 年促成第一个仅作为公众观赏和游乐的风景景观加利福尼亚约塞米蒂（Yosemite）峡谷保护区的建立。弗雷德里克·奥姆斯泰德将城市绿地设计、城市及其交通网络格局、大学校园、私人庄园等的规划设计通称为“景观建筑（Landscape Architecture）”。在奥尔姆斯特德（Olmsted）、霍勒斯·克利夫兰（Horace Cleveland）及查尔斯·艾略特（Charles Eliot）等人的推动下，1901 年，哈佛大学开始现出景观建筑学科。第一位使用景观建筑师这一称号的英国设计师是帕特里克·格迪斯，他原是一位生物学家，后来成为重要的城市规划设计理论家（吴家骅，1999；赵羿等，2005）。近一个多世纪以来，景观建筑学在国际上已发展成为与建筑学、城市规划呈三足鼎立之势的学科专业。成立于 1958 年，目前拥有 100 多个会员国的国际景观建筑师联合会（International Federation of Landscape Architects）平均每 2~

3 年就要召开一次国际性大会。

20 世纪 50 年代以后是大地景观设计的主要发展时期，核心内容是与发展环境建设和生态系统重建相结合，景观生态学的形成与发展为其注入新的血液。约翰·奥姆斯比·西蒙兹（John Ormsbee Simonds）于 1961 年发表《景观建筑学：人类自然环境的塑造》，认为大地景观设计的最终目的在于为人类创造一个理想和持续的生活以及发展环境（Simonds，1961）。伊恩·麦克哈格（McHarg，2005）将生态学思想应用于大地景观规划设计的大量实践，是这一时期大地景观设计发展的一个完整总结。20 世纪 70 年代以来，人口、资源、环境等全球性问题日趋突显。同时，遥感与计算机的飞速发展也为大地景观设计和管理提供了强有力的工具。在此背景下，大地景观设计所面临的问题是土地、人类、城市及土地上的一切生命安全与健康及可持续发展问题。它以土地、人类和其他生命的名义，以及人类历史与文化遗产的名义，来设计土地及土地上的空间和物体。地理、生态、土地、园艺、植物、环境、工程、艺术、数学、技术、信息、政治、社会、文化、历史、哲学及动物学等都加入大地景观设计的行列中去。大地景观设计的尺度，也由过去的造景、公园、场地逐步扩大到区域或流域，直接面对的对象开始扩展到大地综合体。后者是多个生态系统和多种景观类型的镶嵌体，由人类圈与自然生物圈交互作用而形成，担负起协调不同空间尺度上的文化圈与生物圈之间的相互关系，并走向整体人文生态系统（the Total Human Ecosystem）。当代大地景观设计的发展具有以下 4 大趋势：

1）与自然和生态的结合。无论何种尺度的大地景观设计，都越来越倾向与自然结合，越来越重视自然保护和贴近自然，越来越重视优先考虑生态环境。在进行大地景观设计时，都会更加因地制宜结合生态发展的需求，使设计能够更加契合自然生态系统的结构和功能。生态、绿色和韧性发展，成为大地景观设计的核心主题和主要趋势。

2）与文化和艺术的结合。在农耕文明时代，大地景观设计就一直为人类精神生活的寄托服务，例如各种纪念性构筑物、场所的选取与营造等。当代大地景观设计的创造力更加丰富，更有艺术基础，也更突显地方文化和不同民族文化的多样性。让生活在大地上的人们欣赏所有景象之崇高或优美，感到远眺视野更加美妙和愉悦，使设计产品更有文化和灵魂，把诗性和艺术看作是必要的设计灵魂给养，不断提高大地景观的如画性是大地景观设计师孜孜不倦的追求。

3）与科学和技术的结合。随着当代社会信息科学、数字化技术和网络空间技术的快速发展，大地景观设计在保持传统手工技巧的同时，将会对现代科学技术做出更多的积极响应。任何完全停留在农业文明和工业化时代的大地景观设计理论与方法，都将会被以量子力学思维和复杂科学思维为模式的新时代所淘汰。借助高科技遥感预测大地景观变化，应用现代技术将大地景观美感数量化，综合应用多种科学技术将静态景观设计走向动态景观设计，以 ArcGIS 数据、地图 API 数据、街景图像等为数据支撑设计街道近人空间的形态构成等，都将成为未来发展的重要主流。

4）更突出人的发展需要。大地景观设计一直是以人类户外生存环境建设为核心的。在后现代社会，人们更加关注自身的生活质量与发展空间，更加重视个人社会价值的实现与文化的传承，更加关注安全感及充实感及对于美丽景观和文化艺术的需求，对人类户外生存环境的需求更加多样化和个性化。如何设计更加优美的生活生产环境，更加安全的疾病预防和控制，更有保障和更便捷的水和能源等资源供应，以更好地满足人的发展需要，已成为大地景观设计发展的主要趋势。例如，作为对于功能至上的现代主义城市空间设计的反思，以 Lynch（1960）和 Jacobs（1961）等为代表的一系列学者早在 20 世纪 60 年代就开始从社会和认知视角讨论以人为本的城市空间设计。这种以人为本研究得到了广泛的认同，并在后续产生了诸多构建宜人城市空间设计的探讨（Yoon，et al.，2015）。

（二）国土空间视野下的大地景观设计概念

人类进入 21 世纪，各国都面临人口剧增、环境退化和资源锐减的困境。从全球范围来看，人类的生态足迹已经超过了全球生态承载力的 35%，自 20 世纪 70 年代末以来的 40 年来全球生物多样性下降近 30%。2019 年 5 月 6 日，由联合国生物多样性和生态系统服务政府间科学政策平台发布的由近 500 名科学家花 3 年时间所做的一份 1800 页的报告表明，如今在全世界 800 万个物种中有 100 万个正因人类而遭受灭绝威胁，全球物种灭绝的“平均速度已经数万倍于千万年前”。更为严重的是，按照生命系统整体性的作用法则，如果一个物种在地球上灭绝，那么就会有 28 个物种相继灭绝（吴次芳等，2019）。因此，无论对于何种国家，大地景观设计早已不再仅仅是经济水平提高后的奢侈、茶余饭后的消遣和对个性化需求的满足。人们开始认识到，大地景观设计直接和间接地制约着一个国家、地区、城市、乡村的社会经济、生态环境和文化传承的综合发展，直接影响到当今人类的可持续发展。国土空间作为当代复杂的地理社会空间，包括土地资源、水资源、矿产资源、海洋资源、生态资源、社会经济资源等不同客体，涉及人类生产生活生态的自然环境、社会经济环境和心理文化环境，直接联系着空间开发适宜性、资源承载力、环境容许力、生态系统服务力、开发利用潜力和可持续能力。因此，人类需要在国土空间的视野下，重新认识和定义大地景观设计的概念和内涵，以便更好地处理人与自然之间的相互作用关系并协调开发与保护的矛盾。

从国土空间可持续发展的角度看，大地景观设计的概念内涵可以理解为：以协调人与自然的关系为主线，以可持续土地利用为核心，把大地的自然景观和人文景观当作资源环境来看待，将土地、人类和其他生命、城市和乡村、交通系统及土地上全部空间的生态系统健康及可持续发展作为设计对象，从生态环境价值、社会经济价值和艺术审美价值 3 个方面，对土地开发利用、资源环境生态系统保护、人类文化遗产保护复兴、信息交通系统结构优化等进行的综合设计。它主要有以下 3 层含义：

1）是对地球表层生态的系统设计。大地景观是一个地球表层由气候、地貌、岩石、土壤、植被、水文及人类活动各种结果组成的生态系统。它连同其环境中的生命体的总和构成地球表层的生态圈。地球表层生态系统的生产、呼吸和分解过程，以及该系统的食物链（网）、营养级和生态金字塔形成过程的能量循环都是通过大地景观界面进行的，其中土地是重要的能量调节者和集聚者，是植物进行光合作用从而积累与植物有机质相结合的大量太阳能的极其重要的条件。不仅如此，大地景观是地球表层生态系统中巨大的物质贮存“库”。地球上的水循环、碳循环、氮循环，或者说几乎生命物质的全部生物地球化学循环，大地景观都是不可或缺的载体和媒介。国土空间视野下的大地景观设计，首先就需要对地球表层生态系统进行整体设计，包括对生态格局-过程-界面、生物物种-通道-生境、生态系统扰动-足迹-健康的整体设计，生态系统物质循环和能量循环的协调平衡设计，人类干扰的限制性设计等，以便促进人与自然的共生。

2）是对土地持续利用的综合设计。大地景观是地球表层土地的可视部分，是土地生态系统结构中的异质性区域。无论对大地景观设计做何理解，土地利用都是大地景观设计的核心对象，最合理地利用土地更是大地景观设计的主要目标，其本质是土地设计的拓展（汪菊渊，1988；孙筱祥，2002；Crowe，1967）。因此，在可持续发展形成全球共识的背景下，大地景观设计的核心内容是要对土地的可持续利用进行综合设计。所谓综合设计，是因为当代土地利用问题大多处于人口、资源、环境、经济和社会及文化的多重界面上。一项土地利用设计应该是土地多宜性与人类需求多样性双向选择的结果，是一个自然社会经济复合生态系统综合平衡的良性循环保持与更新过程的矛盾统一，它需要遵循自然界复杂多样性与生产地域分工专门化相互作用的规律。因此，可持续性的土地利用设计，要对其生产性、效率性、安全性、保护性、社会可接受性及经济可行性等进行综合考量，而且还需要跳出土地从自然资源和生态系统的角度考察土地利用的设计。比如，土地及其所承载的水资源、矿产资源、生物资源等是一个相互交织在一起的整体，保护性就不能只考虑土地本身的保护，还需要从自然资源保护的角度来设计整个资源环境保护。

3）是对美丽大地的景观艺术设计。人类与生俱来就对美有一种本能的向往，通过审美创造活动再现自然美和表现情感理想，在想象的艺术世界中实现审美主体和审美客体的互相对象化，可以认为是人类的本质性存在。因此，对于任何一种文明进化形态来说，人类今天追溯起来都可以认为与能够提供审美享受的园林起源的一些人工环境密切联系。“花园是人类最古老的艺术形式之一”，当早期的人类“发明了用长满荆棘的树枝的围篱来保护原始的园地免受野兽和同类的损坏”时，花园产生了，这是丹麦著名的景观设计师索伦森对园林起源的看法。事实上，大地景观设计从一开始，就从艺术中汲取了丰富的美的形式语言，艺术也为大地景观设计提供了最直接和最丰富的美的灵感源泉。从现代艺术早期的立体主义、超现实主义、风格派、构成主义，到后来的极简艺术、波普艺术，每一种艺术思潮和艺术形式都为大地景观设计师提供了可借鉴的艺术思想和美学形式语言。大地景观设计对土地设计的重要拓展，就是对美学和景观艺术的有机组织。在某种程度上可以认为，大地景观设计的重要方面就是以建设美丽国土为指引，对大地进行景观艺术设计，如同在大地上作画，使大地形成斑斓色彩的美丽区域，是一种大地艺术（Land Art 或 Earth Art）。当然，大地景观设计不仅仅意味着“如画”，还可以成为某种艺术思想的载体，表现出更多样的形式。

二、大地艺术特征与国土空间设计

（一）大地艺术的概念内涵及其特性

大地艺术出现于 20 世纪 60 年代，在 20 世纪 90 年代开始在世界范围内流行。它是指运用自然原料，例如麦田、沙滩、海岸等，在无限广阔的自然空间内进行的艺术创造，是一种利用大地上的自然材料在大地上创造出来的艺术。大地艺术立足于自然，着重于文化反思，是一种与宇宙对话的哲学，也是一种人与自然巧妙对话的路径。大地艺术家关注的是对大自然的敬畏之心，试图能够通过作品直达观者的内心，并用心去折射自然，再把自然收拢到每个观者的心间。他们利用自身对自然的敏感性和对生活的感悟展开灵魂深处的联想和回忆，利用作品凝固时间与空间，把观赏者变为参与者，使其成为作品的一部分，体会自然带来的真正能量（牛宛琼，2019）。大地艺术不同于其他艺术门类，主要有以下5个特点：

1）自然性。大地艺术的首要个性特征就是走向自然、融入自然，大自然成为大地艺术的材料与场所。大地艺术不可移动，但却在时时刻刻地变化着，自然因素的介入使大地艺术增加了更多的充满诗意的创造。所有大地艺术都是利用自然的材料进行创作，它几乎包含了大地上所有可能成为材料的元素，如石头、树木、泥沙、兽骨、沟壑、水、风、气、光等，甚至还包含自然历史留下的遗物或痕迹。它反对人与自然之间的对峙关系，阐释一种生态审美意义上的转向，即由原来人与自然的分离，变成人与自然相依相融的关系。

2）抽象性。大地艺术将自然环境作为设计作品的重要组成部分，形成与自然共生的结构，其作品多在广阔的田野山地等，因而它的表现语言必须具有抽象性，只有以抽象的语言才能更好地表达其广阔田野山地中功能空间的特点。大地艺术作品中让人记忆犹新的如埃及卢克索神庙里的巨大石柱、狮身人面像等，都有着超现实主义的影子和痕迹，极简艺术、观念艺术、行为艺术和传统的绘画雕塑都在其中若隐若现。它通过抽象表达对精神的深刻理解和深远的表达意味。

3）大尺度。大地艺术就是在大地上创造出的艺术，整个大地就是艺术家的“画布”。如果将大地艺术看作为雕塑的延伸，其作品就是超大体积的雕塑，它巨大的尺度使其成为人们可以进入的雕塑，成为可以亲身体验的构造物，而不仅仅是可以随意移动的用日光欣赏的艺术品。如此一来，大地艺术也就有了创造室外空间的作用（徐琳，2009）。

4）地域性。大地艺术的作品，其作品的地域性和场地特征都被淋漓尽致地体现出来。而大地艺术与景观设计相融合，着重挖掘和表现当地的文化和特征，体现了较强的地域性和场所感，延续和增强地域和场地的生命力与活力。所有大地艺术都注重对地域自然、文化、环境、社会价值的保护和最有效合理的利用，都在努力选择一个最适合于地域自然共生的途径，并在这一过程中得到对地域性自然环境和精神文化的充分体验。

5）人文性。大地艺术的产生之初，就是要表达工业迅速发展的背景下对人的生存环境关注的缺失。在20世纪60年代的欧美，发达的经济伴随着动荡的政治，生存环境日益退化，人类面临日益严峻的生存危机。大地艺术就是扮演着艺术反叛者的角色，怀抱嬉皮士的“回归自然”理想——呼唤人类回归自然。大地艺术是为人而设的，对人的关怀表现为反精英与平民观念的建立，以及人性场所的建立。它主张运用寻常的材料建立空间场所……对人的关怀还依赖于大量的调查、分析及经验，注重空间的适度、场地的色彩、微气候的营造，以及行走、逗留空间的设计，还包括不同人群的偏好和弱势人群的关照等（李爱，2013）。

（二）大地艺术视角的国土空间设计

大地艺术的根本宗旨是寻求人与自然的和谐统一，这与总体国土空间设计的目标取向具有一致性。在人们不断追求美好生活的时代，总体国土空间设计需要从大地艺术的视角，设计更加艺术化的国土空间，建设各具现代版的“富春山居图”。美国景观设计师乔治·哈格里夫斯（George Hargreaves）的设计备受各方关注，被认为是生态主义与大地艺术的综合。他的设计常常通过科学的生态过程分析，得出合理而又夸张的地表形式和植物布置，在突出了艺术性的同时，也遵循了生态原则。在一些滨水景观设计中，他分析河流对河岸的侵蚀，概括出树枝状的沟壑系统，以此为原型创作了雕塑化的地形，运用到水滨环境中，表达水的流动性，既产生了富有戏剧性的艺术效果，同时从理论和实践上来看，也是减少水流的侵蚀的一种措施（王向荣等，2003）。在大地艺术视角下，总体国土空间设计需要重点把握以下内容：

1. 融入大地景观自然结构

大地景观是由斑块、廊道和基质等景观要素组成的异质性区域，各要素的数量、大小、类型、形状及在空间上的组合形式构成了大地景观的空间结构。融入大地自然景观结构的国土空间设计是开启自然的自组织或自我设计的设计过程。它反映了设计者对自然和社会的责任，每个设计师基于自然结构设计理念的实践和经验都是对该领域的贡献。为了充分体现大地艺术的自然性，总体国土空间设计需要尊重大地景观的自然结构，保持景观结构的完整性，使其具有保持系统各要素（基因、物种、种群）和过程（能量、物质和信息流的交换、动态变化）的能力，保持具有生产力较高、生物多样性丰富、土壤质量优良并能提供清洁水等特性（Karr，1996；Forman，1995）。另外一个重要的设计参数就是要保持景观网络的连通性，使物种流能迅速从源到达汇，以减少路径过程中能量的消耗，降低捕食者袭扰的概率。大地景观系统内廊道与所有节点的连接程度叫作网络的连通性，通常用连通性（γ）和环通度（α）表示（曹宇等，2012）：

（1）连通性

连通性 γ 指数表示连接线数与其最大可能的连接线数之比，计算公式如下：

$$\gamma = \frac{L}{L_{max}} = \frac{L}{3(V-2)} \qquad (4-2)$$

式中：L 为连接线数；L_{max} 为最大可能连接线数；V 为节点个数（若 $V=3$，最大可能连接线数为 3，不形成交叉点，每增加 1 个节点，最大可能连接线数增加 3 条）。γ 指数可从 0（网络内各节点互不相连接）变化到 1（网络内每个节点均与其他节点相连接）。

（2）环通度

环通度 α 指数表示网络中连接现有节点环路存在的程度，即网络中实际环路数与最大可能环路数之比。计算公式如下：

$$\alpha = \frac{L-V+1}{2V-5} \qquad (4-3)$$

式中：L 为连接线数；V 为节点个数。$L-V+1$ 为实际环路数。当连通性最小或无环路网络（没有孤立的或不被连接的节点）的连接线数节点数少 1 条。如果对无环路网络增加 1 条连接线，则有 1 条环路形成。反之，若有环路，则 $L>V-1$。网络现有连接线数减去无环路网络的连接线数，即为网络实际出现的环路数（$L-V+1$）。$2V-5$ 为最大可能环路数，表示为最大可能的连接线数［3（$V-2$）］减去无环路网络的连接线数（$V-1$）的差值。α 指数同样变化在 0（网络无环境）和 1（网络具有最大环路数）之间。

2. 重视空间的转化与再造

大地艺术站在工业化和城市化时代的对立面，提倡远离喧嚣城市的艺术美。戈壁、荒漠、滩涂、废弃的土地等都可以成为他们进行艺术创作的场地。大地艺术家们十分重视工业化时代工业遗产和废弃空间的转化与再造，重新修复再生大自然的美。例如对废弃工业场地、厂房的修复，这既是对工业化带来的环境污染的批判，也通过艺术手段引起人们对社会问题、环境问题的重视和关心。国际工业遗产保护委员会于 2003 年发表了工业遗产的《下塔吉尔宪章》，并获联合国教科文组织正式批准，成为工业遗产保护与利用的纲领性文件。工业遗产被定义为：具有历史学、社会学、建筑学和技术、审美启智和科研价值的工业文化遗存。包括建筑物、工厂车间、磨坊、矿山和机械，以及相关的加工场地、仓库、店铺、能源生产和传输及使用场所、交通设施、工业生产相关的社会活动场，以及工艺流程、数据记录、企业档案等（赵白华，2013）。大地艺术家介入工业遗产或废弃地，一方面用艺术手法改善了环境的质量，提升了人们的视觉价值，另一方面对周围环境微小干预并不影响场地自身生态的恢复。著名大地艺术家罗伯特·史密森曾经说过："大地艺术是一剂有效融合生态与工业的良药，并把二者真正地联系起来。"他曾经针对美国众多废弃的采石场、废弃的矿区和污染的河流，提出利用大地艺术的方式对土地和水进行循环再利用，以及对矿渣堆进行改造。艺术设计成为调和工业学家和生态学家的一种资源。因此，大地艺术成为各种废弃地更新、恢复并加以利用的有效手段（刘伟等，2019），这为国土空间设计师提供了新的视野和思路。

3. 关注生态美学维度设计

生态美学是以生态伦理学为思想基础的审美活动，是对传统美学理论中审美与伦理关系的生态改造与强化。从生态美学维度进行总体国土空间设计，就需要克服并超越人类中心主义价值判断标准和"人类审美偏好"，反思和批判人类中心主义的审美和习性，乃至取消以人为中心的权威话语对艺术的"美学设定"，在审美上主张"自然全美"，更强调大地的"原始美"——大自然神功造化的原始之美。从生态美学的维度看，自然风光和原始空间的体味与根植于人类深层心理结构的大地情结相印照所产生的美，是其他艺术美（如风景画、盆景甚至山水园林）很难比拟的。被誉为山水甲天下的桂林，景在城中，城在景中，自然山水的秀丽景色是其他城市确实无法与其相比拟的。其中七星岩、芦笛岩等自然山水景色之美，没有人工雕琢设计，更令人神往。总体国土空间设计需要有一点"粗野主义"，给大地多留一点"自然化"和"乡村化"，让人们体味到自然的旷奥美。一个具有生态意识的国土空间设计者也许会在具体设计方法上出现与生态美学原则不太一致的情况，但是一定要保留两个基本的思想：一个是在进行设计介入时要了解当地生态系统的内在美，另一个是要把人类自身看作是生态系统的一部分。约翰·托德（John Todd）定义生态设计为"把自然世界里内在的原则融入人类住区的设计，以维持人类群体的长久发展。”他建议人类应该利用对生态学的理解来设计人类系统，以期望在这些系统和更大的自然生态系统环境下实现可持续性，要把其他物种、系统乃至整个地球作为一个整体来考虑（孙宇，2012）。

4. 平衡功能、艺术和生态

在经历现代主义洗礼之后，功能主义已经成为国土空间设计需要遵循的普遍准则。当人类进入生态文明时代，设计师们也都意识到自己的技巧应该纳入整个地球生态系统的结构和功能中去。然而过多的侧重功能，景观的面貌不免陷于平淡。生态主义的设计作品也由于过于平淡而缺乏艺术的价值，或者过于强调自然而忽略了人的需要，常遭受批评和诟病（王向荣等，2003）。当然，盲目地追求文化和艺术性，连最基本的使用功能都没有很好地满足，生态系统的完整性也被撕裂，自然不是一个优秀的国土空间设计。因此，国土空间设计应该追求功能性、艺术性和生态性的平衡，缺少了其中的任何一项，设计就存在缺陷。虽然也有文化的不同、观念的差异，每个设计师都有自己的价值取向和审美偏好，但是国土空间设计如果要有持久的生命力，必定需要在总体上达到这些因素的相互平衡。一些具有生命力的乡村国土空间设计，例如越后妻有梯田和哈尼梯田（图 4-1、图 4-2）等，都是对功能、艺术和生态的平衡。哈尼梯田的色彩、线条、形态等特点符合审美的旨趣，对于节奏与韵律、比例与尺度、统一与变化、对比与调和等都表现得淋漓尽致，是极其自然的人工美景。在形式上，梯田沿等高线从高到低排列成密密的曲线，在艺术审美当中，人们通常将曲线当作最美的线条，而这种横向排列的小弧度曲线最具舒展、灵动的美感。在颜色上，田埂上绿色的草、梯田内部金黄的稻谷形成了黄绿相间的美丽画卷。梯田的色彩还因季节的变化而改变：禾苗栽植前，水天一色的清澈令人心旷神怡，夏天郁郁葱葱的稻苗也令人赏心悦目。在生态上，人们通过建造坡堤，在斜坡地形上塑造出足够宽的水平地块，达成在坡地上种植农作物的土地利用结果。除了农耕用途之外，梯田的景观结构也为山坡地带来重要的水土保护功能，可以减少因为激烈降雨而造成的冲刷侵蚀，并调节水流量，有利于防范水灾。在功能上，哈尼梯田开辟了梯田的立体种植结构，顺应自然的农业耕种模式使得哈尼梯田的生产功能经久不衰，在当代还增加了独特的旅游功能（乔松寒，2018）。

图 4-1　越后妻有梯田图

（据北川富朗，2015）

图 4-2　哈尼梯田图

三、美丽中国建设与大地景观设计

（一）美丽中国建设的国土空间设计使命

美丽中国建设是人们对美好生活向往的梦想与愿景，是国家的重要战略思想和任务，是落实联合国2030年可持续发展目标的中国承诺和国家实践。从国土空间设计的角度看，美丽中国建设就是要形成天蓝地绿、山清水秀、格局优化、人地和谐的美丽大地景观。其中“美丽”，指既重视国土空间的整体面貌，又强调保护国土空间生态环境，充分挖掘并保护国土空间人与自然和谐共处的文化底蕴，同时注入现代生态文明建设新的活力，形成“由内至外，由外显内”的生态文明和谐之美。美丽中国建设必须要体现“宜居”的特色，要通过全方位的城乡聚落整治修复设计，将原有聚落建设成为更适宜居住、更愿意居住且公共服务基础设施更加完善的新型城乡生命共同体，让城乡居民生活在充满现代文明的温馨家园里。为全面践行国家推进建设美丽中国的时间表和路线图，国土空间设计必须要承担起以下时代责任和历史使命：

1）国土空间设计应成为美丽中国建设的先行者和实践者。国土空间设计是对国土空间规划的落实、补充、完善和深化，其目标就是通过正确处理国土空间人地关系的矛盾冲突，推动人与自然的和谐发展，它与美丽中国建设的基本目标是相一致的。国土空间设计始终应该将人地关系地域系统理论和人地和谐共生的设计思想贯穿到美丽中国建设的全过程中去。美丽中国建设是一项长期而复杂的系统工程，国土空间规划设计是开展美丽中国建设的龙头和枢纽。总体国土空间设计需要充分分析评估美丽中国建设的资源环境承载能力，提出前瞻性分区域美丽中国建设的国土空间设计方案，全面考虑美丽中国建设的整体格局、道路网络、公共服务设施、生态修复、古迹保护、产业发展、城乡更新等需要，综合提升美丽中国建设的国土空间品质和功能配置，成为美丽中国建设的先行者、实践者和贡献者。

2）国土空间设计需建构不同尺度和地域的差别化模式。中国国情的显著特点之一是资源环境和经济社会发展的区域分布很不平衡。例如，有90%以上的耕地、林地和水域分布在东南部的湿润和半湿润地区，其余10%的耕地、林地和水域分布于全国其他67.8%的地区；人口密度在东、中、西部分布差异达10倍以上，经济发展水平的地区差异可达4~5倍，甚至更大。不同区域的文化基因也有很大差异，例如根植于商业基因的东部沿海文化和发育于官场基因的北方文化，直接影响价值取向和办事效率。这种资源禀赋、人口分布、经济发展水平和文化基因等方面的区域差异，导致了对美丽中国建设的国土空间设计诉求和适应性有很大不同。因此，国土空间设计需要建构不同尺度和不同区域的差别化模式，绝不能搞“千城一面”和“千村一色”，统筹布局各具特色的多要素美丽空间设计方案，因地制宜推进美丽中国建设。

3）国土空间设计应更加重视空间结构优化的大地整体美。早在19世纪末，日本的国土空间设计就十分强调人与自然相协调的思想。当时日本对自然的欣赏和评价是必不可少的强制力，是国土空间设计的核心指导原则。当你来到这个太阳升起的岛国旅游时，你会惊奇地发现，整个日本的布局就像一个巨大的包罗万象的公园。美丽国土点缀着农场、庙宇和村庄，保护自然曾经是一种被人们确定的生活方式和设计范式（西蒙兹，1990）。

要以优化区域人口和国土空间结构为基本导向，将土地利用、产业发展、交通设施、生态基础设施、城乡居民点等进行系统设计，推进大地整体布局美，使国土空间整体成为桃花源式的美丽艺术品，最终将中国建设成为美丽的大花园。以浙江省为例，2035 年的发展目标是要充分依托浙江生态资源齐全的特点，把全省建设成为生态与文化相辉映的现代富春山居新画卷，将全省建设成为幸福宜居的美丽大花园。其核心举措就是以“互生”“互动”“互融”3 大理念优化空间结构，建构“区域一体、山海相通、城乡共荣、天人合一”的美丽空间新格局。我们从《平凡的世界》出发，再回头审视 1978 年改革开放的中国，到底经历怎样的变迁。从土地出发，到如今回不去的故乡，乡愁何寄？这将成为中国现在开始，一个最迫切需要解决的心灵与身体、个人与群体、社会与国家的多重困惑。美丽中国建设是人类为了满足新的功能需要对国土空间开发利用的一种干预，如何使美丽中国建设的产品能够深深地记住乡愁，并促进已经失去的乡愁得以复兴，将成为美丽中国建设面临的严峻挑战和重大战略。要实现这一战略目标和完成这一历史使命，美丽中国建设就必须真正走回乡之路，通过结构优化实现中国大地整体美。这是一种国土空间设计的生命情怀追寻，也是一种实现人与自然和谐的境界。

4）聚焦“三生”空间联动设计推进传统空间设计范式转型。国土空间设计的基本目标是要将国家经济建设、社会建设和生态建设的目标任务同时落实到具有不同主体功能的国土空间上，实现“生产空间集约高效、生活空间宜居适度、生态空间山清水秀”的国家整体目标。因此，空间设计范式需要在“多规合一”的基础上实现“多设合一”的范式转型。也就是要将原来单独进行的城乡设计、景观生态设计、环境设计、资源利用设计、生产布局设计、基础设施设计等进行整合，聚焦生态空间设计、生产空间设计、生活空间设计的“三生”空间联动设计，从孤立和分割的空间设计走向联动和整体的空间设计。要加大串点成线、连线成片的国土空间综合设计力度，实现“统一设计、联合建设，城乡联动、空间一体”。美丽中国建设应该有两个最重要的目标：为了城乡居民，改善他们的生产生活生态质量；为了孙子后代，改善国土空间的可持续发展质量。通过美丽中国建设重建田园牧歌的生活，希望温饱有余的城乡居民可以继续享受青山绿水和蓝天白云，可以继续享受家庭和睦和邻里友爱，可以继续享受陶渊明式的“采菊东篱下，悠然见南山”的休闲与情趣。因此，在美丽中国建设指引下的国土空间设计需要从传统空间设计的范式中走出来，以生态环境保育为底盘，把一个区域的文脉、历史、文化、工程、利用方式和土地的物质形式当作一个活的生命来对待，当作一种生命的形式、一种生命体系来对待，重构能闻到自然界芳香、听到自然界鸟鸣、看到自然界原风景、感到自然界睿智的“伊甸园”景观，将美丽中国建设通过国土空间设计融入大自然的景观中去，这是仁智者的情怀，也是仁智者的生命依托。

（二）美丽中国建设的大地景观美学设计

景观美学主要研究自然美的保护和加工，探讨自然美的成因、特征、种类以及开发、利用和装饰自然美的方法、途径等（布拉萨，2008）。大地美学是从伦理学和生态学的角度，探讨自然的保护和审美旨趣，二者观察的角度虽有不同，但都是以自然美学特征、审美价值、构造规律等作为其主要研究对象，在实践层面并无明显边界。因此，本书将景观美学和大地美学统称为大地景观美学，范围涉及大地上的自然景观、人工景观和人文景观的美学问题，核心是环境美学问题。自从工业革命以来，人类的生存环境遭到了巨大的破坏。正如美国蕾切尔·卡逊（Rachel Carson）在《寂静的春天》中所发出的质询："当鸟儿不再歌唱，当溪流不再流淌，当绿色的森林被褐色的枯草取代，当蔚蓝的海洋被腐臭的鱼覆盖，我们是否还有能力生活下去?"该质询实际上是一个充满了忧患意识和警示意味的呐喊：如果失去了大自然的美，人类还能生存下去吗？美丽中国建设，首先就是要维护、敬畏和欣赏大地景观的自然美。按照达·芬奇的观点，即或绘画艺术也要"关心自然创造物的美""再现自然的作品和世界的美"（达·芬奇，1979）。从自然美学的角度看，美丽中国建设的大地景观美学设计需要把握以下要点：

1）宏观上把握好功能分区的美学设计。国土空间规划设计的功能分区，是指以地球表层系统的功能空间格局演变规律为基础，以特定地域在区域自然资源和生态环境系统中及在人类生产活动和生活活动中所履行的职能和发挥的作用为依据，所划分的地域功能区。它由自然生态系统提供的本底功能与人类社会经济活动的需求功能相互结合而形成（Wang et al.，2017a）。各种功能区以不同方式组合在一起，共同构成了国土空间地域功能格局。宏观上的大地景观美学设计，就是要依据不同功能分区的生态系统，根植于自然界事物本身，创造自然美的综合形态。以国家公园为例，对于特殊景观区、生态保育区、史迹保存区、游览服务区和一般控制区，分别研究其人与大地生态系统处于生态平衡时的审美状态，从布局结构、密度、强度、土地利用方式等进行审美设计。

2）中观上把握好土地利用的美学设计。土地利用的美学设计核心是对视觉美学环境及景观资源保护的设计，在土地的自然形式与地面空间利用的多种形式之间建立令人愉悦的关系，关键是要从景观的空间结构、用途功能及其场所因子出发，把生态特性、景观特质与地质地貌和建构筑物等场所因子联系起来，从其自然美的内在本质去设计各类美学环境。它具体包括平面与立体两个方面：①平面上主要指为了使生产、生活和生态用地更好地融合，应尽量做到各种土地利用类型能够"景观化"，即从自然审美的角度艺术地利用这些土地类型设计出新的景观。②立体上主要指土地利用空间的视觉效果和景观层次设计，合理利用地形地貌艺术地安排土地用途，例如进行水保林与风景林结合设计，将现状的沟谷风光设计成层次丰富的"山水画廊"等。以浙江楠溪江国家风景区的大地景观美学设计为例，"叠叠云岚烟树榭，湾湾流水夕阳中"，这是山水诗人谢灵运对楠溪江的赞美。楠溪江的水是美的，而两侧自然恬静的景观序列更美：江水碧玉→草地金滩→郁郁滩林→近丘远山→蓝天白云，通过丰富的景观层次设计构成典型的大地河谷风光。其中楠溪江两岸茂密的滩林，不仅可作为两岸水土保持的最后一道防线而使江水清澈纯净，同时还是衬托清碧江水的第一层环境要素，视觉上与山、水构成一幅幅清秀而变化的动态画卷。时而给荒山秃岭交通道路穿上绿色的罗裙起到障景作用；时而给奇峰巨岩增添浓绿的一笔，使山形更为生动；时而又为白帆湍流衬托背景，更显天蓝水碧。因此，对于楠溪江的大地景观美学设计而言，滩林用地就成为成功设计的关键，必须通过远山近水的立体美化对其进行特殊保护，从而建构起江山如画的"山水画廊"。

3）微观上把握好工程景观的美学设计。以自然美学为其核心内容的大地景观美学设计，经常需要对一些已经受到损毁的自然环境通过工程措施进行生态修复，例如修建护坡、修复驳岸、建设挡土墙等。工程景观的美学设计需要有多种视野，将生态美、自然美、社会美、艺术美和技术美进行有机整合，使工程景观能够成为人类获得自我愉悦的一种媒介，使工程景观效应与人的各种需求和感受建立起直接的联系，成为一种能给人提供直观的环境体验和对生活境界追求的启迪。以溪河水体护坡的工程景观美学设计为例，在设计中需要根据因地制宜原则选择自然生态护坡、人工生态护坡、自然与人工相结合的护坡等多种不同的形式，使得自然美首先存在于人工环境与自然环境协调的统一之中：①自然生态护坡宜在大面积的水面沿岸，提倡采用天然土质驳岸，缓坡种植保水固土草皮或天然草灌植被，后方种植高大乔木形成纵深景观层次。②人工生态护坡适合在局部有特殊水土保持需求和景观需求的沟渠地段，可以采用适当硬化措施。在驳岸近水面可以种植水草、水中花卉等亲水植物，既可增加景观美感，减轻驳岸硬质感，同时也可有效净化水质。③自然与人工相结合的护坡在湖岸采用局部硬化驳岸与自然柔式漫坡间隔结合的处理方式，辅以丛植或组团状的花卉灌草，既保护了湖岸，又创造了连续而又富于变化的滨水景观。柔式漫坡可以采用木质排桩护岸，既固土也不影响水体与湖岸交流的通透性（陈耀华，2003）。

需要指出的是，大地景观美学设计体现的审美特征包括综合美、协调美、动态美、旷奥美、含蓄美和模糊美等，具有艺术审美的基本特性，是一个极其复杂而且目前还是很不成熟的领域，关键是要把握审美感受的独特性和新颖性。从艺术表现的角度看，世界上不应有两件或两件以上完全相同的艺术品，如果出现这样的情况，那就是复制品和赝品。大地景观美学设计也是如此，切忌那些模式化的雷同设计，不能简单地“拿来主义”“洋为中用”，要充分体现地方性、民族性和时代性，每一个设计都应该有自己的主旋律和基调，如此才能建成美丽中国。

四、大地景观健康维护的空间设计

（一）大地景观健康的概念及其评价

面对工业革命以来严峻的环境和土地退化现实，20 世纪 40 年代国际上首次提出土地健康（Land Health），认为土地健康是其自我更新能力的表现，应与个人有机体健康一样进行诊断（Leopold，1941），并使用土地疾病（Land Sickness）来描述土地生态系统的紊乱（Dysfunction），标志着从系统角度研究土地健康问题的开始。1989 年，Rapport 首次从活力、组织结构和恢复力等 3 个方面论述了生态系统健康的内涵（Rapport，1989）。1994 年，加拿大举办了第一届国际生态系统健康与医学研讨会，成立了国际生态系统健康学会（International Society for Ecosystem Health，ISEH），并重点讨论和展望了生态系统健康学在地区和全球环境管理中的应用问题，主要内容集中在研究人类活动、生态变化和人体健康之间的关系（Rapport et al.，1999）。1995 年，国际生态系统健康学会创刊的《生态系统健康（Ecosystem Health）》期刊正式发行，对推动生态系统健康的研究起到了非常重要的作用。

所谓大地景观健康，是对土地健康概念的深化拓展，它与人体健康、生物体健康和流域健康具有相似的机制，均取决于大地景观本身所特有的调节和反馈能力，即系统的内稳态（Homeostasis）能力。内稳态是指系统受到外界胁迫后，通过自身结构的变化来调节本身的状态，使其自身尽可能恢复到原有平衡状态。健康的大地景观，能够维持内稳态的正常运行。如果大地景观在频繁的、较小的干扰过程中维持基本的平衡或者能够从一个较大干扰下快速恢复平衡，那么就可以认为该大地景观是“十分健康”的（Ferguson，1994b；Callicott，1995；Murphy，1978）。更通俗地讲，大地景观的健康状态是指没有生态疾病或者没有人类活动所引起的胁迫因子的存在，也可称之为没有“生态系统危困综合症”，没有出现功能紊乱的状态（Rapport et al.，1998）。与一般意义上的景观健康不同，大地景观健康需要强调其生产能力的持续保持，能在生态系统和土地利用范围内具有良性的养分循环能力，能具有保持改善环境质量和促进动植物健康的能力（Doran et al.，1996；Mann et al.，2019；Karlen et al.，2019；Haney et al.，2018；Else et al.，2018）。

大地景观健康评价，本质是一种诊断评价，它不是针对某一种特定的大地景观利用方式，而是将大地景观看作是一个“有机体”，以整个大地景观的自然社会复合系统作为评价对象，在满足人类社会可持续发展目标的约束下，诊断由自然因素和人类活动引起的大地景观结构功能紊乱和退化状态。它首先需要对大地景观系统功能紊乱进行分类，实行诊断、干预及因果关系的对比。其次需要能够判断大地景观系统主要参数是否偏离正常值的标准，即选择评价指标体系、确定评价指标标准，通过专家咨询等方法，确定评价指标的权重，通过模型运算得出评价结果。评价体系建立和选择是大地景观健康评价的关键内容，直接影响和决定评价成果的质量。Mageau et al.（1995）认为，大地景观健康诊断指标主要与恢复力（Resilience）、生产力（Productivity）和组织结构（Orgazization）3个方面有关，这些指标可通过生物学（如生物多样性、本地物种与外来物种比、优势种的分布规模）、自然地理学（如水文流动、土壤有机物质的保持能力、生物圈对水流及能流的控制）、社会-经济学（如农业、林业及渔业的投入产出率）的途径去获取（Rapport et al.，1998）。现阶段大地景观健康的评估框架研究较多，主要有：①压力-状态-响应（PSR）评估框架。该框架在人地关系与可持续发展领域较为广泛，并衍生出驱动-压力-状态-影响（DPSI）和驱动-压力-状态-影响-响应（DPSIR）评估框架。压力-状态-响应（PSR）、驱动-压力-状态-影响（DPSI）和驱动-压力-状态-影响-响应（DPSIR）评估框架已应用到大地景观健康评价中，主要是依据“原因-效应-反应”的思路（Walz，2000）。其中，压力指标是指科学合理地阐明环境或人类活动的压力；状态指标是描述评估对象的功能、质量和数量的当前状况；响应指标是管理人员通过决策和行为产生的响应，促进评估目标的良性循环，最终构建一个彼此关联的有机整体（钟少华等，2019）。压力-状态-响应（PSR）模型是一种强大的方法，包括诸多影响因素，但更侧重评估对象与人类活动之间的因果关系（Zhao et al.，2019；Su et al.，2010）。②活力-组织-弹性（VOR）评估框架及该框架的扩展框架活力-组织-弹性-生态系统服务功能（VORF）。该框架从生态系统质量和为人类提供生态服务两个方面衡量大地景观的健康水平，应用较为广泛（Yan et al.，2016；Xiao et al.，2019）。在VORF系统中，活力指标揭示了大地景观生态系统的活动、新陈代谢或初级生产力；组织指标衡量了各个次级大地景观生态系统之间相互作用的数量和多样性；弹性指标表明了在面临外部干扰的情况下大地景观生态系统维持其原始结构的能力；功能指标主要体现大地景观生态系统提供的服务功能（He et al.，2019）。在该评估框架中，各个子系统通过定量方法来评估其指数。其中，活力指数主要选择归一化植被指数（NDVI）来代表，因为它与净初级生产力密切相关，并且已被广泛有效地用于评估大地景观生态系统活力（Costanza，2012；Peng et al.，2017；Wang et al.，2017b；Liao et al.，2018）；组织指数主要由景观格局指数来衡量景观的异质性，利用Shannon多样性指数和面积加权平均斑块分形维数计算（Howell et al.，2018）；弹性指数主要是抵抗外界干扰指数，由于土地利用对景观生态系统的复原力有显著影响，因此采用所有土地利用类型的面积加权生态系统恢复力系数的总和来衡量大地景观系统的恢复力（Colding，2007）；大地景观生态系统服务功能是指生态系统为人类社会提供商品和服务的能力，根据某种土地利用类型的生态系统服务价值与所有土地利用类型的平均生态系统服务价值之比，计算出每种土地利用类型的生态系统服务系数（Cheng et al.，2018）。③基于免疫机理构建“胁迫-压力-免疫”和“抗原-抗体”评估框架（赵宏波等，2016；陈藜藜等，2017）。该评估框架是将评估对象视为一个生命有机体，其系统与生物系统的本质具有较高相似性，当评估对象面临侵害等威胁时，可以较好识别不利要素或存在隐患，并能够采取一定的防御策略，从而在一定程度上可以保障机体不受损（陈清光等，2011；Fabio，2003）。基于免疫机理构建的评估框架侧重系统结构特征和运行机制，提供了一种强大的信息处理和问题求解范式（肖人彬等，2002）。其中，胁迫是指人类和社会经济活动引起生态系统的负荷作用；压力是通过活力、组织、弹性来反应；免疫是指生态系统所处的胁迫和状况。此外，该评估框架涉及的指标有生物丰度指数、生态质量指数、人均GDP、经济密度、人口密度、土地垦殖率、水土协调度、水网密度指数、农业机械化水平、化肥施用强度、人均粮食产量和机耕程度等（赵宏波等，2016）。

（二）大地景观健康的维护及保健设计

从人与自然和谐共生的角度看，大地景观健康的维护及保健设计，应该是一种最大限度地借助于自然力的最少设计，一种基于自然系统自我有机更新能力的再生设计，即改变现有的线性物流和能流的输入和排放模式，而在源、利用中心和汇之间建立一个循环流程的设计。其根本宗旨是尊重物种多样性，减少对资源的剥夺，保持营养和水循环，维持植物生境和动物栖息地的质量，最终达成不断改善大地景观系统健康和保健状态的目标。其具体设计内容主要包括以下3个方面：

1）大地景观恢复力设计。大地景观领域的恢复力概念最初在1973年出现的（Holling，1973）。目前比较认可的概念是：系统受到扰动后恢复到稳态的能力，即系统保持结构、功能及反馈特性的能力（Walker et al.，2004）。例如采矿会引起采空区地表移动变形，进而引发大地景观环境变化，最终引起植被结构和功能的变化。采矿对大地景观系统生态干扰的具体形式主要包括挖损、塌陷、压占、排放和污染，进而影响到地形、岩层、地表水、地下水、土壤等景观生态因子，最终产生覆岩破裂、地表移动变形、土壤养分空间分布变异、地下水疏干及植被移除等影响大地景观健康的负效应。矿区大地景观系统中各生态因子关系密切，它们之间通过相互作用、相互协调维持系统健康的动态平衡。矿区大地景观恢复力设计就是要对其中的非资源胁迫因子（地表移动变形因子、裂缝密度、土壤结构、温度等）和资源胁迫因子（土壤养分、水分、光照等）进行动态平衡设计，使其恢复到动态平衡范围的边界阈值之内，实现工作面、矿区和区域尺度恢复力的整合，最终达成大地景观恢复力的健康状态（王丽等，2017）。由于大地景观的干扰和变化是不确定的，对其健康维护的最好方式是“适应性生态设计”。在“适应性生态设计”中，所谓的恢复力可以理解为承受干扰和遭到干扰后恢复的能力，体现在能够适应环境的变化、保持健康的状态。“适应性生态设计”通过对大地景观恢复力的控制，对适宜的生态系统加以平衡，增强其抵御破坏干扰的能力；对不适宜的生态系统加以调节，以“自发”的形式逐步推进其朝着更好的方向演替。它能更好地连接人文与自然的纽带，让大地景观能够更适应自然，并将自然的过程同人类的创造设计融为一体（吴然等，2015；van der Ryn et al.，1996）。

2）大地景观生产力设计。国土空间视域的大地景观，生产力是其最本质的特性。大地景观的土地，作为一种重要的自然资源，其价值主要表现在作物、牧草、林产品等第一性物质生产方面，也就是绿色植物通过光合作用制造有机物的量和质。在生产实践中，通常将单位面积第一性物质生产的量称之为土地生产力。土地生产力最后可折合成热量及蛋白质数量，以利于相互比较和人口承载量计算。大地景观之所以有生产物质的能力，是因为大地景观上有辐射能资源、水资源、二氧化碳资源、氮磷钾等营养资源，以及各种生物活性资源，它们构成了大地景观生态系统的统一整体。大地景观的生产力设计，就是要通过地力修复、污染修复、水土流失修复、道路系统修复、生态防护修复、景观廊道修复等综合设计，合理利用各种资源，实现生产力的恢复并不断提升其数量和品质。

3）大地景观结构力设计。大地景观要实现健康，必须进行以下两方面的景观结构力平衡设计：①必须保持大地景观组分之间的结构稳定与平衡（Ferguson，1994a；Costanza et al.，1992）。如输入与输出能量间的结构平衡、捕食者与被捕食者之间的结构平衡、群落与种群之间的结构平衡、出生率与死亡率之间的结构平衡、水文循环的结构平衡等。由于这些结构平衡的影响因素极为复杂，只有在大量观测的基础上，才能取得准确的数据。②必须保持大地景观格局中单元之间的空间结构平衡。Odum 于 1959 年提出的分室模型（Compartment Model），可为大地景观格局中的空间结构平衡提供设计指引。该模型基于系统论、生物控制论的系统分析和景观模拟，为大尺度的大地景观生态设计及管理自然资源提供了一条重要途径（Geddes，1968）。Odum 认为，所有的土地利用都可以纳入生态系统分室模型中的 4 个分室中的 1 个，并用一系列参数作为分室标准。这些分室包括保护性土地利用、生产性土地利用、调和性土地利用、城镇-工业土地利用，大地景观设计必须保持这些空间结构之间的综合平衡。德国生态学家 Heber（1990）针对 Odum 分室模型对景观单元间的相互影响考虑不周，于 1979 年提出了适用于高密度人口地区的土地利用分异战略（Differentiated Land Use，DLU），主要利用环境诊断指标和格局分析对景观整体空间结构进行研究和设计。该模型通过规划设计来维持景观的空间异质性和结构平衡，促进生物多样性，有利于大地景观整体的结构优化和健康稳定。该模型包括 3 个土地分异战略：第一，在给定区域内，占优势的土地利用类型不能成为唯一的土地利用类型，至少有该区域 10%～15%面积为其他土地利用类型。第二，在给定区域内，对集约利用的农业或城镇、工业用地，至少应保留整体面积 10%作为自然景观类型，并且要均匀地分布于区域当中，不能集中分布。“10%原则”是一个允许足够数量野生动植物与人类共存的一般原则。第三，避免大面积地、连续地、均一地土地利用。在人口稠密区，均一土地利用的田块大小不能超过8~10公顷（贾宝全等，2000）。虽然DLU战略对过程机制难以定量模拟，也缺乏充分的景观生态学理论依据，但从实践中取得的效果看，能为大地景观结构力平衡设计提供基本依据（傅伯杰等，2002）。

第三节 总体国土空间区域联动设计

一、城乡空间联动设计

（一）城乡空间联动设计的理论认识

1. 城乡空间是一个地理连续体

城市和乡村是两个不同的空间聚落，它们在景观、生态、人口、产业、土地利用、社会结构、生活方式、文化基因等方面都有明显区别。然而随着工业化和城市化的推进，对于城乡交界区域，人们已经无法明确地按其外观和功能或其社会空间和经济结构认为是城市或乡村：在对亚洲一些国家进行长期研究后，麦吉（McGee）用Desakota（desa指村庄，kota指城镇）这一概念模型，表示城乡交界处各类空间形态的产生及不断融合发展的过程（McGee，1987），即建立在区域综合发展基础上的城市化，其实质是城乡空间之间的统筹协调和一体化发展。在拉丁美洲殖民地城市，城乡接合部被设计为具有自身特点的城乡制度的过渡空间，比如阿根廷的首都布宜诺斯艾利斯市将城乡边界视为一个具有自身功能的空间，使其充当城乡空间系统之间的桥梁（Goyburu，2018）。随着城市功能不再局限于城市和郊区，城乡空间被视为一个连续体的空间过程，特别是在北美洲和欧洲，城乡二分法不再适用，基于地理位置和景观形式的“乡村”，在更高层次的经济功能和构成上是部分“城市”，这些区域称为城乡空间，城市和乡村不再是不同的地理实体，而是一个经济和地理连续体的过渡带，一系列空间沿着这个连续体排列分布（Irwin et al.，2009）。英国霍华德的“田园城市”理论，也表明理想的城市应该同时具备城市和乡村优点，这种理想状态下的城市被称之为“田园城市”（霍华德，2000）；美国刘易斯·芒福德（Lewis Mumford）论述了城乡空间关联发展的重要性，提出了“城与乡，同等重要，城与乡，应当有机结合”的城乡空间联动规划观（芒福德，1989）。在东部沿海发达地区城乡聚落空间动态变化的研究表明，城乡聚落用地的热点集聚区面积显著增加，热点中心的空间分布格局向多中心和均衡化方向演化，城市和乡村已经成为一个地理连续体（李智等，2018）。越来越多的研究表明城市和乡村是一个生态体系，它不是一个边界明确的土地利用范围，城市景观和乡村景观分界线已经越来越淡化，在现实中已经形成了城乡一体化的无边界景观（Limitless Landscape）。因此，对于以空间作为研究对象的总体设计，就应该将本应属于一个整体的城乡空间进行联动设计，而不应该将其分割和碎片化，如此才能实现1+1>2的空间整体设计效果。

2. 城乡空间需要协同联动治理

既然城乡空间是一个连续的地理整体，其空间治理就需要协同联动。马克思和恩格斯城乡发展理论、McGee 的“Desakota”模型和空想社会主义学说等，都强调要将城乡空间作为一个整体进行协同联动治理。恩格斯在《共产主义原理》一书中首次提出了“城乡融合”概念，为城乡空间协调联动治理奠定了扎实的理论基础。进入 21 世纪，城乡空间之间的持续协调治理问题是全球面临的主要挑战之一，在此背景下促进了学者更多关注城乡空间“联系”和“流”的相互作用（Lynch，2005）。如卡斯特（Castells）在《网络社会的崛起》（2001）明确提出流空间（Space of Flows）理论，从“流空间”要素流动视角定义城乡空间融合治理，即为要素时空流动促使城乡异质性二元空间结构转为均等性空间结构（周佳宁等，2020）。

“城乡空间分离—城乡空间对立—城乡空间一体”的演化路径是整个世界城乡空间治理发展的基本轨迹。这个过程主要是受产业空间的演化变迁所主导：工业革命使工业生产取代手工劳动，劳动生产率得到了极大的提高。城市作为工业的据点，为了满足工业生产的需要（如降低交易成本和实现集聚经济）成为有别于乡村的异质空间，城乡空间分离开始出现。随着乡村资源不断流向城市，工业化和城镇化稳步推进，在积累因果循环效应的作用下，城乡差距拉大，城乡关系空间逐步呈现对立的局面，因此世界各国几乎都采用“二分法”将人类生存空间划分为城市和乡村两个空间治理区域（王德起等，2015；刘荣增等，2020）。城市在产业发展中的主导地位以及伴随的城乡空间分异进一步造成城乡公平差距的分异，城乡间的这种巨大差异也被称为城乡鸿沟（Urban-Rural Divide），在世界各国城乡教育、卫生和数字建设等方面有深刻的体现（Wang，2012；Allan et al.，2017；Philip et al.，2017），也会反映在社会文化等领域中，如公共意识形态和文化也被城市以及现代表达方式所主导，而牺牲了田园生活和传统（Sumich，2016），乡村的活力既是城市生活压力和贫困的表现，也是对乡村和传统渴望的标志（Tvedten，2018）。

随着 20 世纪 70—80 年代人类社会进入后工业时代，城市产业结构逐步从工业为主向以第三产业为主转变，工业生产地向农村地区转移，乡村工业化和城镇化启动，与人类活动相关的土地利用过程发生了很大变化，使传统的“二分法”发生了重大变化（Serra et al.，2014），城乡空间差距逐渐缩小，城乡逐渐走向一体化，美国的“边缘城市（Edge City）”和“无边界城市（Edgeless City）”❶ 就是很好的例证，同时城乡空间关系的冲突对立也对城乡一体治理提出了现实的需求。城乡空间一体治理并不代表城镇和其周围的农村空间之间的单向关系，而是指这两个空间实体之间开放的社会、经济、文化，以及在一定程度上的政治扩散过程，这个概念可以避免得出城市和乡村主次分明的结论（Marz，2020）。城乡空间协同治理效果的显著表征就是城乡收入差距的缩小，在欧盟，城乡收入趋同是一个持续的过程。2005—2017 年乡村地区平均纯收入占城市平均纯收入的比例结果显示，城乡收入趋同趋势稳定，乡村居民收入占城市居民纯收入的比例从 62% 提高到 80%。在欧盟国家层面上，各国的情况各不相同。在一些欧盟国家如英国、比利时，乡村

❶ 边缘城市是在大城市的郊区形成的相对独立的人口经济集聚区，代表 20 世纪 80 年代美国郊区发展的新趋势；无边界城市是城市沿高速公路、机场、大学校园布局的新模式。

地区的纯收入甚至高于城市（109%和104%），比例较低的如罗马尼亚和保加利亚也达到了56%。总体来看，在大多数欧盟国家，城乡收入差距不断缩小，国民经济中的收入分配更加公平，这不仅表征着欧洲城乡空间一体化较高的水平，也对国家经济产出和增长产生了显著的正面影响（Auzina-Emsina et al.，2019）。

如何促进“城乡互动（Urban-Rural Interaction）”和“城乡互助（Urban-Rural Partnership）”，人们普遍认为，解决这种复杂城乡空间问题的根本路径是实现以“乡村-城市关联观（Rural-Urban Linkage Approach）”为基础的共治（Potter et al.，1995；Oucho，2004）。在城乡空间联系效应作用下，城乡空间之间职能分工不同却又有机组合，通过组建城乡空间产业网络、区域城镇空间网络以及合理有序的城乡空间要素流动网络，最终能形成城乡空间协调治理的功能效应（Cooke et al.，1993；OECD，1996；Murdoch，2000；段德忠等，2014）。国土空间设计是为空间治理服务并提供科学依据的，促进空间治理现代化是国土空间设计的功能和使命。历史进程分析和理论及实践研究都表明，城乡空间协同联动治理能产生更显著的功能效应，这就必然要求城乡空间需要进行联动设计，而不是传统意义上的城市和乡村空间二元分割设计。

（二）城乡空间联动设计的概念框架

1. 城乡空间联动设计的概念模型

英国、法国、韩国等的国际经验都表明，遵循城乡空间整体逻辑，采取整体的思维、整合的方法，平等对待、统筹考虑城乡区域，是建构城乡空间联动设计一般性框架的基础前提。在这个一般性框架中，城乡空间联动设计中加强城乡空间联系创造有利环境，提供城乡空间均衡性的设施服务，强化对城乡空间动态信息流的知识和数据管理等，都具有特别的重要性❶。到目前为止，国内外对城乡统筹发展、融合发展、联动发展等进行了大量卓有成效的理论研究，对城乡空间统筹规划、融合规划、联动规划、一体化规划等也开始进行了有益的探索，但对如何进行城乡空间联动设计，却几乎缺乏专门研究。通过浏览国内外文献发现，日本京都大学岸根卓郎教授1985年提出的“城乡融合系统规划模型”可作为借鉴参考。该模型是基于以下背景提出的：自第二次世界大战结束后，日本先后进行了多次国土空间规划。但由于当时的空间规划都是将城市和乡村分裂开来进行的，采用的是头痛医头、脚痛医脚的对症疗法，结果进一步加剧了城乡空间的分裂和分布的不平衡。岸根卓郎教授经过长期思考后，于1985年提出了以“自然-空间-人类系统”为核心的“城乡融合系统规划模型”。该模型的主要目标是实现城乡融合，建立一个“物心俱佳”的新的定居社会（岸根卓郎，1999；赵羿等，2005；贾宝全等，2000）。借鉴该模型的分析框架，城乡空间联动设计的一般概念模型可表达如下：

第一阶段：城乡空间联动系统内容设计。在明确城乡联动国土空间设计目标的基础上，按照功能结构、要素结构、位置结构的先后顺序，进行城乡空间联动系统内容设计，以保证系统目标的具体落实；最后进行系统优化，优化的目标是为了减少所设计系统中的熵，增加系统的稳定性。

---

❶ 联合国人居署．城乡联系指导原则［R］．2019.

第二阶段：城乡空间联动系统功能设计。首先进行国土空间设计必需的各项“功能”的理论设计，以形成国土空间设计的“功能结构”；继而对必需的“硬要素”进行具体设计，形成“要素结构”；最后根据要素结构确定各要素的配置，形成“位置结构”。这样就基本上完成了城乡联动的“自然-空间-人类系统”的国土空间设计。

第三阶段：城乡空间联动设计的实现。国土空间功能主要由城市功能和乡村功能两部分组成。城市的代表性功能，包括多样性、文化性、娱乐性；乡村的代表性功能包括自然性、情趣性、传统性等。与城市功能相对应的代表性硬要素包括：人工化的住宅、工厂、学校；与乡村功能相对应的代表性硬要素包括：自然化的森林、空间、农地。为完成城乡空间联动设计，首先要对城市空间与乡村空间的功能进行匹配，建立功能矩阵（图 4-3）；其次对涉及上述功能的硬要素进行匹配，建立硬要素结构矩阵（图 4-4）。这些矩阵中的元素就是功能与结构空间单元。人们可以通过矩阵行列的不同组合，创建出各种理想的城乡聚居社会。最后将这些结构与功能单元在空间上配置起来，并使之最优化，就完成了整个城乡联动的设计过程，也即建立了一个“城乡空间复合社会系统”，从而有望克服过去城市与乡村空间分离和对立的关系（图 4-5）。

城市功能 / 乡村功能	文化性	现代性	娱乐性	城市功能 / 乡村功能
自然性	自然・文化性	自然・现代性	自然・娱乐性	自然性
空间性	空间・文化性	空间・现代性	空间・娱乐性	空间性
情绪性	情绪・文化性	情绪・现代性	情绪・娱乐性	情绪性
乡村功能 / 城市功能	文化性	现代性	娱乐性	乡村功能 / 城市功能

图 4-3　软件城乡联动国土空间设计最佳选择图

（据岸根卓郎，1999，有修改）

人工系要素 / 自然系要素	学 校	工 厂	住宅（都市）	人工系要素 / 自然系要素
森 林	森林・ 学校 （林间学校）	森林・ 工厂 （林间工厂）	森林・ 住宅 （林间住宅）	森 林
空 间	空间・ 学校 （宽余学校）	空间・ 工厂 （宽余工厂）	空间・ 住宅 （宽余住宅）	空 间
农 地	农地・ 学校 （田园学校）	农地・ 工厂 （田园工厂）	农地・ 住宅 （田园住宅）	农 地
自然系要素 / 人工系要素	学 校	工 厂	住宅（都市）	自然系要素 / 人工系要素

图 4-4　硬件城乡联动国土空间设计最佳选择图

（据岸根卓郎，1999，有修改）

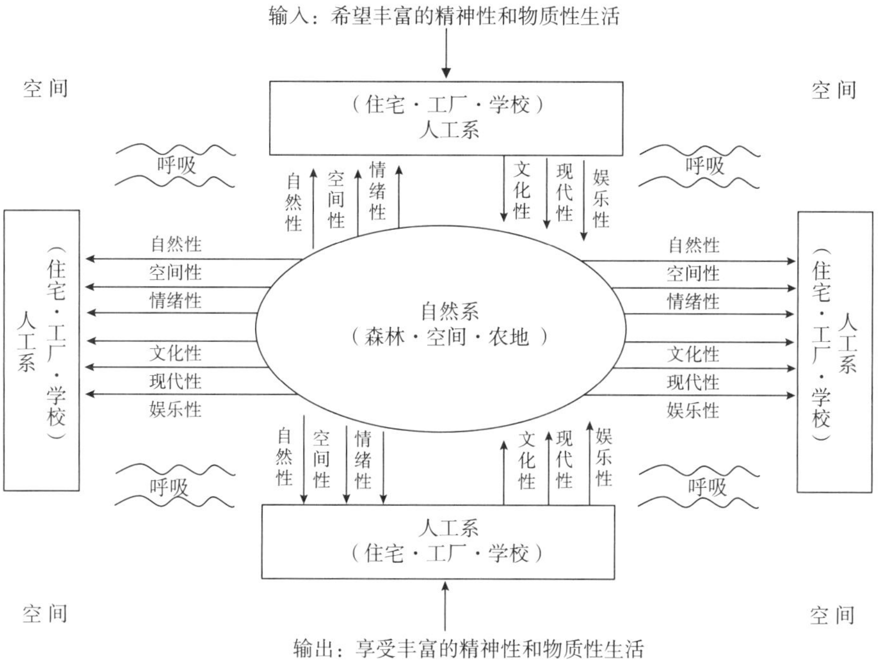

图 4-5　城乡空间联动的自然-空间-人类系统模型——国土空间设计理想图

（据岸根卓郎，1999，有修改）

2. 城乡空间联动设计的核心内容

从国际经验来看，城乡空间联动规划已经成为国土空间规划最主要的趋势，并对促进城乡平衡发展起到了十分积极的作用。在韩国，以综合性国土空间规划为总纲领，建立平衡国土、开放国土、福利国土、统一国土 4 个目标，指导城乡空间平衡发展及未来建设方向，强调建设城乡综合聚落系统，对促进城乡空间协调发展起到了十分积极的作用。在英格兰地区，自 1988 年开始，由中央政府发布了 25 个《规划政策导引（Planning Policy Guidance，PPG）》，后来被修订为《规划政策陈述（Planning Policy Statements，PPS）》。这些文件涵盖了城乡土地利用、开发和规划体系运作等领域，指导和影响地方政府城乡空间治理政策的制定。根据《国际城市和区域规划指南（IG-UTP）》的建议，应针对不同行动者，调整与应用多层次、多部门和多利益攸关方的综合规划方法，建立政府规划部门的汇集机制，减少城乡空间之间经济、社会和环境的差距，保护城乡优质公共空间、绿色和蓝色生物多样性分区走廊、地方健康食品区等，对城乡空间的平衡发展具有特别的重要性。参照城乡空间联动规划的理论逻辑与和基本结构，深入分析城市与乡村两大生产-生活空间的差异性和共性，本书认为城乡空间联动设计的核心内容应主要包括以下几个方面：

1）城乡空间生态系统联动设计。城市和乡村的国土空间生态安全格局、生态基础网络和生态景观系统等都是一个不可分割的整体，更是城乡空间存在的前提和发展的根本。按照深层生态学所秉持的整体主义生态思想，城市和乡村都只不过是国土空间生态系统整体中的一部分。因此，城市空间联动设计首先要对城乡空间生态系统进行联动设计，主要内容包括：城乡空间生态安全格局联动设计、城乡空间生态基础网络联动设计、城乡空间生态景观联动设计、城乡空间自然资源要素保护和综合修复联动设计等。例如针对城乡空间格局受损和退化的状态，通过结构、强度、用途、布局等方面的联动设计，可以为城乡空间水源涵养、洪水调蓄、生物多样性保护等提供更加合理持续安全的空间结构，筑牢国土空间生态安全防线。再例如，通过对城乡空间廊道、绿道、蓝道和遗产廊道等重要生态基础设施网络的联动设计，能更好地维护区域生态安全和生命健康，为城乡居民获得持续的生态系统服务提供共同保障。

2）城乡空间文化景观联动设计。城乡聚落是一个通过历史、自然、社会关系表现出来的完整体系，是一个集聚传统生产生活文化的统一社会空间网络。要在对城乡空间进行统一历史文化梳理、当代文化挖掘、文化魅力提炼的基础上，以历史文化遗产保护与传承为前提，对城乡空间特色景观风貌、文化魅力空间、文化遗产空间设施配套、文化旅游产业布局等进行联动设计，推进城乡空间文化景观联动发展。要充分认识文化遗产作为历史记忆资源、文化旅游资源、空间要素资源、传播媒介资源的多重价值，将其作为控制和引导城乡空间新格局构建的关键要素，努力保持城乡空间历史文化保护、发展和延续的完整性。要以国土空间设计为平台，充分发挥国土空间设计手段丰富、综合协调、动态引导的特点，综合社会学、经济学、生态学、地理学、建筑学等方法手段，因地制宜将文化景观在不同城乡空间层次上予以落实，不断提升城乡空间的文化功能和活力。

3）城乡空间基础设施联动设计。城乡空间的二元分割结构，其重要根源在于城乡基本公共服务尤其是公共设施的不均等化配置。要实现这些基本公共服务的均等化，除了政策和制度的软环境之外，还需要设施均衡配置的硬环境支撑。城乡空间联动设计的重要目标之一，就是要减少为所有城乡社会经济群体提供优质公共设施服务的障碍，建立可持续和有弹性的城乡基础设施、技术和通信系统，促进各类基础设施和公共设施在城乡空间配置的均等化，包括道路交通设施、给水工程设施、排水工程设施、供电工程设施、电信工程设施、环境卫生设施、新能源利用设施、防灾减灾设施、历史文化保护设施、景观风貌维护设施、文教医疗设施、商业服务设施、产业配套设施等。这些设施配置的联动设计应该更加符合城乡空间治理目标的运行结构，利用技术创新创造平等机会，确保城乡公共服务惠及所有人。

4）城乡空间景观美学联动设计。自然景观是千百万年来地球内外动力演化的产物，在长期的内外应力的作用下，自然景观达到无比和谐与统一，在某些地段形成“奇异点”与最为“狭窄的组合”，表现出和谐、宁静、新奇、流畅、优美等特征。它是一个统一的整体，能充分展示区域形象和风貌特色，不会因为城市和乡村这种社会的认定而断裂。从本质上说，国土空间景观设计是一种环境艺术，它追求人与自然之间的变化与平衡，追求新空间与老空间之间的景观协调与平衡，以及追求现实生活与未来美好向往之间的美学联动与平衡。与建筑师和雕塑家相比，一个环境设计师的自我表达在很大程度上是带着整体性的，不存在艺术和科学、感观满足和精神需要之间的严格界线（吴家骅，1999）。因此，城乡空间联动设计必须要将景观美学纳入其联动范畴，创造使人在生理上和心理上满足的整体景观美景度。这种美景度表现为景观各要素间的组合特征、“奇异点”或“极端值”的存在、“非规整度”与“非均衡性”，以及安静性、清洁性、运动性、有序化等的连续空间审美价值。在具体的联动设计时需要特别重视对城乡空间景观组分的轮廓线（Line）、对比度（Contrast）、质地（Texture）、色彩（Color）、热烈性（Warmth）、多样性（Variety）、和谐（Harmony）、自然度（Naturalness）、奇异点（Strange Point）等的联动设计（Daniel et al.，1976；Arthur et al.，1977；U. S. Department of Agriculture，1974）。

5）城乡空间大尺度开放空间联动设计。为了保持高质量的开放空间对农业和林业、生物多样性和生物群落结构、生态、栖息地引导和娱乐的重要性，应通过城乡空间联动设计，建立大尺度的开放空间连接带。在人口稠密地区，高质量的开放空间应被整合入这样的开放空间连接带里。如有必要，还需开垦空地，以发展连续的绿色连接带，减少易受洪水影响地区的潜在破坏，或保护有价值土壤区的可持续发展。要确保大型开放空间、森林和农田走廊区域的安全，并对其进行网格化扩展设计；要确保基础设施和公共服务设施的捆绑以维护充足的城乡开放空间，在城乡空间设计中融入生物群落结构、生物多样性、水资源保护和大尺度空间补偿的要求，同时建立起城乡区域开放空间连接的设计标准。

6）城乡空间治理制度联动设计。要创造城乡空间要素畅通流动的有利环境，建立城乡共享和统一开放的要素市场。包括建立城乡土地统一市场，促进包容性城乡发展的投资和金融，建立框架以加强城市和乡村之间社区和其他行动者之间的合作，打破城乡行动者之间的不平等和权力不平衡关系，制定城乡弱势和边缘人群的支持政策等。尤其重要的是，要通过立法并通过提高对城乡空间联系的规模、效益和动态的认识，创造更多的城乡知识交流机会，促进能力建设和发展。核心是形成一种城乡之间更加兼容、交叉和协作的框架，从根本上超越传统城乡二元的空间治理范式，使城乡之间的各种要素、信息、商品、价值、资金能够快速、无障碍和畅通地流动。同时以动态空间流动的共享和分类数据为基础，开展综合的城乡基础设施、人员流动、产品分配和服务系统分析，将粮食、水、能源、教育、健康和福祉、卫生安全系统、环境影响、自然资源和土地管理、生态系统功能、生物多样性、自然灾害、恢复能力与气候变化、产业韧性等纳入统一的监测系统，确保城乡空间治理的信息能够得到及时的、准确的反馈。以统一的城乡空间动态监测反馈系统为基础，分析城乡空间界面之间及其与环境不断发生交互作用和频繁运动的情景，适时调整和不断优化城乡空间界面和治理结构，减少城乡空间冲突或灾害带来的风险和影响，不断优化城乡空间治理的解决方案，从关注城乡空间融合发展到关注城乡空间融合治理。

二、陆海空间联动设计

（一）陆海空间联动设计的概念和意义

从系统论的角度看，陆地空间与海洋空间并不是独立存在的，二者之间存在着广泛的物质、能量交换，具有交互性、整体性和生态统一性。从生态系统角度看，海洋系统与陆地系统共同影响着地球表面的各个圈层，陆地系统的环境污染会直接影响海洋的自然生态基础。从空间形态看，由于存在着要素流动所形成的网络，将陆海视为一个整体进行统筹规划设计，是世界发展的基本趋势。所谓陆海空间联动设计，就是综合考虑陆海的资源环境特点和景观文化特色，对陆海空间进行通盘谋划，系统设计陆海 3 维空间的景观功能、生态功能、经济功能、社会功能、文化功能和美学功能，充分发挥陆海的互动作用，降低陆海空间的冲突，使陆海两个空间的结构、过程和功能更能够相互匹配，以促进陆海两个系统的协调发展。

目前，国内外学者关于陆海空间统筹的研究主要集中在海岸带的综合管理上。例如，海洋战略与可持续发展管理框架（Rutherford et al.，2005）、海洋综合管理和规划协同过程（Biliana，2006）、整合海岸带和海洋自然保护区管理（Cicin-Sain et al.，2005）、陆海产业联动发展和综合管理（孙加韬，2011；王厚军等；2021）等。

总体上看，还缺乏对全局的系统把握，更鲜见对陆海空间联动设计的研究和探索。事实上，中国拥有960万平方千米陆地领土，除广袤的大陆外，还有6500多个岛屿，分布在渤海、黄海、东海、南海中，濒临太平洋有长达18000千米绵长曲折的海岸线，海洋国土面积约300万平方千米，有着极其多样的海洋生物资源、珍贵的海洋矿产资源、丰富的海水化学资源、辽阔的海洋空间资源、潜在的海洋能源资源、多样性的海洋景观资源、悠久深厚的海洋文化历史资源和多姿多彩的海洋审美资源。以往由于缺少陆海空间联动的规划设计，已经导致局部地区环境退化、湿地锐减、生物多样性减少、空间冲突不断、资源利用效率低下、文化景观破坏等问题不断加剧，甚至在某种程度上已经影响到国家海洋战略的落地实施。在陆海统筹国土空间规划的基础上，推进陆海空间联动设计，有利于深化陆海主体功能有机衔接、协调岸线两侧空间矛盾、建立韧性陆海一体的交通和防灾支撑体系、开展陆海协同的生态环境保护与修复治理、提高各类资源利用效率、提升海岸资源的景观美誉度和保护传承海洋文化，对于国家的可持续发展具有重大的战略和实践意义。

（二）陆海空间联动设计的框架和要点

按照高质量发展的要求，陆海空间联动设计的基本框架是：基于规划在3维空间上深化陆海功能、资源开发、产业发展、基础支撑体系、污染治理、生态修复、景观保护、文化复兴、审美内涵的统筹安排，强化陆域空间与海域空间的互动性，强调动态的过程以摆脱陆海空间二分的地理限制和刻板思维，将海洋和陆地这个整体空间进行统一设计。从人们对陆地空间利用及海洋空间利用的层次来看，陆海空间联动设计需要把握好以下几个要点：

1）陆海空间环境本底深化调查。环境本底包括自然环境、社会经济环境、制度文化环境、生态景观环境等。要对影响空间格局的社会经济、制度文化、生态环境、景观要素，包括全球网络体系、国家政策制度环境、区域经济环境等进行深度调查评价，这是实现陆海空间联动设计的前提条件。

2）陆海空间实体要素联动设计。陆海空间实体要素包括：港口、港口城市、港口区域、交通线、腹地城市、腹地区域、海外港口、海洋资源等。港口作为对外交流和国际贸易的通道和重要节点，同时也是海洋运输的起点和陆路运输的终点，是连通海陆、实现联动设计的重要立足点；港口城市是人类在滨海区生活居住的陆域空间，对海陆物流提供重要的货物生产、货物中转和资源输出，是联动设计的支撑点；港口区域是港口连至海洋的海域空间，包括海床和洋底及其底土，是重要的海洋能源开发与储备区，是实现联动设计的重要保障区；交通线是连接港口与腹地间、港口与目的地港口间的要素；腹地城市是与港口通过交通线连接，具有紧密经济联系的城市；腹地区域是受港口及腹地城市辐射影响的毗邻地区；海外港口是物流对外运输的海路终点，或是从海路进口的物流起点；广义海洋资源是指形成和存在于海洋系统包括港口内部系统、港口-腹地系统、港口-腹地市场系统、区域港口系统、港口总系统5个层次。设计过程要综合考虑城市职能、乡村振兴、港口分类及经济实力，进而考察港口-腹地区域范围划分，以及其相互间经济联系的空间格局，在3维空间上为协调港口-腹地区域布局和功能协调提供设计依据。

3）陆海空间流动要素联动设计。陆海空间流动要素主要包括：通过港口—交通线—城市—乡村等空间要素之间的物流、资金流、人流、信息流等，是实现交流促进陆海空间整合互动的媒介。在陆海空间要素组织过程中，港口—腹地（包括腹地城市和区域）及其通过交通网络之间的联系互动设计是要素配置中的核心关系。

4）陆海空间景观审美特色联动设计。海洋景观类型十分丰富，例如海洋遗址遗迹景观、海洋历史场所景观、海洋乡土景观、海洋聚落景观、海洋文化线路景观和海洋关联性文化景观等。而且，中国近海南北延伸4000多千米，纵跨温带、亚热带和热带三大气候带；有基岩岸、砂砾质岸、淤泥质岸、珊瑚礁岩和红树林岸五大类海岸类型；有属于大陆岛、火山岛、珊瑚岛和冲积岛四大类型的岛屿6500个（柳和勇，2012）。更重要的是，不同地域的文化特色，诸如齐鲁文化、吴越文化、闽文化、粤文化等对陆海空间联动设计都有重要影响。总体上看，陆海空间景观审美联动设计，需要在景观类型、地域风貌、文化历史、民族风采等方面深度挖掘自然魅力美和景观形式美，设计更有特色的地域风貌、历史情貌和现代样貌，提供人们更多的审美感受和体验。

第四节　不同尺度总体国土空间设计

一、总体国土空间设计的尺度与层级

（一）总体国土空间设计的时空尺度

在本书第一章已经指出，国土空间设计的重要特性是具有时空尺度，总体国土空间设计当然也不例外。尺度通常是指观察或研究对象所用的时间和空间分辨度，它标志着对所研究对象细节把握的程度，存在于任何的国土空间设计过程之中。研究的对象越小，时空尺度缩小；研究的对象越大，时空尺度放大，形成不同的等级和层次。就总体国土空间设计而言，空间尺度通常从数平方千米到数百乃至数百万平方千米。例如长江经济带国土空间设计，其陆域面积约205万平方千米；长江三角洲一体化国土空间设计，区域面积35.8万平方千米，城市中心区面积22.5万平方千米，发展示范区面积2300平方千米。时间尺度通常可以从数年到数十年甚至数百年，多属于中长尺度的研究范围。随着研究尺度的变异，国土空间类型的划分不但具备了不同等级的概念，而且国土空间格局及其异质性也随之相应变化。不同的时空尺度，研究对象所关注的设计内容就很不相同。例如大尺度的总体国土空间设计，就更关注区域的空间格局、景观结构、交通系统结构、区域形象

塑造和生物地球化学循环等；而中小尺度的总体国土空间设计，就更关注水资源保护、土地质量维持、城乡特色风貌、公共空间网络、城市走廊体系、城市高度引导及群体建筑空间等。在通常情况下，小尺度设计更多考虑个体当前利益，中尺度设计更多考虑两代间的利益，而大尺度设计更多关注区域长远利益。

同样一个事件，在不同尺度的国土空间设计中具有很不相同的表现性质。例如生物多样性降低、土地养分循环遭受化学农药的破坏及其他自然要素和基本生态过程受到损害的事件，如果放在小块的林地来进行观察研究，那么该生态系统就会被判断为“非健康”。因为在自然灾害面前，小块林地抵御自然灾害的能力较弱，不但难以进行自我维持，而且更难以维护相邻生态系统的健康。然而，如果相同的自然灾害出现在较大尺度的景观上，该景观或许能够维持受到干扰的系统不发生崩溃，并能恢复整个景观至健康状态，并能够以此来保护遗留下来的、未曾受到干扰地区的生物整体性（赵羿等，2005）。很多实例研究表明无论是国土空间的生物物理过程还是社会经济文化价值，都是由尺度所决定的。过去、现时、未来是时间尺度的三要素，微观、中观、宏观是空间尺度的三要素。总体国土空间设计需要充分认识不同时空尺度的相互作用和相互影响，做到体现时代性、把握规律性、赋予创造性，坚持时空并重的设计观，按照不同时空尺度选择不同的设计模式，实现局部和整体效益的联动最大化。

（二）总体国土空间设计的层级理论

国土空间设计是直接服务于空间治理的，它不同于自然科学领域的景观设计和生态设计，但它必须遵循自然规律，同时还要关照社会规律和国家意志。因此，总体国土空间设计的层级理论由以下 3 个部分有机组成：

1）等级理论。等级理论（Hierarchy Theory）认为，大地生态系统可以分为不同的等级层次，不同等级层次上的系统具有不同特征，整个生物圈就是一个多重等级层次系统的有序整体。高等级层次上的生态学过程（如全球植被化），往往具有大尺度、低频率、慢速度的特征；相反，低等级层次上的行为或过程（如局部植物群落中物种组成的变化）则常常表现为小尺度、高频率、快速度的特征（O'Neill et al.，1986；邬建国，1991）。等级系统具有垂直结构和水平结构。垂直结构是指等级系统中层次数目、特征及其相互作用关系，而水平结构则指同一层次上整体元的数目、特征及其相互作用关系（邬建国，2000）。在进行国土空间设计过程中，需要研究不同等级大地生态系统的抗干扰能力和生态过程的尺度、频率和速度等，合理确定不同等级大地生态系统受干扰的力度或阈值，按照等级理论因地制宜选择不同的国土空间设计模式。在所研究系统的等级结构确定后，一般需要同时考虑 3 个相邻层次：核心层次、上一层次及下一层次，方能够更全面地把握国土空间设计所要研究对象的功能和性质。

2）尺度转换理论。地理学中的研究尺度可以分为本征尺度（Intrinsic Scale）和非本征尺度（Nonintrinsic Scale）。本征尺度是指自然本质存在的，隐藏于自然实体单元、格局和过程中的真实尺度；非本征尺度是人为附加的，在自然界并不存在的尺度，例如不同级别的行政管理单元就是一种非本征尺度（李双成，2013）。在空间治理视域下的国土空间设计过程中，既要考虑本征尺度，例如流域国土空间设计的尺度问题；也要考虑非本征尺度，例如不同层级行政管理单元国土空间设计的尺度问题；还要考虑不同尺度之间的转换问题，例如不同层级行政管理单元对上下级国土空间设计的传导，在空间治理中是至关重要的。从地理学的角度看，不同尺度上国土空间实体和过程的性质都受约于相应的尺度，每一尺度上都有其约束体系和临界值。但是，在不同尺度的系统之间存在着物质、能量和信息的交换与联系，正是这种联系为国土空间设计的层级传导和管控提供了可能和依据。然而等级理论认为，从一个等级水平上系统的性质来推测另一等级水平上系统的性质是困难的，其结果常常会导致错误的结论，因为在尺度域间的过渡带多会出现混沌、灾变或其他难以预测的非线性变化。因此，国土空间设计需要依据科学理论并采用科学的方法进行尺度转换（推绎），主要途径有尺度上推（Upscaling）和尺度下推（Downscaling）。尺度上推就是将精微尺度上的观察、模拟结果外推至较大尺度的过程，它是研究成果的“粗粒化”；尺度下推是将宏观大尺度上的观测和模拟结果推绎至精微尺度上的过程。尺度转换的理论基础主要是等级理论、分形理论、区域化随机变量理论、重正化理论及等级斑块动态范式等。尺度转换的主要方法有图示法、回归分析、半变异函数、自相关分析、谱分析、分形分析、小波分析等（刘茂松等，2004）。否则，就很容易引起对变量的错误理解或者导致得出错误的结论。

3）科层制治理理论。本书多次指出，国土空间设计是要为空间治理服务的。但对于何谓治理，目前还存在多种很不相同的认识。虽然如此，《新简明牛津字典》所列举的有关治理的 3 种相关含义，为更多人所接受。这 3 种相关含义是指：①“控制（Governing）的行为、方式或者事实；政府统治（Government）”，也包括“控制力或管制力、控制、掌控”和“被控制的状态与良好的秩序”。②“控制的功能或权力，控制的权威”和“负责控制管理的人或实体”。③“对生活或商业的管理，行为”（Osborne，2016）。很显然，这些含义都是指：组织的控制、引导和运行，关键词是“控制（Steer）”，其本质与统治并无根本性的区别。“统治”的本质也是控制，核心要素是其背后隐含的强制力量和权力。也就是说，无论对治理做如何理解，政府是唯一可以迫使人们按照其预先设定的方式进行行动的合法权威机构，治理主体只能是政府，而不可能“私有化”。过分强调治理的“私有化”，无异于向人们销售“骗人的万灵药水”（Osborne et al.，1992）。治理的核心，是以科层结构为主干的建立在现代价值观和法理基础之上的行政官僚体系（蓝志勇等，2014）。对于空间治理而言，它是指向公共利益和政府事权的，行政科层方法是其核心的运作手段。所谓政府事权，是政府提供公共服务、行使公共职能的权力（Power）和相应的责任（Responsibility）。这里主要是指政府的空间事权，也就是政府影响空间结构、空间运作、空间流动、空间更新、空间开发、空间利用和空间资源配置等的权力和相应的责任。它是需要控制和引导的，是旨在解决问题或者创造机遇的，是需要通过建构规则和制度来保持有序性和可持续性运行的。从历史演化的角度看，治理空间与生俱来就带有很强的权力性，包括空间经济权力和空间政治权力。空间经济权力是指对空间物质财富的占有权、支配权、分配权和管理权。空间政治权力主要是指空间的国家权力，它通过宪法、法律、法令、命令和带强制性的各种制度、政策、决定、通告、办法、标准等形式加以颁布和确认，并可以由军队、警察、法庭等政权机关保障其实现。如此看来，空间治理更适合依据科层制的理论，即按照权力依职能和职位进行分工和分层，以规则为管理的组织体系和管理方式，对每个人的权威与责任进行明确规定，上下级之间的职权关系按等级划定，更有利于维护国土空间设计的公共利益，降低国土空间开发利用的负外部性，提升空间开发利用的有序性和有效性。再回到现实中看，中国共产党一元化领导的政治结构存在着长期的现实合理性，并不存在西方多中心治理理论生长的土壤。当然，国土空间设计的科层制治理并不排斥社会多元主体包括市场主体在内的参与，但科层制是其主干存在和治理依据。

二、不同尺度总体国土空间设计要点

（一）全国层面总体国土空间设计

上文已经指出，总体国土空间设计是存在尺度和层级的。在中国，以不同级别行政管理单元的非本征尺度空间治理是其存在的主要方式。按照科层制治理理论，需要有全国层面总体国土空间设计的战略指引和技术指南，以保障总体国土空间设计能够有利于促进国家的可持续发展，有利于促进美丽中国建设和满足人们对美好生活的需要，有利于促进形成具有中国文化自信、突显民族多样性和区域文化特色的空间风格。当然，中国幅员辽阔、自然环境复杂、文化类型多样、区域特色丰富、历史积淀各不相同，全国层面总体国土空间设计本质上是属于政策指引类型的，其政策指引要求和要点应该包括以下几个方面：

1）体现国家可持续发展和美丽中国建设的国家意志。总体国土空间设计的政策指引首先要体现国家意志导向，维护国家安全和国家主权，促进区域协调发展和国家可持续发展。要把促进生态文明建设、美丽中国建设和满足人们对美好生活向往的需要作为总体国土空间设计的基本遵循，通过总体国土空间设计促进形成天蓝地绿、山清水秀、格局优化、人地和谐、人文荟萃、特色丰富的美丽中国大地景观。

2）确定国家直管区域和流域的国土空间设计指南。对于上升为国家战略的区域和流域，比如黄河流域、长江经济带、京津冀协同发展区、长三角一体化发展区、粤港澳大湾区等，以及以国家公园为主体的国家自然保护地，要充分运用国土空间设计思维，协调人居环境建设与区域自然生态、历史人文资源保护之间的关系，明确国土空间设计必须维护的底数、底盘、底线和相关约束条件。比如生态保护红线、永久基本农田保护红线、核心保护林地、文化保护线、农产品地理标志保护线、洪水和地质灾害避让区等。

3）确定跨省域国土空间格局组织优化的设计指引。遵循自然地理格局和经济地理格局相结合的原则，运用总体国土空间设计思维和手段，在国土空间总体规划的基础上，优化部署重大资源、能源、交通、水利等关键性空间要素，优化地域分区和功能组织，优化全国生产力组织和经济布局，优化全国性工业集聚区、新兴产业示范基地、农业商品生产基地布局，优化城镇体系结构，优化中心城市、城市群和都市圈布局，优化海陆统筹空间格局，提出跨省域重点地区的国土空间结构设计、国土空间强度设计、国土空间用途设计、国土空间布局设计的导控要求。

4）确定跨省域国土空间开发保护协同的设计要求。根据跨省域自然生态、历史人文等特色资源，综合分析评价自然资源和特色资源空间分布特征、影响因素和演替过程规律，划定重点跨省域特征区，确定协同保护与发展的国土空间设计要求。运用国土空间设计的思维和手段，统筹推进大江大河流域治理，推进跨省区国土空间综合整治和生态保护修复，推进以国家公园为主体的自然保护地体系建设。以长江经济带为例，它覆盖11个省（市）行政辖区，其中重要流域有岷沱江-嘉陵江流域及长江干流上游、金沙江流域、乌江流域、汉江流域及长江干流中游、洞庭湖水系、鄱阳湖水系、环太湖水系、江淮水系等，几乎每个流域都涉及不同的省份，但它们构成长江流域的整体。总体国土空间设计就需要根据国家“共抓大保护、不搞大开发”的开发保护协同要求，提出重点跨省域特征区的设计导控规则，提出各个流域国土空间设计的开发保护要求。

5）确定跨省域重要开放空间的国土空间设计规则。为保持跨省域高质量的开放空间对农业和林业、生物多样性和生物群落结构、生态、栖息地引导和娱乐的重要性，应通过总体国土空间设计，建立大尺度的跨省域开放空间连接带。结合跨省域的自然环境，确定具有生态间隔作用的重要开放空间，提出跨省域绿道、蓝道、风景道、历史文化线路等的框架性导控设计要求。要确保大型开放空间、森林和农田区域的生态安全，对其进行网络化空间设计，同时建立起跨省域大尺度开放空间连接的设计标准。例如我国东部、中部与西部3条候鸟迁徙通道，大熊猫、亚洲象、东北虎、海南长臂猿等大中型哺乳动物迁徙廊道，东北中部、华北北部、华中、四川盆地、华南和西南中部等自然灾害极端事件高发地区的洪涝通道等，都需要国家层面建立跨省域重要开放空间的国土空间设计指引。

6）建构跨省域国土空间设计治理规则和行动计划。要将国土空间设计融入“一张蓝图”治理体系，融入国土空间用途管制体系，融入自然资源核算体系，融入国土空间生态修复体系。要根据跨省域的国土空间组织与国土空间营造特点，拟定需要共同遵循的国土空间设计治理规则，提出国土空间设计的治理宣言和差别化国土空间设计治理的总体原则。要明确国土空间设计的工作目标与重点，按照美丽中国建设和跨省域整体形象建设要求，提出国土空间设计行动计划指引。

（二）区域尺度总体国土空间设计

不同学科对区域的理解有很多不同。地理学把区域理解为地球表面的一个地理单元；经济学把区域理解为一个经济上相对完整的经济单元；政治学把区域看作国家实施行政管理的行政单元。从国土空间设计的角度看，主要是指较大尺度的地理单元。比如按国土空间特色可以将全国分为：东北林海雪原区、中原历史文化区、华东山水园林区、华中名山峡谷区、华南热带雨林区、北疆塞外草原风情区、西北“丝绸之路”文化区、西南奇山异水民族风情区等。区域的基本特点是内部各组成部分间在特性上存在高度相关性，主要有3个类型：①自然地理的高度相关性称自然区；②经济结构的高度相关性称经济区；③文化现象的高度相关性称文化区等。它有两个本质特性：一是整体性，这是由其内部一致性和强烈的联系性决定的；二是结构性，即区域的构成单元，按一定的联系产生结构，如城乡结构、城镇结构、环境结构等。区域结构具有层次性、自组织性和稳定性（崔功豪等，2002）。一般而言，区域尺度的总体国土空间设计，其空间范围在数百平方千米到数万平方千米，非本征尺度的省域和市域大多可以归于该空间尺度范围。与景观和地方尺度的国土空间设计相比，区域国土空间设计对综合性的强调更为突出。其设计对象涉及自然和人文两大系统、地表各大圈层以及地域系统的所有功能，城市空间系统只是作为子系统看待；设计要素涉及山、水、林、田、湖、草、路、城、村、海10大空间类型。必须指出的是，区域国土空间设计虽然涉及多种类型空间，但仍需根据区域特色选取重点设计的空间要素。比如华东山水园林区着重突出千百年来江南水系、圩田等变迁所营造的空间特色，避免设计“大而全”。基于这一认识，区域国土空间设计的核心内容主要包括以下5个板块：

1）区域生态健康设计。在细致调查评价区域生态系统内部组成要素动态特征、生态系统生产力、区域物质循环和能量流动、区域结构和功能、物种多样性和生物栖息地质量的基础上，主要对区域生态恢复力、生产力和结构力进行设计。其基本范式是“适应性生态设计”，对不适宜的国土空间生态系统进行调整或生态修复，对适宜的国土空间生态系统加以保护并增强其抵御破坏干扰的能力。在保持区域土地利用结构稳定与平衡、大地景观格局中单元之间结构平衡的基础上，通过自然资源综合利用设计，以及生态修复空间设计，保持并不断提升区域生态系统生产力的数量、品质及其结构平衡，最终不断改善区域生态系统的健康状态。

2）区域景观格局设计。区域景观格局是环境和生态变量在空间梯度上展现出来的异质性分异特征，它决定了空间系统的结构、流率及循环活动等基本特性。区域景观格局设计的基本准则是：应当使得区域系统能够优化对于太阳辐射的吸收、利用和传递，能够优化能量的多样性和物流的传递，能够最小化内部传递过程中的营养物质损失，能够优化熵输出并使系统负熵增大。其基本目标是：使区域生态系统实现长期自组织的动态格局。具体的设计功能是确定区域空间自然山水格局、生态基础设施、土地利用、交通运输等景观要素的空间布局和结构形态；确定不同景观分区各自的形象特色；对区域与城市的景观交互界面进行连接设计，确保区域与城市内部景观联系的完整性和景观变化的协调性，确保大地景观整体格局的优化和稳定。

3）区域风貌特色设计。通过梳理区域环境的空间特征，分析历史过程中区域景观结构的变迁及其机制，研究本区域景观要素在更大范围区域内的特征和地位，凝练出本区域的景观风貌特色，确定本区域未来应该具备的风貌形象，构建可感知、可识别与可延续的区域景观风貌系统，系统展示自然山水、历史文化和区域发展魅力，为具体景观要素的设计提供依据。

4）区域形态美学设计。通过绿化-蓝化-棕化设计，提升区域形态美誉度，这是区域形态美学设计的核心内容。其实质是从大地景观保护的角度出发，通过国土绿化（绿化）、水资源整治修复净化（蓝化）、土壤保持改良（棕化）等来保护人类聚居环境并提升其品质。工业时代产生了许多史无前例的大尺度的景观工程构筑，在宏观范围上影响着区域的形态审美功能。对此，区域形态美学设计需要与其他专业人员共同合作，对高速公路选线、市政管线走廊及其他设施用地布局等，将技术功能的需求与美学形象综合考虑，将人工建设因素与自然保护因素相互结合，通过设计不断调整优化这些工程构筑物的布局和形态，提升区域形态的美学价值。

5）区域文化意象设计。按照文化地理学的理论逻辑，从区域语言地理、文化地理、休闲地理、宗教地理、法律地理和政治地理出发，充分挖掘区域的社会文化意象特色，包括史前史、人口、疆域开拓、城市、饥饿、卫生和疾病、采集、狩猎、捕捞、农业、畜牧业、森林、采矿、工业、盐和能源、交通运输和电信等内容，梳理出承载区域社会文化的空间载体及其空间联系（陶岸君等，2017），分析居民对区域文化意象的空间感知，研究标志、门户、活动空间等社会文化要素的场所意义，对具有代表性、稀缺性和原真性的文化景观，在保护的基础上通过设计进一步突出其艺术性、有机性和现实价值，并以此为依据通过设计塑造区域文化意象空间体系。

（三）景观尺度总体国土空间设计

景观尺度的国土空间设计，其空间范围从数平方千米到数百平方千米，属于中尺度的设计范围（Urban，1987）。非本征尺度的城市、城市群、都市圈、县域、大型乡村聚落等市县域，大都可以隶属于该空间范围之内。景观尺度具有较明显的边界和相类同的社会生态过程，是最适合人类进行国土空间设计的空间尺度。设计的基本目标应基于长期的（代际间的）可持续性，这种可持续性应当能够维持景观内部的关键生态过程。景观尺度的市县域国土空间设计主要包括以下各项内容：

1）明确国土空间的整体特色定位。明确国土空间的整体特色定位，是推进总体国土空间设计的基本前提、方向指引和成败关键。在全球化的背景下，如果定位不明确，就找不准发展方向；如果特色不明显，就缺乏竞争力。国土空间设计与国土空间规划在定位上的差异，主要是前者应该更强调和更突出特色定位，主要指所设计的国土空间在区域中所处的特别生态位。确定这种特别生态位有 3 种水准：地方水准、区域水准和国际水准。所谓特色就是指在不同水准下，指定国土空间区别于其他国土空间的风格、功能、形象和形式，是由指定国土空间赖以产生和发展所特定的具体环境因素所决定的，是该国土空间所特有的结构。定位与功能、形象、风格都密切关联，功能、形象、环境是国土空间整体特色定位的基本内容。安全、刺激与认同的融合，是国土空间整体特色定位的最基本要求。满足群体需要，兼顾人类共有的行为是国土空间整体特色定位需要坚持的两项基本准则。在进行国土空间整体特色定位分析时，有两个方面是必须首先明确的：①明确所设计的国土空间有什么优势，有何特色资源禀赋；②明确所设计的国土空间未来有什么机遇，未来究竟要什么。在此基础上结合上位发展规划和国土空间规划定位，从区域协同、区域性质、资源条件、功能布局、历史文化、社会意愿等方面，综合确定国土空间的整体特色定位。

2）景观胁迫因子诊断及改善设计。市县域国土空间的疾病（Disease）和危困（Distress）因子、环境风险（Environmental Risk）因子等景观胁迫因子对国土空间的可持续发展具有重要影响。例如地表水质量、水生生物和土壤酸碱度下降，短期内可能不会对国土空间的品质造成显著影响，但无疑会对国土空间的可持续性造成胁迫。因此，在景观尺度的总体国土空间设计中，诊断景观胁迫因子的类型和结构，阐明景观的生态脆弱性特点及其可能退化的机制，并通过设计来改善景观胁迫因子的潜在危险，应该成为其他国土空间内容设计的基础和前提，也是国土空间设计的内在要求。景观胁迫因子诊断主要包括构成和影响水资源系统、土地资源系统、生物资源系统、社会资源系统、文化资源系统的各类因素和因子。当前高度发达的遥感、地理信息系统、全球定位系统、大数据、云计算等技术为景观尺度上的胁迫因子诊断提供了技术支撑；室内分析所选用的高科技手段也为诊断数据的准确性提供了保障；各种数学模型为诊断数据的综合运用、分析与合理解释提供了有效的方法。在对胁迫因子进行科学诊断的基础上，就可以综合运用结构优化、形态调整、通道结构改善、生态网络重构、地力培育等国土空间设计手段，提升景观尺度国土空间的品质和可持续性。

3）全域自然和特色资源保护设计。要对景观尺度的市县域自然山水、历史文化、城乡发展等特色资源进行识别和评估，提出全域自然和特色资源保护与发展的设计要求。要对市县域自然资源动态演进脉络进行分析，妥善处理自然与人工资源的空间协调关系，明确城镇村与山水林田湖草相协调的整体空间设计关系。重点关注人类建设活动对自然环境产生干预的可能影响，按照国土空间规划“三条控制线”的划定，优化设计各类管控底线。要对水资源、土地资源和历史文化资源进行全要素保护设计，切实保护国家表土，保护高地水源、溪流、淡水沼泽、湖泊、河流水道、潮汐河口湾、海滩、海洋等水资源，保护天然水循环路径和景观敏感点，保护易受伤害的生物多样性分布区。大部分需要考虑的自然资源和环境保护问题都超出了行政区的范围，必须在景观尺度上进行统一保护设计。

4）开敞空间网络的框架导控设计。按照景观尺度的国土空间格局，结合自然山水、通道结构、历史人文、公共设施等资源，设计结构合理、过程清晰、功能完善等国土开敞空间网络结构。要以重要生态节点识别-优化-修复为主线，通过构建重要生态节点的修复保护模式，最终构建生态网络安全格局。区域内生态源地、生态廊道和生态节点 3 种景观格局要素所组成的复杂网络，它的结构、功能以及两者之间的联系一直是国土空间设计的研究重点，也是耦合景观结构、生态过程和功能的重要途径，对于保护生物多样性、维持生态平衡、增加景观连接度具有重要意义。国土空间设计要在深入分析生态空间复杂网络尤其是蓝绿空间网络的基础上，提出结构性绿地、水体、农用地等开敞空间的布局设计要求，增强大型开敞空间的服务功能，如改善热环境和风环境等，为城乡居民提供多样化的公共游憩、康养娱乐新空间。

5）城市特色空间结构和景观风貌设计。随着人类社会走进对美好生活更加向往的新阶段，如何使城市空间结构更有特色，景观风貌更有魅力，直接影响总体国土空间设计的品位和成败。如何使景观尺度的国土空间设计具有高深的文化品位，不能仅仅停留在文字的描述解说上，也不能仅靠引经据典或者背上几句诗词歌赋，而是要想方设法如何把那些精神文化的意象和意境转化到软、硬质景观的物质形态中去，也就是要实现精神文化的景观物化。意象在先，布局平面在后，这是国土空间设计的一个基本道理。国土空间设计方法就是有意识地组织主要的景色和景物，再通过脑子概念开发和空间设计技巧转换成平面和立面的美学景观（刘滨谊，2001）。要按照《TD/T 1065—2021　国土空间规划城市设计指南》的行业标准基本要求，综合自然环境、景观结构、历史人文等因素，对各级各类城市中心、发展轴线和功能片区等分别进行梳理，确定城市特色空间结构并提出城市功能布局优化设计的要求。应当结合公众意象调查，对重要的标志、路径、节点、边界、片区等景观尺度的国土空间要素分别进行梳理，构建可感知、可识别与可延续的城市景观风貌系统，系统展示自然山水、历史文化和都市发展魅力。必须深入研究各类标志节点的分布，对其空间形态及风貌特征等提出导控设计要求。在研究城市重要特色资源“观”与

“被观”空间关系的基础上，明确重要视线通廊的导控设计要求。对城市天际线、色彩等要素进行系统构建，并提出导控设计框架。

6）明确国土空间设计重点控制区域。依据和结合国土空间规划所划定的功能分区和用途分区，明确对于延续地方文脉、彰显城乡特色、突显景观生态美学、提升国土空间品质有重大影响的片区，如城市中心区、新城新区、旧城更新区、古村落区、风景旅游区、森林生态控制区、交通枢纽地区、滨水地区、沿山地区、历史风貌与遗产保护区等需要重点控制的区域，提出框架性国土空间设计要求。对于市县域内具有特别生态敏感性的自然生态空间区域，既包括自然保护区、国家公园的点状或小面状的核心区域，也包括核心区域外的缓冲地带，还包括山脉、河流、海岸带等线状或带状的生态廊道，集中连片的生态公益森、基本草原、自然海域等大面状区域，它们共同组成形态多样、连续完整的自然生态网络区域，也需要提出整体性的导控设计要求。

7）形成覆盖城乡不同地区分类设计指引。与传统分割进行的城市设计和乡村设计不同，景观尺度的总体国土空间设计需要依据城乡空间是一个地理连续体和城乡空间治理需要协同联动的基本原理，结合城乡特色资源和管控主体，以全域全要素空间特色为导向，形成覆盖城乡不同地区的分类设计指引，尤其要特别注重乡村地区空间特色的营造与提升。在形成覆盖城乡不同地区分类设计指引的过程中，需要特别重视城乡空间生态系统、城乡空间文化景观、城乡空间基础设施、城乡空间美学景观、城乡空间大尺度开放空间等转换、过渡和衔接区域的设计指引，明确结构、强度、用途、布局、立面、轮廓线、对比度、多样性、色彩、质地、自然度等设计要求。

（四）场地尺度总体国土空间设计

场地设计的概念在西方国家更为普遍，这与西方国家土地利用分区（Zoning）管制理论密切相连。它是根据建设项目的主体内容及其使用功能要求，结合场地的现状自然条件和建设条件，综合确定建筑物、构筑物及其他各项设施之间的平面和空间关系，正确处理好建设布局、交通组织、绿化布置、管线综合等问题，使建设项目各项内容和设施有机地组成功能协调的统一整体，并与自然地形及周围环境相协调，做出合理、经济、美观的场地总体布局设计方案（姚宏韬，2000）。场地设计与传统建筑总平面设计比较接近，但也存在一些根本性的差别。传统总平面设计主要侧重于建设项目本身的工程技术与使用功能要求，而场地设计更加重视场地的自然生态特征、周围建筑与邻里露天空间特征、大地艺术和景观美学特征、设计成果对天际线和使用心理的影响等内容。对场地尺度的理解，目前并不一致。建筑领域对场地尺度的理解相对比较小，而景观领域对场地尺度的理解相对比较大。就国土空间设计而言，场地尺度通常从数百平方米到数平方千米。在这样的空间尺度范围内，严格意义上已经不是“总体”设计，而可以是“详细”设计了。本书只是从总体国土空间设计的尺度系统而言，从全国—区域—景观—场地，将之称为场地尺度总体国土空间设计。但既然称之为“总体”，还是跟“详细”有细微差别，它不研究街头小游园、街头绿地、花园、庭院、古典园林、景观小品等更微观的设计内容。其主要设计内容包括以下几个方面：

1）场地设计定位。要在深入调查分析场地及其周围自然条件、社会经济条件、建设条件和国土空间规划要求的基础上，明确影响场地设计的各种因素及问题，提出场地国土空间设计的特色定位和设计水准。场地设计定位必须要从其更长的历史、更大的景观生态系统中的位置、当地政治经济的重要性以及房地产价值等方面进行综合谋划。

2）场地功能布局。场地是作为一个更大的景观和生态系统的一部分存在的。结合场地的现状条件、设计定位和景观生态学要求，分析研究场地各种使用功能的要求，明确功能分区，合理确定场地内建筑物或构筑物及其他工程设施相互间的空间关系，包括场地内不同功能用地的安排、地形与水体的改造、雨水管网系统的组织，沼泽地保留、环境保护、动植物迁移等在内的功能布局方案，并具体进行平面布置。

3）场地交通组织。合理组织安排场地内交通流线系统，并充分考虑与场地外部交通系统的衔接，避免各种人流和车流之间的相互交叉干扰，进行道路、停车场、出入口等交通设施的具体布置。必须详细测算交通流量，测算多少停车场地足够使用，减少停车场的负面环境影响。

4）场地竖向布置。结合地形与其他自然条件，拟定场地的竖向布置方案，有效组织地面排水，确定场地各部分的设计标高和建筑室内地平的设计高层，合理进行场地的竖向设计，提供场地3维空间形态图。

5）场地管线综合。协调各种室外管线的敷设，合理进行场地的管线综合布置，并具体确定各种管线在地上和地下的走向、平行敷设顺序、管线间距、架设高度或埋设深度，避免其相互干扰（姚宏韬，2000）。

6）场地宜居营建。强化场地生态环境保护，进行旨在避免或减少自然生态环境破坏的初步设计，对野生动植物生息地进行复原和保护，如溪流和沼泽地的整治修复等，从设计上控制水位和水流，并使场地植被和水量得到有序安排。应当强化人居环境设计，对人行道、开放空间、铺入材料、栅栏与围墙、水景、广场、体育操场、老年人专用道、儿童友好场地、植物栽植、噪声影响等进行综合考量和设计。

7）场地风貌建构。建立所有地表地面层面区域的地表和排水管网系统，设计出美观的地形，保证建筑地势与周围道路的标高吻合，保留及保护植物重要的自然栖息生物。对场地自然风景、历史文化、空间保护、开发利用、生态修复、综合整治等方面进行控制引导，将地形、地质、土壤、水文、植被、动物、考古、历史、人类活动等内容都纳入场地国土空间景观风貌设计范畴，构建历史文化与自然景观网络相融合的新风貌，恢复植被覆盖和景观结构，塑造出更具特色、更加美丽和更高品质的活力国土空间。

8）场地意象营造。根据地块功能定位、自然和人文要素构建场地、场景、场域3种维度的抽象概括，通过对场地周边环境敏感性和文化基因捕捉，充分运用环境心理学、社会心理学、行为地理学、聚居人类学、艺术设计等理论和方法，将场地建设条件、空间形态、空间体量、建设材料、历史遗存、景观风貌等巧妙地结合起来，使场地国土空间内的景色和情感完美融合，让场地国土空间更具体验性，更具有生命感、心理归属感和文化认同感。通过对空间意象生成的设计，有效塑造场所的特质，从文化层面提升国土空间设计的品质和意境。

应该特别指出，对于市、县以上的国土空间设计，主要聚焦在“战略”上，创造稳健且适应能力强的国土空间系统，辨识并引领对区域可持续增长最有利的功能、格局、区位和结构，为可持续发展积极创造条件。对市、县及其以下的国土空间设计，从实操层面看，是国土空间设计的重点层级，主要聚焦在遵循自然规律的“干预”。这种“干预”程度可以分为以下 4 个层次：

1）衔接上位空间战略。重点落实上位规划有关国土空间设计的关键要素并在空间上予以组织落实，同时就建设保护与空间秩序存在的冲突寻找适应性解决方案。要特别重视将土地利用系统、水资源系统和交通系统融入当地空间格局，构建强健和有韧性的空间结构以支持区域的发展。

2）区域整体空间设计。对区域进行整体功能、特色风貌、特色意向、特色格局的分析定位，组织协同山水结构、生态格局、文化秩序、空间肌理、景观框架等多种区域空间秩序（周庆华等，2020）。要特别重视自然生态格局、历史人文格局、现代风貌格局的整体优化，分要素、分片区或是分类型建构特色意象设计要点。

3）区域专项空间设计。根据需要，遵循国土空间设计的构成逻辑，进行文化景观、休闲旅游、生态整治、城乡接合部等专项设计，深度支撑区域整体空间设计和上位空间战略。

4）区域详细空间设计。属于场地设计层面的干预，除了要明确设计定位、功能布局、交通组织、竖向布置、管线综合等基本内容以外，要特别重视开敞空间、绿道系统、避免或减少自然生态破坏、人居环境、特色风貌、景观体验、空间情结、意象意境的设计，通过必要的蒙太奇回归，要能够让自然说点什么，使国土空间更有意味和生命感，更能够响应“心”时代的呼唤。

参考文献

岸根卓郎. 1999. 环境论［M］. 何鉴，译. 南京：南京大学出版社.

北川富朗. 2015. 乡土再造之力：大地艺术节的 10 种创想［M］. 欧小林，译. 北京：清华大学出版社.

布拉萨 史蒂文 C. 2008. 景观美学［M］. 彭锋，译. 北京：北京大学出版社.

曹宇，赵羿，吴玉环. 2012. 熵、水与景观［M］. 杭州：浙江大学出版社.

陈藜藜，宋戈，邹朝晖. 2017. 基于免疫机理的黑龙江省耕地系统安全预警研究［J］. 中国土地科学，31（5）：79-88.

陈清光，段伟利，陈国华. 2011. 基于免疫机理的化工园区安全生产预警机制设计［J］. 中国安全科学学报，21（9）：159-165.

陈思清，汪洁琼，王南译. 2017. 融合景观连通性的城镇规划与生物多样性生态服务效能优化［J］. 风景园林（1）：66-81.

陈耀华. 2003. 适于风景区水土保持的景观建设技术［J］. 水土保持研究（3）：37-39.

崔功豪，魏清泉，陈宗兴. 2002. 区域分析与规划［M］. 北京：高等教育出版社.

达・芬奇 列奥纳多. 1979. 芬奇论绘画［M］. 戴勉，编译. 北京：人民美术出版社.

戴代新，戴开宇. 2009. 历史文化景观的再现［M］. 上海：同济大学出版社.

段德忠，刘承良. 2014. 国内外城乡空间复杂性研究进展及其启示［J］. 世界地理研究（1）：55-64.

傅伯杰，等. 2002. 景观生态学原理及应用［M］. 北京：科学出版社.

霍华德. 2000. 明日的田园城市［M］. 金经元，译. 北京：商务印书馆.

贾宝全，杨洁泉. 2000. 景观生态规划：概念、内容、原则与模型［J］. 干旱区研究（2）：70-77.

卡斯特 曼纽尔. 2001. 网络社会的崛起［M］. 北京：社会科学文献出版社.
蓝志勇，魏明. 2014. 现代国家治理体系：顶层设计、实践经验与复杂性［J］. 公共管理学报（1）：1-9.
李爱. 2013. 大地艺术在北大荒景观设计中的应用研究［D］. 沈阳：沈阳建筑大学.
李双成. 2013. 自然地理学研究范式［M］. 北京：科学出版社.
李先逵，刘晓晖. 2017. 诗境规划论［M］. 北京：中国建筑工业出版社.
李智，张小林，李红波，等. 2018. 江苏典型县域城乡聚落规模体系的演化路径及驱动机制［J］. 地理学报，73（12）：2392-2408.
刘滨谊. 2001. 现代景观规划设计［M］. 南京：东南大学出版社.
刘茂松，张明娟. 2004. 景观生态学［M］. 北京：化学工业出版社.
刘荣增，王淑华. 2020. 新时代中国城乡空间治理与融合的机理与路径［J］. 学习论坛（11）：39-45.
刘伟，卢琬玫，王滨，等. 2019. 要素导向的大尺度城市设计编制流程及控制方法研究：以天津滨海核心区西部城区实践为例［J］. 中国园林，35（2）：49-53.
柳和勇. 2012. 简论中国海岸景观的审美内涵、历史发展及审美特色［J］. 浙江海洋学院学报（人文社科版）（2）：1-6.
芒福德 刘易斯. 1989. 城市发展史：起源、演变与前景［M］. 倪文彦，等，译. 北京：建筑工业出版社.
牛宛琼. 2019. 大地艺术中的超现实构思境象［J］. 艺术科技（9）：147-148.
乔松寒. 2018. 大地艺术视角下的乡村景观规划设计研究［D］. 保定：河北农业大学.
荣月静，严岩，王辰星，等. 2020. 基于生态系统服务供需的雄安新区生态网络构建与优化［J］. 生态学报，40（20）：7197-7206.
孙加韬. 2011. 中国海陆一体化发展的产业政策研究［D］. 上海：复旦大学.
孙筱祥. 2002. 风景园林（Landscape Architecture）从造园术、造园艺术、风景造园：到风景园林、地球表层规划［J］. 中国园林（4）：7-12.
孙宇. 2012. 当代西方生态城市设计理论的演变与启示研究［D］. 哈尔滨：哈尔滨工业大学.
陶岸君，谭瑛. 2017. 区域设计的框架、途径与方法：芜湖案例的探索［J］. 中国园林，33（6）：53-58.
汪菊渊. 1988. 中国大百科全书：园林学［M］. 北京：中国大百科全书出版社.
王德起，钟顺昌. 2015. 城镇化进程中的空间治理问题探讨［J］. 兰州财经大学学报，31（5）：28-36.
王厚军，丁宁，岳奇，等. 2021. 陆海统筹背景下海域综合管理探析［J］. 海洋开发与管理（1）：3-7.
王丽，雷少刚，卞正富. 2017. 多尺度矿区植被生态系统恢复力定量测度研究框架［J］. 干旱区资源与环境（5）：76-80.
王向荣，林箐. 2003. 艺术、生态与景观设计［J］. 建筑创作（7）：30-35.
王云才. 2010. 景观生态规划原理［M］. 北京：中国建筑工业出版社.
邬建国. 1991. 耗散结构、等级系统理论与生态系统［J］. 应用生态学报（2）：181-186.
邬建国. 2000. 景观生态学：格局、过程、尺度与等级［M］. 北京：高等教育出版社.
吴次芳，肖武，曹宇，等. 2019. 国土空间生态修复［M］. 北京：地质出版社.
吴家骅. 1999. 景观形态学［M］. 叶南，译. 北京：中国建筑工业出版社.
吴然，李雄. 2015．“适应性生态设计”中生态智慧的研究与实践［J］. 设计前沿（2）：79-81.
西蒙兹. 1990. 大地景观：环境规划指南［M］. 程里尧，译. 北京：中国建筑工业出版社.
肖人彬，王磊. 2002. 人工免疫系统：原理、模型、分析及展望［J］. 计算机学报（12）：1281-1293.
徐琳. 2009. 大地艺术及其对景观设计的影响［D］. 北京：北京林业大学.
姚宏韬. 2000. 场地设计［M］. 沈阳：辽宁科学技术出版社.

张俊. 2017. 区域国土空间开发格局优化的概念框架和模式创新［D］. 杭州：浙江大学.
张晓琳，金晓斌，赵庆利，等. 2020. 基于多目标遗传算法的层级生态节点识别与优化［J］. 自然资源学报（1）：174-189.
赵白华. 2013. 城市后工业景观生态设计研究［D］. 北京：中国林业科学研究院.
赵宏波，郑辉，苗长虹，等. 2016. 东北粮食主产区农业生态系统健康格局与因子诊断：以吉林省为例［J］. 应用生态学报，27（10）：3290-3298.
赵羿，胡远满，曹宇，等. 2005. 土地与景观［M］. 北京：科学出版社.
钟少华，时鹏，杨文刚，等. 2019. 基于 PSR 模型的土地利用系统健康评价及障碍因子诊断：以延长县为例［J］. 水土保持研究，26（2）：283-289.
周佳宁，毕雪昊，邹伟. 2020. "流空间" 视域下淮海经济区城乡融合发展驱动机制［J］. 自然资源学报，3（8）：1881-1896.
周庆华，杨晓丹. 2020. 面向国土空间规划的区域设计探析［J］. 城市规划学刊（6）：87-93.
Osborne Stephen P. 2016. 新公共治理［M］. 包国宪，赵晓军，等，译. 北京：科学出版社.
FAO. 1993. FESLM：an international framework for evaluating sustainable land management［R］//World Resource Report 73. Rome.
OECD. 1996. Networks in Rural Development［C］. Paris：OECD.
U. S. Department of Agriculture. 1974. Forest sevice［R］//National Forest Landscape Management. V2. Chapter 1：the Visual Management System. Washington，D. C.
Allan R，Williamson P，Kulu H. 2017. Unravelling urban-rural health disparities in England［J］. Population Space & Place，23（8）：e2073. 1-e2073. 14.
Arthur L M，Boster R S. 1977. Measuring scenic beauty：a selected annotated bibliography. rocky mountain forest and range experiment station，forest service，U. S. Department of Agriculture，Fort Collins，Colorado 80521. May 1976. 34p. Free［J］. Journal of Travel Research，15（3）：35-35.
Auzina-Emsina A，Ozolina V. 2019. Modelling impact of urban-rural income convergence in the EU［J］. Research for Rural Development（2）：210-216.
Batty M，Longley P A. 1994. Fractal cities：a geometry of form and function［M］. London：Academic Press.
Callicott J B. 1995. The value of ecosystem health［J］. Environmental Values（4）：345-361.
Cheng X，Chen L D，Sun R H，et al. 2018. Land use changes and socio-economic development strongly deteriorate river ecosystem health in one of the largest basins in China［J］. Science of the Total Environment（3）：376-385.
Cicin-Sain Biliana，Belfiore Stefano. 2005. Linking marine protected areas to integrated coastal and ocean management：a review of theory and practice［J］. Ocean and Coastal Management，48（11）：847-868.
Colding J. 2007. "Ecological land-use complementation" for building resilience in urban ecosystems［J］. Landscape and Urban Planning，81（1-2）：46-55.
Cooke P，Morgan K. 1993. The network paradigm：new departures in corporate in corporate and regional development［J］. Environment and Planning C：Society and Space（11）：543-564.
Costanza R. 2012. Ecosystem health and ecological engineering［J］. Ecological Engineering（8）：24-29.
Costanza R，Norton B，Haskell B. 1992. Ecosystem Health：New goals for environmental management［M］. Washington，D. C.：Island Press.
Crowe S. 1967. The need for landscape planning［C］//Towards a New Relationship of Man and Nature in Temperate Lands. Part Ⅱ：Town and Country Planning Problems. Morges：IUCN-UNESCO.
Daniel T C，Boster R S. 1976. Measureing landscape estheteics：the scenic beauty estimation method［R］.

USDA Forest Serv. Res. Pap. RM-167, Rocky Mtn. Forest and Range Exp. Stn. Fort Collins, Colo.
Doran J W, Sarrantonio M, Liebig M A. 1996. Soil health and sustainability [J]. Advances in Agronomy, 56 (8): 1-54.
Else K B, Bongiorno G, Bai Z, et al. 2018. Soil quality-A critical review [J]. Soil Biology and Biochemistry (120): 105-125.
Fabio Gonz Alez. 2003. A study of artificial immune systems applied to anomaly detection [D]. Memphis: University of Memphis.
Fabos J G. 1979. Planning the total landscape: a guide to intelligent land use [M]. Boulder: Westview Press.
Ferguson B K. 1994a. Stomwater infiltration [M]. Boca Raton: CRC Press.
Ferguson B K. 1994b. The concept of landscape health [J]. Journal of Environmental Managerment, 40 (2): 129-137.
Forman R T T. 1995. Land mosaic [M]. Cambridge: Cambridge University Presses.
Geddes P. 1968. Cities in evolution [M]. New York: John Wiley & Sons.
Goyburu P L . 2018. Buenos aires was born as a planned city. the urban-rural articulation space between 1580 and 1720 [J]. Geograficando, 14 (1): 1-8.
Haney R L, Haney E B, Smith D R, et al. 2018. The soil health tool: theory and initial broad-scale application [J]. Applied Soil Ecology (125): 162-168.
He J, Pan Z, Liu D, et al. 2019. Exploring the regional differences of ecosystem health and its driving factors in China [J]. The Science of the Total Environment, 673 (10): 553-564.
Herber W. 1990. Using landscape ecology in planning and management [M] // Zonneveld I S, Forman R T T. Changing Landscape and Ecological Perspective. New York: Springer-Verlag: 217-232.
Holling C S. 1973. Resilience and stability of ecological systems [J]. Annual Review of Ecology and Systematics, 4 (1): 1-23.
Howell P E, Muths E, Hossack B R, et al. 2018. Increasing connectivity between metapopulation ecology and landscape ecology [J]. Ecology, 99 (5): 1119-1128.
Irwin E G, et al. 2009. The economics of urban-rural space [J]. Annual Review of Resource Economics (1): 435-459.
Jacobs J. 1961. The death and life of great American cities [M]. London: Vintage Books.
Karlen D L, Veum K S, Sudduth K A, et al. 2019. Soil health assessment: past accomplishments, current activities, and future opportunities [J]. Soil and Tillage Research (195): 104365.
Karr James R. 1996. Ecological integrity and ecological health are not the same [M] //Schulze Peter C. Engineering within Ecological Constraints. Washington, D. C. : National Academy Press.
Leopold A. 1941. Wilderness as a land laboratory [J]. Living Wilderness (7): 3.
Liao C J, Yue Y M, Wang K L, et al. 2018. Ecological restoration enhances ecosystem health in the karst regions of southwest China [J]. Ecological Indicators, 90 (6): 416-425.
Lynch Kevin. 1960. The image of the city [M]. Cambrige: The MIT Press.
Lynch K. 2005. Rural-urban interaction in the developing world: perspective on development [M]. London: Routledge: 45-60.
Mace G M, Norris K, Fitter A H. 2012. Biodiversity and ecosystem services: a multilayered relationship [J]. Trends in Ecology & Evolution, 27 (1): 19-26.
Mageau M T, Costanza R, Ulanowicz R E. 1995. The development and initial testing a quantitative assessment of ecosystem health [J]. Ecosystem Health, 1 (4): 201-213.

Mann C, Lynch D, Fillmore S, et al. 2019. Relationships between field management, soil health, and microbial community composition [J]. Applied Soil Ecology (144): 12-21.

Marz O. 2020. An urban-rural continuum? a spatial comparison in mid-eighteenth-century Northern Germany [J]. Urban History, 47 (3): 421-447.

McGarigal K, Cushman S A, Neel M C, et al. 2002. FRAGSTATS: spatial pattern analysis program for categorical maps [Z]. Computer software program produced by the authors at the University of Massachusetts.

McGee T G. 1987. Urbanisasi or kotadesasi? the emergence of new regions of economic interaction in Asia [M]. Honolulu: EWCEAPI: 181-192.

McHarg Ian L. 2005. Design with nature [M]. New York: John & Sons.

Murdoch Jonathan. 2000. Networks: a new paradigm of rural development [J]. Journal of Rural Studies (16): 407-419.

Murphy E A. 1978. The logic of medicine [M]. Baltimore: Johns Hopkins University Press.

Osborne David, Gaebler Ted. 1992. Reinventing government: how the entrepreneurial spirit is transfoming the public sector [M]. Reading (Mass): Addison-Wesley.

Oucho John. 2004. Enhancing positive rural-urban linkages approach to sustainable development and employment creation: some experiences in eastern and central Africa [C/OL]. Inter-regional Conference on Strategies for Enhancing Rural-Urban Linkages Approach to Development and Promotion of Local Economic Development. [2021-06-15]. http: //www. upo-planning. org/detail. asp? articleID=219.

O'Neill R V, DeAngelis D L, Waide J B, et al. 1986. A hierarchical concept of ecosystems [M]. Princeton: Princeton University Press.

Peng J, Liu Y, Li T, et al. 2017. Regional ecosystem health response to rural land use change: a case study in Lijiang City, China [J]. Ecological Indicators (72): 399-410.

Philip L, Cottrill C, Farrington J, et al. 2017. The digital divide: patterns, policy and scenarios for connecting the "final few" in rural communities across Great Britain [J]. Journal of Rural Studies (54): 386-398.

Potter Robert B, Unwin Tim. 1995. Urban-rural interaction: physical form and political process in the Third World [J]. Gities, 12 (1): 67-73.

Rapport D J. 1989. What constitutes ecosystem health [J]. Perspective in Biology and Medicine, 33 (1): 120-132.

Rapport D J, Costanza R, McMichael A J. 1998. Assessing ecosystem health [J]. Tree, 13 (10): 397-402.

Rapport D J, Bohm G, Buckingham D, et al. 1999. Ecosystem health: the concept, the ISEH, and the important tasks ahead [J]. Ecosystem Health, 5 (2): 82-90.

Rutherford R J, Herbert G J, Coffen-Smout S S. 2005. Integrated ocean management and the collaborative planning process: the Eastern Scotian Shelf Integrated Management (ESSIM) Initiative [J]. Marine Policy (29): 75-83.

Seddon G. 1986. Landscape planning: a conceptual perspective [J]. Landscape and Urban Planning (13): 335-347.

Serra P, Vera A, Tulla A F, et al. 2014. Beyond urban-rural dichotomy: exploring socioeconomic and land-use processes of change in Spain (1991—2011) [J]. Applied Geography (55): 71-81.

Simonds J O. 1961. Landscape architecture: the shaping of man's natural environment [M]. New York, Toronto, London: McGraw-Hill Book Company Inc.

Smyth A J, Dumanski J. 1995. A framework for evaluating sustainable land management [J]. Canadian Journal of Soil Science, 75 (4): 401-406.

Su M, Fath B D, Yang Z. 2010. Urban ecosystem health assessment: a review [J]. Science of The Total environment, 408 (12): 2425-2434.

Sumich J. 2016. The uncertainty of prosperity: dependence and the politics of middle-class privilege in Maputo [J]. Ethnos, 81 (5): 821-841.

Tvedten I. 2018. "It's all about money": urban-rural spaces and relations in Maputo, Mozambique [J]. Canadian Journal of African Studies (52): 37-52.

Urban D L. 1987. Landscape ecology: a hierarchical perspective can help scienttists spatial patterns [J]. Biosciences, 37 (2): 119-127.

van der Ryn Sim, Cowan Stuart. 1996. Ecological design [M]. Washington, D. C.: Island Press.

Walker B, Holling C S, Carpenter S R, et al. 2004. Resilience, adaptability and transformability in social-ecological systems [J]. Ecology & Society, 9 (2): 3438-3447.

Walz R. 2000. Development of environmental indicator systems: experiences from Germany [J]. Environmental Management, 25 (6): 613-623.

Wang L. 2012. Social exclusion and education inequality: towards an integrated analytical framework for the urban-rural divide in China [J]. British Journal of Sociology of Education, 33 (3): 409-430.

Wang L, Fang F, Yuan X, et al. 2017a. Urban function zoning using geotagged photos and openstreetmap [C]. Geoscience & Remote Sensing Symposium. IEEE.

Wang X, Tan K, Chen B, et al. 2017b. Assessing the spatiotemporal variation and impact factors of net primary productivity in China [J]. Scientific Reports (7): 44415.

Xiao R, Yu X Y, Shi R X, et al. 2019. Ecosystem health monitoring in the Shanghai-Hangzhou Bay metropolitan area: a hidden Markov modeling approach [J]. Envrionment International, 133 (12), 105170.

Yan Y, Zhao C L, Wang C X X, et al. 2016. Ecosystem health assessment of the Liao River Basin upstream region based on ecosystem services [J]. Acta Ecological Sinica, 36 (4): 294-300.

Yoon Jungwon, Park Jiyoung. 2015. Comparative analysis of material criteria in neighborhood sustainability assessment tools and urban design guidelines: cases of the UK, the US, Japan, and Korea [J]. Sustainability (11): 14450-14487.

Zhao Shu-ming, Ma Yi-fei, Wang Jin-ling, et al. 2019. Landscape pattern analysis and ecological network planning of Tianjin City [J]. Urban Forestry & Urban Greening, 46 (2): 124679.

Zhao Y W, Zhou L Q, Dong B Q, et al. 2019. Health assessment for urban rivers based on the pressure, state and response framework: a case study of the Shiwuli River [J]. Ecological Indicators, 99 (4): 324-331.

第五章　城市国土空间设计

第一节　城市国土空间设计的现代语境

一、现代城市国土空间设计的内容

（一）现代城市国土空间设计的范围

1. 城市国土空间设计的范围界定

在中国，城市一般指以非农业产业和非农业人口聚集为主要特征的居民点，包括按国家行政建制设立的市和镇。

对于城市概念的界定，从不同学科角度有不同的理解。在人口学中，城市是人口高度聚集的地区，人口规模和密度是判断城市的标准；在地理学中，城市是以建筑物和基础设施为主的物质流集中的区域，是一种本质上不同于农村的空间聚落；在经济学中，城市是第二、第三产业高度聚集的区域，是国民经济空间与劳动人口的投入点和结合点；在社会学中，城市之所以为城市，主要是城市形成了一种特有的城市化的生活生产方式；在生态学中，城市是由自然环境、社会经济和文化科学技术共同组成的复杂人工系统，是一种高速运转的开放性系统。上述观点都概括了人口、物质、设施、活动、科技文化的高度集中特点，这也是城市区别于乡村的基本特征。

上述对城市的定义均强调了其在土地利用、经济活动、社会结构、生活方式和生态系统方面与乡村的差异，这种差异主要体现在程度的不同上，其精确的区分更多是人为的设定。中国国家统计局的数据显示，1999 年中国常住人口城镇化率为 30.89%，而到了 2020 年末，这个数值已突破 60%。这不仅反映了城市地区成为中国国土空间主体的新形态，还预示了城乡边界逐渐淡化的趋势。随着城镇化率的提升，城市与乡村的物质空间将同步经历现代化的改造与升级，区域之间的社会经济联系也越来越频繁，城乡之间的分界逐渐模糊，两者在物理空间上的形态也越来越偏向连续。在实践应用中，城市的实际边界变动频繁，甚至一日内的居住、工作、商业、医疗、娱乐等城市功能所波及的空间范围便已与城市建成区或城市化地区的边界完全不吻合，这说明以划定的城市边界为城市范围亦不具备实践性。

综上，本书所指的“城市”一词是一个弱化其边界性、偏向功能性的概念，是指土地利用结构以建设用地为主体，居住结构以大型定居点为主体，生产结构以第二、第三产业为主体，社会文化结构以现代性和开放性为主体的广大区域。任何仅仅关注人工划定的城市边界，不考虑城市及其周边区域关系的设计策略都是有局限的、不符合当前时代要求的。因此，本书提出的城市国土空间设计，是一种与乡村国土空间设计共同组成互补互动的连续系统的，具有全域性、系统性和连接性特点的，在策略上打破城乡传统二元分界线、在实施上立足于国土空间整体的大地设计模式。

2. 城市国土空间设计与城市设计

根据诺瑟姆曲线原理，城镇化率低于30%时，可称为城镇化的起步阶段或初级阶段。城镇化率超过30%时，城市发展将大幅提速，可称为城镇化的加速阶段。当城镇化率达到70%以上，城镇化速度将趋缓。根据联合国的估测，中国的城镇化率将在2050年达到71.2%。可见，目前中国城镇化已进入城镇化加速阶段的中后期，并正进入满足人民日益增长的美好生活需要、推进以人为核心的新型城镇化的新时期。面对这样的趋势，如何以新标准、新模式、新思路应对国土空间高质量发展新需求，这是未来城乡一体化建设的重点，也是本书提出城市国土空间设计的立意所在。

从国土空间的角度看，城市空间是国土空间中的点或者局部，因此可以认为城市设计与国土空间设计是点与面、局部与整体的关系。城市国土空间设计的设计内容与传统城市设计有以下诸多方面的区别：

1）在设计制度上，城市国土空间设计更具备“协同设计观”，并纳入更广泛的“国土空间治理”框架。它更加重视与国土空间用途管制的契合，着力解决土地发展权、土地相邻权、公共地役权、公共利益与公共政策等议题，形成涵盖用途、平面、立体、权益的多维空间管制体系。无论是功能布局、形态控制、风貌分区、慢行网络等的设计，还是专项设计导控，都应该重视对国土空间用途管制和空间治理的支撑作用。

2）在设计范围上，城市国土空间设计更主张“全局统筹观”，有更具国土空间视野的整体思维框架。它坚持区域协同、陆海统筹、城乡融合，是一种超越传统城市设计的面向更大区域尺度、更多空间层次、更复杂设计要素、更多元技术方法的空间谋划。例如，绿廊、水廊、街廊、视廊等空间廊道和功能片区的导控设计，都需要重视与城市以外更广区域的连通、协调和传导。连通范围还包括社会、自然、文化、个体、组织在内的所有维度，以确保城市和概念界线的连续。

3）在设计策略上，强调“大地设计观”，强调守护我们的地球家园，强调生物多样性、地理多样性和城市空间多样性。它从城市空间系统与山水林田湖草沙生命共同体的整体视角出发，注重从整体到单元、从中心到周边、从宏观到微观的多个空间层级之间的整体性和联系性，突出城市空间设计的变化、韧性、恢复力、生命力、适应性和可持续发展，并尝试去理解和建立对可接受环境变化的限制。

4）在设计目标上，树立“多元开放的空间审美观”。在秉持生态伦理、社会公平、资源平衡等共同目标的基础上，提倡对全覆盖的诗画大地和美丽中国的追求，也提倡根据每个城市在诗画大地中的生态位和城乡网络中的区位节点等具体情况提出突破常规的个性化、风格化、本土化空间构想。

（二）现代城市国土空间的系统、通道和单元

国土空间设计涉及对空间对象的谋划取象立意、物质形态设计、景观风貌赋形、场地体验创造和意象意境塑造等内容。为形成科学有效的技术路径，国土空间设计首先要提炼出国土空间的关键要素对象，并且不仅对单一要素进行深入的研究，还要考虑多项要素内容的叠加，以及它们在空间、时间和政策等层面的融合。如吉伯德（F. Giberd）所述："城市中一切看到的东西，都是要素。"此处所讨论的要素，是设计领域中的直观要素，即事物的直观构成或成分。因此，无论哪种类型、哪种层级的城市空间，具有怎样的地形地貌或气候环境，城市国土空间设计的关键要素是共通的，且最终都应能以某种形式在物质化的空间中呈现，这是符合空间设计本质的基础手段，也是利于实践工作开展的提炼方法。具体而言，其关键要素从宏观到微观可归纳为"系统""通道""单元"3大类型。

1. 城市"系统"要素

国土空间设计的概念是建立在系统论基础上的，因而首先要梳理的是城市空间中的各种系统，包括空间系统、生态系统、社会系统和文化系统等多个层面，并重视其在城市中的具体物质化反映。城市的"系统"要素，在物理空间中呈现为宏观的面状或团块状空间，是区域关系、城市结构、基础设施、自然环境等内容在空间形态上的宏观反映。

（1）结构系统

这不仅包括城市内部土地利用和功能布局的空间投影、城市中心区及其他片区的空间组织、城市特色资源或特征区域的具体分布等，反映城市内部空间的结构关系；还包括跨区域层面上的城与乡、海与陆、人与自然等空间的位置关系和具体布局，反映城市与其周边区域的联系。

在城市国土空间设计中，对城市结构的设计重点在于3维的空间视角。即从立体、多维、动态的角度切入，研究如何进一步细化土地的综合利用、加强功能的空间叠合、片区的虚实联络等内容，以及如何处理好城市建设与区域协同、城乡融合、海陆统筹、自然保护等的关系。

（2）设施系统

设施系统是支持城市稳定运转的根本基础，包括交通运输、动力供应、水利工程、灾害治理、生态保护等传统基础设施，还包括新型通信基站、智能交通基础设施、智慧能源基础设施、城市新型轨道交通、大数据中心等新型基础设施。同时，除基础设施外，城市的设施系统还包括教育、文体、卫生、商业、餐饮、服务和行政经济管理等公共服务设施。

在城市国土空间设计中，对基础设施的设计重点在于由点及面的应用场景的落实。即在与设施布局规划协同的基础上，对设施的现状条件开展深入的调研，对设施的发展需求进行前瞻的预测，探索设施与设施、设施与建筑、设施与景观的设计整合，根据设施的服务范围和最佳点位进行合理排布，并为未来设施升级和改造预留空间，打造生活圈、商业圈、产业圈、供应圈等多级设施服务圈，最终形成稳定高效的基础设施系统、营造和谐创新的设施空间整合场景。

(3) 形态系统

包括城市本身建成环境的整体形态格局以及城市人工环境与自然环境的关系在空间形态上的宏观反映。对于城市本身的空间而言，形态系统反映的是不同的路网格局、街区布局、建筑体量和景观格局综合表现出的不同空间形式，如紧凑集聚、有机分散及介于两者之间的缓冲形态。对于城市与自然的关系而言，形态系统反映的是人工环境与自然环境互动关系的宏观形态表现，如指状融合、多方包围、多点组团、各据一侧、隔空对望等。

在城市国土空间设计中，对城市形态的设计重点在于构建3维空间格局。在明确生态保护红线、永久基本农田及其储备区、生态公益林地、饮用水水源保护区、地质灾害避让地段、文物保护线等约束性条件的基础上，挖掘城市及其周边区域的自然山水、气候环境、历史人文等资源禀赋特征，建构更加合理的地域分工形态、城市与山水林田湖草共生形态、存量盘活和外延开发形态、体量轮廓和疏密布局形态，构建因地制宜、整体有序、重点突出、特色鲜明的城市整体形态。

2. 城市“通道”要素

正如维持人体生命的各大系统与血管的关系一样，不论是呼吸系统、消化系统、泌尿系统、生殖系统，还是运动系统、神经系统、内分泌系统，都离不开由遍布全身的心血管和淋巴通道构成的循环系统对人体所有器官和组织的输送营养、排除废物。在城市这个复杂的巨系统中，它的高品质营造不仅在于内部结构的合理布局，还依赖生态景观廊道、城市交通网络、城市界面要素等具有“通道”性质的线性空间对物流运输、冷热交换、资源循环、空间衔接等提供物理空间支持。

(1) 生态景观廊道

是指在生态环境中呈线性或带状布局、能够沟通连接空间分布上较为孤立和分散的生态单元的生态系统空间类型，是解决当前城市粗放建设所造成的自然生态空间断裂破碎的重要措施，一般有绿地廊道和水体廊道两种形式，但也不排除根据实际空间情况而形成的特殊形式，如具备生态效益的街道空间、应用雨洪技术的线性公园等。

在城市国土空间设计中，对生态景观廊道的设计重点在于对其生态效益和景观效果的兼顾。由追求人工景观的形式美转变为强调对环境起到调蓄功能的生态美，树立“大地生态观”，遵循自然规律和生态理念，建立全局视角和系统思维，以生态格局和特征作为标尺来指引生态景观设计策略的选择。融入“低影响开发”“海绵城市”“韧性城市”等理念，最大限度地改善和发挥城市生态景观廊道保护生物多样性、过滤污染物、防止水土流失、防风固沙、调控洪水等生态功能。同时，通过将生态景观廊道与多个城市节点及地标进行串联和叠加，集中展现城市特色景观风貌，保证廊道畅通、视线通达，发挥其美学价值和休闲服务功能。

(2) 城市交通网络

主要指城区级的交通网络，包含城区轨道交通、机动车交通、公共交通、慢行交通、静态交通等多种交通模式，也与城市高速出入口、高铁、机场、港口等大型交通枢纽节点有直接的联系。城市交通网络对城市空间的影响类似树干对树形的影响。像营养物质必须通过树干濡养整棵大树一样，城市的人与物也必须通过交通网络进行流动与循环；像树干的形态控制整体树形一样，以道路空间为主的交通网络也对城市的物理空间形态起着控制作用。

在城市国土空间设计中，对城市交通网络的设计重点在于对效率需求与品质需求的兼顾。关注城市交通网络的效率需求，即以“按需设置、经济合理、协调发展”为基本原则，根据实际交通分担率平衡路权，通过合理设计降低维护成本，与城市近期和远期建设相互协调，并为未来预留发展空间；关注交通网络的品质需求，即以人为核心，提倡绿色优先、慢行优先的交通模式，融入“站城一体化”“综合交通立体化”“公交导向开发”等理念，提升城市空间的安全性、可达性和宜步行性，进而提升空间品质、激发城市活力。

（3）城市界面要素

是一种强调“两者之间（in-between）”的边界关系的要素，包括城郊或城乡融合地带的界面、开发建设区与生态保护区相邻地带的界面、城市空间在滨岸地带的界面、核心片区与周围空间交接地带的界面等，这类界面往往通过连续立面形象或者天际线轮廓的形式反映。

在城市国土空间设计中，对城市界面要素的设计重点在于对空间连续性和特征差异性的兼顾。对于空间连续性的塑造，可通过连接、缓冲、交互、叠加等空间手法，将界面两侧的区域联系起来，形成视线的连续或者流线的连续，营造和谐共融的城市景观。对于特征差异性的塑造，可结合界面所处的具体环境条件，通过对城市界面形态在立面风貌、材质特性、高低起伏、体量变化等方面的具体控制，营造可识别度高、令人印象深刻的界面形态。

3. 城市“单元”要素

所谓城市“单元”要素，是指在明确城市国土空间设计的总体空间布局的基础上，在针对每一个具体片区或组团内部开展深入设计的过程中所关注的若干要素对象。这类“单元”是构成城市局部空间形态的基本要素，对城市物质空间直观形象的塑造有直接关系。城市“单元”要素众多，包括但不限于如下几方面的内容：

（1）街区

街区是四面由城市道路或自然要素边界围合的城市建设用地，是城市空间最基本的单元。街区设计包括对 2 维街区形态和 3 维街区形态的设计。影响 2 维街区形态的因素主要有路网方位、路网密度、街区尺寸、街区肌理等，影响 3 维街区形态的因素主要是建筑群和开敞空间的体量布局。这些因素将影响城市形态的规则程度、疏密布局、尺度关系和空间走势，这些形态特征也是城市总体空间布局在街区层面的具体反映。

在街区单元内部，其设计重点即互为图底的建筑群与开敞空间。建筑群在空间布局上有行列式、点式、周边式、混合式（图 5-1）等方式，建筑群在高度分布上也有平整形、山峰形、山谷形、起伏形、混合形（图 5-2）等形态，同时在建筑单体设计上也有千变万化的形式。而开敞空间在街区中不仅可以有条带式、集中式、分散式等的不同形状的布局形式，也有如下沉广场、空中庭院、屋顶绿地等不同高度的分布模式。

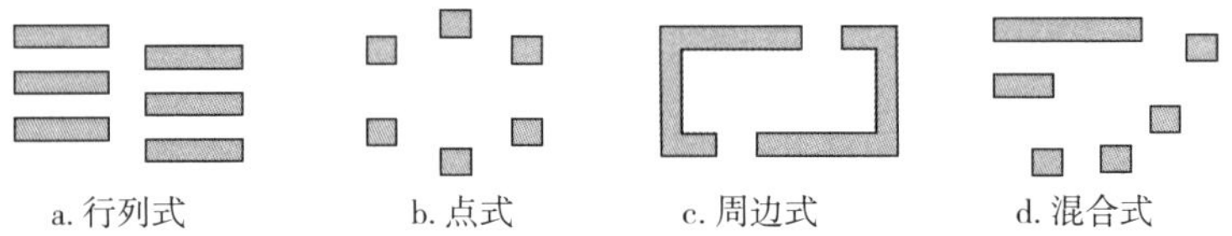

图 5-1　建筑群空间布局示意图

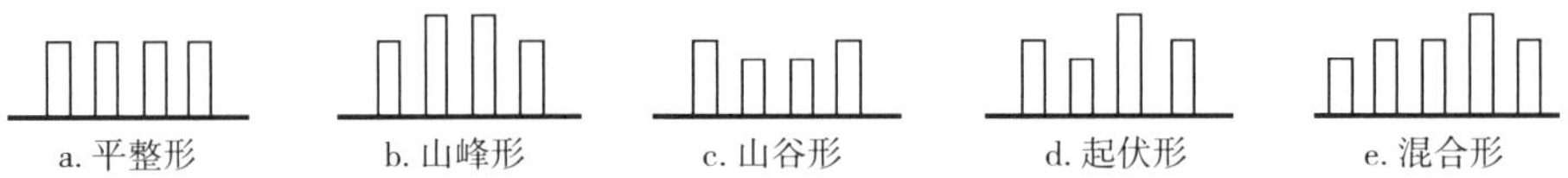

图 5-2　建筑群高度分布示意图

专栏 5-1

街区尺度

如果以街区单元为一个整体，其设计重点则是对街区尺度的把握。目前，已有较多学者对街区的合理尺度进行了研究，且基本形成了鼓励“人性化尺度”的一致观点。在这些研究中，以欧美城市街区为主要研究对象的研究提出的街区的边长建议值约在 70~150 米范围内（Rudlin et al.，1999；Moughtin et al.，2005；Gehl，2010；Ewing et al.，2013）；针对中国城市的研究中，大部分学者建议的街区边长主要在 150~200 米范围内，这样尺度的街区不仅适于营造提升心理舒适性的人性化空间，还具有时间稳定性（梁江等，2006；黄烨勍等，2012）、布局合理性（肖亮，2006；周俭等，2010）、符合现行标准规范和开发强度要求（周扬等，2017）等优势（表 5-1）。

表 5-1　代表学者建议的街区尺度表

代表学者	主要依据	街区边长尺寸建议值
克里夫·莫丁（Cliff Moughtin）	布局经济性、人性化尺度	70~100 米
扬·盖尔（Jan Gehl）	人的视觉距离、心理距离	100 米
大卫·路德林（David Rudlin）等	布局合理性、片区渗透性、人的生理心理需求	70~90 米
里德·尤因（Reid Ewing）等	城市空间的“感知品质”	300~500 英尺（91~152 米）
周俭等	布局合理性、人性化尺度	70~160 米
黄烨勍等	时间稳定性、人性化尺度	150~200 米

（2）街道

街道是一种基本的城市线性开放空间，是由道路两旁建筑围合形成的公共空间，主要承载交通、市政、景观、交往、礼仪等功能。在城市空间中，街道约占城市建设用地面积的 15%~25%，不仅是城市形象的重要载体，更是市民进行城市活动的主要空间。对街道空间的高品质营造将是引导存量时代城市补短板、促升级的一个重要抓手。

当前，大部分街道面临的主要问题是尺度过大、步行空间缺乏、功能多元不够、环境品质不高（赵宝静，2016）。因此，街道设计中应同时关注街道的通行性、场所性和景观性。通行性是街道的基本功能，一般可分为机动车交通、非机动车交通和慢行交通3大部分。快速路、主干道、次干道、支路、步行街等不同道路类型在应对不同交通通行需求方面有较大差异，不同城市的不同交通工具分担率也有很大差异，因此对街道通行性的设计首先要"按需设置"。街道还是城市最重要的公共活动场所，其场所性是街道区别于道路的核心因素，也是影响街道空间品质的关键因素。正如简·雅各布斯提到的："当我们想到一个城市时，首先出现在脑海里的就是街道，街道有生气，城市也就有生气；街道沉闷，城市也就沉闷。"除了通行和场所外，景观性也是街道主要功能，巴黎的香榭丽舍大道、纽约的第五大道、东京的表参道商业街、上海的武康路等，都因其独具特色的街道景观而著名，成为展现城市形象的重要窗口。

专栏5-2

街道设计导则

街道设计一般有两类模式：一类是针对具体街道空间提出设计或更新方案，另一类是针对某一区域范围内的街道提出相应的设计导引。据不完全统计，2010—2020年国内外已出台的与街道设计相关的规划设计导则超过50部，并已逐渐形成了针对街道空间多个关键要素进行精细化管控的"街道全要素设计"编制模式。近年来，国际上对街道设计的关注持续增加，纽约（2015年）、阿布扎比（2015年）、伦敦（2017年）及印度（2018年）等地区相继更新了街道设计导则，中国以上海（2016年）、成都（2016年）、北京（2018年）、广州（2018年）为代表的多个城市亦相继出台了一系列街道设计导则，为提升街道空间品质起到了积极作用。

在具体内容上，若将街道中各个具体要素的空间布局为分类依据，可将影响街道空间形态的要素分为交通设施要素、景观环境要素、附属设施要素、沿街界面要素4大类，并就这4大类内容展开相应的研究和设计。其中，交通设施要素包括各类车道、人行道、交汇方式、过街设施、停车设施、无障碍设施；景观环境要素包括临街公园和绿地等开放空间的整体策略、绿化和水景设施、街道家具；附属设施要素包括公共设施、照明设施、标识及引导设施、环卫设施、安全设施等出现在街道空间中的各类附属设施；沿街界面要素包括沿街用地、沿街建筑的功能、体量、门面构件、立面形式、其他沿街界面形式。

（3）公共开放空间

城市公共开放空间指城市中在建筑实体之间存在着的开放空间体，是城市居民进行公共交往、举行各种活动的开放性场所。城市公共开放空间的品质很大程度上决定了城市环境的品质。

根据空间位置、面积体量、功能性质及辐射范围等方面的不同，可将城市公共开放空间分为城市广场、邻里公园、小型公园、袖珍公园、大学校园户外空间、住宅区户外空间、儿童保育户外空间和医院户外空间（Marcus et al.，1998），也可分为广场空间、街道空间、绿地空间、居住区空间和滨水空间（王建国，2011），还可分为城市公园、城市广场、城市滨水区和城市商业步行街等。

公共开放空间多元化分类方法也反映出公共开放空间的灵活性，对其的分类分级不需要也不应该有固定的方式，这样才能为城市营造提供多种可能。因此，在具体的设计中，应根据城市当地的环境条件和空间基础提出针对当地量身定制的公共开放空间的种类，并鼓励在空间模式和设计形式上大胆创新，重视公共艺术、新兴设备、互动装置等内容对公共开放空间的激活作用，提出突破传统、着眼未来的空间方案。

专栏 5-3

纽约高线公园

行走在纽约曼哈顿岛南部极负盛名的纽约高线公园上，踏着 20 世纪 30—80 年代间一条连接肉类加工区和哈德逊港口的食物运输高架铁路，目之所及是常去常新的公共艺术作品，令人心旷神怡而不失惊喜的植被群落，如同从空中花园走廊中生长出来的座椅和其他城市家具，别具特色的艺术表演，活动与美食，游者穿行在各大著名建筑事务所操刀的建筑之间，偶尔凭栏远眺，曼哈顿岛的城市光景与哈德逊河的静美风光奔涌而至，或许不会想到这里也有一段曾经长达 26 年的荒废之景。

对这段工业遗产富有感情的民众受到巴黎将废弃高架路结合林荫道、下沉绿道打造成的 La Promenade Plantée 公园的启发，在 Joshua David 和 Robert Hammond 的推动下，成立非营利组织“高线之友（Friends of the High Line）”，经过听证、游说、宣传、募捐、竞赛等漫长的过程，2006 年起至 2019 年，这段曾经为整个纽约输送食物的铁路被 James Corner Field Operations，Diller Scofidio + Renfro 和 Piet Oudolf 分 3 期共同改造设计成一段接近 1.5 英里的创意公共空间，一段穿梭在曼哈顿岛西南的水泥森林间的蜿蜒的绿色“飘带”，以全新的方式为这片土地输送着活力。除了对废弃高架铁路的更新和利用外，高线公园设计的一大亮点是植物配植，植物设计大师派特·奥多夫选择保持植物自然生长的野生状态，正如风景过程主义之父乔治·哈格里夫斯所秉持的，在这里，自然的物质性与人的出现发生互动作用，植物的生命力创造了这里的风景过程，也让人们体验了大自然的动力性。

这个架空的线性公园的巨大影响力不仅来自其极具创意的空间模式、为城市所保留的文化记忆、极具艺术观赏价值的精巧景观设计，也来源于其常年组织的生态科普导览、艺术展览展演、社交文艺活动、亲子互动体验等丰富的活动，使其成为家庭亲友聚会、青少年自然教育和实习，以及参观游赏的圣地，成为极富魅力的公共开放空间，它也成为区域发展的高效催化剂，却也面临快速士绅化（Gentrification）带来的对公平与社会正义的挑战与批判。

为此，高线公园网络（The High Line Network）被创立，为其他基础设施改造再利用项目提供经验和交流平台，让它们能给当地居民带来更多的社会、经济、文化和生态效益。目前，高线公园网络共有美国、加拿大和墨西哥的 37 个项目，不少项目还通过促进周边保障性住房的建设，让更多的人能享用这些由铁轨、桥梁、公路、立交桥下空间、地下空间、军事用地、水道、古迹等改造成的令人惊喜的公共开放空间（图 5-3）。

图 5-3 高线公园今昔对比照片

资料来源：https：//www. thehighline. org/photos-videos/.

（4）天际线及节点地标

正如林奇所说："我们所需要的环境，不仅要有好的组织，还要有富于诗意和意象性的外表。"在城市形象塑造中，天际线及节点地标具有决定性作用。天际线主要指以天空为背景的建筑、建筑群或其他物体的竖向体量组合。在实践应用中，天际线多指由周边建筑群、地标性建筑物及景观节点构筑物组合分布形成的反映整个城市轮廓或剪影的主要天际线。为构建城市特色鲜明的天际线，应结合标志性节点地标的布局和设计，包含自然地标、文化地标和高度地标。这些节点地标分布在城市景观轴线与主要城市路径上，形成视觉中心，吸引人的注意力，并增强天际线的可识别性，给观察者留下深刻印象。

根据城市所处环境不同，天际线一般有低矮保护型、依山就势型、高楼林立型。低矮保护型天际线一般应用于具有历史保护或生态保护要求的城市区域，这个区域通常有较低的建筑限高，因而天际线较缓和、起伏变化幅度较小；依山就势型天际线则应用于地形起伏变化较明显的城市区域，建筑群或以绵延青山为背景交相辉映，或立于起伏地形之上融入群山不分你我，形成了独具特色的城市轮廓线；高楼林立型天际线应用较广，大多在城市核心区域，高耸的建筑集聚在一起，共同塑造了现代化、科技感的城市形象。

天际线不是一个 2 维化的竖向界面，而是由近景、中景、远景 3 个层次组成的多维立体界面。因此，如何塑造天际线优美感、韵律感和层次感，提升节点地标的对比度、鲜明度和识别度，并保证城市视线视域的通畅，遮挡不利景观，突出有利景观，将是天际线及节点地标的设计重点。

（5）重点地段

城市国土空间中的重点地段主要包括城市核心区和中心地区、新城新区、重要街道、历史文化街区、滨水地区、山前地区及其他体现城市文化、对城市风貌有重要影响且极具价值的特色区域，总体可以分成以下 3 类：

1）重点城市功能发展地区。指由城市重要功能或特色产业集聚而展现出特色城市空间形象的地区，包括城市中心区、城市门户地区、新城新区、旧城更新区、交通枢纽地区等。

2）重要景观资源相邻地区。指与城市重要的大型山体或重要水体相邻的地区。大型山体或重要水体是城市中的重要生态资源和景观资源，也是城市特色的一个聚焦点。

3）历史风貌与遗产保护区。指在城市发展变迁和历史文化演进过程中保留传承下来的、体现城市历史发展过程或某一发展时期传统风貌和民族、地方特色的区域，包括历史城区、历史地段、历史文化街区、文物古迹所在区域等。该类区域一般存有一定比例的真实历史遗存，并在周边分布有集中反映地区特色的建筑群，或具有较完整或可整治的历史风貌环境。

（三）现代城市国土空间设计的重要专题

现代城市国土空间设计所涵盖的内容不仅涉及地理设计、规划设计、建筑设计、景观设计等多个学科，也涉及空间风貌特色、历史文化保护、生态绿地系统、综合交通体系、地上地下空间等多个重点。特别是在多个城市空间要素已在国土空间规划中梳理明确的情况下，国土空间设计应改变单一工程的固有思维，在既有框架下进一步开展专题化的研究和实践，促进系统工程化融合，以全局化、全域化的视角提出基于功能性并融合生态性、人文性和艺术性的设计引导，提升空间价值、文化内涵和公共审美，最终融入国土空间的整体体系之中。

1. 空间风貌特色专题

城市风貌可以理解为城市的形象面貌和风采格调。形象面貌反映的是城市物理空间形态的直观表现；风采格调反映的是城市经济实力、发展水平、民俗风情、历史文化等内涵的物化表达。城市风貌特色主要是指一座城市在其发展过程中由历史积淀、自然条件、空间形态、文化活动和社区生活等共同构成的、在人的感知层面上区别于其他城市的形态表征（王建国，2007）。

1）风貌分区引导。城市风貌区是城市风貌载体形成的最基本结构形式。对城市空间进行风貌分区，能将关注点放在城市直观形象设计的引导和控制上，并可涉及从宏观至微观的不同空间尺度，可以很好地解决对于城市风貌控制引导力度弱的问题。总体城市风貌分区是一种全覆盖的综合性分区，其作用是对城市的整体风貌特色和结构给出明确定位，并为下层次的规划与设计提供结构性引导。详细城市风貌分区是在衔接上位规划和设计方案的基础上，根据某一空间形态主要特征而划定的具体分区。这种形态特征可以基于街区的高度、强度、布局、功能，可以基于建筑的体量、形式、色彩、材质，也可以基于历史人文、自然生态、地理区位等资源条件。例如，可分为城市历史文化风貌区、现代商务风貌区、居住景观风貌区、文化休闲风貌区等。风貌重点或特别控制区是特别划定的重点区域，往往是反映城市特色与人文内涵的特色区域。这些区域有更具针对性的特色定位、设计要求和管控办法。

2）风貌分时设计。城市的形象不是一成不变的，应在不同季节、不同时间有所差别。如何通过城市风貌分时设计，让公众感知到城市在日夜交替和四季变换中呈现出来的空间魅力，是城市国土空间设计空间风貌特色专题的另一个重点。其中，夜景风貌设计是分时设计中的重点内容，也是实践中很多城市尚未对此引起重视或者才刚刚起步的内容。夜景风貌也分为从宏观到微观的多级层次，可分为夜景分区设计、专项照明设计和节点夜景设计等。夜景分区设计是根据城市中典型的不同用地性质和功能分区来进行区分，如历史文化区、商业商务区、住宅居住区等，并根据不同区域的夜间场地使用要求来考虑夜间光环境对空间的营造。专项照明设计则是根据照明对象类型将夜景设计要素分为道路、建筑、堤岸、水体、绿化空间、景观小品及各类广告与标识等，并根据不同夜景分区的照明要求提出相应的照明设计方案。节点夜景设计则是针对夜间活跃度高的重要节点、地标和街道区段展开具体的夜景设计，使之成为城市夜生活的聚集点，提升城市节点的全时段吸引力。同时，还可策划夜间旅游线路，将不同夜景节点串联起来，让公众领略城市的另一种风情。需要强调的是，在夜景风貌设计中应避免盲目追求高照度的现象，并充分考虑夜间光环境对动植物的生态影响，否则将是对能源的浪费，也将不利于光污染的防治（图 5-4）。

图 5-4　杭州市钱江新城夜景照片

资料来源：https：//www. vcg. com/creative/1276427091.

2. 历史文化保护专题

城市国土空间设计的历史文化保护专题不限于历史风貌与遗产保护区范围，更多是以视觉秩序为媒介，挖掘并整合城市中的物质性与非物质性历史文化积淀，并以动态设计的思路强调历史文化保护的 3 维性、整合性和创造性，把更多散落在城市内部的、跨越或出离保护范围的各类文化遗产和文化信息囊括在内，以彰显城市的人文底蕴及其作为历史文化空间载体的形象特色。

中国城市中的历史文化遗产并非随意形成，而是因地制宜、因时制宜，根据不同时期的生产力水平和社会需求，结合了精深的礼制思想和风水文化而造就的蕴含深厚匠心创意的产物。这些各具特色的古城老街，在快速工业化和城镇化发展的蚕食下，空间网络逐渐碎片化，文化遗产零星分布不成体系，保持完好的历史文化区域凤毛麟角。针对这样的现状，城市国土空间设计大可用武。它上可承接保护规划，下可指导建筑设计，其重要性在于运用城市要素整合的思维，对古城和老街形态进行空间组织，在3维空间的坐标中化解各种矛盾，弥补因划定各种控制线对城市要素产生的分割（卢济威等，2019）。

1）历史文化空间之“保”。历史文化空间的核心价值在于历史真实性、生活真实性和风貌完整性（阮仪三等，2001）。对于历史建筑而言，由于中国传统建筑绝大部分以木结构或砖木结构为主，容易遭受不同程度的风化和腐蚀，也缺少及时有效的维护和保养，因而，随着时间的推移，历史建筑的房屋质量和结构强度情况越来越不容乐观，无法适应现代生活与工作的使用需求。同时，一些历史建筑由于频繁易主或更换功能，且后期对建筑的改造更倾向于私搭乱建，这不仅破坏了建筑的传统空间特色，也进一步加剧了建筑的老化。对于历史风貌与遗产保护区而言，周边城市环境的大规模现代化开发使得传统的历史空间受到巨大冲击。大拆大建的开发模式缺乏对历史空间脉络的梳理和回应，使新的城市建设脱离了原有的空间线索，导致了历史肌理与城市形态的不连续，也加速了历史风貌与城市特色的不协调。同时，历史风貌与遗产保护区在其外部城市环境大力建设的同时，自身正经历着空间的衰败与老化，一些物质条件如街区尺寸、街道等级、建筑容量、基础设施、卫生设施等均严重滞后，进一步拉大了内外环境的差距。因此，城市国土空间设计首先需要重点解决的是历史文化空间“如何保”的问题。

2）历史文化空间之“用”。城市并非一座大博物馆，它作为一种空间载体，具备动态的属性。我们应该认识到，历史文化是特定地域经济社会长年累月发展过程的缩影，它是不同历史阶段的积淀叠加，而非某一时刻固化的遗存。这不仅包括过去的痕迹，还包括现在和未来的变化。无论某个历史空间始建于哪个地域或者哪个年代，都会随着时代变迁而不可避免地出现老化和衰败，同时也会迎来新的演变和更替，以满足当时的需要。这是一个自我更新的过程，符合适者生存的进化规律，并不影响历史文化的一脉相承。因此，通过最大限度地减少对历史文化空间的外在干预，以保护和维持原状为目标的冻结式保护模式不一定是科学的方式，这种方式不仅加剧了历史文化空间与外围地区的隔离和矛盾，还导致了历史文化空间停滞在过去与粗放发展的现代空间并存的格局之中，使其不断失去了个性化的特征。因此，对于历史文化空间“如何用”的问题，应该秉持保护传承与创新发展共进的理念，客观地看待历史发展规律，积极探索多元包容、适度弹性、刚柔并济的保护方式，才是促进历史文化空间可持续发展的重要手段。

3）历史文化空间之“活”。由于历史文化空间内部的物质性衰败，内部居民的生活水平受到了制约，工作条件受到了限制，导致原本宜居宜业的空间不再适应现代生活先进发展的需求，原本传统稳定的环境不再衔接现代城市多元复杂的功能，使得这类空间逐步成为城市中产生巨大功能性落差的矛盾地区。特别是在一些历史风貌与遗产保护区的更新改造工程中，开发者容易忽视对传统空间格局和文化内涵的尊重，仅追求短期的开发效益，导致历史空间被迫“大换血”，原有的传统格局被全新的空间系统所取代。更新后的历史风貌与遗产保护区与原有历史城市空间在功能业态、空间脉络、城市肌理上发生脱节甚至毫无关联，历史空间深厚底蕴难以延续。此外，为追求利益最大化，此类更新改造项目容易采取“绅士化”的开发模式，迁走了大量原住民，并将该地一跃打造成了新贵聚居地、特色旅游景点、网红打卡地等，导致传统生活氛围和民俗风情逐渐消失，历史空间的文化内涵难以彰显。因此，城市国土空间设计还需要重点解决历史文化空间“如何活”的问题，即如何有效结合历史空间的更新利用与现代空间功能的高质量发展的问题。

3. 生态绿地系统专题

在城市国土空间设计中，生态绿地系统专题的核心是“大地生态观”的树立和落实。大地生态观即遵循自然规律和生态理念，建立全局视角和系统思维，以生态格局和特征作为标尺来指引生态景观设计策略的选择。城市生态绿地系统在发挥其美学价值和休闲服务功能的同时，还应更加重视以下 3 个方面：

1）重视生态功能。在生态文明建设的时代背景下，“生态优先，节约优先，高质量发展”是城市生态绿地系统设计的主旋律。城市生态绿地作为城市自然生产力主体，具有改善城市生态环境、防灾避灾、优化城市格局等功能，应成为城市生态环境支持系统的核心。在构建生态绿地多样性景观的过程中，宜对绿地整体空间进行合理配置，解决好自然与人工、保护与利用、修复与改造的关系，健全城市自然生态空间的调适功能，保证城市生态系统物质生产、能量流动及信息传递的高效进行。

2）重视低影响开发。狭义而言，低影响开发（Low Impact Development）是为应对城市雨洪问题逐渐发展起来的暴雨管理和面源污染处理技术，最早于 20 世纪 90 年代在美国马里兰州开始实施，主要是指通过分散的、小规模的源头控制机制和设计技术，来达到对雨洪所产生的径流和污染的控制的方法。目前，以雨洪管理为导向的生态绿地系统低影响开发模式主要有生态植草沟、下凹式绿地、雨水花园、绿色屋顶、透水路面等形式。广义而言，低影响开发是指一种以被动式设计为主的低维护、低干扰、低成本生态景观设计模式，这种设计模式对自然生态的干扰较小，为动植物提供了栖息繁衍原生态条件，有助于维护生物多样性、提升生态系统稳定性。目前，这种低影响开发模式所营造出来的郊野化景观的应用越来越普遍，它所呈现出的自然林地、河流廊道、生态湿地等空间的原始风貌有一种纯粹美、生长美和自然美，也代表着现代审美从传统园艺景观到生态韧性景观的转变。

3）重视城市韧性。韧性城市（Resilient City）的概念可概括为城市系统结构和要素在经历变化重组之前，能够吸收、消化变动的程度和能力（Alberti et al.，2004）。对于现代城市而言，其所面临的风险因素的最大来源就是那些“不确定性事件”，而目前最新的不确定性来源可概括为极端气候、科技革命、病毒疫情和突发袭击 4 个方面（仇保兴，2021）。城市的韧性作为一种能够为城市提供弹性缓冲机制的新模式，可以减轻修复城市系统的损失和破坏。而在韧性城市的建设中，生态绿地系统是极其重要的一环。第一，生态绿地可以结合对城市生命线工程的脆弱点设置，利用生态绿地的自然调蓄功能，逐渐修复脆弱点，不断提高城市韧性。第二，生态绿地作为平灾结合设计的主要空间载体，在平时作为休闲活动的公共场所，在台风、地震、洪涝等突发性灾害发生时能发挥临时避难场所的作用。第三，以步行可达的原则合理布局各个等级的生态绿地，可将其作为附近城市市民的紧急避难的救援据点或者中转站。

4. 综合交通体系专题

在城市国土空间设计中，综合交通体系专题主要指对区域级和城区级的交通网络的综合研究，包含城市高速出入口、高铁、机场、港口等大型交通设施的选址选线，城区内轨道交通、机动车交通、公共交通、慢行交通、静态交通等多种交通模式的立体化设计，以及城市各类交通基础设施在空间形象上的形态塑造。

1）大型交通枢纽的选址选线。一般来说，大型交通枢纽的选址选线首先会在国土空间规划层面落实。在国土空间设计层面，更多是从3维的视角切入，结合周边空间的形态设计，对具体的选址选线方案开展更深入的推敲，使其向上能与规划顺畅衔接，向下能与周边城市空间产生有机联系。总体而言，对于高速或快速道路、铁路轨道及水路航线的选线设计不仅要避免对自然地形地貌和人文景观资源的扰动和破坏，还要避免线路对城市空间造成的空间割裂、视觉遮挡、噪声、扬尘等负面影响；对于高铁站点、民航机场、民用港口等的选址设计则应探索规避负面影响，扩大正面效益的空间模式，借助大型交通枢纽节点的人群集聚特质，优化空间利用模式、整合周边公共空间、梳理无缝换乘路线、塑造枢纽景观环境，使之成为激活周边发展的重要契机。

2）综合交通的立体化设计。第一，在城市国土空间设计中，对于综合交通立体化设计的研究和实践必须在区域、城市和邻里3个递进的空间层次上，综合考虑多种交通模式的叠加与衔接、土地利用的集约化和混合化、公共空间与交通空间的立体化融合、低碳技术在交通空间的应用等方面的内容，并将其理念贯彻在从规划到设计、从管理到建设、从实施到维护的整个过程中。第二，综合交通的立体化应秉承着公交优先、慢行优先的原则，即探索和践行以公共交通为主导的TOD（Transit-Oriented Development）城市建设开发模式。香港、东京、新加坡、哥本哈根等城市都是TOD模式应用的典型案例，这种模式形成了立体集约、便捷现代、以人为本的综合交通网络，为城市注入了活力和新的发展机遇。第三，综合交通的立体化设计应该着眼未来，探索新时代背景下的创新产业模式和科学技术引领的综合交通设计，为新能源汽车、无人驾驶汽车、智慧交通、共享交通等新兴交通模式预留发展空间。

3）作为城市名片的交通形态。虽然，城市交通网络往往是作为以通行功能为主的、按需设置的基础设施，但如果能够强化对其空间形态特征的研究，使城市交通形态与地形地貌、发展重点、特色产业等方面深度融合，可能会形成独具特色的空间形象。例如，“水上都市”威尼斯以其独特的水上交通和步行交通而闻名世界，“世界轨道交通之都”东京则成为站城一体化模式的典范，“汽车城市”洛杉矶很好地诠释了城市低密度空间与小汽车交通的共振，而“山城”重庆则通过多处与山体“互动”的天桥、立交、轻轨、陡梯等空间而形成了独具特色的城市风貌。可见，在符合按需设置、经济合理、可持续发展的基础上，对交通空间进行饶有趣味的形态设计，甚至能使城市交通成为展示城市形象的核心要素，这也是城市国土空间设计研究城市交通专题的另一个意义所在（图5-5、图5-6）。

图 5-5　重庆菜园坝皇冠大扶梯照片

资料来源：https：//m. sohu. com/a/19168233_ 180622.

图 5-6　重庆轻轨 2 号线穿越居民楼照片

资料来源：https：//m. sohu. com/a/19168233_ 180622.

5. 地上地下空间专题

地上地下空间一体化是实现紧凑型、集约化的城市更新与建设的重要途径，能有效提升土地利用效率、促进交通立体化组织、拓展城市空间容量、预留基础设施空间，从而实现可持续发展。在城市国土空间设计中，地上地下空间的一体化设计主要有以下几种模式：

1）结合地铁站点、火车站等综合交通枢纽的一体化开发。这种站城一体化的空间模式，可将站点周边的换乘点及商业、办公、酒店、服务、居住等多种功能通过地下或地上空间紧密联系起来，形成一个社区式的综合组团。这种模式不仅为从站点到其他交通工具的换乘提供了便利，同时也激活了换乘过程中沿路空间的商业效益，使车站不仅仅是一个只供上下车的地方，还可成为丰富城市生活的中心，引导着绿色出行的生活方式。

2）结合高密度地区的大型公共空间的整合建设。这种模式主要针对附建于大型建筑物或绿地公园的地下空间与地上空间的一体化设计，以提高土地利用效率。对于大型建筑而言，在其地基基础施工过程中，必然需要土方下挖形成地下空间，因而对地下空间的利用是最大化大型建筑空间的方法之一。此外，通过地下步行道或地下商业街将多个建筑群联系在一起的方式，利于防风防寒、遮阳避雨，也是为城市活动提供气候庇护的有效手段。对于绿地公园而言，地下空间的开发主要是针对高密度地区用地紧张的解决手段，能够实现对空间立体化拓展和保存开放空间的兼顾。同时，在绿地公园中，往上可结合空中慢行道、往下可结合下沉广场，这种复合空间的组织方式可以提升空间丰富度，强化空间识别性，从而增强绿地公园的吸引力。此外，针对地下建筑的一些通风井、采光井、排风口等附属设施需要伸出地面的情况，如果能够采用合理的设计手法，巧妙地将这些附属设施与绿地公园结合，则能有效地避免地下空间附属设施占用地面空间所带来的负面影响，提升城市空间的趣味性。

3）结合城市更新改造的空间再利用。在对城市旧城区进行更新改造时，往往由于建设条件的制约和土地资源的稀缺，造成地上空间容量不足的问题。在这种情况下，地下空间的开发将是一个突破口，可为城市更新提供新的思路。例如，可通过对公园、绿地、操场等开放空间的地下空间再利用，增设地下停车场，解决城市停车难、停车乱的问题。再如，可通过地下通道系统将既有地下空间进行改造和整合，加强既有建筑之间的地下联系，实现城市功能的进一步整合，也为后续空间升级提供机会。此外，针对一部分旧城区步行空间被压缩的情况，可通过构建空中、地面与地下各自横向成网又纵向沟通的全贯通式步行立交体系，重塑舒适的城市步行空间与尺度，同时这也是一道特色鲜明的城市景观。

6. 其他专题

根据不同的设计对象和战略目标，城市国土空间设计应关注的专题还有很多，包括以新型基础设施、新型服务设施和智慧城市的应用场景为主体的研究专题，碳中和、碳达峰战略专题，安全导向、健康导向、儿童友好导向、老人友好导向的城市国土空间设计专题等。专题设置需根据不同空间设计类型的具体情况和规划过程的具体要求确定，其主旨是综合利用多学科专业知识，对城市国土空间设计中可能遇到的关键性问题寻找针对性的对策，为这些问题的解决提供依据，使设计过程更加科学合理。

（四）现代城市国土空间设计的重点地段

在现代城市国土空间设计中的详细或专项设计中，包括对城市一般片区和重点地段的设计。其中，重点地段主要可分为重点城市功能发展地区、历史风貌与遗产保护区、重要景观资源相邻地区 3 大类。重点地段是影响城市整体空间品质的重要区域，应在遵守上位规划和满足城市一般片区设计要求的基础上，重点关注相应地区的特定资源禀赋、关键问题和限制条件，凸显其重要价值，展示其特有魅力。同时，结合发展意愿、产业布局、土地权属、空间影响、公众意见等，提出面向实施的城市重点地段国土空间设计方案及其引导内容，并将其要点纳入规划条件。应研究重点地段对自然环境、历史人文资源及整体城市格局的干预影响，核实其与城市定位、资源分配、功能布局、开发强度、生态条件、风貌色彩等方面的匹配性，避免其对城市整体空间格局产生不利。对于兼具多种类型的重点地段，应统筹考虑各方面因素，协同对接各层面要求，实现综合价值的最优化。

1. 重点城市功能发展地区

重点城市功能发展地区指由城市重要功能或特色产业集聚而对城市发展有重要影响的地区，主要包括：①城市中心区、城市门户地区、新城新区、交通枢纽地区、重要轴线廊道沿线地区、商务中心区、经济或高新技术开发区等。②城市内部及开发边界周边亟待开展有计划整治和转型的地区。这些地区往往建成年代较早，建筑质量偏低，居住水平落后，整体建成环境品质与现代化城市社会生活脱节，包括城市更新区、旧城改造区、城乡接合部地区等。

第一种重点城市功能发展地区的核心设计目标是对城市结构框架的进一步强化。例如，城市门户地区和交通枢纽地区是对外展示城市风貌的核心地段，是沟通城市内外人流、物流等各种“流”的汇集地，多以提升交通效率、促进站城融合、凸显城市形象、强化区域联动为主要设计目标。第二种重点城市功能发展地区的核心设计目标则是对城市衰落空间的“复兴”。例如，对城乡接合部的老旧社区的治理更新，事关城乡融合发展、城市有机更新、基层治理重心下沉、民众居住条件改善等重大工程，多以改善空间品质、重塑地区活力、体现人本关怀、保证整体效益、提升管理效率为主要设计目标。不论是哪一种重点城市功能发展地区，都应在满足整体城市空间布局要求的基础上，重点对特色空间、景观风貌、开放空间、交通组织、立体空间、建筑布局、建筑色彩、第五立面、天际线等内容，进一步开展详细设计或专项设计，塑造该地段的特色风貌。

2. 历史风貌与遗产保护区

历史风貌与遗产保护区指在城市发展变迁和历史文化演进过程中保留传承下来的、体现城市历史发展过程或某一发展时期传统风貌和民族、地方特色的区域，包括历史城区、历史地段、历史文化街区、文物古迹所在区域、工业遗产所在区域等。该类区域一般存有一定比例的真实历史遗存，并在周边分布有集中反映地区特色的建筑群，或具有较完整或可整治的历史风貌环境。

在严格遵循保护规划要求的基础上，历史风貌与遗产保护区的核心设计目标是传承文脉、激发活力、有机更新，即对历史文化空间的“保”“活”“用”。在设计中，应细化梳理各类历史文化资源现状与特征，深入挖掘历史内涵，结合有效的设计策划，加强对历史资源的活化、展示与体验。鼓励建筑风格的新旧和谐对话，防止大拆大建，加强对周边地带的设计控制，明确控制范围内新建和改扩建的建（构）筑物的高度、退让、体量、肌理、风格、色彩、材质等具体要求，并建立设计负面清单，形成良好的文化衔接。

3. 重要景观资源相邻地区

重要景观资源相邻地区指城市内部与重要水体景观资源相邻的滨水地区，与重要山体景观资源相邻的沿山地区，或者与其他对城市具有重要意义的自然或人工景观资源相邻的地区。

重要景观资源相邻地区的核心设计目标是对重要景观资源的保护与延续，通过对建设布局与开发强度的控制保护地区内特色自然资源的生态性、通过对特色要素与重要界面的塑造延续特色景观风貌的原真性。例如，滨水地区的空间布局和场地设计宜减少对水岸原生地形地貌的破坏，并通过合理控制建筑群、基础设施、道路设施等建设项目与水岸的空间距离、体量关系和风貌融合，重点对滨水空间的整体界面、景观布局、视线通廊等内容提出导控要求，实现城市空间与滨水景观的融合和渗透。又如，沿山地区宜保护自然山体、合理利用地形特点，采用依山就势、有机分散、分段集中的立体布局，强调城市建筑群轮廓与山体自然山脊线的呼应，以及邻山道路、环山路径与沿山开放空间的融合，形成丰富的山地景观序列。

二、现代城市国土空间设计的转变

（一）从国际化到本土化

历经 40 多年改革开放，中国城市发展已进入转折时期，正在持续推进的新型城镇化建设不断提速。无论是实践应用还是科学研究，中国城市发展已逐渐从借鉴国际先进案例、积累现代化建设经验的摸索阶段转型到自主研发特色技术路线、提升城市竞争力的专精阶段。更重要的是，即将到来的城镇化并非西方的城镇化，国土空间设计应考虑中国自身的特殊性。因此，中国城市国土空间设计不能过多地依赖西方模式，而应立足于包含伟大智慧和传统习俗的中国本土。

中国传统营城理念注重因地制宜、顺势而为，本土化的城市国土空间设计宜根据当地实际情况进行深化和创新，以形成有别于国际范式的、突破固有模式的特色国土空间设计方法。由于中国幅员辽阔，各区气候条件不同、南北生活方式迥异、各地风俗文化多元，如果一味追求高效化、均质化和标准化的设计模式，则必然导致索然无味的、大同小异的“普通”城市。因此，有必要深入调研每一座城市，挖掘本土潜力，进行大胆创新，以形成具有原创性的、植入本地文化的、把握当地形势的城市国土空间设计，这也是解决城市特色、城市风貌问题的根本途径。此外，本土化的国土空间设计不仅要在设计上因地制宜，还宜在制度上建立适应本土城市建设体系特点的运作机制、治理模式和法律保障，将城市空间设计与空间治理深入融合，落实“以人为本”的科学发展观。

（二）从标准化到个性化

《史记·鲁周公世家》有云：“平易近民，民必归之。”人性化的设计应考虑人的行为习惯、活动特征、生理感觉、心理体验等，以及人与人之间的互动性、公平性、差异性等。早在20世纪60年代，城市建设已逐渐开始关注城市空间的人性化问题。不少学者认为，在现代主义思想指导下的一味追求形式美观、功能完善、技术先进的新城镇无法成就“好”的城市，而“好”的城市应该是关注“人”的城市。这种观点得到了广泛的认同，并在后续产生了诸多构建人本尺度城市空间的探讨。目前，以人为本的城市观已成为当代社会的共识。

在当前人类社会由“生存性需求”向“发展性需求”升级的语境下，现代城市国土空间设计将持续推进以人为核心的新型城镇化，并进一步从关注标准化向关注个性化转变。个性化的城市国土空间设计将针对不同年龄段、不同身体状况、不同收入水平、不同职业类型、不同性别、不同民族、不同地区等的人群而提出具有针对性、时效性、具体化的设计。例如，为老年人、残疾人、儿童等弱势群体提供定制的设计，对来自不同民族和文化背景的群体的诉求做出有效的回应，为不同工作岗位的人员的通勤和工作提供多方面的便利等。值得注意的是，城市国土空间设计的个性化不是精英化，不能抹杀或忽略不同人群甚至个体的差距和冲突。城市的人口构成复杂且差异巨大，因而城市国土空间设计应从务实角度出发，充分反映和平衡城市中各类人群的需要，对人群的差异性有认知、对不同的开发影响主体有考虑、对社会的公平性有体现，为每一类群体、每一个家庭、每一位老百姓而设计。

（三）从多元化到多维化

城市作为一个复杂的巨系统，既有由路网和建筑物、河流和湖泊、森林和山川、公园和廊道等要素所构成的显性结构，又有由人口、产业、经济、政治、文化等要素所构成的隐性结构，同时，每一座不同的城市亦是不同的巨系统。随着城市区域一体化以及世界级城市体系的形成，使城市的复杂性进一步显现。如何在城市巨系统愈发多元复杂的情况下，保证城市的效率、公平性和竞争力，是城市国土空间设计需要理性应对的。

在此背景下，现代城市国土空间设计不仅要多元化，即在合理规划的同时体现特色、在传承历史的同时展望未来、在稳固优势的同时挑战突破、建立“形意统一”的同时摆脱“千城一面”，还要多维化，即对城市的地上、地下、内部、外部不同空间方位有综合统筹，对过去、现在、未来不同时间跨度有充分认知，对城市群、都市圈、中心城市、大中小城市等不同层级能统筹协同，对形态、体验、意象、治理等不同方面有不同的评价模式和技术手段，以及对城市设计、景观设计、地理设计等学科有多维融合。

（四）从数字化到智慧化

从 1946 年第一台计算机的诞生，到 1969 年互联网雏形的提出，再到云计算、物联网等概念的产生，当今世界已经全面进入了数字化时代。当今的社会生产和生活方式已经发生了重大改变，城市空间模式也相应地经历了前所未有的变革。例如，公众开始习惯网络化、集成化、流量化的消费模式，传统商业模式的“黄金定律”不再适用；预约化、共享化、平台化的出行模式已经成熟，带动了城市公共交通体系的进一步升级；电子书、新媒体文章、短视频、直播等社交网络模式的普及，催生了新的文化活动和文化形态，同时也促进了图书馆、展览馆、影剧院等传统文化空间的复苏。这些变革有力推动了产业模式的升级和城市空间的更新，甚至影响了新一代人的生活习惯。

新数据和新技术的不断涌现为城市国土空间设计的发展提供了坚实的基础，城市大数据处理、地理信息分析、空间虚拟现实等技术手段的成熟使得精细化的设计成为可能。数字化技术有助于改变由于基础数据条件制约所导致的设计尺度失调、定量不清、认知模糊的现状。与此同时，随着物联网和云计算技术的成熟，城市数据技术正在经历新的一轮革新，逐步从“整体化、数据化、可视化”的精细型设计往“一张图、一键搜、实时晓”的交互型设计发展。多年来的实践证明，仅仅塑造一座物质空间上具备良好风貌以及管理模式上高效运转的城市是远远不够的。因此，对于现代城市国土空间设计而言，智慧化的城市不仅应具备有精度的“智慧”，还应关注有温度的“治惠”，即在技术层面实现精细化、动态化的城市管理，在战略层面实现信息化、工业化和城市化的深度融合，在思想层面有效衔接新生代人群的思维范式、主张高科技的人性化和可选择性，以有效回应新技术革命引发的新的空间设计需求。

（五）从人本化到共生化

自“设计结合自然”（McHarg，1971）的概念提出以来，越来越多人已经意识到机械化的空间形态设计无法一劳永逸地解决城市问题，城市建设不能是简单的“人定胜天”，并针对城市的生态环境问题提出了一系列反思和对策。1971 年，为应对全球化、信息化、城市化进程的加快带来的人口、资源、环境危机，联合国教科文组织在“人与生物圈”计划中首次提出了生态城市（Eco-City）的概念，旨在应用生态学原理和现代科学技术手段来协调人工生态系统与自然生态系统，建立可持续发展的城市。当前人类社会生产规模空前庞大，资源消耗和环境污染问题日益严重，如何立足资源环境承载能力，创造一个人与自然和谐共存、面向可持续发展的城市环境，仍是当下城市建设所面临的重大挑战之一。

首先，现代城市国土空间设计要关注城市发展与人类的生命健康问题，把“健康意识”纳入设计策略编制、建设项目实施和城市日常管理中。作为旨在营造高品质城市空间的城市国土空间设计，应明确不同人群的身心健康需求，在空间设计、管理和使用过程中充分考虑空间的健康正负效应，将生命健康改善策略落实到空间布局设计中，建构面向健康城市的空间营造和治理系统，也就是说要坚持“以人为本”。同时，现代城市国土空间设计更应关注城市发展与整个生物圈的生命健康的冲突与协调问题。人类社会生产所需的物质资源、生物资源以及稳定的环境条件无不依赖于生物圈的功能，虽然生物圈具有稳态反应能力，但是超出极限的干扰和破坏能够使它失去平衡而导致不可逆的结果。一方面，城市国土空间设计不能将生物圈简单地看作人类的资源库和蓄污池，应该遵循生态系统自组织和自调节的基本规律，合理设计、适度开发、逐步修复，利用可持续策略保持城市发展与环境保护之间的动态平衡；另一方面，城市国土空间设计应主张人类社会与生物圈协同进化的思想，树立生态意识、建立生态伦理观、应用生态生产技术、实施生态发展策略，自觉探索有利于优化生物圈所有动物、植物、微生物有机体及其生物群落的未来发展方向，实现人与自然的共生、城市与自然的共进。

三、现代城市国土空间的分类分级

（一）现代城市的一般分类分级方式

有效开展一个城市的国土空间设计工作的前提，是对不同类型的城市有准确的认知，并相应地提出差别化的设计策略。这种差别化的设计策略是在充分理解城市所处的环境特征、尊重城市现有的资源禀赋、明确城市的自身定位的基础上而采取的因地制宜的方案，是解决“千城一面”问题的根本方法。然而，城市的分类与分级方法众多，难以达成统一，因而如何对城市进行有效的区分是一个难点。一般来说，城市的分类分级有如下几种模式：

1）基于人口规模。根据2014年《国务院关于调整城市规模划分标准的通知》，中国的城市以城区常住人口为统计口径，可分为5类7档。城区常住人口50万以下的城市为小城市，其中20万以上50万以下的城市为Ⅰ型小城市，20万以下的城市为Ⅱ型小城市；城区常住人口50万以上100万以下的城市为中等城市；城区常住人口100万以上500万以下的城市为大城市，其中300万以上500万以下的城市为Ⅰ型大城市，100万以上300万以下的城市为Ⅱ型大城市；城区常住人口500万以上1000万以下的城市为特大城市；城区常住人口1000万以上的城市为超大城市。

2）基于行政等级。中国的城市按照行政等级分，可从低到高分为建制镇、县级市、地级市和直辖市。建制镇有县辖、区辖、市辖之分，其中县人民政府所在地的建制镇称为县城；县级市的行政等级相当于县级，在行政上不设区，下辖镇和乡；地级市的行政等级相当于地区和自治州一级；直辖市由国务院直接管辖，行政等级相当于省级。根据国家统计局的数据，截至2019年6月，中国大陆（未包括港澳台）共有4个直辖市、293个地级市、375个县级市。

3）基于地域地形。全球陆地上具有5类基本地貌类型，即高原、山地、丘陵、盆地、平原。这5类地貌中国均有分布，高原、山地和丘陵约占陆地面积的67%，盆地和平原约占陆地面积的33%，且总体地势西高东低。相应地，城市按其所处地理位置的主导地形地貌特征可分为高原城市、山地城市、丘陵城市、盆地城市和平原城市。同时，由于与部分城市相邻的江、河、湖、海对城市空间布局有显著影响，基于地形地貌特征的城市还可分为滨水城市和沿海城市。除此之外，城市亦可依据地域分布进行分类。例如，中国按地域可分为东北、华东、华北、华中、华南、西南、西北7大地理地区，按流域又可分为长江流域、黄河流域、淮河流域、珠江流域等。不同地域造成了各地地理位置、自然条件的差异，形成了不同地理空间特征和人文、经济特点，相应地，不同地域的城市也体现出不同的特色。

4）基于气候区划。根据《GB50137—2011　城市用地分类与规划建设用地标准》《GB 50178—93　建筑气候区划标准》，中国城市的气候区划按二级区划系统划分。一级区划为7个一级区，二级区划为20个二级区。一级区反映全国建筑气候上大的差异、二级区反映各大区内建筑气候上小的不同。具体如下：①气候Ⅰ区：严寒地区。1月平均气温≤-10℃；7月平均气温≤25℃；7月平均相对湿度≥50%。②气候Ⅱ区：寒冷地区。1月平均气温-10~0℃；7月平均气温18~28℃。③气候Ⅲ区：夏热冬冷地区。1月平均气温0~10℃；7月平均气温25~30℃。④气候Ⅳ区：夏热冬暖地区。1月平均气温>10℃；7月平均气温25~29℃。⑤气候Ⅴ区：温和地区。1月平均气温0~13℃；7月平均气温18~25℃。⑥气候Ⅵ区：严寒地区。1月平均气温-22~0℃；7月平均气温<18℃。⑦气候Ⅶ区：严寒地区。1月平均气温-20~-5℃；7月平均气温≥18℃；7月平均相对湿度<50%。

5）基于城市职能。城市职能指某城市在一定地域内的经济社会发展中所发挥的作用和承担的分工，它既具有重要的区际意义，又对本城市的经济结构起到决定性的作用。需要说明的是，一般城市功能多为综合性的，仅具备单一职能的城市很少。有的城市专业化程度较高，即具有1~2个主导职能。有的城市则综合性较高，即多个职能势均力敌。城市职能一直以来就是城市研究的重要议题，因而分类思路多样，尚未形成统一的分类标准。对中国而言，城市职能分类一般考虑专业化部门、职能强度、职能规模三要素（周一星等，1997），通常可分为综合城市、工业城市、交通城市、港口城市、中心城市、县城、科教文化城市、风景旅游城市、特殊职能城市等类型。

6）其他分类。城市还有其他多种分类方式。例如，以城市商业魅力评估城市的商业资源集聚度、城市枢纽性、城市人活跃度、生活方式多样性和未来可塑性5大维度指数，将城市分为一线、二线、三线、四线、五线5级城市。这种分类模式常用于房地产业、金融业、文化、体育和娱乐业等行业。又如，根据城市平面布局的形态表现形式，可将城市分为团块式、条带式、组团式等。不同的城市形态不仅是自然地理直接影响，同时也是政治、经济、历史等间接影响下的综合反映，因而团块式、条带式、组团式等不同的城市形态在一定程度上可揭示不同城市发展规律和建设需求的差异性。再如，为积极推动生态文明建设，世界各地均有对资源节约、环境友好、绿色生态的城市进行评估和分级。如美国的LEED邻里开发（LEED for Neighborhood Development，简称LEED-ND）、日本建筑物环境性能综合评价体系（Comprehensive Assessment System for Built Environmental Efficiency for Cites，简称 CASBEE-City），以及中国的《GB/T 51255—2017 绿色生态城区评价标准》，这些评估体系对符合条件的城市进行评估和认证，并将城市分为多个等级。

（二）城市国土空间设计的不同类型

对于城市国土空间设计而言，最终将落实到城市具体空间。因而选取能够直接影响城市物理空间特征的模式将有利于相关工作的开展。

城市所处的地形地貌特征对城市空间布局带来了条件限制，气候环境特征决定了人居环境应对策略，而城市发展情况则影响设计策略的可行性。因此，以需求为导向，可分别将城市分为回应城市发展需求的 3 类城市（小城镇、中等城市、大城市及特大超大城市）、回应城市所处地形地貌的 5 类城市（平原城市、丘陵城市、山地城市、高原城市、滨岸城市）、回应城市所处环境气候的 4 类城市（夏热冬冷地区的城市、夏热冬暖地区的城市、温和地区的城市、严寒及寒冷地区的城市）。

1）不同发展水平的城市分类：①小城镇。包括人口规模约在 50 万人以下的设市建制的县城镇（即县级市）、县城镇、县属镇（非县城的建制镇）等。②中等城市。包括除特大、超大城市地区和一般小城镇之外的、作为“次区域发展中心”的所有城市。③大城市及特大超大城市。包括人口规模在 500 万以上的特大超大城市，以及组成现代化都市圈的、辐射带动功能强的人口规模普遍在 300 万以上（少数在 100 万至 300 万）的大城市。

2）不同地形地貌的城市分类：①平原城市。城市所处环境的主要地形地貌为平原，地形宽广平坦、起伏很小。②丘陵城市。城市所处环境的主要地形地貌为丘陵，海拔多在 500 米以下，相对高度不超过 200 米，丘陵地形一般没有明显的脉络，顶部浑圆。③山地城市。城市所处环境的主要地形地貌为山地，海拔多在 500 米以上，相对高差 200 米以上，山地起伏很大，坡度陡峻，沟谷幽深，一般多呈脉状分布。④高原城市。城市所处环境的主要地形地貌为高原，海拔一般在 1000 米以上，面积广大，地面平坦开阔，周边以明显的陡坡为界。⑤滨岸城市。指相邻的江、河、湖、海对城市空间布局有显著影响的城市，包括已设有城市滨水区的城市和尚未利用其临近滨岸空间的城市。

3）不同气候条件的城市分类：①夏热冬冷地区的城市。处于相应夏热冬冷地区气候分区的城市，其气候特征基本可以用“夏热、冬冷、高湿”来形容。②夏热冬暖地区的城市。处于相应夏热冬暖地区气候分区的城市，其气候特征基本可以用“高温、高湿”来形容。③温和地区的城市。处于相应温和地区气候分区的城市，其气候特征大多表现为“冬温夏凉、干湿分明”。④严寒及寒冷地区的城市。处于相应严寒气候地区和寒冷地区气候分区的城市，其气候特征主要表现为“冬季漫长、夏季短促”，有较大的气温年较差。

值得注意的是，上述这些类型往往是互相重叠的。一座城市可能同时具有多层次的地形和气候特征，同时城市空间也处于动态发展的过程中，因而不能简单地将其归类为单一类型，在具体城市空间设计时要综合考虑，提出科学适用的设计策略。本书之所以要特别突出不同地形地貌的城市分类和不同气候条件的城市分类，就是试图使城市国土空间设计能够更好地结合自然，能够更好地融入自然，以实现天人合一的设计目标。

第二节　与城市发展协同的城市国土空间设计

能反映城市发展水平的因素众多，包括城市的空间规模、人口规模、地理区位、经济格局、建设水平等。结合多方面因素，本书主要以城市规模和城市区位为主要评判指标，将城市分为“小城镇”“中等城市”“大城市及特大超大城市”3 大类。虽然这是一种广义的、定性的分类方式，但是，这种分类方式能相对直观地区分并反映出中国不同发展水平的城市所对应的国土空间设计技术路径的差异，有利于城市国土空间设计实际工作的开展。

一、小城镇

小城镇是一个模糊的概念，一般是指以非农业人口为主、具有城市文明特征和一定规模的人口聚集区，是介于设市城市与农村居民点之间的过渡型居民点。在西方语境中，城镇等级由高到低可分为大都市（Metropolis）、市（City）、镇（Town）、村（Village）、小村落（Hamlet）等。其中，小城镇（Market Town）往往指人口规模在 0.2~2.5 万人，具有乡镇化的生活形态和城市化的生产形态，是一种具有明显城乡结合特点的处于中间状态的聚居体（Jones，2016）。对于中国而言，狭义的小城镇指人口规模为 1 万~3 万人，用地规模在 5 平方千米以下的城镇（张立涛等，2017）。然而，虽然该定义所指的小城镇与西方语境中的小城镇相似，但是这类城镇尺度过小，已不能囊括目前中国一般小城镇概念所指的所有区域。广义的小城镇概念一般指小城市（设市建制的县城镇，即县级市）、县城镇、县属镇（非县城的建制镇）、集镇 4 类。本书所指的小城镇即广义的小城镇，其人口规模约在 50 万人以下，如浙江省建德市梅城镇、江苏省昆山市花桥镇、江西省上饶市婺源县等。与大、中城市相比，小城镇的城市空间在规模尺度、空间格局、环境特征等方面均有较明显的特征。

挑战一：小城镇空间结构简单，城镇品质不显。由于小城镇的建成规模普遍较小，且小城镇的发展大多处于初级阶段，其城市结构相对于大、中城市而言较为简单，且受地域条件的影响较大，因而，小城镇的空间格局多表现为单核心结构、带状核心结构或散点结构。同时，由于小城镇的空间格局简单，使得城市各区域可达性高、地理空间单元可视性强，导致小城镇的空间形态呈现出集中反映整体城市环境而非局部核心区的特点。然而，简单的空间格局并不一定代表有序、可读的空间结构。由于小城镇在城镇发展中受限于由村落或集镇空间发展而来的较分散、无序的先天空间格局，且在后期建设中往往未在整体层面进行统一的规划协同、建设组织和空间更新，一系列问题积重难返，因而呈现出明显的各个时期发展痕迹相互融合的特征，甚至普遍出现历史建筑聚集区与新建建筑混杂的情况（图 5-7），空间结构整体性尚且不足，遑论城镇生活品质和风貌。因此，在进行小城镇城市国土空间设计的过程中，必须要探求并理解这些现实情况及其内在逻辑，才能因地制宜地塑造有特色的小城镇。

挑战二：小城镇地域特征明显，各地特色差异大。由于中国历史文化悠久，许多小城镇文化遗产丰富且空间形态各异。从整体空间形态上看，或规整严谨，或依山就势，或沿水而居；从建筑空间类型上看，因不同的地域环境和文化风俗而孕育出截然不同的设计，具有强

图 5-7 浙江省某小城镇鸟瞰照片：不同时期建筑混杂

烈的地方特色。同时，由于小城镇的常住人口较少、人口流动性较低、民族构成特点鲜明，使得小城镇在风俗习惯和生活模式上呈现出比大、中城市明显的地域差异，而这种差异性造就了其城市空间精神面貌的特色。因而，有一些小城镇致力于历史文化空间的保护与更新，从延展城镇传统肌理、利用自然生态资源、突出历史文化特色地段等多个方面强化小城镇的空间特色，成为小城镇设计的典范。然而，随着"古镇模式"的兴起，一部分小城镇急于借助古镇模式进行文旅开发，未经深刻的调研、规划和设计就开展大规模建设，以营造"特色"为口号，实则存在大量的"拆旧造旧"和"穿衣戴帽"现象，大量建设仿古街道、仿古社区、仿古建筑，反而弄巧成拙，丧失了小城镇原本鲜活的空间魅力。

挑战三：小城镇自我认同感不强，空间设计经验有限。由于针对城市空间的研究与探索以大、中城市为主要对象，其研究成果和实践经验多建立在较大规模的城市用地模式和较复合的空间结构之上。与大、中城市不同，小城镇有着与其规模相适应的空间特点，与其环境相契合的地域特色，且在城市管理方面普遍较薄弱，亦不具备能支持大规模建设活动的资金条件，因而依照这种基于"经验主义"的大、中城市空间设计手段在面对小城镇本土化的空间问题时往往会出现困境。然而，在速度与效率的双重驱使下，目前一些小城镇自身认同感不足，忽视了本土化的地域特征和历史文化，盲目套用大城市相关标准，模仿大城市空间形象，"求大、求宽、求洋"，造成小城镇街区和街道的尺度比例失调，甚至使得原有城市空间肌理遭到破坏，割裂了城镇建成空间与自然空间的联系，使小城镇的自身特质荡然无存，也将不同地区的小城镇推向同质化竞争的困局。

（一）谋局为先，符合城镇发展逻辑的适度设计

虽然不同的小城镇所处的发展阶段、建设水平及地域环境各异，但是规模较小而空间精致、强度不高而尺度适宜、结构简洁而富有个性是大部分小城镇国土空间设计宜追求的总体空间特征。在此基础上，宜对自然地理环境、历史布局特征和建设用地实际需求、城

市经济发展水平等现实基础开展深入的调研，进而提出符合本地发展逻辑和现实条件的国土空间设计策略。更重要的是，应注重适度设计，不照搬大城市设计手段、不拘泥套路化空间逻辑、不过度进行装饰美化，保留原汁原味的小城镇氛围、与自然融合的质朴环境。同时，小城镇国土空间设计还宜响应小城镇建设的迫切需求，筹划伴随从近期到远期多个小城镇建设和更新阶段的国土空间设计分解任务，加强国土空间设计的落地性，防止出现不切实际的设计目标或无限制的空间蔓延。

针对小城镇建设管理体系尚不完善、人员建制不全、空间设计专业性不足的情况，需要更重视空间设计引导内容的编制。宜鼓励和促进编制更加直观、明确的图示化、步骤化、权责化的国土空间设计导则、技术细则和管理细则，制定基层管理者、地方设计师和建设施工方都易于理解和应用的导引内容，以提升空间设计在管理、审查、设计和维护等阶段的操作效率和实施质量，最终推动小城镇建设的稳步发展。

（二）自然为本，融于城乡山水格局的新派市政

小城镇是联系农村与城市的关键纽带，无论从地域、人口、经济、环境等因素来看，小城镇既有与农村相异的特点，又都与周围乡村保留着不可缺少的联系（费孝通，1985），是研究城乡融合的重要一环。因而，小城镇国土空间设计不仅应关注城镇本身的地理特征和传统肌理的延续与更新问题，更应注重小城镇空间边界与周边空间的衔接问题，包括与周边自然环境的衔接问题、与周边村镇空间的联系问题。同时，由于小城镇的空间形态呈现出集中反映整体城市环境而非局部核心区的特点，小城镇空间的总体布局形态、周边环境的景观轮廓以及城乡交界处的衔接模式是决定小城镇空间设计品质的关键因素。在开展小城镇国土空间设计时，有必要研究小城镇的整体城市轮廓与区域背景、自然背景的关系，有利于从宏观、整体的视角把握小城镇的空间特色。

同时，小城镇的国土空间设计要以人为本，重视并优化城镇空间的城乡融合特质，这种空间应具有亲切的人与城镇、人与建筑、人与空间之间尺度关系，具备有别于都市化高密度、高强度空间的形态特点，同时能有机衔接周边农田、山野和水系等自然环境要素，打造融于城乡山水格局的、能体现小城镇优势的新派市政，呈现小城镇“城市化建设水平、田园化空间品质”的特色，以吸引来自大、中城市的人口，同时接纳来自农村的人口。

（三）营城为器，独具本土地域风情的微观设计

在小城镇空间设计的具体设计中，在延续小城镇的自然乡土属性的同时，应突出当地城市空间特色，强化本土文化特色和生活习惯，为生产、生活、交往、游憩和出行等城市活动创造亲切又独特的小城镇生活体验。

一方面，与大、中城市的多核心格局不同，小城镇的空间核心通常集中于一处，此处往往也是居民对小城镇空间意象认知的中心，这也使得小城镇的空间核心在公众心目中的重要性远远高于大、中城市。同时，由于小城镇具有相对直白简单的空间结构，小城镇的空间形态更不能单调地平铺直叙，因而小城镇空间核心的设计也就成为小城镇国土空间设计中的关键内容。对于该区域的空间设计应顺应本地地形条件，延续本地历史空间肌理，传承本地建筑特色，并结合竖向设计营造小城镇的立体轮廓，发掘并突出小城镇独有的

“微风情”。大至城区天际轮廓，小至建筑立面装饰，均应反映地域和小城镇的个性，并鼓励运用本地材料和施工工艺，反映空间设计的独到之处。

另一方面，考虑到小城镇的生活和工作模式具有慢节奏、强重复的特征，且在生活空间周边区域进行日常活动的概率较高，因而小城镇的空间设计宜更注重舒适性、便利性和复合性。例如，宜回应小城镇新老居民对居住空间的要求，设计以“低层高密”“小院式”等模式为主的建筑组团，并配合当地风俗习惯对广场、街口、桥头、市场等集聚与交往空间进行重点设计，在集约发展的基础上打造小城镇独有的“微田园”社区空间。又如，在合理设计符合本地城镇空间肌理的路网结构和街道宽度的同时，宜着重围绕本地生活习惯进行空间塑造，回应小城镇偏重少换乘、短通勤、低成本的出行习惯，结合小城镇实际交通工具分担率情况，设计具备充足路面停车空间的、适用于中小型机动车混行的、非机动车道占比较高的街道，增加人行的活动范围并设置相应活动空间，适度规划临时贩售空间、潮汐卸货空间等，营造切实融入小城镇生活的“小而精”的街道空间。

二、中等城市

中等城市作为中国城市体系中的重要组成部分，是特大城市、大城市连通小城镇和乡村的桥梁纽带，将成为中国未来建设发展的重要基地。由于不同区域发展背景的巨大差异，世界各国对中等城市的界定存在很大差异。在中国，中等城市一般指城区常住人口在50万以上100万以下的城市；在欧洲，中等城市人口规模约在2万至50万；在美洲，人口规模则是20万至50万；在巴基斯坦，则变为2.5万至10万的较小幅度；而在阿根廷，幅度跨度很大，在2.5万至100万之间。而早在20多年前，国际建筑师协会（International Union of Architects，UIA）的“世界城市化与中等城市”工作组（Intermediate Cities and Worldwide Urbanization，CIMES）就已建议将2万至200万人口规模的城市界定为中等城市（UIA-CIMES，1999）。可见，通过人口规模不一定能准确界定具备中等城市发展水平的所有城市，广义上的中等城市可以包括除特大超大城市与大城市地区和一般小城镇之外的、作为“次区域发展中心”的所有城市（吴良镛等，2004），如山东省胶州市、浙江省余姚市、辽宁省本溪市等（图5-8～图5-10）。对于上述中等城市而言，因其自身在规模、等级、结构等方面的特殊性，在城市建设中所面临的问题与挑战亦有其特殊性。

图5-8　山东胶州市鸟瞰照片

资料来源：http://www.jiaozhou.gov.cn/n529/n602/index.html.

图5-9　浙江余姚市鸟瞰照片

资料来源：http://www.yy.gov.cn/col/col1229132631/index.html.

图 5-10　辽宁本溪市鸟瞰照片

资料来源：https：//www.benxi.gov.cn/sq/yxbx/csfc.

挑战一：中等城市空间稳定性较高，经济稳定性较低。在空间方面，与大城市及特大、超大城市相比，中等城市与周围地区有着更紧密的连接和较频繁的联系，通常作为向其城区及其影响区域（包括周边小城镇及乡村）提供基础服务的中心，也是更易管辖、治理和控制的中心，因而中等城市与周边腹地之间具有更平衡和更稳定的空间体系。在经济方面，中等城市由于经济发展相对滞后，产业复合度不高，人口增长动力不足，不易获得主要产业资源和经济资本，导致其趋向于依赖较单一的产业结构的同时也较难明确城市核心竞争力。当前，时值新一轮科技革命和产业变革之际，一些核心产业在转型升级的同时逐渐被大型城市群吸收，而一些特色产业偏向于进一步下沉至小城镇及乡村，因而在经济体系方面中等城市的稳定性可能比大城市或小城镇都脆弱。

挑战二：中等城市规模适中，空间松散。具有合理尺度的城市规模和相对富余的环境基底，是更适宜居住的城市化区域，这往往能够降低管理成本、减少社会冲突、鼓励邻里交往、强化社会认同，因而诸如人口膨胀、交通堵塞、住房紧张、环境恶化等“大城市病”在中等城市中鲜有发生。然而，随着城市化发展进入转折时期，一些中等城市盲目向大城市发展模式看齐，未充分把握自身资源承载力、人口驱动力及产业实力，一味追求“大拆大建”“做大做强”，使得土地利用低效、建设开发粗放、空间尺度失控、资源分配不均等一些大城市建设早期出现的问题在中等城市重演。如果中等城市能够为自身发展提出合理定位，科学借鉴大城市建设发展的经验与教训，避免城市蔓延问题的重演，同时吸收新时代科技革命和产业变革成果，结合新型基础建设的开展，现有的中等城市空间基底将成为其未来发展的巨大优势所在。

挑战三：中等城市形象中庸，特色难寻。对于中等城市而言，在空间设计方面可谓“高不成、低不就”，与小城镇相比，中等城市有一定规模，在强调整体空间效果与自然环境的相融性方面有一定难度；与高复合性的大城市相比，中等城市的职能较单一、空间格局较简单，在建立现代化空间竞争力方面亦不具优势。因此，中等城市最薄弱的环节即城市特色的塑造，包括空间特色、人文特色和产业特色。同时，由于目前中国多数中等城市仍然以经济的提升和民生问题的解决作为发展重点，对城市空间设计的重视不足，规划设计和建设水平不高，主要体现在城市历史文脉难寻、地方特色彰显不足、城市形象缺乏雕琢、城市空间品质较差、整体风貌杂乱无章、景观网络不成体系等方面，使得“千城一面”的问题在中等城市中尤为突出，已严重阻碍了中等城市的健康发展。

（一）审势为先，尺度协调刚弹有序的紧凑城市

中等城市规模具有不确定性和相对有限的特点，中等城市国土空间设计应充分认识到这种特点。

一方面，中等城市国土空间设计要注意中等城市与大城市的区别，宜根据城市现状及其发展趋势，集约分配空间资源，谨慎对待城市扩张。宜强调人工环境与自然环境的有机融合，把控新建空间与既有空间的尺度关系，重视老城空间的微更新和低效空间的再利用，创造一个城市规模合理、空间形态紧凑、建筑群体协调的城市，体现城市空间的“紧凑美”。

另一方面，中等城市国土空间设计要考虑到不同发展阶段的需求，在空间上应留有一定的灵活性。宜重视低影响、可持续的空间设计方法，从城市生态网络、街道网络、开放空间等层面引入对预留、缓冲、修复、弹性空间的设计探索和应用尝试，建设在生态资源和空间利用上均具有可持续性的城市空间。

（二）赋能为本，产城融合新旧相生的活力空间

中等城市往往会具有第一、第二、第三产业并存的产业结构特征，且第二产业大多有较强的块状经济特点，中等城市国土空间设计必须考虑到这种特点并加以利用和引导。一些大城市无法实现的、具有创新性的空间组织模式，在中等城市相对简单的城市结构之下将变得可行。在优化产业结构、为城市赋能的同时，中等城市国土空间设计应针对当地具体产业特点及其空间诉求，在空间形态上反映这种特点，使之突出与大城市产业空间的差异。同时，在集约利用空间的基础上，为产业空间提供更多的开放空间和绿地景观，推敲产业空间与生活空间的衔接关系，营造更高品质的产城融合空间，并借助空间设计助推产业升级，体现城市空间的“活力美”。

此外，中等城市通常以中小企业为主体，因而存在一定数量的产、销、居一体的方式，并多以“下商上住”的建筑格局存在（图 5-11）。这种生产、生活相结合的传统空间模式形成了中等城市特有的街道空间，其空间的线性特征强烈，是一种异于大城市片状

图 5-11　“下商上住”的建筑格局照片

资料来源：https：//www. sohu. com/a/217960682_ 680916.

产业园区的、也不同于点式商业综合体的空间。因此，应在设计上对具有中等城市生活、生产特色的街区形态和建筑格局进行延续、改进和创新，不应照搬大城市标准化、商品化的设计方案，这对中等城市空间品质的提升和空间特色挖掘都具有积极意义。

（三）设计为器，传承文脉彰显特色的主题风貌

城市先进的基础设施和优越的空间环境是城市的血肉和骨架，而独有的文化底蕴、个性特色则是不可或缺的灵魂。中等城市国土空间设计对城市个性和特色的塑造是空间设计的难点，但也是中等城市形成竞争错位，弥补区域比较劣势的重要途径。宜通过对城市历史文脉、风土人情、产业特质、空间特色、环境特征等方面的深入研究，探索塑造城市特色的机会点，塑造多个文化主题，以文化引导设计，并用动态的视角发展文化本身，做到用设计承载文化，用文化再生城市，体现城市空间的“主题美”。

在具体设计中，宜将城市文化主题贯彻至总体设计、要素控制和下层次的分区控制与重点地区详细设计，让城市特色落地实施，但应注意设计的经济性和合理性。在总体设计中，宜合理布局城市不同区域的特色主题，并对各个主题有一定的主次区分。在要素控制中，宜强化景观要素对特色主题的反映，着重关注绿地公园、公共空间、城市视廊等开敞空间的设计与文化主题的契合度。在分区控制中，宜进一步将特色主题分解至具体对应的设计要素，并提出相应的设计引导。在重点地区内，宜强化城市风貌、色彩、天际线、夜景的主题性。

三、大城市及特大超大城市

在中国，一般以城区常住人口为统计口径，认为城区常住人口 1000 万以上的城市为“超大城市”，城区常住人口 500 万以上 1000 万以下的城市为“特大城市”，城区常住人口 100 万以上 500 万以下的城市为“大城市”。其中，从城市发展水平的视角来看，部分人口规模在 100 万以上的中国城市更符合“中等城市”的定位范畴。因此，本书所指的大城市主要包括组成现代化都市圈的大城市，即“辐射带动功能强”的大城市，这些大城市普遍属于人口规模在 300 万至 500 万的Ⅰ型大城市，但也不排除部分大城市是人口规模在 100 万至 300 万的Ⅱ型大城市。

在地理区位、经济格局、人口规模、建设水平等方面，大城市及特大超大城市均远超中等城市及小城市，主要体现在区位条件的优越性、经济地位的重要性、产业发展的领先性、人口流动的集聚性、空间建设的先进性等方方面面。但是，这类城市也面临着严峻的“大城市病”，城市资源承载力超载、城市环境质量恶化、公共资源配置不均、土地城市化机制过快、人口空间分布失衡等问题日趋严峻。具体到城市空间设计方面，大城市及特大超大城市主要面临 3 大挑战，即空间失效与城市蔓延同步发生、交通拥堵与路权失衡问题严峻、生态环境与城市环境耦合性低（图 5-12~图 5-15）。

挑战一：空间失效与城市蔓延同步发生。当前，中国的大城市及特大超大城市在经历了一系列发展之后，已逐步进入相对成熟的城镇化中后期阶段，城市建设发展正在从以外延扩张为主逐步转向以内涵提升为主、从大规模的增量建设转向存量更新和增量调整并重的新阶段。在这个阶段，由于新的空间使用需求、新的基础设施升级需求以及新的产业结

图 5-12　洛杉矶城市郊区化蔓延照片

资料来源：https：//fee. org/media/26119/sprawl_ la_ california_ mini. jpg? anchor=center&mode=crop&width=1920&rnd=131602403580000000.

图 5-13　西安城市蔓延进程中留下的“城中村”照片

资料来源：https：//www. sohu. com/a/270206943_ 99917590.

图 5-14　重庆交通拥堵照片

资料来源：https：//news. yiche. com/hao/wenzhang/345952.

图 5-15　钢筋水泥城市照片

资料来源：https：//www. 163. com/dy/article/DKE2MOC705119GS3. html.

构调整需求等建设要求的不断革新，导致大城市及特大超大城市的建成空间在功能、质量、承载力等方面都已不符合时代要求，逐步失效的城市空间亟须更新。同时，由于不断增长的用地需求和高昂的城市运营成本双重压迫之下，大城市及特大超大城市地方政府对“土地财政”仍有较高依赖，土地城市化机制过快的情况仍在持续，导致城市用地扩张速度仍居高不下，分散、低密度、区域功能单一的“摊大饼”式城市空间仍在不断增长。

挑战二：交通拥堵与路权失衡问题严峻。在大城市及特大超大城市中，在城市迅速发展和人口快速聚集的过程中，城市职住分离现象不可避免，使城市交通需求与交通供给的矛盾日益突出。在城市的核心区域内，往往聚集了与市民的工作生活息息相关的机构，如政府机关、大型医院、金融机构等，因而也吸引了企业办公空间的聚集。同时，由于城市蔓延，大部分住宅逐渐往城市外围扩张，从而形成了长距离且固定的人员流动趋向，交通拥堵问题严峻。此外，由于中国城市的公共交通及轨道交通体系建设尚未完善，深入至街道层面的空间设计也是刚刚起步，使得大城市及特大超大城市中停车难、噪声大、步行性低、出行成本较高、公共交通分担率低等路权失衡问题频仍，这不仅制约了市民的工作效率、抑制了日常活动，更加剧了城市的运行成本、减弱了空间活力。

挑战三：生态环境与空间环境耦合性低。在城市人口超载、工厂及车辆持续排热、居民生活用能的不间断释放、城市建筑结构及下垫面吸热大、比热小等因素的综合影响之下，高密度城市环境的热岛效应已非常明显。同时，在城市发展中后期，城市中心区产业的“退二进三”使得一些高污染性产业逐渐向城市边缘疏散，从而使城市周边地区承担了更多的污水、垃圾、工业废气等污染，导致城市污染边缘化的问题显现。然而，由于大城市及特大超大城市的空间资源稀缺，大部分城市内的生态绿地规模不足，仅能作为公众休闲活动的场所，并不具备生态调适功能。对于城市国土空间设计而言，特别是在城市景观绿地空间设计上，如何权衡活动场所的营造、景观风貌的塑造和生态环境的保护，提高城市生态环境与空间环境的耦合度，将是一个极大的挑战。

（一）系统为先，多元立体互联互通的复合城市

城市国土空间设计在操作城市物质空间、指导工程建设的同时，涉及了社会、经济、文化、历史、健康、生态等诸多维度。对于规模巨大的城市而言，要组织、梳理并设计复杂且动态的城市空间，首先需要系统的空间思维和综合的设计方法，包括城市空间结构与功能布局、体量形态、风貌分区、开发强度、交通网络、生态格局等体系的协同、衔接和整合，妥善处理城市空间发展的各个方面。因而，在深入至中观乃至微观层面的空间设计之前，应结合上位规划，对城市总体空间进行兼具前瞻性和落地性的系统性设计。其中，宜提倡城市多中心布局，并在合理安排各中心主体功能的基础上，向周边空间疏散非主体但具备吸引力的功能，在每个中心及其周边区域实现大范围集中、小范围分散。应针对不同中心所需空间条件展开研究，鼓励多样化的、与中心主体功能相匹配的空间设计，避免出现过于单一的空间形态，建设多元化的复合城市。

此外，目前已有越来越多的城市正在开展以地铁为主的城区内大运量轨道交通网络建设和以站城一体化模式为核心的城市综合体开发，这是一种对城市高密度开发环境下空间紧缺的有效回应，城市空间的立体化综合设计成为大城市及特大超大城市国土空间设计的必然选择。因而，应在设计复合型城市系统的同时，着重探索地上地下空间的一体化设计，立体化步行和车行网络的组织协同，以及竖向空间综合利用的空间模式，倡导城市空间的竖向组织，建设立体化的复合城市。

在组织城市整体空间格局的过程中，应注重城市交通网络、蓝绿网络、空间视廊等一系列线性“通道”对城市空间的优化和疏解。针对目前大城市及特大超大城市街区尺度过大的问题，应在建成区域结合城市更新策略增加支路网、在新建区域提升路网密度，并通过叠加慢行网络和景观网络进一步营造“小街区、密路网”格局，加强街区尺度的近人适宜性。同时，应重视将交通网络和生态网络相结合，突出公共交通网络和生态绿道网络的综合带动作用，强化对城市街道景观、滨水蓝廊、生态绿廊、景观视廊、通风廊道等线性空间的营造，提升城市空间的可达性和可视性，建设互联互通的复合城市。

（二）环境为本，低碳集约疏密有序的生态城市

城市国土空间设计要在充分尊重生态自然环境的前提下，践行低碳节能、经济适用、

美观先进的要求，引导资源节约、环境友好的生产、生活方式，降低城市建设和运行对自然环境的冲击和破坏。城市是碳排放的最主要的地域单元。根据世界能源组织的测算，城市中各类活动的能源消耗量占全球的80%，且在全球因能源消耗产生的温室气体排放中，城市占67%，并将在2030年达到70%以上（World Bank，2010）。

一方面，近年来全球各地因气候变化导致的各类极端天气事件发生越来越频繁，影响越来越大。对于大城市及特大超大城市而言，由于空间密集，发生极端天气事件产生的社会危害和经济损失比其他规模较小的城市更大，因而对这类城市的空间设计首先要考虑能够应对洪水、极端降水、沙尘暴、雾霾等极端气候事件及自然灾害的基础设施建设，并能通过科学的建筑群空间布局和竖向设计的优化提升城市空间的气候适应性。

另一方面，应大力促进城市集约化，提升城市空间的利用效率和城市资源的综合效益。有实证研究表明，与紧凑型城市相比，蔓延型城市的能源需求更大、热岛效应更明显（Ewing et al.，2008a），且高密度、高可达性、功能混合度高的城区空间比低密度、单一化、小汽车交通为主的城区空间更加能够鼓励居民选择使用公交、步行、非机动车等低碳的出行方式，从而对降低碳排放有正面效果（Ewing et al.，2008b）。因此，应在增加城市绿色开放空间的同时，重视城市空间的精明增长，通过优化空间结构、集聚城市要素、提升空间利用率和可达性，营造疏密有序的城市空间，实现可持续发展。

在具体空间设计中，应率先应用绿色技术，在空间环境营造、能源利用、废弃物及水循环处理等方面多运用降低碳排放、提升生态效益的措施，辐射带动周边中小城市开展生态城市建设。例如，提高城市生态空间的使用效率与效益，积极增加与城市功能紧密结合的绿地和水体，并保证其面积达到具备生态调适功能的尺度标准；通过推广应用屋顶绿化、高反照率屋顶材质、增加开放空间植被覆盖，减少城市热岛效应；加强雨水收集与雨洪管理设施与城市空间的融合，建设海绵城区，实现水资源的节约与再利用；加强慢行交通网络空间设计，鼓励绿色出行，降低资源消耗和环境污染。

（三）创新为器，智慧活力虚实相生的新型城市

对于基本已进入存量发展的大城市及特大超大城市而言，应更加关注城市空间的精细化营造，应追求更现代化、更高品质、更有个性、更人情化的城市空间。

一方面，应持续推动城市更新及城市微改造，从公众最关心的公共空间着手，并逐步深入至居住空间、服务空间、产业空间，通过城市体检、改造升级、留白增绿、空间修补等手段，结合城市历史文化风貌区、特色空间保育区、标志性商务区、特色住区或园区等空间的设立，营造具有多层历史和多元文化城市空间。

另一方面，应在落实总体空间设计意图的同时，以人的视角和尺度进一步推敲空间细节，以解决本地主要空间矛盾为抓手，开展专项化、专题化的城市国土空间设计。在引导功能混合布局的同时明确差异化的职能分区，在引导城市紧凑发展的同时探索弹性多元的空间模式，在把控人性化尺度的同时关注空间形态的丰富度，塑造高品质的城市空间，全面提升城市空间形态竞争力。

在目前物流运力大幅提升、互联网经济迅速崛起的背景下，智慧化、远程化的城市空间网络格局已初显端倪。这不仅要求城市空间传承历史文化骨架，还要打好未来建设基

础，推进和引导城市后续的长远发展。面向城市高质量发展需要，宜尽快以信息基础设施、融合基础设施、创新基础设施3个方面为重点，积极研究城市空间设计与新型基础设施建设的内在联系和融合方法，包括5G基站、智能交通基础设施、智慧能源基础设施、城市新型轨道交通、大数据中心等为代表的基础设施的应用场景、环境反馈、空间塑造、运行模式、实施路径等内容，探索营造智慧创新城市的详细策略。

第三节　与地形地貌共融的城市国土空间设计

不同的地形地貌条件将极大地影响城市的建设条件、开发模式和空间结构。同时，不同地形地貌的城市在历史文化和风土人情方面也有较大差异。因此，在开展对于城市国土空间设计时，有必要对城市所处的地形地貌有深刻的认知，并能够针对不同地形地貌特征选择因地制宜的设计策略、提出独具特色的设计方案、营造富有个性的城市空间。如此，也更有利于促进城市国土空间设计与自然共生，更有利于走向“天人合一”。本书主要针对中国的不同地形地貌条件，以地形地貌对城市国土空间设计的制约程度和引导程度的差异性为主要评判指标，将城市分为“平原城市”“丘陵城市”“山地城市”“高原城市”“滨岸城市”5大类。需要说明的是，这种分类方式没有包含属于5个基本地貌类型之一的“盆地”地形，这是因为一般城市空间都建立在盆地中央的平坦地带，对其城市中心区的设计与平原城市相似，而对其自然景观系统的设计与丘陵、山地城市相似，所以在此不再单列。此外，由于单个城市常具备多种地形地貌，所以部分城市可能会同时属于两种或以上的分类，在具体设计中亦应在有所侧重的同时，有机融合多种地形对应的空间设计手法。

一、特征平均的平原城市

平原地貌宽广平坦、起伏很小，主要分布在大河两岸和濒临海洋的地区。中国平原面积占国土陆地总面积的11.98%。中国有南北相连的三大平原，即东北平原、华北平原和长江中下游平原。东北平原是中国最大的平原，海拔200米左右；华北平原是中国东部大平原的重要组成部分，大部分海拔50米以下；长江中下游平原大部分海拔50米以下，地势低平，河网纵横。中国具有代表性的平原城市有北京、天津、西安、上海、长春、哈尔滨等。

特点一：平原城市缺乏竖向要素，导致城市形态受人工环境影响较大。这是由于平原地形起伏变化不突出，且大部分平原城市市区及周边没有大型山体，使得平原城市往往欠缺立体自然空间背景要素，因而市区内建筑群的高度、体量变化，街区的尺寸、形式变化，以及路网的宽度、布局变化对城市空间形态的影响较显著。美国洛杉矶主城区著名的天际线很好地反映了这一特征（图5-16）。洛杉矶坐落在三面环山、一面临海的开阔盆地中，由于其主城区地势平坦、土地资源充沛，加之大部分地区处于地震高发区，整个城市展现为在中心地段集中分布高层建筑群、周边以“低层高密”的城市空间为主的空间形态。这种布局模式使得中心建筑群格外突出，成为洛杉矶最有代表性的城市意象。

特点二：平原城市地貌特征平均，导致空间特色的挖掘和塑造不易。平均的地貌特征催生了以人工要素为主导的城市空间营造，因而平原城市中往往容易通过人工环境营造而呈现出具有秩序化特征的空间形态，例如，华盛顿在空间设计上体现出了强烈的中轴线、图案化的中心广场以及秩序化的城市天际线，在平坦的基底上塑造出了特色鲜明的城市形态（图 5-17）。

图 5-16　洛杉矶的立体城市意象照片

资料来源：https：//www. vcg. com/creative/1156390669.

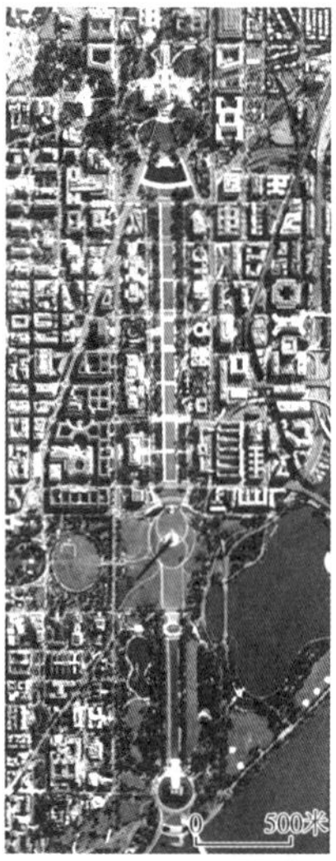

图 5-17　华盛顿城市中轴线照片

资料来源：http：//www. google. cn/maps/.

特点三：平原城市建设难度较低，容易导致城市空间的粗放扩张。平原往往地势平坦、水网细密，使得建立在平原上的城市不仅基础条件优厚，而且后续的拓展空间几乎不受自然地理格局限制，这也是诸多古代城市选址在大河流域边的平原地带的重要因素之一。然而，平原城市受地形约束较少，也意味着这类城市因为扩张比更新成本更低而容易变得粗放。现代的平原城市常常呈现单中心、圈层式扩张的空间特征，若不进行合理控制，容易产生用地效率不足、空间可达性偏低、城市尺度失调等问题，城市空间环境品质将难以保障。

（一）宏观设计：塑造丰富有序的城市格局

平原城市优越的地形基础有利于城市建设的开展，因此，平原城市的总体空间设计要从整体空间布局把控和特色内涵挖掘两方面入手。

首先，应划定明确的设计范围、确立清晰的设计目标、制定科学的工作计划，以更高的标准、更高的质量、更高的效率衔接国土空间规划，将区域定位、功能布局、建设容量等内容合理且富有创意地反映在物理空间设计上。从基本的点、线、面空间类型出发，合理布局城市重要节点、空间廊道和特色片区，强化总体格局、突显城市骨架，构建丰富有序的城市国土空间设计总蓝图。

其次，由于平原城市空间特征过于泛化，使得挖掘城市特色内涵成为平原城市空间设计的难点之一。因此，平原城市的总体空间格局设计宜结合城市历史积淀和原始肌理，着重挖掘城市传统文脉、民俗文化和特色产业，并利用合理的设计语言将其反映在城市空间中，展现地域特色、传承城市历史。例如，对于从历史古城发展而来的平原城市，应深入考察历史城市的空间形态和空间要素，如城墙及护城河遗址、传统街巷组织、市场及标志建筑物布局等，并将这些要素转化成现代城市空间中具有代表性特色的空间。

（二）中观设计：布局科学合理的街区形态

对于地势平坦的平原城市而言，城市整体形态的设计受限很少。从另一方面讲，也是由于平原城市不受地形约束，构成整体城市形态的地形标志物不多，所以人工空间的设计和营造对整体城市形态影响较大。构成城市整体空间形态的关键人工空间要素即街区形态。街区作为城市空间基本单元，不仅直接影响城市空间利用效率，更决定了城市整体空间的肌理和秩序。因此，如何同时从科学和美学的角度切入设计，选择合理的城市形态，将是平原城市国土空间设计的要点之一。

相对有机布局的街区而言，格网式的街区在平原城市中应用更广。这是由于平坦的地形具备布局格网式街区的地形基础，能够最大化地利用空间。格网式街区形态代表着标准化、秩序化、模数化、高效化的空间逻辑。合理的街区格网尺度设计将大大提高城市空间利用率和尺度适宜性，从而提升城市品质。但是，过于均匀、单一的格网街区有可能使整体城市空间变得乏味，给人一种过于军事化的空间感受。为了避免这类问题，在设计格网式街区形态的同时，尤其要注意城市空间特色塑造的问题。例如，可以利用平原地形优势，在格网街区上适当叠加具有标志性特色的空间，如具有突出形式特点的城市景观空间、特色风貌区域、城市重点节点等，以突出城市形态布局的可识别性和层次性；也可以根据城市不同区块的职能分区和开发强度需求，布局多样化的街区形态类型，合理设计相应的街区尺寸和道路尺度、街区内建筑群空间组合模式、建筑体量及风貌等内容，丰富整体城市形态。

（三）微观设计：把握以人为本的空间设计

平原城市国土空间设计坐拥潜力空间基底，受地形约束较少，建设难度低，很容易形成尺度粗放、过于松散的城市空间。因此，在平原城市国土空间设计中应更加提倡空间的集约设计。这不仅要求在宏观层面合理安排城市尺度，更要求在微观层面关注具有人本尺度的空间细节。

一方面，应对类型化的街区单元提出更细致的设计引导。针对不同类型的街区应有不同的设计模式，并应特别关注如何营造宜人的空间尺度、可达性高的公共空间、识别性强的城市界面等问题，明确相应的要素管控要求，同时以可操作性强的空间指标进行约束。

另一方面，应注重高品质城市空间的整体性和连续性。虽然平原城市所处的地形连续性很好，但其整体空间往往因为城市粗放建设而出现较多低品质空间零散分布、新旧空间边界明显的形态。如果没有明显自然要素的柔化和缓冲，这种参差不齐的建成空间形态在平原地形上将会显得格外突出。因此，应关注城市中点、线、面空间的互动衔接问题，特别要强调如街巷空间、沿街界面、景观廊道等空间的连续性，并注重城市天际线的节奏感营造、城市风貌区域之间的协调缓冲、城市节点与周边环境的边界融合等问题，提升城市空间形态的整体性。

二、地形复杂的丘陵城市

丘陵海拔多在 500 米以下，相对高度不超过 200 米，一般没有明显的脉络，顶部浑圆，是山地久经侵蚀的产物。中国丘陵面积占国土陆地总面积的 9.90%。中国丘陵众多，主要分布在东部地区，自北向南主要有辽东丘陵、山东丘陵、东南丘陵。中国具有代表性的丘陵城市有青岛、南京、苏州、杭州、深圳、广州等。

特点一：丘陵城市地形起伏明显，人地矛盾较突出。丘陵城市区别于平原城市的主要特征就是地形复杂，在建设中有高度、坡度的限制，竖向设计难度高、建设开发成本大。由于丘陵城市宜建地、平坦地较少，使得城市土地利用情况较紧张，建设用地与农用地矛盾较突出。同时，丘陵地貌由于地形起伏、山水阻隔，增加了交通联系的复杂性，给城市道路系统的规划设计带来了挑战。此外，部分丘陵地区城市生态环境较脆弱，易发生如水土流失、山洪水灾、滑坡、泥石流、崩塌、地震等环境灾害，并易诱发次生灾害，危及人身和城市安全。

特点二：丘陵城市地形特征明显，利于特色营造。诚然，起伏的小山丘对于城市建设工程而言是一个不小的障碍，给城市土地利用、道路规划、建筑设计等方面带来了挑战。但是，如果换一个角度来看待丘陵城市，其特殊的地形无疑是一种可贵的自然资源。如果能够通过合理的规划和设计，妥善处理好城市建设与自然资源之间的关系，在态度上充分尊重地形，手法上充分利用地形，大胆探索地形设计策略，深入挖掘当地文化特色，亦可营造出独具特色的丘陵城市人居环境。

（一）宏观设计：因地制宜的空间布局

丘陵城市特殊的地形地貌使得城市建设不能在平面上均匀地展开，因而丘陵城市国土空间设计的当务之急是提出顺应城市地形条件、缓和人地矛盾的空间方案，涉及城市建设用地的选择、城市道路系统的梳理、环境土石方挖填的平衡、城市形态与地形的体量协调等多方面的问题。在充分分析地形的基础上，应重点开发坡度在 15%以下较平缓的用地，选择性开发坡度在 15%至 30%之间的用地，并尽量避开地形起伏较大、山头较高的用地。

首先，因地形限制，丘陵城市在路网布置时往往会遇到较复杂的基地情况，所以合理的交通组织显得尤为重要。在通常情况下，丘陵城市的机动车道路宜平行于等高线布置，并在垂直等高线方向设置人行梯步。应将担负着大量城市交通的城市主干道优先布置在山脚平地上，并尽量将主干道道路纵坡坡度控制在 5%以下。对于城市次干道，也宜将其布置在沟谷平地内或较缓山坡的山腰或马鞍形山谷位置。对于城市支路及更低层级的街巷，也宜优先选择地形起伏较为平缓的基地，以减少土方节约造价，也在一定程度上能够降低道路的运营维护成本。

其次，街区内部的空间布局应充分尊重现有的地形地貌，其中街区内部道路一般沿等高线徐徐升降，建筑一般结合采光通风、建筑视野和地形起伏将建筑主立面沿等高线布置。值得注意的是，丘陵城市国土空间设计在依山就势的空间形态的同时，仍应注重城市整体空间布局的紧凑性，使城市建设区适度集中，避免过度分散，以节约城市建设用地，减少城市建设投资和运营费用。

（二）中观设计：显隐得当的城市界面

不同于平原城市，丘陵城市路网及街区形态往往疏密不均，这虽然能丰富城市空间形态，但如果处理不当，也会使城市空间过于繁杂。因此，在街区设计方面不仅要关注每个街区单元内空间布局的合理性，也要关注多个街区单元之间的联系性及城市空间的整体性。特别应关注城市天际线和丘陵地形的呼应关系，一方面宜做到整体建筑高度趋势随地形起伏而形成丰富的空间层次，另一方面宜在部分节点突出标志性建筑物的鲜明形象，使其跳出建筑与地形共融的背景，做到显隐得当。

不同于山地城市，丘陵城市常以遍布小山丘的地貌特征为主，山头的高度有限，且用地紧张的现实又造成了丘陵城市核心区内开发强度偏高、建筑体量不小的情况，因此，从人的视角不一定能观察到城市空间中的山头绿地，仅仅依赖小山丘地势突显自然景观的方式不具备可操作性。因此，在空间设计中应将自然山水与人工景观联系起来，一方面以大山为脉，注重保留城市最大的丘陵山体和城市的最高等级地表径流，确定城市主体山水格局；另一方面以浅丘为景，在城市重要的街道、广场与山头绿地间留出足够的景观视廊，并争取通过点式或短条式建筑群为主的模式提高建筑群空隙率，体现显山透绿的空间意境。

（三）微观设计：顺应地形的特色空间

丘陵城市看似障碍的地形虽然为城市开发建设带来了制约，但是其特征鲜明的地貌也为城市空间特色的营造提供了有利条件。因而，丘陵城市国土空间设计宜在设计态度上充分尊重地形，在设计手法上充分利用地形，并特别关注重点设计地段的空间形态，创造出突显丘陵城市特点的特色空间。

例如，可加强对小山丘地貌特有的山头绿地的景观营造，将其与广场、公园等活动场所结合，或在其山脚、山腰、山顶处融入亭台楼阁节点，加强其与周边地块的空间联系和视觉联系，将其塑造为独有的城市公共高地开放空间，由此营造一个有别于平原城市的、处于不同标高上的城市景观体系。又如，可鼓励与基地地形相协调的特色建筑设计，如吊脚式、挑台式、退台式、跌落式、错层式等适应地形起伏变化的建筑形式，并针对不同地形情况提出多元化的空间方案，共同营造出富有特色的丘陵城市人居环境。

三、生态敏感的山地城市

山地一般指地表形态为海拔 500 米以上，相对高差 200 米以上的地形。山地起伏很大，坡度陡峻，沟谷幽深，一般多呈脉状分布。中国山地面积占国土陆地总面积的 33.33%。山地城市的概念范畴有狭义和广义之分。狭义的山地城市是指城市选址并修建于以山地为主的地形之上，其城市发展所需的居住、生产、交通、绿化等用地大多建设在起伏不平的地形上，并构成了与平原城市截然不同的城市空间形态和环境特征，如重庆、宜宾、遵义、攀枝花、香港等。广义的山地城市则指以山体为部分城市用地或背景的城市，或处于盆地地区中的城市。虽然这类城市的建成区不一定建立在山地上，但由于整个城市内部或周边的山体特征明显，导致山地地貌对城市的形态和特征产生较大影响，在城市空间形态上强调山体山形与城市空间共同构成的独特格局。因此，也将这类城市称为广义的山地城市，如珠海、深圳、桂林、丽江等。

特点一：山地城市地形起伏更明显，人地矛盾更突出。山地城市的空间特征与丘陵城市相似，但是地形起伏更明显，人地矛盾更突出，给空间设计带来了更大的挑战。首先，受到复杂地形条件的制约，山地城市的可建设用地紧张、建设成本高、日照条件受限，这不仅加大了新建空间的设计难度，还使这类城市旧城区的改造更新难上加难。其次，山地建设工程比平原建设工程存在更多的安全隐患，生态敏感性强。在建造过程中，要综合考虑不利因素，如自然山洪、山体滑坡、水土流失、地震灾害、采光通风、排污排水等方面。同时，随着城市空间的扩张，山地城市将由于地形阻隔而呈现出多组团、多中心的空间结构，这抬高了各中心之间的联系成本。此外，适宜山地城市的交通方式有限，进一步加剧了山地城市的交通问题。

特点二：山地城市建设经验不足，特色挖掘不充分。目前，由于缺乏因地制宜的城市开发策略和高效易行的土地与空间资源利用方法，2 维化、模式化的规划设计容易导致山、水、城相互隔绝的现象，自然地形的 3 维特征被削弱，山体从自然环境的主体物变成了城市环境的陪衬物，山地空间的地域特色快速消失，城市空间“千城一面”的现象普遍存在。若能明确山地城市设计应有的设计观，发挥山地城市的资源优势，合理利用山地城市中的多个空间要素，巧妙处理山地空间层次，加强山、水、城、人之间的有机联系，注重顺应山地空间的城市环境营造、地形处理、交通组织、建筑布局等方面，必能打造特色鲜明的城市空间。

（一）宏观设计：依山就势、有机分散

土地资源不足与生态环境恶化已成为当前制约我国山地城市发展的两个主要因素。

一方面，在山地城市中，山地不仅对城市肌理的发展与形成具有决定性的作用，也是城市中不可多得的原生绿地，还是城市空间中定位与辨向的主要参照物，同时是当地城市景观中极具地域特征的标志性视觉要素。从更大的人文地理视野来看，城市重要山体周边的空间肌理总能反映出当地的自然地理属性和空间发展脉络，对山地城市自然景观格局的保护实际上就是对城市文脉的保护与延续。因此，宜将其纳入城市景观系统，建立以自然生态要素为核心制约条件的设计框架，重点研究城市自然生态空间与公共景观空间的结合模式与方法，尝试提出与生态容量控制相结合的空间策略，并鼓励低影响、低维护、原生态的设计手段，这样既保证开发建设的可行性与经济性，同时又可为塑造“依山就势”的特色山地城市形态提供有力保障。

另一方面，随着城市功能的日益复杂，现代山地城市规模不断扩张，由于地形的阻隔，山地城市的可扩张空间较稀缺且分散，一般会呈现出多组团、多中心的空间结构。这种分散的空间结构模式虽然不利于土地资源的高效利用，但是也能直观地体现山地城市的形态特色。因此，如果能深入研究应对土地资源不足的山地空间的合理城市组团模式，重点探索在山地城市发展与更新过程中将高复合度、高互补性、高弹性的紧凑城市形态与山地地势的有效耦合方法，强化不同组团的职能互补、提高城市用地的使用效率、突出山地

城市形态的独特性，这将有可能转山地空间地形劣势为特色优势，形成“有机分散”的特色山地城市形态。

特别是对于山地城市中心区而言，往往在长期发展中逐渐形成功能积聚效应，兼具商业零售、商务办公、文化娱乐、生活居住、行政服务等多重功能。然而，因受土地资源约束，在城市中心区功能日益复杂的同时，伴随着产生了比一般平原城市更加突出的城市问题，如交通升级改造难度较大、基础设施翻新成本较高、空间资源不平衡问题较尖锐等。因此，在针对山地城市中心区的国土空间设计中，应充分利用城市空间再开发的有利时机，结合城市结构有机分散的宏观设计，通过资源整合和城市功能重组，提升每个城市组团核心功能的空间利用率，并将一部分非核心功能疏解至周边区域，赋予其新的开发价值，提高其适应城市空间发展新需求的能力。

（二）中观设计：空间立体、丰富层次

要实现山地城市空间的集约设计，则应加强空间的复合化、立体化设计，包括竖向空间资源的复合利用、具备山地适应性的立体交通设计、不同坡度坡向条件下的街区空间布局、城市日照及通风优化等方面，并相应地提供一套与城市国土空间规划管理体系协同的、定性与定量相结合的空间设计引导控制方案。

例如，宜积极探索顺应山地地形的交通设计，为缓解山地城市道路因地形阻碍而造成的交通拥堵现象提供新的解决思路，并重视垂直交通体系对城市空间与景观的整合作用，并将此作为一大城市特色。一方面，宜在道路组织上遵循随弯就势、分段取直的原则，保证城市各组团间有便利、快速的联系。同时，不同标高的城市道路也为在竖向上多种功能的叠合与分层设置出入口提供了条件，成为山地建筑的独特形式。此外，还可结合地形条件适当引进轻轨、云轨、空中街道等先进交通形式，与城市道路共同形成可达性较强、系统性较好的交通结构。另一方面，通过设计随地形蜿蜒起伏的慢行交通系统，结合过街天桥、临街骑楼和不同等级的连续空中廊道，在不同标高上将城市空间顺畅地串联起来，增强城市交通空间对城市的激活作用。

又如，宜关注山地城市的“双重天际线”，即由起伏山体产生的第一重天际线和由城市不同高度建筑群形成的第二重天际线。第一重天际线构成了城市自然景观格局，第二重天际线构成了城市人工环境形态。这双重天际线直接反映着城市与地形的协调关系、不同区域的空间联系、建筑组团的界面风貌等，是城市形象展示的重要区域。因此，应重视城市天际线的控制和城市制高点的作用，协调双重天际线之间的前后景关系，形成大疏大密、高低有致、层次分明、变化丰富的城市形态。

（三）微观设计：因势利导、特色营城

应明确山地城市国土空间设计应有的设计观，提倡以务实的态度和创新的思维探索适应山地地形的设计方法。

在地形处理上，宜有效融合人工环境与自然环境，遵从高地高用、低地低用的原则，鼓励运用梯度台地的技术。即在具备建设条件的坡度梯度内，根据原始地形条件，对一定高程内的地形进行整合，形成逐级升高的台地，每一台地内部相对平整、便于建设。同

时，通过景观设计缓和各级台地之间的高差，达到最小破坏原始地貌、最大限度满足城市用地需求的效果。

在场所营造上，宜充分发挥山地环境的地貌优势，在不同高度营造多种角度的读城空间，如在高处俯瞰全城、在中层依山对望、在低处移步换景，让山水回归城市，外可游、近可享，加强人对立体山城的形象感知。

在空间塑造上，宜进一步推敲山地适应性设计的具体技术路线，探索科学合理的街区形态和建筑群布局，营造出一种城市建筑如同从山地自然环境中生长出来一般的效果。同时，注重“吊脚、挑台、跌落、错层”等山地建筑模式的应用，突出山地空间的个性。

在文脉延续上，宜注重对山地环境特有资源特色与文化遗产的整合，对具有价值的传统空间或特色地段进行严格保护与控制，同时建设好自然风景和人文风景资源。

专栏 5-4

重　庆

重庆是一座独具特色的“山城、江城”，地貌以丘陵、山地为主，其中山地占76%。依山傍水而建的重庆不仅彰显了中国传统的顺势而为、灵活布局、天人合一的山水营城理念，也在与自然地形环境适应和融合的过程中，形成了异于平原城市的独特空间特征与景观风貌。

一直以来，重庆就呈现出典型的山水城市空间格局，多年来的城市规划建设与地形环境的有机互动，使其逐渐演变形成了“多中心、组团式”的发展模式，这种模式具有保持城市的集聚效益，有机联系山、水、城、人，保护生态环境的优势。随着工业化时期城市的快速发展，重庆也曾面临城市空间格局逐渐向“摊大饼”状发展、人地关系矛盾加剧、依山就势的城市风貌不断丧失等发展难题。但通过针对性的规划设计，它对上述问题进行了有效响应，形成了一套特色化的适应山地城市的设计策略。例如，为了维护城市良好的生态环境、避免建设用地无序蔓延，重庆市政府编制了《重庆市主城区组团隔离带规划》，在城市建设用地组团间设立隔离用地并进行立法保护。

由于重庆城市复杂的地形和陡峭的坡度，城市交通组织面临着较大的挑战。对此，重庆采取了多样化立体交通模式和公共设施立体化空间设计方式等进行应对。例如，从楼宇中穿梭而过的空中轻轨，不仅应对了山体对轨道交通的制约，还实现了轨道交通与建筑的无缝换乘衔接；空中步行走廊、天桥等空中步行系统，增强了人们在不同高程中行走与活动的联系。除交通系统组织外，重庆在城市公共空间设计中也通过扶梯、电梯等实现竖向活动联系。这些重庆特色的立体交通模式，不仅解决了自然地形带来的交通困境，还为重庆打造了“李子坝轻轨穿楼”等著名的网红打卡地，吸引了世界各地的游客前来游览拍照。

重庆由于山水格局的影响，在靠崖、临江、临河、邻坡等沟壑边缘地域有巨大的地形高差，这些起伏的地形地貌也构建了其独具特色的城市景观。重庆洪崖洞历史传统风貌街区充分展现了依山就势、自由灵活的建筑格局和公共空间特点，在相对高差近100米的陡坡地形下，建筑群体布局顺应等高线的起伏与走向，形成与地形地貌有机融为一体的建筑簇群形态；在建筑设计方面，采用了挑、台、坡、错等手法进行灵活组织；在公共空间方面，采用横街、竖街等曲折的线性空间相连，打造出了移步换景、自由灵活的街巷活动空间。

四、特色鲜明的高原城市

高原的海拔高度一般在1000米以上，面积广大，地面平坦开阔，周边以明显的陡坡为界。高原与平原的主要区别是其海拔较高，它以完整的大面积隆起区别于山地。中国高原面积占国土陆地总面积的26.04%。中国有四大高原，即青藏高原、云贵高原、黄土高原和内蒙古高原，由于海拔高度、位置、成因和受外力侵蚀作用不同，高原的外貌特征和气候特征各异。其中，云贵高原的环境条件相对温和，贵州高原气候湿润、冬暖夏凉，云南高原大部分地区则有“四季如春”的美誉。相比之下，青藏高原、黄土高原和内蒙古高原的环境条件则非常严苛，主要表现为降水少、风沙多，气温低、昼夜温差大，空气稀薄、气压低，日照充足、辐射强烈，植被稀疏、户外活动少等特征。中国具有代表性的高原城市有日喀则、拉萨、西宁、兰州、敦煌、银川、昆明、贵阳等。

（一）类型一：温润适宜的高原城市

对于云贵高原地区的城市而言，由于环境条件相对温和，且高海拔地形对建设条件制约不大，所以这类城市在空间设计上受高原地形的影响不明显。部分处于云贵高原地区的城市发展受限主要源于城市地理区位对城市发展水平的制约，而非地形地貌或气候环境的影响。相对而言，云贵高原在地形条件上为城市国土空间设计带来的优势大于劣势。例如，云贵高原是中国森林植被类型最为丰富的区域，其温润适宜气候为户外空间营造了良好的环境基础，在公共开放空间的设计上能有更多的余地。又如，云贵高原地区是中国少数民族种类最多的地区，也是古人类起源与扩散的重要地区，保留了丰富多彩的文化传统和历史底蕴，为发掘城市特色也提供了充足的资源。

在云贵高原地区的城市中，相应也有平原、丘陵、山地、水体等局部地形地貌，这些地形地貌对城市国土空间设计有更直接的影响。因此，对处于温润适宜的高原环境的城市，可结合其局部地形地貌开展更有针对性的空间设计，在此不再赘述。

（二）类型二：多风高寒的高原城市

对于青藏高原、黄土高原和内蒙古高原地区的城市而言，由于环境条件严苛，对应的城市国土空间设计主要应为缓解人居环境矛盾、提升城市空间舒适性提供解决方案。

首先，为应对多风高寒的环境条件，宜研究城市风环境与建筑布局的关系，利用建筑布局达到风疏导和风屏蔽的效果。例如，可以较为平缓的城市空间形态为主，使得风经过低矮且连续的建筑群时，大部分风势被导向上空，改善城区微气候。又如，可以借助设置回字形建筑群、围墙院落方法设计围合性较强的空间，将一部分的寒风阻挡在围合空间之外，可探索具有良好保温效果的半地下、地下空间的利用可行性，从而创造比较温暖舒适的室内外空间。再如，可针对当地环境条件设计特殊的街道空间，如设计可以应对风向的道路角度、滞缓风速的街道峡谷、预留沿街堆雪场所、有遮蔽的沿街退让空间等。

其次，为应对高海拔、低含氧量、低植被率的环境条件，宜研究因地制宜的空间设计策略，提升城市空间品质。例如，考虑到高层建筑不适于高原地区的缺氧环境，宜以低层多密的建筑布局为主，并在具体设计时尽量减少需要高强度爬楼梯和长距离步行的空间，以减少高海拔缺氧地区的室内体力消耗。又如，应正视多风高寒的高原城市不适于高大植被生长的现实，不能一味追求绿化而投入高昂的景观维护成本。应积极研究具有生态适应性的当地植被，用大面积、低影响的原生郊野景观来满足公众对绿色的渴望。同时，宜鼓励紧凑布局城市公共开放空间，在小尺度空间内增加各种景观小品的丰富度，在有限的条件下营造更适合当地的景观空间。

最后，青藏高原、黄土高原和内蒙古高原地区的城市自古以来已发展出了蕴含人类智慧的传统建筑空间，这种建筑形式不仅具有丰厚的历史价值，也在应对当地环境条件上有很多优势。因此，应深入调研具有当地特色的建筑空间，并在此基础上融入现代化技术，对其进行转化和升级，形成反映当地文化的、适应高原环境的、改善当地居住条件的建筑空间，并提出具体的设计引导策略。

五、得天独厚的滨岸城市

滨岸城市是指与其相邻的江、河、湖、海对城市空间布局有显著影响的城市，包括已设有城市滨水区的城市和尚未利用其临近滨岸空间的城市。中国的滨岸城市可分为流域城市、沿海城市和内湖城市。具有代表性的流域城市包括沿黄河流域的兰州、银川、乌海、包头、三门峡、洛阳、郑州、开封、济南、东营等城市，沿长江流域的宜宾、泸州、重庆、涪陵、万州、宜昌、荆州、武汉、黄石、鄂州、九江、安庆、铜陵、芜湖、南京、上海等城市，以及珠江流域、海河流域、淮河流域等沿线的城市。典型的沿海城市主要为大连、烟台、威海、青岛、泉州、厦门、深圳、珠海、三亚、香港、澳门等。典型的内湖城市主要有杭州（西湖）、南京（玄武湖）、昆明（滇池）、扬州（瘦西湖）、嘉兴（南湖）等。

特点一：核心水体条件突出，成为城市形象代表。一般来说，滨岸城市中的核心水体或作为主要内湖分布在城市核心区内部，或横跨城市将城市一分为二，或处于城市边缘定义城市边界，其水域开阔的水域为滨岸城市界面的展示提供了极佳的视野前景，存在着明确的城市空间和景观的对景关系，标志性构筑物或地标在水体的映衬下更加突出。所以，滨岸城市的核心水体及其周边区域具有良好的景观视觉可达条件，人们可以通过在水面上或对岸处全面感受其形象特征，使滨岸空间的界面形态往往成为城市的形象代表之一。

特点二：滨岸空间过度开发，生态基底遭到破坏。滨岸空间由于其得天独厚的景观环境，使其成为城市地区稀缺的空间资源。但在城镇化进程中，滨岸空间经常面临自然生态环境不当开发问题，岸线空间遭到过度改造、水体空间侵占现象严重、原生环境面临物种入侵，加上不科学的城市排水体制与人类生产活动造成的污染，使得水体及滨岸空间的生态基底遭到破坏，容易导致滨岸地区原生植被覆盖率降低、生物多样性缺失、雨水滞蓄功能削弱等问题。不注重滨岸空间生态保护的高强度开发，最终必然会使滨岸城市的特色未增反减。

（一）宏观设计：有侧重的空间格局

滨岸城市的核心水体及其周边环境是最典型、最突出的城市环境特征。由于其核心水体的主体性，使得相应的空间设计都会围绕核心水体展开，形成一种有侧重的整体空间格局。诚然，滨岸城市应以核心水体为重点研究对象开展空间设计，但是也不可忽视距离岸线较远的城市内部空间的品质营造，保障城市各个区域的空间平衡。因此，滨岸城市的空间设计应从宏观城市空间格局出发，注重开展“水、带、城”共融的一体化设计，构成城市的代表性空间形象。“水”即影响城市整体空间格局的核心江河湖海水体；“带”即核心水体沿岸带状区域，或为软质的自然岸线，或为硬质的人工岸线；“城”即核心水体周边的人工建成空间。

同时，在对滨岸空间有所侧重的同时，还应着重考虑其空间可持续性问题。应遵循低影响开发理念，严格控制核心水体周边区域的开发强度和环保要求，削减对水体的污染和生态破坏。在此基础上，加强对核心水体及其岸线空间的生态保护，运用低影响开发生态手段及技术对生态环境进行修复，逐步恢复雨洪调蓄、生物栖息、污水净化等生态功能。此外，应加强核心水体周边自然灾害防治基础设施的建设，为滨岸区域提供一个稳定、安全、可持续的空间环境。在激活滨岸空间活力的同时，提升水体本身对城市环境的生态调适作用，这才是滨岸空间开发的真正意义。

（二）中观设计：渐进式的空间层次

滨岸城市国土空间设计应注重城市区域与核心水体的空间联系，包括物理联系和视线联系。应逐步将城市交通网络、蓝绿网络、空间视廊等一系列线性“通道”向岸线打通，形成向水域开放的态势格局。可结合城市道路和蓝绿廊道的走向，形成若干垂直于岸线的轴向空间，并在通至岸线处适当设置开敞和通透的公共空间节点，提高各个公共空间的连通性，加强城市内部空间网络与滨岸空间的构图和联系。同时，应重点强调沿岸线的线性空间设计，协调好沿岸建筑、道路、步行带、绿化带等空间的关系，平衡好景观与观景、静态与动态、内部与外部、人工与自然，突出滨水空间的特色塑造，为市民和游客提供具有吸引力和亲切感的滨水活动场所。

与其他类型的空间不同，滨岸空间具有强烈的线性属性，因而当滨岸空间作为城市核心空间时，其空间布局往往沿着岸线展开，而非团块状集中，并且在一定程度上将形成围绕岸线往城市区域内部渐进变化的空间层次。因此，应注意对从岸线出发往城市内部辐射的不同圈层空间做出梯级化的尺度控制，包括街区尺度、建筑尺度、景观尺度、服务尺度等。在设计以人为本的适宜尺度的同时，还应在街区肌理、街道及绿廊宽度、建筑高度分区及天际线、生活及生产服务半径等方面强调空间尺度与水体尺度的融合，并通过有开有合、有疏有密、有主有次的空间处理方式缓和不同区域的尺度冲突，避免产生由于尺度差异过大而导致的空间不协调的情况。

（三）微观设计：可识别的滨水界面

在滨岸城市中，滨水天际线是反映城市形象的重要因素，在设计上应具有强烈的可识别性。在具体空间设计中，应对滨水天际线的控制统筹考虑，即根据不同地块的功能布局和容量需求控制建筑群的高度、密度和体量，合理设置天际线的峰谷、峰顶和转折点，注重天际线的整体性，不应把各个地块生硬地隔离开来。同时，对滨水界面的营造不仅要考虑天际线的控制，还要考虑立面控制，这不仅包括对不同空间的考虑，如建筑立面和景观立面，还涉及对不同时间的考虑，如日夜景立面和四季立面。

值得注意的是，人们在欣赏滨水界面的时候往往希望能将城市的“水、带、城”3 个层次一览无余，即以辽阔水面为前景，沿岸空间和城市建筑群逐步展开，若能望见远处的山峦在城市中有显有隐则更佳，最后蔚蓝的天空囊括全景。因此，在营造滨水界面时不能仅仅以临近水岸的第一层建筑立面，更应关注可望可及的空间界面的前后层次和上下关系，协调好滨水风光前景、建筑界面中景和远山天空背景，并在其中点缀多组结合地方特色的建筑地标和开放节点，强调整体界面的完整性和连续性，塑造视野开阔而富有韵律的空间场景。

第四节　与环境气候相适的城市国土空间设计

与环境气候相适的城市国土空间设计主要任务为通过对自然地理环境的充分利用、对城市形态与结构的合理调整、对建筑密度与高度的适当控制、对交通网络的合理设计、对绿地系统的统筹规划等手段，协调好城市内部结构与外部环境的关系，从而适应并改善城市气候，以期达到提高气候舒适性和避免不利气候问题产生的目的。本书主要根据中国城市的气候区划，将城市分为“夏热冬冷地区的城市”“夏热冬暖地区的城市”“温和地区的城市”“严寒及寒冷地区的城市”4 大类。

一、夏热冬冷地区的城市

夏热冬冷地区城市的气候特征基本可以用“夏热、冬冷、高湿”来形容。夏季的闷热高湿和冬季的阴冷寒湿是导致该地区气候条件不舒适的主要原因。除此之外，长江中下游地区在春末夏初有梅雨期，沿海及长江中下游地区在夏秋常受热带风暴和台风袭击，受雨水影响较大。同时，该区域冬、夏两季的主导风向经常是不同的。中国夏热冬冷地区的范围大致为陇海线以南，南岭以北，四川盆地以东，包括上海、重庆 2 个直辖市，湖北、湖南、江西、安徽、浙江 5 个省全部，四川、贵州 2 个省东北部，江苏、河南 2 个省南半部，福建省北半部，陕西、甘肃 2 个省南端，广东、广西 2 个省（区）北端，涉及 16 个省（区、市）。

夏热冬冷地区城市气候环境的两极性使得单极的空间设计策略难以同时兼顾冬季和夏季的空间舒适性需求，这成为该类城市的设计难点。因此，在夏热冬冷地区的城市国土空间设计，在气候应对策略的研究中要重点考虑如下问题：

1）如何一方面创造有效的夏季自然通风系统，缓解闷热潮湿的环境；另一方面防止冬季寒流的侵袭，减低低温寒风的影响。

2）如何一方面设计合理的遮蔽空间，防止夏季日晒的问题；另一方面增加日照，满足冬季保暖的要求。

（一）宏观设计：大体分散、适度集中

在夏热冬冷地区城市的城市结构布局上，应在大方向上首选的多中心、非均布城市空间结构，利于通风散热。并且，在城市天际线的控制上，应当形成从中心到周边高度逐渐递减的“山峰形”天际线，而不是中间凹陷的“谷地形”的天际线。大体分散的空间结构有利于夏季风穿越城市空间，避免城市热量的积聚，缓解城市的“热岛效应”。适度集中是出于冬季节约采暖能耗的考虑，并且密集的建筑群有利于阻挡冬季寒风的侵袭，营造舒适的冬季城市户外环境。此外，应当合理地控制适度集中区域的人口规模和城市规模，使其与外部低密度空间和自然生态空间有较大的接触面，利于集中区域内部的热量有效疏散，达到除湿降温的效果。

在夏热冬冷地区城市的建设用地选择上，不仅要考虑冬季日照良好的同时还可阻断寒流侵袭，还要考虑夏季通风流畅的同时防止高温辐射。因此，应对城市建设用地进行气候适宜性评价，优先选择夏季利于通风和遮蔽日照、冬季避免寒风和增加日照的地形。以长江中下游地区为例，大部分城市的夏季主导风向以东南风为主，冬季则以西北风为主，因此，可选择在东南方向比较平缓、西北方向有高大地形或成片防护林阻隔的基地。

（二）中观设计：综合考量、冬夏兼顾

在夏热冬冷地区城市的街区形态设计中，宜鼓励采取正交方格网的形态，这有利于统一优化城市空间的通风和日照设计。具体而言，夏热冬冷地区城市的路网与街区首先应尽量满足南北朝向建筑布局、优化建筑群日照间距和通风性能的要求；其次应结合对城市不同季节风向、风频和日照方位的分析，探索合理的城市路网方位。虽然，由于冬夏两季需求不同，在城市路网规划与设计的过程中常会出现冲突的情况，但是，若考虑综合气候效应对物理环境舒适度的影响，在通常情况下，夏热冬冷地区的城市一般宜布局“长街短巷”的街区模式，即东西走向的街道长且宽、南北走向的街道短且窄（王振，2008；黄媛，2010），以利于结合日照与通风从整体式改善街区微气候。

在夏热冬冷地区城市的景观体系设计中，应以灵活多变的思路，整合能兼顾冬季防风增温和夏季通风降温的措施。其中，特别应重视城市交通网络、蓝绿网络、空间视廊等一系列线性“通道”对城市风环境的调适作用。通过对全年各风向频率、污染高发季节盛行风向、各种局地环流等方面的研究，确定线性“通道”空间的方位、开口、位置等特征，尽量达到在夏季季风主导方向上形成若干城市通风走廊、在冬季季风主导方向上形成城市寒风屏障的效果。同时，应提高城市的绿地覆盖率和城市生态环境的容量，成规模、成体系地完善城市的绿地体系建设，促进植物系统的共生和自我循环，提高自然绿地空间的气候调节能力。

（三）微观设计：层次丰富、四季分明

在夏热冬冷地区，宜综合考量该地区相对复杂的气候制约和其他建设发展需求，在用地条件许可的情况下尽量采用层次丰富的建筑组合模式。例如，可采用短板交错的、高低错落的建筑布局。短板交错的空间形式可以减少建筑之间的相互遮挡，争取更多日照，同时又能形成较多的建筑群布局空隙，便于通风。高低错落的组合模式可以通过在冬季主导

风向布置较高、较长建筑，在夏季主导风向布置较矮、较短建筑的方式，达到既能遮挡冬季风又能迎合夏季风的效果。

夏热冬冷地区的城市往往四季分明，然而温室系统、供暖设备、中央空调等一系列现代化设施的介入冲淡了城市生活对于自然季节的感知。因此，在夏热冬冷地区城市国土空间设计上宜格外关注自然与城市在时间尺度上的融合，并在具体设计中对此有所回应，例如设置对应不同季节的不同重点活动或观景场所、配置落叶树种或叶色随季节变化明显的常绿植物、设计能配合天气变化的景观小品等。在一年四季中可分别展示不同的城市风貌，让公众体验到光阴与变化。

二、夏热冬暖地区的城市

夏热冬暖地区城市大部分处于亚热带季风海洋性气候中，主要表现为夏季炎热且持续时间较长、冬季相对温暖宜人，且全年降雨量偏多、湿度偏大。中国夏热冬暖地区的范围主要为南部沿海地区的城市，包括海南省全部，广东、广西 2 个省（区）大部分，福建省的南部，云南省的小部分，以及香港特区、澳门特区与台湾地区，这部分地区的多数城市人口密集、经济发达。

夏热冬暖地区城市气候环境是典型的“高温高湿”气候区，在城市国土空间设计的气候应对策略中要重点考虑如下问题：

1）如何应对城市的高温日晒问题，减轻城市的热岛强度。

2）如何增强城市的通风效果，达到降温除湿的目的。

3）如何降低大风暴雨天气带来的雨洪灾害风险。

（一）宏观设计：空间集约、适度紧凑

在夏热冬暖地区城市的城市结构布局上，应在大方向上首选“空间集约、适度紧凑”的中高密度的城市空间结构。一方面，在相同开发强度之下，高密度空间比低密度空间更容易形成阴影空间，有助于降低空间的太阳直接辐射的热量；同时，高密度街区形成狭窄的街巷空间还能促进街道空间的热压通风。另一方面，高密度空间所构成的城市下垫面蓄热体积较大，因而在相同热量下的降温和升温速度较低密度空间缓慢，这也有助于降低热岛强度的峰值。但是，这也同时升高了热岛强度的谷值，因而过高的空间密度反而会加剧热岛效应，不利于热环境的改善。因此，在合理控制开发强度的基础上，可以借助热环境监测和模拟分析手段，适度提高夏热冬暖地区的空间密度，减轻城市的热岛强度。

中高密度的城市空间结构虽然有利于改善城市热环境，但是不一定有利于改善城市风环境。这是因为中高密度城市空间所形成的狭窄街巷空间往往会阻滞风速，而过宽的街道虽然可达到较大的风速，有利于通风，但无法提供足够的阳光遮蔽，热环境反而较差。因此，对夏热冬暖地区城市空间的密度控制要适度，通过有疏有密的城市布局平衡城市对风环境与热环境的要求。例如，在重要风道口，应禁止进行高密度、高强度的开发，以保障主导风从城郊开敞空间通畅地吹入城区内部；在主要风道沿线，应控制街区及建筑群的形态，保持较低容积率和较低层数，以加速主导风的通过。

（二）中观设计：风廊网络、冷岛系统

在夏热冬暖地区城市的街区形态设计中，应结合城市路网和开敞空间，顺应城市盛行风向共同形成多级城市风廊网络，最大限度利用自然风疏解城市内部气流。一般而言，可以分城区级、组团级、街区级 3 级风廊。其中，城区级的风廊往往可以通过空间规划实现，而组团级和街区级风廊很大程度要求设计与规划的协调。一方面，针对多个街区组成的空间组团，应注意串联潜在风道上街区的内外开敞空间，提高城市开敞空间的连续性，保障区域整体的通风质量，并对风道及其周边的建筑密度、高度和容积率进行控制，防止建筑风障的形成。另一方面，单个街区本身的布局也应考虑城市风环境条件，通过合理的朝向和尺寸控制，引导凉风顺畅吹入街区内部。例如，在迎风面可采取点式建筑代替条状布局，以引导风更好地进入街区；在布局上尽量留出若干平行于夏季主导风向的线性开敞空间，以利于风更好地通过街区。

在夏热冬暖地区城市的景观体系设计中，应在保证其生态功能和景观功能的基础上，充分发挥城市水域和绿地的“冷岛效应”，优化城区热环境。考虑到单个小面积绿地对城市热环境的缓解能力有限，因而在条件允许的情况下，宜增加大面积的水体和绿地，并尽量将零星分布的小面积绿地整合起来，形成一个个大小不一的生态冷岛，最大限度地缓解城市热岛效应。此外，针对夏热冬暖地区城市“高温高湿”的气候环境，将相应的景观空间与雨洪管理设施紧密结合尤为重要。可以通过分析城市常年降水情况，根据降水量设定生态承载能力，将雨洪系统纳入景观生态体系，倡导建立集雨洪调蓄、气候调节、生态保护、休闲娱乐等多功能于一体的城市冷岛体系。

（三）微观设计：遮阳避雨、特色空间

夏热冬暖地区太阳高度角大，日照时间长，太阳辐射强烈，且全年降水量偏多，因此，应秉承着以人为本的原则，在相应的城市外部空间增加遮阳避雨场所。例如，在建筑主要出入口、公共交通转乘点的候车空间、公园绿地中的休憩区域中增设户外顶棚、休憩亭等，并尽量将多个设施串联起来。这不仅能达到连续遮阳避雨的效果，还可以为城市空间增添趣味。又如，可加强大冠幅树木的配置，在提供自然荫蔽的同时，还可起到调节局部微气候、避暑降温的作用。

此外，在具体建筑设计上，也可鼓励骑楼、廊桥、架空及有顶棚半室外空间等特色空间的营造，为行人提供舒适的步行体验，同时增强行人与临街空间的互动性，例如骑楼和廊桥这类空间本身具备鲜明的空间特征，有利于特色城市风貌的塑造。

专栏 5-5

新加坡热适应城市设计策略

新加坡是热带的岛国，北纬 1°18′，十分接近赤道，气候高温高湿，各月平均气温在

23~34℃之间，同时由于新加坡城市化率达到100%，人口密度比中国高出54倍，面临着严峻的城市热岛效应的挑战。为了应对炎热气候，提升人们在室外的热舒适性，新加坡的Cooling Singapore团队结合瑞士苏黎世联邦理工学院、美国麻省理工学院、德国慕尼黑大学、新加坡国立大学的研究团队，以数字科技模型结合实地调研监测的方式，不断探索新加坡及与之气候类似的热带地区的热适应设计策略，提出了包括城市肌理、绿化、水体、建筑材料、遮阳设施、能源体系、交通减排在内7大方面、86个小点的策略。

报告以新加坡南部滨海地区一个800米见方的场地为分析对象，对与城市设计密切相关的街区朝向、街道宽度、建筑高度、建筑类型、植被等方面的策略进行电脑建模分析，计算在新加坡极端炎热条件下（4月11日至16日下午）每个策略能对生理等效温度（PET）产生的影响的数值，按照策略的有效性进行排序，其中位列前12的热适应城市设计策略（图5-18）为（Ruefenacht et al.，2020）：

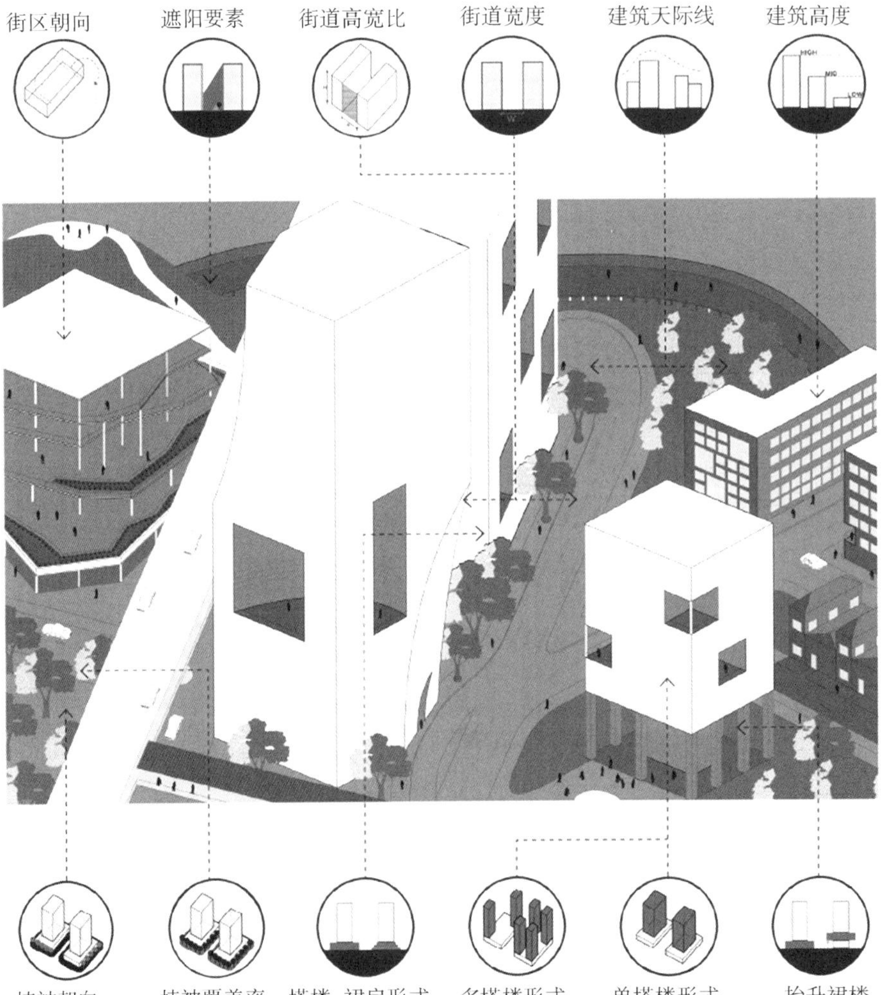

图5-18 新加坡热适应城市设计示意图
（据Ruefenacht et al.，2020）

1）塔楼下带裙楼的形式能有效为街区提供遮阳，但应避免退台形式的裙楼。

2）抬升裙楼 5~20 米的形式能有效提升室外热舒适性，能同时为街道提供遮阳并利于通风。

3）推荐在裙楼上布置 2 个或 4 个体量较小的塔楼，而不是单一大体量的塔楼。

4）较小体量的塔楼布置在裙楼角落或边缘，而不是中部，能有效提升室外热舒适性，避免过大体量或过宽的塔楼。

5）建筑群组提供的遮阳与植被提供的遮阳的结合能有效提升街道热舒适性。在新加坡，建筑群组的遮阳效果在 6℃，植被在 2℃左右。

6）一个地块上有 40%~60%的植被覆盖率时热舒适性能最佳，由于在新加坡建筑遮阳效果更好，不推荐植被覆盖率超过 60%。

7）植被在所有种植方向都有良好的降温效果，但沿建筑东西方向立面种植的植被降温效果更明显。

8）在新加坡，60 米以上的高层建筑能有效提高室外热舒适性，但在海岸线上应避免高层建筑以防阻挡海陆风。

9）15~25 米的较窄街道宽度能减少街道受到的太阳热辐射，尤其应避免将东西向街道设计得过宽。

10）街道高宽比大于 3 对热舒适性提升明显，尤其要减少东西向低高宽比的街道。

11）具有对称性的高层（大于 60 米）和中层（35~60 米）的建筑间隔布置有良好的捕风性能，能最有效地提升室外热舒适性。

12）在炎热条件下，主体为南北朝向的街区能给人带来较其他方向街区更舒适的室外热环境。

三、温和地区的城市

温和地区城市的气候特征大多表现为冬温夏凉、干湿分明。常年太阳高度角大，大气透明度高，太阳辐射强烈，气温的年较差偏小，并常年伴随有雷暴、多雾的天气。中国温和地区主要分布于云南省绝大部分地区以及四川省、贵州省、西藏自治区的部分城镇，这些地区大部分属于西南地区。

温和地区城市夏无酷暑、冬无严寒，冷暖矛盾并不突出，在城市国土空间设计的气候应对策略研究中要重点考虑如下问题：

1）如何充分发挥气候优势，提升城市空间品质。

2）如何将气候优势与空间设计有效结合，探索体现城市特色的有效路径。

3）如何充分利用气候条件和自然环境资源，实现节能减排、低碳环保。

（一）宏观设计：合理布局、彰显优势

温和地区城市得天独厚的气候优势给城市国土空间设计带来了更大的自由度。

一方面，在制约条件越少的情况下，越应重视空间设计的合理性和科学性。因此在具体城市结构布局策略的选择上，应用紧凑集中还是适度松散的格局，将更大程度取决于对地形条件、城市发展水平、开发建设要求、自然资源保护、空间特色塑造等因素的综合考

量。因此，温和地区城市应以更高的设计标准为起点，深入研究满足以人为核心的、现代化高品质的城市空间要求的布局模式，并利用其环境条件优势将其在实践中落实。

另一方面，如何能最大化利用冬温夏凉的气候优势提升城市空间品质将是温和地区城市国土空间设计的重点之一。在具体设计上，应突破产品化、标准化空间固有套路，树立前瞻的生态文明设计观和适宜的空间审美观，尝试探索基于温和气候条件的本土化和创新化的空间模式。在本土化设计方面，应积极挖掘温和环境下独有的特色空间模式，特别是最大化保护温和环境资源的可持续空间模式。在创新化设计方面，应在强调人居环境舒适性和生态性的同时，关注人的行为活动与空间设计的耦合性、城市人文内涵与空间底蕴的同步率、未来城市需求与物理空间的适配性等，进一步提升城市空间品质。

（二）中观设计：资源利用、突显特色

温和地区城市环境自身优势明显，因此在对其气候条件的改善上考虑并不多，宜更强调资源的合理利用和特色塑造。对温和地区城市资源利用有两个重点，即对气候资源的利用和地域资源的利用。这两个重点资源都具备明显不同于其他地区的特征，也都具备一定的优势，如果能够充分挖掘其资源潜力，必能突显本地的特色。

对于气候资源而言，光、热、风、雨等要素都是自然再生资源，而温和地区在这 4 个方面均有较好的基础。因此，应在尊重和顺应自然的基础上，对这些自然再生资源加以利用，加强对可再生能源利用、遮阳避雨体系、风廊网络等节能减排的建筑模式和低碳生态的空间策略的探索。

对于地域资源而言，中国温和地区城市主要在植被物种的多样性、传统建筑的气候性、生活习惯的地域性及人文历史的民族性等方面有突出特征。因此，应深入调研对应城市在上述几方面的当地特色，在对应的景观植物配置、街区形态设计、建筑形式选择、公共空间设置等方面有所回应。

（三）微观设计：激活户外、全天活力

在温和地区城市，空间设计应满足湿季防雨和通风要求，并注意防潮防雷击，可不考虑防热。在温和气候环境下，城市户外活动活跃度较高。因此，温和地区城市国土空间设计宜更加关注公共开敞空间和街道空间的设计，强化开敞场所与公共功能的复合，并针对本地市民生活习惯，为日常休闲娱乐活动提供充足的场所，特别应重视建成区的城市更新与空间再利用，如增设民俗活动广场、社区口袋公园、沿街休憩区、街角小公园等微型公共空间，激活城市户外空间。

温和地区城市不仅有较频繁的户外活动，城市整体空间活跃度也很高，甚至可达到白天至夜晚的全时段活跃。因此，相应的空间设计也应关注城市夜游场景的营造，根据当地空间条件和生活习惯，增设以购物、餐饮、休闲娱乐、演出、观光等功能为主的城市夜生活空间，量身定制反映当地特色、具有当地人文情怀的个性化、差异化夜游项目。

四、严寒及寒冷地区的城市

严寒及寒冷地区城市的气候特征主要表现为冬季漫长、夏季短促，有较大的气温年较

差，日照较丰富。大部分严寒及寒冷地区的冬季严寒、干燥且伴有大风风沙天气，夏季则相对凉爽、湿润且降水集中。中国寒冷地区主要是指北京市、天津市、河北省、山东省、山西省、宁夏回族自治区、陕西省大部、辽宁省南部、甘肃省中东部、新疆维吾尔自治区南部、河南省、安徽省、江苏省北部及西藏自治区南部等地区，而严寒地区主要分布于东北、内蒙古自治区、新疆维吾尔自治区北部、西藏自治区北部、青海省等地区。

严寒及寒冷地区漫长而寒冷的冬季是影响城市宜居性的主要负面因素，因此，针对严寒、寒冷地区气候条件，倡导建设“冬季友好”的城市环境应是严寒及寒冷地区城市国土空间设计的当务之急：

1）如何提升冬季城市室内外空间的热舒适度。

2）如何改善冬季城市交通出行、户外活动减少等问题。

3）如何改善寒地城市景观单调的问题，营造寒地城市特色风貌。

（一）宏观设计：集中紧凑、功能整合

严寒及寒冷地区城市宜选择集中紧凑的城市结构布局。一方面，这类城市由于每年有相当长一段时间会受到严寒、冰雪、冷风的侵袭，在建筑及市政基础设施的建设及维护、能源供应、冬季环境污染处理等方面的费用较高。因此，紧凑的城市形态将有利于发挥城市的聚集效益，减少冬季供热的消耗和交通能耗，在节约资源同时减少污染，从而提高城市运行的效率、减少资源浪费、利于生态环境的保护，同时也有利于城市中心区景观环境的塑造和城市特色的展现。另一方面，过于密集的建筑和城市用地会产生过大的阴影区，争取不到足够的日照、产生不利的风效应，反而使得城市空间环境质量恶化。因此，应当对紧凑的城市形态进行适当控制，在紧凑发展的同时满足日照和防风要求。

严寒及寒冷地区城市宜鼓励空间功能的有机整合。应在空间设计上与土地、交通规划进行协调，在城市空间布局上提倡多功能的土地利用，将不同功能加以叠合，方便各种生活生产基本需要，使居住、工作、休闲场所之间有便捷的联系，增加城市活力。其中，特别要避免出现职住明显分离的现象，强调社区内部功能的自我完善，避免长距离交通带来人力、物力的浪费，同时也可以有效地减少冬季由于寒冷和冰雪带来的交通问题。

（二）中观设计：内外有别、软硬结合

在严寒及寒冷地区城市的街区形态设计中，主要应从提高冬季及冷暖交替季节人在室内外空间的热舒适度入手。对居住空间而言，宜通过合理选址、朝向选择、间距控制、高度控制等满足日照和设计舒适的风环境等人工手段优化布局，减少气候的负面影响，争取更多日照、有效屏蔽寒风。例如，可采用“围合式”的街区内建筑群布局模式，并在局部建造长板式多层建筑，为抵御寒风提供有效的屏蔽。对公共空间而言，考虑到寒冷气候下户外活动不便的现实问题，为避免频繁出入室内外的情况发生，严寒及寒冷地区城市应重视城市公共空间的气候防护连续性。例如，在城市重要中心地段，可通过空中或地下连廊的方式将多个建筑联系起来，既形成具有特色的空间形象，又可使市民不出户外即可到达多栋建筑。

在严寒及寒冷地区城市的景观体系设计中，应正视寒冷气候条件下植被种类较单一、冬季较萧条的现实，不能一味追求植物郁郁葱葱、四季常绿的景观感受而投入高昂的绿化

维护成本。因此，应积极研究软硬结合的景观设计模式，即将自然景观与人工景观、夜景景观和冰雪景观等结合，丰富人们在寒冷环境下的视觉感受和心理感受，强调四季分明的城市景观形象，提升户外环境的吸引力。在软性景观设计中，应格外注意植物的品种选择，尽量以本土植物品种为主，避免盲目引进。在设计上应综合考虑植物形态、四季叶色及落叶周期，科学评估气候条件、土壤基础及冬季融雪剂对植物生长的影响，在提高城市绿量的同时，还可在一年四季展示不同的生态景观。在硬质景观设计中，宜采用明快的暖色系为城市色彩主调，在视觉上缓解人们对寒冷气候的心理负面感知；宜采用明亮丰富的夜景灯光塑造城市夜景，为在寒冷夜晚中的人们带来愉悦感和安全感；还宜充分发挥城市冰雪资源的独特魅力，进行冰雪景观设计，塑造严寒、寒冷地区的独特形象。

（三）微观设计：寒地友好、冰雪文化

在寒冷的气候环境中，可探索城市寒地友好型空间的设计方法。例如，可积极探索城市地下公共空间的开发和利用。地下空间在寒冷环境下受到外界不利气候环境的影响较小，有相对恒温避风的属性，能够有效地实现气候防护，因此可开发地下中庭、地下商场、地下街道等的城市公共空间的地下化设计。又如，可将户外活动空间与公共功能空间相结合，为室外空间和植物景观提供局部气候防护，打造阳光中庭、冬季花园、温室街廊等半室内化空间，营造舒适的微气候，从而提高城市公共空间的利用率、有效地延长城市户外活动时长。

此外，应鼓励将城市冰雪文化反映在具体的空间设计上，特别挖掘当地应对寒冷气候的特殊建筑形式和社会生活习惯，并将其与现代化设计思维和工程技术相结合，营造高品质的冰雪名城。

专栏 5-6

加拿大埃德蒙顿市冷气候适应性设计策略

埃德蒙顿（Edmonton）市位于加拿大中南部，四季分明，冬季严寒，最低可达-40~-30℃，夏季最热也可达到30℃。为了能提升冬季的室外和半室外空间体验的舒适性，埃德蒙顿市地方政府致力于冬季城市设计策略的研究和应用，让地处高纬度的城市通过更好的交通体系、建筑设计及休闲娱乐活动策划使室外和半室外空间能够在一年四季都被人们利用、享用，让人们能够爱上高纬度独特的冬季体验。

埃德蒙顿市的冬季城市设计策略（图 5-19）主要应对风、阳光、照明、色彩和基础设施，包括建筑形式和公共空间界面、街道要素和连接、开敞空间的场地设计、冬季基础设施 4 大部分，每一部分都贯穿着 5 个主要原则（Winter City Edmonton，2016）：

1）应用设计策略阻止冬季盛行风和下沉气流。

2）通过朝向和设计使室外空间最大限度地接受阳光。

3）使用颜色来激活冬季景观。

4）使用在光强、对比度和色彩上精心考虑的灯光提升视觉吸引力。

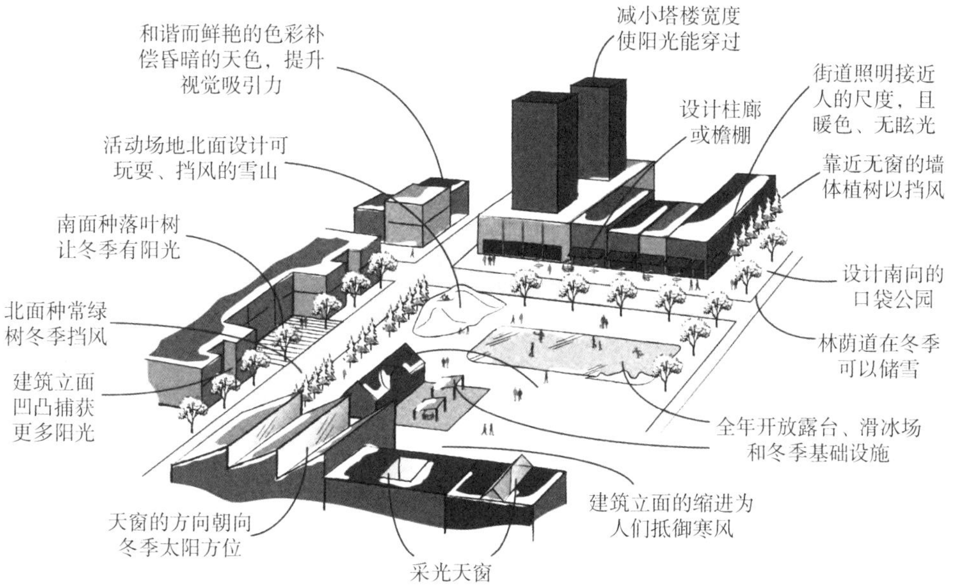

图 5-19　加拿大埃德蒙顿市冷气候适应性设计示意图

（据 Winter City Edmonton，2016）

5）设计并提供支持冬季生活并改善寒冷天气下的舒适度和交通状况的基础设施。

在建筑和街道界面的设计上，与热带地区不同的是，高层建筑在寒冷地区会对室外空间热舒适性带来负面影响，会遮挡阳光并增强下沉气流，当有必要建高层建筑时，在北半球应布置在街道的北面。街道的高宽比在 1∶1 最为合适，退台式的建筑能提升街道日照时长并降低地表风速，建筑界面设计柱廊、檐棚或布置行道树能减少风的侵袭。建筑群组和街道的布置应避免沿冬季盛行风形成风廊或风洞。建筑屋顶的设计减少雪的堆积，并充分考虑积雪滑落的方向避免面向人行道或入口。同时，高纬度严寒地区的冬季日照时间较短，通透的建筑表面能充分利用室内照明补充街道照明，同时和建筑外墙照明、建筑色彩、建筑标识一起带来丰富的视觉感知，并能减少人们寻路的时间。对于植被的应用，埃德蒙顿市提倡北向和西向用常绿品种阻挡冬季寒风，而南向则使用落叶品种让冬季能有阳光穿过。

在开放空间设计上，丰富的地形结合草丘、阶地、植被群落等，尤其当布置在场地北向时能阻挡寒风，并增加场地游赏趣味，比如可以进行滑雪等活动。开敞空间的设计应充分考虑冬季溜冰等活动的需求，休憩桌椅可以布置在南向阳光可照射到的区域。同时，在场地上布置一些无障碍的能提供遮蔽的小型构筑，必要的区域布置室外采暖等提升室外空间舒适性，而精心设计的灯光和公共艺术作品能够极大提升区域的游赏趣味性。

参考文献

费孝通. 1985. 小城镇四记［M］. 北京：新华出版社：9-10.

黄烨勍，孙一民. 2012. 街区适宜尺度的判定特征及量化指标［J］. 华南理工大学学报（自然科学版）（9）：135-142.

黄媛. 2010. 夏热冬冷地区基于节能的气候适应性街区城市设计方法论研究［D］. 武汉：华中科技大学.

梁江，孙晖. 2006. 中国封建传统商业街区的空间形态及模式分析［J］. 华中建筑，24（2）：78-83.
卢济威，曹昌智，张凡，等. 2019. 历史文化名城保护与现代城市设计［J］. 中国名城（1）：4-8.
仇保兴. 2021. 迈向韧性城市的十个步骤［J］. 中国名城，35（1）：1-8.
阮仪三，孙萌. 2001. 我国历史街区保护与规划的若干问题研究［J］. 城市规划（10）：25-32.
王建国. 2007. 城市风貌特色的维护、弘扬、完善和塑造［J］. 规划师（8）：5-9.
王建国. 2011. 城市设计［M］. 3版. 南京：东南大学出版社.
王振. 2008. 夏热冬冷地区基于城市微气候的街区层峡气候适应性设计策略研究［D］. 武汉：华中科技大学.
吴良镛，毛其智. 2004. 关于我国中等城市发展问题的探讨：兼论京津冀地区中等城市的成长［J］. 城市发展研究（6）：57-61.
肖亮. 2006. 城市街区尺度研究［D］. 上海：同济大学.
张立涛，刘星，薛玉峰. 2017. 小城镇城市设计技术要点研究［J］. 小城镇建设（5）：54-60.
赵宝静. 2016. 浅议人性化的街道设计［J］. 上海城市规划（2）：5.
周俭，俞静. 2010. 都江堰市灾后重建规划策略分析：都江堰“壹街区”营造实践［J］. 建筑学报（9）：5.
周扬，钱才云. 2017. 低碳出行导向的居住街区适宜尺度研究［J］. 建筑学报（9）：6.
周一星，孙则昕. 1997. 再论中国城市的职能分类［J］. 地理研究，16（1）：11-21.
UIA-CIMES. 1999. Intermediate cities and world urbanization［R/OL］.（04-27）［2021-06-01］. //http：//www. ceut. udl. cat/wp-content/uploads/5. BOOK1_ . pdf.
Winter City Edmonton. 2016. Winter design guidelines：transforming Edmonton into a great winter city［R/OL］. Edmonton，Alberta，Canada. https：//www. edmonton. ca/city _ government/documents/pdf/wintercitydesignguidelines_ draft. pdf.
World Bank. 2010. Cities and climate change：an urgent agenda［R］. Washington，D. C.：World Bank.
Alberti M，Marzluft J M. 2004. Ecological resilience in urban ecosystems：linking urban patterns to human and ecological functions［J］. Urban Ecosystems（7）：241-265.
Ewing R，Rong F. 2008a. The impact of urban form on U. S. residential energy use［J］. Housing Policy Debate，19（1）：1-30.
Ewing R，Bartholomew K，Winkelman S，et al. 2008b. Growing cooler：the evidence on urban development and climate change［M］. Washington，D. C.：Urban Land Institute.
Ewing R，Clemente O. 2013. Measuring urban design：metrics for livable places［M］. Washington，D. C.：Island Press.
Gehl Jan. 2010. Cities for people［M］. Washington，D. C.：Island Press.
Jones Richard M. 2016. Placing the market town：a place-specific，design-led approach to the development of rural settlements［D］. Cardiff：Cardiff University.
Marcus Clare Cooper，Carolyn Francis. 1998. People places：design guidelines for urban open space［M］. 2nd ed. New York：Van Nostrand Reinhold.
McHarg I L. 1971. Design with nature［M］. New York：Doubleday，Natural History Press.
Moughtin Cliff，Shirley Peter. 2005. Urban design：green dimensions［M］. 2nd ed. Amsterdam：Elsevier.
Rudlin D，Falk N. 1999. Building the 21st century home：the sustainable urban neighborhood［M］. Oxford：Architectureal Press.
Ruefenacht Lea，Adelia Ayu Sukma，Acero Juan A，et al. 2020. Climate-responsive design guidelines：urban design guidelines to improve outdoor thermal comfort in the southern shore area of Singapore［R/OL］. Zurich：ETH Zurich. https：//doi. org/10. 3929/ETHZ-B-000448072.

第六章　乡村国土空间设计

第一节　未来乡村国土空间设计画像

一、乡村国土空间设计的价值取向

（一）“面向未来”的历史观

从地理学角度来看，乡村具有3个特征：第一，乡村土地利用相较于城市是更为粗放的，具有明显的农业和林业特征；第二，以聚居的形态生活，建筑与周围环境关联度更高；第三，乡村特有的生活方式决定了乡村生活环境仅是景观的局部隆起，它本身是景观的有机组成成分。由此，不得不提及的一个词便是“乡村景观”。自人类从游牧时代开始定居生活，走进农耕文明时期，乡村景观便随着聚居地附近的农业种植和生产活动产生，它可以细分为农业生产、乡村聚落和自然生态3个景观类型，是自然环境和人居环境的有机融合，涉及社会、文化、经济、习俗、美学等多方面内涵。人类的发展决定了人类所向往的“原风景”便是“农之风景”。就社会学角度而言，乡村“社会关系可分为血缘关系、地缘关系和业缘关系”（耿云楠等，2016）。中国乡土文化更多注重的是人与人之间、人与家庭之间的伦理关系。费孝通在《乡土中国》中专门论述了中国乡土文化中地缘和血缘，提出：“血缘是身份社会的基础，地缘是契约社会的基础。”（费孝通，2008）这些共同构成了中国乡村的“熟人社会”。正如苏轼形容乡村所指出的那样：“自然富贵出天姿，不待金盘荐华屋。”

乡村是社会经济发展中的弱势群体，但却是华夏文化的高地，是保护和传承中国传统文化的重要节点。回望历史：南宋绍兴元年，汪氏家族举家迁往雷岗山兴建睢阳亭及十三间民宅，历经数十代留下了历史文化名村——宏村；明洪武初年，黄氏家族择址狐岽山半坡之上，历经数百载造就了名扬天下的南靖土楼群；明末清初，陈氏祖先安居吕梁山下湫水河畔，历经数千个日日夜夜成就了黄河明珠——碛口古镇……我们的先人留下了很多，留下的不仅是我们今天的财富，还有关于本土文化传承与发展的责任。那么，在很多年以后，我们的这个时代，能够留给历史，或者给我们的后代留下怎样的乡村？（郭海鞍等，2019）在商品经济高度发展的社会，我们不禁想问，如何才能真正建设起“望得见山，看得见水，记得住乡愁”的乡村？笔者认为，首先必须树立起乡村国土空间设计“面向未来”的历史观。

所谓面向未来的历史观，就意味着乡村国土空间设计需要站在历史的高度，衔接过去、现在和未来。历史虽然不会重复，但历史、现在和未来是相通的。忘记了历史，就容易迷失在当下。亨利·勒菲弗尔认为，空间是历史的产物，是社会生活的终结。空间不仅是一个容器，而且是反映不同时代的历史记忆和体验。要对空间有整体的理解，就不能凭匆匆一瞥而得出结论，只能在时间的历史隧道中来观察现象，才能理解空间不断伸展、集聚和发展的延续规律，才能读透空间作为一种历史文化景观的意境构成和美学价值（戴代新等，2009）。乡村国土空间设计需要面向未来，但更需要结合史脉、地脉和人脉来钩沉发微、探幽寻胜，进而达到弘扬历史文化景观于当代设计运营之中的目的。

（二）“人地和谐”的审美观

古人崇尚自然，并以“天人合一”的传统自然观表达人地关系，强调天道与人道、自然与人的相通、和谐。“天人合一”是中国传统文化的审美理想和最高境界，它不仅浓缩了中国传统文化的全部特征和精神，而且标示了中国传统文化与西方文化质的区别。“风水理论”是古人凭借直觉认知和经验积累总结出的一套择地标准，强调天、地、人相协调，追求“人之居处，宜以大地山河为主”（《阳宅十书》）和“以山水为血脉，以草木为毛发，以烟云为神彩”（宋·郭熙《林泉高致》）的境界，按照“地理五诀”龙、穴、砂、水、向“觅龙”“点穴”“察砂”“观水”“择向”。择地定位综合考虑了自然采光、通风、朝向等因素，形成以山峦形势为骨架、水源植被为血肉的选址和布局，以利于生产、生活、交通与造景。“风水”也追求居住环境背有依托、左辅右弼、前有屏障围合的空间格局，强调“藏风聚气”，以构建人与自然和谐相融的人居环境。审美本质上是基于人的视觉感知展开的，受到主体情感的深刻影响，同时也由于品味各异，美的表现形式也有差异，主体的审美程度也是因人而异的。即便如此，乡村的国土空间设计应具有共同的审美内核和核心价值判断。这一审美观应该基于对乡村景观的历史、功能、美学、生态等方面的认识，更应是源于人类内心对自然的向往，它具有多样性、丰富性、地域性等特征。从古至今，人们对乡村的情感和偏好通过古代的诗词和画作便能窥其一斑：陶渊明在《桃花源记》中创造了一个“不知有汉，无论魏晋”且“土地平旷，屋舍俨然，有良田美池桑竹之属。阡陌交通，鸡犬相闻”的理想社会，乡村景观成为一个忘却烦扰、摆脱现实、适其闲情的一块净土，对乡村景观的审美升华为寻找精神桃源的境界。或许因为社会发展阶段和个人生存需求，为了生计奔忙的人们尚未有闲情考虑诗和远方，但诗和远方仍是人类内心的最终画像。每个村庄或者说每个村庄集聚区都有独特的景观、气候、文化特性和场所精神，对这些特征的保留、传承和用现代手法加以利用是引导乡村国土空间设计的基础，这些叙述和描绘不仅再现了传统的乡村社会，还包含着人们对理想景观的价值吁求及审美判断。无论如何，人地和谐的审美观，应该是乡村国土空间设计的基本价值取向。

（三）“顺应自然”的生态观

孔子认为，四季有时，万物按规律运行，自然万物才能兴盛。《荀子·天论》说：“天有其时，地有其材，人有其治，夫是之谓能参。”肯定“天”“地”的客观存在，体现天、地、人并行的思想，蕴含人与自然和谐统一朴素的自然观。荀子认为，“天人之分"，把"天事"和"人事"分开，不应该随便将二者合为一体，应尽人事，听天命，顺应自然。

传统聚落营建便是遵循因山就势、顺应水脉、保土理水、培植养气、就地取材等原则，把握自然生态的内在机制，合理利用自然资源，重视对自然格局与活力的保护，巧用地势建立防灾防卫体系，灵活布局与组织自由开放的居住空间。建筑群体、道路空间的形成从实际出发，最大限度地利用地形、地物条件，明显反映出对自然地理环境的主动适应。除此之外，传统聚落多选址于山水之间，以营建"村融山水中、人在画中居"的田园环境，构建居耕结合的居家环境，创造以自然为主题的空间环境，建立自然化的聚落景观体系。

可见，中国古代人们就已经意识到，应尊重自然规律，如按时节、时令进山开采，不过度开发，只满足基本生活需求，保护土地资源等。在推进生态文明建设的今天，自然生态观可以作为乡村国土空间设计的哲学基础，有利于人与人、人与社会、人与自然的协调发展，实现和谐的最终目标。

（四）"尊重文化"的人文观

传统聚落十分注重聚落精神文化空间的营造，常根据宗教信仰建立以宗教庙宇为核心的宗教文化活动空间，依据宗法观念建立以宗祠为核心的祭祖活动空间，按照血缘、宗族关系建立复杂而具有层次的居住空间。除此之外，传统聚落还凭借合院式住宅构建享受天伦之乐的情感空间，依赖街坊巷道建立相互联系的纽带空间，借助风水树荫、井台、凉亭、石碾等构建邻里交往的情感空间，从而塑造人与人心灵情感相通的精神家园。在精神文化空间的营造中，传统聚落也十分注重精神景观的构建和精神文化的教化，如歌功颂德的牌坊、碑亭，弘扬聚落精神文化的匾额、对联、雕刻等，营造出生动朴实、品质独特和充满情感的精神空间体系。

需要重点提出的是，乡村国土空间中，"自然性"是"社会属性"的观读前提（鲁苗，2019）。自然既是人类从事物质资料生产和社会实践活动的外部制约因素，又是物质生产实践活动的内在要素，对人类及其社会具有时间和逻辑上的优先地位，而且它没有将人放置在自然之外或之上，而是把人类自身所独有的现象看作是自然历史进化的必然，并且也是自然本身的一个构成要素。在此基础上，我们才能真正摆脱朴素的自然中心主义所带来的自然的神秘感，走出工具主义自然观导致的自然的完全祛魅，将自然与人平等对待，克服浪漫主义对自然的意识幻想，在第二自然的自然主义视野下真正树立"尊重自然、顺应自然、保护自然的生态文明理念"，实现人与自然的和谐相处和人类社会的可持续发展（McDowell，1996）。为实现这一目标，乡村所面临的将是两方面的调整：一方面是源自内在的人口和经济变化，另一方面则是来源于外在的全球气候和经济社会变迁所带来的影响。而乡村设计可以给予乡村地区找到其中的契机，变得更具活力和竞争力。

乡村国土空间的形态和表现主要由地方自然地理条件、非物质文化内涵和物质空间体系三方面共同构成。在自然地理条件和非物质文化内涵这些"看不见的手"的作用下，乡村物质空间一直实现着自我生长。传统的物质形态空间可以突出表现为以下几种不同尺度的形态，当然同时也伴随着它们背后的价值观：自然景观环境空间、乡村聚落空间和乡村建筑空间。从空间的属性和价值观的角度探讨乡村国土空间的设计手法和核心内容，能更好地为未来国土空间设计提供支撑和依据。

二、乡村国土空间设计的基本任务和特征

（一）设计范围

“乡村”的起源可以从“乡”与“村”说起。“乡”在古文中写作“鄉”，意为“像两人相对坐，共食一簋的情况”，表达的是众人共享的状态。后来，“乡”的含义衍生为“与国都距离遥远之邑”，视为野域，并逐渐形成一级行政组织和基本功能。而“村”的原型为“邨”，基本含义为野外的聚落。普遍意义上，人们对乡村的认知范围是城市外的区域，但是城乡界限具有模糊性，很难明确界定乡村边界。对乡村的界定通常从景观、经济和社会3个维度展开。本书所讨论的乡村（Rural）是以农业经济为主体，以农业景观为特色，社会结构相对简单、稳定，以低密度聚落为形态的地域。根据乡村是否具有行政含义，可分为自然村和行政村，后者具有一定的行政功能。

由于乡村地区可以从不同尺度理解，本书在国土空间总体设计章节已经对布点和布局尺度的设计进行了全面阐释，本章所探讨的乡村国土空间设计主要基于微观尺度，即某一行政村域范围内的国土空间展开。虽然根据各个村庄的资源禀赋、产业结构不同，可以分为渔村、山村、牧村等类型，但是就单个行政村而言，可以理解为一个多层复杂系统的叠加，包括自然、农业和聚落3个子系统，其中受人类行为影响较大的，可以进行详细设计的内部空间主要是农业空间和聚落空间。此外，秉承“中国的传统文化根植于农耕区域”这一认识，也考虑到乡村振兴背景下乡村空间的可持续发展，本书将进一步深入探讨乡村文化空间和乡村国土空间面向未来的发展方向。

（二）基本任务

乡村国土空间设计是从设计视角解决乡村空间问题的方法论。注重的是乡村空间使用者的需求，是关注其多元环境、解决社会和经济问题的设计过程。如同城市设计是为了指导城市建设，乡村国土空间设计也是为了指导乡村建设。值得一提的是，乡村国土空间设计不再局限于单纯对乡村面貌的美化，它涉及社会、经济、农业、环境等多元问题的融合，当然也不仅是合理性设计，它还应该蕴含更多情感的连接，让乡村始终带有温度，以达到“人-社会-环境”的融合。本书把乡村国土空间设计的基本任务归结为以下几点内容。

1）定义乡村特征。定义乡村特征是乡村设计的主要任务之一。这是对自然人文景观及居民感知进行综合判读之后才能明确的内容，也可以运用乡村景观评价来定义乡村特征。它包括对景观生态、景观美学、人居环境、农业景观等多方面进行评价。例如美国建立乡村景观评价体系，林务局、土地管理局、土壤保护局等不同部门分别制定了视觉管理系统（Visual Management System，VMS）、视觉资源管理系统（Visual Resources Management，VRM）和风景资源管理系统（Landscape Resources Management，LRM）等。美国的乡村景观评价以分级改造的模式对景观资源进行合理利用，并提出了保存、保留、部分保

留、改造、最大限度改造的5级改造模式（鲁苗，2019），这在一定程度上为国土空间设计指引了明确路径。

2）促进和谐共生。乡村地区社会经济的可持续发展，取决于自然、生态、社会、产业、文化、设施的和谐共生，并能够改善人与动物、农作物乃至生态系统的关系。从这种角度看，乡村国土空间设计的任务可以解构为对乡村国土空间自然价值观、文化价值观、社会价值观的表达及对维系乡村地区持续平稳运转的手段。它必须明确什么样的资源、参与者、合伙人和条件应该是必备的，有哪些限制和约束需要克服，如何实行治地、治水、治山、治矿、治林、治草相结合，如何建立一个与市场结构、乡村标准、乡村关系、利益平衡相兼容的和谐共生系统等，是必须要解决的核心设计命题。

3）保护自然肌理。乡村肌理的形成是自然地理格局和千百年来农耕文化农业生产生活需求共同作用的结果。乡村国土空间设计显然不能违背这一乡村发展特点和规律，或者忽视乡村形态和肌理的意义，而是应该纠正为了获得土地建设指标而破坏乡村形态和肌理的倾向，修复原始生态景观系统和自然地貌整体格局，梳理农田大地景观、沟渠水系和村庄形态，形成整体乡村活性肌理。

4）提升环境品质。改善乡村人居环境是破解城乡二元结构的重要环节之一。乡村国土空间设计要从村域视角出发，充分评估乡村空间质量，特别是乡村聚落空间内部空间形态环境，帮助乡村在空间利用、建筑和美学方面做出理性决策，合理安排村庄布局方式，根据在地农民生活习惯，优化宅前屋后空间利用方式和美学体验，体现乡村环境的易读性、自然性、乡土性、农耕性和质朴性。

5）满足多元需求。未来社会的城市空间垄断地位将可能松动，生活方式和工作模式的改变使得人流开始向乡村流动，经济发展和家庭团聚需求在乡村同时体现。也就是说，未来乡村居民除了村民以外，还会不断涌入习惯移动办公又向往田园生活的年轻人，以及希望在乡村“采菊东篱下”养老的中老年人等。乡村空间将会面对多元的需求，乡村国土空间需综合考虑乡村地区需要面对的社会、艺术、文化、科技、环境、生态、产业发展等问题，探索有针对性的设计解决方式，营造多功能和多元化空间，满足不同使用者需求。

（三）主要特征

从传统空间设计领域涉及三度形体的意义延伸来说，自古以来，物质形态始终是设计的对象，但是随着时代价值观的变迁，人们所考虑的问题上升到了对生活环境的感知和品质的需求上。设计实质上是在协调和解决技术发展、人类实际需要、生理适应能力等方面的矛盾。国土空间设计涉及多种不同尺度，在乡村范围的设计对象可以是房前屋后的一个树池，也可以是开敞的田园空间。可以说这是一项综合性的设计，并具有以下主要特征：

1）综合性。在主导思想上，乡村国土空间设计是多因子综合作用所得的结果，它受社会形态和物质价值观影响，同时试图用设计手段反作用于社会，但并不能解决乡村的所有社会问题。换句话说，乡村国土空间设计既要体现综合性，但也不能包罗万象，需要将综合性和针对性相结合，聚集于解决当地需要面对的空间重大问题。

2）多维性。在对象上，大到村域范围，小到局部空间环境，涉及空间环境和艺术范畴。但实际上早已超出这一范畴，而是以人的物质、精神、心理、生理、行为逻辑、社会关系形态等多维需求及其与自然环境、农业生产协调共生的满足为设计目的，追求的是舒适而有灵魂的空间环境，关心的是村民作为个体和社会特定群体的多样化需求。

3）在地性。在方法上，以跨学科为特点，注重综合性和动态性，同时要求对乡村有充分了解。绝大多数参与乡村建设的设计师都没有乡村生活的经历，难以要求他们真正认识乡村、理解乡村。而乡村国土空间设计的核心是维护乡村原始的社会关系和文化价值体系。故此，设计师应以配合村民为主，引导村民做出符合自己愿望的设计选择，更强调设计的在地性。

4）简明性。设计成果不再追求漂亮的方案表现，而要图文并茂、简洁易懂，让村民能够一目了然未来空间的形式安排和使用方式，文字简明，配合开发策略、投资需求测算等成果。

（四）设计原则

1）整体性与多样性相结合。乡村国土空间是由多种空间类型构成的，它具有一系列组成要素并具有一定结构和功能，是由资源、环境等自然要素和经济、社会等人工要素构成的复合体，是特征相对一致的相对独立整体，必须运用多学科综合手段整合以达到最佳状态。同时，它又处处体现多样性，这种多样性不仅指村域范围内空间的差异，更是指不同地域的乡村具有某种特质和潜力。在乡村国土空间设计中，要把乡村作为一个整体来思考，充分考虑外部空间资源的影响，构建从宏观区域到中观村域再到微观场地的多层次空间设计框架。同时，也要尊重由自然地理特征所带来的建筑、文化、产业、生物种群、地形地貌的差异，运用本土材料、植物、色彩等设计手法，营建不同场所，体现多样性特征与风貌。

2）本土性与时代性相结合。人类是无法阻止时代前进的脚步的，乡村的发展亦如是。时代性是趋势，是生活品质，是乡村地区人们应该享有的现代文明权利和发展权利。但这并不意味着要将乡村空间一味地推倒重建，或者按照城市的模式简单复制。本土性是乡村不能放弃的“资源”，它代表个性，是特色，是标志，是乡村在现代文明发展中立足的基点。乡村国土空间设计必须注重自然历史的延续，传承和守护乡村文化，在保证“居住舒适、生产合理、生态良好”的前提下，守住华夏文明代代传承的“根”。

3）现实性与持续性相结合。不同于城市对自然无止境掠夺的生产方式，乡村所追求的是与自然的和谐共生。在这一基本发展逻辑下，乡村国土空间设计的编制需要尊重和顺应自然演进的时序，理解乡村发展的经济掣肘，切忌“贪大求高”“追求时髦”。应该以实用坚固为设计原则，因陋就简，因地制宜，以点带面，逐步推进，优先使用本土化、低成本、生态化材料和无污染、可循环清洁能源，融入“碳达峰”“碳中和”理念，形成造福人类的设计观。

4）原真性与健康性相结合。乡村国土空间设计的首要目的是尽量使设计与生态过程相协调，减少其对环境的破坏影响，减少资源掠夺，保持原真山水格局，维护植物生境和动物栖息地质量，以改善自然生态系统和人居环境系统健康。充分运用古树、古井、古桥、古厝等旧有要素，突出年代使用肌理，避免“旧包新”。值得一提的是，“健康性”还应体现在粮食健康、水健康、空气健康、精神健康等多方面。

三、乡村国土空间设计与关联设计的关系

（一）与城市设计的相互关系

城市设计是以城镇建筑环境中的空间组织和优化为目的，对包括人和社会因素在内的城市形体空间对象所进行的设计工作（王建国，2009），它关注的是人与城市形体环境的关系和城市生活空间的营造。某种程度上可以说，除了工作区域不同，乡村国土空间设计与城市设计的本质是相通的，都是多学科的研究方法，都是通过对空间的认识并运用设计手法协调区域内各要素之间的关系，以满足空间实际需求和解决空间治理问题，为人类提供舒适和谐的活动场所。毫无疑问，乡村国土空间设计与传统城市设计两者间当然也存在差异。

1）源于村庄与城市社会构架和空间特性不同。乡村首先是“熟人社会，乡村空间从用地类型到空间尺度、类型都较城镇地区简单”。基于对这一社会关系体系的认知，乡村空间往往具有人口密度较小、田园特征明显、土地利用粗放等普遍性特点，但是“麻雀虽小五脏俱全”，内部蕴含的自然景观、文化基因、生活脉络、社会互动却是丰富多彩的。从格局形态来分，具体可以大致分为居住生活、经济生产、自然生境、传承文化几大空间，其中居住生活空间类型的形态更为复杂，可以进一步细分为民居景观、院落空间、院门空间、街巷空间、集会文化空间等。

2）从规划设计角度来说，村落很少是以一个“理想的规划”为基础，而是与地形及农耕这一特定的产业形式相关联。农业生产和田园景观是乡村特有的文化和生产生活空间。乡村人居环境是以这一大地景观为背景，以乡村聚落景观为核心的景观环境综合体。它的设计涉及乡村聚落的单体建筑和聚落布局形态结构、聚落外部空间环境与大地景观环境特征、聚落与外部景观环境之间的连通体系与物质、能量、信息的连接体系（王云才等，2003）。

3）城市设计的存在往往是为了指导城市某一特定区域或者地块的建设，以利用现代科技快速达到改变城市面貌的效果。但是设计之于乡村应该是毛细管渗透式的，用“土办法”达到新效果。乡村国土空间设计应该允许乡村按照自己的节奏缓慢生长，避免大拆大建，也避免用城市的眼光看待乡村。每个村庄有其特有的发展路径，难以简单地通过提供设计“样板”对乡村国土空间设计全面阐释。乡村国土空间设计并非寻求乡村发展中的个别问题解答，组构样板的要素因此不应是某个领域的目标，而应作为一种跨专业的价值。本书对乡村地区山、水、林、田、湖、草、路、房等要素融合组成的共同体抽象成4类不同侧重的价值观，包括乡村野草味、乡村乡愁情、乡村灵性美和乡村持续性等不同板块，以期为乡村地区不同类型村庄聚落和不同类型国土空间设计提供指引。

（二）与乡土建筑的相互关系

乡村国土空间设计与乡土建筑设计从物质层面上来说，关注的主体都是空间、实体及两者间的作用关系。具体说来，两者的工作内容重合于建筑立面，且具有整体连续性。区别在于空间设计的对象是建筑外部空间及与建筑外立面的关系，而建筑设计的对象则是建

筑本体及它与外部环境的关系。

虽然两者的出发点存在不同，但它们的最终目标却是殊途同归的。空间设计是从乡村整体性的角度出发，考虑村民的利益和意志，客观评价村庄内部空间环境与建筑物之间的相互关系，对环境加以完善；建筑设计则是就建筑单体而言，取决于设计委托人的目标价值取向和个人利益。委托人显然是希望个人利益最大化的，因此有些时候会对乡村整体的环境产生消极影响。只有国土空间设计与建筑设计在乡村建设活动中达到一定和谐关系，空间设计充分考虑个体需求，建筑设计服从空间设计规则，运用恰当且体现地域文化的设计语汇和材料，才能最终共同达到环境整体效果。

第二节　乡村野草味国土空间设计

一、乡村农业景观设计的价值意义

随着人类文明的发展，乡村农业景观这种“人工化的自然”所具有的独特性，不断地体现出其对于人类文明的内在价值。农业空间的设计可以从 3 个景观尺度展开：一是农业区块整体与外围自然和聚落之间的衔接关系；二是农业空间内部线性地物，如水渠、小径的结合关系，以及农田组团的结构方式；三是以单一田块作为设计对象的尺度和形态设计（侯晓蕾等，2015）。

（一）农业文明时期：生产性与审美性的统一

农业文明时期，人类直接从农业劳作中获得所需要的最基本的生活资料，人类的衣食住行都直接或间接地与乡村有着密不可分的联系，它对人类具有特殊的重要性，特别是表现在生产性上。由此，生产性成为人类对乡村景观审美的第一动因：农民们勤勤恳恳地在田地里耕耘，他们的目光世世代代专注于眼前的作物，就像看着自己的作品，也像看着自己的婴儿，充满了爱心爱意，一切都在掌握之中。作物的长势符合他们内心的期望，这正是他们人生最大的欣慰之处，也是人类对乡村景观审美的情感基础。

除此之外，对乡村景观的审美还体现在其良好的生态环境上。乡村景观所体现的生物多样性、景观丰富性和各种要素的协调性反映出自然生命有机的联系。在这个万物各按自然本性存在的世界里，一切都是自然而然、欣欣向荣和美好的。乡村景观也蕴涵着生活美，俄国现实主义美学家车尔尼雪夫斯基提出过“美是生活”的论断，乡村景观是人的生活表现之一，从乡村景观中，人们最容易读出人类的文化、人类的情感、人类对待自然的态度、人类的生活方式。它给人的审美感受是舒畅恬静，富有安逸的生活气息，因而乡村景观也就特别具有魅力。在中国传统农业社会中，在野知识分子深受中国传统的儒家文化和道家文化的影响，标榜乡村田园风光之美，突出乡村风光的精神纯净性，来对抗世俗社会人性的异化。

总之，在农业社会中，农业开发活动创造了农业文明所特有的“田园风光”，体现了人与自然的和谐相处，也体现了生产性与审美性的统一。

（二）工业文明时期：乡村突显出环境的意义

工业革命因其划时代的历史意义而彪炳史册，它改变了人类生产方式，从手工生产变成机器生产，人类进入工业文明发展阶段。但工业文明也给城市带来了灾难性的影响，农业时代作为贵族居住和休闲的城市很快就变成了工业生产的基地，拥挤肮脏和工业污染随之跟进，城市成为矛盾的焦点。此时，乡村的环境价值就突出地体现出来。

伊安·麦克哈格（Ian McHarg）在《设计结合自然》的开篇一节“城市与乡村”中有关于城市和乡村环境状况鲜明对比的生动描述：“离我家约 10 英里就是格拉斯哥市（Glasgow）。这是基督教世界中最为苦难城市之一。堪称具有无限产生丑陋能力的城市，犹如由黑烟和尘垢粘合起来的一堆废弃的沙石……在去格拉斯哥的路上和城市的大部分地区是找不到使人愉快的地方的，到处充满了肮脏、灰沙、贫困邋遢，呈现出一片难以形容的沮丧和凄凉景象。”而“另一条路线（去往乡村）总是令人兴奋的，从一些很小的事物中就能找到欢乐：桥影之中必能看到静静的鳟鱼、跳跃的袜鱼，一刹那飞奔而过的牡鹿、小羊羔爬上了高山……如果给我选择机会，我肯定会喜欢乡村，因为那儿比其他地方能找到更多的愉快、鞭策、报偿和有意义的事。”

在延续着农业文明时期所具有的价值意义的同时，乡村明媚的阳光、新鲜的空气、鲜花盛开的果园、落英缤纷的田野等自然气息，在工业文明下也突出地体现出对于城市环境、对于城市居民的环境价值和休闲游憩作用，成为一切美好事物的源泉，也是智慧的源泉，对后来的空间设计思想产生了巨大的影响。

（三）后工业文明时期：更彰显地域文化价值

第二次世界大战之后，大约从 20 世纪 60 年代开始，先进的发达国家和地区经济高速腾飞，产业基础从工业文明转向以信息与通信技术、电子技术、空间技术、海洋科技、生命科学等新科技为轴心的后工业文明经济体系或知识经济体系，这一崭新阶段以信息的全球化作为标志，覆盖全球的信息网络将深入世界每一个角落，整个世界卷入全球一体化的发展背景之中。全球一体化使得各民族和地域的文化在相互交流过程中，超越本土文化的狭隘性而逐步达到文化认同和价值认同。

全球化的现象，本是人类的一大进步，但同时也破坏了传统的文化，导致地域文化的消亡，这引起了很多有识之士的担忧。因为，地域文化正是一个艺术家成长的本体，一片热土永远是艺术家的生命本源和创作源泉。比如高更由于厌倦都市生活和向往异国情调，去南太平洋上的法国殖民地塔希提岛，用线条和强烈的色块描绘了岛上的风土人情和岛民早已忘怀的古老神话，其作品所具有的装饰风味正说明了地域文化对艺术的影响。阿里夫·德里克在《后革命氛围》里说：“无法想象在当代国际性的文化交流过程中，如果没有地域性的分别以及各种地域文化的符号和传统的精神资源，当代社会会是什么样子。”

在此背景下，乡村景观除了以前所被认知的生产性、审美性和环境价值之外，地域认知价值和文化历史价值得以显现。乡村景观是自然因素和人文因素的综合反映，气候、地形、水文、植被等自然因素，在乡村景观的构成中都打上了地域的烙印，而社会组织、生产特点、文化传统、风俗习惯等人文因素也在乡村景观的形成中扮演各自的角色。这就造成了不同地区乡村景观的不同，体现出地域独特性。乡村景观的形成也反映了一个地区人们的生产生活、社会文化等发展状况，凝聚着丰厚的地域人文精神，是地域记忆的集中体现，具有宝贵的历史文化价值，对社会的发展和人类的进步有着重要的意义。乡村景观作为地域历史和地域内在文化的实物见证，如同一个活的博物馆，比历史记载更为可贵，成为延续地域历史文脉、解读地域文化、推进社会文明的积极要素。

（四）未来文明时期：寻找乡村味的诗居之地

在远古农业社会，人类暴力导致的死亡人数占死亡总数的15%；而在20世纪，这一比例降至5%；到了21世纪初，更是只占全球死亡总数的约1%。2012年，全球约有5600万人死亡，其中62万人死于人类暴力（战争致死12万，犯罪致死50万）。相较之下，自杀的人数有80万，死于糖尿病的更是有150万。现在，糖可比火药更致命（赫拉利，2017）。2014年，全球身体超重的人数超过21亿，而营养不良的人口是8.5亿。预计到2030年，人类会有半数身体超重。2010年，饥饿和营养不良合计夺走了约100万人的生命（Dobbs et al.，2014），但肥胖却让300万人丧命（赫拉利，2017）。

人类社会演进存在一个基本事实：人必须获得物质能量才能生存下去，而且获得的能量较多才能更繁华，才能发展出进化、精致甚至奢华的聚居形态。然而，人类聚居的演进从开始以物质形态为主，必然逐渐转向以物质和精神相结合并以精神文化为主导的更高阶段（莫里斯，2016）。世界聚居形态以文化传统和美学思想，可简单地分为中国和西方两大类，它们在设计理论、布局形式、建筑结构和审美情趣上是迥然不同的。然而，人类从非洲的绿色森林中走来，沿着绿道走向欧亚，依绿色植物而生存，对以绿色为主体的生态环境有一种与生俱来的遗传基因和偏好。故而，无论是中国的“黄鹂”，还是西方的“黄鹂”，似乎都偏好在翠柳中吟唱，似乎都在追求诗意栖居，从而呈现“两个黄鹂鸣翠柳”的相同自然情怀审美旨趣——诗居乃人类聚居的精神归宿。人类未来的文明演进，必然都会在寻找具有乡村味道的诗居之地。

乡村地区是人类生存最具有生命力的环境和风景，是生活空间的原型所在。乡村地区的青山、碧水、蓝天和绿野，所蕴含的自然环境性、乡土风景性、生物机能性、绿色丰富性、河川共生性、原野广阔性、四季多彩性和景观动感性等，具有无限的价值，是人类最适宜的诗居之地。那里不仅是生存的场所，还是诗居的精神寓所。它会让你的精神有所归属，心灵有一个安顿之处。无论斗转星移、世事沧桑，诗居带给你将是永远的精神故乡，是生生不息的精神归宿，找回人的精神家园，实现心灵的自由和个性的解放，这是人类生存的至高境界。生活在城市，永远很难诗意栖居地生活，永远感悟不到“枕上诗书闲处好，门前风景雨来佳”的意蕴。

二、乡村野草味设计的核心要义

（一）核心价值选择

无可否认的是，华夏文化源自乡村。大多数中国乡村以农耕为业，从而产生了繁盛的农耕文明，比如农村这个词，就是直接用农耕产业来定义乡村的。“所古先圣王之所以导其民者，先务于农”，而“务农重本”方是“国之大纲”，这些思想体现了农耕文明在中华民族传统中的核心地位，记述了乡村对华夏文明的孕育（吕不韦，2015；房玄龄，2015）。天人合一、道法自然，在一片能够播种的风水之地，顺应自然形势，造屋弄田，安居乐业，老少相宜，这是中国美丽的乡村景象，也是乡村野草味得以体现的底色。它的实现首先要求乡村国土空间设计在乡村范围内的自然大地上秉承一定的设计理念和价值选择。

1. 尊重自然，保持景观的完整性和多样性

根据国外的经验和教训，单纯以经济发展为目标将会使最后集约化的现代农业景观变得十分单调，生产量上升的代价是景观多样性的下降、当地生物物种的减少和土壤侵蚀的增加，造成农业资源与环境问题之间的冲突（张晋石，2013）。21 世纪可持续发展的乡村空间应以多样性为前提，运用多学科的知识，把农业耕作景观空间作为一个整体来思考和管理，达到整体最佳状态，实现优化利用。

从广义来说，农业景观是农田、草地、耕地、林地、树篱和道路等的镶嵌体，表现为物种生存于其中的各类破碎化栖息地的空间网格，也可以认为农业景观是任何形式的农业活动在具体地域空间上的落实（Turner，1990；王仰麟等，2000）。多样性则是在这一系统中，环境资源（如物种、生境）变异性和复杂性的量度，包括物种多样性和景观多样性（即生境或生态系统的多样性）。农业景观是维护生物多样性的重要自然资源，德国约75%的濒危物种依赖于农业用地（占全国的 50%）和林业用地（占全国的 30%），其中包括了相当比例的濒危物种（Tscharntke et al.，2005），中国的农业景观也同样维持着大量生物物种和濒危物种。除了提供生态系统服务，高生物多样性的农业景观往往更具吸引力，能够激发人们的满足感、幸福感和获得感。从狭义来说，农业空间主要指的是各类农田类型。我国幅员辽阔，农田类型也极为多样化，如梯田、圩田、沙田、架田、潮田等，每一种类型都代表一种农业利用方式，所呈现的农业景观也具有差异性，例如广西桂林的龙脊梯田、浙江杭嘉湖平原的唐楼圩田、两江流域的圩垸、两广地区的架田、珠江三角洲的桑基圩田等。可见，即便是同一类型的农田，也有多种表现方式。每一种农田类型的出现，都与当地地理特点和农业类型分不开，例如东南沿海平原地区的圩田，因为我国东南滨海平原地势低洼、水网和湖泊密布，古代智慧的劳动人民通过梳理水系、筑堤、设闸，形成了特有的圩田景观。这是千百年来历史变更形成的“景观本底”，几乎每一寸土地都被精心“设计”。即便城镇化进程使得生产方式发生了改变，但是现代的乡村国土空间设计，不能摒弃过去传统农田景观的风貌，而应顺应区域文化景观的演变。

农业景观是受到人类干扰活动最频繁、与人民生活关联最为密切的空间。在乡村国土空间设计过程中，应尽可能有效地保护自然景观资源（森林、湖泊、草地、沼泽），维持自然景观过程和功能。同时，依据自然生态系统和生态过程进行景观设计，可减少投入，形成优化的景观，实现生物与环境之间的和谐统一。例如选择本地林木树种；依据自然形态种植，并且与轮廓线斜交，呈曲线形；增加边缘的复杂性，按地表面起伏进行调节；注意目标种对栖息地的不同要求，诸如土壤、阳光、荫蔽或暴露的生境等。景观设计的一大特色就是以曲代直，实质上，就是强调与大自然山形水体的结合呼应，这也应和了《园冶》中所述“虽由人作，宛自天开”的真谛，生态美学原则在生动的人文景观设计中显得尤为重要。

2. 以农为本，建立美丽高效的田园格局

农田是农民赖以生存的基础，而且农田犹如花园，我们不能忽略那些繁茂、饱满的农作物是劳动带来的最原始的美。农民是国家最好的园艺美化家和维护劳工，也是优美景色的保管人。随着乡村振兴战略，各地涌现出“民宿热”“田园热”，大量国家财政和社会资本投入乡村地区。但是也随之产生了一些乱象，乡村的活力在逐渐衰弱，农田景观的丰富性在逐渐消失。农田是具有生命力的土壤，农民是乡村审美的主体。山林、草地、河流、田野、牧场这些具有强烈农业特色的要素是农业文明不可或缺的环境土壤。值得一提的是，水利系统在农业空间中常常扮演重要角色，它对构建完整的景观空间，衔接农业空间与其他空间都有重要的形态支持作用。例如都江堰及其周围众多灌溉渠形成的水利系统，是成都西部林盘景观形成的基础（图 6-1）。

图 6-1　都江堰水利系统图

资料来源：http：//www. wendangwang. com；https：//www. douban. com/note/731421258/？type=like.

乡村是重要的经济地域，单元不同，社会发展阶段和乡村形态不同，经济地域功能不同，乡村资源利用方式也不同。由于受农业技术、自然条件、自然资源和耕作方式等多种因素的制约，农业的粗放性和低效性一直是困扰乡村经济发展的重要环节。建立高效的人工生态系统，是乡村国土空间设计的重要准则和出发点之一。

3. 因地制宜，延续地域景观的历史特征

不同地域的地形地貌决定了场地条件，形成了自然和人文特征。这便是渔村、山村等乡村名称的由来。荷兰风景园林师有一个普遍接受的观点，认为人类对过去的认识是人类存在的重要方面，在一个不断发展变化的世界中，延续历史可以提高幸福感、稳定感和安全感。不论是思想还是日常生活环境，现在都是叠加在过去的基础上的。设计未来需要观察现在和过去，新的环境与过去完全割裂会形成“文化断层”。当然，也包含有生态因素的考虑：因为随着时间的流逝，所有的生物体已经发展、适应了它们周围的环境，当环境突然改变，需要用很长的时间来恢复。设计师在进行设计时，应对场地进行彻底的调查和分析，强调保护现有的土地布局和形式，从历史中去寻找踪迹——老的肌理、历史遗迹、稳定的植被类型，将现状融入新的设计中去，这样形成的新景观将与其他环境明显区分，成为独特的场地（张晋石，2017）。

设计要因地制宜是一句被重复了无数遍却也不那么容易达成的语句。因为这是一项需要时间去履行的使命。日本著名建筑师安藤忠雄（郭海鞍等，2019）曾历时20年在濑户内的直岛设计了一系列艺术馆建筑，并且逐步地完成，在这座面积不及8.13平方千米，人口不足4000人的小岛上逐步开展了一系列的建筑与艺术实践活动（图6-2、图6-3）。通过这些项目的设计，安藤忠雄得到的最大的认识是："不要去破坏自然的地形及周围的自然风景，应该利用其原有的地形去做你的建筑设计。"（梁漱溟，2011）可见，体现当地景观特征，不生搬硬套其他地域的景观利用模式，从地域本底缓慢展开，不疾不徐地完成创作是多么有使命感和成就感的一件事。

图6-2　濑户内岛旅宿（青凪）照片

资料来源：http：//5b0988e595225.cdn.sohucs.com/images/20190308/2aa470b2478a47b2bd73126f7a81598f.jpeg.

图6-3　濑户内岛鸟瞰照片

资料来源：http：//blog.sina.com.cn/s/blog_ a59c4e3c01013oed.html.

（二）乡村意象设计

在人类认识环境的过程中，环境记忆方式是极其重要的因素。人对环境的心理意象即心智图是人们常用的一种记忆方式。凯文·林奇将心智图运用于城市研究，提出了城市意象五要素：道路、边界、地区、节点、地标。但是意象是带有社会文化差异和个体差异的，它体现了社会、文化和物质等各种环境属性，包含了特定的存在者、存在方式和精神意义，西方的城市意象很难适用于中国的乡村地区。Robert Brush曾研究过美国不同人群在开车经过乡村的不同感受，让被测者对城市、森林和农场3种不同景观的喜爱程度进行排序。被测者被分成农民、伐木工、森林管理者、湖区协会官员、南方的游客和北方的游客6组。实验结果表明：所有的人都不喜欢城市景观；除农民之外，大家都最喜欢森林景观；而农民最喜欢农场景观。由此可见，居住在城市的人更喜欢自然的景观，家乡的景观对人们的景观喜爱度评价有一定的影响（Brush，2000）。

乡村景观意象是人们对乡村空间的认知过程中，在信仰、思想和感受等多方面形成的一个具有个性化特征的意境图式（Mental Map）。根据景观意象的形成来源和过程，乡村景观意象可以划分为原生景观意象（Organic Image）和引致景观意象（Induced Image）两大类（王云才等，2003）。原生乡村景观意象是通过对乡村的亲身感知后获得的景观意象，而引致乡村景观意象是通过一切媒介所获得的对乡村的景观意象。获得引致乡村景观意象的途径很多，在历史时期，人们可以通过小说、诗歌、风景画等获得某一乡村的景观意象。随着现代科学技术的发展，人们在通过传统手段的同时，通过影像技术、信息技术等获得引致乡村景观意象。在乡村国土空间设计中，继承和保持传统景观和景观意象是其最高原则。

乡村景观意象具有个性化、地方性、社会性等特征。从“重农抑商”的封建社会，到后工业时代，随着人民生产生活方式的转变，我国的乡村景观随着时代的变迁也发生了天翻地覆的变化。面对未来，中国乡村必须寻找带有中国印记的景观意象。根据笔者对中国乡村的走访和认识，以及对乡村景观联想事物的归纳总结，乡村意象中物质形态内容大致可以归纳为6个主要元素：自然元素、农田景观、人工构筑物、道路、人、动物。其中，自然元素所联想到的关键词有河流清溪、芦苇水塘、虫鸣、山泉、树林、大树等；农田景观所联想到的关键词有田野、油菜花、梯田、菜地等；人工构筑物涉及的关键词是茅草屋、小桥、鸡舍、竹篱等；道路更多的让人联想到林荫道、乡间小路；人的形容词则是淳朴的农民；动物类的词汇有鸡犬、家禽、家畜等。通过这些语汇大概可以勾勒出乡村的整体景观意象，这或许就是人们心目中的“桃花源”的全貌，也几乎是每个中国人心目中完美乡村的样子。

三、乡村野草味设计的语言和要点

（一）野草味的设计策略

在多年乡村振兴过程中，设计师往往以建筑和聚落为设计核心切入点，通过各种设计语汇，切切表达对传统建筑传承的渴望。但是忽视村庄外部形态，即所处村域范围内的自然环境，会使得乡村的地域文化表达不够完整。土地利用是居民从事农业生产和农耕文明的直接反应，也是在农业生产过程中认识自然和利用自然的具体形式（刘大平等，2005；王绍增，2005）。从整体人文生态系统理论来看，由于农业活动属于半自然、半技术生态系统类型，土地利用景观综合表达出自然与文化景观的综合特征。同时，由于土地利用受到地形、水体、耕作方式、农业类型、人口规模等因素的具体影响，不同自然环境的土地利用类型不同，形成的土地利用形态也不同（王云才，2009）。从典型区农业生产对土地利用肌理来看，江南水乡呈现为极不规则且小尺度的土地利用形态；珠江三角洲平原则是极为规则的“基+塘”结构；华北平原表现为大面积规则分布田块，利于旱作；皖南地区多坝地和梯田结构，因势利导利用丘陵地形，等等。因此，乡村国土空间对自然环境的设计应该秉承以下设计策略和思路：

1）延续场所文脉精神。人说建筑是种姿态（青锋，2008）。乡村自然环境是受人类活动干预、滋养出来带有观念性的人文景观，同样具有自己的气质与姿态，它表达的是场所的文脉与精神，也留有一代又一代人的记忆。古今的人们以此为媒介进行跨越时空的交流，而延续文脉是我们这代人在时间中为其叠加的文化厚度。

2）活化农业生活体验。未来无论景观也好，产业也罢，终将从观赏性走向体验性。这本就是找回人与自然和谐共处的生活方式之一，也是城市里长大的人们体验农村、回归自然的合理方式。人人动手，捕捉情趣，是对乡村的最好诠释。

3）保留景观变化过程。过去几十年的城乡建设表明，中国人更习惯于设计一个固定的结果，或者说更关注建设的结果。但是事物一定是发展变化着的，其有趣之处也正是这变化的过程，例如美国的高线公园（The High Line Park）保留了原始的铁轨和其中野生的杂草，野生植物顽强的生命力和绽放的生命色彩不仅展现了美丽的生命过程，也降低了维护成本。同样的，乡村自然人文景观随着四季更迭而呈现不同姿态，比如田埂上的小花、青石板上的青苔、蝉鸣和鸟叫，这些具有生命力的细节都应成为乡村最具有吸引力的一部分。

4）灵活运用乡土材料。乡土材料除了具有就地取材的便利性和经济性以外，也与当地风俗文化具有更高契合度。事实上，很多乡村建筑师在这方面已经做了诸多尝试。普利兹克建筑奖得主王澍就曾运用700万旧砖瓦设计中国美院象山校区，也曾用夯土墙、抹泥墙、杭灰石、夯土建造垒砌等方式设计杭州市富阳区洞桥镇文村。乡村国土空间设计作为乡村向空间的一种延伸，应该运用乡土材料传达一种讯息，遵循中国传统人与自然统一的概念，把自然和本土文化融入设计中去。

（二）设计语言的地域性表达

借鉴《建筑语言构成的复合系统》（布正伟，2000）一文对建筑语言的建构和《风景园林设计语言的地域性分析》（肖辉，2008）对风景园林设计语言的建构，本书将乡村国土空间设计的设计语言构成分为：表达具象性状的表征设计语言和表达内里精神的内涵设计语言。更具体来说，表型特征是“果”，而内涵基因才是“因”。而现实中的设计往往凭借设计师的直观感受和经验完成设计，却模糊了表征后的“因”。因此，笔者认为，乡村国土空间设计应参考循证设计的原理，通过观察“果”的时空变化，探寻背后的控制内里，从中提取合理的地域性设计语言，运用到新的设计中去。

1. 表征设计语言

表征设计语言表达的是乡村世代相传的外在表现特征。通常设计师从进入乡村调研开始了解的设计范围、社会经济发展现状、乡村布局形态和肌理、山水格局、土地利用现状、交通道路网络、建筑造型和使用情况等，都是可以通过观察分析而直观呈现的特征。

景观源于自然的本性，自然环境自始至终对乡村自然空间的外显形态起着决定性的作用，设计师需对它进行一种感性而又科学的解读，始终关注并试图了解将要设计的区域，寻找很小但可以激发创意的元素。对于自然环境的设计，我们可以从气候要素、地形地貌、乡土植物3个方面抽象出乡村国土空间的设计语言。

（1）气候要素

在影响和决定地域设计风格的自然因素中，乡村所处地域的气候条件是一个最基本、最具普遍意义的因素，是衡量形式存在合理与否的第一把标尺。气候条件影响着水文条件、生物条件、地形地貌等多方面要素，也造成人们生活方式的差异，从而极大地影响到设计风格的形成。

哈佛大学教授乔治·哈格里夫斯（George Hargreaves）在烛台角文化公园（Candlestick Point Cultural Park）设计中，受到经常侵袭这里的强风的启发，顺着风的主导方向开创了一种开放式景观设计新语言。在这种语言中，“各种元素诸如水、风和重力都可以进入并且影响到景观”（Beardsley，1995），表达了他对自然因素独到的感受。哈格里夫斯用一块沿着一定坡度伸向水面的草坪，在几道弯曲的土堤的中间切开了一道缺口，一直伸入水中，形成了一个开敞的迎风口，用“风之门”引导人们向大自然敞开怀抱。哈格里夫斯通过对风特意地予以强调，让自然因素成为设计的主角。日本建筑大师安藤忠雄的光之教堂（图 6-4），更是利用自然光线与建筑的结合，让人体验“时间”和“场所”相互影响的变化关系，那种人与自然的交谈已经超越了设计的单纯表达，对渲染意境也起到了很好的效果。

图 6-4　安藤忠雄光之教堂照片

资料来源：https：//you. ctrip. com/sight/ibaraki1447061/1413050. html.

（2）地形地貌

人类选择聚居地最初就是希望最大限度地取自然之利，而躲避自然之害。古代中国的地理就有“九州”之说，即《尚书·禹贡》中的“九州”：冀、兖、青、徐、扬、荆、豫、梁、雍。这种地理结构，很明显地看出它的“内向性”或“六合”（肖辉，2008）。从地理学角度看，中部豫、鄂、皖、湘、赣结合了南北地理特征，形态丰富；北方京、津、冀、晋、内蒙古一望无垠，山峦巍峨；南方桂、粤、闽、台、琼、港、澳等江河蜿蜒，山岭野趣；东北辽、吉、黑关外风景，原野淳朴；东部鲁、苏、沪、浙南北以长江为界，各有千秋；西北陕、甘、宁、青、新天然气质辽阔豪爽，个性鲜明；西南渝、川、黔、滇、藏自然形态丰富多样，植物繁茂，高原雪域。当然，从区域尺度考虑的地形地貌，浓缩到场地尺度或者场景尺度，则应该考虑场地现状特征。在地方性特点的营造过程中，充分融入区域地形地貌的特点，利用场地微地形的起伏是对“场所”的一种培育行动。这种关系并非被动地适应和仅仅保存原有景观，而是将景观创造性地融入环境之中，形成更加完美的景观。

墨西哥景观设计师马里奥·谢赫楠（Mario Schjetnan）设计的泰佐佐莫克公园（Tezozomoc Park）（图 6-5）追溯了墨西哥中央河谷地区的历史及被西班牙占领时期的湖山地形特色，将人造泻水湖湖面轮廓线模拟 16 世纪末墨西哥谷地中相邻的五大湖泊形态和一些著名的岛与半岛，环绕其周围的是模仿该地区地形特点的丘陵坡地（王向荣等，2002；特鲁洛夫，2002）。在美国加利福尼亚州帕罗·奥托市拜斯比公园（Byxbee Park）（图6-6）的设计过程中，乔治·哈格里夫斯改造利用了场地北边成片的废弃电线杆，削掉木杆的顶部，营造出阵列的、平齐的电线杆与起伏多变地形的鲜明对比，成为壮观的大地艺术品而且隐喻了人工与自然的结合，保留和放大了地域的特征。荷兰景观设计师安德烈·高伊策（Adriaan Geuze）领导的WEST 8景观设计与城市规划事务所在东斯尔德大坝（Oosterschelde Weir）项目中同样保留了由于前期花费惊人而没有资金清理的凌乱工地。通过对原场地遗留的石堆平整，建成一片高地，利用附近蚌养殖场的废弃蚌壳，布置成有韵律的带有强烈荷兰色彩的图案。同时也用隐喻的方式表现了荷兰围海造田的国土地域特色（孙卫邦，2003；王向荣等，2002）。

图6-5　泰佐佐莫克公园照片

资料来源：facebook@ Amigos delParque Tezozomoc.

图6-6　拜斯比公园照片

资料来源：http：//yuanlin. civilcn. com/yllw/ghsj/1444964571259431. html.

（3）乡土植物

乡土植物又称本土植物（Indigenous Plants），是经过长期自然选择及物种演替后，对某一特定地区有高度生态适应性的自然植物区系成分的总称（孙卫邦，2003），具有适应性强、易于栽种、维护成本低、生命力旺盛、地方特色鲜明等特点。

乡村国土空间的建设本身就具有资金投入的局限性，重金引入名贵植物不仅具有沉重经济压力，也将会对后期养护的专业性提出较高要求。且外来植物未必能体现本土特点，植物配置的相似性也是造成“千村一面”的重要因素之一。由此，乡村国土空间设计需要遵循科学性、艺术性、地域性、野趣性、经济性等原则。在充分考虑成本的基础上，运用乔、灌、草搭配营造乡村景观，协调平面和立体构图，以及色彩和季相变化。特别需要指出的是，乡村国土空间设计应运用植物打造具有天然野趣的乡村景观，在庭院里、宅前屋后、河流池塘边第一种植虎尾草、三叶草、芦苇等体现乡村田园风光的植物，也可种植玉米、高粱等农作物，既符合场所精神，又节约了成本。

当然，不同地区的典型植物也各不相同。例如，中国西双版纳由于地处热带雨林地区，当地高温、多雨、湿润、静风等独特的气象条件和地理位置，构成了其热带、亚热带植物和热带雨林系统的植物景观特色。油棕、椰子、大王椰子、假槟榔、糖棕、蒲葵、鱼尾葵、董棕等热带常绿树木和具有民族特色的花木成为当地地域性植物景观的主要选择。而我国东北地区地处中温带和寒温带，以自然形成的漫山遍野、郁郁葱葱、雄伟挺拔的针叶林景观为主，植物配置则宜选择冷季型植物，如新疆杨、毛白杨、银中杨、赤杨和榆树等，突出景观特色。

2. 内涵设计语言

村庄的表征事实上是由"乡村基因"控制的，即使表征随着时代变迁为适应环境和生活需求而时刻变化着，"乡村基因"就像"看不见的手"，传递着乡村生命的本源信息。瓦西里·康定斯基认为：形式是"内在需要"的外在表现。人们通过体会和挖掘设计作品表明形象背后的特殊内涵来感知更为深刻的审美意象和获取更具哲理意味的人生思考。以下乡村空间的设计语言表达，或许能够激发更多联想和遐思。

（1）场所精神的传承性表达

乡村生活中对某一场所的利用往往具有公众参与的引导和延续，如村口的大槐树下下棋的老人便给人深刻的"场景记忆"。不同地域文化下产生的空间环境必然携带着某种印记，乡村的社会结构更是决定了这些印记必然是记载、见证，也将传达在这里生活过的人和事的语言，是当地历史文脉的传承符号。空间设计中强调人类活动与所在场所的关联性，就是为了重现某种独具意蕴的空间场景，以达到精神上的沟通。因此，设计师通过对实地深入探究，提取空间符号语言，进行加工、转换、组合、再现，从而传达具有独特意义的空间表达。

（2）传统形式的延续性表达

基因会忠实地复制自己，保持生物的基本特征，正常条件下，生命可能会在遗传的基础上产生变异。但是在环境相对稳定的情况下，农民按照自己的生存逻辑影响乡村发展，并不会产生颠覆性改变，而是遵循原本的表型特征和自身生长的逻辑而变化。但是当越来越多村民走出乡村，受城市审美的影响，归乡后模仿城市建设的工艺、形式、材料、审美，在建设乡村时一味求新、求大、求洋。但是，直接效仿城市的空间形式在效率上、功能上、成本上都不一定与乡村的实际生产与生活需求契合。新的乡村建设不断复制所谓新颖的大城市空间模式，反而吞噬了更有价值的乡村本源基因。乡村国土空间设计应立足于区域历史的延续性、乡野景观的完整性、空间组织的实用性、建筑表达的在地性、资源环境的协调性和乡村文化的传承性，以现代设计语言与传统结合的方式呈现，设计出既符合现代人审美和使用需求，又能传达深刻历史文化意蕴的空间形式。

（3）地方民俗的关联性表达

费孝通先生曾说过："一个民族总是要强调一些有别于其他民族的风俗习惯、生活方式上的特点，赋予强烈的感情，把它升华为代表本民族的标志。"作为世界遗产委员会文化景观分类标准下"有机进化的景观（Organically Evolving）"中的连续景观（Landscape-Continous）子项，乡土景观很大程度上是地域习俗（Convention）的一种动态的映射，并且随着文化的变迁而进化（李畅，2016）。即便在乡村发展过程中，一定会融入新的空间形式和设计制式，以满足日益现代化的生活方式。但是乡村的传统民俗是无论如何也不能舍弃的底色。乡村空间的设计无论是整体平面布局和肌理的变化，还是邻里方案的迭代，以及宅前屋后场所的营建和建筑排布，应充分考虑地方生活方式，尊重乡村演变规律，在保护和保留地方民俗文化的基础上，拓展、延伸、变化、创新。我们不想限制和约束乡村的自然发展进程，但也不希望遗落了时间长河里沉淀下的瑰宝。

四、乡村野草味设计的要素和构成

乡村中空间要素和景观构成是乡村空间最典型的对象。考虑到耕作方式的逐渐转变和全球竞争力的影响，农业景观特征和审美也在逐渐变化。在乡村国土空间设计中，野草味空间要素所诉诸的物质形态内容包括：

1）基本要素。包括农田、水域、山地、平原、高原、丘陵、盆地、草原、林地（果园、林场）、滩地等。

2）水域要素。包括自然河流、水渠、蓄水池、水库、泉、海等。

3）气候背景要素。包括阳光、月光、风、雨、云、雾、日出等。

4）动植物要素。包括鱼、鸟、兽、禽、植被等

5）人文景观要素。包括道路（农道、参道）、小品（稻架、水井、小屋、柴薪、石墙）等。

事实上，目之所及其实都可以称得上要素。本书将对这些主要相关要素进行归纳并加以充实，并增加部分内容展开阐述。

（一）农业空间设计

农业是乡村最基本的生产活动，任何形式的农业活动都必然落到具体的地域空间上，构成各类农业景观，因此由农业生产所形成的农业空间和农业景观是乡村人文景观的主要表现。农业空间设计在很大程度上是景观美学与生态学原理对农业生产过程共同作用的过程。狭义农业空间，即草地、耕地、林地、树篱、道路等的镶嵌体，表现为有机物种生存于其中的各类碎片化栖地的空间网格。对农业空间的设计需要考虑田块斑的大小和形状、田缘线、防护林网眼规模、水系廊道的宽度和连接度、自然干扰的频度和分布、异质景观单元的特征等问题。从景观生态学角度来看，由于农业空间占地面积广阔，农业生产性景观在一定程度上也决定了乡村的整体意象，农业除了常规的第一性生产功能外，还具有宏观环境背景功能，即作为乡村底色和基质的作用，对农业空间的设计可以从其的生产性、观赏性、自然性、体验性层层递进。

1）农田是人类较早通过改造自然用以生产的土地利用方式，它承载着农业工程设施和农作物生产景观、农业工程设施景观，如水库、堤坝、沟渠、挡土护坡、喷灌设备等。在大量生态学的技术批判理论中，丹尼斯·梅多斯领衔的罗马俱乐部于 1972 年发表的研究报告《增长的极限》认为，人类社会已经经历过两次大的革命：第一次是为了解决满足食物所需的野生物种匮乏问题所进行的农业革命，第二次是为了解决土地和能源匮乏问题所进行的工业革命，而接下来的一场革命则是走可持续发展和可再生农业的道路：可持

续革命也将改变地球的面貌，改变人类个性、知识和文化的基础；可再生农业能改善土壤，使用自然手段来保持肥力和控制病虫害，并生产出充足的、未被污染的粮食。”（梅多斯等，2006）如若是这样，人的审美或许在不远的将来将从对技术的崇拜重新转向对自然的亲和友好，对农业生产敞开审美感官。当然，此时将不再是依赖于自然的姿态，而是和谐美丽的审美模式。应注重保护乡村传统的山水根据和生产区域的原始肌理和脉络，使其在传统形态和思想内涵上得以传承。

2）在有效保护“底色”的基础上，合理挖掘景观要素，展现优美的乡村景观，使农业空间成为可观赏的一部分。例如，农作物生产景观按照生态农业的原理进行科学种植，通过对农、林、牧、渔土地的综合利用，强化生产过程的生态性和艺术性及规律秩序的美感，提前规划作物布局，形成果蔬、粮食的间作，使农田呈现多样的季相变化，体现重复的节奏感和韵律感；同时把丰富多彩的农业种植和养殖结合在一起，以体现生态农业的内涵。利用物质能量多层分级利用原理使资源充分转化，提高利用效率，通过桑基鱼塘、稻田养鱼、禽-鱼-蚌共生等多种方式的生态养殖模式实现物种共生和互利互惠，实现可持续发展目标。此外，从广义的角度，还可以考虑光与色的形式美感，油菜花的明黄色、麦苗的青葱色、高粱的酱红色，都是农业之美的朴素体现。

3）除了粮食生产功能，农田还是一个具有生态服务功能的重要因素，对人类生存和区域的可持续发展意义重大（林金煌等，2019）。通过生态沟渠的设计，在沟底铺设透气石材并种植水芹等对污染物吸附能力较强的植物，在沟渠的侧坡搭建生态阶梯供青蛙等有益小动物通行，在植物净化水体的同时还可为小动物提供栖息的场所和通道（图 6-7）。诸如此类细节的考虑在此处尤其凸显人与自然和谐共生的理念。

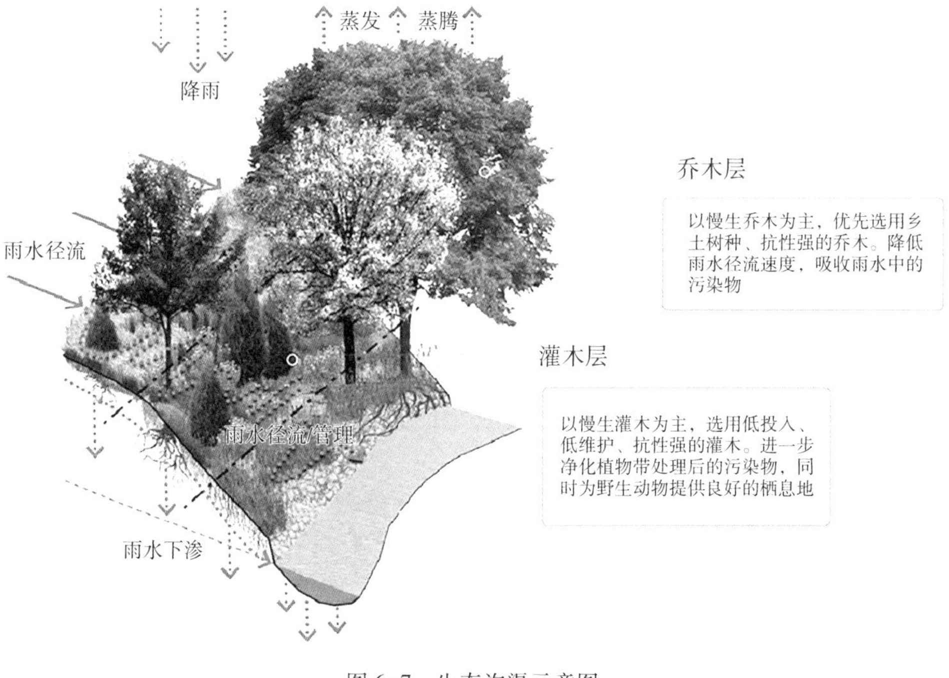

图 6-7　生态沟渠示意图

资料来源：https：//bbs. zhulong. com/101020_ group_ 688/detail39246274/.

4）作为一种兼具文化、生产的景观，农业空间有着很高的经济性和空间异质性，农田景观从广义上来说，还承载着一定区域的地域特色、文化习俗、生活风气（图6-8）。如西南地区的梯田景观、长江平原的稻田景观，根据区域气候、土壤、水文差异，表现出不同的景观特征。对这类特殊农业景观可以通过在恰当位置设置景观廊道、观景台的方式，为游客提供观赏角度和体验感，同时避免对生产活动的过多干预。

（二）水域空间设计

水是乡村发展的脉络，流水与土地的多相催化作用也带给乡村一丝灵性。与城市水体设计不同的是，乡村中的水体除了景观观赏用途之外，还需兼顾农业灌溉功能，在一些偏远地区尚未覆盖自来水供水系统之前还需兼顾洗汰功能。

乡村中的水体除了灌溉渠道以外大多是以自然形态分布的，空间设计中首先需要考虑水体的自然生态性和水体动植物的多样性（图6-9）。所谓自然生态性不仅限于保持水体本身的自然属性，如对水域进行水体净化并达到一定的景观美学价值；在岸边通过种植观赏性植物，并交错堆砌卵石以防止水土流失；建立茭白、苦菜、睡莲等不同生活习性的合理水生植物群落结构，抑制悬浮物的产生，吸附污染物，提高水体生态系统的健康水平。还包括尊重水体本身的流向，切忌“截弯取直”等。此外，驳岸的亲水功能也是不可忽视的设计内容，可以通过阶梯、亲水平台、亲水步道等方式创造亲水的可能性（图6-10）。一来，可以满足村民日常生活用水；二来，可以兼顾休闲娱乐的亲水活动及人们日益提高的精神需求；三来，人工驳岸和自然驳岸穿插、人行通道和水流生态通道交错（图6-11）的设计在增加景观丰富性的同时，也为运用植草沟渠等景观手段净化水体提供空间可能性。从驳岸建设材料来说，宜采用土、石、木材等易于获取且天然的材料，尽量减少对已有驳岸及乡土风貌的影响。

图6-8　农业空间效果图

资料来源：荷兰都市方案规划建筑设计事务所。

图6-9　乡村河道景观构架图

资料来源：http：//www.artcurtisgardenart.com.

（三）乡村道路设计

为什么记忆中的乡村道路总是狭窄的？事实上，村庄本该具有自然生长的样子，道路就要把空间让给天地、环境。这是一个生存意识，也是非常朴素的生态意识。因此，农业

图 6-10　生态河堤示意图

资料来源：http：//www. divisare. com.

图 6-11　生态通道示意图

资料来源：http：//www. plataformaarquitectura. cl.

空间和自然环境中的乡村道路设计应以可达性高、易施工、易养护为目标，同时在方便劳作的同时尽可能相应增加一些野趣和自然生长形态（图 6-12）。道路可分为车行道和人行道。车行道可以采用生态水泥路面硬化的方式，硬化方式分为生态水泥混凝土硬化、沥青

图 6-12　乡村道路示意图

资料来源：http：//www. pinterest. com；http：//www. tsemrinpoche. com.

混凝土硬化、透水混凝土硬化等；人行道则尽量采用步行景观生态道路建设的方式，宜利用本地河卵石、条石、石子、红砖、青石板、瓦片等传统乡土材料进行铺装，局部可采用利用绿植、挡土墙作为装饰，田间水旁可采用木栈道形式。田埂上则宜种植当地野花野草，这既降低了道路修葺成本，也更体现出乡村本土特色。

（四）林地空间设计

乡村林地类型主要包括防护林、道路林带、生态公益林等。林地是农田的天然屏障，同时也改变了农田生产区一眼望到头的单一景观形态，还增加了当地的生物多样性，维护了生态系统的稳定性。在林地设计中，通过农田林网设计，在沿河和沿路的农田周边种植保护林，以减弱降雨和积水对土壤的影响，同时林木根系还可固坡、稳固土壤，保持土壤性状；协调近景、中景、远景，充分考虑植物色彩配置。以“绿”为基，突出花化、彩化，尊重季相变化，形成多样化的林地景观（图6-13）。在树种选择上，适地适树，避免单一林相，以乡土树种为主，乡土与外引树种相结合；增加一些生长稳定、抗灾能力强的树种，用以防风、防噪音、防污染，并涵养地下水；合理配置彩化树种花期、颜色，充分考虑乔、灌、草搭配，树高生长，喜光与耐荫性，常绿与落叶的优化比较，体现观姿、观叶、观花、观果、观干的观赏特性。在种植形式上，平面可采取自然式（见缝插针）、孤植、列植、丛植（林中空地）和群植（乔灌成群）结合，林冠下、林缘和林下套种的方式，创造空间层次的丰富性。

图6-13　多样化林地空间意向图

资料来源：http：//www. flickr. com；http：//www. houseandgarden. co. uk.

（五）乡间小品设计

生产性活动的开展除了特定场所外，乡间小品也是农业生产景观的中重要组成部分，是农民进行田间劳作的重要设施。田间小屋、休憩场地、堆场晒场、劳动工具都能体现当地文化和生产特色。设计应秉承“修旧如旧”原则，对具有记忆性的生产空间予以修复，通过基础设施完善和立面改造，在最大限度地延续和保留原有形式基础上，对生产性设施可以通过集聚、变异、融合等造景手法，与景观元素结合，营造具有现实生产场景体验感的景观小品，提高空间质量，延续场所精神。

专栏 6-1

农业空间多元体验设计——衢州市常山县五联村“父亲的水稻田”项目

农业空间设计与景观设计是存在差异的，除了表达情怀和文化，客观来讲它更偏向于展示空间或者场景设计，即通过体验来更好地售卖农产品。这恰好也印证了农业空间的生产性这一首要特征。从通用性角度看，农业空间体验设计需要考虑对生产流程、理念、种植品种、收获时节的展示；安排课程类体验空间；处理好实际生产与体验的关系，避免全部开放等；由于农业成长周期特性，还需要从时间维度考虑设计的连贯性和可持续性。

2014 年，浙江省衢州市常山县五联村率先在网上发起了“父亲的水稻田”众筹项目。项目邀请人们走进老家的稻田，感受春种秋收，挽留最后的农耕生活。因为“这片稻田不仅仅生长粮食，还生长想象、生长快乐”。项目的初衷是为了挽救村里被抛荒的耕地，随着水稻种植过程在自媒体平台上的分享，越来越多的家长带着孩子加入种植体验的行列中。因为现代人的生活离土地越来越远，孩子们早已对“五谷”没有多少认知，也难以体会“汗滴禾下土”的艰辛，还可能不知道饭是怎么来的。孩子们通过在稻田里的劳作、嬉戏，学到了知识，锻炼了身体，交到了朋友，体会了种地的辛劳，更能在秋收时节品尝收获的喜悦（图 6-14）。

图 6-14　在成人指导下收割稻谷的孩子们

人们在项目中体验从插秧到收割的全过程，回归自然。而这样的体验项目设计，也给乡村带回了年轻人和活力，可以谈得上是“双向的奔赴”。随着项目的延伸，五联村在2017年建起了农耕文化展览馆。2021年，当项目进入第七个年头，“稻友们”在稻田里扎起了六七米高的巨型稻草人，他们给它起名为“稻田的守护者”（图6-15、图6-16）。此刻，稻田的体验已然成为艺术本身，而人们通过各种作品在这片土地上表达着人和自然、时间和历史的关系。相信它会成为一种新的文化。

图6-15 “稻田守护者”设计手稿

（赵统光绘）

图6-16 “稻田守护者”制作过程

专栏 6-2

德国乡村设计要素

在德国35.7万平方千米的土地上，生活着8200多万人口，他们多数居住在1000~2000人规模的村镇。德国乡村具有与城市同等品质的基础设施配套，同时也具有比城市更好的自然生态环境，这都要归功于德国政府从乡村重建（Dorfsanierung）到更新（Dorferneurung）到整合性乡村重构（Integrierte ländlihce Entwicklung，ILE）的长期探索过程。德国乡村设计是具有整体性的，1965年原联邦德国颁布《联邦德国空间规划》后，乡村遵循“城乡等值化”理念对乡村开展规范建设活动，包括对基础设施改善、农业和就业发展、生态环境优化、社会和文化保护等方面的全面布局。但是除了对乡村聚落的传统设计，德国乡村还具有以下几方面要素设计值得关注。

一、乡村道路设计

乡村道路对于乡村空间来说，既是美丽归乡路，也是迎来送往的第一张名片。理想中的乡村街道，应该有宜人的尺度，或林荫遮蔽或落叶不扫，天然碎石铺就抑或有些许泥泞（图6-17、图6-18）。未来乡村道路应该是乡村生活的载体，可供人们分享生活。依照德国经验，乡村道路设计关注的主要内容如下：

1）与区域路网衔接，但内部自成体系。德国的乡村道路体系大多是独立的，特别是处于城镇远郊的乡村，空间结构完整，内部道路尺度宜人。虽然欧洲大部分村庄都具备了

图6-17　德国乡村道路

（李浩摄）

相当的机械化程度，但车行系统和人行系统分明，设计尽量规避人车混行。

2）发挥时空转换特征，串联流动性景观。保留道路两侧自然景观和农田景观，不强调行道树或林荫道设计。尊重多样化原始形态，既保留乡土意味，也降低建设成本。

3）街道对乡村熟人社会友好。乡村街道是重要的社交和成长空间。乡村聚落的道路界面可以成为承载商业、聚集等功能的公共空间，以活化乡村空间。

4）建设采用本土材料和透水性铺装。本土材料是体现乡村在地性的基本要素，乡村道路可在一定尺度内拓宽，解决车辆交汇、临时停车与消防问题。

5）适宜非机动车和步行。考虑到未来乡村居住的人群可能有创客、“新乡绅”等，乡村生活模式可能会变得更为多元。乡村道路设计需参考欧洲乡村，充分提升步行、跑步和骑行的体验感，满足“新村民”需求。

图 6-18　德国乡村小路

二、林地空间设计

林地空间是以往空间设计中受到忽视的要素。事实上，与其说运用设计手段影响它，不如说是利用它营造空间氛围。丛林掩映下的袅袅炊烟相信是很多人脑海中对美丽乡村的印象，这里的林地提供了充分的神秘感，同时也是重要的景观底色。德国属于温带气候，植被多为落叶乔木，四季呈现不同季相，与变化多样的地形相互呼应。从远处观赏，林地与村庄聚落形成良好的空间序列，而在村庄中看丛林茂密又是另一番景象。值得一提的是，德国及周边山林中时常会设置游步道，供登山爱好者徒步探险。此外，德国乡村设计十分重视生态景观建设，当乡村建设需要占用森林、绿地造成生态损耗时，必须进行生态补偿，实现与原来相同的生态效应，保持生态功能的持续和稳定（图 6-19）。

图 6-19　德国各色村庄与林地互相辉映

（李浩摄）

三、垃圾回收循环体系设计

全德国都有垃圾回收系统，乡村也不例外。日常的生物垃圾通过专门的生物垃圾桶被收集后，经高温净化处理，保存其中剩余的富含高浓度营养物质的流质物用于农业生产。营养物质的再利用不仅使人类居住区产出的富含营养元素废物以生态可承载的方式进入了自然界的物质循环，而且在一定程度上取代高能耗的化肥生产，为节能做出贡献。一般生物垃圾会由垃圾车每天定时定点回收，而玻璃、纸张等其他垃圾则以一定周期为单位，由专门的绿色回收车上门收取。

第三节　乡村乡愁情国土空间设计

一、乡愁感知型的国土空间设计

乡村在许多人眼中是“落后”的代名词，更多的人趋向于向象征“文明”的城市聚居，争抢城市这块文明的蛋糕。工业革命以来，人们的生活越来越远离大自然，很少有人有闲心去欣赏一片风景，人们开始生活在键钮和指令之中，仿佛只要动动手指，世界的奇妙就会展现在眼前。实际上，人类已经失去了精神家园。于是患上城市病的人又染上了乡愁，希望能从生活世界的另一端：乡村中找回人性的童年：清溪绿岗、花木阳光、田野广阔、村落隐现；宅前屋后栽植着作物、蔬菜，小动物在这里自由生息；一切都透着平和、安定之感，乡村成为人类寻根的源泉（王路，2000）。这便是“乡愁”，它“愁”的是特定的场所和在当下感受到的场所精神。这就要求乡村地区认识并提升现有的“自然适宜度”，建立具有乡愁记忆点的特定场所或场景，是可以承载“乡愁”的空间，例如村口的大槐树、曾摸过鱼的小溪、曾居住过的祖屋，这些场景是保留和吸引人们在此安居的重要乡愁记忆。

费孝通曾在《乡土中国》一书中阐述了中国人的“乡土本色”，提出中国伦理文化中以“己”为中心，向外一圈一圈“差序格局”的社会关系，指出了中国乡村社会的“礼治秩序”，分析了乡土文化的血缘和地缘关系，并得出了中国的乡村是“熟人社会”的概念（费孝通，2008）。这就决定了乡村一定是无数在外务工的人们的心之所系。

近些年美丽乡村建设过程中涌现了一批看上去清一色的马头墙、小青瓦的徽派建筑，村庄的面貌得到了改善。但是很多地方跟徽派没有丝毫渊源，甚至有些村庄地处我国北方地区，仅仅是因为觉得“好看”而建设。也有地方的村庄建得像小城镇一般，居民房整齐划一，村村雷同，早已失去了“鸡犬相闻，瓜果飘香”的乡村味道。这样的“好看”与“美丽乡村”的内涵差距甚远。作为规划者，不禁想问，这个村还是原来那个村吗？许久不回家的孩子还能找到爷爷家的老屋吗？这还能找到乡愁记忆吗？

事实上，乡村不该成为“城里人”的消遣场所，它该吸引乡村人才回流和居住；乡村也不该建成城市的模样，农耕文化和农业才是乡村的本源，中国乡村发展必须尊重农民，为农民营造安居乐业的生活环境。即使随着城镇化的进程，农民的数量在减少，身份在转变，但如何通过传统风貌的设计使农民保留乡愁记忆，激发农民对故土的眷恋，是对农民最重要的人文关怀，也是乡村国土空间设计的核心内容。

早期的村落发展受交通手段、人力及生产活动的限制。村中所有的耕地也只能满足一定数量的村民的生存，继而决定了村落的规模。而且，农耕活动在很大程度上也是集体的活动，因此在村落中构成了特殊的合作形式和邻里关系。小而紧密的村落易于人对事物的把握。小的空间、近人的尺度，易于满足生活其中的人的定向和个性要求。这种小空间的可识别性，作为在社会空间环境中易于定向及个性发展的特质，重新受到了普遍关注。在很多情况下，人们倡导村落的社会集体和凝聚力。乡村聚落形态在其规模、空间组织等方面甚至被认为是一种良好的人居环境的原型。低层、密度适宜、建筑只有两三层，不明显高于树冠，布局上围绕院落、广场或某段街道加以组织，构成小空间的聚落结构和可识别的社区，已是当代许多发达国家聚落规划的一种理想（王路，2000）。

二、尊重地缘血缘的乡愁价值观

在中国，从传统角度来定义乡愁多是指特定的乡村场景、显赫的人物及耳熟能详的民间故事，从现代角度来定义乡愁多是指一种具有人文要素、历史情怀的乡土精神（邹广文，2014）。在国外，“乡愁”一般指代城镇化过程中乡村在地性的、可以触发村民特殊情感的物质或意向要素。在概念上综合起来可以进一步理解为是一定区域内的文化、自然风貌、人文内涵等具有地域特色的要素（袁艺，2020）。乡愁记忆并非个体记忆，而是属于大众的、一代人的记忆。当然，在不断变换的社会背景中，乡愁的主体和内涵也在不断变化，但始终是由空间性、时间性和主体性三大因素共同决定的（陈家欢等，2018）。

20 世纪前后是中国传统乡村社会所面临的“数千年未有之变局”，东西方文化和经济的碰撞打破了乡土社会“生于斯、死于斯”的自循环体系。2021 年公布的第七次人口普查数据显示，2010—2020 年这 10 年间，乡村人口减少了 16436 万人。城镇化使得“乡愁”演变成普通民众在地理移民和文化断层情况下，由身份认同的矛盾和精神家园的向往交融成的文化共同体（陈家欢等，2018）。生态文明下“记住乡愁”的全民关注与深刻思考，使乡土景观被推到众人面前，被视作乡愁传承的载体。

乡村聚落景观是乡村景观中最易被人感知的部分，其中的村落布局、公共空间、建筑形式也是当地社会文化和生活方式最好的展现。

（一）尊重地缘，保护自然地理风貌

地缘，是指由地理位置上的联系而形成的社会关系，是各种不同文化特征与发展的基础所在，是一个乡村最为基本、最为稳定的属性（郭海鞍，2020）。不同地域由于区位、气候条件、地形地貌等客观条件差异，决定了风土人情的不同，所产生的乡村文化也各有特点，这也是中国人乡愁，或者说地缘情感的最根本来源。比如在国外的唐人街、各大高校的“老乡会”，无不表达了中国文化中对地缘的强烈认同感。

（二）借助血缘，营造和谐乡村环境

“千百年来，中国乡村的家族共同体是以血缘关系为纽带的”（张斌园，2004），中国

乡土文化是“熟人社会”的重要展现，这种熟人社会建立在血缘关系的基础上，并且进行了适度的扩展。在现存的村庄中，以某姓氏命名的村庄不胜枚举，村民非常重视家族传承。也就是说，家族、宗族关系是乡村关系的重要组成部分，也是乡村自治的重要基础。例如浙江的著名侨乡青田县，便是利用血缘，始终吸引漂泊在外的游子定期返乡探亲、祭祖。

（三）因循特点，塑造和谐邻里空间

乡村聚落空间的形态和特征是自然、地理、人文、历史等多重因素综合作用的结果和外在表现。比如“小桥、流水、人家”是吴越文化熏陶下的聚落特征；水口园林、徽派建筑则是皖南村落的主要意象。可见，结合区域特征的设计是遵循与自然共生的建设思想。传统村落，其聚落形态和建筑形式是由基地特定的自然力和自然规律影响的必然结果，其呈现的人与自然的和谐图景应该是我们永远不应忘却的家园的象征。它们结合地形，节约用地，考虑气候条件，节约能源，注重环境生态及景观塑造，运用当地材料，以最小的花费塑造极具居住质量的聚居场所。这种经验特色应该在村落更新发展和新聚落的规划中得以承传和发扬。

简单建筑要求村落设计空间结构和平面布局的简单朴素与易于识别，但同时具有高度的建筑与空间品质。强调自助及邻里互助的村落传统的复苏，使人们希望至少能参加或部分参加塑造家园的全过程。这就更要求建筑有一种明确、简单的体量，紧凑的形式，有利于建造，有利于扩展，有利于适应使用要求的变化，有利于村民亲自参与。简单性的原则既针对单体建筑，也指整个村落的塑造。发扬简单建筑思想并不意味着放弃应用新技术、新材料，只不过要在满足简单、经济、有助于体现地方特色的前提下才有意义。

聚居、共同生活及在各项职责上的相互照应是农业生产的基础。这种互助也在聚落结构上留下明显的印迹。村落中都有作为集体所有的公田及其他形式的公共空间、场地、街道（包括祠堂）等，紧密联系的建筑群也是这种聚集心态的体现，有助于邻里间的交往及团体凝聚力和归属感的形成，而不单是为了节约用地。在当代欧洲的聚落规划中，这种聚居的空间结构被很好地得以发扬。在其中，公共空间被重新作为聚落结构的脊梁，起到集体中心的作用，在规划布局上也有意强调和提供邻里交往的可能性，并把广场、街巷、中心、边界等传统村落中构成聚落整体、强化聚居心态的空间结构加以活化，通过具有时代精神的形体塑造，注入新的主题和动机。

三、乡愁情设计的聚落结构与形态

（一）乡村聚落空间结构的概念

聚落形态与结构，是乡愁情国土空间设计的核心内容之一。聚落空间结构是一个具有广泛内涵与外延的概念。狭义的聚落空间结构概念一般是指聚落内部的空间结构，如在城市聚落空间研究中，西方国家一般将城市内部空间结构称为城市空间结构。伯恩认为，城市空间结构包括城市形态和城市相互作用。其中，城市形态是指城市各个要素的空间分布模式；城市相互作用是指城市要素之间的相互关系；城市空间结构则以一定的组织规则，

将城市形态和各个子系统相连接，并整合成为一个城市系统。广义聚落空间结构的概念除了包含聚落内部空间结构之外，还包括聚落体系空间结构（如城镇聚落范畴中的城镇体系空间结构、乡村聚落范畴中的村镇体系空间结构）和聚落社会空间结构等内涵。20世纪初，德国地理学家施吕特尔（O. Schlüter）就认为研究整个聚落空间网络比研究单个城镇或村庄的形式和位置意义更大。

聚落社会空间结构即聚落社会系统各要素的空间分布状态及其空间关系，研究内容包括聚落居住空间、日常生活空间、社会群体和生活质量等。从国内外研究现状来看，聚落社会空间结构研究多集中于城市社会空间结构研究，研究内容涉及种族的空间分布、城市政策、贫困、城市管理、公共空间、公共服务和设施、社会福利、社会区划分、城市感应空间、人口迁居和城市环境质量等方面。相对于城市聚落复杂的社会空间结构而言，乡村聚落由于人口和用地规模较小、经济活动类型和社会群体结构单一，因而其社会空间结构较为简单。

综上，乡村聚落空间结构可以区分为“地域-形态空间结构”和“社会空间结构”。地域-形态空间结构包括村镇体系空间结构、乡村聚落群空间结构和单体乡村聚落空间结构（聚落内部空间结构）；社会空间结构从乡村居民的自然生活空间和各种行为活动轨迹的角度，主要以乡村聚落的居住空间和社会生活空间为主。

（二）乡村聚落社会空间与形态空间的关系

社会空间与形态空间是乡村聚落的两类空间形式，两者之间既有密切的关系，又存在明显的不同。第一，乡村聚落形态空间是社会空间的有机组成部分，是物化型的社会空间。乡村聚落的形态空间不但是乡村聚落各种社会活动赖以开展的空间与场所，也是社会空间范畴中精神文化空间的体现和反映。在聚落发展演变的历史中“天人合一”“风水理论”“聚族而居”等聚落营造思想，无不在聚落形态空间上得到反映，并在聚落形态空间上打下深刻的思想文化的印记。现代社会的规划思想和理念，也在引导和规范着城乡聚落形态空间的塑造与构建。第二，聚落形态空间是物质型3维空间，而社会空间则是包涵了多种非物质形态的多维空间。社会空间以差异性、独特性为表现方式和存在形态，是非连续的，具有无限拓展的条件和可能。社会空间可以深入人的内心世界，在社会心理的层面上开拓无限广阔和深层的社会空间。人的理性和智慧所具有的开拓性和创造性是永无止境的。从人的现实活动来看，由于人的生存、活动和交往方式不同，与自然界发生联系的途径不同，人与人之间互动的强度和频率不同，因而特定社会空间的生成、转换、运行的状态存在着很大的区别，并且在人类的活动中得到无限的丰富和发展。第三，聚落社会空间和形态空间都与自然空间有着密切的联系，自然空间既是聚落形态空间的载体，也是聚落社会空间的母体。

聚落形态空间存在于自然空间之中，选择并占据着自然空间中适合人类生存的空间，是自然空间中的人化自然。社会空间是自然空间同化、异化和外化的特殊产物，是自然空间所能够演化出的最高级、最复杂的产物。社会空间孕育于自然空间。但社会空间一经从自然空间中脱胎出来，就超越了自然空间的桎梏，摆脱了自然空间缓慢的进化模式，并按自己独特的方式和规则发生着完全不同于自然空间的演化和变迁。聚落形态空间是自然空间与聚落社会空间的共存空间，存在于两者相互作用的复合空间之中。

（三）乡愁情聚落空间营造方法

1. 总体布局指引

乡愁情聚落空间营造的设计复杂多样，但常用的手段是从村域范围到村落内部、从整体到局部递进的。乡愁情聚落空间营造总体布局的基本准则是：根据地方生活习惯与自然事物节奏交织形成的共同记忆来优化设计土地利用布局和风貌总体格局。充分结合地形地貌、山体水系等自然环境条件，整合自然地理格局、肌理、节点、路径等核心空间形态要素，确定聚落空间利用范围和空间整体结构。通过土地利用来明确保护地区（如山林水系）、村落可建设用地及农业生产用地的边界，并通过对居住生活用地、经济生产用地及自然环境用地构成的调整，优化设计“山林、台地、村落、水系”的整体乡村聚落形态。建筑布局应形成层次分明、衔接有序的院落空间体系，保护村庄道路尺度、道路与建筑的空间关系、特色民居、古树、古寺庙等（图 6-20）。

2. 空间分区控制

乡村聚落空间营造应保持原有的村落聚落形态，处理好建筑与山、水、自然之间的基底关系，合理利用滨水空间，保护村庄水环境，基于不同分区的设计定位形成因地制宜的设计引导控制方针，采用灵活多样的布局形式，避免单调乏味的行列式，同时协调和串联各个分区，保持乡村聚落整体空间格局的完整性。为了控制核心景观带的典型乡村风貌不受破坏，可在村庄外围新规划新村组团片区，以保护传统村落的空间格局基本不受影响，同时满足现代乡村人生活和生产的需求。空间分区控制的核心内容是：切实保护地方风貌特色和延续地方建筑特色（图 6-21）。

图 6-20　统筹布局各类用地示意图

资料来源：四川富乐天合景观规划设计有限公司 . 遂宁市蓬溪县新村规划 . 2016.

图 6-21　延续地方建筑特色示意图

资料来源：四川省大卫建筑设计有限公司 . 青白江区姚渡镇光明村规划 . 2015.

3. 景观通廊组织

维护和延续原有村落视觉通廊体系，强调将周边环境引入村庄腹地，还原乡野景观原生联系脉络。梳理视觉通廊所处的巷道、观景平台，清理不协调的景观要素，拆除和整治对视觉通廊有破坏性的建筑和构筑物，保持风貌统一协调。在新建片区，则可利用地形地貌设置视觉通廊，合理组织具有乡愁情的空间脉络。

4. 空间序列构建

1）轴线构成。延续和突出主轴线，展示村落特征；主线基础上分布次轴线，丰富村落观赏角度和空间层次感；梳理民居院落、街巷组成的巷道支轴线，形成视线通廊及富有乡村趣味的游览路线。

2）节点构成。在各轴线沿线及道路交叉口，结合地形、建筑、景观、植物、观景平台等形成空间节点，构建具有在地特色的空间形象，增加轴线序列的节奏感和观赏性。

3）空间序列体系。主轴—次轴—节点 3 个层次的空间轴线及空间节点互相联结、承接，共同构成村庄的空间序列体系，形成多层次、多角度的观赏及休闲路线。

5. 建筑高度控制

由其地形及现有的景观形态影响，核心区传统风貌建筑控制在 2 层以内，使之呈现出“谷地轮廓、沿山而起”的特征。同时该区内不增加 2 层以上的新建建筑，现有的 2 层以上的建筑需要加以整治，必要时先降层再整治，以达到理想的视觉效果。核心区之外的新建建筑原则上不大于 3 层，建筑应该顺应自然地形，使视觉通廊不受阻隔，对村落的天际线不产生明显的破坏。

6. 建筑气场营造

传统乡村聚落可以理解为是有多根柱子和房梁汇聚一堂的建筑形式，由柱子与柱子之间的气场叠加而成。柱子和房梁所散发出的“气”会引起彼此的共鸣，在柱子与柱子之间能创造出“间”，住宅建筑就成为柱子的“气”及其构成的“间”的集合体。在这个集合体之上，覆盖的是宛若树冠的巨大屋顶和遮挡雨水的屋檐，柱子就成为一种象征性的心灵支撑，具有流动的、感观的、虚拟的特点。不少传统房屋，都是有着巨大的茅草屋顶和幽暗阴影的民居。民居的正中间的位置上有 1 根或 2 根被打磨的乌黑锃亮的大柱子。民居的屋顶能给屋内带来很深的阴影，就像母亲一样平静而温柔（黑川雅之，2018）。民居同时具备洞穴性与立柱性、环境性与物性、母性与父性，与自然保持着淳朴的关系，是有着多重性的乡愁建筑。虽然当代的乡愁情聚落空间营造，不是必然仿造传统乡村建筑气场的模式，但有关“气”和“间”的思想，是乡愁情国土空间设计应该具有的审美意识。如同你到上海会感受到上海的气场，你到拉萨会感受到拉萨的气场一样，当你走进乡村，国土空间设计应该让人感受到各地丰富多彩的乡村气场。

四、乡愁情设计的底色与载体

聚落形态学是随着形态学的广泛应用和发展而产生的。从广义的角度来看，聚落中静态的、大规模的物质要素构成了聚落形态，如民居建筑物、基础设施、街道马路、河流山体等，是普遍意义上的“物质环境”。在文化地理学和其他学科的范畴，学者首先在对城市的研究之中引进了形态学的概念，目的是把城市当作一个有机的生命体来进行对其形态的研究，从而了解它生长的规律和发展的逻辑。而在乡村聚落中，居民的生活依赖于自然因素制约的生存条件，其规模较小，是经过长期自然发展的（丁于容，2017）。按空间要素对聚落分类，一般分为自然空间、结构空间两类。

1）自然空间主要是自然基底环境空间，如聚落周边的河流、山丘及不同的地形地貌都是自然空间的一部分。

2）结构空间主要是指聚落层面中构成林盘聚落的各种要素。在本书中，它包含了街巷空间、聚落内水系空间、建筑空间等（图 6-22）。

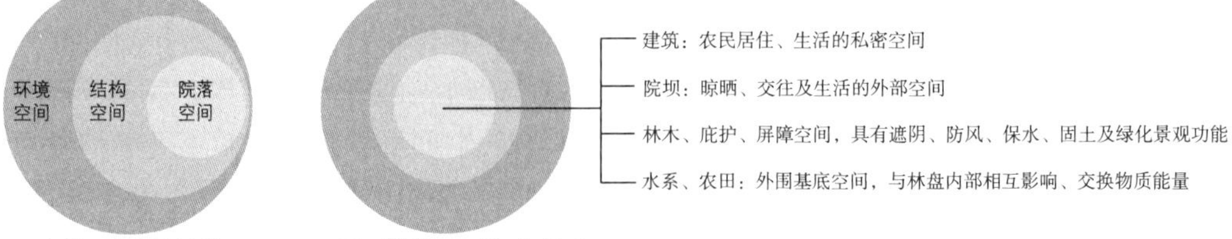

a. 聚落空间结构层级　　b. 平面结构组成拓扑关系

图 6-22　聚落空间结构层级示意图

（据王寒冰，2019）

乡村聚落在人们的内心始终保留着“九万里悟道，终归诗酒田园”（南怀瑾）的浪漫气质，也是乡愁之“所起”。“乡愁”一定是与记忆相连的，根据已有研究可知，乡愁记忆要素主要涉及聚落景观、集体记忆及文化记忆等方面。本部分主要围绕聚落景观和集体记忆阐述。其中聚落景观设计主要通过元素提取、文本提取、图案提取等方式识别传统聚落的景观特征；集体记忆的识别则是通过探讨记忆的主客体所涉及的对象展开相关研究，比如传统生活记忆的主体是记忆者，客体则是旧时生活、劳作所涉及的对象。虽然乡村记忆的物质性载体较为丰富，但是非物质性要素对记忆传承及身份认同具有更重要的作用。

（一）中国典型区的地域底色

德国地理学家施吕特尔（O. Schlüter）认为，形态是由民居建筑、交通路径、集聚的社区及道路路径等要素所构成的，从宏观的角度来看，聚落的形态是由聚落的外轮廓形态与构成聚落的各要素形态综合而成的 3 维空间形态。一个完整的传统村落景观形态构成概念，应该是由山林田地的区域划分、民居建筑组成的空间布局、街巷路径和水系的组织关系、节点空间的串联构成等多种景观现象相互组织的集合（丁于容，2017）。因此，完整的景观格局是表现聚落形态完整性的重要外部因素。中国空间尺度大，地域性对乡村景观影响较大。本书根据地形地貌、气候调节、地理区位分析，将中国分为 8 个典型区，形成乡村的地域底色。

1. 江南水乡

江南水乡主要位于长江中下游以南地区，从行政区划来看，包括上海、南京、苏州、杭州及江苏南部、浙江北部、安徽省和江西省部分地区，属于亚热带季风气候区。由于位于长江中下游冲积平原，这里土壤肥沃，自古农业、水利兴盛，有“鱼米之乡”美誉。由于交通、灌溉等需求，水网纵横是江南最重要的特征，因此江南村落中民居大多依水而建，屋后常有水巷入口。建筑鳞次栉比，形成“小桥流水人家”的独特水乡聚落景观。

2. 客家岭南

客家岭南主要位于中国东南部地区，客家主要集中在闽粤赣交界山区，以龙岩、漳州、饶平、梅州、惠州、赣州等为主；岭南则以粤港澳区域为主，包括广州、佛山、中山等区域。客家岭南的村落大多处于山地丘陵地区，属于亚热带季风气候区。客家村落以山川、盆地、客家土楼为鲜明特色；而岭南村落则就势而耕，形成了依山傍水的村落景观。值得一提的是，客家岭南村落传统文化深厚，村落大多设置宗祠、学堂等建筑。

3. 西南地区

西南地区主要包括四川、云南、贵州、重庆等地。那里分布了诸多少数民族，如傣族、藏族、苗族等。西南片区地貌呈现多样性，有高原，有盆地，有峡谷，处于亚热带季风气候区，雨林茂密。这里的村落受到民族宗教、文化等影响，呈现出不同的民族风格。但相同的是，村寨大多建于群山之中，表现出半自然半人工肌理，地形起伏多变，空间层次感突出。

4. 高原藏区

高原藏区主要包括西藏、青海、新疆、甘肃等地区，总体上处于青藏高原区域，海拔较高，属于高原气候，空气稀薄。由于独特的地理位置，藏区保持着相对“与世隔绝”的独立生活场景。高山草甸、雪山、帐房是常见的聚落构成元素。藏区的村落以空间的开阔性和自然的融合性为特征，具有独特的民族文化景观。

5. 黄土高原

黄土高原主要以中国西北地区为主，覆盖青海、甘肃、宁夏、内蒙古、陕西、山西等省（区），属于半干旱大陆性季风气候，干旱少雨，自古以来以穴居为主。因此，黄土高原村落的主要特征是窑洞和沟壑形成的典型肌理，也是和谐融入大自然的最好证明。

6. 华北平原

华北平原是中国乡村重要的组成部分，覆盖面广阔，包括北京、天津、河北、山东、河南、安徽等省（市）。该区域由冲积平原形成，地势平坦，河流密布，属于暖温带半湿润季风气候，位于神奇的北纬37°，是中国主要的商品粮区。因此，华北平原以组团聚落散布于大面积耕作农田景观为主要特征。聚落内阡陌交通，大多呈南北正交形态肌理。

7. 东北地区

东北地区指的是长白山和黑龙江地区，涵盖了松嫩平原、辽河平原和三江平原地区，包括黑龙江、吉林和辽宁在内。这里地势平坦，土壤肥沃，与华北平原一样，是中国重要的粮食生产基地，属于温带大陆性气候。因为气候寒冷，植被以针叶或针阔叶混交林为主。这里的景观以雪地、河湖、针叶林为特色，村落则以火炕、雪景为主要构成要素。

8. 西北地区

西北地区具体涵盖新疆、青海、甘肃、宁夏、内蒙古等，属于温带大陆性气候，地形复杂，从东到西依次为戈壁沙滩、荒漠草原、戈壁荒漠、峡谷山丘地貌。西北地区也是少数民族聚居区，人们大多以放牧为生，因此西北的聚落常常泽水而居，散落分布，以草甸、木屋、图腾、栅栏、民族建筑为村落特色元素。

（二）特色鲜明的乡愁载体

1. 物态乡愁载体

在《园冶》“相地”篇中，计成便已提出“相地合宜，构园得体”的造园理论，并对山林地、城市地、村庄地、郊野地、傍宅地和江湖地的造园手法分别进行了论述。场地的地形地貌不仅对景观形式有直接的决定作用，而且一个地区明确突出的地形和地貌特征会潜移默化地影响人们对该地域的空间认知，就像北京人对北京胡同的感情；上海人对上海市旧区的里弄还有外滩的眷念一样。生活经历和周围环境的意象深度地储存在人们记忆里。人们总是依附于一定的场所，怀着一种悠悠的恋乡情结，这些情节是由一定的载体承载的，是唤醒记忆的场景。

物态乡愁载体通俗地讲就是“看得见、摸得着”以物态形式存在的乡愁载体，包括风景、美食、特产等。“乡景”类载体有河流水系、传统民居、祠堂建筑、宅前屋后、田园阡陌等村居之景，也包括麦浪、田埂、梯田、果园等田园之景；而“乡食”则包括野菜、野果等，也是乡村设计中可以借鉴的元素。

其中，乡村建筑界面是最能体现乡村特色的元素之一。传统民居建筑形式多样，其形制和建造方法是在长期实践中，不断通过耗损、扬弃和修补得到的结果。它凝结了几代人对建筑材料、符合当地生活习惯的建造方式及房屋形制的理解。对传统建筑界面的设计不应该有固定的手法、语汇，而是应该运用现代技术，结合本土建筑传统和基地特定的场地环境，营造归属感。通过塑造场所空间，适应环境尺度，表达场所特性，继承传统工艺，选择地方材料，表达生态理念等手段，体现时代精神。

2. 非物态乡愁载体

非物态乡愁景观载体指以精神文化及行为活动等非物态形式存在的乡愁载体，包括“乡技”“乡风”“乡俗”“乡音”“乡趣”。“乡技”类载体指以生态农业种养技能和生活艺术技能共同构成的乡村技艺型乡愁景观载体，如竹编、孔明灯等生活艺术技能，以及秧青肥田、立体种养等生态农业技能；“乡风”类载体指以崇善、重孝、明理、立德等家风祖训及风水观念共同构成的乡村文风型乡愁景观载体，如“淡泊明志、宁静致远”的诸葛家族祖训，“八卦式”村落布局的风水观等；“乡俗”类载体指以传统节日及民间习俗共同构成的乡村民俗型乡愁景观载体，主要包括祭祀活动、嫁娶习俗和民俗歌舞等，如湖南双凤村的“偷”梁习俗等；“乡音”类载体指以流水、蝉鸣等自然之音及山歌、戏曲等人文之音共同构成的乡村听觉型乡愁景观载体，包括动物鸣叫声、地方特色方言及其他乡村生活中的能勾起乡愁的声音元素；“乡趣”类载体指以生活之趣及农事之趣共同构成的乡村体验型乡愁景观载体，如乘凉晒暖、浣衣垂钓等生活之趣和农耕农作、晒谷采茶等农事之趣（张智惠等，2019）。

第四节　乡村灵性美国土空间设计

一、乡村文化的识别

（一）乡村文化由何而来

1. 从地理性因素而来

地理性因素包括区位、气候、地形地貌、水系、植被等要素，它潜移默化影响着我们生活的方方面面。即便看似是一些外部影响，也会引导针对性的创造活动，进而影响人们的生活状态、认知、建筑形态和环境。乡村文化，或者说乡村文化的积累和表征——乡村文化景观，往往与其特定的地理环境相适应而产生和发展，如中国北方的民房墙体厚度往往是南方的两倍；北方的冬天在湖面上会设置溜冰嬉戏的场所，而南方却难以做到；北方以落叶或针叶植物为主，南方则多栽植常绿阔叶植物。

2. 从自然感知而来

人类的感知、对自然的想象力和理解、对事物的感情和表达、对环境的需求和满足都是具有风土性的。比如同为西欧国家，西班牙人、意大利人热情奔放，德国人沉稳理智，这并不是说德国人就没有喜怒哀乐，而是特定的环境塑造了特殊的文化和习俗，不同的环境对人的视觉、触觉、听觉、嗅觉、味觉及感觉甚至是心理都会产生影响。当这些“觉知”在人们脑海中产生认知地图并代代传承，便形成了地方文化。Robert（2002）等人曾研究发现，人群与土地的关系程度对人们的乡村景观感知有着非常密切的联系。这就意味着乡村国土空间设计必须充分理解居民的感知逻辑。

3. 从民族性格而来

文化差异不仅来自单纯的自然环境现象，也背负着人类精神。华夏民族发展是一个多民族融合的过程，从蛮夷戎狄到匈奴、鲜卑、羯、氐、羌，再到契丹、女真、蒙古，我们的民族性格有着多种元素，而文化的多样性则是这种多样民族性格的一种表现。也就是说，民族性格的形成更多的是地域、生活方式决定的，而文化则是民族性格形成以后所表现出来的。例如宽广的草原或广袤的高原带给游牧民族最初的文化；冲积平原的农业基础使生产、所有制等各种关系文化的形成成为可能；海岸与外部世界的关联带给民族冒险的精神文化等。

（二）乡村文化向何处去

即便中国的乡村文化传承有诸多来源，但是生存于现代的我们当前缺乏的是对乡村文化记忆媒介性及传承有效途径的研究，忽视在地方文化记忆产生、发展和传承过程中当地居民的认知心理和态度。

随着农业发展，原始人的生活方式经历了由游牧民族到半游牧生活再到定居村落的转变。在中国传统乡村，不同地域乡村文化中的制度、信仰、习俗影响着建筑样式、社会文化差异。日本学者藤井明曾说：“世界上不存在两座相同的聚落。所有的聚落都是独特的，其空间也是独创的。”基于费孝通对中国传统乡村的调研分析，中国的乡村文化，是以地缘为基础，以血缘为纽带，以业缘为导向，最后凝聚为情缘，形成了独具亲情伦理的“熟人社会”。这种基于农耕文明的乡土文化构建因缘为中华文化所特有，具有很强的本土特性。但是由于历史历程，中国乡村曾经历经济和文化的巨大打击，随后的救亡以经济发展为主而忽略了文化的传承，从而导致中国乡村文化发展的断层，如今越来越多单一的乡村形态和风貌也在提醒我们，我们正在遗失属于我们的乡村文化精髓。

蒙以养正是成为中国人非常重要的价值观，做能够读书识字的、有文化的耕读雅士，一直是中国乡人的夙愿。于是“耕读传家”四个大字，出现在中国不同乡村宅院的门第上，成为中国人进可读书、退可耕田的幸福小农生活的真实写照。这从不少村庄里尚存的私塾、孔庙、书院，抑或是庄园宅院里的学堂中，都可以辨别一二。但当物质条件变迁，适应文化也要发生相应的变化。当适应文化与物质文化的变迁无法同步并存在滞后时，便产生了“文化堕距”。乡镇企业蓬勃发展，农民经济爆发，盖洋房别墅，建造模仿西方的构筑物，这表达了对西方文明的憧憬，却也证明了对本土文化的不自信和文化底蕴的丧失。

可见，乡村文化的保留和传承面临着两大问题：①从外部条件看，乡村文化景观审美正面临着城市化浪潮的巨大冲击。由于中国长期处于城乡二元结构体系之中，乡村发展相对滞后。为了顺应发展要求，农村开始向往并效仿城市里的生活方式，这使得原本各具特色的乡村文化景观变得面目全非。②就内部挑战而言，乡村人口的大量流失、对自身传统乡村文化意识的淡泊无疑成了乡村传统文化继续延伸的阻碍。在当前发展阶段，中国绝大多数农业人口急切地渴望转换身份，大批农业劳动力涌进城市，“两栖居住”问题严重。他们不再眷恋养育着自己的土地，放弃了原本的农村生活，却又不愿意放弃村庄里属于自己的宅基地。也正因为如此，空心村的现象越来越严重。特别是在一部分经济较为发达的农村，原本极富传统意义的乡村文化习俗和生活习惯正在逐渐被人们所淡忘，人们对自身文化交流的缺乏使得独特的乡村文化景观无法继续传承下去。

葛兆光（1997）曾经把中国先秦时期儒家、道家等对上古美好社会的描述称为回溯式的想象，并且指出其对焦虑的思想者的抚慰作用：“当追忆者对现实不那么满意的时候，对古代的追忆就成了他们针砭现实的一面镜子，这面镜子中显现出来的总是温馨的历史背影。”传统（Tradition）是一个迷人的概念，它连接着过往的历史和当下，是一种知识、一种观念，甚至是一种形象。在乡民们看来，传统是一套礼俗、一套规则、一个圈子，传统主要是一种观念的延续。在学者看来，传统是一种可以被理解的知识。在外乡人看来，传统更多表现为一种具体的形象。那么，传统对于当代的乡土社会意味着什么？笔者认为，传统本身是一个动态的概念，我们不仅是历史的传承者，也是历史的缔造者。那么处在现代化冲击下的中国当代乡土农民会走向哪里，“新”的传统会是怎样的呢？

冯骥才在散文《日历》中写道：“我们今天为之努力的，都是为了明天的回忆。”他对传统村落和民间文化的保护和拾遗，是将文化视为传统乡村的生命，只有文化保存下来了，传统村落的躯体才有生命可言，而生命能让传统村落再放异彩。“大风可以吹起一张白纸，却无法吹走一只蝴蝶，因为生命的力量在于不顺从。”传统村落要成为的不是被保护下来的无生命的白纸，而是能与外来文化、流行文化相抗衡的蝴蝶。

在这个问题上，欧洲的村庄选择了坚守，日本的村庄选择了尊重，中国台湾的村庄选择了和谐共生。如同当初村落刚形成时，便是自发产生和发展变化的，我们似乎也不应该用极端建设手段对村庄进行大刀阔斧的建设，而应该接受它的原本的样子，从细节之处润物无声地影响村民对空间的使用，逐渐改善村庄空间质量。

二、乡村文化的守护

根据阿莱达·阿斯曼的“记忆场”理论，乡村文化记忆可以分为硬记忆场域和软记忆场域。前者指能够体现具有物质性并可被人们直接感知体验的乡村整体形态格局和具有代表性的自然、人文景观等空间，如纪念性场地、标志性场地、文化性路径；后者指能够承载并体现乡村文化氛围、群体意识和地方精神等方面的内容，如文学文本、节日仪式、身份符号、历史人物等。这些场域具备物质性与非物质性共有的特点，彼此之间并非相互独立，而是相互影响、互为“镜像”的（吕龙等，2021）。不同乡村主体接触到硬记忆场域后，借助其承载的软记忆场域进一步加深对乡村文化的感知，形成文化认同，进而形成文化记忆传承途径。我们守护的既是硬记忆场域物质性的内容，更是软记忆场域文化意象的传承。

（一）历史文化遗产保护

费孝通在《乡土重建》中提出，受到文化冲击的乡村区域面临着重建，而乡土重建的核心是乡土文化的重构。中国作为一个具有悠久历史的文明古国，在漫长的历史发展过程中，古代先民们积累了丰富的聚落建设经验，聚落营造思想不断丰富和发展。这些思想和精神的载体主要表现为物质和非物质文化遗产两方面。其中，物质文化遗产包括传统院落、建筑、牌楼、塔、亭、井、窑、桥、古树、古塘等，以及我国传统聚落营造的思想与智慧；非物质文化遗产包括传统工艺、民俗习惯、戏曲舞蹈、美术书法、方言传说等。这些物质和非物质文化遗产是乡村传统文化和风貌重要的组成部分，是承载历史、寄托乡愁的重要的媒介。事实上，作为中国传统文化的本源，中国大量的优秀传统文化都源于或鼎盛于乡村，比如昆曲源于并鼎盛于江苏昆山绰墩山村、正仪古镇、千灯古镇，白鹤拳源于福建泉州永春五里街镇大羽村，汝窑瓷器源于河南宝丰大营镇清凉寺村，皇家木作鼎盛于北京通州张家湾镇皇木厂村等（郭海鞍，2020）。这些宝贵的文化资源同样面临着现代化和城镇化所带来的文化冲击，由于文化意识的薄弱很多乡村在渐渐地消失或者遭受着建设性的破坏，大批的历史文化遗产在消失。重视传统文化，给予乡村传统文化更多的尊重和思考，必将促进中国物质文化遗产和非物质文化遗产的保护与发展，留给后世更多的宝贵财富。这是每个中国人都应肩负的历史责任和使命。

（二）质朴的自然观与人文观

中国最早的工艺学著作《考工记》记载：“天有时，地有气，材有美，工有巧，合此四者，然后可以为良。”这可以称得上是中国系统的传统造物观。由此，尊重自然、尊重人性是乡村国土空间设计的基本要求。在当今奉行消费主义的日常生活中，人们努力创造物质财富以改善生活，又造成生产环境的破坏和精神信仰的危机（周旭，2008）。物质和精神的背离、科学技术的进步，反而让人们对传统的本土文化和精神心生向往。这便是乡村国土空间设计需要守护的核心：尊重自然、尊重人与自然环境的平衡。具体来说，自然观与人文观应该有 3 个层次的设计表达：①自然世界设计观。以自然设计为基础，融入自然。如山川河流是无法改造或者超越的，乡村设计可以采用掩土嵌入、随形等手法，总结自然规律，形成统一形态和意境。②本质自然设计观。这层表达是针对场地本质的探寻，针对空间本质的朴素状态，材料的自然肌理、颜色、性能，做出合理设计，传达本质信息，延续本质精神。③人文自然设计观。它不同于本质自然对当下的理解，是对自然规律和人文感受的探究和顺应。中国古代强调“天时地利人和”“顺势而为”便是这一价值观的体现。这一层次要求设计在前两层次的基础上，展现人性的理解和精神的感官体验，达到平衡之美。

（三）传统聚落营造思想

中国传统聚落营造思想是中华文明的有机组成部分，对传统乡村聚落的营造具有广泛和深刻的影响，在中国古代聚落建设的实践中有着广泛的应用。虽然传统聚落营造思想受到封建文化的影响和科技水平的制约，存在封闭、落后的一面，甚至“风水理论”的发展因受到神学、玄学等思想的影响而带有浓厚的迷信色彩，但传统聚落营造思想体现了人类最为质朴的自然观、人文观和哲学思想，其尊重自然、顺应自然、因地制宜的自然审美理念和对人类精神情感的人文关怀思想，至今仍对乡村聚落建设具有重要的参考价值和借鉴意义，对建设生态人居环境、改善人地关系、创造和谐生活具有深刻的启迪。国外迅速开展于20世纪90年代和中国近年来开展的生态村建设实践，无不体现了中国传统聚落营造思想的核心理念。它既是一种竞争、共生和自生的生存发展机制，又是对时间、空间、数量、结构、秩序与和谐的系统功能的追求；既是一种着眼于富裕、健康、文明目标的高效开拓过程，也是一种整体、协调、循环和自主的走向可持续发展的具体行动。现代社会的规划者和建设者，应顺应人类回归自然、追求人地和谐的本质愿望，从人与自然、人与社会关系的内在机制入手，精心构建人、自然、建筑、社会有机融合的人居环境。

三、乡村文化的培育

（一）以自然复原为基础的文化复原

未来乡村的使用者不仅仅是村民。随着城镇化进程，人类生产生活方式转变，大量城市中产阶级将会涌入村庄居住。未来的乡村文化或许是“新乡土”式的，既保留传统乡村的样貌和空间的制式，又引入新式的生活方式和传统文化的变式。有清晰的公共空间，集中在核心区而不是集中在边界上，使用有序而不是使用相互冲突，使用人的比例，鼓励步行而不鼓励开车，鼓励多种类型的人居住在一起，使用适合于乡村的住宅风格和样式，鼓励混合多种活动，楔入环境而非建造在环境之上。

大地伦理“要把人类的角色从大地共同体的征服者改造成大地共同体的普通成员与公民。它不仅暗含着对每一个成员的尊重，还暗含着对这个共同体本身的尊重”。也就是说，未来乡村对文化要具有容错性，要允许村民尝试，并通过主流文化导向，逐渐引导他们自觉认识到传统文化的重要性。当然，容错是要在一定可控范围内的，在初级阶段开展乡村实验，进行开放性设计，并且不断修正和改进。比如彼得·卒姆托、斯诺兹、黄声远等很多建筑师在地坚守超过20年，体现的便是这种坚守。这是一种让乡村自然生长的态度，也是一种保护乡村生命力的手段。

（二）寻找传承、协调和创新间的平衡

乡村的振兴不仅在“塑形”这一外在表现，更在于“铸魂”，这一灵魂便是乡村文化。它是乡村振兴的内在驱动力，却在当今时代的脚步声中慢慢淡去、泯灭。如何在我们

这代人手里薪火相传，又如何打上新时代的烙印，是需要探索和平衡的。狭义上理解，乡村文化资源是指乡村社会生产生活过程中的文化产物，包括艺术、体育、历史、民俗等方面。从文化结构来看，乡村文化资源作为某种文化的核心价值的具象承载，应取其微观定义。但传承与创新是以共同价值体系为核心的思想文化延续与再生（徐丽葵，2019）。传承不应该是机械的、被动的，而是有选择有扬弃的继承；创新意味着在传承的基础上融入新元素，激活属于这一时代的生命力，创造新的表达方式，以全新的方式对传统元素概括、变体、解构、重组，重新表现人们习以为常的元素，从而产生一种似是而非的陌生感。

乡村文化的传承与创新面临着一系列挑战，包括新型城镇化带来的冲击、人口外流带来的内在传承机理的断裂等。因此，平衡乡村文化的传承与创新需要构建内外部双重机制：①外部机制。加强物质和非物质文化遗产的保护、征集、整理，推行“乡村记忆工程”等项目实施，建立文化资源档案和数据库。在完善文物普查与记录的基础上，选择文化底蕴深厚或地方特色浓厚的古村落进行整体性保存、修复和利用，以点带面唤醒村民文化保护意识，在传承文化根脉的基础上逐渐实现文化形态的创新。②中间机制。所谓中间机制，主要指的是传承与创新的媒介，包括内容、形式和传播渠道等。坚持本土风格、地域特色、先进文化融会贯通，体现立体的文化场域。从物质和非物质双重形态呈现中间机制的与时俱进。③内在机制。内在机制所表达的是在精神层面如何更好地推动文化的传承与创新。乡村文化资源的传承创新，有赖于物质文化、行为文化、制度文化方面的支撑，但更加隐性的、实质性的基础在于乡村文化主体对乡村文化的自觉、认同、自信（徐丽葵，2019）。因为“传承”很大程度上是建立在感情认同基础上的。乡村文化所透射出的天人合一、自然和谐、天道酬勤等智慧之道固然需要古为今用；更重要的是，扭转城乡二元认识论，找到乡村的文化自信，在更为广阔的领域发挥可能性，与新时代生态文明建设的时代背景下交融、衍生出新的文化形态，以创造性转化与创新性发展的方式，推动场域相融，形成文化对接空间，整合乡村文化载体，达成乡村文化核心复归。

第五节　乡村持续性国土空间设计

一、面向粮食安全与绿色农业的设计

（一）以保证粮食安全为底线

粮食安全是国家安全的底线，是“三农”工作的重中之重，也是乡村振兴的基础。虽然近年来高标准农田建设的显著成效、粮食育种的不断进步，粮食产量维持在较高位置，但是基于中国基本国情和长期趋势判断，人口总量的增长和城镇化的持续推进，民众对粮食的需求将会在很长时间内保持上升趋势。

2018 年中央一号文件中，推进乡村产业兴旺的首要措施和任务就是“夯实农业生产能力基础”，这就要求乡村地区要严守耕地红线、保护耕地质量。乡村国土空间设计在严

格遵照乡村国土空间规划地类实施的基础上，重视粮食安全：第一，不在耕地和基本农田上设计构筑物，影响粮食生产；第二，充分考虑粮食作物的季相变化，运用作物天然的色彩、设计田园景观；第三，基于自然的解决方案，设计农田生态系统水循环、含水层补给、营养恢复等措施。

值得一提的是，基于自然选择方案的设计，是对粮食生产的重要支撑，它既是自然系统也是人工系统。①建立农田水循环系统。通过渗透池、深回灌井、沟渠和许多其他技术，将水引入含水层（奥霍甘，2020），积极补给地下水，以降低经济和健康方面的风险，稳定灌溉，促进农业，降低农田系统脆弱性。在洪涝频发区域设计蓄水池作为滞洪区，提高防洪能力，减少风险灾害。②建立基于自然的营养恢复机制。现代农业具有高浓度养分和杀虫剂密集化的特点，这会引发一些地区的富营养化和蓝藻水华。设计中可以利用低成本的木屑和乙醇作为碳源去除硝酸盐，利用铁涂层砂去除磷酸盐。③建立天然废水处理系统。农田系统涉及雨水、地表水、地下水、废水、污泥、洪水、排水、径流等多种类型废水，可以学习欧洲经验，设计芦苇床、柳树床等，通过沉淀、过滤、降解、氨化、硝化（反硝化）、植物吸收等流程，自然净化废水，降低运营维护成本，达成废水零排放。

（二）大力发展绿色健康农业

美丽乡村建设的重要任务之一是建设“绿色田园”，以绿色生态为导向，提升农业绿色生产技术和设施装备水平。在落实耕地、园林等规划要求下，合理布局粮食生产功能区、蔬菜生产保护区、特色农产业优势区、畜牧水产养殖区等，推进全域数字农业建设，提高农业精细化管理水平。推广秸秆等无害化循环利用，实现“废物利用”。将养殖业、种植业、水产业等有机结合，形成循环生态种养殖模式，如桑基鱼塘、虾稻混养等，减少污染物排放、化肥使用，积极生产有机绿色农产品，以促进食品健康、安全。

在设计中融合健康、绿色、休闲理念，在绿色农业基础上，发展康养农业、休闲农业、研学农业等体验式农业形态。例如，中国台湾飞牛牧场以乳牛生态区、蝴蝶生态区、可爱动物区、自然步道和水域生态区等板块，营造“自然、健康、欢乐”三生合一的乡村体验农场，平衡经济、生态、社会效益，强化质量，整合资源，优化上下游产业高效合作，突出优势。

二、面向气候环境友好的设计

人和宇宙都是生机勃勃的存在，周而复始，生生不息。不同于城市，乡村无论是生产还是生活对自然资源都具有高度依赖性，故乡村设计应该顺应自然，发现季相变化之美。特别是继中国提出碳中和、碳达峰目标后，乡村国土空间的低碳化设计和“碳中和新乡村理念”的实现，将是中国早日实现这一目标的重要助力。

（一）树立环保理念

1. 农村环境污染主要类型

气候变化和环境污染问题的解决在乡村设计中变得愈来愈无法回避。农村生态环境污染主要包括农业生产面源污染、农村工业污染和生活污染3类。①农业生产面源污染是没有明确排污口、在农业生产过程中产生的氮、磷等污染物，在降水或灌溉过程中，通过地表径流或者农田排水汇入自然水体引起有机物或者氮、磷污染（陈巍，2015），主要包括农膜、农药、化肥等使用不当引发的污染问题，以及秸秆焚烧和规模化养殖排放量大造成的污染，可能直接对水体、土壤造成影响。②农村工业污染则是来源于工业化过程中，乡镇企业、乡村工业产业园或是向城郊转移的大规模工业园所产生的污水、废气，比如矿业生产形成的尾矿库等。这类强大的污染超出了农村地区的承载容量。③生活污染则主要以生活污水和生活垃圾为主要来源。由于农村生活基础设施水平参差不齐，整体水平有限，农村管理基础薄弱，对污水及垃圾等污染物的收集、运输、处理流程不规范，处理设备陈旧。也由于农民在思想认识上不重视，生活污水随意排放，垃圾随意丢弃，导致人居环境污染严重。

除了乡村地区本身的环境污染源，还包括一些城市转移污染。中国农村相对城市来说，建筑密度和人口密度较小，大量城市垃圾处理集散地被选址在城市附近郊区。此外，一些经济发展地区在乡村地区大力发展农家乐等休闲农业，排污和垃圾问题却给当地环境造成了越来越沉重的负担。

2. 气候环境影响的碳源排放类型

Haughton et. al.（1994）总结了20世纪90年代有关空间形态与能源关系的研究，得出一些关于空间形态对于能源消耗的影响的事实，通过改变空间的规模、整体形态、密度、土地利用模式和活动区位能够改变极少的能源消耗。中国针对乡村尺度的碳排放清单尚未建立，参考IPCC国家温室气体清单指南等国际标准以及现行文献，乡村碳排放源大致可分为乡村经济产业和乡村生活两大类。乡村经济产业包括农业生产（种植业、林业、畜牧业、渔业）、工业生产、第三产业等。其中，化肥、农药、农膜等农业投入，电力灌溉、农业机械使用、水稻等种植排放等农业活动，以及动物粪便、秸秆燃烧等有机废弃物处理是乡村二氧化碳的重要来源。此外，乡村居民家庭生活引起的碳排放包括直接能源消耗及间接能源消耗。由于乡村国土空间占全部国土空间面积超过一半以上，乡村地区碳排放对气候环境影响相当可观，应改变能源利用模式，提高能源利用效率，改善碳排放现状。

3. 以气候环境友好为目标的设计理念

①可持续景观设计中涉及使用的能源最好是可再生能源，比如水能、太阳能、沼气等，这些能源的再生不对生态造成破坏。②保障资源回收再利用，包括生物代谢养分、农副产品及生活生产垃圾，合理处理不可再利用的垃圾。③合理确定畜禽养殖规模，保证畜禽排碳在环境承载力范围内。④建筑材料选择上，应选用绿色环保材料。推广节能环保为核心的乡村建筑设计，如利用可再生能源作为建筑的主要能源；摒弃传统砖混或钢混结构，采用装配式设计，缩短建造周期和人工成本；立面设计融合太阳能板；材料就地取材，增加建筑保温层以减少室内外热量交换；建筑前庭后院配植绿色植物和适宜小规模种植的瓜果蔬菜等作物，营造微环境。

（二）引入科技支撑

转变发展方式，坚持资源节约型、环境友好型发展路径。①提高农业生产、畜禽养殖、水产养殖等清洁化水平，加强绿色技术引入，循环利用废弃物。②随着信息化、智能化发展，推进精准智慧农业发展，依靠信息、装备、生物技术，提高生产效率，降低对生态环境的破坏。③推广环保技术，发展循环经济。大力推广农村地区“产量”较大的秸秆与粪污的无害化循环利用技术，实现循环生态养殖模式，减少排放。④对于缺水地区，尝试推进中水回用技术，改变大水漫灌，推行滴灌技术，节约用水，减少资源消耗。⑤在农村投入环境监测系统，对水环境、土壤环境、空气等进行全要素全时段监测，及时发现问题。引导人们生产、生活、消费意识向节约化转变。

（三）健全管理制度

1. 开展农民环境教育

文化是民族发展的根基，优秀的文化能促进人的发展。村民是乡村污染制造的主体，只有培养村民参与环保的意识，才能从根本上解决农村环境污染问题。一是政府应积极开展对村民的环保知识普及教育，重点加强新型农业的宣传力度，引导农民科学发展农林畜牧业，注重生态养殖、生态种植，发展生态农业，形成环境价值观。二是举办村民大学，号召优秀人才进村，加快农村文化事业发展。认识和了解自然规律，纠正其片面追求经济效益和自身便利性而忽视资源节约和环境保护的倾向，养成热爱生活环境的意识，树立保护生态环境的伦理道德观。三是加大资金投入，完善农村各类基础设施建设，满足村民生活需求。

2. 严格监管农村污染源

第一，加强和完善县、乡两级环保机构对农村生态环境的监测和监管，形成以县市、乡镇、村 3 级的监督体系，落实职责，切实做好农村生态环境的监测、评估工作，及时掌握农村环境状况。第二，完善农村环境保护责任制，实行乡镇环境质量行政首长负责制，把化肥农药使用、畜禽养殖、工业排污等活动纳入政府的政绩考核，增强责任意识，对督察不力、政绩不严的督察员严肃处理，并与评优评奖紧密挂钩。第三，优化农村环保社会监督机制，实施环境信息公开，完善公众环境参与制度。第四，加强农村环境治理技术的研究与利用。包括农药污染防控、肥料污染、农膜残留污染、工业污染、生活垃圾和生活污水防控技术、畜禽粪便污染立体防控技术等，重视应用清洁生产技术和生态环境修复技术，以提高废弃物的循环利用率和对污染源进行有效处理。同时，要把种植业和林业、牧业、渔业及相关产业有机结合起来，实现经济与生态共同发展。

3. 制定各种环境促进措施

政府应当结合当地的情况，积极发挥作用，制定环境政策及环保制度，靠制度约束行为。加大农村环保投入力度，从经济上支持农村环境改善。对农村遇到的环境问题分为轻重缓急分批次处理，科学制定农村环境治理计划，先解决影响较大的生态项目，再依次解决比较重要的环境问题。政府应当积极创造条件，吸引社会力量，激励社会资金参与农村环保事业，助力农村环境治理。

三、面向乡村生态系统健康的设计

（一）乡村生态系统健康的含义及进展

20 世纪 40 年代，奥尔多·利奥波德（Aldo Leopold）首次明确提出土地健康（Land Health）的概念。该概念可以看作是生态系统健康的缘起，之后虽有较多相关理论研究，但至今仍没有各方都能普遍认同的生态系统健康的定义。鉴于生态系统演变历时较长、变化较大、过程较复杂，历史本底情况不容易调查清楚等实际，有学者提出，直接将评价对象区域的生态环境现状与理想参照值进行比较，如果与参照值基本吻合，生态系统可判定为健康。评价指标有系统服务功能、活力、降低外部输入、修复能力、结构、影响力、保持能力、对人的影响等。例如有学者在评价安塞小流域生态修复时，通过构造包括生态指标（植被覆盖度、农田面积、土壤有机含量）、社会经济指标（农业产出投入比、粮食产量、人均收入）、综合指标（系统抗逆性、综合治沙效率）等在内的健康评价指标体系，来评价生态系统的健康状况（刘国彬，2005）。事实上，健康的含义体现在生态系统自我恢复的能力。如果生态系统被利用或被扰动后，不能通过自组织恢复到原来的健康水平，说明生态系统处于非健康状态。

在乡村生态系统中，自然生态系统占据绝对比例，系统的物质环境和能量流动过程基本在系统内部实现，是一个基本上能实现自我满足、自我维持、自我恢复和自我调节的封闭循环系统，具有较强的生产功能、生活功能、生态功能、康养功能、娱乐功能和文化功能等。工业革命以来，人类从乡村生态系统中获取服务的能力得到极大提升，创造了前所未有的物质财富，但也逐渐产生了乡村原始森林消失、土地沙化、湿地退化、生物多样性锐减等全球性生态问题。政府间生物多样性和生态系统服务科学政策平台的一份报告指出：过去 50 年受人类活动而“严重改变”的陆地环境比例高达 75%（海洋环境 40%），全球物种灭绝的“平均速度已经数十倍甚至数百倍于千万年前”（IPBES，2019）。特别是在乡村的贫穷和脆弱地区，生态系统健康退化已经普遍出现。为加强对生态系统健康的保护修复，实现人类社会的可持续发展，国际机构先后做出了 3 大承诺和计划，包括生物多样性公约（Convention on Biological Diversity，CBD）、土地退化中性（Land Degradation Neutrality，LDN）和联合国 10 年生态系统恢复（United Nations Decade on Ecosystem Restoration，UNDER）。该 3 项计划意在使各种类型的生态系统、生物物种和遗传资源得到更有效的保护，土地净退化为零，生态系统健康和生产力及各项生态系统服务能更好地满足人类社会发展的需要，以应对全球也包括乡村地区贫困、粮食和水安全及生物多样性减少等挑战。

（二）面向乡村生态系统健康的空间设计

回望人类历史的长河，在人与乡村生态系统的关系中，人类始终是乡村生态系统坦然的获取者，乡村生态系统则始终是默然的付出者和被改造者。随着人类社会的不断迅猛发展，人与乡村生态系统的关系随之不断恶化，已经成为制约人类社会发展的瓶颈，严重威胁人类自身的生存和乡村生态系统的健康。美国新环境理论的创始者、“生态伦理之父”

奥尔多·利奥波德曾在他的著作《沙乡年鉴》中首次倡导了一种不朽的关于人和土地的生态及其伦理观，将土壤、水、植物和动物等生态系统纳入人与人之间、人与社会之间的伦理关系范围（Palmer et al.，2005；Nilsson et al.，2005）。面向乡村生态系统健康的国土空间设计，需要把握以下重要准则：

1）遵循地球生命共同体的整体化规律。所谓地球生命共同体就是指自然环境中各个生命体内部和相互之间的物质运动及能量转移，以及它们之间相互依存构成一个关系复杂的有机生命整体（刘威尔等，2016）。对“生命共同体”论断的理解，不应局限于山水林田湖草本身，其深刻内涵应是以山水林田湖草所指代的更广泛的自然环境。生命共同体具有自组织性与动态平衡性的特征，同时，与人类自身也存在着密切的共生关系，可谓相生相克。其中，生态要素的合理配置直接决定了这个生命共同体的兴旺、繁荣、健康、可持续程度（佘正荣，2008）。为了所有生命生存的共同利益，遵循生态规律去利用乡村生态生态系统中的资源，从而维护好所有生命生存所需要的良好的生态环境，是人类应当承担的生态道德义务（佘正荣，2006）。所谓的生命共同体=人类共同体+生物共同体。生命共同体包括个人、生命个体，物种、生物群落、人类集体和整个人类。生态系统和地球生物圈所有生命生存的生态环境，是生命大家庭居住的家园。乡村国土空间设计必须考虑自然的生命价值，遵循自然资源的内在规律及协同特征，改变人类对待乡村生态系统时单一、粗暴的利用方式，这将为处理人与乡村生态系统关系设置了重要的伦理前提。

2）更加突出乡村景观生态重建和保护。在对乡村林地、水域及休闲用地设计时，既使其满足休闲用地的功能，如作为公园、运动场地、露宿营地、研究和观察自然生态用地等，也要顾及美学方面的要求。其重点为：景观设计，强化人为景观与周边自然环境的融合和协调。各种设计都应非常强调保证与发展自然和景观的安全性和多样性，维护土地的肥力和潜力，维护乡村的功能和其更新能力，节约使用资源，维护与再布局生态用地，防治水土污染等。同时，应把保存乡村地区的个性特征和文化景观，以及增强气候变化的适应能力等，都应列为乡村持续性国土空间设计的主要目标。面对乡村生态系统健康的国土空间设计，以下两方面设计内容应该予以特别关注：①推进农田缓冲带景观建设。例如，为构建稳定的农田生境系统和更优美的景观风貌，200~300 米设置农田缓冲带，缓冲带宽度 3 米左右。缓冲带类型可以有：防护林、植物篱、野花带、草带、一年生植物带、多年生植物带、田埂、渠道、沟渠等。②控病害农业景观建造。在农业景观格局优化和农田缓冲带景观建设的基础上，采用间作、套作、混作、轮作多样化种植方式，同时采用作物覆盖、农林间作、保护性耕作、有机肥施用、深耕等技术措施，因地制宜种植功能植物、伴随植物和趋避植物，创造微环境，控制土壤病菌群落和缓解农业病害，提高天敌繁殖力和生存力。

3）更有利于不同空间实现绿色整合。乡村国土空间设计要更加关注人、动物、植物、环境等生命共同体中各方角色的有机整合。从更高层级上探寻人与自然的和谐共存方式。以鸟类生息环境的生命共同体建设为例，国土空间设计要有利于土地利用空间、水资源利用空间、地形地相空间、森林树种空间、鸟类食物链空间等在一个复杂组合状态之下的环境构造，必须树立和践行绿水青山就是金山银山的理念，坚定走有利于促进生产发展、生活富裕、生态良好的可持续国土空间设计道路。要不断融合山、水、林、田、湖、草空间，强化生态保护红线、土地开发上限，把优化乡村国土空间格局放在更加突出的地位，为人类美好生活的需要提供更多的健康生态产品。德国诗人海涅说过：每一个时代都有它的重大课题，解决了它，就把人类社会向前推进一步。当代乡村国土空间设计的重大课题，就是要推进不同空间的绿色整合，建设山水林田湖草生命共同体。

四、面向激发乡村发展活力的设计

（一）催化乡村发展活力的系统设计

德国乡村重振的历史经验表明，激发和维持乡村活力是乡村可持续发展的根本。所谓"活力"一词最早于1686年由著名的德国数学家莱布尼兹提出，用于表达运动着的物体产生的力（功）的大小。之后，"活力"一词主要用于解释生命体的活动机能或活动能力，如古典哲学中的"活力论"和现代生命科学中的"酶活力""比活力"等。近百年来，"活力"一词开始广泛应用于社会科学领域，用于表达各类政治、经济、社会组织活动机能与活动能力。乡村发展活力是指乡村生命有机体的生命力，是乡村生命有机体的生存力、自我发展力和再生力，是乡村地域系统内经济、社会、文化、政治、生态环境各子系统持续供给物质、能量和信息的能力。

催化乡村发展的活力，关键在于对乡村国土空间进行系统设计，从农田单要素设计走向"山水林田湖草路村镇"全要素设计。设计目标由增加有效耕地面积和提高耕地综合产能，走向山水林田湖草"生命共同体"建设。其重中之重是实现空间形态、产业发展、土地利用、生态环境、人居景观、基础设施、乡风文明、乡村治理的系统性重塑和综合集成创新。建设高标准基本农田，促进耕地集中连片布局，实现规模效率，打造现代农业发展平台，夯实农业发展基础，促进农业可持续发展，是乡村国土空间发展的不竭动力。要切实保护乡村生态系统健康和有尊严地生存所需要的环境，保护土壤、空气、水、动植物免受人类活动的不利影响，消除人类活动带来的损害或不利影响所采取的必要措施。要着力改善当地农业生产条件，创建更大的村庄文化、本地供应和区域合作意识，增强乡村地区的经济、生态、社会和文化综合发展潜力，保持乡村地区的景观风貌和弘扬传统优秀文化，延续历史文脉与绿脉，增强气候变化适应能力，提升乡村活力，促进乡村全面振兴。要着力推进全域生态、生产、生计、生机、生活"五生"融合，塑造全域宜居、宜业、宜养、宜游、宜学"五宜"共生的美好活力蓝图。

激发乡村发展活力的国土空间设计，要根据乡村国土空间的基本特性实现以下基本任务：优化空间格局，调整利用结构，找准限制因素，补齐设施短板，注入新型业态，发掘新增长动能，提升人民福利，促进可持续发展。而要实现这一设计任务，根本路径在于激发乡村各类要素和主体的内在活力和动力，如此才能促进乡村地区经济、社会、政治、文化、生态向好的方向转化，并提升其持续维持的能力。从动力机制角度看，提升乡村地区的经济竞争力、社会吸引力、文化凝聚力和生态适应力，是国土空间设计的重要逻辑和存在依据。而这"五个力"，归根结底就是乡村活力，一种乡村振兴和乡村发展的内在动力。可见，评价乡村活力的高低和强弱，可以为国土空间设计优化空间格局、调整利用结构、找准限制因素、补齐设施短板等提供重要依据，这也是国家现代乡村空间治理的重要组成部分。例如，土地内部发展潜力，包括建筑物空置比例、建筑物未充分利用比例、建筑物空置风险等，反映了乡村的生存力高低，是优化乡村空间格局和调整乡村利用结构的重要依据。再例如，乡村自然资源的优势程度和人文资源的丰富程度，具体如区域特色和历史风貌的建筑结构占比、历史村落的文化价值等，能够充分反映乡村的发展潜力高低，是国土空间设计因地制宜谋划注入新型文化业态、发掘新增长动能的重要依据。还例如，如果所在乡村的生态环境脆弱，其发展受到土地政策的限制，在土地利用中被划入禁止开发区或限制开发区，乡村的“限制力”就很高，或者说乡村的环境压力指数就很大，则乡村的活力就会受到很大影响，国土空间设计就需要调整利用结构、找准限制因素、补齐设施短板、加大生态修复，才能促进和维持乡村的可持续发展。所有这些生存力、发展力和限制力或者说环境压力，既是乡村活力的表征，也是国土空间设计的依据，二者是一个互动的内生关联系统。也就是说，乡村活力的结构、功能、脆弱点、恢复力、限制、边界、退化风险、时滞、惯性、动力机制、互动过程、激励结构、可持续性轨迹、长期趋势和演变规律及其指数的高低强弱，能够为国土空间设计的问题界定、目标设定、方案制定和决策制定等全过程提供重要的科学依据。

（二）提升乡村造血功能的产业设计

面向激发乡村发展活力的国土空间设计，最核心的内容是要提升乡村造血功能，合理的产业结构设计和空间落地是核心的关键。要着力构建三大产业体系：核心产业体系、配套产业体系和延伸产业体系，打造符合市场需要和供应链及价值链运行规律的新型业态，不断给乡村产业赋能，提升乡村造血功能。例如对养殖加工产业、绿色有机蔬果生产产业、绿色中药材种植加工业、苗木花卉培育和种植产业、乡村传统工业产业等核心产业进行空间设计；对特色食府、农产品物流集散等配套产业体系进行空间设计；对民俗文化创意产业、乡村休闲旅游业等延伸产业体系进行空间设计，打造具有竞争力的食疗养生、现代设施农业、特色家禽养殖业、乡村民俗文化等新型业态，构建乡村致富产业新体系。

未来人的心理精神消费需求成为消费趋势和热点，人类将进入“心”时代。乡村国土空间设计要适应大消费时代的发展趋势，着力营造乡村绿色产业“康养文旅”新的消费场景。在设计中要重视康养+医、动、文、养、农、乡。“医”是指康复保健，“动”是指运动休闲、康体养生，“文”是指文化休闲、主题康养，“养”是指生态旅游、生态康养，“农”是指绿色农业、田园康养，“乡”是指乡村休闲、乡村康养。重视文旅+文、学、娱、乡、科、艺。“文”是指文化休闲、文创体验，“学”是指有形接触、研学旅行，“娱”是指运动休闲、体育旅游，“乡”是指乡村文化、田园文创，“科”是指绿色生态、自然旅行，“艺”是指文化演绎、文创艺术。为着力重构乡村文旅发展新定位，建设文旅廊道新体系，营造特色文旅新景观，推进物质文化基因活化，设计出具有地方特色和魅力的动养场景、食养场景、颐养场景、医养场景、居养场景、药养场景。

乡村国土空间设计在强调增产增收增效的同时，要着力降低农民生活成本。比如降低用水成本（充分循环利用生活用水，建立乡村雨水收集系统）；降低买菜支出（在周边给有需要的家庭调整出一小块地种植蔬菜）；减少取暖费用（开采地热能）；减少后期养护成本（农村社区绿化要鼓励选用乡土树种，营造乡土景观）等。在国土空间设计中着力降低社区的生产生活成本，也是提升乡村造血功能和发展活力的重要举措。

五、面向展现乡村文化特性的设计

（一）因时因景扎根本土历史

乡村国土空间设计需要扎根本土历史风俗，助力文化传承，平衡本土历史风俗与其他社会文化的交互碰撞，发扬社会的公众参与，致力人与人、人与社会的友好和安定，构建与自然和谐并实现可持续发展的社会空间。它需要把一个区域的文脉、历史、文化、邻里和社区的物质形式当作一个活的生命来对待，当作一种文化的形式和一种文化体系来对待，而且要根据它的生命和文化历史以及生存状态来进行维护、保持、整治、发展和更新设计。因此，乡村国土空间设计的指导原则是以自然复原为基础的文化复兴，是一种在伦理框架下的“上善若水”建设和“格式塔”式的社会自然复合系统设计。

乡村国土空间设计需要在同步完善物质需要、景观美学、自然生态、社会文明的基础上，打造城乡的精神风貌，使其具有文化象征性，实现生命的共生与感动：丰饶的自然景象，易辨别的地理环境，存在有表现区域特性的人文景观，令人能够联想到与当地历史文化风俗有关的物质或非物质符号。其发展的重要方向和准则，就是要有利于社区文化保护、调和与创造的平衡，有利于城乡意向和审美情趣的提升，有利于后现代主义场景建设，有利于融微、并、气、间、秘、素、假于一体的审美景观构造，做到因时因景扎根本土历史。例如，本书作者团队在进行贵阳市白云区的乡村国土空间设计时，就紧密结合当地大量工业遗产景观，进行后工业景观设计，使设计因时因景融入当地的三线企业废弃地和遗址，成为一道靓丽的特色文旅新景观。具体设计手法有：①工业设施的再利用。利用工厂原有的厂房、车间和场地内在的系统性，对其进行改造，策划新的功能设计，适应公园游人游憩、观赏、餐饮、娱乐的要求。②生态策略与种植设计。最大限度地将废弃物旧地转化为新的资源，对历史上进行的资源开采和因此造成的破坏进行补偿，使资源再生，使生态恢复平衡。种植设计采用了对比鲜明的两种方式，即规划种植和自然种植，创造人工味十足的几何性空间和与自然山体结合的自然空间。③人性化空间设计。延续旧工厂的景观要素和特色氛围，但不是工厂的非人尺度，将工厂非人的尺度转化为近人的尺度，把工业景观转化为人文景观。④交通道路设计。很大程度上保留利用原有工厂的路网结构，强化原汁原味的调性。如工厂中笔直的干道传达出强烈的工业气息，路网设计可延续并发挥了这种几何化的空间特质。⑤装置艺术语言的应用。场地+材料+观念，即在特定的空间环境中，将天然的或人造的物质或文化实体，进行艺术性的选择、改造、组合后，使其传达出特定的传统工业思想观念或文化内涵的艺术形态。

（二）设计形态引领文化自觉

我们从《平凡的世界》出发，回头审视 1978 年以来的中国，到底经历怎样的变迁。从土地出发，到如今回不去的故乡，乡愁何寄？这将成为中国现在开始，一个最迫切需要解决的心灵与身体、个人与群体、社会与国家的多重困惑。乡村国土空间设计是人类为了满足新的功能需要对自然的一种干扰，如何使设计的形态和产品能够深深地记住乡愁，并促进已经失去的乡愁得以复兴，将成为未来乡村国土空间设计面临的严峻挑战和重大战略。要实现这一战略目标和完成这一历史使命，乡村国土空间设计就必须走回乡之路，做到设计形态引领文化知觉。这是一种乡村国土空间设计的生命情怀追寻，也是一种实现人与自然和谐的境界。回乡，象征自然、健康、共生、绿色和归真，包含美丽、协调、理性、复兴、低碳、伦理和平等。自然性与文明性相协调的“乡村家园”是最具人性的、理想的生存方式，乡村国土空间设计就是要建构一个返璞归真、和合共生、天人合一的诗意栖居家园。当然，回乡之路的现代语义不是单一的，而应该包括以下多项功能：①改善乡村交通运输功能；②改善乡村水资源管理功能；③促进城乡共同发展；④提升环境保护、供给及废物处理；⑤提高自然保护和景观保护能力；⑥促进旅游休闲业的发展；⑦预防洪涝灾害；⑧保存文化遗产；⑨创建现代基础设施以减弱人口迁移。

家园是一个乡土的概念，是屋子和园子（庭院、菜园、果园等）的合称。它以家为起点，并延伸到家周边的“一片天地”。从一种原始的整体性和统一性来看，家园是天、地、神、人“四方”归于一体。中国人只称人生天地间，不称人生社会中，此犹为人生大自然中，事实上是自然与人文之会合（钱穆，1986）。支持这种家园生活的是谷子、大白菜、果子和孩子，而不是城市人一种抽象的物质——货币。但在农业和农村现代化、新农村建设、资源效率最大化等现代文明的感召下，按照城市人的生产和生活方式进行乡村国土空间设计。由此，家园与土地发生能量交换的通道断裂，乡村意图与实践活动脱节，农民存在与经验背离，“去家园化”成为一种时尚。进而，家园不再生产粮食等农作物，而是生产货币和一系列新符号。原本的土地增值，必须是黑色的、松软的、潮湿的；现在的土地要增值，则必须是白色的、坚硬的、干燥的，最后铺上水泥使之彻底固化（张柠，2013）。然而，家园丧失带来的损失无法折算成经济学意义上的“等值”以及法律意义上的“对价”来彻底补偿，这是一种历史的断裂和文化的消失，也是对农民“家园经验”的毁灭性打击。乡村国土空间设计的重要任务就是要沿着人类发展的历史脉络，自然而然地保护和修复“家园”。当然，重建家园不是复古，但至少要具备家园的一些最基本功能，尤其要能够延续原有家园的历史和文化，并能保护家园受损者社会地位和尊严不因家园的变化而降低或丧失。

当下，乡村“地点”和“景物”这些细小的有机空间形态，经常通过设计师的艺术抽象变成一种赋有货币价值的美学空间，或是一个“旅游景点”，或是一首“田园牧歌”，实际上它们已经不是原本乡村意义上的象征和符号，而仅仅是一种货币、消费和占有关系。这种传统乡村空间被“整体淘汰”的结局，将直接导致人类对自身的“整体淘汰”（张柠，2013）。总之一句话，当下乡村国土空间设计的状态在很多地方似乎是古今已断、中外不接……总体上看，乡村设计形态如何引领文化自觉，确实还任重而道远。

参考文献

奥霍甘 肖恩. 2020. 基于自然解决方案的技术指南及典型案例：水资源管理的创新［M］. 北京：中国水利水电出版社.

布正伟. 2000. 建筑语言构成的复合系统［J］. 新建筑（4）：26-29.
陈家欢，陆琦. 2018. 乡愁视角下乡村景观的营造策略［J］. 南方建筑（1）：88-93.
陈巍. 2015. 江苏农村生态文明发展报告 2014［M］. 北京：科学出版社.
戴代新，戴开宇. 2009. 历史文化景观的再现［M］. 上海：同济大学出版社.
丁于容. 2017. 中国传统村落半山村景观形态保护设计研究［D］. 杭州：浙江工业大学.
房玄龄. 2015. 晋书［M］. 北京：中华书局.
费孝通. 2008. 乡土中国［M］. 北京：人民出版社.
葛兆光. 1997. 中国思想史. 第一卷［M］. 上海：复旦大学出版社.
耿云楠，王泓珺. 2016. 城镇化进程中的景宁县畲族村落的保护与更新［J］. 建筑与文化（9）：246-247.
郭海鞍. 2020. 文化与乡村营建［M］. 北京：中国建筑工业出版社.
郭海鞍，崔愷. 2019. 文化引导下的乡村特色风貌营建策略研究［J］. 建筑实践（2）：31-32.
赫拉利 尤瓦尔. 2017. 未来简史［M］. 林俊宏，译. 北京：中信出版集团.
黑川雅之. 2018. 日本的八个审美意识［M］. 王超鹰，张迎星，译. 北京：中信出版社.
侯晓蕾，郭巍. 2015. 场所与乡愁：风景园林视野中的乡土景观研究方法探析［J］. 城市发展研究（4）：80-85.
李畅. 2016. 从乡居到乡愁：文化人类学视野下中国乡土景观的认知概述［J］. 中国园林（9）：29-32.
梁漱溟. 2011. 乡村建设理论［M］. 上海：上海人民出版社：10-11.
林金煌，吴思佳，陈文惠，等. 2019. 闽三角地区农田景观格局演变及其生态服务功能研究［J］. 生态科学（1）：197-205.
刘大平，李晓霁. 2005. 中国建筑史与文化地理学研究［J］. 建筑学报（6）：68-70.
刘国彬. 2005. 黄土高原小流域综合治理及生态恢复过程：以安塞纸坊沟小流域为例［C］//水利部，中国科学院，世界银行，中国水土保持学会. 中国水土保持探索与实践：小流域可持续发展研讨会论文集：126-132.
刘威尔，宇振荣. 2016. 山水林田湖生命共同体生态保护和修复［J］. 国土资源情报（10）：37-39.
鲁苗. 2019. 环境美学视域下的乡村景观评价研究［M］. 上海：上海社会科学院出版社.
吕不韦. 2015. 吕氏春秋. 上农篇［M］. 臧宪柱，译. 北京：北京联合出版公司.
吕龙，陈晓艳. 2021. 乡村文化记忆的场域认知、依恋与传承关系：以苏州金庭镇为例［J］. 热带地理（3）：485-494.
梅多斯 德内拉，兰德斯 乔根，梅多斯 丹尼斯. 2006. 增长的极限［M］. 李涛，王智勇，译. 北京：机械工业出版社.
莫里斯. 2016. 人类的演变［M］. 马睿，译. 北京：中信出版社.
钱穆. 1986. 现代中国学术论衡：略论中国社会学［M］. 长沙：岳麓书社.
青锋. 2008. 建筑·姿态·光晕·距离：王澍的瓦［J］. 世界建筑（9）：112-116.
佘正荣. 2006. 生命共同体：生态伦理学的基础范畴［J］. 南京林业大学学报（人文社会科学版），6（1）：14-22.
佘正荣. 2008. 论生命共同体中的伦理正义［J］. 学术论坛（12）：3-9.
孙卫邦. 2003. 乡土植物与现代城市园林景观建设［J］. 中国园林（7）：63-65.
特鲁洛夫. 2002. 马里奥·谢赫楠［M］. 周文正，译. 北京：中国工业出版社.
王寒冰. 2019. 川西平原林盘聚落空间形态研究［D］. 成都：西南交通大学.
王建国. 2009. 城市设计［M］. 北京：中国建筑工业出版社.
王路. 2000. 村落的未来景象：传统村落的经验与当代聚落规划［J］. 建筑学报（11）：16.

王绍增. 2005. 园林、景观与中国风景园林的未来［J］. 中国园林（3）：24-27.
王向荣，林箐. 2002. 西方现代景观设计的理论与实践［M］. 北京：中国建筑工业出版社.
王仰麟，韩荡. 2000. 农业景观的生态规划与设计［J］. 应用生态学报（2）：265-269.
王云才. 2009. 传统地域文化景观之图式语言及其传承［J］. 中国园林，25（10）：73-76.
王云才，刘滨谊. 2003. 论中国乡村景观及乡村景观规划［J］. 中国园林（1）：55-58.
肖辉. 2008. 风景园林设计语言的地域性分析［D］. 北京：北京林业大学.
徐丽葵. 2019. 乡村文化资源传承创新的三重向度：以乡村振兴战略为背景［J］. 广西社会科学（12）：152-156.
袁艺. 2020 承载乡愁记忆下的乡村公共空间营建策略探析［J］. 安徽建筑（8）：18-20.
张斌囡. 2004. 小规模渐进式改造在小城镇旧城更新中的应用［J］. 城市规划（20）：81-83.
张晋石. 2013. 20 世纪荷兰乡村景观发展概述［J］. 风景园林（4）：61-66.
张晋石. 2017. 乡村景观在风景园林中的意义［M］. 北京：中国建筑工业出版社.
张柠. 2013. 土地的黄昏［M］. 北京：中国人民大学出版社.
张智惠，吴敏. 2019. "乡愁景观"载体元素体系研究［J］. 中国园林（11）：97-101.
周旭. 2008. 现代设计的自然观与人文关怀［J］. 文艺研究（10）：154-155.
邹广文. 2014. 乡愁的文化表达［N］. 光明日报，02-13（2）.
IPBES（The Intergovernmental Science-Policy Platform on Biodiversity and Ecosystem Services）. 2019. Summary for policymakers of the global assessment report on biodiversity and ecosystem services of the Intergovernmental Science-Policy Platform on Biodiversity and Ecosystem Services［M］. Bonn：IPBES Secretariat：12.
Beardsley John. 1995. Poet of landscape process［J］. Landscape Architecture（11）：46-51.
Brush Robert. 2000. Group differences in the enjoyability of driving through rural landscapes［J］. Landscape and Urban Planning（47）：39-45
Dobbs Richard，Sawers Corinne，Thompson Fraser，et al. 2014. How the world could better fight obesity［R］. Washington，D. C.：McKinseys Globel Institure.
Haughton G，Hunter C. 1994. Sustainable cities［M］. London：Jessica Kingsley Publishers.
McDowell John. 1996. Mind and world［M］. Cambridge：Harvard University Press.
Nilsson C，Reidy C A，Dynesius M，et al. 2005. Fragmentation and flow regulation of the world's large river systems［J］. Science，308（5720）：405-408.
Palmer M A，Bernhardt E S，Allan J D，et al. 2005. Standards for ecologically successful river restoration［J］. Journal of Applied Ecology，42（2）：208-217.
Robert L. 2002. Preserving rural character in New England：local residents' perceptions of alternative residential development［J］. Landscape and Urban Planning（1）：19-35.
Tscharntke T，Klein A M，Kruess A，et al. 2005. Landscape perspectives on agricultural intensification and biodiversity-ecosystem service management［J］. Ecology Letters，8（8）：857-874.
Turner M G. 1990. Spatial and temporal analysis of landscape patterns［J］. Landscape Ecology，4（1）：21-30.

第七章　滨岸国土空间设计

第一节　何为滨岸国土空间设计

一、滨岸国土空间设计的概念与意义

（一）滨岸国土空间设计的概念

滨岸是指陆域与水域相连接，由水域、水际线和陆域 3 部分组成的特定区域，具体包括海岸、江（河）岸、湖岸 3 大类型。由于受气候条件、水文特点、道路交通和经济社会发展需求等多重因素的影响，要想清晰地划出滨岸区的界线是比较困难的。以海岸带为例，它是海岸线向陆海两侧扩展一定宽度的带状区域，包括陆域与近岸海域，对于其范围，至今尚无统一的界定。联合国 2001 年 6 月“千年生态系统评估”项目将海岸带定义为：“海洋与陆地的界面，向海洋延伸至大陆架的中间，在大陆方向包括所有受海洋因素影响的区域；具体边界为位于平均海深 50 米与潮流线以上 50 米之间的区域，或者自海岸向大陆延伸 100 千米范围内的低地，包括珊瑚礁、高潮线与低潮线之间的区域、河口、滨海水产作业区，以及水草群落。”国土空间设计中海岸带的概念，不同于地理学科和海洋学科的界定，更强调水对空间开发利用的影响，通常认为是海岸线向海陆两侧扩展一定距离的带状区域，兼有海陆两种生态特征，不仅具有自然属性，而且具有社会属性，其范围一般为几百米至几千米宽度的陆海相互作用区。江（河）岸带、湖岸带的划分也有类似的情况，目前并没有明确的范围界定，通常认为它们是陆地生态系统和水生生态系统的交错区，主要取决于河流湖泊的类型、地质、土壤、水位及相邻土地的使用情况，不同的江河的宽度是不同的，小则几米，大到几百米，甚至几千米；湖泊也一样，面积从 1 平方千米至几千平方千米，其影响范围是很不相同的，所以很难用统一标准来进行范围界定。

滨岸国土空间设计，简言之，就是对滨岸这一特殊区域的国土空间进行设计。该区域是一个典型的过渡地段，是传统意义上土和水的边缘，是现代意义上人工和自然的分界，体现了设计流线和功能意义的推演。滨岸国土空间最重要的设计概念，是它的功能意义和文化内涵。它通常是重要的战略区位，各类设施的设计需要遵循水域的形态和发展变化规律，并在此基础上塑造出一个新的空间。这种空间不是简单的一条线和一个分割，而是一种接入和融合，是极具设计挑战的特殊区域，景观是其功能意义体现的最重要部分（马慧敏，2016）。滨岸区域有着大量的基础设施、灵活可塑的流动线条、不同功能的交叉重叠，是一个极其复杂的复合系统。资源合理利用、功能有效整合、水文化传承、当代意义

充分表达、可持续性和生态性思想引入、美学景观塑造等，是滨岸国土空间设计的核心概念。

（二）滨岸国土空间设计的意义

人类的生存离不开水，人类的文明和发展繁荣与水也密不可分。纵观全球人类聚居点的分布，人们大多会靠近水源地生活，因为那里取水、取食都更为方便，所以湖边、河岸、海岸线都是人类最初活动的场所。例如尼罗河流域的埃及，两河流域美索不达米亚平原的巴比伦，恒河流域的印度及黄河、长江中下游的中国等。当今世界超过100万人口的城市，60%分布于沿海地带，尤其是河口海岸平原区。美国的纽约、澳大利亚的悉尼、巴西的里约热内卢、意大利的威尼斯、日本的东京，以及中国的香港、上海、三亚、大连、青岛、宁波、厦门等城市，都是因其滨水特征而享誉海内外。滨岸国土空间设计对于生态、景观、文化、康养、娱乐等方面都有着重大价值，直接影响区域的空间形象和人民的生活质量。

1）生态功能价值。水陆生态系统交汇是滨岸国土空间最明显的生态特征，由于同时受到这两种生态系统的共同作用，往往具有较强的生态敏感性。因此，滨岸国土空间设计直接影响水体循环、水土保持、蓄水调洪、水质涵养、调节温湿度、净化空气、吸尘减噪、改善小气候等生态功能价值，对于提倡绿色发展和保护生物多样性的当代社会，重视滨岸国土空间设计在促进生态文明建设方面就具有特别重要的意义。

2）实用功能价值。滨岸地区之所以会成为人类聚居的发源地，十分重要的因素就在于其便捷的灌溉、排涝、运输等功能。即使在当代社会，水路运输，尤其是港口优势，对一个区域的发展仍然具有重要的影响。一个区域的水系空间格局，以及水体的水质和水量直接影响着人们的生产、生活和未来的发展。在人类历史的长河中，为了取水灌溉、防治水害、航运交通等目的，人类不断地进行水利工程建设。在某种程度上可以说，一部人类社会的发展史，也可看成是人类与水博弈的历史。从大禹治水、李冰父子修筑都江堰到隋朝构筑大运河等，都如此。滨岸国土空间如何进行设计，会直接影响人类生产生活的多种实用功能。

3）人文景观价值。自古以来水在人类生活中就具有“精神”“象征”等多方面的人文景观价值。所谓“上善若水”，就是把水作为人们道德操守的最高境界，要人们学习其“利万物而不争”。由于人类与生俱来的亲水性，据说与“最初的人”在母亲的子宫内充满了羊水的环境有关，水被赋予了“德”“义”“善”“美”诸多特性的外化表征，孔子等“仁者乐山，智者乐水”就是经典的表述。滨岸国土空间设计可以根据人类自然性和文化性的双重特征，在合适的滨岸恢复亲水特性，恢复人类和动植物的亲水特性，重塑人类与水域的和谐关系。

4）休闲康养价值。随着人们生活水平的提高，对垂钓、滑水、游泳、游憩、康养等水上活动的需求日益增加。事实上，水体以其活跃性和穿透力而成为国土空间中最富有生气的元素，也是最适宜于放松休闲的公共空间。滨岸国土空间设计可以根据每条江河、每个湖泊、每片海岸不同的自然特性、人文条件和审美情趣，创造出丰富多彩的体验景观和一种人文至上的惬意，改善滨岸区环境质量和空间风貌，提升滨岸空间的休闲康养价值。

（三）滨岸国土空间设计的本质

地球表面主要的形态就是水、陆两种，其交界面犬牙交错、错综复杂、形态多样。水域可细分为海、江、河、湖、泊、荡、溪、塘、池、洼、渠、沟，陆地又有山、丘、平原、盆地、岛域等。这些错综复杂的地理形态与人和生物，以及与河床、沙滩、礁石、滩涂等多种元素形成特定秩序、模式和结构的景观复合体。滨岸国土空间设计的最重要本质，就是处理好滨水生态环境与人类活动或人造景观的关系，将滨水景观与美学深度融合，塑造出亲水性的多样化景观和谐境界。

1）和谐的人水空间关系。人和水都是自然的一部分，是一个生命共同体。在这个生命共同体中，人依赖于水，又具备改造水的能力。滨岸国土空间设计首先就需要尊重水的运动规律，创造人文系统与水系统相互协调的良性循环状态。即在不断改善水系统自我维持和更新能力的前提下，使水系统自身的健康得到不断改善，使有限的水资源为经济社会的可持续发展提供久远的支撑，保障水对人类生产生活的安全性。要有可持续发展的观点，将滨岸景观作为区域生态景观的一部分，协调好各种景观子项之间的生态格局与功能关系，处理好与周围地理要素的空间关系，充分考虑山、水、气流、天气、地貌等产生的各种影响，构建现代人类向往的聚居胜境。

2）亲水的美学景观关系。国土空间设计是一种人类的景观再创造过程，它必须是有美感的。这种美学景观，不仅要有自然美的底蕴，还必须蕴含社会生活美，仅有自然合理的安排而缺乏美学处理的滨水景观是不会被社会所接受的（唐剑，2007）。这就是要特别强调，滨岸国土空间设计的亲水性，要能够被使用者、参与者所体验、所感受。在自然科学中，亲水性（Hydrophilicity）是指带有极性基团的分子，对水有较大的亲和能力，可以吸引水分子或易溶解于水。也就是，容易与水成氢键而结合的性质称为亲水性。许多亲水性基团，如羟基、羧基、氨基、磺酸基等都易与氢键结合，因而是亲水性的。可见，亲水性的美学景观设计，就是要使人具有可进入性、可体验性，能够被滨岸水的独特魅力所吸引。

3）丰富的滨水文化关系。因为人类活动叠加于滨岸区域之后，随着时间的延续会产生某种传承，这种传承就构成了当地文化的一部分，例如故事、风俗、禁忌等。滨岸国土空间设计必须要能够挖掘更深层次的文化内涵，使滨岸国土空间设计创作更具有“厚度”。这种“厚度”是一种丰富的滨水文化关系，必须是能够设计语言和设计符号表达出来的，绝不是一种表面堆砌了一些文字和图片的表达，同时能够被进入滨岸区的人们自然而然地感受到。它应该忠于所在地的自然环境特征、景观设计的艺术与灵动之处，在于让观众觉察不到“被设计”，在于创造一种无意识的过程，令人放松并在意识层面与环境沟通，同时满足功能与效用。不同于诗歌和绘画，滨岸国土空间设计者需要通过展示滨岸风景，体现个体对生命的态度，利用一切可能的条件使得观者或使用者产生美的文化联想。设计师不能仅从肤浅的形式观察来得出滨岸景观设计的美学评价，而不顾它们的文脉和哲学根源。在园林设计中，水源要隐藏在深邃的地方，然后再疏浚水流使之曲折蜿蜒长流，取水尾绵长无尽之意，认为唯有得水源活水，才能保证园林的“脉理贯通，全园生动”（张家骥，1993）。选择在有江边、湖山、深柳、疏芦的地方逐水而筑，可以保留利用渺邈湖水、云山、渔舟、沙鸥等自然之美，用规模较小的用地营造出壮丽开阔的园林效果，园内楼阁掩映，高台瑶池，乐曲响彻云霄，韶光驻留，如同仙境（计成，2010），这就是传统园林设计的滨水文化。

二、如何设计滨岸国土空间

（一）设立主要目标

滨岸是展示国土空间形象的重要区域，也是一个地区非常珍贵和稀缺的资源。滨岸国土空间设计的内容非常广泛，不仅有陆地上的，还有水里的，更有水陆交接地带的，是一种比较复杂的国土空间设计类型。毕达哥拉斯曾经说：万物“水”居第一；耶稣撒向上帝选民的是“活水”。水以其原始宇宙学的精神内涵渗入人类文化思想的意识深层，已经由物质的层面升华到一种精神的境界。因此，滨岸国土空间设计需要将自然性、空间性、景观性、亲水性、人文性及形式美等进行融合，达成下述多元目标。

1）实现滨岸区域的更可持续发展。可持续发展是一个全球共识的概念，但对其具体内涵的理解还存在不同的观点。就滨岸国土空间设计而言，一种更可持续发展的滨岸国土空间设计模式，必须要坚持环境优先，能够改善景观的持水性，促进水循环平衡，保护滨水区生物多样性，保护滨岸的自然地理格局。例如，研究表明，在 1 米厚的土壤层中有机质含量每增加 1%，土壤整体持水能力增加 33 毫米，在耕作层中增加 10 毫米，同时可降低地表径流速率（Ryszkowski，2002）。增加地表植被覆盖的面积，也是改善地表结构的一种有效方法，地表植被的增加可延迟地表径流在景观内的停留时间，以便使更多的水流进土壤。水闸、驳岸、漫滩、湿地、导出性支流、蓄洪池、缓洪池等工程设施设计必须符合生态学原理，才能更好地保护生物多样性。要为滨水景观留下一席之地，强化对自然岸线的保护，促进滨岸区域的更可持续发展。

2）构建自然艺术相融合的大地景观。水是自然的产物，可作为自然的一面镜子和宇宙的一个缩影，是人与自然“心物感应”的物质基础。中国古代对城市的关照，通常都是从山水美学的角度艺术性地切入，形成城市“诗境”特色。如济南的“四面荷花三面柳，一城山色半城湖”，再如桂林古城的“千峰环野立，一水抱城流”，都让人感受到特别的风雅逸致（李先逵等，2018）。滨岸国土空间设计要从大地景观入手，使滨岸设计与自然环境、自然地理格局艺术地相融合，按照山水美学原则统筹山水布局，构建自然与艺术相融合的大地景观。在设计中要力求做到——地块使用：保岸护水，道路设计：顺岸应水，建筑布局：显岸露水，园林设置：依岸傍水，空间组织：迎岸接水，环境修复：治岸理水，在理性之外还有精神境界，使滨岸更具有内在持久的吸引力。

3）营造人类更向往的游憩聚居胜境。感应地理学和景观偏爱理念的调查研究表明，滨水地区对于人类来说，是最向往的游憩聚居地。澳大利亚的布里斯班，南临黄金海岸，北接阳光海岸，布里斯班河犹如一条明亮的缎带，从山峦天际之间缓缓飘下，流过铺红缀绿的原野，蜿蜒曲折，在市区里绕了几个 S 形后，又飘然隐没在远方的山谷里。城中蓄水大坝及其辅助设施是天然的活动场所，这里风景如画，堪称布里斯班水上乐园。阳光下的布里斯班河碧波盈盈，河两岸的住宅小巧玲珑，错落有致，沿岸的草坪上花香草绿，争荣竞秀，一派诗情画意的田舍风光，成为现代人向往的聚居胜境。滨岸国土空间设计就是要充分利用自然水体，营造蓝色、绿色、黑色 3 大元素有机融合的游憩聚居胜境：①蓝色。着力于水与天空的对接和映照。②绿色。着力于动植物的生态系统建构，有陆地动植物，也有水上植物。③黑色。着力于自然土地的保护和表现，尽量保持土地黑色的、松软的、潮湿的原生状态，防止将其变成白色的、坚硬的、干燥的，最后铺上水泥使之彻底固化。

（二）基本建构方法

滨岸区域的景观是其功能意义体现的最重要部分，水与景观生态的关系是滨岸国土空间设计的核心内容。它与大区域的国土空间设计，以及住宅区景观设计、城市道路景观设计等不同，本质上是一个与水有关的区域国土空间景观生态设计，系统的生态学考量需要始终贯穿其中。河流水位变动对河漫滩养分和颗粒动态的影响、水流对养分的传输作用、地表水流的生态意义、洪水对景观生态的影响、地下水位的动态变化、海岸线变化的动力学机制等，都需要在滨岸国土空间设计中进行认真的调查、勘测、评价、把握和识别。就滨岸国土空间设计的方案建构而言，主要有以下几种基本方法：

1）生态建构法。遵循自然生态规律是滨岸国土空间设计所需要遵循的首要原则。应当在“斑块-廊道-基质”景观生态学理论的指导下，以重要生态节点识别-优化-修复为主线，综合社会经济因素和生态环境本底进行综合评价并对空间生态能级赋值，构建滨岸生态网络安全格局。廊道数目、廊道宽度、廊道类型、廊道结构及其它们的网络交点设计，是生态建构法的关键内容。

2）空间建构法。运用 GIS 空间分析、遥感卫星图像识别、计算机图形模拟等现代技术手段，结合应用 LANDEP 规划设计理论和方法体系、麦克哈格的“千层饼模型”、生态敏感区（ESA）模型、区域生态系统分室模型、空间直观景观模型等（赵羿等，2005），再经过“展”“转”“串”“合”“切”“比”“兴”“叠”等组合方式和灵感及“心”力的运用（唐剑，2007），就能建构出一个具有功能性、公共性、艺术性和空间性相融合的滨岸景观设计方案。

3）亲水建构法。该建构法主要表现在驳岸的处理及临水空间的营造等方面，关键是如何让人与水体进行直接的交流与对话。如果能够实现与水体的接触性交流固然能体现亲水性，但在设计过程中由于其他因素和条件限制不能采取这种方式时，例如江河的凸岸易受侵蚀或滨岸由陡峭的崖壁组成很难与水流进行直接接触，就需要考虑采用视觉、听觉、嗅觉等设计手法让人同样感受到水的乐趣。站在亲水平台面对开阔的水面欣赏远处层峦叠嶂的美景，晴天傍晚夕阳余晖洒满水面，使得景色更迷人，这也是另外一种亲水性（尹安石，2010）。

4）文脉建构法。滨岸经常是人类聚居的最早区域，隐含着丰富的历史文化遗迹。所以，滨岸国土空间设计应当十分重视历史人文景观的挖掘。事实上，文化决定了一个滨岸区的持续动力和活力。杭州西湖的断桥，从物理形态上看没有任何的奇异景观和独到之处。但是，湖边多少游湖者，半在断桥烟雨间。这就是文化的价值，更是文化的魅力。滨岸国土空间设计应当充分结合区域的地理、历史和环境条件，梳理和挖掘历史传统文脉，同时满足使用功能和观赏要求，创造独具特色的滨水文化景观。

5）公众建构法。做好滨岸国土空间设计不仅仅是政府、规划师、设计师的事情，更是社会公众的事情，需要加强公众参与度，重视大众需求。在设计过程中应当通过广播、电视、网络、报纸等媒体发布信息，向广大群众介绍项目背景资料，让他们充分发表看法和建议，对这些问题应加以重视，以作为设计参考。

6）特色建构法。选取不同的特色或主导因素，突出特色或主导因素，以彰显滨岸国土空间的亮点。此法是单景观因子扩大化的具体手法，类似于生物学上的“细胞突发性增殖”。例如，在滨水景观设计中，以成建制的水巷为突出因素来协调其他各种景观因子的安排，“突破一点，协调全面”是该建构法的本旨（唐剑，2007）。

7）意象建构法。意象建构来源于意象对话心理疗法的理论，意象对话关于自知、真爱、承当、生命力的基本原则是国土空间设计意象建构的重要基础，以及信、爱、知、行对个体心理发展的影响与情结形成的关系是重要的核心元素。滨岸国土空间设计的意象建构，不仅仅是表征出滨岸景观的意象符号，而且是要通过这些符号的凝视与亲身体验诱导居民对滨岸意象进行重构，提升个人对滨岸所持有的信念、想法和印象的总和质量，形成个人对滨岸各类信息加工的一种更高层次的“意象图式”凝结（Crompton，1979；白凯，2009）。在滨岸国土空间设计意象建构的过程中，要根源传统文化，结合滨岸承载的符号内涵和当下人们的精神需要，赋予滨岸意象以价值理念层面的高远意义，使滨岸意义具有广阔的意义延伸空间（蔡礼彬等，2017）

三、滨岸国土空间设计的核心与特色

（一）滨岸国土空间设计的关键内容

西方学者关于滨岸设计的系统性研究始于 20 世纪 20 年代。美国的安妮·布里恩和迪克·里格比把滨水地区的城市功能概括成 6 种——居住功能、文化教育及环境功能、历史展示功能、港口功能、商贸功能、休闲娱乐功能（Breen et al.，1996），戈登认为滨水区的公共空间开发能够大大地提升周边地块价值（Gordon，1996）。从 20 世纪中叶开始，世界诸多地区都开始了对滨岸地区的较大规模开发建设，由此也推进了滨岸国土空间设计的开展，美国、日本、英国是其中的典型代表。美国的巴尔的摩港自 1964 年开始进行内港区的重建，至今还在进行，纽约炮台公园项目也是自 1986 年开发至今仍在进行；日本作为海上国家，在滨海地区的设计探索也很多，如仅在大阪湾就有包括大阪宇宙广场在内的上百个滨水建设项目设计（魏光超，2011）；英国滨水地区有众多的更新重建项目设计，如曼彻斯特运河两侧更新项目、利物浦阿尔培托改建项目及伦敦港区改建项目等（刘利刚等，2020）。我国滨水岸线国土空间设计是随着 20 世纪 90 年代后对城市建设的重视，国内滨水区规划设计项目逐渐增加，进而形成诸多规划设计理论、方法与实践经验。从国内外滨岸国土空间设计的理论研究和实践开展情况来看，其要点包括以下几个方面：

1）水体治理先行。滨岸国土空间设计要聚焦对水环境和自然环境等要素进行系统性重点管控，分区分段进行设计控制和治理。如果滨岸场地水势、水质、水形俱不佳，就需要结合地势、自然流线等进行全方位的改造，采取各种措施净化水体，以满足人们亲水的要求，更好地发挥水体的景观生态功能。

2）生境模式建构。由于滨岸地区是地貌最复杂区域之一，不同的滨岸地貌具有不同的水动力条件，进而导致不同的光照、水流、清洁度、盐碱度、自然盐含量等生存条件差异，形成不同的生物组合。因此，滨岸国土空间设计需要划分不同的生境模式，对生境按滨岸地貌类型或物源类型，后者如碳酸盐岩、碎屑岩、花岗岩、砂岩等，进一步细分生境模式。按照生境模式合理配置与选择植物，增强生态系统的稳定性，增加植物的多样性以丰富景观层次。

3）交通网络设计。滨岸地区交通网络是滨水景观的基本框架，要充分考虑滨水环境内各个功能区及生境模式，依据人的心理需求提升交通的通达性、多样性与回环性。在重视休闲旅游度假的时代，要重视营造人性化步行体验空间，构建舒适的慢行系统，创造安全舒适的游憩活动环境；加强滨岸慢行空间的网络化联动，提高滨岸空间的渗透性与可达性，满足游憩需求。

4）驳岸合理设计。驳岸是陆地与水域的交界线，合理的驳岸设计能够创造良好的亲水空间，使滨岸景观充满活力与吸引力。过往的驳岸设计多从功能利用价值如防洪、水运和灌溉等考虑，而较少考虑人的心理和生理需要，因而驳岸往往是截弯取直，采用石砌护坡、高筑岸堤，其生态价值和人文价值都相对较低。当然，所谓驳岸合理设计，并不是要否定功能价值，只强调人文价值，而是要将功能价值、生态价值和人文价值进行综合平衡。驳岸设计通常有 3 种模式：自然原始型驳岸、自然型驳岸、自然人工型驳岸。滨岸国土空间设计需要根据不同滨岸区环境，主要是河流水文过程、生物过程和人文过程，选择适宜的驳岸处理方式。要尊重自然河流湖泊海岸的演变规律，保护河流湖泊海岸生态环境，主要包括堤坝护岸使用生态材料、保持或恢复曲流的河流形态、河床铺设鼓励使用创新生态技术与材料而非水泥硬质材料等。

5）文化引领休憩。注重历史滨水区地段脉络和文化的整体保留，结合多手段活化利用历史遗产，保护和再现滨水区地段的历史风貌，打造高密度文化设施网络，通过建设标志性大型文化体育设施吸引游客和市民。巴黎塞纳河 12 千米的岸线上，聚集着卢浮宫、奥赛美术馆、蓬皮杜美术馆、国家自然历史博物馆等 30 余所博物馆和美术馆，平均每 300~400 米就有 1 座博物馆，使塞纳河两岸成为文化艺术游览“圣地”（吴菁妍，2020）。滨岸国土空间设计要坚持文化引领游憩，推进人文景观再造，以提升滨岸地段的知名度。

6）塑造特色节点。在不同滨岸区域针对不同人群的偏好设计具有不同特色、性质和职能的公共空间特色节点，打造不同时段和不同类型的多元体验线路和游憩产品。要通过交通网络设计、生境模式设计、驳岸处理设计、遗产活化设计配合照明设计、景观小品设计、铺装设计、公共艺术设计、景观建筑设计、景观标识设计等，塑造符合地方情境的特色节点。

（二）滨岸国土空间设计的特色塑造

特色塑造是滨岸国土空间设计的生命力所在，是对设计师能力的拷问和考验，也是对当下滨水空间“千水一色”建设现状的反思与纠偏。所谓特色塑造，就是融入地域性，包括自然性和文化性的特色设计，强调通过回归自然、立足文化、展现地域风土来塑造与众不同的特色，以满足不同人群对不同空间体验与文化活动的需求。其基本设计目标是要使滨岸国土空间富有个性易识别、空间整体可感知、内涵丰富耐品读。研究表明，滨岸国土空间设计的特色塑造需要详细调查、评价、梳理、解读地域的空间基因，也就是滨岸空间在与自然环境、历史文化的互动中所形成的一些独特的、相对稳定的空间组合模式和特色标识，主要有自然根植策略、人文显化策略、要素整体策略、时代创新策略、人文需求策略等（戴德胜，2021）。

在滨岸国土空间设计的特色塑造过程中，坚持水资源的综合利用与景观风貌塑造并行是重要的路径选择。如西湖的前身是潟湖，唐朝时由杭州刺史李泌凿暗渠引钱塘湖水入城，使得百姓用水充足。后有白居易筑堤增加湖的库容量，在湖的北部和南部修建涵管、水道排泄洪水，其在《钱塘湖石记》中写道“凡放水溉田，每减一寸，可溉田十五余顷；每一复时，可溉五十余顷……若堤防如法，蓄泄及时，即濒湖千余顷田，无凶年矣”，详细记载了湖堤的功能（王汝弼，2012）。北宋苏轼对西湖进行了大规模疏浚，湖底全面深挖，废除湖内葑田，禁止一定范围内养殖菱藕，使得淤塞的航道重新通航，又在坝上建造闸门调节湖水，用疏浚出来的淤泥在湖中建了“苏堤”并6座石桥以沟通湖水（钟毓龙，1983）。西湖为世界文化遗产，其中湖、白堤和苏堤及周边景观是杭州山水格局的核心要素，西湖发挥了供水、农业灌溉、防洪防潮、航运等多种功能，也为老百姓提供了水产养殖、酿酒等生产空间和原料，极大地支撑了区域经济社会发展。再如苏州历经2500多年的历史变迁，至今仍保留着“水陆并行，河街相邻”的双棋盘格局。古苏州引太湖水入城供居民使用，西部山地盛产的石料做筑城材料，城门设有水门和陆门用以防御和防洪，城内街道石板路下多为沟渠，用以渗透雨水排入河网，这套水系兼具军事防御、供水排水、防洪防潮、交通运输等功能（朱长文，1986）。要实现水资源的综合利用与景观风貌塑造并行，需要进行艰苦而大量的资料收集、筛选和分析，深入了解所要开始设计的这片滨岸的固有属性和特质，深刻把握滨岸所在这片土地的“前世、今生”，然后谨慎而慎重，自然而不矫情地对这片滨岸区域提出富有特色的设计方案。

四、滨岸国土空间设计的美学评价

（一）滨岸国土空间设计的美学价值构成

滨水在不同地域、不同时间、不同境况下，以其形、色、声、影等形感表现，将滨岸景观塑造得美轮美奂。择水而居、趋水而行、与水为伴、欣赏滨水之美景，是人类追求美好生活的目标之一，在影响和丰富人类精神领域方面具有最突出的表现和心理美学效应。滨岸景观美学价值的体现，一方面取决于作为审美客体的景观所蕴含的美学信息量，另一方面也取决于作为审美主体的人类获取美学信息的能力。景观美学信息的来源即审美客体，也就是滨岸景观的整体形象，由水形、水色、水影、水声、水味和陆地自然环境等要素共同构成，而获取信息的能力主要是审美主体通过视觉、听觉、嗅觉、味觉、触觉、心理等方面，感知滨岸景观的美学特性。从人类群体对水的审美认知方面来看，水具有的柔和、润泽、“利万物而不争”的特性代表了智慧、宽仁；而水的跳跃、激荡、汹涌等形态又使其具有了灵性、宏大、磅礴等美学特征。这些要素相互结合、相互交融，共同呈现出滨岸景观之美（邹锦，2016）。那么，何种滨岸才能称得上是美的滨岸呢？由于个人的价值观和审美观不同，会因其评价标准不同而得出不同的结论。但一个能引起美感的滨岸大致应该具备以下 5 个方面的基本条件：

1）滨岸的结构功能美。良好的滨岸功能是滨岸美的基础性条件，它在滨岸的结构美上体现了滨岸的合目的性。一个结构布局合理、功能健全的滨岸，因其能满足人们在物质生活和精神生活等方面的各种需求，就能为人们进行审美活动提高良好的美学印象条件，并成为美感建成系统中有着审美情感方面因素的重要组成部分（马武定，2005）。如果一个滨岸的结构布局混乱，交通行走很不方便，烈日下缺少遮挡阳光的庇荫树木，即使有再好的滨水自然美景，人们也会对滨岸的美感大打折扣。

2）滨岸的艺术形象美。滨岸的艺术形象是使滨岸在审美层次上达到最高层次的重要条件，既具有它的内在结构，也具有它的外在表现形式。其最本质的内容是要能映射出人们思想情感的表现和表达，既要有广泛的社会性，又要有独特的思想性。在通常情况下，滨岸艺术形象的内容是通过塑造形象来实现内容向形式的转化，并在其外部形式上实现表现和表达的。因此，滨岸的艺术形象美在形式上又反映在滨岸外部形态的美上，具有合乎形式美法则的形象性，同时具有形象的典型性（马武定，2005）。构成形式美的物质材料，必须按一定的组合规律组织起来，反映出能引起人的审美愉快的共同形式特征。常见的组合规律主要有：比例、对称、均衡、对比、调和、尺寸、节奏、变化、多样、统一、和谐、虚实、明暗、色彩、肌理等。所有这一切都参加美的创造，互相补充又互相制约（尹安石，2010）。

3）滨岸的特色价值美。行为学的研究表明，人与生俱来都有好奇心和猎奇心，对资源的特色价值具有偏好性。一个区域的资源特色，会直接影响公众的认知形象、情感形象、感知质量、感知价值和满意度（Baloglu et al.，1999；张红梅等，2014）。江河湖海等水体的水位、流量、流速、流向、水量、水深、水温、水质，河口区的潮汐变化、河流和海流的涨落，水生生物的繁衍和迁徙，江河水道的平面形态、河槽宽度、河床坡度与材料、洪水淹没线和淹没频率，海滩区的沙丘、海流、潮起潮落、海涛侵蚀，水体与陆地交接处的植被、鱼类、鸟类和小动物状况，水体与周边山体、植被、构筑物等的空间关系，地方历史文化变迁等都可以构成滨岸的特色资源。这些特色资源越稀缺、历史年代越久远、地方性和独特性越强、知名度越高，以及滨岸的人工设施越有创意，都可以构成滨岸国土空间的特色价值美。

4）滨岸的生态环境美。如果滨岸的水质受污染，富营养化问题突出，景观被破坏，自然格局被损害，河道或湖泊常年处于枯水状态，自然谈不上有滨岸的景观美。地处山东半岛城市群的威海和烟台，是国家环境保护模范城市、国家卫生城市、国家生态园林城市，生态环境优美，成为全国著名的美丽滨海城市；而同处于该区域的个别滨海小城市，因矿产资源开发导致环境污染问题突出，缺少生态环境美，自然就不会有国土空间的景观美感。

5）滨岸的资源利用美。滨岸资源丰富多样，如果只考虑单一资源开发，则可能损害其他资源的利用和生成。海岸工程修建后，会使自然条件发生一系列变化，又势必对毗邻地区和各种资源产生前所未有的影响，甚至破坏生态平衡。例如在滨岸滥挖沙石、无序滩涂养殖、红树林因无序围垦遭到破坏、岸线资源低效利用等，无疑会严重影响滨岸国土空间的美学价值。

（二）滨岸国土空间设计的美学价值评价

正如上文所指出的那样，对审美的评价标准是因人而异的，正所谓“一千个读者就有一千个哈姆雷特”。因此，建立滨岸国土空间设计美学价值评价模型，通过定量和定性分析相结合的方法，给出一个各方相对能够接受的结论，对于指导和完善滨岸国土空间设计是至关重要的。

由于各地滨岸国土空间的社会、经济和自然条件千差万别，直接影响国土空间设计美学价值评价的方向、方式、深度和广度，使其具有明显的地域差异性。必须根据当地滨岸国土空间的具体情况，因地制宜考虑美学价值评价指标体系和标准，才能寻求到符合实际的评价方案。也就是说，国土空间设计的美学评价很难有固定的模式和统一的标准设计，必须紧密结合各地滨岸的自然、社会经济和历史文化条件，始终强调现场实地调查，占有大量实际信息，才能增强评价的客观性和实际应用效果。滨岸国土空间设计的美学价值评价主要使用定性和定量相结合的评价方法，常用的评价方法有：模糊综合评价法、指数加权求和法等，同时应用特尔菲法、层次分析法（AHP）确定评价指标的权重。

模糊综合评价法对于滨岸国土空间设计的美学评价是相对科学和客观的模型。它将模糊集理论引入综合评价中，以实现对事物多种因素进行总的评判。通常是由若干专家根据滨岸国土空间所处的环境，对各项美学价值评价指标进行分析、评分，并确定其在评价中的重要程度，给出相应的权重，然后通过计算求得滨岸的综合美学价值。将模糊综合评价法应用于滨岸国土空间设计的美学价值评价，能较好地满足美学价值评价的两大特征：一是模糊综合评价法对指标集的好、坏与优、劣的判断，带有一定的模糊性，符合美学价值评价指标的定性分析特性；二是模糊综合评价模型具备对多层次、多种类指标的综合评价的功能，能有效地适用于不同滨岸性质、类别、规模的美学评价，实现多层次指标体系的客观综合，从而得出对滨岸的结构功能美、艺术形象美、特色价值美、生态环境美、资源利用美等方面影响的客观结论。通常认为，将模糊综合评价法应用于滨岸国土空间设计的美学价值评价，具有针对性与科学性。其基本原理如下：

设 $H=\{u_1, u_2, \cdots, u_m\}$ 为评价因素集（即指标集）；$V=\{v_1, v_2, v_3, v_4, v_5\}=\{$很好，较好，一般，较差，很差$\}$ 为评价集，即评价等级的集合；模糊矩阵 R 为评价矩阵，则

$$R=\begin{bmatrix} R_1 \\ \vdots \\ R_n \\ \vdots \\ R_m \end{bmatrix}=\begin{bmatrix} r_{11} & r_{12} & r_{13} & r_{14} & r_{15} \\ r_{21} & r_{22} & r_{23} & r_{24} & r_{25} \\ \vdots & \vdots & \vdots & \vdots & \vdots \\ r_{m1} & r_{m2} & r_{m3} & r_{m4} & r_{m5} \end{bmatrix} \tag{7-1}$$

式中：$R_i = \{r_{i1}, r_{i2}, r_{i3}, r_{i4}, r_{i5}\}$（$i=1, 2, \cdots m$）为相对于评价因素的单因素模糊评价，它是评价集 V 上的模糊子集，r_{ij} 为相对于第 u_i 个评价因素给予的评语 v_j（$j=1, 2, 3, 4, 5$）的隶属度。权重集合= $\{a_1, a_2, a_3, a_4, a_5\}$ 是因素集 U 上的模糊子集，它反映各评价因素的重要程度，其中 a_i 为评价因素 u_i 的权重，且有

$$\sum_{i=1}^{m} a_i = 1 \qquad a_i \geqslant 0 \tag{7-2}$$

模糊综合评价 B 是评价集 V 上的模糊子集，有

$$B = A \times R = \{b_1, b_2, b_3, b_4, b_5\} \tag{7-3}$$

由于滨岸国土空间设计美学评价指标具有层次性，且指标种类较多，需要建立多层次的模糊综合评价模型。根据多层次模糊综合评价模型，能比较客观地评价出滨岸国土空间设计的美学价值，以指导和改善滨岸国土空间设计方案。

需要指出的是，当下的美学价值评价本质上是一种综合评价法，这也是目前绝大多数评价所采用的方法。这种评价方法有其合理的方面，因为大凡评价都会涉及众多因素，用综合结果来表征评价的等级，在理论上是有依据的，在实际上也是可以被接受的。比如高考，就是采用各门科目的总和成绩来决定是否录取。但这种方法也有其缺陷，对国土空间的美学价值来讲，决定其价值的可能是受“木桶原理”和“最小限制律”控制的，在某些情形下综合的结果并不能表征美学价值的高低。例如，滨岸的水土环境被严重污染，即使其他指标分值较高，也不能认为有较高的美学价值。据此认为，有必要设置一些“一票否决”指标，如果这些指标不能满足基本要求，就可评定滨岸的国土空间美学价值较低。

第二节　海岸国土空间设计

一、海岸的环境特点与设计的重要意义

（一）设计要素：气候、景观、岸线与功能

海岸带是海岸线向海陆两侧扩展一定距离的带状区域，兼有海陆两种生态特征，不仅具有自然属性，而且具有社会属性，目前国内外对海岸带的定义没有统一的界定标准。美国联邦规定：滨海地区应该包括所有对滨海地区水域造成直接和重要影响的土地及水域，它的具体范围考虑了自然地形、地貌、滨海资源分布及现状城市形态等因素。本书所指的海岸国土空间，与海岸带的概念边界一致，是陆地、海际线、生物群落、建筑物、开放空间及其他人文行为结果要素等所构成的空间总称，是陆地、海洋和空气的交界区域或者说缓冲区（Carter，1988）。海岸是一种比较特别的国土空间类型，与陆地景观有很大差别（图 7-1～图 7-3）。

图 7-1　充满自然属性的巴西东海岸照片

资料来源：Natal（Rio Grande do Norte），Brasil. Praia de Genipabu. Natal（Rio Grande do Norte），Brazil. Beach of Genipabu. Copyright 2005 Gerardo Valente. Self made，August/2005（Gerardo Valente）.

图 7-2　布里斯班海岸景观照片

资料来源：http：//www. huanyuju. com.

图 7-3　社会属性强烈的迈阿密海岸景观照片

资料来源：http：//www. huanyuju. com.

与一般国土空间设计相比，海岸国土空间设计具有以下特点：

1）结合海洋气候设计。海洋性气候是地球上最基本的气候型，总的特点是受大陆影响小，受海洋影响大。其基本特点是气温年变化与日变化都较小，降水量的季节分配比较均匀，多云雾天气，湿度大；在热带海洋多风暴，如北太平洋西南部分与中国南海是台风生成和影响强烈的地区。热带风暴（包括台风）是一种十分重要的气象灾害。海岸国土空间设计首先就需要紧密结合海洋性气候的光、风、雨、热等气候特点，进行交通设施、水利设施、能源设施、防洪设施、公服设施、生态基础设施、建筑物、亲水平台、开敞空间等的统筹设计，趋利避害，形成更可持续的共生系统。

2）结合滨海景观设计。要密切结合当地滨海景观要素、滨海景观类型、滨海景观结构、滨海地域特色、滨海人文景观，以及海水要素、海上设施要素、道路要素和气候要素进行综合分析，从其自然、地理、人文、空间环境等出发，以滨海景观格局安全和可持续发展为主线，提出滨岸国土空间设计的滨海景观设计方案，包括景观美学特色、景观风格特色等。要深入分析不同海岸的现状、成因、面临的问题和演变规律，制定合理引导人流活动、保护自然岸线和生态植被、稳定滨海景观带的设计策略，形成与自然融合的海岸线景观设计。

3）结合水文要素设计。受区域地质构造、新生代地球动力系统及人类工程活动的多方面影响，导致海岸带环境水文地质条件复杂多样，问题突出，例如地面沉降、地下水漏斗严重、地表塌陷、海水入侵、土壤盐渍化、地下水污染、地裂缝等。从区域上来看，北方海岸带的海岸垂直运动较强，形变复杂，以下沉为主，地面沉降、地表开裂、地面塌陷、海水入侵、土壤盐渍化严重；南方海岸带以抬升为主，地处热带风暴潮登陆位置，地下水质污染、滨岸生态环境恶化、水土流失较严重（高茂生等，2006）。滨岸国土空间设计需要采用计算机模型技术进行水力模型运算，研究暴雨雨型及产汇流特性，掌握不同地域单元水文地质环境的变异规律，实现安全防范与优美环境相统一。

4）结合滨岸类型设计。从地理地质的角度看，海岸带有多种类型，如基岩海岸、砂砾质海岸、淤泥质海岸、红树木海岸，以及珊瑚礁海岸、水草海岸、冰雪海岸、人工海岸等，拥有河口、海湾、海岛、潟湖、湿地、海藻床等多样的地貌单元，是一个具有生产、生活、生态及其复合存在的多功能综合体。按照滨岸国土空间的主导功能不同，可以分为农业生产空间、林业生产空间、渔业生产空间、船舶工业生产空间、电力工业生产空间、盐业生产空间、矿产开采生产空间、可再生能源生产空间、交通运输生产空间、仓储物流生产空间、电缆管理生产空间、科研科学生产空间、辅助性活动生产空间、城镇住宅建设空间、农村居民区建设空间、商业服务建设空间、滨海风景旅游区空间、滨海休闲娱乐空间、滨水浴场空间、海上观光运动场空间、军事建设空间、基础设施建设空间、废弃物处理空间、水资源保护生态空间、土地资源保护生态空间、物种多样性保护生态空间、滨海湿地管控生态空间、自然岸线管控生态空间、沙源管控生态空间、河口管控生态空间、生物资源养护修复生态空间、海滩养护修复生态空间、生态修复空间等（胡恒等，2020）。滨岸国土空间设计应充分考虑开发利用现状，以及比邻陆域和海域的用地类型、功能区类型、功能定位、发展方向和管控要求，根据海陆空间的关联性和海岸带位置的特殊性，从空间治理层面提出深化海岸“三生”空间协调发展的设计方案。

（二）设计意义：发展、魅力、韧性与安全

海岸国土空间是一个不确定性很强的特殊类型。其不确定性主要体现在海岸线处在海洋与陆地之间不间断的、此消彼长的变化之中：海水的侵蚀和搬运带来岸线的流变，入海口每年都向海洋延伸数千米，地震和海啸会摧毁防波堤，所有这些都使得海岸线更加变幻莫测。古人用“沧海桑田”一词来描绘这种变化，可谓再生动不过（俞孔坚等，2017）。对于这种不确定性很强、生态系统很脆弱、人类需求量很大的国土空间，其设计具有以下重大意义：

1）有利于促进海岸带可持续发展。海岸带是海洋生态系统向陆地生态系统的过渡区域，是全球最重要的生态交错带，是地球表生系统的一个敏感而又重要的地区，它吸纳了全球约60%的人口，拥有许多经济发达的沿海工业或旅游城市（Jagomäi et al.，1988；Attuill et al.，2002；方雪娟等，2019）。据统计，中国海岸带地区11个省（区、市）以约占陆地13.5%的国土面积，承载了全国43%的人口和57%的国内生产总值，海岸带地区已成为中国经济密度最高、综合实力最强、战略支撑作用最大的经济带（刘大海等，2019）。强化海岸带国土空间设计，对人类社会的可持续发展意义重大。

2）能满足对更高精神境界的追求。向往诗和远方是人类的一种天性，滨海景观能够提供人类对美好生活向往的天性需求，滨岸空间能够吸引全球超过50%以上的人口在这里居住，也充分说明了这一点。通过开放与精密的滨岸国土空间设计，能够更好地利用当地的地理资源、历史遗迹及人文资源，为人们提供一个优美迷人的旅游、休闲、度假和旅居环境，打造一个集旅游、观光、休闲、漫步、健身、娱乐、居住等一体化的空间环境。再通过特色滨海景观设计，发挥古人“海纳百川，有容乃大”的胸怀气质，使其具有更强烈的吸引力、凝聚力、包容力和精神力，满足人们对更高精神境界的追求。

3）能提高区域的独特魅力和知名度。根据滨岸海水要素、景观要素、文化要素、气候要素等进行特色滨海景观设计，有利于形成滨海的地域性亮点，也可以成为滨海城市的标志性景观。例如，青岛滨海大道全长282千米，将西海岸新区沿海黄金岸线不可多得的旅游资源整合联系一体，连接起琅琊台、灵山岛、珠山国家森林公园等5处重要的风景区和旅游度假区，以及灵山湾、龙湾、崔家路湾“三湾”和小珠山、大珠山、车轮山“三山”，构筑起了“东游崂山，西看新区”的青岛大旅游新格局，进一步提高了青岛城市的独特魅力和知名度。

4）能更好地保障人民生命和财产安全。海岸带是地球上一条虽丰富多彩但也异常脆弱诡秘的景观带。人类对海岸带的开发利用如果不能尊重大自然的客观规律，将会付出沉重的生命和财产代价。美国的新奥尔良市，最早是建于地势较高的法国区，接着住宅区不断扩大，依靠大坝继续发展，于是三角洲越来越少，地势越来越低，周围水位则慢慢升高，成为一座低于海平面10英尺[1]的城市。2005年8月29日大西洋“卡特里娜”飓风袭击美国，“卡特里娜”带来的巨浪和洪水冲毁防洪堤，导致新奥尔良市灾难发生，导致1800多人死亡，造成的总损失超过810亿美元。2005年的海啸之前，新奥尔良的市区人口超过79万人，受海啸袭击导致居民纷纷撤离新奥尔良，现如今该市的人口只有37万多，是美国继底特律之后第二个市区人口大幅减少的城市。再例如，2011年3月11日，强烈的海啸以每小时800千米的速度席卷日本东海岸，制造出高达10米的海浪，造成超过18000人死亡，约452000人被转移至庇护所，房屋被毁，灾民流离失所，世界银行估计日本需要5年的时间才能在经济上克服2350亿美元的损失。科学合理的滨岸国土空间设计，能够在一定程度上降低海啸或洪潮带来的破坏，更好地保障滨海地区人民的生命和财产安全。

[1] 1英尺=0.3048米。

二、设计的基本理念与重要使命

（一）面向大海，质朴整体的设计观

海岸国土空间设计之所以不同于其他陆域国土空间设计，是由于它涉及很多海洋因素的影响。随着经济发展和人口增长，人类对海岸带的开发利用与日俱增，但在海岸国土空间设计时都较少考虑海洋这一重要因素，导致海岸带自然-人工景观格局向人工景观格局转变，且自然景观异质性降低，已经直接影响了近岸水体营养盐的迁移过程、栖息鸟类种类与数量、森林生态变化和土地破碎化（Correl et al.，1992；Richardson et al.，1994；Mayer et al.，2002；Leyva et al.，2006；Hepcan et al.，2013）。所以在进行海岸国土空间设计时，必须坚持以下基本理念；

1）海陆统筹观。海陆界面区域是典型的边缘地带，具有“边缘效应”。“边缘效应”指缀块边缘部分由于受外围环境影响，而表现出与缀块中心部分不同的生态学特征的现象。研究表明，缀块边缘部分常常具有较高的物种丰度和生产力。通过海陆界面边缘空间的合理设计，发掘和强化空间整合过程中的边缘正效应，规避和削减负效应，对海陆界面城市区域空间的健康与可持续发展具有积极意义。可见，海陆界面国土空间设计面临海域与陆域两个差异极大的生态系统保护，应促进两大生态系统的良好衔接，构建宏观、中观、微观多层面契合的景观生态格局。应当针对海陆界面的脆弱性与复杂性，构建区域连通、海陆一体，多层面的“绿色空间体系”与完善的物种栖息地（刘利刚等，2020）。

2）海岸历史观。不能将海岸空间看成是一个纯的自然体，其形成是一种有机延续的历史进程，包括自然因素和今天所延续下来的各式各样的人文因素。就好像是“记忆中的片段”反映在海岸空间上一样，海岸空间也是一种记忆的拼贴。如果海岸国土空间设计，不关注之前所延续下来的累积而做出的设计，就容易忽略历史文化的延续，容易偏离文脉的传承。事实上，海岸空间本身就具有天然的开放特征，其线性自身就具有空间上的连续性，是人类公共空间的有机载体。以国土空间整体性为前提，考虑保持海岸空间形态的延续，两者应相互联系起来。国土空间设计中海岸空间的历史延续性，应该与国土空间的其他空间的历史延续统一成一个完整的整体。

3）海岸场地观。依据海岸的适宜性和主要功能，可将海岸分为港口段、工业仓储段、自然生态段、农渔业段和生活休闲段等，分别对应港口、工业区、保护区、农渔业生产区、建成区。海岸国土空间设计需要依据不同的场地特征，分别进行不同类型的设计。例如，滨海工业仓储区则因其特殊的区位、环境、文化等，有别于一般的工业区。随着土地供给指标的日益紧张，“向海要地”成为很多滨海城市的首选战略，滨海工业区也逐渐成为城市实施产业扩张的大平台。而在此过程中，需要充分尊重场地生态本底，改变过去动辄将土地全部推平的做法，尊重场地自然格局，善于依托山形、水势、林地等巧妙设置工业组团，善于利用多元地貌增强滨海工业区景观的错落感和纵深感，并积极引导工业企业随形就势布局厂区和车间（夏海鸽等，2015）。再例如，对于海岸自然生态湿地空间，它是典型的海洋生态系统之一，具有丰富的物种多样性和生态系统服务功能，是近海生物

重要的栖息地和鸟类迁徙的中转站，是人类开发利用活动的密集区域。国土空间设计就需要在国土空间规划的基础上根据滨海湿地的生态特征，分析景观格局变化对湿地动植物群落的影响，按照湿地生态系统保护管理的要求进行设计分区，在分析的基础上按照场地特性建构设计方案（颜利等，2020）。

4）海岸保护观。在资源经济时期，人类就开始大规模开发海岸资源。在工业化时期，滨海区的优势依然明显，继续提供运输功能，同时承担了城市建设、工业发展和货物存储功能。随着工业化和城市化的推进，海岸国土空间区域大量的能源消耗和人口聚居已经对生态系统造成了不可挽回的影响。很多学者已经指出，再不能随意开发海岸带，应该切实保护海岸带资源（Costanza et al.，1990；Otto et al.，2007），海岸带保护管理已经被当作国际景观生态学的十大工作组内容之一（Steele，1989）。近 40 年来，中国人工围垦已导致 50%的滨海滩涂消失，自然岸线的比例从 54.6%降低到 44.1%。2017 年监测的典型海洋生态系统中，亚健康和不健康占 80%（吴次芳等，2019）。因此，海岸国土空间设计必须坚持以保护优先，节约利用每一寸海岸，让更多的自然海岸留给子孙后代。

（二）引领未来，平衡多元的设计法

1）更加注重海岸景观生态安全格局构建。海岸国土空间的景观生态过程不同于陆地系统，是因为海洋因素对景观生态过程具有不确定性和破坏性的影响。系统揭示海岸国土空间景观生态风险与景观格局的关联过程，从机理上关注人类活动和自然变化的驱动因素对景观生态格局风险的潜在影响，识别海岸国土空间的敏感地区，构建更加韧性的景观生态安全格局，明确重要管控边界，保障人民财产和生命安全，是海岸国土空间设计的优先使命。

2）更加注重海岸带资源保护和生态修复。海岸国土空间设计节约使用每一寸海岸，切实保护自然岸线和各类资源。例如，围填海是当前海洋开发利用的主要形式，多数围填海项目采取顺岸平推围填，不仅破坏了自然海岸景观和滨海湿地，也减少了围填形成土地的临岸价值（索安宁等，2016）。海岸国土空间设计应该建立围填海空间格局与水沙冲淤等海洋过程之间的定量耦合关系，制定围填海平面设计与规划控制指标及标准，才能更好地实现节约用海。因为长期以来对海岸带的高强度开发，海岸侵蚀、港湾淤积、私围滥堵、环境污染、景观破碎等问题日益突出，对海岸带生态修复与景观工程设计研究，恢复海岸植被和修复自然岸线景观，是未来海岸国土空间设计的一项长期任务。

3）更加注重多方法技术的交叉融合使用。Kim et al.（2009）对滨海景观评价提出技术方案，通过 SD 方法和问卷调查法，提出滨海景观设计应该考虑一致性、安全性、田园风光性及空间性，只有在设计滨海景观时考虑到这些因素，人们才能感受到更多的享受、舒适和方便。不仅如此，海岸国土空间设计还需要整合遥感与社会经济数据，将景观格局、土地利用、交通布局、风险评价深化为滨海地区的自然-社会-生态复合系统。所以，未来的海岸国土空间设计会更加注重多种方法和技术的交叉融合使用，3S 技术、大数据技术、云计算技术、景观格局分析技术、景观动态模拟技术、海岸带矢量图绘制技术、防护林生态设计技术、网络分析技术、经济学分析方法、社会学分析方法、文化景观分析技术等的交叉融合是必然的发展趋势。

4）更加注重景观风格的特色性和审美性。更加注重景观的美学特色与多元文化的共融。滨海景观是滨海国土空间景观的有机组成部分。发挥滨海这一得天独厚的自然环境优势，构建有特色性和审美性的滨海景观风格，能够提升国土空间的吸引力、亲和力和知名度。未来海岸国土空间设计会更加重视自然美的保护和加工，按照自然美的成因、特征、种类、结构、特色和审美价值，并结合历史文化、风土人情、民族传统、社会制度、科学技术等因素，从整体到局部，通过空间的构图组景，创造出各种在不同人文景观条件下不断变化，能与海岸环境序列相连接，有时空层次对比和各种艺术效应的滨海景观实体。文化在此传承、交流、融合。著名艺术家伊利亚和艾米莉亚·卡巴科夫（Ilya & Emilia Kabakov）做了“宽容之船”的全球公共艺术项目，目前已经在古巴、埃及、意大利、俄罗斯、瑞士、沙迦、美国等国家实践了项目，讨论了宽容、平等和尊重等社会问题。

第一艘宽容之船于 2005 年在撒哈拉沙漠中的一个偏远绿洲西瓦建造，西瓦镇被咸水湖包围着，给那些从未见过船和艺术作品的孩童带来了梦想（图 7-4）。

图 7-4　第一艘宽容之船照片（位于埃及西瓦，2005 年）

资料来源：https：//shipoftolerance. org/locations.

第四艘宽容之船于 2011 年在沙迦双年节期间展出，鉴于中东面临的复杂问题，项目探讨了宽容的问题，孩子们通过绘画表达了各地宗教习俗和历史传统的影响，以及对未来的渴望（图 7-5）。

图 7-5　第四艘宽容之船照片（位于沙迦酋长国沙迦，2011 年）

资料来源：https：//shipoftolerance. org/locations.

第七艘宽容之船于 2013 年在布鲁克林大桥公园建造展示，作为第 17 届 DUMBO 艺术节的一部分将保留在布鲁克林海滨数月（图 7-6）。

图 7-6　第七艘宽容之船照片（位于美国布鲁克林，2013 年）

资料来源：https：//shipoftolerance. org/locations.

三、复杂的海岸环境与多样的空间类型

（一）不同成因导向的环境特征

海岸国土空间深受海洋环境的影响。不同形式的海洋运动，例如波浪、洋（海）流、潮汐和浊流，以及不同的海洋气候、地质构造、河流交汇等都会对海岸的景观环境产生重要作用。就中国海岸国土空间设计的环境而言，它具有以下基本特征：

1）海岸地质地貌复杂多样。海岸海洋受一系列与海岸斜交或平行的北东或北北东向的隆起带与沉降带所控制。地质构造格局，控制了海岸带的基本类型：基岩港湾海岸及岩石岛屿多发育于褶皱隆起带，中国台湾东海岸带发育有断层海岸；而平原海岸多发育于大河分布的沉降带：辽东湾松辽平原、黄河与长江等河口与渤海、黄东海平原、南海，北东向的断块构造控制着基岩港湾海岸线的主要走向，而海湾与潮汐汊道多沿北西向断裂带发育。地质构造具隆起与凹陷相间、构造运动活跃、区域变异大等特征，也使得海岸地貌具有复杂多样的特点（王颖等，2011）。

2）海岸气候环境相差悬殊。中国大陆海岸线长达 18000 多千米，南北跨越 39 个纬度带，具有寒、温、热 3 个气候带的不同环境特点。从南到北，由热带、亚热带到寒温带，温度逐渐降低，雨量逐渐减少，表现出明显的南北分带气候特点。气候变化将通过海洋温度和环流模式、沿海风暴的频率和强度、降水模式以及随后的淡水、营养物质、沉积物输送和海平面上升等影响海岸带生态环境，从而控制自然资源的发育和分布（姜正龙等，2020）。

3）海水动力影响海岸发育。海流、潮汐和风浪等海水动力作用的强弱直接影响到海洋可再生能源的发育，也影响入海泥沙再搬运、再沉积和滩涂资源的形成。沿海风暴潮可能引起海水倒灌，使得淡水变咸及改变海岸带地形，从而影响生物资源的生境条件和分

布。海水动力作用在海岸带形成不同类型的地貌和景观，如海蚀穴、海蚀崖、陆连岛等旅游景观（薛鸿超等，1995）。

4）河流入海改变海岸结构。发源于“世界屋脊”青藏高原的 8 条大河，有 3 条汇入中国海，分别是黄河、长江和湄公河，带来巨大的物质、能量通量，影响着海域的动力条件、海岸及陆架地质地貌、海洋生物等各方面，尤以对海岸塑造、陆架沉积作用影响最为重要（王颖等，2011）。河流不仅向海洋输送淡水资源，而且挟带大量泥沙等物质入海，一方面降低了沿岸海水的盐度，另一方面形成了大大小小的河口三角洲平原。黄河三角洲就是黄河入海泥沙堆积而形成的，完全改变了海岸土地资源、海洋生物资源、淡水资源与河口湿地生物资源的分布结构。

（二）顺应空间类型的设计要点

在纬度条件及气候、海岸带类型及地质地貌特征、海水动力、河流等因素的综合作用下，海岸带的时空变化特征显著，不同时间段的不同海岸地段呈现出很不相同的地貌景观、生态系统和生物地球化学循环特点。根据海岸国土空间地貌景观和景观生态等要素的差异，海岸国土空间设计可以分为以下主要类型：

1）海岸环境国土空间设计。全国典型海洋生态系统受损较重，近海海域环境污染问题突出，滨海湿地 50 年间消失了 60%，2017 年全国 20 个典型海洋生态系统监测点中，处于亚健康和不健康状态的海洋生态系统占 80%（郑苗壮，2019）。海岸国土空间设计的首要任务就是要立足陆海生态联通性，以生态保护红线为底线，以重要河口、海湾、滨海湿地等典型生态系统为主体，按照海岸及近远海生态系统差异，进行海洋环境保护与空间治理的设计。在海岸区域，强化河口与经济密集区污染防控，建设沿海防护林和生态海堤等海岸防护带，加强海岸自然和人文景观、历史文化遗产保护。在近海区域，整体保护潮间带，加强对重要生物栖息繁衍区域与洄游路线、生态廊道保护，深化海域海岛恢复修复，增强蓝色碳汇。要对包括河口、海湾、滩涂湿地、珊瑚礁、红树林和海草床等典型海洋生态系统的保护进行精细设计，协调人类活动与海洋生态系统的冲突，如海洋渔业、石油开采业、海上运输业、旅游业等行业；重建生态功能退化和生态系统结构已经遭到破坏的海洋生态系统，如珊瑚礁群、鱼群产卵区、海鸟和海洋哺乳动物的繁殖区，保持海洋生物多样性和维系海岸生境系统的平衡。

2）海湾岛屿国土空间设计。按照海、陆界面的空间围合形态不同，可将海湾岛屿分为湾和半岛两种具有强烈自然特征的海陆空间类型。当三面陆地围合一面海域时，一般称为港湾或凹形海湾；当三面海域围合一片陆地时，一般称为半岛或弓形海湾。海湾岛屿国土空间的设计既有面向大海的开阔感，同时具有弯曲迂回的庇护感。海湾岛屿国土空间的设计首先是要体现其自然属性，需要尽可能增加海岸线的长度，并采用曲折自然的形态，尽量避免单调和机械的形式；岸线的设计应尽可能尊重自然的形态，如需进行人工填海改造，也应充分考虑当地的风向、海水流动主要方向和水循环系统等因素，顺应自然的循环系统；同时应尽量保护自然岸滩景观，或以自然为目标导向营造良好的自然生态风光。在对人工岸线的处理中，也应尽量选择柔性和缓冲较好的结构，并创造接近海滩层次的海岸，以达到防灾减灾的目的。对于半岛或弓形海湾国土空间设计，因此类海湾主要分布于东南沿海地区，空间范围广，内聚力和向心力较弱，海湾更多以单向线性景观为主，以上海外滩为例，富有韵律和节奏的天际线与海域错落有致，强化自然风貌向城市空间引入的连续性，将滨海空间纳入海岸带的空间中，予以整体考虑。对于港湾或凹形海湾国土空间设计，因此类港湾一般属于环内海区域，空间不完全开敞，海岸线呈半围合状，内聚力和向心力强，海湾水面无遮挡，视线通畅，更多以两岸相互呼应交流为设计要点。

3）滨海陆域国土空间设计。首先要将历史文脉融入滨海景观，尊重场地生态本体，依托自然格局地貌，结合地域文脉，提炼文化符号。其次要重视艺术创作介入场所营建。美国当代美学家阿诺德·贝林特在《艺术与介入》中提出“审美介入（Aesthetic Engagement）”的概念，将艺术和自然之外的审美经验纳入美学价值研究，如“环境美学”和“日常生活美学”之类的“审美介入”，在理念上拓展了审美经验的界定。从艺术角度出发，把艺术作品置于滨海景观的设计中，艺术家的创造能力、艺术成果和观者、体验者相互作用影响，达到和谐与统一。如美国加利福尼亚州圣巴巴拉的一个码头上，艺术家根据将艺术带入户外空间的主旨，创作了一件名为“逃离（Runaway）”的艺术装置（图 7-7、图 7-8）。该装置为轻薄的钢结构矩阵，3 个模块化的设计可以被组合成各种不同的形式，激发民众不同的使用方式，增加项目的互动性和参与度，并鼓励居民和艺术家思考现代艺术是如何激活和带动公共空间活力的。最终因其明亮、俏皮的特征、模块化的设计和对圣巴巴拉地区文化的交流而最终获奖。此外，滨海公园、疏港公路、景观节点的设计依托水系、绿地、道路的景廊道也是设计的重点，应保持廊道具有一定的开敞性，同时更多考虑其与生态功能的结合。

图 7-7　艺术装置“逃离（Runaway）”照片

资料来源：http：//www. sportscollaborative. com/.

4）海岸工程国土空间设计。为开发利用海岸而兴建的海堤、跨海桥梁、人工岛、海港码头、围海工程等，称为海岸工程。海岸工程国土空间设计重点要把握以下两个要点：①可参与性设计。通过对开放空间的特性分析，认为此处的可参与性主要有两

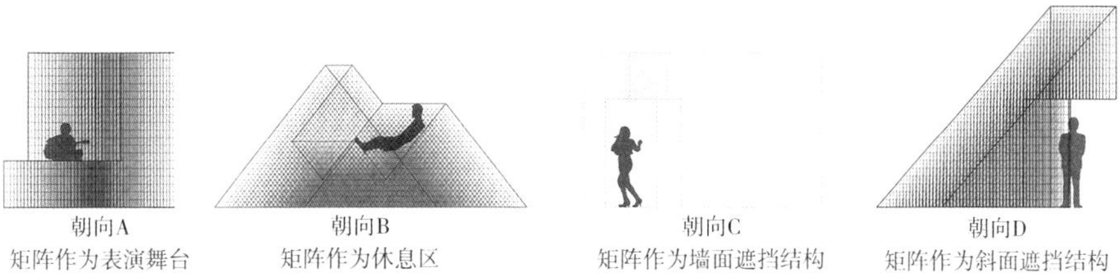

图 7-8　艺术设置“逃离（Runaway）”视觉模糊的立面图

资料来源：http：//www. sportscollaborative. com/.

个层面的含义：一个是指因路径方面的便捷和可达程度较高而便于参与，另一个是指可参与人群的多层次性。前者的设计重点主要在于多层次的交通方式相结合，以及较为密集的路网，为人们创造到达滨海空间的便捷方式，保证空间的通达性；后者的设计重点强调心理层面对于空间的认同和接纳，同时保证空间的平衡性，使不同文化背景和社会层级的人们都可以参与其中，同时也需要借助前者的路径设计，整合交通系统尤其是步行系统，建立滨海广场、公园和散步道一体化的步行系统。②亲近自然的设计。以往的滨海空间设计更多强调的是亲水性设计，然而这样的做法容易使人忽视滨海空间的其他自然要素，设计中很多都会为了亲近水面而片面采用几何形态的设计，增加更多的亲水硬质铺地。本书在这里强调应注重环境的近自然设计，可以在尊重原生自然和注重人工自然设计上面多给予关注，使人们更加认识到自然的美好，从而更加珍惜。设计中要尽量避免对已有自然环境的破坏，尤其在开放空间的设计中，注重自然景观和绿地系统的完整性，为人们提供多样性的亲近自然机会，对于生态环境遭到破坏的滨海环境，要采取积极的治理态度，维持空间活力的可持续性。丹麦建筑师组合为丹麦的海洋雕塑节设计“无限之桥”，直径 60 米长圆形结构的桥梁将会随着潮汐的涨落而在海平面上起伏，就是这方面设计的一个典范（图 7-9）。

图 7-9　丹麦奥尔胡斯无限之桥照片

资料来源：http：//www. architizer. com.

四、设计程序与风貌指引

（一）6个基本程序

海岸国土空间设计大致可分为以下6个基本程序：

1）衔接上位和相关专项规划。对接上位规划范围内滨海空间的发展方向、功能定位、景观系统、重点设施、重点地段的针对性开发和设计指引等内容，对于特定类型的滨海空间，衔接专项规划，例如海岸总体规划，滨海湿地、港口码头和绿地系统规划等。设计体系可将整个海岸带范围内的一般地域和重点地域相结合，确保滨海地区的生物多样性和良好的滨海生态环境。

2）基础研究与现状调查。基础研究指对相关基础资料的收集和分析，包括地方大数据、特色馆藏资源数据库、地方文献、志书、报纸、画作、照片、拓片、音频、视频、宣传册等具有保存价值的地方信息资源，以及地方名人志士的手稿、专著、访谈、文集、书信、家史、回忆录、宗教科仪书、经文、药方等作为基础资料进行汇编分析及研究。现状调查指通过走访座谈、现场踏勘、问卷调查和驻地体验等方式全面了解当地基本情况、风貌特征、主要问题、发展诉求等，在综合分析判断的基础上明确主要设计任务和目标。具体内容包括自然环境和生态环境、社会经济和产业发展、历史文化和地方风土、土地利用和建设现状、项目清单和实施情况、发展需求和愿景展望、优势特色和问题短板等方面。

3）概念策划与目标设立。“策”就是道破天机，即揭示事务本质的意思；“划”就是刻划蓝图的意思，“策划”合在一起意指“道破天机，导引潮流”。它作为一种思维方式，核心是类似于第三章所阐释的“概念开发”，是一种创新或精密性的决策思维方式。其本质是主动设计海岸国土空间的创新概念，构建未来海岸国土空间的发展图景，突出首创性、抽象性、实践性。在概念策划的基础上设立海岸国土空间设计的自然环境目标、空间形态目标、文化景观目标、社会经济目标和意象意境目标。

4）结构设计与方案生成。通过概念策划与目标设立，会产生一定的灵感构思火花，必须紧紧抓住这些思维闪光点，将概念策划与目标设立进一步明晰化、明朗化，形成海岸地区整体空间结构优化和控制。这是一种连续的国土空间控制方法，是合理有机地安排海岸各种设计要素。在此基础上，建构和生成设计方案，对开发强度、建筑高度、自然景观、开敞空间、文化保护提出控制性条款，使方案更加布局结构合理、尺度宜人、环境品质更高。

5）重点地段精细化设计。以尊重和利用原有地形地貌的大尺度自然开敞特征为主，以局部小尺度改造多样化的居住和游憩活动空间为辅，对景观轴线、景观构成要素的比例与尺度、滨岸空间的多样性与协调性、地域特色融入、重点地段道路、重点地段地形地貌、重点地段亲水性、重点地段绿化景观等进行精细化设计，以营造更有魅力的动态海景，使得海岸空间更有贯通性、方向性、渗透性和韵律节奏性。

6）实施与动态监管维护。在实施阶段应严格按照设计方案进行组织落地，不可随意变更设计方案，遇到问题及时汇报给设计人员及政府审批相关部门，按照合法的程序进行方案的变更。方案落地后，要强化运营管理和日常动态监管维护，以保障设计方案实施的冗余性、连续性和一贯性（陈蓓蓓，2018）。

（二）个性风貌指引

滨岸国土空间特色风貌设计，对于提升滨岸形象、保护区域历史遗迹、弘扬地域文化等具有重要作用，能为居民和游人提供更有魅力的开放性游憩空间，其主要内容的设计指引阐述如下：

1）海岸景观意象塑造。对水体的亲近、曲线的形态、轻盈的体量、动态的韵律感等，例如悉尼歌剧院的白帆形象和加拿大商场的游轮造型等。澳大利亚布里斯班的黄金海岸南部海滨地区的建筑以风格轻松、浪漫飘逸的高层海景公寓为主，几乎都是以开敞的外形、轻盈的体量、水平的线条、夸张的曲线和硕大的阳台为特征，表达对澳大利亚大自然所慷慨恩赐的滨海自然景观的珍惜（图 7-10）。

图 7-10　澳大利亚悉尼歌剧院照片

资料来源：http：//www. archpostdecostruttivista. altervista. org.

2）海岸整体情境塑造。美国洛杉矶城市规划设计部门对穆赫兰道两侧的景观控制措施主要有两方面：一是以汽车驾驶员为参考设置了车道风景保护，这条车道一边是曲折山脉，一边是浩瀚的太平洋，是美国西海岸风景最美的公路之一。二是规定以道路外侧的视点高度开始计算，向山体眺望，不得见到建筑物或构筑物；同时要求建筑依山势而建，屋顶不得高于山脊线的轮廓，塑造了优美的海岸整体情境。

3）海岸景观视廊塑造。在海岸空间层次的设计中，主要可分为近景层次、中景层次和远景层次三部分。例如，中国香港规划署制定的《香港城市设计指引》在对山体景观的保护措施中，提出了站在主要人流眺望点的角度，保证维多利亚港两岸重要山体景观的可视性轮廓线；规划设计了 7 个沿维多利亚港沿岸眺望点，根据眺望点的视觉限制及现有和计划发展项目的综合影响，明确可保存的山体景观区域，并且根据这些区域来确定不同地段的高度轮廓，保留现有可观赏山体的视觉廊道。

4）海岸亲海空间设计。滨海区重点地段景观空间可以分为观海区、临海区和海上活动区等。观海区可以分为两种：一种是与海面不相邻的观海区域；另一种是与海面接触但游人无法触及海水的观海区域。与海面不相邻的观海区空间要保证开阔的观海视野；与海面接触的观海区要充分考虑陆地与海面的高差，陆地的标高要绝对高于近20年的高潮线的标高，保证观海区游人的安全。临海区指的是与海面直接接触且游人可以戏水的区域。对于临海区的硬质亲水平台，可以采用阶梯状的形式，使游人可以在不同潮位进行戏水活动。临海区的礁石空间在退潮时期可以成为游人捉螃蟹、捉小鱼等的趣味活动空间，但在进行设计时要划定安全的活动范围并设置安全标识和栏杆确保游人的安全。海上活动区的设计要深入了解当地不同海域各自的海洋气候、洋流、风速、浪高等内容，根据其海域特点和不同活动所需条件开发游泳、垂钓、游轮观光、海上跳伞、水上摩托艇、冲浪、帆板等海上活动。严格划定不同海上活动的人行区域，并设置配套的安全救援设施和安全提示标识。

5）海岸绿地景观设计。应遵循地域性原则，选择乡土树种为主，充分考虑海滨的气候、立地条件和植物的生态习性，选择耐盐碱、抗风能力强的植物，保证植物的正常生长，并不断引种驯化，丰富当地的植物物种。应当在植物配置时增加乔、灌、草相结合的复层种植结构的比例，提升植物群落的生态稳定性。同时要坚持功能与美学相结合原则，充分发挥植物提供绿荫、分割空间、组织引导视线和美学等功能，协调植物景观单元的尺度与空间的尺度，增加色叶树种的应用。必须充分考虑植物的季相性变化，适当增大常绿树的比例，保障滨海景观带四季有景可赏（孙志勇，2016）。

6）海岸其他要素设计。海岸其他要素设计主要包括建筑风貌、街道里巷、标识系统、基础设施和特色小品等。新建或改造建筑在布局、体量、造型、风格、材料、色彩、样式、尺度、屋顶、立面和广告牌等方面与原有建筑相协调，鼓励提炼地域建筑元素进行创新性设计。街道里巷尽量多选用地方石材、沙、竹、木、土、卵石等材料，提取海洋性元素应用到铺装设计中，街角和沿街空间可以根据地方传说、民俗生活、风土物产、文化IP适量设计一些雕塑、文化墙、电子屏幕等构筑物，充分发挥其划分空间和宣传地域特色等功能。标识系统设计要重视完善公交车站、自行车租赁点、护栏、照明和无障碍等基础设施的建设，根据人群的密集程度合理增加座椅、公厕等设施的数量。

第三节　河岸国土空间设计

一、河山壮阔，华夏文明的缘起

（一）河岸国土空间设计的治水观

在公元前2000多年前，华夏土地就有共工、鲧、禹的治水传说，从某一个角度说人类早期的历史就是治水历史，历史学家们称人类早期的文明为大河文明。河流的文化和历史就是流经城市和乡村文化的流变，“水文化”“河文化”对于居住在畔的人们有着独特的精神意义与场所认同感。中国当代作家苏童曾说：“我的乡土是河流”“写河流就是写我的乡土”。他创作《河岸》一书，从微观视角梳理了个人与河流的关系，通过河中船与岸上人的故事建构了真实与虚幻的对话，隐喻了面对现实与理想时的抉择。由于地势西高东低的原因，我国的河流大多是自西向东流经不同城市和乡村，大范围的地理跨越使得河流具备了鲜明的东西差异和水文特征，如长江、珠江、黄河、黑龙江等大河，渭河、沂河、淮河、富春江等大河支流，受气候的影响，不同的河流水患问题不同，解决的对策不同。李仪祉提出在黄河上游大面积植树造林、森林涵养水源，中下游挖沟设置谷坊堵截泥沙遏制沙患，长江修筑拦洪水库免除下游水患等对策。熊希龄提出治水应治标与治本结合，即疏浚河道、筑堤建坝与监测水流量、雨量、建立水文站结合；除弊与兴利结合，即排泄、灌溉和发展水运交通结合；旧法与新法结合，即古代治水经验与国外治水技术融合（徐建平等，2020）（图 7-11）。

图 7-11　小浪底黄河监理建设管理平台项目照片

资料来源：https：//weibo. com/ttarticle/p/show？ id=2309404430481327259729.

（二）河岸国土空间设计的山水观

河流莫不是发源于山脉中的溪、泉、冰川、沼泽、湖泊，岸线依于河流而生，“一切亘古者（山）和一切流变者（水）。”（金秋野等，2014）这句话隐含着水与山、静与动的阴阳关系，山水不分家。在山水观法上，早期郭溪从认为山有三种观法：“山有三远：自山下而仰山颠，谓之高远；自山前而窥山后，谓之深远；自近山而望远山，谓之平远。”（郭溪，2010），侧重人视角的视线与山的关系。而韩拙在《山水纯全集》又增一说：“郭氏谓山有三远，愚又论三远者：有近岸广水，旷阔遥山者，谓之‘阔远’；有烟雾溟漠，野水隔而仿佛不见者，谓之‘迷远’；景物至绝，而微茫缥缈者，谓之‘幽远’。”侧重山、水、岸之间的关系。元代黄公望《山水诀》参合两家之言，谓：“山论三远，从下相连不断，谓之平远；从近隔开相对，谓之阔远；从山外远景，谓之高远。”侧重山本真的形态与状态（图 7-12~图 7-14）。

图 7-12　平远意境图

资料来源：元朝黄公望《天池石壁图》。

图 7-13　阔远意境图

资料来源：元朝黄公望《九峰雪霁图》。

成中英（2006）认为：“观，是一种无穷丰富的概念，不能把它等同于任何单一的观察活动。观是视觉的，但我们可以把它等同于看听触尝闻等所有感觉的自然的统一体，观是一种普遍的、沉思的、创造性的观察。”王澍在一次演讲中也认为：“看不是一目了然，也不是一系列的‘一目了然’。‘看’本身包含了认识方式，它是层次性的，其本身首先需要被追究……”由此可见，观不是一种简单意义上的看，而是一种结构性的看，它是有观者所处时空背景下的文化预设的，即观这一行为带有那个时代物的原本之象、比例、结构、构造方式等历史经验，带有观察者本身一种强烈的前经验图式的想象、观察、体验

图 7-14 高远意境图

资料来源：元朝黄公望《快雪时晴图》。

与表达（显示）。观法可以是一种强烈的、前经验图式的，并且是创造性的体验方式、构造法、看法（解读法）、表达法（金秋野等，2014）。因此，河岸国土空间设计根植于设计师对山川土地的观与感。

（三）河岸国土空间设计的尺度观

参考流域尺度、河段尺度、特征河段尺度与城镇村的关系，提出不同尺度影响下的3个层面的设计观：宏观、中观和微观。

宏观层面——江岸与超大城市。超大城市是指城区常住人口1000万以上的城市。截至2021年初，中国有上海、北京、广州、深圳、天津、重庆、杭州等多个超大城市。魏晋时期的《江赋》《河赋》将长江提升到了与黄河同等的地位，“江”是地理层面中的长江，“河”是历史语境中的黄河，两者不仅仅是地理现象，更是华夏文明的文化标识。据统计，2300年来，以城址论，三峡地区共出现过61个城市，其中71%的城市分布于长江干流沿岸，73%的城市分布于两河交汇处，由此可见大城市的布局与河流有密切关系（龚胜生等，2013）。因此，宏观层面的河岸国土空间设计在尺度方面与流域国土空间设计更为接近，在景观方面更强调底线约束下的生态安全格局与景观格局的融合，在功能方面更强调谋划国际视野角度下的世界级城市的确立，在空间方面更侧重于江河书写与区域协同发展，在形态上更注重江岸联动、分区分段河岸景观营建（图7-15）。

中观层面——河岸与超大以下城市。巨大城市是指人口500万至1000万的城市，特大和大城市是指人口100万至500万的城市，中等城市指人口50万至100万，小城市指人口50万及以下。据统计，全球92%的上述各类城市分布在靠近江河湖泊的地方，由此可见城市的布局与河流有密切正相关的关系。河流为城市的发展提供了必要的水源及与外界相连的交通方式，同时城市的建造活动也改造了自然河流，人工修建的运河、护城河等也构成了城市河流重要的组成部分（吴丹子，2015）。城市河流以廊道为轴线构成线性景观格局，在景观上更强调历史文化遗产与城市景观风貌的特色塑造，在功能方面更侧重于满足经济效益、生态效益和社会效益的综合职能，在空间方面更强调城市的集约发展与公共空间的建设，在形态设计上更注重城市天际线与滨水岸线、地标建（构）筑物的设计（图7-16）。

图 7-15　江岸与超大城市水、岸关系：上海黄浦江两岸照片

资料来源：http：//www.flickr.com.

图 7-16　河岸与超大以下城市水、岸关系：京杭大运河两岸照片

资料来源：http：//pic.people.com.cn/.

微观层面——溪岸与镇村。溪岸一般位于河谷、平坝地带，相较于江河城市，具有小尺度、微景观、平易近人的特点（图 7-17）。在这一层面，应该更具有"地方感"，也就是有温度和人文情怀，是镇村的灵魂与生命之所在。在功能方面更注重城镇功能辐射、设施共享与产业振兴，在空间方面强调镇村空间的整合和各类空间的配置，在形态方面更保护延续传统的村庄聚落特征，在景观方面强调耕地的保护与农田景观的营造。

图 7-17　溪岸与镇村水、岸关系：南浔古镇水岸照片

（四）河岸国土空间设计的艺术观

艺术是检测自然、文明、社会、人类关系的方法。日本信浓川（长野县内为千曲川）

流域的居民彼此之间仅一水之隔，但是在明治中期以后，由于行政区划分和建设水坝，彼此关系日益疏远。矶边行久将这种人、大地、河流之间的关系升华成了《河流三部曲》。第一届越后妻有艺术节的作品是《河流去了哪儿》（图 7-18），矶边用 700 根黄色的杆子挂上黄色的旗子，沿着 3.5 千米的河岸重现了 100 年前信浓川的河道情况。过去蜿蜒流淌的河流，由于水坝开发和混凝土护岸，被迫改变了流向，对水量和生态系统造成了很大的影响。第二届艺术节的作品是《过去信浓川流经的位置比现在高 25 米》（图 7-19）。

图 7-18　《河流去了哪儿》照片

资料来源：Osamu Nakamura Courtesy of the Echigo-Tsumari Art Triennale.

图 7-19　《过去信浓川流经的位置比现在高 25 米》照片

资料来源：Osamu Nakamura Courtesy of the Echigo-Tsumari Art Triennale.

1999 年从旧中里村 15000 年前的地层中，挖掘出了自然堤防遗迹，河水的侵蚀作用在河岸丘崖上留下许多痕迹，显示过去信浓川流经的位置比现在高出 25 米，于是艺术家在丘崖上搭出宽 110 米、高 30 米的脚手架，展示古信浓川水面的最高位置，并用线条标记了过去 500 年间每年的水位线。第三届展出的是《农舞乐回廊》（图 7-20），把河流截弯取直后变成农田的冲积地作为户外剧场，举办了世界太鼓大会（北川富朗，2015）。《河流去了哪儿》将逝去的时间形象化，艺术家和村民一同实践，真正实现了历史记忆的延续、

图 7-20　《农舞乐回廊》照片

资料来源：Osamu Nakamura Courtesy of the Echigo-Tsumari Art Triennale.

地方文脉的传承，深刻地揭示了宇宙之浩瀚、人类生命之渺小，在越后妻有兴起了艺术新局面。城市中均质化的单一空间抹杀了世界各地的固有性，把一切东西都用金钱数值化，而装置艺术或者大地艺术打破了这种固有性，重新唤起地方的活力。水、山、城、村和地理景观格局艺术地融合在一起，将会使河岸国土空间充满诗的意蕴。“日出江花红似火，春来江水绿如蓝。能不忆江南”的江南景观，将城市与水山环境和谐相配，是产生诗意之源；“水绕郊畿襟带合，山环宫阙虎龙蹲”的古都北京，展现了一个水绕山环数朝古都的王者气脉和艺术形象。

二、问题与经验，遵循地方的实践策略

（一）河岸国土空间设计的主要问题

河流是维持地球生命支持系统的“蓝色动脉”，是有生命的景观。自然河流水系与土地环境直接关联，水体与土地之间进行持续顺畅的物质和能量的交换，从而形成河流不同层级的群落结构，实现河流系统自调节和自净化功能。如果河流正常的迁移、转化、积累、释放、代谢和水文机制被打破，河流的生命力和生态维护能力就会受到严重损害，从而造成各种生态环境问题（Ward et al.，2001；Naiman et al.，1997）。就当下河岸国土空间设计而言，主要面临以下需要特别关注的问题：

1）河道断流问题。2019 年，据加拿大麦吉尔大学的 Gunther Grill 地理研究团队利用最新的卫星统计数据和数字建模软件分析，全球 91 条长度超过 1000 千米的河流中只有 21 河流保持了从高地到海岸的完整连接，由于水利工程和人类活动的影响，世界上只有 1/3 的大河还处于自由流动的状态（Immerzeel et al.，2020）（图 7-21）。中国西北地区塔

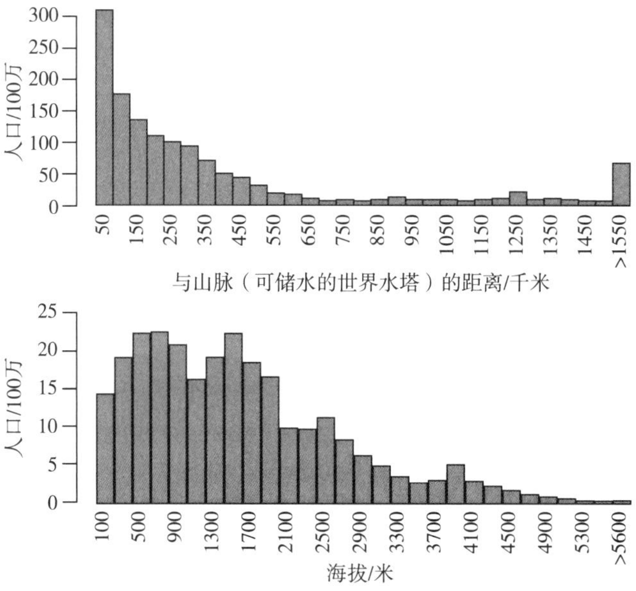

图 7-21　山脉（可储水的世界水塔）及其下游流域的人口关系指数示意图

（据 Immerzeel et al.，2020 有修改）

里木河的年平均流量从1960年的12.33亿立方米下降到1993年的1.2亿立方米，流量减少90.2%，导致尉犁县以下永久性断流；北方地区的黄河于1972年出现首次断流，并在20世纪70年代断流6年累计78天，到了90年代断流时间提前数月；南方地区的漓江枯水期由4个月延长至6个月，1989年和1992年的枯水期，桂林地区66条河流有34条断流，374个山塘和水库几乎干涸（冬青叶，2001）。

2）水环境污染问题。中国城市水环境污染形势严峻，90%以上的城市河流受到不同程度污染，自然过程已经基本丧失了对城市水环境质量的调控能力，人类活动已经成为水环境及水质变化的主导要素，城市水环境的保护和治理需要进行环境多介质污染输入途径调控、污染源控制、水体生态修复和水环境风险管理（曲久辉，2009）。由于化肥和农药的大量使用、污水灌溉、集约化养殖场、畜牧业等农业活动及村庄居民洗涤等产生了大量的非点源污染物，主要有沉积物、营养物、病原体、农药和盐分等，乡村河流水环境污染问题也日益突出。

3）自然灾害问题。水土流失导致汇入河流的泥沙量增大，泥沙淤积会逐年提高河道，造成地上“悬河”，导致洪涝灾害的发生，洪涝灾害是中国爆发频率最高的自然灾害，具有明显的季节性、地域性和突发性等特征。据统计，1931年，全国范围内爆发的洪涝灾害使得几乎所有流域（长江及其主要支流、淮河、运河、钱塘江、闽江、珠江、黄河、辽河、鸭绿江、松花江、嫩江等）均泛滥成灾，约造成40万人葬身洪水，近千万灾民衣食无着（李文海等，1994）。据研究分析，从分布区域看，近代中国黄河中下游和江淮地区是大型洪涝和旱灾的高频集中爆发区。基于2000—2013年的多种来源灾害统计数据，中小型洪涝灾害发生频次的高值区集中在珠江支流北江和韩江支流上游地区、长江上游重庆段及嘉陵江支流流域、云南段等，其中广东省是唯一的东部省份，每年造成的直接经济损失超过100亿元；中小型旱灾发生频次的高值区集中在长江中游的三峡地区，长江中下游的汉江、湘江、资江等支流（王瑛等，2017）。

4）遗产病害问题。河道病害主要指局部河岸破损、岸边违章建筑、污水直排和水网养殖污染水质；水利工程设施病害主要指废弃后年久失修、长期无人管理维护、风貌破坏较为严重；河岸建筑病害主要指历史建筑风化残损、结构破损缺失、金属构建锈蚀严重、混凝土碳化严重、历史文化名村镇和历史街区的街区历史风貌破坏严重（杨晓维，2019）。

此外，河岸国土空间还面临文化如何保护、传承和利用，破碎景观如何修复，生物多样性如何进一步恢复，以及场所精神缺失等，都是河岸国土空间设计需要面对和妥善处理的重要问题。

（二）河岸国土空间设计的操作策略

河岸国土空间设计必须坚持问题导向和目标导向，通过人机对话不断去观察、解释、诊断系统，增进对系统过程的调查和学习，切实解决河岸国土空间开发利用过程中长远利益与眼前利益之间的矛盾，使河岸景观更可持续和更有魅力。由于中国幅员广大，河岸自然条件相差悬殊，地区之间的发展又很不平衡，人们对美丽生活的追求也很不相同，因此河岸国土空间设计很难有一套固定的模式和策略。可以认为在设计中没有最优解，各设计目标之间不存在全序关系，其目标空间是一个超体积的球，球面上没有哪一个方向、哪一点是绝对最优，其相对优劣的评判依赖于河岸系统主导的主客观情境。就一般设计过程而言，以下操作策略是值得重视并具有实践价值的。

1）生态环境治理分段、分类设计。不同的河段由于自然地理环境和人类活动施加的影响不同，国土空间治理需要进行分段、分类设计。如黄河以北的大运河段分布着大量新石器时代以来的文化遗址，千百年来，人类无节制地沿黄取水和引黄灌溉等活动导致黄河径流和载沙量急剧减少、季节性干枯等问题；京杭运河段多出现违规排放、面源污染等问题，如京杭运河徐州段货运船舶的生活垃圾、废弃油料和附近的农田化肥、工业废水排入运河，导致水体富营养化，大量浮萍滋生（雷悦等，2021），京杭运河杭州段通过 72 个水质监测点的统计分析得出京杭运河杭州段水质污染主要属于氮源污染，污染源主要来自建设用地和农业用地（李雪等，2021）；浙东运河由于降水多、受台风等自然灾害的影响，主要问题是解决排涝、防洪、挡潮（孙竞昊，2019）。因此，黄河以北段运河重在节水、京杭运河段重在清水、浙东运河段重在排水，国土空间设计的方法、策略和模式都应该是不相同的。

2）文物保护利用分区、分类设计。2014 年 6 月，中国大运河被列入《世界遗产名录》，大运河由隋唐大运河、京杭大运河和浙东运河 3 部分构成，全长近 3200 千米，纵贯海河、黄河、淮河、长江和钱塘江五大水系，开凿至今有 2500 多年，是世界上规模最大、距离最长的运河。2019 年 2 月，中共中央办公厅、国务院办公厅专门印发《大运河文化保护传承利用规划纲要》，充分发掘大运河的历史文化资源，打造大运河文化带。在大运河的申遗名单中共包括 132 个运河遗产点和 43 段河道，其中遗产点有 65 个立即列入项目和 67 个后续列入项目；河道有 31 个立即列入项目和 12 个后续列入项目。具体遗产内容包含历史文化名城、名镇、名村、水利工程遗存，如运河河道、航运水利工程设施、桥梁、运河附属遗存、历史城镇街区和历史村落、航运水利碑刻等。参考《文物保护工程管理办法》，将文物古迹点及运河河道进行综合评估、遗产病害分级，并提出相关的建议措施。浙东运河（宁波段）包含浙东运河上虞—余姚段、浙东运河宁波段、宁波三江口 3 个遗产区，遗产区面积 362 公顷，缓冲区面积 1456 公顷。但经过勘查与梳理下，可将运河分为 3 大类 5 中类 9 小类共计 25 个遗产对象，将浙东运河（宁波段）遗产病害按照现状保存管理情况、安全检测结果的程度将遗产点分为 4 级，将运河河道病害分为 3 级（杨晓维，2019）。如果对文物保护利用的国土空间设计不能做到分区、分类进行，显然是不能应景和有场地感的。

3）重视多元文化、多途径融合设计。在古丝绸之路上有条自东向西流入沙漠的内陆河——疏勒河，连接了东西文明，通过商贸促进了中国、印度、希腊、意大利的农耕技术、文化艺术和科技发明的交流和融合。在进行设计时，应充分认识到每个城市和村落的地域特征、历史文化资源的多元性和开放性，发掘城市和乡村文脉，从其特有的地理、气候、风土、社会和人文条件出发，整合传统和现代、水域与城镇的河岸景观，使人文环境与自然环境在视觉上、功能上、路径上等多方面建立联系（栾春凤，2009）。在建设运河文化带的过程中，可以运用融媒体的新型媒体技术，拓宽运河文化传播渠道，融合线上线下媒体平台，协同建设文化带内容。比如通过制作大型综合纪录片、综艺、访谈节目、vlog 等内容，利用 H5、VR、AR、MR 等多样的新兴媒介技术呈现，通过电视、电台、公众号、微博、报纸、抖音、快手等平台发布与传播，利用 VR、AR 与 MR 技术实现直观的线上、线下参观体验和互动，使公众通过多种感官来接受河流文化。

4）倡导延续传统、高于传统的设计。正如上文所指出的那样，人类大多依河流而栖居，河岸都有着悠久的历史和传统。因此，河岸国土空间设计必须延续传统，尽可能保留河岸原有风貌，减少人为改造，实行错位发展。例如，运河聚落景观与运河水系的关系可分为 4 种类型：①由水网交汇后形成的节点型聚落，地势开阔平坦，水运便捷，城镇规模较大；②由渡口发展而成的渡口型聚落，由于货运往来，商人驻留较多也逐渐形成规模较大的城镇；③因客货转运，贸易形成或者由驿站发展形成的中转型聚落，休憩补给逐渐形成小型集市、聚落；④由水利工程兴建而形成的河工型聚落，旁设兵营，发展军屯，规模通常较小（常媛等，2020）。再例如，杭州湾南岸的慈溪市三面环山，南部引水绕城而过，在北部汇入慈溪湖，形成城外山-湖-城-河-江的总体格局（图 7-22）、城内水陆双棋盘的城镇格局；同处杭州湾南岸的余姚市有姚江穿城而过，南北有最良江和候青江围合，形成城外山-水-城-水-山的山水夹城总体格局（图 7-23），即双子城的城镇格局。丰惠城被丘陵环绕，城镇格局则完全依托于西北方向的四十里运河南下为骨架，形成城内十字水路街的格局（图 7-24）（常媛等，2020）。河岸国土空间设计需要在延续传统格局的基础上，道法自然，用最少的投入营造源于传统而又高于传统的河岸景观，不断提升河岸景观的场所精神和魅力。

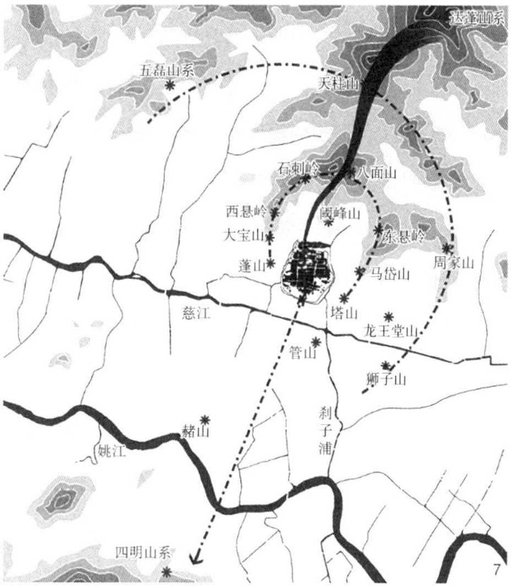

图 7-22　慈溪城传统城镇结构图

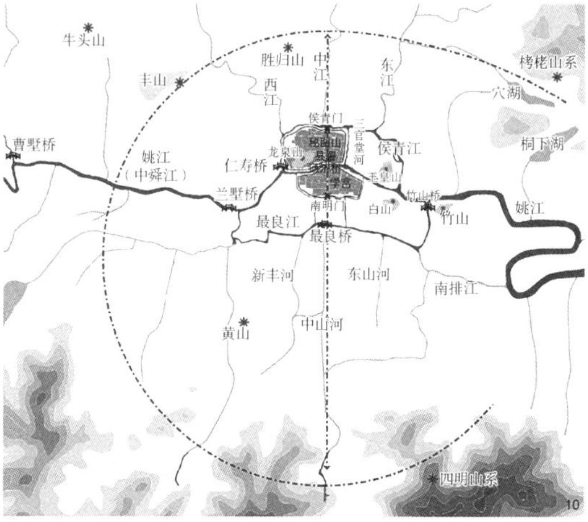

图 7-23　余姚市传统城镇结构图

（据邵友濂等，1983）

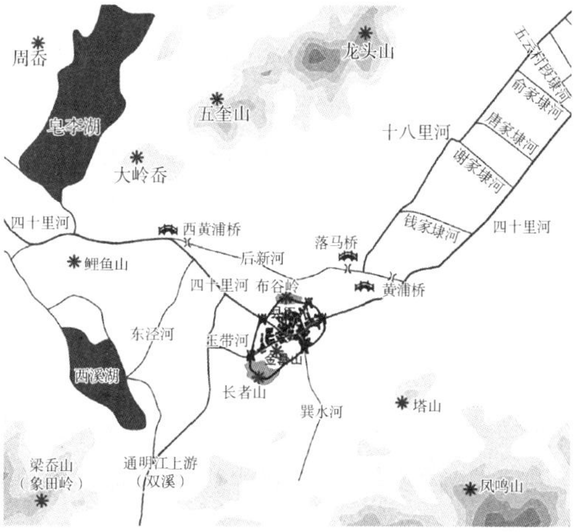

图 7-24　丰惠城传统城镇结构图

（据唐煦春等，1983）

5）强化流域整体性和生态保育型设计。河岸生态系统的结构和功能与其周围流域的土地利用结构和状态有着极为密切的关系。大量的自然过程在流域多尺度上发生相互作用，控制了流域与河流的形态和发育状况，同时也控制着它们支撑的生物群落的发展和演变（Richards et al.，1996；Roth et al.，1996）。河岸国土空间设计必须强化流域整体性的概念，将河床的地貌特征、水流和连接性塑造的河流景观格局和固体颗粒、溶解的有机物、能量和生物区系的变化，与流域完整的自然地理格局、地质地貌、土壤植被等进行整体性设计，以保证流域景观和生物的完整性。要尽量保留一定数量和面积的低洼地和湿地，为野生动植物留下一片合适的栖息场所和生存繁衍的空间环境。河道设计应使其边坡较缓，并辅以天然材料，以减低水位变化所带来的生态冲击。在情况允许的条件下可以设计某些复式断面，在河道底部铺设一条弯曲的小渠道，以容纳低水位时的流量，提供低水位时河道内动植物的栖息场所，建立起一种根据各生物类群的生物学、生态学特性和生物之间共生关系而合理组合的滨岸生态系统。

三、线性与节点，空间与美学的分类指引

（一）河岸国土空间设计重点内容

1）水利工程设计。河流水利工程设计的主要内容包括堤防、水坝、水闸、桥、涵、沟渠、水井、泵站、管道、航道、鱼道、码头、电站、河道整治工程、水土保持工程，以及与水产养殖、旅游休闲度假有关的水工程等，其目的主要是为防洪、排水、灌溉、供水、水力发电、工农业生产、通航、水土保持、水产养殖、旅游观光、水源保护、环境治理等服务。它需要综合运用水文学、水力学、工程力学、土力学、岩石力学、河流动力学、工程地质学、水文地质学等科学知识，结合流域自然条件、居民点分布和土地利用特点等综合进行。

2）生态廊道设计。河岸国土空间的生态廊道，是指呈线性或带状布局、能够沟通连接空间分布上较为孤立和分散的生态单元的生态系统空间类型，能够满足物种的扩散、迁移和交换，是河域完整生态系统的重要组成部分。例如河岸缓冲带，是鸟类最佳的栖息地（Murakami et al.，2002）；辽宁东部的名贵两栖运动——林蛙，就主要栖息于沿河两岸植被缓冲带内的水塘、浅水洼地和沼泽内（曹宇等，2012）；生活在美国科罗拉多州落基山脉的黄肚旱獭（Shirce et al.，1969）、明尼苏达州的白尾鹿（Rongdtad et al.，1969），也主要分布在河岸缓冲带。河流生态廊道为多种多样的动物群落，例如河岸鸟、水鸟和高地鸟类群落等，提供了重要的栖息场所。

3）文化整体性设计。露丝·本尼迪克特（2009）在《文化模式》中提出文化具有整体性特征，这种整体性不是由一套单独条件控制制约的，而是控制个人与团体行为的种种观念决定的，即文化的内驱力。文化的内容与社会经济、技术、艺术、社会组织等相互关联、影响深远，是可以通过整体性设计达到观念背后的目的需求的。格式塔（结构）心理学论证了整体而不是以部分作为起点的重要性，这种整体性是文化的结构，与独立的文化内容相比具有更显著的持久性。文化的整体性设计：一是体现在河岸国土空间景观结构的完整性，充分理解每个元素与河岸国土空间之间的关系，并延续河岸历史形成的特色景

观风格，同时必须全面了解河岸景观空间内在联系。通过景观元素合理运用，将传承河岸地方文化、强化河岸区域特色、提高河岸公共归属感等作用赋予滨河景观，以发挥滨河景观的特殊优势。二是体现在山水设计中，中国多山多水，广西桂林、贵州黔东南等许多地方都与天然山川息息相关，利用借景等设计手法将多元素的自然山景表现在多层次的河岸景观设计中。

4）空间肌理设计。首先通过“空间还原”将河岸各类历史遗存要素投射到历史空间地理“图层”上，然后进行“空间叠合”，将现状的土地利用情况与历史空间演化的结果对比，重新提炼河岸地域空间利用特征。如浙东运河在杭州湾入口段的双航道系统。其中，姚江—甬江属于自然河道，在晋朝时被改造以适应通航需求；丈亭—小西坝属于人工航道，在宋朝时被挖凿开通以避自然河道的潮汐。伴随着航道的开通，周边的村镇空间发展演变着，同时受宗族礼法、航运商贸双重影响。在总体空间格局上，形成了渡口水市与古村相互独立但相距不远的空间特征，航运与陆运双交通线路影响下的楔形村镇空间发展演变，强院弱巷的宗族与环水行舟的贸易集市双重生活体系（许广通等，2018）。未来当地的河岸设计宜秉承双水道格局，将曾经以航运交通功能为主河道打造成慢行绿道和文旅休闲蓝道，织补人工航道与自然河道之间的城镇肌理。

5）交通与游线设计。河流的特殊景观能够吸引来自四面八方的游客至此。带状滨河岸线由于受自然环境的影响，通常呈线性且单向流动，游线一般呈长轴形式。而河流岸线根据其适宜性和功能不同，又可分为生态型岸线、生产型岸线、生活型岸线和游览型岸线等。因此，加强河岸交通与游线融合的国土空间设计就具有特别的重要性。便利的公共交通要道，包括旅游线衔接道、干道与支道、游步道、车站码头、停车场、旅游交通配套设施如路标和指示牌等，对于提高河岸综合价值、视觉功能、有序环游等都具有重要影响。河岸游线设计需要在形式上打破单向游览线路的单调感，利用游线合理布局，增加道路景观节点，提高旅游节点延续性，保证游人丰富的旅游休闲观光活动体验。

6）场所精神塑造。所谓河岸国土空间设计中的场所精神，是指通过设计能赋予人对于河岸空间真正的认同感和归属感，使其充满着人文气息，不仅具有空间本身的场所功能，而且具有空间的艺术性、鉴赏性和体验性。设计过程中需要根据合理的河流走向与弯曲变化组合相应的空间元素，注重对景观与视角的转换，构建步移景异的滨水景观空间。同时，要十分关注精神文化的表达和历史文化的渗透，赋予不同河流景观空间更多的人文色彩，例如通过小品设计使河岸更具有浓厚的历史气息等，提高河岸景观的生态学性和象征性，成为“表达生活情境”的艺术作品。

（二）河岸国土空间美学设计指引

河流在影响和丰富人类精神领域方面有最突出的表现，具备特殊的心理美学效应，是景观中最重要的美学资源。“青山不改千年画，绿水长流万古诗。”水具有以下重要的美学价值：①表相美。即由水体的整体形象表达出的外貌美。②时相美。即同一水域景观在不同时间或不同季节表现出的美学特征。③位相美。即水体所处的不同位置及态势，会产生不同的景观美学效应。④境相美。即水体所处的环境不同而表现出不同的美感（曹宇等，2012）。随着人们生活水平的不断提升，对美的需求也与日俱增，河岸国土空间美学设计将日益显示其重要性。就河岸国土空间的美学设计而言，以下元素应该予以特别关注：

1）天际线。天际线的塑造包括前景天际线、中景天际线、背景天际线的层次构建，主体视觉中心的营造，建筑的高度、立面与轮廓三大要点。前景天际线主要由滨水建筑及周边植被构成，中景天际线主要由中高层建筑构成，背景天际线通常由山体形成；主体视觉中心一般会用标志性建筑凸显可识别性，如悉尼歌剧院；建筑的高度宜高低起伏、虚实结合、富有韵律节奏，建设的立面材料质感与色彩宜和水色、天色、植被有差异又协调统一，建筑轮廓线重点需要以建筑群的整体视角观察，并将其置于中景中，与前后景错落区分并包容框定视觉景观。控制邻水建构筑物与水岸的距离，不同的距离制约不同的建筑高度，并营造出完全不同的空间氛围。如纽约（图 7-25）和上海相对距离较远，分别是 20~275 米和 50~100 米，给人以开放大气的城市感受；鹿特丹（图 7-26）和东京距离相对适中，分别是 10~50 米和 15~50 米，给人以繁华热闹的城市感受；威尼斯和香港距离较近，分别为 3~8 米和 5~10 米，给人以亲切的城市感受（图 7-27）。

图 7-25　纽约哈得逊河沿岸城市天际线照片

资料来源：http：www. alpha. wallhaven. cc.

图 7-26　鹿特丹港口城市天际线照片

资料来源：http：www. tripadvisor. com. tw.

2）岸线。河流岸线是介于陆地生态系统和水域生态系统的狭长地带，它不仅具有为生物提供栖息地及保护生物多样性，以及固岸及降低侵蚀、涵养水源等生态环境功能，而且具有重要的社会文化内涵和审美价值。通过岸线硬质景观要素和软质景观要素的艺术搭配和融合，能够创造出更有艺术的美学景观。硬质景观要素如驳岸、临岸步道、景观桥、沿岸设施及小品等，软质景观要素如植物、水体、风、雨、阳光、天空等，它们彼此协调和差异化的设计，包括各部分之间的对称、均衡、比例、节奏等，便可互为因借、相得益彰。基于河流地形地貌，通过岸线空间设计语言符号组织形式、空间色彩搭配与氛围营造和带状空间尺度把握，以及设计形式组合变化，就能创造出美的视觉感受与心理感受。

3）桥梁。桥梁作为动线设施与道路连贯，其交通功能性很强。但它作为跨河桥梁，还具有景观欣赏的美学含义，甚至有些桥梁专为点缀欣赏而设置，形成地区标志物和视线集合点，具有独特的造型艺术价值。从美学的角度来看，在桥梁设计过程中，任何形式的桥中线都更适宜与水流中线相垂直；应考虑桥梁两岸的树木、假山、崖壁等关系进行布置，结合植物成景；桥身的形式必须与环境相协调，不论建筑物还是地形，都应该在形式上保持统一；桥身应该富有情趣，外形应美观，善于创造倒影，如在两岸适当栽植庭园树木，则可在水中形成倒影丰富空间层次；可以尝试高岸设低桥、低岸架高桥，增加游览路线的起伏和美感（董靓等，2018）。

4）灯光。以重要交通节点、开敞空间为亮点，以河岸高层建筑的投射灯、洗墙灯、霓虹灯为主笔，以制高点闪光灯为点缀，以桥梁、道路、河岸照明为纽带，各方面互相配衬形成一个多层次、多侧面、立体化、动静结合、远近互衬、错落有致、水天一色的河岸夜间景观。其中，交通性干道两侧灯具简洁，以冷色光为主，亮度要求较高，保障车行路线的清晰明亮；生活性干道、河岸步行道灯光色调偏暖且连续，体现岸线的连绵延续，可结合绿化环境小品设置造型别致的灯具；滨河湿地公园及公共绿地强调“蓝绿共融”，树木可采用底光和侧光照明，草坪采用柔光照明。

图 7-27　威尼斯河岸城市天际线照片

资料来源：http：//www. flickr. com.

5）植被。花境应与整体植物设计融合，同时考虑与水域、岸、建筑、空间、地形、位置与大小的关系。色彩一般不宜过于浓艳，提前了解每个植物花卉的花期，用设计让花卉一同绽放或者四时绽放。形状层次要把握植物的形状，如竖向线条、常绿塔型、下层点缀、开花、常绿大叶背景、球类等。可选择观赏特征突出的树种，并合理确定其规格、分枝点高度、姿态等要求，在适地适种的基础上，合理配置树种，形成季相景观美。

6）色彩。色彩设计如果不和地方的气质、自然环境、生物的需求和人类的行为习惯相关联，就不能称之为和谐的色彩搭配。色彩环境分为主色调、历史环境色彩特征、现代街区色彩特征、自然背景色彩特征四大类（张春慧，2021）。主色调是色彩设计的整体环境基调，使用频率最高，是地方气质最直观的呈现，也是地方独居魅力的风味之色，如酸味——贵州，主调色彩可选用柠檬黄色、鹅黄色、藤黄色、葱绿色、原野绿色、水绿色、白色等；甜味——苏杭，桃粉色、浅粉色、胭脂粉色、浅灰紫色、米黄色等；苦味——甘肃，咖啡色、深栗色、亚麻色、青棕色、熟褐色、墨绿色、土黄色、石黄色等；辣味——重庆，大红色、朱红色、玫红色、赭石色、翠绿色等。自然背景色取决于地方的自然或人工山水植被，主色调与自然背景色相得益彰，共同构成地方色彩美学的核心，历史环境色彩和现代街区色彩特征则可由统计分析得出具体的色系及分布情况，作为点缀搭配其中。

第四节　湖岸国土空间设计

一、流动与连通，生态的储水容器

（一）湖泊生态系统的水量平衡过程

湖泊水量平衡及其变化过程是湖泊生态系统的核心内容，它取决于湖泊来水量和排水量之间的动态平衡关系。湖泊水量的增量等于所有进入湖泊的水量减去所有排出湖泊的水量。进湖水量一般包括流域入湖地表径流、大气降水、地下水补给等，出湖水量一般包括河道排泄、水面蒸发、地下水渗漏、人为取水等。在没有或较少人为干扰的状态下，湖泊水量的变化处于如下公式表征的动态平衡（Wetzel，1995）：

$$dV/dt = (R + P + G_i) - (D + E + G_0) \tag{7-4}$$

式中：P 为降水；R 为地表径流的入湖水量；G_i 为地下径流的入湖水量；D 为出湖水量；E 为湖泊水面的蒸散量；G_0 为地下径流的出湖水量。

根据上述公式，如果想保持湖泊的水量平衡，可以据此计算出湖水量，以此，估算湖泊生态系统维持正常的结构与功能所必需的需水量。而湖泊最小生态环境需水量应当保证补充湖泊的蒸散量、地下径流的出湖水量。如果是闭流湖，上述公式可以简化为（杨志峰等，2003）

$$dV/dt = (P + G_i) - (E + G_0) \tag{7-5}$$

在计算湖泊水量平衡时，常常采用湖泊库容曲线方法。依据湖泊水位，由库容曲线即可计算出对应的湖泊水量。湖泊库容曲线的建立依赖于实测的湖泊水位，结合湖盆地形计算相应水面面积和蓄水量。如果湖泊水量的动态平衡被严重打破导致湖泊水量呈现持续性减少时，湖泊将会走向消亡。影响湖泊水量平衡的主要因素是气候变化，其次是水利工程引起的河湖水系结构调整导致河湖水文关系的改变，既而影响湖泊出入水平衡关系（张奇等，2020）。

（二）水文联通性对湖泊生态的影响

湖泊存在的持续性依赖与江、河、库等其他类型水源的水文联通过程。所谓水文联通性，又称水文联通度和水文连接度，是反应流域水生态过程和蓄泄能力的一个重要指标。Western et al.（2001）将其定义为径流及其携带的物质、能量从水系网络源头到流域末端的迁移效率；Turnbull et al.（2008）将其定义为基于水文过程的区域动态连接属性；长江水利委员会（2005）将其定义为河流、湖泊等湿地水系的连通状况。本质上，它是为维持区域水系统中相对稳定的物质、能量及生命流动而重建或改造的水流连接通道所具有的连接属性，具有动态性、多维性、系统性、阈值性和时空异质性等特征，是反映某一生态过程或水文过程在景观单元中的顺畅或阻碍程度，其强弱取决于流路组成、流路长度、分叉汇合程度、流量和流速等参量（刘丹等，2019）。水文连通性的强弱和广域性，直接影响湖泊水文水动力条件和水质，最终影响水生植物、藻类、底栖动物、鱼类、水禽等生物群落结构和生物多样性，以及生物丰度和生境格局。面对湖泊水污染日益严重的现状，实施水文联通工程已经成为湖泊生态修复的重要手段。其实质是通过如此良好的水文连通性，以改善湖泊水动力条件，加快水量交换速度及增强水体富氧能力，强化对污染物的稀释、扩散和降解作用，进而改善湖泊的水质和环境污染状况。杭州西湖引水工程于 1986 年 9 月 30 日建成通水，西湖开始大规模引进钱塘江水，日取水能力为 30 万吨。钱塘江水将首先通过日处理水 30 万立方米、有西湖“绿色肾脏”之称的预处理场，经加药、混合、絮凝、沉淀工艺的处理，达到国家四级水体标准，然后经太子湾公园流入西湖，最终达到一年引水量 1.2 亿立方米。钱塘江水经过这个工程的处理，在一个月之内把西湖水基本换了一遍，西湖水的透明度达到 1.2 米，人们看到了一个碧波荡漾、非常清澈的西湖。通水 9 年后的研究表明，总共为西湖引入 16192 万立方米清澈的钱塘江水，引水量是西湖蓄水量的 1846 倍。到 1994 年水体透明度已比引水前提高 16 厘米。由于大量的钱塘江水冲淡了西湖水体中有机污染物的浓度，改善了西湖的水质。西湖引水后使水体中耗氧量大大下降，而耗氧量是有机物相对含量的指标之一，大量的引水抑制了藻类的繁殖，削减了营养元素的积累。从引水 9 年资料分析，耗氧量下降幅度最高可以达到 273.9%（马玖兰，1996）。荷兰早在 1979 年就对费吕沃湖实施了引水换水工程，美国于 1994 年将密西西比河水通过溢洪道引入庞恰特雷恩湖等，均通过实施区域水文连通规划设计，有效改善了湖泊环境。湖岸国土空间设计需要十分重视水文连通性对湖泊生态系统结构和功能的影响，不仅要关注其对湖泊水质净化的积极作用，也要关注连通过程中可能遇到或连通后引发的二次风险，如污染物汇入迁移风险和生物入侵风险等。

二、观想与栖居，审美意趣的千年传承

（一）湖岸国土空间设计的生态观

据统计，全球面积大于 2000 平方米的湖泊有 1.17 亿个，总面积约为 500 万平方千米，占陆地面积的 3.7%（Verpoorter et al.，2014）。湖泊和河流直接影响了人类的定居、宗教、粮食生产、城镇发展等。中国古代把湖多称为泽、淀、池、塘、泊等，现代指内陆地表可蓄水的、流速较缓甚至静止的水体。周朝时中国北有黄河和古济水（现已消失）及其支流形成的巨野泽（后称大野泽）、雷夏泽、菏泽等湖泊，南有长江和汉水及其支流形成的云梦泽、彭蠡泽、太湖等古代湖泊群，是农耕文明和大河文明的发源和繁育地，在中国传统文化中是神灵和天子居住的地方，但由于人类活动、河道变迁和气候变化等原因的影响，有的大泽彻底淤塞干涸、有的萎缩分离成小湖。相关的研究学科是近代设立的湖沼学，内容包括湖泊沉积与区域环境演化、不同区域典型湖泊流域生态安全保障、湖泊生态系统和可持续发展、湖泊生态修复与综合调控等。

据 20 世纪 80 年代的湖泊资源调查结果显示：中国共有面积大于 1 平方千米的湖泊 2928 个（王苏民等，1998）。在 2005—2006 年的调查中，中国共有面积大于 1 平方千米的湖泊 2693 个，仅 25 年间就减少了 235 个，几乎平均每年减少 10 个（马荣华等，2011）。新中国成立前，我国仅有 23 座大中型水库，截至 2018 年底，全国已经建成各类

水库98822座（何镇宇等，2020），短时间内大量新增的水库使得水库出现水质富营养化及恶化（王孟等，2004）、库底泥沙淤积及温室气体排放促进了环境恶化与全球变暖（Zhang et al.，2019；Varol，2019）、大型水库及其调度过程对地方生态环境产生了一定的干扰和影响（郭燕等，2019）等一系列问题。时至今日，湖、库不仅是生命栖居必需的饮用水源地，亦是人类文明的传承地，水环境的治理、水资源的利用和管理是未来人类发展重要的议题。

（二）湖岸国土空间设计的园林观

相较于海岸和河岸，湖岸的空间尺度相对较小、水流相对平稳，圆形的湖岸及湖水的利用直接体现了中国传统文化中圆融、圆满的宇宙观，理水是中国古典园林的重要艺术呈现。

1）灵台灵沼。中国有文字记载的最早园林，是周文王时所建造的灵囿（约公元前11世纪）。灵囿内筑有灵台与灵沼，灵台是用人造的高山来象征神山，灵沼是用人造的大泽象征神水，体现古人对神性的崇拜（图7-28）。

图7-28　灵台灵沼灵圃示意图

资料来源：清朝毕沅《关中胜迹图志》。

2）海岛仙山。“一池三山”的布局形式以大池或湖泊为中心，象征东海，池中堆土或垒石为三座岛屿，象征传说中的海上三座仙山：蓬莱、方丈、瀛洲。传说仙山有长生不死药，“此三神山者，其传在渤海中，去人不远，盖尝有至者，诸仙人及不死之药，皆在焉……（《汉书·郊祀志上》）”。大明宫的“太液池、蓬莱山”、留园的“小蓬莱”、西湖的“小瀛洲”均是建造者对长生及仙人意境的一种憧憬（图7-29）。

3）描摹胜景。东汉后，统治者们不再建造象征意义的山水，而是强调对自然的摹写，山必求其宏大，峰必求其高峻，如宋徽宗造艮岳，取湖南洞庭湖、甘肃仇池的水，山东泗滨、安徽灵璧山石，移姑苏、武林之土壤和各地的树木。“不以土地之殊，风气之异，悉生成长养于雕栏曲槛，而穿石出罅（宋朝张淏《艮岳记》）。”苑囿的规模体量之大达到了有若自然的境界（图7-30）。

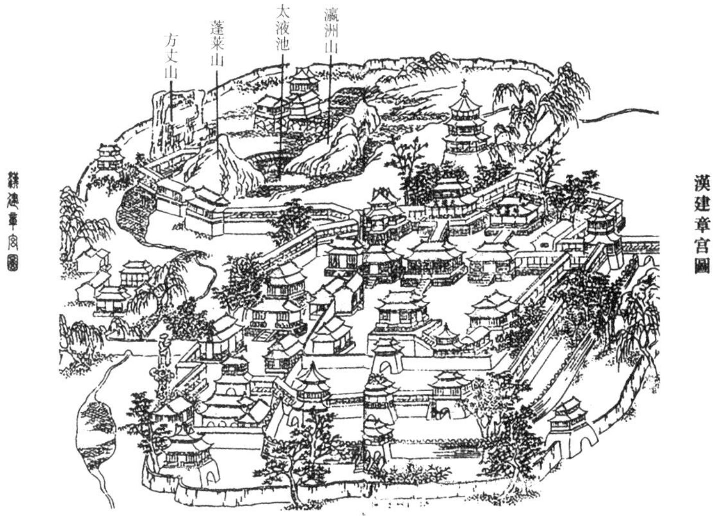

图 7-29　汉建章宫图

资料来源：清朝毕沅《关中胜迹图志》。

图 7-30　艮岳记

资料来源：《艮岳记·历史图像的剧场》（侯拙吾作品展，2016）。

4）林泉丘壑。魏晋南北朝时期社会动荡，对中国园林的兴造带来了重大的影响。一是选址多择城市近郊或城内；二是规模明显缩小，不再动辄数顷；三是功能转变，校猎转换为娱乐观赏功能；四是人工景观增多，造景不再是对各地名山大川的直接模仿，而进入概括、提炼，予以典型化再现化的阶段，追求仿若丘壑、濠濮间想的境界。

5）壶中天地。中唐以后至明清初期，壶中天地的园林思想成了士人最普遍的艺术追求。这类园林占地规模小，建筑花费不多，但使人虽身处小小居舍却有仿佛徜徉天地宇宙之间的逍遥境界（图 7-31）。

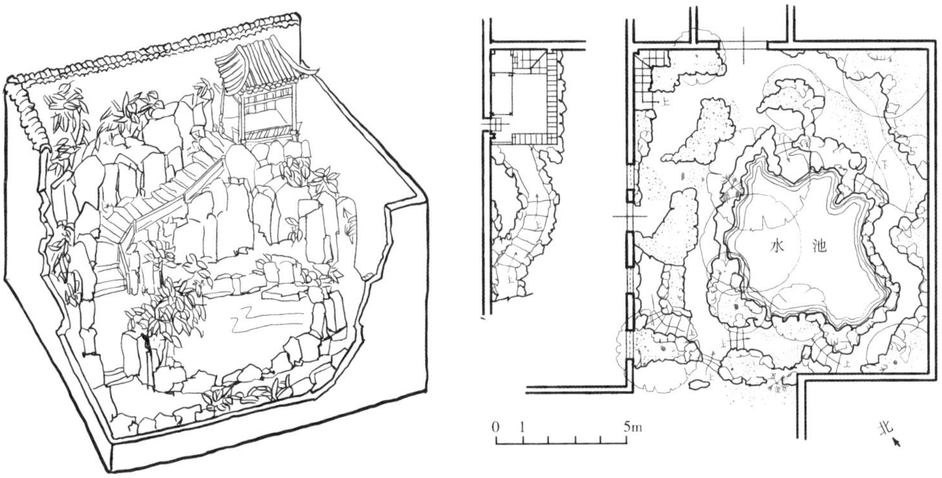

图 7-31 苏州残粒园

（三）湖岸国土空间设计的画境观

画境包含绘画与境界。传统山水画在画什么？山水画是写生描摹，还是一种基于写生描摹的谋划？在山水绘画中，到底发生了什么，什么东西得以涌现，并被苦心孤诣地维系着？

境界为最上，有境界，则自称高格（王国维，2013）。境界奠定了画品，在画中的意向依赖于艺术家或观者一种标志性的领悟，这个领悟同时包含了此在的本真感知和彼岸的物境、意象双重直观，回环往复，具有使人彻底褪去自身的约束、用高、远的格局俯瞰或遥望世俗世界，眺望意象世界的归属性，呈现为一种知觉直观，当领悟到这份归属性建构的高、远时，即境界产生。而山水画是作者建构的直观世界，通过对山水物象的观察描摹、运用笔墨等技法，结合其自身的绘画语言，将当下属我的境界的直观转化为画面上的直观，画面上的山水诸物和世界诸物使得创作者的心得体悟可以被直接观看，把境界的高度带向感知的现场。因此，传统山水画的山水呈现是一种大地景观之整体被直观地带入感悟的现场，令画中之人、观者和创作者意识到世界的始终（金秋野等，2014）。

圆明园有一个大湖（后来被称为“福海”），三面环绕低矮的山丘，岸边垂柳葱葱郁郁，西岸有一处深柳读书堂，读书堂为分散的若干不同组合类型的建筑群，从木刻版画《圆明园深柳读书堂》中可以看出，下方开阔处建有出挑的水榭、中部高台居中倚靠山丘、上部廊亭沿着山脚迂回延伸至山坳，被深深掩映（图 7-32）。雍正帝的诗文中数次提到此处，用“郁郁、飞絮、春枝、秋叶、月影、岁寒”等词描绘了时间的流动、空间的错综、变化的岸景和幽深的境界（巫鸿，2017）。

（四）湖岸国土空间设计的叙事观

“叙事”一词最早出现在亚里士多德时期的史诗和小说中，20 世纪 60 年代末叙事学作为一门学科在法国正式诞生，被法国的文学作者用以研究文学作品的结构与意义。弗拉

图 7-32 《圆明园深柳读书堂》(18 世纪木刻版画)
(据巫鸿，2017)

基米尔·普洛普是提出结构主义叙事学的先驱，A. J. 格雷马斯挖掘了叙事体结构的深层意义，茨维坦·托多罗夫把小说确定为叙事体的主要形式、突出了文学中语言的性质，罗兰·巴尔特进一步将语言分解到词汇单位并提出具有总结和象征意义的符号代码。中国传统园林在造园理论和思想中与西方文学作品在结构、立意、修辞——引申、意象——符号、游园——叙事空间等方面有极大的相似之处。在湖岸国土空间设计中引入西方现代空间叙事理论，探究中国以山水为低层逻辑的空间叙事体系，初步建立传统园林空间叙事的理论框架和方法对设计事件有重要的指导意义（方晓风，2020）。

陆邵明在《景观叙事——解码海派古典园林》中提出景观叙事是基于叙事学的相关理论与方法，来分析、理解、审视景观的基本要素、空间结构、文化语义及其建构策略，进而有效建构主题性或在地性的景观及认同（陆邵明，2018）。这种观念的树立与方法的引入有助于文化的表达传承与传播，建立设计者与体验者情感联系，使得体验者不再拘泥于物质空间的使用功能。

三、张弛有度，自然天成的设计手法

（一）道法自然

“道法自然”语出老子《道德经·第二十五章》：“有物混成，先天地生。寂兮寥兮，独立而不改，周行而不殆，可以为天地母。吾不知其名，字之曰道，强为之，名曰大。大曰逝，逝曰远，远曰反。故道大，天大，地大，人亦大。域中有四大，而人居其一焉。人法地，地法天，天法道，道法自然。”“道” 就是 “自然而然”，它揭示了整个宇宙的特性，囊括了天地间所有事物的根本属性，宇宙天地间万事万物均效法或遵循 “自然而然” 的规律。这就意味着湖岸国土空间设计首先要遵循自然规律，遵循自然地理格局。若是在山林地、江湖地，可以借助自然天成的山水，略加人工改造或依地势凿池沼，常用堤岸、桥梁、石矶、礁岛加以分割，楼阁高耸、亭台掩映，小筑适宜，意在自然天成之趣；在郊野地，宜选择有平冈、山洼、丘陵和乔木的地方，引河架桥，保留杂树，再种植杨柳、桃树和竹子，间屋两三和亭榭一二，环绕梅花成组，布局疏朗，汇水做鱼池，堤岸种植长楸、芙蓉等植物，意在幽幽野趣；在村庄地、城市地多引地表水或地下水入园，曲折蜿蜒，汇成池塘，建筑与庭院宜开阔敞亮，布景需更精雕细琢，营造园内小幽境。《园冶 · 相地 · 村庄地》指出：“约十亩❶之基，须开池者三，曲折有情，疏源正可；余七分❷之地，为垒土者四，高卑无论，栽竹相宜。”（计成，2010）田园乡村之胜地，建园需开凿河道修堤岸，需引活水为池，水体约占园林总面积的 30%，苏州园林正是如此实践的（表 7-1）。

表 7-1　苏州古典园林水体面积统计表

园林名称	总面积/平方米	水体面积/平方米	占总面积的比例/%
狮子林	11000	3522	32. 0
艺圃	3334	967	29. 0
拙政园西园	20934	5980	28. 6
网师园	5400	1447	26. 8

（据张俊玲等，2018）

（二）实用美观

1）建立通畅的水网系统。巧妙利用古人对水资源系统的管理和利用的思想，如护城河、内河、池塘、海子等，建立通畅便捷的水网系统。

2）利用湖水倒影的特质。湖面、建筑玻璃幕墙、反光材料均是表达倒影的手法，可以倒映四周景致，令人产生更开阔和多维度的空间感受，例如，凯瑟琳 · 古斯塔夫森（Kathryn Gustafson）在西雅图的马里昂 · 奥利弗 · 麦考大厅人行道的设计中，营造了路面大面积水域仿佛湖面的景观效果。她将潺潺流淌的浅水附在被抛光的大理石地面上，水面反射出天光、环境光及行人的倒影（姜珊等，2011）。

3）移步换景的景观叙事体验。利用建筑、花木、山石、水景、地景、天景等单元进行空间结构的布局与浏览路线的组织。建筑群的空间布局决定浏览的空间路线，单体建筑的类型既是景物也是观景点。花木更多用于烘托整体景观氛围，如竹子的君子气节、银杏古木的正直不阿，紫藤花浪漫迷人的气质等。山石是自然的景观，也被用于造园的文化主题、造景的视觉主体、视线的藏露载体。水景一指水倒映天空云彩、星月的时间隐喻，二

❶ 1 亩 $=666.\dot{6}$ 平方米。

❷ 1 分 $=66.\dot{6}$ 平方米。

指水中莲叶、池鱼等诗画景物。地景指铺装地面，不同的地面拼花有不同的寓意，如圆形花瓣指左右逢源，梅花指仙人飞升，鹿指落叶归根，鹤指长寿延绵等。天景指利用院墙、屋檐檐口围合出的天空景观（陆邵明，2018）。

4）湖泊外围控制区的景观控制。要着力保护外围控制区山体、区域生态要素、特色建筑和所有积极的景观元素，控制建筑的体量、高度、色彩、风格、组合形式等，保证建筑与湖岸自然景观的融洽关系。如杭州西湖对周边建筑进行视线分析，要求临湖建筑的高度不得超过舒适的视线角度，湖岸建筑高度需要根据视线分析图渐次升高（许伟，2008）。

（三）以情入景

以中国画的画中物象和意趣为设计语言，将设计师的情感进行场景化转译，探索人与湖岸的空间关系，建构四时有序、万物有时的空间叙事情景。以南宋宫廷画家刘松年的《四景山水图》为例，当时南宋迁都临安（今杭州）后，对西湖的湖山胜境进行了进一步开发，画卷记录了西湖湖岸边的园林别墅丛丛，高官显贵闲适生活的图景。画卷分为四段，分别绘春、夏、秋、冬四时景象。

第一幅是踏青图（图 7-33）。画面以自然烂漫之情入景，近景保留了自然曲折的岸线、湖水与堤岸的亲近关系，水草丰美，两人从杨柳成荫的小径走过，身后马驮着行李，似是踏青归来；中景楼阁依山而建，掩映于山石梧桐中，岸边桃李竞相开放，仆从或整理担具或翘首引盼或在入口耳房休息，院墙连接耳房消失在迷蒙湖水中；远景是层叠的高山。塑造了“雾锁烟笼，长烟引素，水如蓝染，山色渐青”的春景和开廊敛阳的栖居场景（王维，2000）。

第二幅是纳凉图（图 7-34）。画面以疏朗闲适之情入景，近景是画家用刮铁皴塑造了骨体方硬、伟岸峻峭的山石；中景是人工垒石建造堤岸，堤岸较高，建筑和人类活动凌驾于水面之上，建筑布局中轴对称，面对开阔的水域营造了开敞的庭院空间，庭院中主人收起了格子窗，在中庭敞亭纳凉，岸边以木桩梁架的水阁伸向湖中，水上荷花点点；远景是低矮连绵的山景。塑造了“水光潋滟晴方好，山色空蒙雨亦奇”的夏景和去墙存荫的栖居场景。

图 7-33　南宋刘松年《四景山水图》（一）

资料来源：http://minghuaji.dpm.org.cn/.

图 7-34　南宋刘松年《四景山水图》（二）

资料来源：http://minghuaji.dpm.org.cn/.

第三幅是观山图（图 7-35）。画面以淡泊宁静致远之情入景，秋高气爽，霜叶尽染；近景是从自然岸线转为石头垒砌的人工岸线，两座小桥连接宅院入口，桥边孩童戏水；中景宅院环绕矮墙，院内引湖水为池，有假山芭蕉、金桂飘香，池内残荷，人在花厅内静坐，又可遥望观山；远景是森森水面。塑造了“秋色无远近，山门尽寒山”的秋景和添屏观山的栖居场景。

第四幅是访雪图（图 7-36）。画面以清冷高寒之情入景，山裹银装，万籁俱寂。近景半边自然岸线、半边人工堤岸，料峭的礁石上面是葱郁挺拔的雪松，围廊式的院墙在礁石处取景扩建成水榭；中景合院内寒意浓浓，女主人掀起厚重的门帘往外望，男主人骑驴撑伞，在寒风白雪中踯躅前行，前有侍者导引；远景是雪山。塑造了“夜气滃南屏，轻岚薄如纸”的东景和合围藏暖的栖居场景。

图 7-35　南宋刘松年《四景山水图》（三）
资料来源：http：//minghuaji. dpm. org. cn/.

图 7-36　南宋刘松年《四景山水图》（四）
资料来源：http：//minghuaji. dpm. org. cn/.

刘松年通过画中物的呈现与景的变化建立与情景的关联：一是以物象的自然属性表现情境；二是以景象的动态变化特征触动人生体悟和情感的生发。小景式、截景式构图像电影里的蒙太奇，叙事转场。不再是北宋全景式的构图方式，从“无我之境”发展到“有我之境”（伍莉莉，2017）。在湖岸国土空间的叙事情景设计中，我们可以通过空间布局设计、湖与岸的关系处理、建造物细部构造、植被配置、诗歌绘画等手法，融入时间因素，创作田园诗居、宴饮集会、文艺创作等情景。

（四）声景应用

“声景（Soundscape）”作为一个概念，最早由荷兰地理学家格拉诺提出，加拿大音乐家和作曲家谢弗进行了阐释。主要以艺术的角度和文化层面上分析值得留恋与欣赏的声音，是一种强调个体或社会感知和理解方式的声音环境。国际标准化组织的《ISO 12913-1：2014 Acoustics—Soundscape—Part 1：Definition and conceptual framework》将声景定义为：在特定背景情景下，被一个人或一群人所感知、体验或理解的声音环境。它研究人、听觉、声环境与社会之间的相互关系，重视感知，而非仅物理声音；考虑积极和谐的声音，而非仅噪声；将声音环境看成是资源，而非仅“废物”。蕴含在自然中一切声音，包括风声、水声、浪声、鸟声、虫声、树叶声、人类活动声音等，都是重要的声景遗产和文化景观元素。在进行湖岸国土空间设计时，留住在自然界中不可多得的声景和音符，能够借此为湖岸景观创造更加生动的生态意境。声景设计是对“在场声音”的研究，更是对听者感知到的“在场声音”的研究，它需要多方面运用科技手段去设计更能令游客流连忘返的游乐体验。例如北海道、富士山等地修建有“会唱歌的公路”，道路在车辆通过时会因车轮的作用发出一些有节奏的声音，为司机和游客添加了旅途中的乐趣，也提高了旅途中的安全性。还有一些文化旅游项目，如“精准适配”产品，定制化魔法森林和魔法动物园。为打造品牌，除了白天的演替观光旅游外，夜间的景区就结合了声景，引入全息、体感、景深摄像等先进技术，调动了20万种颜色光源带来与日间截然不同的游乐体验，为旅游带来全新的视听盛宴（包静等，2020）。声景在国土空间设计中运用的另一个重要意义是，能够使得地方性在不在现场的人们的心中再现，激发人们通过想象的方式，获取对不同场的地方性的感知，具有强烈的聚集人群的作用（Saldanha，2009）。声景应用的境界是要让空间的听者从“被动地听”到“主动联想地听”，再到“人文之声地听”，使人们要有新的感悟，要有新的心灵体验。重庆的川江号子、北京老胡同的叫卖等极具地域文化特色的声景，不仅包含了客观存在的声音实体，更是空间环境、社会背景、历史文脉的共鸣，是一种典型的“人文之声”。

（五）悠游自在

唐朝诗人王维在《周庄河》中写道：“清风拂绿柳，白水映红桃。舟行碧波上，人在画中游。”意指坐上小船在碧波湖上游荡，看到两岸美丽的景色，就像在美丽的画中游览一样。宋朝李清照的《如梦令》：“常记溪亭日暮，沉醉不知归路。兴尽晚回舟，误入藕花深处。争渡，争渡，惊起一滩鸥鹭。”可见，李清照在湖心泛舟体现出的那种美的感受。众多闻名遐迩的游览胜地，如北京北海、杭州西湖、南京玄武湖、嘉兴南湖、济宁微山湖等，都有湖岸漫游和湖心泛舟之设计。当你漫步在杭州西湖的苏堤和白堤湖岸，堤上有映波、跨桥，古朴美观。堤的两侧多植花木，春季桃红柳绿，景色尤其动人；堤中有“苏堤春晓”、孤山等景物。正如苏东坡所指出的那样：“若往西湖游一遍，就是凡夫骨也仙。”当你泛舟微山湖，你能充分感受到水波旭日缠绵，桥畔风柳如烟，湖巷渔歌悠远，岸边炊烟淡淡的文化自然之美，湖光、岛屿、荷花丛、芦苇荡，大自然赋予这里丰富的自然景观资源；伏羲文化、殷微子文化、梁祝文化、运河文化、红色文化，漫长的岁月在这里凝聚出多元的历史文化；汉高祖瓜棚招亲、梁祝千古爱情、刘伯温摆阵捉鱼怪，动人的传说为这里蒙上神秘面纱（郭晓娟等，2020）。

四、他山之石，东西方的案例借鉴

（一）湖岸生态保护利用案例分析

按成因可将湖泊分为构造湖、火山口湖、堰塞湖、岩溶湖、冰川湖、风成湖、河成湖、海成湖等。不同成因的湖泊地质构造不同、湖面形状不同、水质不同、生态系统群落不同，保护与利用的方法也不尽相同。中国多是河成湖、海成湖、构造湖，其中以风成湖的风貌较为特殊，是沙漠中低于潜水面的丘间洼地，如敦煌附近的月牙湖。美国多是冰川湖，北美五大湖就是冰川湖中的冰蚀湖。后者是湖岸国土空间设计生态保护利用的典型案例之一，在景观生态学应用方面成效显著。

北美五大湖是苏必利尔湖、密歇根湖、休伦湖、伊利湖和安大略湖等5个相连湖泊的总称，又称大湖。除密歇根湖属于美国外，其余4湖均跨美国和加拿大两国。五大湖湖岸被认为是北美第四长岸线，总长约1.70万千米，相当于地球赤道的一半（Grady et al., 2007）。五大湖总面积24.52万平方千米，其中美国占72%，加拿大占28%。总蓄水容量约2.3万立方米，约占全世界淡水湖总量的1/5。湖岸国土空间设计的重要任务，是要将湖区由于气候和人类导致的退化重新恢复过来。项目设计包括以下核心要义：①对五大湖流域的硬性自然条件进行分析，以确定出具有特殊水流、波浪和风等敏感自然条件的地点。②对该区域及地方的自然环境力、历史、经济和文化价值做出敏感结构回应，这种回应不仅体现在它们与浪潮、风和新生植被等环境力的交汇和互动上，还反映在其作为结构本身，能够通过拓展、合作与持续不断的修正，促成对当地沉积物管理方案的一致性选择和理解。③对沿岸的港口和码头进行重新定位，使其成为生态健康的驱动力，发挥其对于文化和经济的推动作用。其主要的实现方法为：关注沉积物及其管理，在整个地区的近岸栖息地重新设计和恢复公共景观。④根据人口和城市形态、近岸水陆生态区沉积物类型和数量及浪潮和洋流等环境条件来明确各流域的区域特征，用于展示敏感结构如何适应不同的场地条件，以及如何应对截然不同的资金流和监管环境，让项目产出更加理想的文化和生态成果。⑤区分不同的沉积物类型及其数量和流动特性，以及这些沉积物与滩脊平原、鼓丘湾地、工业河口等地貌类型的组合差异，重塑湖岸关键的栖息地，以及尽可能减少各类建设和浪潮对沙丘的冲积及对湖面的视角干扰，妥善处理湖岸国土空间设计中如何进行生态保护和利用的协调问题。❶

专栏7-1

北美五大湖沿岸景观规划设计

在过去的10年里，五大湖的水位分别达到了最高值和最低值，水位的变化对当地政府与人民的财产、公共空间和生物栖息地造成了巨大的损失。Healthy Port Futures 公司根据场地条件、自然力的影响提出相应的策略，并规划设计了针对性的敏感结构以满足和应对不同时间下对象的动态变化，最终选择具有代表性的3处地点进行设计：俄亥俄州的洛雷恩港（伊利湖）——如何利用疏浚的沉积物增加新的湖岸湿地，纽约州 Port Bay 休闲码头（安大略湖）—如何利用河道疏浚的沉积物修复沙堤，伊利诺伊州的海滩州立公园（密歇根湖）——如何保护滩脊平原中间的丘间湿地生境系统（图7-37～图7-40）。

---

❶ https://www.gooood.cn/2020-asla-analysis-and-planning-award-of-honor-sensitive-structures-a-landscape-approach-for-great-lakes-coasts-healthy-port-futures.htm.

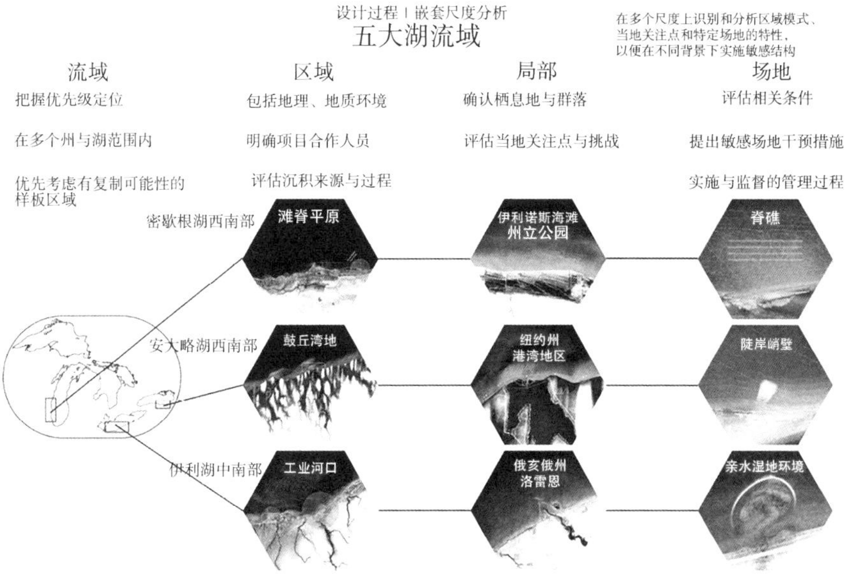

图 7-37　嵌套尺度分析图

资料来源：http：//glpf. org/funded-projects/healthy-port-futures/.

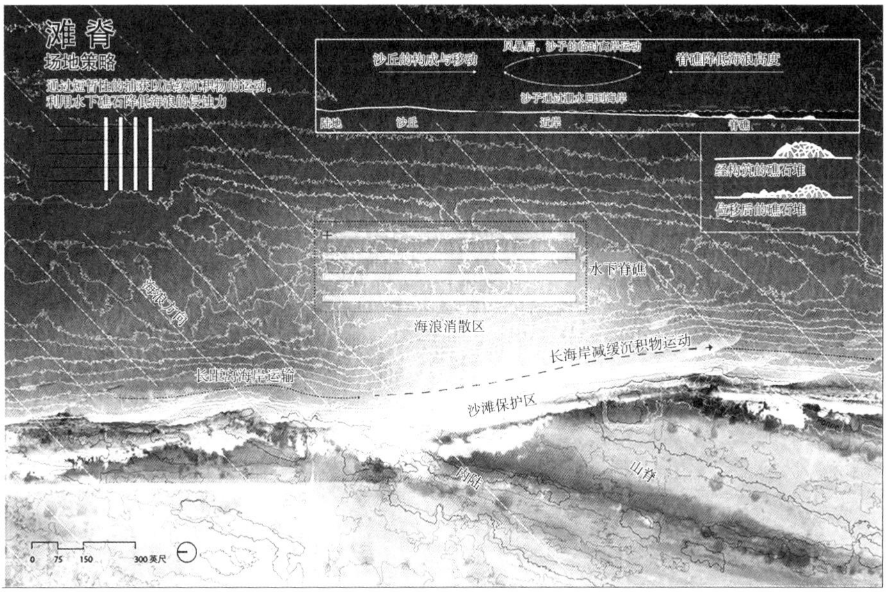

图 7-38　伊利诺伊州的海滩州立公园（密歇根湖）滩脊平原：场地自然力和设计策略图

注：建造水下石脊在不干扰开阔的水域视野的前提下创造出一个能够减缓波浪冲击的区域，以减缓沉积物的运动，保护陆上栖息地免于受到海浪的侵蚀。

资料来源：http：//glpf. org/funded-projects/healthy-port-futures/.

图 7-39　纽约州 Port Bay 休闲码头（安大略湖）鼓丘湾地：敏感结构图

注：利用每年一度的疏浚作业中当地挖出大量鹅卵石来建造可侵蚀的崖壁，崖壁将在波浪的作用下将沉积物向东边输送，起到加固沙堤的作用。

资料来源：http：//glpf. org/funded-projects/healthy-port-futures/.

图 7-40　俄亥俄州的洛雷恩港（伊利湖）工业河口：敏感结构图

注：采用从河道中挖出的沉积物建造高度可变的环状防浪堤，让波浪对沼泽栖息地进行周期性的瓦解和重置，以增加环境的复杂性并减少入侵物种。同时，靠近城市的湿地及其周围的栖息地成为一个适合垂钓和皮划艇运动的休闲场所。

资料来源：http：//glpf. org/funded-projects/healthy-port-futures/.

（二）湖岸诗画境界营造案例分析

1. 以意象入境的湖岸设计典型案例——云梦泽湖岸设计

据先秦史料记载，“云梦”泛指楚王狩猎游乐的苑囿，包括山地、丘陵、平原和湖沼等多种地貌形态；“云梦泽”是指其中的湖沼地貌，范围在现在的江汉平原之内，不包含洞庭湖地区（谭其骧，1980）。根据史料描述和历代湖泊变迁图的叠加，大致推断“云梦”范围面积是由现在的大巴山南缘、幕阜山北缘、武陵山东缘、大洪山与大别山围合出的4.60万平方千米；“云梦泽”的范围包括洪湖、汉川、仙桃等湖泊，汉阳、武昌、江陵、孝感等城镇，面积大概是1.96平方千米（图7-41）。运用NVivo软件对相关城镇县志的八景文献记录进行词云分析，得出“湖”“月”为第一频次的物象，“河、台”“古、晴”为第二频次的物象，“山、岭、楼、鹤”“晓、晚、渡、烟、秋”为第三频次的物象，“南浦、塘、寺、洑、松、柳”“古柏、岚、晚钟、渔”等为第四频次的物象（万敏等，2020）。这些物象经过历代人们对美的诉求，真理的探索，赋予其象征之意，随象赋形，达成形与理统一的意象，又经过设计者发自内心的情感和精神上情景交融设计而达成了无尽的境界空间。

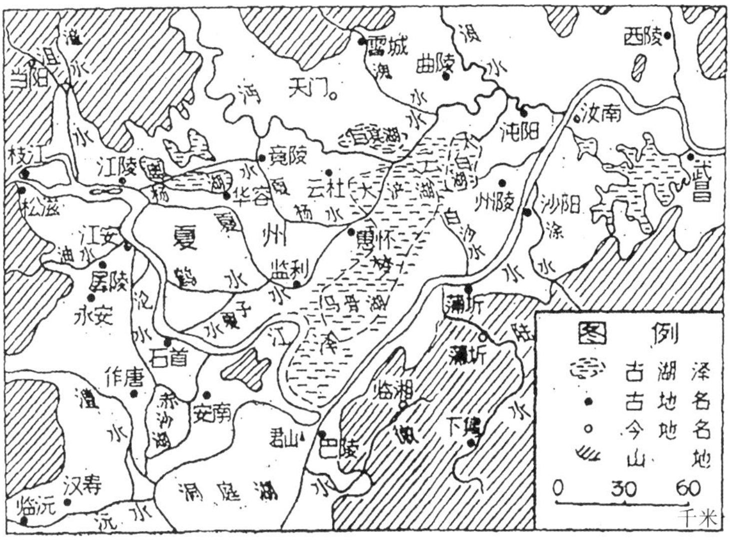

图7-41　古代云梦泽范围示意图

资料来源：http：//www.gongshe99.com.

——盖世无双的壮阔境界。从第一、第二频次的物象可以推断，云梦泽河湖密集，水域面积广阔，为景观主体，象征着先人对自然的崇拜，湖周地势平旷、空气潮湿，统治者垒高台以远眺湖景，台上有水榭屋宇，高台外观宏伟、位置高敞，彰显帝王威仪。公元前535年楚灵王大兴土木，在云梦泽水岸修建了高10丈[1]，基广15丈的“天下第一台”：章

---

[1] 1丈=$3.\dot{3}$米。

华台（张良皋，1985）。

——咏史怀古的境界。从第二、第三频次的物象可以推断，云梦泽早在夏以前就有人类活动，并遗留下大量的历史遗迹和神话传说。如汉阳的“禹祠古柏”因先人建祠寺缅怀大禹治水的丰功伟绩而建；嘉鱼的“赤壁古战场”宣扬了三国时期规模宏大的赤壁古战场里王侯将相驰骋沙场、铁骑破敌的爱国情怀；应城的“西河古渡”因宋代书法家欧阳修所书闻名，描绘了历史上渡口人来人往的繁荣景象；天门的“直台古槐”是纪念三国时鲁肃在此修城隍庙台并在古槐旁系马的故事，古梅、古井、古柏等古物为咏古营造了旷达深沉的意境。

——灵秀隽永的境界。从第三、第四频次的物象可以推断，云梦泽在不同季节、不同时间有不同的景色。如古江陵的“章华春霁”令人仿佛闻到章华台春天雨后初晴的清新空气；孝感的“泮池荷香”描绘了夏日官学门前泮池水澄如镜、荷花香气沁人心脾的场景；嘉鱼的“龙潭秋月”塑造了秋日月影倒映在龙潭水上的沉静景象；蒲圻的“三湖钓雪”塑造了大雪隆冬时节湖面垂钓的惬意情景；汉阳的“晴川夕照”、武昌的“鹦洲听雨”、孝感的“程台夜月”中晴岚、夕阳、汀州、雨声、夜月等意象刻画了云梦泽多样的风景。

——宁静淡泊的境界。主要指地理空间上相对较为独立的5个湖心岛，即汉川、沔阳、监利、古江陵、潜江中的景色。取更平易近人的物象，如塘、浦、岚、口等湖岸泊地，寺、钟等宗教场所，柳、蒿、芦等柔韧的植物，鸡、鳅、蚌等渔樵农事，反映小隐隐于野的隐士境界。

2. 以诗词入画的湖岸设计典型案例——辋川别业湖岸设计

唐朝诗人兼画家王维在今陕西蓝田县建造了自然山水园林——辋川别业。王维作诗《辋川集》，描述了别业中孟城坳、鹿柴、木兰柴、茱萸沜、宫槐陌、临湖亭、南垞、欹湖、柳浪、栾家濑、金屑泉、白石滩等数十处景致，与后人的《辋川图》共同描绘了当时的园林胜景（图7-42）。辋川别业景观以辋河为造园线索，以河中段的湖泊欹湖为重要的景观核心点，顺周围山势、水流、植被、宅舍对湖岸周围进行一系列景观改造，唐代诗人梁宝赞其：“终南之秀钟蓝田，茁其英者为辋川。”

——中心水体：欹湖。欹湖的水源由辋河自南汇入，向北流出，是辋河中段的一片面积较大的谷间湖泊，当时水量充盈，水面宽阔。王维在《山居秋暝》中有诗句“莲动下渔舟”。（王明德，1985）描述的就是初秋欹湖湖面荷叶莲蓬摇晃晚舟过畔的情境，但现在仅剩溪流。其时三面环丘：欹湖的左右侧是低矮的山丘，中间稍远处是高大连绵的山脊，遍山青松，茂盛苍郁，名华子冈。欹湖南部水流湍急，浪花拍岸，白鹭惊起，于是造景栾家濑；北部水势舒缓，白石点点，蒲草丰美，于是造景白石滩。湖岸有一处深入湖中的高地建亭眺望。

——点睛之笔：临湖亭。欹湖上游的东南面有一处凸出的高地深入湖中，湖岸呈不规则，面积较为狭小，于是王维在保留其原有景致的基础上建亭登临眺望，仿若孤悬于水中一般。王文学在《“辋川别业”遗迹寻踪》中叙述到：“据当地人讲，亭址在今官上村附近，证据是村北山崖下现存的一块一丈见方中有圆孔的巨石，系亭中之物。”（王文学，1992）王维与道友裴迪于此赏湖景，把酒言欢，品茗参禅，为欹湖湖岸设计的点睛之笔（王洋洋，2019）。

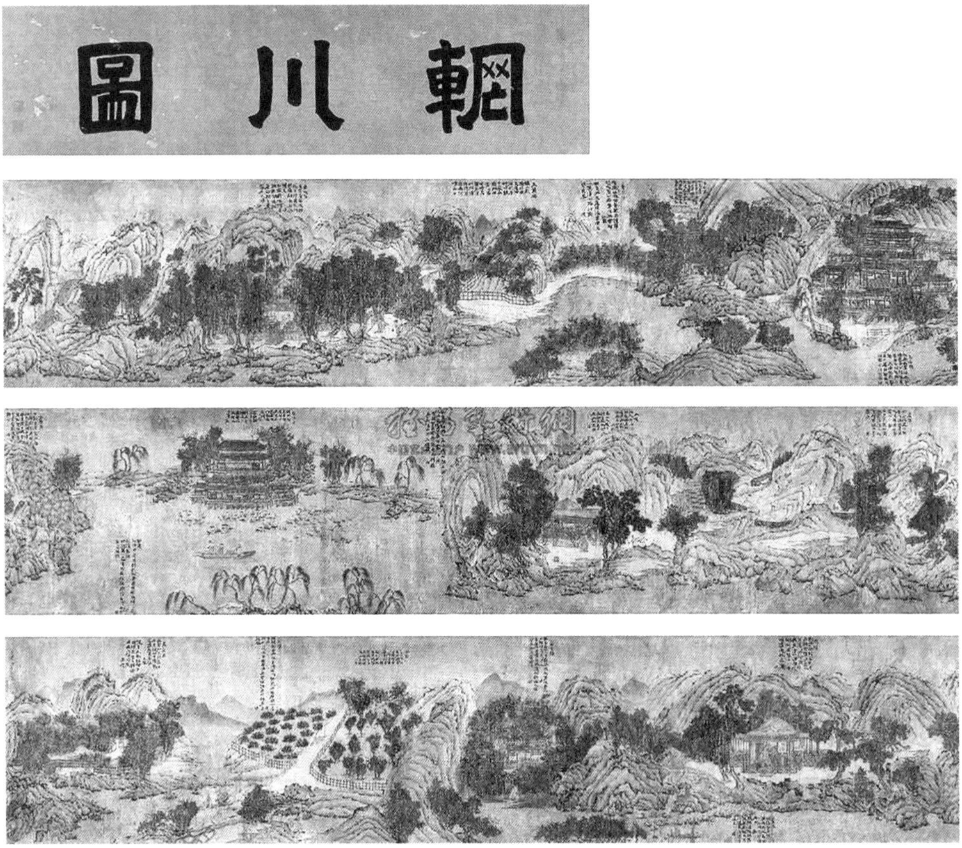

图 7-42　辋川图

资料来源：http：//www. auction. artron. net.

——屋舍俨然：南垞、北垞。欹湖的左右侧是低矮的土山丘，名南垞和北垞，北垞连接华子冈、金屑泉和茱萸沜，南垞连接孟城坳和竹里馆，上面建有屋舍村庄，同时也是水陆和陆路转换的交通点。

——曲径通幽：宫槐陌。宫槐陌是一条从孟城坳通往临湖亭的林荫小道。具考证，宫槐陌遗址位于现在官上村中间的道路，长约 1 千米，宽约 4 米，路两旁种有特别粗大的古槐树，茂盛的树冠遮蔽了前方的视线，营造了“仄径荫宫槐，幽阴多绿苔”的行径体验（胡元焕，2006），又于转弯处豁然开朗，引人入胜。

（三）湖滨缓冲带生态修复案例分析

云南大理环洱海湖滨缓冲带生态修复示范段设计。该项目范围面积为 16. 64 公顷，政府、群众和设计团队集合多方人才，秉承“基于自然的解决方案（NbS）”为理念，为整个环洱海湖滨带的生态修复提供技术样板。具体从生态空间格局、生态系统质量、生态胁迫和社会参与等 4 大项、18 个指标对场地进行评估与诊断，确定 3 大突出问题——面源污染、生境破碎及公众参与性低。针对问题采取生态重建、辅助再生、自然恢复、保护保育等措施，打造一个为水体净化和生态复苏的自然、健康的可持续湖滨缓冲带（图 7-43、图 7-44）。

图 7-43　洱海鸟瞰图

资料来源：http：//www. zeho. com. cn/.

图 7-44　缓冲带湿地修复图

资料来源：http：//www. zeho. com. cn/.

参考文献

长江水利委员会. 2005. 维护健康长江促进人水和谐研究报告［R］. 武汉：长江水利委员会.

白凯. 2009. 旅游目的地意象定位研究：基于心理学视角的分析［J］. 旅游科学（2）：9-15.

包静，牟青华. 2020. 基于声景学理论的景观规划设计探究［J］. 现代园艺（6）：86-87.

北川富朗. 2015. 乡土再造之力：大地艺术节的 10 种创想［M］. 欧小林，译. 北京：清华大学出版社.

本尼迪克特 露丝. 2009. 文化模式［M］. 北京：社会科学文献出版社.

蔡礼彬，尹晓. 2017. 基于扎根理论的西湖意象建构机制研究［J］. 浙江外国语学院学报（1）：102-112.

曹宇，赵羿，吴玉环. 2012. 熵、水与景观［M］. 杭州：浙江大学出版社.

常媛，郭巍. 2020. 浙东运河姚江河谷段运河系统与聚落景观研究［J］. 风景园林（11）：21.

陈蓓蓓. 2018. 城市滨水区景观生态规划研究［D］. 济南：山东大学.

成中英. 2006. 易学本体论［M］. 北京：北京大学出版社.

戴德胜. 2021. 基于空间基因的城市滨水空间地域性特色设计策略研究［J］. 建筑与文化（2）：196-197.
冬青叶. 2001. 我国水平衡失调的新情况：河流断流［J］. 南京农专学报（3）：53.
董靓，陈睿智，曾煜朗，等. 2018. 旅游景区规划设计［M］. 北京：中国建筑工业出版社.
方晓风. 2020. 国家社科基金艺术学项目成果推介作为空间叙事文本的中国传统园林艺术［J］. 艺术学研究（6）：127-128.
方雪娟，任海波，毋瑾超，等. 2019. 海岸带景观生态格局研究进展及启示［J］. 科技创新与生产力（11）：33-37+40.
高茂生，朱远峰. 2006. 中国海岸带环境水文地质问题及防治［J］. 海洋地质动态（5）：8-10.
龚胜生，林月辉，戈大专. 2013. 三峡地区城市与河流关系的时空演化研究［J］. 地理学报（12）：29-41.
郭溪. 2010. 林泉高致・山水训［M］. 济南：山东画报出版社.
郭晓娟，李捷. 2020. 泛舟微山湖［J］. 走向世界（49）：86-89.
郭燕，杨邵，等. 2019. 三峡水库消落带现存植物自然分布特征与群落物种多样性研究［J］. 生态学报（12）：4255-4265.
何镇宇，等. 2020. 近三十年来中国水库时空变迁及其效应分析［J］. 广州大学学报（自然科学版），19（4）：75-87.
胡恒，黄潘阳，张蒙蒙. 2020. 基于陆海统筹的海岸带“三生空间”分区体系研究［J］. 海洋开发与管理（5）：14-18.
胡元煐. 2006. 重修辋川志［R］. 曹永斌，校注. 蓝田：蓝田立新印务有限公司.
计成. 2010. 园冶注释［M］. 陈植，注释. 2 版. 北京：中国建筑工业出版社.
姜珊. 2011. 凯瑟琳・古斯塔夫森设计语言研究［J］. 风景园林（5）：108-113.
姜正龙，王兵，姜玲秀，等. 2020. 中国海岸带自然资源区划研究［J］. 资源科学（10）：1900-1910.
金秋野，王欣，等. 2014. 乌有园. 第一辑，绘画与园林［M］. 上海：同济大学出版社.
雷悦，黄天爱，等. 2021. 京杭运河徐州段滨水景观设计策略探讨［J］. 现代园艺（9）：88-90.
李文海，等. 1994. 中国近代十大灾荒［M］. 上海：上海人民出版社.
李先逵，刘晓晖. 2018. 诗境规划论［M］. 北京：中国建筑工业出版社.
李雪，张婧，等. 2021. 京杭运河杭州段城市景观格局对河网水环境的影响研究［J］. 生态学报（13）：1-12.
刘大海，管松，邢文秀. 2019. 基于陆海统筹的海岸带综合管理：从规划到立法［J］. 中国土地（2）：8-11.
刘丹，王烜，李春晖，等. 2019. 水文连通性对湖泊生态环境影响的研究进展［J］. 长江流域资源与环境（7）：1703-1715.
刘利刚，王昆. 2020. 海陆界面城市生活段的绿色景观与生态营造［J］. 规划师，36（1）：59-65.
陆邵明. 2018. 景观叙事：解码海派古典园林［M］. 北京：中国建筑工业出版社.
栾春凤. 2009. 城市滨河地区更新的城市设计策略研究［D］. 南京：南京林业大学.
马慧敏. 2016. 探究现代城市滨水设计的概念和方法［J］. 美与时代（城市版）（11）：48-49.
马玖兰. 1996. 西湖引流钱塘江水 9 年后的水质分析［J］. 环境污染与防治（5）：31-33+46.
马荣华，杨桂山，段洪涛，等. 2011. 中国湖泊的数量、面积与空间分布［J］. 中国科学（地球科学），41（3）：394-401.
马武定. 2005. 城市美学［M］. 北京：中国建筑工业出版社.
曲久辉. 2009. 城市水环境与水质的演化及调控［J］. 建设科技（15）：62-63.
邵友濂，孙德祖. 1983. 光绪余姚县志［M］. 清光绪二十五年刊本. 台北：成文出版社.

孙竞昊. 2019. 浙东运河考辨：兼论宁绍平原区域水环境结构及水利形势［J］. 社会科学战线（12）：111-133.

孙志勇. 2016. 城市滨海园林景观带规划设计研究［D］. 济南：山东建筑大学.

索安宁，关道明，孙永光，等. 2016. 景观生态学在海岸带地区的研究进展［J］. 生态学报（11）：3167-3175.

谭其骧. 1980. 云梦与云梦泽［J］. 复旦学报（社会科学版）（S1）：1-4.

唐剑. 2007. 现代滨水景观设计［M］. 沈阳：辽宁科学技术出版社.

唐煦春，朱士黻. 1983. 光绪上虞县志［M］. 台北：成文出版社.

万敏，王之羿，潘莹紫. 2020. 基于湖河网络八景系统的江汉平原区域风景特色研究［J］. 风景园林，27（11）：10-15.

王国维. 2013. 人间词话［M］. 上海：上海三联书店.

王孟，等. 2004. 长江流域大型水库富营养化特征及成因分析［J］. 长江流域资源与环境，13（5）：477-481.

王明德. 1985. 历代蓝田诗辑注［R］. 蓝田：蓝田县文化馆.

王汝弼. 2012. 白居易选集［M］. 上海：上海古籍出版社.

王苏民，窦鸿身. 1998. 中国湖泊志［M］. 北京：科学出版社.

王维. 2000. 王右丞集笺注［M］. 上海：上海古籍出版社.

王文学. 1992. “辋川别业”遗迹寻踪［J］. 北京：中国典籍与文化（3）：88-93.

王洋洋. 2019. 唐代王维“辋川别业”的营建及其对现代景观设计的启示研究［D］. 西安：西安建筑科技大学.

王瑛，刘天雪，李体上，等. 2017. 中国中小型自然灾害的空间格局研究：以地震、洪涝、旱灾为例［J］. 自然灾害学报（4）：48-55.

王颖，季小梅. 2011. 中国海陆过渡带：海岸海洋环境特征与变化研究［J］. 地理科学（2）：129-135.

魏光超. 2011. 城市滨水空间合理开发的规划研究［D］. 长春：东北师范大学.

巫鸿. 2017. 重屏：中国绘画中的媒材与再现［M］. 上海：人民出版社.

吴次芳，肖武，曹宇，等. 2019. 国土空间生态修复［M］. 北京：地质出版社.

吴丹子. 2015. 城市河道近自然化研究［D］. 北京：北京林业大学.

吴菁妍. 2020. 基于游憩需求的世界级滨水区发展研究［J］. 城市住宅，27（9）：84-86.

伍莉莉. 2017. 南宋界画考析 以刘松年《四景山水图》为例［J］. 收藏家（2）：39-44.

夏海鸰，钟卫华，蒋跃庭. 2015. 台州滨海工业区“适应性”的控规实践［J］. 城乡建设（12）：40-42.

徐建平，戴建兵，刘向阳，等. 2020. 中国环境史. 近代卷［M］. 北京：高等教育出版社.

许广通，何依，殷楠，等. 2018. 发生学视角下运河古村的空间解析及保护策略：以浙东运河段半浦古村为例［J］. 现代城市研究（7）：77-85.

许伟. 2008. 城市湖泊景观塑造探析［J］. 华中科技大学学报（城市科学版）（4）：133-137.

薛鸿超，谢金赞，胡方西，等. 1995. 中国海岸带和海涂资源综合调查专业报告集：中国海岸带水文［M］. 北京：海洋出版社.

颜利，方婧，吴耀建，等. 2020. 福建省东山湾滨海湿地空间规划分区体系探索［J］. 湿地科学与管理，16（4）：12-15.

杨晓维. 2019. 大运河（宁波段）遗产病害研究［J］. 运河学研究（2）：226-240.

杨志峰，崔保山，刘静玲，等. 2003. 生态环境需水量理论、方法与实践［M］. 北京：科学出版社.

尹安石. 2010. 现代城市滨水景观设计［M］. 北京：中国林业出版社.

俞孔坚，雅各布斯 萨拉，张健. 2017. 海岸带景观［J］. 景观设计学（4）：6-9.

张春慧. 2021. 城市更新进程中空间色彩设计与改进策略［J］. 山西建筑（7）：32-35.

张红梅，宋莉，沈杨. 2014. 中国葡萄酒文化旅游发展战略研究：以宁夏贺兰山东麓为例［J］. 干旱区资源与环境，28（5）：197-202.

张家骥. 1993. 园冶全释［M］. 太原：山西人民出版社.

张俊玲，张淑君. 2018. 园冶理水思想在苏州古典园林中的再现［J］. 山西建筑（4）：194-196.

张良皋. 1985. 秦都与楚都［J］. 新建筑（3）：60-65.

张奇，刘元波，姚静，等. 2020. 我国湖泊水文学研究进展与展望［J］. 湖泊科学（5）：1360-1379.

赵羿，故远满，曹宇，等. 2005. 土地与景观［M］. 北京：科学出版社.

郑苗壮. 2019. 多措并举加强海洋资源环境保护［N］. 中国海洋报，01-07.

钟毓龙. 1983. 说杭州［M］. 杭州：浙江人民出版社.

朱长文. 1986. 吴郡图经续记［M］. 南京：江苏古籍出版社.

邹锦. 2016. 基于过程的山地城市滨水区景观设计方法研究［D］. 重庆：重庆大学.

Attrill M J, Rundle S D. 2002. Ecotone or ecocline: ecological boundaries in estuaries. Estuarine［J］. Coastal and Shelf Science (6): 929-936.

Baloglu S, McCleary K W. 1999. A model of destination image formation［J］. Annals of Tourism Research, 26 (4): 868-897.

Breen Ann, Rigby Dick. 1996. The new waterfront［M］. London: Thames and Hudson, 1996.

Carter R W G. 1988. Coastal environments［M］. London: Academic Press.

Correl D L, Jordan T E, Weller D E. 1992. Nutrient flux in a landscape: effects of coastal land use and terrestrial community mosaic on nutrient transport to coastal waters［J］. Estuaries, 15 (4): 431-442.

Costanza Robert, Sklar Fred H, White Mary L. 1990. Modeling coastal landscape dynamic［J］. Bio Science (2): 91-107.

Crompton J L. 1979. An assessment of the image of Mexico as a vacation destination and the influence of geographical location upon that image［J］. Journal of Travel Research (4): 18-23.

Gordon D L A. 1996. Planning-design and managing change in urban waterfront redevelopment［J］. Town Planning Review (3): 261-289.

Grady Wayne, Suzuki David. 2007. The great lakes［M］. Vancouver: Greystone Books: 13+21-26+42-43.

Hepcan S, Hepcan C C, Kilicaslan C, et al. 2013. Analyzing landscape change and urban sprawl in a Mediterranean coastal landscape: a case study from Izmir, Turkey［J］. Journal of Coastal Research, 29 (2): 301-310.

Immerzeel W W, Lutz A F, Andrade M, et al. 2020. Importance and vulnerability of the world's water towers［J］. Nature (577): 364-369.

Jagomägi J, Külvik M, Mandar Ü, et al. 1988. The structural-functional role of ecotones in the landscape［J］. Ekologia (1): 81-94.

Kim Nam Hyeong, Kang Hyang Hye. 2009. The aesthetic evaluation of coastal landscape［J］. KSCE Journal of Civil Engineering (2): 65-74.

Leyva C, Espejel I, Escofet A, et al. 2006. Coastal landscape fragmentation by tourism development: impacts and conservation alternatives［J］. Natural Areas Journal, 26 (2): 117-125.

Mayer C B, Miller S L, Ralph C J. 2002. Multi-scale landscape and seascape patterns associated with marbled murrelet nesting areas on the U. S. west coast［J］. Landscape Ecology, 17 (2): 95-115.

Murakami M, Nakano S. 2002. Indirect effect of aquatic insect emergence on a terrestrial insect population through bird predation［J］. Ecol Lett (5): 333.

Naiman R J, De'camps H. 1997. The ecology of interfaces: riparian zones [J]. Annu Rev Ecol Syst (28): 621-658.

Otto R, Krüsi B O, Kienast F. 2007. Degradation of an arid coastal landscape in relation to land use changes in Southern Tenerife [J]. Journal of Arid Environments (70) 527-539.

Richards C, Johnson L B, Host G E. 1996. Landscape-scale influences on stream habitats and biota [J]. Canadian Journal of Fisheries and Aquatic Sciences (53): 295-311.

Richardson C J, Mccarthy E J. 1994. Effect of land development and forest management on hydrologic response in southeastern coastal wetlands: a review [J]. Wetlands, 14 (1): 56-71.

Rongdtad O J, Tester J R. 1969. Movements and habitat use of whitetailed deer in Minnesota [J]. Journal Wildlife Management (2): 366.

Roth N E, Allan J D, Erickson D L. 1996. Landscape influences on stream biotic integrity assessed at multiple spatial scales [J]. Landscape Ecology (11): 141-156.

Ryszkowski L. 2002. Landscape ecology in agroecosystems management [M]. Boca Raton, New York, Washingon, D. C.: CRC Press.

Saldanha A. 2009. Soundscape [M] //Kitchin R, Thrift N. International Encyclopedia of Human Geography. Oxford: Elsevier.

Shirce H W, Downhower J F. 1969. Radiotracking of dispersing yellow belied marmots [J]. Trans, Kansas Acad Sci (71): 463-479.

Steele J H. 1989. The ocean "landscape" [J]. Landscape Ecology (3/4): 185-192.

Turnbull L, Wainwright J, Brazier R E. 2008. A under-standing semi-arid land degradation conceptual framework for ecohydrological interactions across multiple-space and time scales [J]. Ecohydrology (1): 23-24.

Varol M. 2019. CO_2 emissions from hydroelectric reservoirs in the Tigris river basin, a semi-arid region of southeastern Turkey [J]. Journal of Hydrology (569): 782-794.

Verpoorter Charles, Kutser Tiit, Seekell David A, et al. 2014. A global inventory of lakes based on high-resolution satellite imagery [N]. Geophysical Research Letters, 41 (18): 6396-6402.

Ward J V, Wiens J A. 2001. Ecotones of riverine systems: role and typology, spatio-temporal dynamics, and river regulation [J]. Ecohydrol Hydrobiol (1): 25-36.

Western A W, Bloschl G, Grayson R B. 2001. Toward capturing hydrologically significant connectivity in spatial patterns [J]. Water Resoures Research (1): 83-97.

Wetzel R G. 1995. Death, detritus and energy flow in aquatic ecosystems [J]. Freshwater Biology (33): 83-89.

Zhang J P, Xiao H L, Zhang X, et al. 2019. Impact of reservoir operation on runoff and sediment load at multi-time scales based onentropy theory [J]. Journal of Hydrology (569): 809-815.

第八章　景区国土空间设计

第一节　景区国土空间设计的理论逻辑

一、景区国土空间设计的概念

（一）品质生活时代的景区概念

景区，又称旅游景区（Tourist Attraction），是指以旅游及其相关活动为主要功能的区域场所。“旅”是旅行，外出，即为了实现某一目的而在空间上从甲地到乙地的行进过程；“游”是外出游览、观光、娱乐，即为达到这些目的所作的旅行，二者合起来即旅游。所以，旅行偏重于行，旅游不但有“行”，且有观光、娱乐含义。旅游景区的起源可追溯到古埃及和巴比伦王国贵族的异地休闲活动，到了罗马帝国时期开始转向了愉悦功能，到了17-18世纪，旅游景区回到了健康的主题上，温泉疗养与海滨度假非常盛行。“旅游”一词，最早见于我国六朝宋、齐、梁时期，沈约《悲哉行》中“旅游媚年春，年春媚游人”的诗句，意指行客流连春天的美景，春景也在取悦着游人。可见，旅游从开始起就是与“景”，包括景区和景点紧密联系在一起的。

国内外学者关于旅游景区的概念不下几十种，有将旅游景区等同于旅游目的地的，有将旅游景区视为具有某种功能的地域，有从旅游景区的构成上进行定义，有从对旅行者出游动机的角度进行定义，有从旅游景区的形成原因角度进行定义，有从经营管理的角度进行定义，有从旅游景区的区域性角度进行定义，有从旅游景区的空间性角度进行定义，还有从多种角度的糅合进行定义等，各人的理解并不一致（刘德鹏等，2012）。比如，根据M. Maksin Michik教授的定义，“旅游资源一词包括有吸引力的文化资源和商品，即空间系统中通过满足广泛的旅游需求和创造旅游产品而对旅游运动产生刺激作用的要素”。要素要成为旅游资源，必须至少包含一个吸引人的属性，可以满足旅游需求。旅游资源吸引人的属性可以是：休闲性、诱惑性、突出性和审美性，具有旅游资源的区域就构成景区（Gjorgievski et al.，2013）。但无论对旅游景区做何理解，有3点是形成明确共识的：一是，旅游景区是一个空间性或地域性的概念，其空间利用方式如同农业用地、林业用地、物业用地一样，是一种游憩用地。二是，在这一特定空间或地域范围内，旅游及其相关活动是其主要功能。三是，旅游及其相关活动的内涵是随着时空变化而改变的，是一个动态的概念。从观光旅游、休闲旅游、体验旅游到旅居，这是一个动态的演化过程。随着年轻阶层旅游需求的兴起及旅游形态越来越多样化时代的到来，旅游已经出现了诸如体育旅游、影视旅游、节庆旅游、时尚旅游、赏花旅游、美食旅游等新的旅游业态。当下，已经出现了“城市景区化”的概念，它将整个城市看作一个景区，其空间由旅游吸引物、服务设施、旅游交通、旅游功能区等空间单元构成，并形成网络模式的空间结构，与传统的景区内涵已经有很大区别。从这个角度看，在某种程度上也可以将整个中国视为一个大景区。近几年浙江省推进的美丽大花园建设，山东省滨州市推进的美丽大花园建设等，都是将全域当作一个景区进行整体规划设计。景区国土空间设计，其努力方向就是要将建设“美丽中国”作为己任。因此，本章阐述的景区国土空间设计概念范畴，与传统的景区设计概念认知可能有着诸多不同。当然，这种建立在动态时间上的景区理念，在某种程度上也意味着现代性的破裂（Heyde，2014）。

进入21世纪，中国城乡居民收入大幅增加，消费水平进一步提高，消费结构不断优化升级，生活质量进一步改善，更多城乡居民享受到了基本生活保障和社会救助，人民群众得到了更多实惠。例如，城镇居民用于食品支出比重不断下降，用于改善生活质量的其他支出进一步提高，城镇居民家庭恩格尔系数由2005年的36.7%，下降到2019年的27.6%，下降了9.1%。由此，社会进入了追求高品质生活的时代。在这样一个时代，具有以下基本特征：

1）告别过度工作模式，重视休假与休闲。在后物质主义兴起的背景下，西方发达国家和一些发达地区的民众开始选择更多的闲暇与休闲时光，而非更长的工作时间和更高的报酬。根据世界经合组织的数据统计，2017年德国人均每日工作时长为5.2小时，为37个欧美对比国家中的最低。法国人均每日工作时长5.8小时、美国6.5小时、日本6.6小时。更少的工作时间为人们带来了更多的休闲时光，欧美大部分国家已形成休闲度假的传统，而在中国的京津冀、长三角和珠三角等地区，部分人群也逐渐开始接受并热爱度假与休闲生活方式。

2）注重精神生活，追求更为多样的人生。随着物质的极大丰富，民众开始重视非物质化的、精神层面的追求。第一，人们更加热衷于艺术欣赏、读书等完善自我的生活。音乐节、艺术节、主题展等各种艺术活动受到人们的欢迎，博物馆、图书馆等场所也成为大家休闲时刻的选择。第二，人们热衷于体育锻炼及参与各种有益于健康的活动。越来越多的人开始摒弃大吃大喝，以及热衷于各种保健药物的生活方式，开始注重合理饮食和体育锻炼。第三，人们更加关注自然，将更多的时间用于亲近自然、户外活动。充满花香的山野、波光粼粼的湖畔、篝火与繁星相映的海滩，是自然馈赠于我们的珍宝，同样也是人类找寻自我的钥匙。

3）关注生活质量，注重身体健康。曾经对于物质过度追求的模式使得许多人生活在一种被异化的状态之下，物质创造和物质占有成为生活的全部。随着后物质主义价值的兴起，人们关注环境保护、重视休闲，更加倡导非物质化的生活，更加关注自身的身体健康和生活质量（胡连生，2011；https：//data.oecd.org/emp/hours-worked.htm）。总体上看，重视度假与休闲、重视精神生活以及关注身体健康成为当代高品质生活的主要特征。在高品质生活时代，旅游景区的概念已经拓展到包括风景区、文博院馆、寺庙观堂、旅游度假区、自然保护区、主题公园、森林公园、地质公园、游乐园、动物园、植物园，以及养生、美食、影视、时尚、节庆、工业、农业、经贸、科教、军事、体育、文化艺术、学习等各类地域系统。据国家统计局发布的《中华人民共和国2019年国民经济和社会发展统计公报》显示，2019年，国内旅游人次达到60.1亿人次，人均出游4.3次，景区数量已超过26000多家。

综上所述，在高品质生活时代，景区是一个动态的时空范畴，时间和空间共同构成了景区的“宿命”，不能把时间、空间、物质三者分开解释景区的内涵。传统日光照射处有形色可玩赏的谓之“景色”或“风景”“景致”“景物”，而现代“景”的概念已经扩展到无形的文化、精神、意象和意境，以及由无形和有形相结合的文化景观或人文景观等。由此可以认为，景区是指具有旅游吸引力，能够满足旅游者观光、休闲、度假、体验、旅居、娱乐、科考、探险等多层次生理和精神需求的地域综合体，是一种动态的精神场所。它具有以下3个基本特性：

1）文化独特性。文化独特性是景区存在的基本依据，景区表现出某种文化独特性是吸引旅游者的根本要素之一。西湖景区由西湖自然山水、“三面云山一面城”的城湖空间特征、“两堤三岛”景观格局、“西湖十景”题名景观、西湖文化史迹和西湖特色植物6大要素组成，山水与人文交融是西湖文化景观的独特性。长白山天池景区、肇庆星湖景区、青海湖景区等是建立在湖泊生态作为其文化独特性基础之上的；吉林长白山景区、湖北神农架景区、云南西双版纳热带雨林景区是以森林生态作为其文化独特性而建立的。景区的国土空间设计，必须要确定将哪种文化作为景区的独特吸引点。

2）景观魅力性。景区必须要有优美并具有吸引力的魅力景观，区域的视觉效果对游客要有很强的诱惑力与吸引力，否则就难以成为“景区”——一个有很多景点集聚而成的区域。登泰山看日出，这是对很多人有魅力的乐事，这也是泰山重要的景观魅力性所在。冰雪是吉林延边长白山景区的魅力景观，红树林海岸带是广西北海和海南文昌景区的魅力景观，西湖是杭州景区的魅力景观，天池是长白山景区的魅力景观，兵马俑是西安景区的魅力景观，草原是内蒙古呼伦贝尔景区的魅力景观等。景观的魅力性是景区存在的根基，甚至可以使整个城市或区域成为一个旅游景区。例如，烟台是中国2004年首批评选的魅力城市，目前有国家级旅游度假区2处，省级旅游度假区8处，A级旅游景区92处，就可以把这些景区看作景点，把整个烟台市看成一个魅力景区。

3）场所品质性。现代旅游景区的发展趋势是功能要素多元化与综合化，旅游的“吃、住、行、游、购、娱、学、健”等功能要素要配套，景区的交通道路设施、游览设施、休闲娱乐设施、康体健身设施、求知学习设施等，都要有优良的品质和优秀的服务。场所的品质除了物理形态之外，更重要的是文化品位。景观文化不是单一的和抽象的，而是具体的，在本体论上是景区的一种特定存在方式。它既是在同时性的排列中又在历史性的演进中，表现出突出的有机性、艺术性和品位性。景区是为旅游者服务的，必须使旅游者生理、心理和精神上得到满足。

（二）景区国土空间设计的原则

当下景区的国土空间规划设计和开发建设，普遍存在将风景等于商品、以城市房地产开发促景区发展，以及急功近利式开发、乱占哄抢式开发、弄巧成拙式开发、竭泽而渔式开发盛行的乱象。例如1992年被列入世界自然遗产的武陵源风景名胜区，联合国世界遗产委员会对其曾有很高评价，其中的金鞭溪被称为“世界最美的大峡谷”之一。然而仅过6年，武陵源风景区城市化、商业化迅速发展，著名景点锣鼓塔成了一座“宾馆城”。1998年联合国教科文组织世界遗产委员会在调查后发出严重警告，认为“武陵源是一个旅游设施泛滥的世界遗产景区，大部分景区现在像是一个城市郊区的植物园或公园”。青城山-都江堰景区、清东陵景区、武夷山景区、南岳衡山景区等，也都有类似的乱象发生（李先逵等，2018）。因此，景区的国土空间设计，有其特殊的内涵和要求，必须坚持以下基本原则：

1）顺其自然原则。所谓顺其自然就是要维护景区的自然性和完整性，包括原生性的地貌、石林、溪涧、瀑布、海潮、湖泊、滨岸、树木、飞鸟、走兽，以及历史文化遗存、石上题字等。要坚持基础设施设计的自然化、道路设计的自然化、路面构造做法的自然化，使设计完全融入自然。

2）保护优先原则。景区作为大自然馈赠和人类历史文化综合作用的产物，是国土空间最重要的精华。景区中具有观赏价值、文化价值和科学价值的山河、湖海、地貌、森林、动物、化石、特殊地质、天文气象等自然景物和文物古迹、革命纪念地、历史遗址、园林建筑、工程设施等人文景观和它们所处的环境，以及风土人情等，是国土空间不可再生的瑰宝，是国家乃至全人类共同的财富。一旦被破坏，将会造成“千古恨”。因此，景区国土空间设计尤其要坚持保护优先原则，以“严格保护、永续利用”为设计的基本指导方针。

3）审美意境原则。景区最重要的特征之一，是具有优美的景观形态，它给人以美的享受和独特的审美意境。“桂林山水甲天下，阳朔山水甲桂林。群峰倒影山浮水，无山无水不入神”，高度概括了阳朔自然风光的美和审美意境；“横看成岭侧成峰，远近高低各不同”表达了庐山独特的自然审美意境；“欲把西湖比西子，淡妆浓抹总相宜”，以绝色美人喻西湖，这是西湖景区新奇别致、情味隽永的审美境界。景区国土空间设计要坚持情景交融、虚实相生和韵味无穷的审美意境，做到境外有境、让人回味，引发游人无限的审美想象空间。正如李商隐的《锦瑟》一诗所云：“此情可待成追忆，只是当时已惘然。”

4）文化精神原则。许多景区由于人文活动而成为名胜，如文人游历、帝王封禅、宗教活动、名人轶事、神话传说等，这些文化与自然共同存在的人文景观，是中华民族乃至整个人类文明的文化升华之地。景区国土空间设计的核心问题之一，就是要将景观蕴含的历史文化精神转化为空间的实体形态，成为设计者的心灵再现。而将历史文化精神在心灵的再现中表达出来，就是国土空间设计的时空物化。这种物化既是原有价值的转化，也是新价值的体现，本质上是对在地文化精神对象价值的转化和创新。中华文化源远流长，很多景区都是一部厚重的诗文专集，文人墨客留下了大量的诗、词、散文、游记，是构成中华民族形象的重要精神支柱。景区国土空间设计必须坚持文化精神原则，让景区宝贵的文化精神意蕴得以传承和发扬。

综上所述，景区国土空间设计的基本含义可表达如下：一是，景区国土空间设计是一个顺其自然和保护优先的设计，融入自然、严格保护、永续利用是其主线。二是，自然审美意境和文化精神意蕴是景区国土空间设计的内核，环境、情境和意境融合是景区国土空间设计的“存在空间”，亦即“意义空间”。三是，景区国土空间设计需要创造多重功能价值，并努力去保护和创造更广阔的多样性（Vaníček，1974）；四是，景区国土空间设计强调景观空间格局、过程与功能之间的维系，并试图通过格局的改变和功能的保护修复来维护景区的健康、活力和安全。景区形象设计、主题定位、游线设计、游客接待中心设计、灯光照明设计、商业服务设施设计、旅游产品设计等，通常可不纳入景区国土空间设计的范畴。作为景区的国土空间设计师，应该思考如何减少对自然景观的破坏，如何创造奇迹和美丽得以维持与再生，同时塑造符合自然节奏和周期景区格局（Meyer，2008；Starke et al.，2013）。

二、景区国土空间设计的基本逻辑

（一）人地关系是景区国土空间设计的逻辑起点

景区国土空间设计是以动态演化的国土空间为基础，以探讨景区地域特征和规律为依托，本质上是协调景区人与自然之间的矛盾，使景区能够为人们提供更可持续的服务。旅游活动是广泛存在于景区环境中的一种现象和事物，人类旅游活动系统和景区环境系统共同构成了景区人地关系的地域系统。在景区人地关系中的“人”，是指与旅游活动相关的社会人，包括旅游者、旅游经营者、旅游管理者和社区居民，在人地关系中处于主动地位。“地”是指与旅游活动相关的空间环境，包括自然环境、人文环境、社会环境和人工环境，是人类开展旅游活动的空间场所和景区人地关系的基础因素，研究“地”的落脚点是为了有效保护和可持续利用景区资源与环境（黄震方等，2015）。因此，景区国土空间设计需要从长远利益考虑人与自然的关系，通过强化土地利用、交通网络、生态基础设施、社会网络、文化遗产、场所精神和其他功能设施的国土空间合理设计，将众多个体、景区开发乃至旅游发展对景区环境所造成的负面影响，降到最低程度，从而建立起人与景区和谐的生命共同体。因此，将人地关系作为国土空间设计的“起始范畴”，符合学科建设的逻辑起点和课程目标的4方面规定性，是最抽象和最简单的范畴，是一个最基本的单位，也是认识景区国土空间设计历史的起点，有利于解决景区开发建设、资源供给与环境保护的矛盾。以人地关系作为景区国土空间设计的逻辑起点，有助于解决目前景区过度商业化和城市化、过度人工化和游乐场化、重开发轻保护等指导思想的偏差，促进景区国土空间的可持续发展。

（二）持续保护是景区国土空间设计的逻辑主线

景区的自然和人文景观，不是可换取高额经济利益的商品，它是国土空间不可再生的国家乃至全人类共同的瑰宝。峨眉天下秀、青城天下幽、华山天下险、黄山天下奇、西湖天下景、桂林山水甲天下、天下闻名钱江潮等，是无比珍贵的自然遗产，也是中华民族的共同记忆。国土空间设计作为空间治理的重要手段，其核心使命和主线就是要持续保护景区的自然和文化资源，形成人与自然和谐发展的新格局。在景区国土空间设计的实践中，必须遵循以下两点基本逻辑：①底线思维是逻辑基础。先在性是自然的最基本属性。景区产生于自然，依存于自然，其生存发展也受制于自然。创建景区人与自然和谐共生，是维持景区长久生存的必然选择。国土空间设计必须坚持底线思维，把文化安全、生态安全、环境安全、景观安全摆在最优先的地位，客观分析可能出现的问题，制定妥善解决问题的设计方案。在一定程度上可以认为，景区国土空间设计的根本出发点是要超越狭隘的经济范畴，走向景区公共安全的最大化，按照风险预防原则寻求公共安全和长远福利的最大份额。②尊重规律是逻辑起点。如果景区国土空间设计肆意违背和破坏自然规律，必然遭受远高于收获的自然惩罚成本。自然生态价值的优先性如果被忽视和破坏，景区国土空间设计的价值也就随之荡然无存。从宏观层面的人地关系，到微观层面的土地使用、基础设施布局和旅游环境建设，都需要遵循地域分异规律和空间系统的整体性以及空间功能的完整性。任何形式国土空间设计的结构调整和布局优化，都必须建立在尊重自然规律和遵循因地制宜的逻辑起点上逐步展开。当然，在实践中需要对保护和开发全过程可能出现的主要矛盾及问题进行系统的调查、评价和梳理分析，以确定在特定时期内景区国土空间开发与保护的阶段性特征和矛盾的主要方面，明确国土空间设计的现实基础和将面临的机遇与挑战，不断提高景区国土空间设计的前瞻性、综合性、整体性和系统性。

三、景区国土空间设计的理论基础

（一）国土空间外部性理论

国土空间作为人类生存、繁衍、活动的载体，是社会与经济发展的重要基础条件。它与一般自然资源最重要的不同，就是国土空间开发利用具有显著的外部性。而所谓外部性，亦称外部成本、外部效应（Externality），最初是一种经济学概念，其定义为某个经济主体的决策与行为使另一个经济主体产生受损或受益的外部影响，而这种外部影响又不能以市场价格来进行衡量。国土空间外部性可以定义为人们在开发利用国土空间的过程中，对环境、社会和他人的生活或者生产活动所造成的影响，并且这种影响难以用市场价格进行具体量化。而相对应地可以将其划分为正外部性与负外部性。国土空间的正外部性是指国土空间开发利用者对相邻空间带来额外的收益，这种收益无需由受益者支付任何代价。而国土空间的负外部性是指由于在该国土空间上进行的活动导致相邻国土空间所有者（或使用者）权益的损失，引起国土空间外部不经济。而国土空间外部性的承受者虽与国土空间开发利用者没有直接关系，但他们不能自主地选择或避免这种外部性对自己造成的影响，这就造成了国土空间利用者的私人收益与社会收益、私人成本与社会成本不一致的现象（刘湘洪等，2010）。

国土空间开发利用负外部性形成的原因不仅限于个人或公司的经济活动，地方政府也可能是国土空间开发利用负外部性形成的根本动因。例如，地方政府为片面追求短期的经济利益，以房地产开发促进景区发展，任由企业公司在景区内大搞掠夺性的开发建设，不惜削峰、填沟、截流，甚至拆除真文物、大量建造假古董；毁坏真风景、建造假景观，就会对后代人的景区国土空间开发利用产生显著的负外部性。再例如，2015 年 4 月 2 日国家旅游局通报，全国 44 家 A 级旅游景区被摘牌，有 1 家 5A 级旅游景区被严重警告，包括华山、五台山等 9 家知名 5A 级旅游景区被警告。其中重要的原因，就是大量资本涌入景区旅游业开发，造成了严重的负外部性，例如，造成景区和相邻区域环境污染、溶洞美景消失、湿地面积下降、生物多样性减少等。又例如，秦岭景区违建别墅，是另一个典型的景区国土空间开发负外部性案例。由于秦岭南北的温度、气候、地形均呈现差异性变化，因而秦岭—淮河一线成为中国地理上最重要的南北分界线。秦岭被尊为华夏文明的龙脉，主峰太白山海拔 3771.2 米。秦岭是我国重要生态安全屏障之一，具有调节气候、保持水土、涵养水源、维护生物多样性等诸多功能，其地貌复杂，生态系统多样，生物种类丰富，兼具暖温带和北亚热带的生物群落，是北半球最重要的生物多样性保护基地之一，素有“国家中央公园”之称。可是，陕西汉中南郑区一地产企业打着养老项目的幌子，在秦岭南麓 400 亩山地上建起“益丰国际·汉山郡”别墅区，类似的违建别墅超过 1000 栋。2018 年 7 月以来，“秦岭违建别墅拆除”备受关注，有 1194 栋违建别墅被整治。景区国土空间设计，需要在合理的功能分区和政策分区指引下，充分研究国土空间开发利用的负外部性问题，将负外部性降到最低，而又使更多的个体、群体或区域共享正外部性，这是重要的理论遵循。

（二）生命景观共生性原理

生命景观是所有的自然和文化特征，如城市、村落、农田、山体、建筑、荒漠、森林和水体等有别于另一地表的特征，生境或生态系统的空间排列组合构成了生命景观。生命景观共生性原理是景区国土空间设计的重要理论依据，主要包括以下 4 个方面：

1）生命系统整体性原理。生命共同体是指相互依存、有机联系、休戚相关、生死与共的诸生命系统的整体。它包括人类、动物、植物、微生物等生命体，以及生命体赖以生存发展的环境。如果一个物种在地球上灭绝，那么就会有 28 个物种相继灭绝，这是生命系统整体性的重要法则。因此，景区国土空间设计要从整体上把握景区生命共同体的运行规律，特别是生物地球化学循环与生态圈内部的关联性与系统性。

2）人与自然共生性原理。人与自然是生命共同体，人类和山水林田湖草都是生命共同体中的元素和分系统，它们组成休戚与共的复合生态系统，每个分系统的生存与发展是整个生命共同体生存与发展的充分必要条件。人类必须尊重自然、顺应自然、保护自然，与其他生命形式发展一种互惠的关系，实现“天人合一”和“道法自然”。为了保障人与自然的共生性，景区国土空间设计需要重塑生态伦理观，人类不能再简单地将景区作为获取财富的客体，一种敬畏景区自然、尊重生命的生态伦理必须得到重塑。

3）生物区域多样性原理。作为一个完整生命共同体的地球，并不是一个单调的区域。在生物区域（Bioregional）的共同体里，无论是在北极圈，在热带区域，在山峦、山谷，或在平原和海岸，地球都表现出很大的差异性和多样性，景区也不例外。这些区域都经历了持续不断的自然新陈代谢过程，都是一个相对的、自我维持的、又相互作用的生命共同体系统，人类必须维护景区各个生物区域自我繁殖、自我供养、自我管制、自我运行的多样性格局。

4）人地关系和谐性原理。人地关系的和谐性原理是指导景区国土空间设计具有普遍意义的基本规律。景区人地关系要远比其他动物与环境的关系复杂得多，它不仅包括人类与景区自然环境的关系，而且包括景区人与景区人为环境和社会环境之间的关系，同时也包括自然环境、人为环境和社会环境彼此之间的关系。而在这些关系中，主要存在 4 个平衡：第一，人与自然的平衡，满足人的基本生理需求。第二，人与社会的平衡，满足人的社会需求，维持社会系统的正常运转。第三，自然环境系统本身的平衡，在自然环境可能的承受能力之内利用环境。第四，自然环境-人为环境-人之间资源、生产与消费的平衡。而在景区生产中自然环境以其提供物质基础的不同数量、质量及承载力，影响景区的生产活动，景区的国土空间设计必须要充分考虑有限地域范围内的承载量问题，明确景区的功能分区、土地利用和景区容量。

（三）文化景观价值理论

文化景观是人类文化与自然景观相互影响相互作用的结果（Sauer，1925）。按照文化景观基金会（The Cultural Landscape Foundation）的定义，文化景观是指与具有意义的历史性事件、活动、人物有关的包括文化资源和自然资源在内的地理区域；有时文化景观是个人或群体作用于土地的结果，有时它又指某个时候个人或群体所拥有或创造的理念产生的结果。从数千英亩的乡村地块到不足1英亩的房前小庭院都可以是文化景观，包括农场、公园、校园、纪念物甚至工业场地等[1]。文化景观，尤其是历史文化景观，是景区国土空间的重要组成部分，也是影响景区国土空间结构、功能和品质的关键性要素，因而是景区国土空间设计的核心元素。无论对景区国土空间文化景观设计做出何种定义，其本质都是对未来状态的一种选择，是一种以一定价值目标和价值判断为前提的选择活动。这些选择通常包括在公平、正义、自由、效率、健康、安全、便利、环境、生态、善和美等诸多价值中做出取舍。这种选择不是一种技术操作，而更多的是一种价值判断。用一个最简单的例子来说，景区中心成片的优质森林景观，是设计成游客中心，还是设计成永久保护区。无论作何种用途，在技术上都没有任何问题。而问题在于设计成游客中心，可能不需要拆迁成本，也许基础设施更容易配套建设，是一种有效率的选择。但是，它会彻底改变景区生态系统循环路径和格局，影响景区森林的环境价值、存在价值、遗产价值、生态安全价值。在功利主义那里，设计行为是否合理，基于其是否“有利可图”或“更有效率”；但在道义的立场那里，关键问题集中在设计行为是否在道德上是“对的”或是有“共享价值的”。概言之，景区国土空间的文化景观设计，本质上就成为一个价值选择问题。

“价值”的英文为Value，其含义是用处、用途、值得重视和有益的。长期以来，价值研究主要集中在哲学领域。新康德主义弗莱堡学派的代表人物文德尔邦甚至把哲学归结为价值学，认为哲学的对象不是一般的现实，而是具有普遍意义的文化价值，李凯尔德也认为哲学只以价值为对象。然而事实上，价值与人们的日常生活密切相关，人的一切行为、思想、情感和意志都以一定的利益或价值为原动力，不同的价值思维和价值取向将对人的思想和行为产生巨大的影响。例如，上述提及景区中心的一片森林景观，究竟是保留还是放弃，就牵涉到对森林景观的价值判断问题。由于价值准则因人而异，这一方面缘于每个人的价值偏好不相同，另一方面还缘于“饱汉不知饿汉饥”的经历体验不同，由此导致每个人的评价准则都可能是不相同的。于是就出现了所谓“一千个读者就有一千个哈姆雷特”。

评价是一种主观活动，是主体对于客体的判断。因此，价值准则决定评价准则，评价

[1] https：//www. tclf. org/whatis，2003. 4.

准则反映价值准则。可是，由于价值准则因人而异，这一方面缘于每个人的价值偏好不相同，另一方面还缘于“饱汉不知饿汉饥”的经历体验不同，由此导致每个人的评价准则都可能是不相同的。于是就出现了所谓“一千个读者就有一千个哈姆雷特”。事实上，评价过程的最一般模式是人们将心目中的“应该怎样”与现实中的“是怎样”进行比较，从而得出评价判断。按照自休谟和康德以来哲学家们的研究，“应该怎样”是一种愿望、想象、信念、理想、指令、规范、意志等，是确证评价标准主观性的证据。然而现实面临的问题：一是“应该”本身具有极大的模糊性和不确定性，二是根据什么提出、由谁决定“应该”和“不应该”。这样一来，评价问题似乎就陷入了僵局。

景区文化价值是区别于劳动价值的价值体系。文化景观的评价本质上是一种文化现象的评价，无论是物质文化、行为文化、精神文化，都处在动态的发展过程中，文化与人类价值的关系同样也在不断变化。景区国土空间设计自始至终在解决 3 个问题：“为什么”“做什么”“怎么做”。比如为什么要保护森林景观，森林景观保护起来做什么，怎么做才能切实保护森林景观。很显然，“怎么做”是一个技术问题，“为什么”和“做什么”就是一个伦理学问题，因为伦理学是一门阐释“为什么”的学问。事实上，景区国土空间设计对未来的价值选择与伦理学的目标取向具有高度的契合性。换句话说，伦理诉求是景区国土空间文化景观设计的一种内在规律。因为一切设计都以追求“善”或“美好”为价值目标，而“善”或“美好”更是伦理学的价值范畴（亚里士多德，1990）。因此，设计师们认可设计本质更是一种伦理范畴。按照霍普金斯（Hopkins，2012）的观点，设计成果的好坏，不仅看它是否被执行，还要看设计的结果是否符合社会的伦理规范。由此，景区国土空间的文化景观设计就需要转向伦理层面，别无他选。一种设计伦理观念反映一种生态意义。这种意义反过来又表明人们对国土空间的健康有一种责任感。如果没有对国土空间文化景观的爱、尊重、赞赏，没有对其价值的认可，很难形成一种正确的国土空间文化景观设计伦理观。从价值理论看，绝不能将景区国土空间文化景观设计看成是一个促进经济发展的问题。对于景区国土空间的文化景观设计，在价值上要考察 5 个方面的问题：①伦理上是否正确；②美学上是否有价值；③人性和文化是否得以阐释和复兴；④经济学上是否可行；⑤是否有利于促进社会公平。需要指出的是，尽管很多景区的设计理念在美学上起到了很多的促进作用，但如果加剧了该地区存在的社会不平衡格局，没有通过景观设计促进公共目标的实现，比如景区设计的贵族化趋势等，是不符合文化景观的价值取向的（Gulsrud et al.，2019；Davis et al.，2019）。

（四）“诗境空间”设计理论

景区国土空间不同于农业、城镇等一般意义上的国土空间。人们走进景区国土空间，是为了得到更多的娱乐和休闲，是为了追求更有品质的生活，是为了寻找自然的美，是为了精神生命的升华。旅游休闲是社会文明形态一种很高的境界，是一种人的原发存在向“诗境”无限敞开并恒久地指向人与自然万物和合共生的终极旨归。人们走进景区，欣赏山高水长、流泉飞瀑，平岗浅阜、野塘小池，湖光山色、芳草萋萋，大漠孤烟、野花蓬蒿，层峦叠嶂、林木苍莽，柳暗花明、平畴新苗等，这是一种愉悦，也是走进一个生命系统的诗境空间。景区国土空间设计从“功能空间”走向“诗境空间”，这是人类历史演化的必然选择。因此，深刻理解“诗境空间”的特质，理解“诗境空间”设计的理念价值和基本准则，是景区国土空间设计的重要理论基础。

所谓诗境空间，可以简单地理解为“诗化的空间”。它是一种有着中国诗学审美特征和心灵境界的空间环境，是国土空间实体注入诗学精神等特定人文审美心理后所形成的与自然环境相融，有着很高文化品位和美学精神，并富有个性化感人氛围的空间。诗境空间根植于场地环境空间的自然特征和实体属性之上，包含人文思想与情感的贯注与植入，既给人类提供了有形的日常生活空间，又营造了满足精神需要的情感空间，是一个人与自然、时间维度与空间维度、当前环境与历史氛围交融在一起的，带着人的思想和情感烙印的心理化空间图景（李先逵等，2018）。要深刻理解诗境空间作为人类一种高级文明形态的特质，有必要梳理浪漫哲学的发展脉络、核心理论和主题，如此能更好地理解诗境空间的本体。在国际上，浪漫哲学是指在 18 世纪末至 19 世纪初在德国出现的一种哲学派别，与早期柏拉图、康德、席勒、费希特的基本思想总体上是一脉相承的。浪漫派诗哲们最早表述了浪漫哲学精神，经过晚期浪漫派的不断推演，叔本华、尼采等开始重塑浪漫哲学的品质，到了狄尔泰、西美尔那里，浪漫哲学转向哲学史和社会学方向。第一次世界大战前后，涌现出所谓新浪漫派诗哲，其代表性人物如里尔克、盖奥尔格、特拉克尔、黑塞、霍夫曼斯塔尔等，以充满哲理的诗文继续围绕早期浪漫派关心的问题。第二次世界大战之前，海德格尔集浪漫哲学之大成，布洛赫则独辟蹊径，承接马克思哲学中浪漫精神推演“希望原则”。战后时期，马尔库塞、阿多诺虽然反对海德格尔，不过新马克思主义中的浪漫主义精神仍未离其宗。浪漫哲学虽然没有各方都公认的共同纲领，但都比较一致地重视以下 3 个主题：①诗化主义，认为人生应该是诗意的人生，审美主义应该成为一致追求；②情感主义，认为精神生活应以人的本真情感为基点，个体生命应以自己的灵性为基础，靠直觉和信仰而非理性来生活；③自然主义，反对理性主义所信奉的机械论，反对技术文明将人的生活带离大地，导致人与自然的分离和对抗（刘小枫等，2007；张玉能，2004）。在 3 个主题的背后，浪漫主义哲学一直在探寻有限的和脆弱的个体生命如何寻得自身的生存价值——超越现代性的历史苦恼走向以情感和自由为核心的诗意人生。

浪漫诗哲海德格尔在《荷尔德林和诗的本质》中曾深刻地指出：“诗是支撑历史的根基。”人类存在的根基从根本上说应该是“诗意的”，而这本质也正是人的本质。从这个意义上，“诗境空间”可理解为人类生存空间的一种高级文明形态，应该是人类追求的存在境界。根据传统浪漫诗哲们对诗境空间的本质理解，结合对现代人有关空间形态的需求分析和对未来发展趋势的判断，诗境空间形态的文明特质可能主要表现在以下四个方面：

1）自然性。自然（Nature）主要自然界、物理学宇宙，也就是物质世界以及物质宇宙。英文的 Nature，意即天地万物之道（The Course of Things，Natural Character）。中国传统对自然的理解，一开始就有一种自由的本真生命意识。自然的最初含义亦指非人为的本然状态。如《道德经·第二十五章》所说的“人法地，地法天，天法道，道法自然”，指的就是事物自然如此的、天然的、非人为的、自然而然的状态。诗境空间文明形态强调突出亲自然性，也就是更强调一种贴近自然和减少人为造作的空间形态。诗境空间景观的形成更依赖地质、水文、气候等自然因素，强调保持山岳、湖泊、沼泽和峡谷等自然景观。

2）诗意性。诗的本义是把心中的思想表达出来的语言，后延伸至比喻美妙而富于生活情趣或能引发人强烈感情的事物等。《说文解字》认为诗是“心志”。以超验的原则把世界诗化，在西方世界最早是由柏拉图提供的。所谓诗化，就是把诗当作超越现实，解决人间矛盾而达到理想的自由境界的本体世界，即使世俗人间诗意化。它是一片自由的、感动人并超度人的、符合人的天性的国土，其根本是人的审美转化，是作为人的主体性的展现。“生活不止眼前的苟且，还有诗与远方”，因触动了很多70后、80后的心灵成为网络著名鸡汤文，也在某种层面反映了年轻一代对诗性生活的向往。

3）高品性。人类向往乡村的青山、碧水、蓝天、绿野，也钟情乡村能闻到自然界的芳香，听到自然界的鸟鸣，看到自然界的原风景，触到自然界的灵感，感到自然界的睿智，但更多的人还是从乡村来到城市，为什么？主要是由于城市有更高的品性。“品”主要体现在城市的功能上，因为城市有更便捷的交通设施，有更完善的给水设施、排水设施、供电设施、燃气设施、供热设施、通信设施、防灾设施、教育设施、医疗设施、娱乐设施、体育设施，有更充分的就业机会等，这是当代品质生活赖以存在的基础；“性”是指城市所特有的性质，包括城市精神文化，城市功能定位、职能定位、形象定位、延伸定位，城市景观风貌、邻里关系等。简单地说，作为高级文明形态的诗境空间样式，一定是高品性的。当代人的主要焦虑是，既需要城市的高品性，又需要乡村的自然性。那么，诗境空间就是要达到既有城市的品质，又有乡村的味道。

4）教化性。它是指“诗境空间”具备心灵感应等环境心理学意义，进而超越并达到心灵熏陶的品格提升。环境心理学强调环境与人的行为心理是一种交互作用关系，每个人的思想意识和行为都会受环境影响。景区“诗境空间”应该具有自然之理和灵气生动的非公利性，具有环境美学的旨趣和审美层次的追求，还有文化韵味的含蓄性和空灵虚幻的意象性，如此必然能促进人的品格修养提升（李先奎，2018）。如果景区国土空间设计缺少对自然的敬畏，缺少对文化的尊重，缺少对人本的关注，就难以营造出“诗境空间”，也就必然对人的思想和行为缺少教化作用。可以认为，景区国土空间设计所营造的场景，如果对人的环境心理和文化心理缺少响应，不能对人的品格修养有积极向上的熏陶教化，就失去了诗境空间的特质。

建构诗境空间，必须遵循以下基本原理：①尊重自然美原理。需要强调以天地自然为师，即尊重自然和自然优先，突显自然美。在诗境空间设计的过程中，个人或团体的意愿和目的都必须以不伤害自然生态系统为前提。换句话说．人们制定诗境空间设计方案的目的必须是一种伦理上的约束性追求。事实上，每一种大地空间利用方式都有其最适宜的特定自然生境。一种大地空间利用方式可视为一个“生命感应中心”，它有其自身的适宜生境，其行为组织围绕这一生境而展开。人类必须十分珍惜、切实保护这种自然生境。强调自然美，并不代表人类只能被动地适应。恰恰相反，人类可以赋予自然以更丰富的情感，而实现自然和情感的双向美。②尊重共生美原理。营造诗境空间的本质是建构天地人共生的新型空间，景区所有人类的活动和行为，都不能超越景区资源环境的承载能力，要依照生态女性主义流派的思想，以一种不带征服色彩的方式构建生命共同体，它包括个人、生命个体，物种、生物群落、人类集体和整个人类。③尊重情感美原理。诗境空间是以物质形式为媒介的情感表现，它是在人的思想情感与国土空间环境产生共鸣之后，经过提炼进入一种更高的美学层次，达到对宇宙生机和人生真谛的审美感悟。李后主的“问君能有几多愁，恰似一江春水向东流”的感叹，人们体味的并不是水的流动，而是以滚滚流动的水的形象所表达的悠悠无恨的情感（马武定，2005）。④尊重创意美原理。设计表达美有两种不同的形式手段，一种是“再现艺术”，另一种是“表现艺术”，后一种又称为“抽象艺术”。所谓抽象，就是在反映的形式上有所取舍、有所提炼、有所淡化、有所强调，其综合就是一种创意。诗境空间绝不是对现实的“克隆”，也不是另一类景观的“复制品”，它必须找到合适的表现形式，把审美化的内容与审美化的形式有机地结合起来，进行完美的创意，这是一种更高层次的美。郑板桥在其《题画竹》中写道：“江馆清秋，晨起看竹，烟光、日影、露气，皆浮动于疏枝密叶之间。胸中勃勃，遂有画意。其实胸中之竹，并不是眼中之竹也。因而磨墨展纸，落笔倏作变相，手中之竹又不是胸中之竹也”（刘纲纪，1986），正是绝妙绝伦地阐述了创意美。

第二节　景区国土空间的景观生态设计

一、景区国土空间景观生态设计的理论

（一）国土空间景观生态设计：理解与认识

“景观（Landscape）”概念在不同领域有着很大的差异。在生态学意义上，景观是指相互作用的生态系统或不同利用方式的镶嵌体，是一个大地综合体。作为一种大地综合体，景观具有多重含义：①景观作为视觉审美的对象，表示一种风景。②景观作为栖息地，是一系列经设定的物理和环境参数之内设计出适合人类和其他生物的栖居之地。③景观作为系统，是一个自然生态系统和人类生态系统相叠加的复合生态系统，具有特定的结构和功能。④景观作为符号，是人类历史在大地上的文化烙印，例如杭州西湖三潭印月和西安兵马俑等历史文化景观（王云才，2010；戴代新等，2009）。在国土空间景观生态设计的范畴内，以上4种含义都融合在景观的内涵之中。

所谓国土空间景观生态设计，是景观生态学原理、方法在国土空间设计中的具体应用，其目的在于寻求资源和空间利用的最适宜途径与方式，并通过视觉想象力的扩展与创新技术的运用，形成对最适宜的区位、生态过程、地方性、结构形态和景观效果的国土空间表达，实现人与自然和谐共生。从实践上讲，它有以下4层含义。

1）设计结合自然（Design with Nature）。在理解和认识自然过程、自然格局、自然界面特征和规律的基础上，使国土空间设计能够保证自然格局的整体性、自然过程的完整性和自然界面的原生性（王云才，2010），最终建立一个结构合理、功能完善和可持续发展的景观生态系统，使设计为了人类自身利益而尽量使国土空间的有限面积得以充分利用，同时又能持续的保持其生产力与自然风景（Vanicek，et al.，1974）。可以认为，国土空间景观生态设计是一种最大限度借助于自然力量的最少设计，也是一种基于自然系统自我有机更新能力的再生设计。

2）设计结合地方（Design with Place）。地方性是对国土空间设计区域史脉、文脉和

绿脉的延续和继承，本质上是因地制宜，是设计的灵魂所在。老子曰：“天长地久。天地所以能长且久者，以其不自生，故能长生。”说的就是因地制宜才能“适者生存”的道理。按照《淮南子》的思想，人与自然是同根同源、和谐统一的关系，设计应坚持因地制宜、因时制宜，按事物运行的“道”行事。

3）设计结合审美（Design with Scenery）。审美是人类理解世界的一种特殊形式，指人与景观形成一种无功利的、形象的和情感的关系状态。审美是在理智与情感、主观与客观上认识、理解、感知和评判景观上的存在。国土空间景观生态设计意味着要有技巧性、艺术性、直觉和本能，要富有生活情趣和愉悦，要引发人强烈的情感响应，成为人的诗和远方。

4）设计结合生命（Design for Living）。设计不只是一个工具或某种技术手段，它是地球生命的组织哲学。它需要超越可持续，而不仅仅是限于对现有系统的维护，同时必须治疗、改善并管理这个星球的生命支持系统，并确保与其相关的地球环境的完整性和能力。国土空间景观生态设计需要在地方、区域以及全球尺度上考虑那些景观所依存的生态系统背景，塑造出有利于生命健康和可持续发展的决策、态度和价值观。

需要指出，景观生态设计、景观设计、生态设计三者有着密切的关系，既有差异，也有共同点。当景观不作为自然科学概念，而仅具有风景、景致、景色等含义时，景观设计指的是对小尺度的空间和建筑单体的配置；生态设计强调生态要素分析和评价的重要性，探索如何有效地适应自然而与之统一。在景观生态学中，景观设计与景观生态设计通常是同一个概念，而且规划与设计也经常不做严格区分（赵羿等，2005；Turner et al.，1987）。

（二）国土空间景观生态设计：经验与理论

中华5000年的文明，其精神文化和思想观念都深受《周易》和易学的深刻影响，强调天人合一、顺天应人。所谓“人法地，地法天，天法道，道法自然”，就是中国传统理想景观生态与生存模式的一个总纲。始于魏晋，盛于唐代，延续至今的“山水思想”“山水画”是中国人居景观生态审美导向“自然观”的杰出代表。中国古代“天人合一”的生态思想在国土空间城乡建筑、风景园林景观生态设计中得到了充分应用，并在师法自然、山水格局、造园元素、环境容量等方面积累了丰富的经验。但近现代的景观生态设计思想和理论，主要形成于以美国为代表的欧美发达国家和地区。19世纪下半叶至今，从美国的城市公园运动开始，一直到西方国家对生态恢复的关注，景观生态设计思想和经验先后出现了4种倾向，即自然式生态景观设计、乡土化景观生态设计、生态保护景观生态设计、恢复性景观生态设计（骆天庆等，2008）。当代景观生态设计直接面对的对象已经扩展到国土空间的大地综合体，是多个生态系统和多种景观类型的镶嵌体，由人类文化圈与自然生物圈交汇作用而形成，是一个“整体人文生态系统（The Total Ecosystem）”。国土空间框架下的景观生态设计，关键概念和理论基础主要有以下8个方面：

1）生态系统（Ecosystem）。1935年，英国生态学家，亚瑟·乔治·坦斯利爵士（Sir Arthur George Tansley）受丹麦植物学家尤金纽斯·瓦尔明（Eugenius Warming）的影响，明确提出生态系统的概念（Tansley，1935）。它主要是指在自然界的一定空间内，生物与环境构成的统一整体。更具体地说，它是指在一定的时间和空间范围内，生物与生物之间、生物与非生物之间，通过不断的物质循环和能量流动而形成的相互作用、相互依存的整体。在国土空间景观生态设计中，生态系统是基本的空间研究单元。从生态系统的基本特征看，国土空间景观生态设计，对于生态系统的考察必须从系统的结构性要素（如自然地理因子、动植物种类等）深入生态作用的过程（如物质循环状况、食物链构成等）。由于国土空间生态系统具有等级结构，即较小的生态系统组成较大的生态系统，因此国土空间景观生态设计需要进行跨等级的系统考察，对某一个层次的系统研究通常涉及其上和其下两个层次的系统。

2）生态位（Niche）。生态位是指物种在生物群落中的地位，综合反映了物种的空间分布特征，物种在群落中的食物与天敌的关系，以及影响物种生长、生存和繁殖的所有环境因素的制约作用。在具体形态上，生态位是一个物种或种群在时间和空间上所占据的生态系统位置，也是每种生物生存所必需的生境最小阈值。每个物种都有一个最小存活面积（Minimum Viable Area），也就是维持生物最小可存活种群所必需的生境面积。在国土空间结构中，物种的生态位受多种因素影响，但主要是受气候、地貌等自然环境条件决定的，例如盐碱草的生态位主要由潮位这一自然环境条件决定的。这种由自然环境条件决定的生态位，又称为基本生态位（Fundamental Niche）。国土空间景观生态设计应重点考虑物种的基本生态位，并对影响基本生态位的自然环境因素加以切实保护。

3）顶极群落（Climax Community）。它是指通过自然演替形成的终极稳定的群落，是一个种群的出生率和死亡率、能量的输入与输出以及生产量和消耗量也都达到相对平衡的自我维持系统。这样的系统具有物种丰富、稳定性好、抗干扰能力强等特征，通常被视为一种理想的自然生态单元。在国土空间景观生态设计中，顶极群落也可以看作是一个参照生态系统（Reference Ecosystem），也就是能够作为生态恢复目标或基准的生态系统，通常包括破坏前的生态系统、未因人类活动而退化的本地生态系统，以及能够适应正在发生的或可预测的环境变化的生态系统。国土空间景观生态设计需要根据设计的具体时效和空间尺度，来判断所要参照的顶极群落类型。

4）生物多样性（Biodiversity）。它是指地球上所有生命的总和，是 40 亿年来生物进化的最终结果，是多样化的生物实体群的特征。每一级生命实体基因、细胞、种群、物种、群落、生态系统等都存在着多样性。生物多样性一般认为有 4 个层次，即基因水平、物种水平、生态系统水平和景观水平，相应的就有 4 种生物多样性（张金屯，1999，2004；马克平，1993）：①遗传多样性（Genetic Diversity），又称基因多样性（Gene Diversity），指地球上生物所携带的各种生物遗传基因的多样性。每一个物种都是一个基因库，它能从上一代遗传到下一代。遗传多样性大多发生在分子水平和基因水平，并且都与 DNA 的理化性质紧密相关。②物种多样性（Species Diversity），是指物种水平上的生物多样性，具体指地球上动物、植物、微生物等生物种类的丰富程度（Species Richness）。它可以分为两种类型，一种是区域物种多样性，是指一定区域内的物种丰富程度；另一种是指物种分布的均匀程度（Species Evenness），又称为生态多样性或群落物种多样性。后者是生态系统稳定的基本条件，是景观生态设计需要特别关注的一种生物多样性。③生态系统多样性（Ecosystem Diversity），是指生物圈内生境、生物群落和生态过程的多样性，本质上是地球自然条件多样性和遗传、物种多样性的综合作用结果。④景观生物多样性（Landscape Diversity），它主要指地球上各种生态系统相互配置、景观格局及其动态变化的多样性。从国土空间景观生态设计的角度看，物种多样性、生态系统多样性是两个更重要的考察层次，必须对其多样性指征进行全面的考察衡量。

5）景观格局（Landscape Pattern）。它是指由若干个生态系统组成的具有空间异质性特征的地理单元，具体指景观组成的类型、数目及其时空分布，通常指景观的空间格局，是大小、形状、属性不一的景观空间单元（斑块）在空间上的分布与组合特征。所谓斑块（Patch），是指与周围环境在外貌或性质上不同，并具有一定内部均质性的空间单元，景观尺度上的斑块通常为某一生态系统。景观格局会直接影响景观中生物个体、种群、群落及生态系统的生存和稳定。国土空间景观生态设计很重要的任务就是通过对景观格局合理化的研究，维护景观中自然生态系统和人工生态系统的协调稳定发展。另一个重要任务就是提升景观连接度（Landscape Connectivity），它是指景观促进或阻碍生物体或某种生态过程在源斑块间运动的程度，是对国土空间景观空间结构单元相互之间连续性的度量，包括结构连接度和功能连接度，从而减少生物孤岛现象。以美国为代表的景观生态设计流派，就特别强调景观格局和功能是景观生态设计的核心内容。景观格局和生态过程之间的动态关系是国土空间景观生态设计过程的根本，有学者甚至认为国土空间景观生态设计是基于格局和过程关系原理的设计（Ahern，1999；Nassauer，et al.，2008）。

6）景观异质性（Landscape Heterogeneity）。空间分异性是一个经典的地理学理论，有人称之为地理学第一定律。在地理学空间分异规律的作用下，必然会产生国土空间的景观异质性。景观异质性的理论内涵是：景观组分和要素，如基质、镶块体、廊道、动物、植物、生物量、热能、水分、空气、矿质养分等，在景观中总是不均匀分布的，任何景观永远都达不到同质性的要求。日本学者丸山孙郎从生物共生控制论角度提出了异质共生理论。这个理论认为增加异质性、负熵和信息的正反馈可以解释生物发展过程中的自组织原理。在自然界生存最久的并不是最强壮的生物，而是最能与其他生物共生，并能与环境协同进化的生物（王云才，2010）。因此，异质性和共生性是生态学和国土空间景观生态设计需要坚持的基本原则。

7）尺度效应（Scale Effect）。尺度有时间尺度和空间尺度之分，但作为国土空间景观生态设计度量空间的重要概念，是用来表征空间规模、层次及其相互关系的准则。在国土空间景观生态设计的范畴中，空间尺度通常指一个区域的时空范围，如国家尺度、流域尺度、省级尺度、县级尺度等，都是指一个特定的时空范围。大量研究证实，国土空间景观生态设计研究对象格局与过程的发生、时空分布、相互耦合等特性都是尺度依存的，这些对象表现出来的特质是具有时间和空间抑或时空尺度特征的。因而，只有在特定的尺度序列上对其考察和研究，才能把握它们的内在规律。国土空间景观生态设计中表达尺度往往以粒度（Grain）和幅度（Extent）来表达。其中，空间粒度为景观中最小可辨识单元所代表的特征长度、面积或体积（如样方、像元）；时间粒度为某一现象或事件发生的（或取样的）频率或时间间隔；而幅度则指研究对象在空间或时间上的持续范围或长度，即研究区域的面积或研究项目的持续时间（骆天庆，2008）。尺度效应是国土空间景观生态设计进行自然等级组织的重要理论依据，也是确定国土空间景观生态设计研究边界和国土空间景观生态分类的重要基础。

8）生物地球化学循环（Biogeochemical Cycle）。是指生态系统中各种化学元素或其化合物沿着一定的路线进行迁移、转化，构成在一定地域范围内或全球范围的循环。生物地球化学循环由物质的全球性“地质大循环”和局部性的“生物小循环”构成：①物质的地质大循环。物质的地质大循环系指地表岩石矿物的风化过程及其产物的迁移、淋溶、搬运、转化和累积等过程，在地球表面周而复始地进行。它是固结在岩石中的营养元素经过风化以后释放出来，成为生物可以利用的有效元素。固结状态的岩石矿物成为地表松散堆积物，产生蓄水性能、保热性能和通气性能。其中，次生黏粒矿物的形成，能吸附与交换一定数量的阳离子，因而使土壤具有一定的保肥性能。这就为地球生命和陆地植物的生存、演化和发展，创造了适宜的生长条件。②物质的生物小循环。它是指岩石经风化后释放出的化学元素在生物体与土地（土壤）之间的循环。具体来讲就是植物从土地中吸收化学元素，尤其是营养元素，形成植物体。后者供动物生长，而动植物残体回到土地中，在微生物和动物的作用下转化为植物的化学成分，构成物质与能量的循环，促进生态系统生产力的形成和发展。在生物地球化学循环中，除了各种营养物质外，也可能存在着有毒物质的积累和循环，而某些营养元素的过多也会造成污染、灾害等环境生态问题。例如，地球上水的不合理循环（降水量小于蒸发量、降水量远大于蒸发和径流量等）会造成旱灾、涝灾等生态问题；不合理的碳循环（矿石燃料燃烧使二氧化碳过量排放等）造成“温室效应”问题；氮肥淋失造成水域的富营养化问题等等。景观生态过程（Landscape Ecological Process），也就是景观元素之间的相互作用，即能量流、养分流和物种流以一种景观元素迁移到另外一个景观元素，并对另一种景观元素施加影响，本质上就是一种生物地球化学过程，是国土空间景观生态设计需要重点研究的对象。

二、景区国土空间景观生态设计的主要原则

景区国土空间规划设计是伴随旅游业的兴起和规划设计理论的进步而不断发展的。最初的旅游业发展并不受规划设计约束，主要是受市场因素左右。但是旅游业在爆炸式发展同时带来了挤占当地居民日常生活空间、破坏地方生态环境等一系列问题，对景区国土空间规划设计的需求越来越突出。然而，直至 20 世纪 70 年代，景区的国土空间设计主要还是以促进经济增长为主要导向。80 年代开始，受可持续发展的影响，景区的景观生态设计才被提上议事日程（Rahmafitria，et al.，2020）。从国内外研究的现状和发展趋势来看，景区国土空间景观生态设计需要坚持以下基本原则：

1）底线性原则。伴随旅游业的不断发展，经济发展目标和生态环境保护目标之间的紧张关系日益突出，在可持续思想的影响下，景区国土空间景观生态设计更加突出对底线的重视和保护。例如 Meng（2019）对不同类型景观的生态承载力进行计算，提出不同景观在可以修复的前提下能够承载的最多游客数量和所需空间占用规模（表 8-1）；Mai et al.（2018）等人将地表水资源作为景区空间系统动态模型中的重要自变量，提出要根据地方水资源分布和利用现状，对景区旅游设施进行合理布局，保证旅游空间开发在自然资源承载能力之上有序进行。

表 8-1　不同旅游景观生态承载力表

类型	游客承载力/（人·公顷$^{-1}$）	标准土地利用/（平方米·人$^{-1}$）
针叶林	2~3	4000~3000
阔叶林	4~6	2000~1200
森林	<18	650~600
开放森林	21~23	450~400
草地	<65	>130
城镇	40~150	300~50
露天浴场	<400	>15
水域	1000~1500	20~5
沙滩	1000~1500	10~5

（据 Meng，2019）

2）共生性原则。该原则主要体现在 4 个方面：①尊重自然并与自然共生，是景区国土空间景观生态设计必须遵循的基本原则。其着眼点在于运用景观生态学原理建立生态功能良好的景观格局，促进景区资源的高效利用与循环再生，增强景观的生态服务功能。②由于景区旅游是一项在多系统叠加投影下得以展开的活动，因此景区景观生态设计需要综合考虑自然生态系统、人类系统和支持系统等各要素，使这些系统能够有协调性和共生性，否则就会影响景区的吸引力和发展活力，即或在比较特殊的冰川景区也不例外（Wang et al.，2020）。③因国土空间具有层次性和复杂性，保持不同层次和不同空间类型景观生态设计的协调共生，如旅游空间与农业空间、城镇空间的协调共生，与总规或上位规划的协调共生等，都是必须坚持的重要原则❶。④亲生物性。Wilson（1984）在其著作《亲生物性》中提出了亲生物性（Biophilia）概念，同时提出了亲生物性设计（Biophilia Design），通常应用在康复景观和疗愈空间设计中。

3）多样性原则。景观多样性对于物质迁移、能量交换和物种分布具有重要影响，多样性才能更好地保障景观系统的稳定性。景观多样性原则包括三方面含义：①景观要素形态的多样性，即廊道、斑块形式多样、大小斑块相伴、宽窄廊道相结合。②生物种多样性，斑块的生境、形状、大小、边缘条件等诸多因素是保持生物种多样性的基础条件。为此，在景观生态设计中，必须尽量保持自然的斑块形态，如在景观中自然残留的湿地、牛轭湖、高地、小片林地等均应得到应有的保护。③生境的多样性，不同的生境的组合有利于整体景观的稳定，具有抵抗外来干扰的能力。单一的“玉米海”“一望无际的稻田”等景观模式不可取，因为在抵御病虫害的传播和扩散方面有极大的脆弱性（赵羿等，2005）。

4）人本性原则。景区景观是“整体人文生态系统”（Naveh et al.，1984），景观生态设计必须坚持人本主义（Anthropocentricism）原则，它强调景区对人类的有用性（Availa-

❶ https：//trove. nla. gov. au/work/191133273.

bility）、可达性（Accessibility）、稀缺性（Scarcity）和供给的可持续性（Sustainability）等。此外，景区景观生态设计的人本性原则还包括以下几项：①安全性，指景区内各种类型的景观设施设计，要符合安全规范，在确保人身安全的前提下，包括使用功能和欣赏、构建功能。②舒适性，景区景观生态设计要充分考虑景观环境的舒适性，与人的功能相适应，景观生态设计中的尺度、造型、色彩及布局形式都必须符合人体生理、心理尺度及人体各部分的活动规律，满足旅游者的使用需求。③体验性，是指为游客提供参与性和亲历性活动，使游客从感悟中感受愉悦，激发游客对旅游景观的兴趣。景区景观生态设计的体验性大致可以分为 4 种，称为“4E（Entertainment，Education，Escape，Estheticism）”，即娱乐、教育、逃避、审美。游客尽情享受休闲时光（娱乐），并通过一系列感官刺激和心灵感受，获取精神的成长（教育），离开日常居住的环境（逃避现实），接受不同文化与异域风情的洗涤（审美）（董靓等，2018）。

三、景区国土空间景观生态设计的重点内容

景区国土空间景观生态设计，从字面上看即是对景区国土空间的景观生态系统设计。它需要按照规划的要求，进一步执行和落实规划的意图。由于景区规划可以分为总体规划、专项规划和详细规划，相应的对景观生态设计的深度要求也不同。从理论上看，景观国土空间的景观生态设计需要回答以下 6 个问题：景观生态该如何描述和评价、如何运作、运作是否良好、景观生态是否需要做改变、可以做如何改变、这些变化将会产生哪些不同的后果（Steiner，2000）。科学地回答这些问题，就构成了景观生态设计的主要内容。从国土空间设计的实践看，景观生态设计主要包括景观生态节点、景观生态廊道和景观生态格局等内容。

（一）景观生态斑块设计

斑块是景观生态组成的基本要素，也是景观生态的基本单元。它可以是某一动物植物群落，也可以是居住区、农田、林地等人工和半人工生态系统，外观或性质上应与周围环境明显不同，且边界分明。斑块是景观中重要物种的栖息地，当选择蝙蝠、蟾蜍、蝾螈、啄木鸟作为景观空间格局生态功能的批示物种时，植物斑块的形态、连接度等性状对动物的行为有明显的约束作用（Hehl-Lange，2001）。参照赵羿等（2005）、刘茂松等（2004）、骆天庆等（2008）研究，景观斑块设计主要内容包括：

1）斑块大小设计。研究表明，斑块大小不但影响物种的分布，而且决定斑块甚至整个景观的生态功能。在一般情况下，只有大型的自然植被斑块才有可能涵养水源、连接河流水系和维系林中物种的安全和健康，庇护大型动物并使之保持一定的种群数量，并有一定的抗自然灾害能力（Pickett et al.，1978；Harms et al.，1993）。在乡村景观中面积大于 10 平方米小于 2 万平方米的自然植被斑块形成的孤岛，可以为农业景观中 90%以上的物种提供庇护（Fry et al.，1993）。但小型斑块也可能成为某些物种逃避天敌的避难所，因为小型斑块的资源有限，不足以吸引某些大型捕食动物，从而使某些小型物种得以幸免。调查研究证实，在 10 平方千米有 494 个田间岛屿，占总面积的 0.36%的坟头（生物多样性岛屿），乡土植物占整个总物种的 71%，当地物种具有更高的保护天敌，传粉（昆虫）

功能，是重要的物种库、保护天敌的重要生态斑块。

2）斑块数目设计。研究表明，斑块数目越多，不同斑块内物种和基因的交流越大，景观中物种的多样性越能提高，物种的绝灭危险性减少。在通常情况下 2 个大型的自然斑块是保护物种最低的自然斑块数目，4~5 个大型斑块有利于维持物种的长期健康和景观结构的相对稳定。

3）斑块形状设计。斑块的形状对生物的扩散和动物的觅食以及物质和能量的迁移都具有重要的影响。例如，紧密型斑块有利于保储能量、养分和生物，松散型形状易于促进斑块与周围环境物质、能量、生物方面的交换。维持景观功能和生态过程的理想斑块应包括一个较大的核心区和一些可以充分利用与外界发生相互作用、利于物质能量交换的边缘触须或触角。斑块形状的最重要生态学特征是边缘效应，圆形的斑块周长面积比最小，可以最大限度地减少边缘圈的面积，而最大限度地提高核心区的面积，使外界的干扰尽可能减少，有利于物种的生存，但其边缘长度相对最小，不利于物质能量的交换。斑块形状指数是用斑块周长除以同面积的圆周长所表示的指数，该指数大小对景观生态的影响并不确定。边缘总是保持直线形状的斑块，缺少自然形成的美景度，会降低景观的美学价值。

4）斑块连接设计。孤立斑块因难以与其他斑块进行物质能量及物种的流动，其斑块内物种消亡的可能性要比有连接的斑块大很多。斑块呈簇群状配置，物种迁移的路线比较短，阻力也比较小，比线状配置更有利于物种的保护。因此，在景观生态设计中，应十分重视斑块连接的设计。在景区，由林地、草地、芦苇地、浅水带等营造的鸟类栖息地斑块，要尽量远离车行道和人行道，既要让游人欣赏到鸟类的活动，又不能影响鸟类自身对环境安全性的要求（李旭，2003）。此时设立不连接的景观台，更有利于对鸟类栖息地环境。

（二）景观生态节点设计

单从节点（Node）的字面意思来看，其含义有中心点、焦点、战略点的含义。景区国土空间中的有效生态网络构建主要是通过生态廊道、生态节点的合理连接和组配而形成的，其稳定性能够更好地保障景区的生态安全。起到踏脚石作用的生态节点实现了生态网络从结构的连接到功能的联通，对景观生态节点进行空间设计意义重大。景观生态节点设计除了考虑生态功能以外，还要考虑景观效果。它要能使观察者留下深刻的印象，成为认识观察景区、形成印象并便于记忆的标志。

（三）景观生态廊道设计

景观生态廊道作为生物物种生活或迁移的通道，是连接生态斑块的线状或带状的具有生态功能的景观成分，也是沟通连接空间分布上较为孤立和分散的生态单元的生态系统空间类型，能够满足物种的扩散、迁移和交换，是构建景区山水林田湖草完整生态系统的重要组成部分。在相对孤立的栖息地斑块之间建立合理的生态廊道，能够增加景区生态系统的连通性，可以为景区物种的交流和贮存提供渠道，提高物种和基因的交流速率和频率，增强种群的抗干扰能力和稳定性；还可以给景区缺乏空间扩散能力的物种提供一个连续的栖息地网络，以增加物种重新迁入的机会，进而将孤立的栖息地斑块与大型的种源栖息地相连，其设计方法已经日趋成熟（Peng et al.，2017；Ersoy et al.，2019）。在景区廊道设计时，有两点需要特别予以关注：①廊道的数目。景区廊道数目可适当增加，有利于物种的空间运动，使本身孤立的斑块内物种得以生存和延续。但廊道数目不可过多，否则容易造成景观破碎化，而且增加建设成本。②廊道的宽度。目前并没有确定性的结论，通常是根据设计目标和景区的具体情况，确定适宜的廊道宽度。研究表明，宽度大于 12 米的树篱，其内部容易形成一个特殊的生境，中间部分出现丰富的内部种，多样性明显增加（Heliwell，1975；Baudry，1984）。从保护生物多样性的角度看，景区生态廊道的宽度最好能大于 12 米。当然，若保护对象是一般动物，廊道宽度需要达到 1~2 千米左右，而大型动物则需要 10 千米宽或更大（傅伯杰等，2002）。

（四）景观生态格局设计

不同的景观生态格局具有不同的景观功能，优化景观生态格局是景区国土空间景观生态设计的重点内容。它主要通过景观节点、景观廊道和斑块的优化而形成，其内容包括景观生态安全格局、景观绿色网络格局、美化景观生态格局、保留人性化与文化景观底蕴等内容。其主要设计模式是形成在生态学上最优化的聚集体与分离物相结合（Aggregate-with-Outliers）的景观格局（Forman，1995）。该模式强调集中使用土地，保持巨型植物斑块的完整性，同时保留一些小块的自然植被和廊道，同时沿自然植被和廊道周围地带设计一些小的人为斑块。在具体操作过程中，要考虑 7 种景观生态学特性，它们是大的植被自然斑块、粒度大小、风险的扩散性、基因变异性、交错带、小的自然植被斑块、廊道。景观生态格局指数是抽象反映景观生态结构组成和空间分布特征的变量，能够研究分辨出一些细微的但具有特殊意义的景观生态结构差异。其分析计算方法主要是通过矢量图获得的景观单元面积、周长等统计数据，计算出不同类型的景观生态格局指数，为设计提供参数。常用的景观生态格局指数主要有：斑块形状指数、景观丰富度指数、景观多样性指数、景观优势度指数、景观均匀度指数、景观形状指数、景观集聚度指数、分维等；常用的空间统计学方法主要有：空间自相关分析、趋势面分析、谱分析、半方差分析、小波分析等，详细计算可见《景观生态学——格局、过程、尺度与等级》（邬建国，2000）。

（五）现代景观公园设计

自 20 世纪末至 21 世纪初以来，越来越多具有前沿设计的线性景区进入了人们的视野。随着城市变得越来越密集，传统公园的用地越来越少。人们向往美好生活，对景观公园的需求越来越大。于是，人们重新定义了景观公园现代概念。交通走廊、运河拖道、文化线路、废弃工业用地和垃圾填埋场、绿色社区、国家遗产区、荒野区，甚至公墓和树木等，也都被纳入了景观公园的范畴。从景观生态学的角度来看，这种现代景观公园的概念既包括了生态廊道、生态节点、生态斑块等传统景观生态学要素的复合，也在很多方面超越了传统景观生态学的边界。例如，基础设施走廊，就很难说是一种生态廊道，因为这些走廊不能连接空间分布上较为孤立和分散的生态单元的生态系统空间类型，也无法满足物种的扩散、迁移和交换。但是，通过对基础设施走廊的国土空间设计，可以将其变为绿色的公共空间和线性的城市野景[1]。英国约克郡南部的唐河，通过国土空间景观生态设计使之成为该地区生态和居民新生活方式的中心公园，同时也成为野生动物充满活力的动脉（Jorgensen et al.，2012）。在欧洲很多地区，国家遗产区可以通过国土空间设计成为结合遗产保护、娱乐和经济发展的“新型国家公园”[2][3]。运河通道通过国土空间设计成为享受着新生活的公园[4]。文化线路通过国土空间设计为旅行者创造一种博爱的感觉，并与大地建立了牢固的联系[5][6][7]。从文化的观点来看，现代景观公园的设计就是一种采用系统方法促进更广泛的周边地区的可持续发展、自然化、环境整合、多样性交互、主题路线和景观美学的综合（Saviano et al.，2018）。

第三节　景区国土空间的地域文化和体验设计

一、景区国土空间的地域文化设计

（一）地域文化及其国土空间设计

地域文化是指人们在长期的实践过程中借助自身的脑力、体力劳动所获得的，且随着时间的推移不断沉淀的精神及物质方面的所有成果，涉及自然环境、社会风俗、生活方式、情感价值观等方面。它既包含了具有地域特色的自然地理状况，也包含人们在实践过程中的价值理念、生活方式、意识形态等（考睿杰，2017）。地域是文化的舞台，大地对于文化的影响十分深刻。第二次世界大战以后，经济发展快的地区，自然资源并不一定丰富，区位资源也难以解释，从而人们发现了地域文化对区域发展的重要性。不同的地域文化在漫长的历史进程中孕育了各具特色的地域文化景观，留传了众多独特的人文景观风貌。这种独特的地域文化景观有助于维持区域多样性和可持续发展的景观体系，使不同地域具有更好的可识别性和特色性（Antrop，2004；Kelly et al.，2001）。例如，江南水乡自明清发展至今，临河而筑、因水成街、傍河兴市，集中体现了植根于水乡环境和吴越文化熏陶下的“小桥、流水、人家”的整体人文景观格局；而皖南古村落以村落选址、街巷空间、水口园林、徽派传统建筑为主的物态环境，以及具有徽州地方特点的文态环境和建筑工艺等方面，其简约的建筑色彩却反映了明清徽州古村落厚重的文化底蕴和深刻的景观内涵（孙艺惠等，2008）。

改革开放以来，中国在取得重大经济奇迹的同时，各类经济开发区、工业开发区、农业开发区和高速交通网络等的建设，也使得传统地域文化景观日益破碎化和孤岛化。很多

---

[1] http：//network. thehighline. org/about/.
[2] https：//www. nps. gov/articles/what-is-a-national-heritage-area. htm.
[3] https：//www. nps. gov/subjects/heritageareas/index. htm.
[4] https：//iandmcanal. org/about-us/.
[5] https：//www. coe. int/en/web/cultural-routes/home.
[6] https：//www. coe. int/en/web/cultural-routes/the-santiago-de-compostela-pilgrim-routes.
[7] https：//pjp-eu. coe. int/en/web/cultural-routes-and-regional-development/coe-cultural-routes.

区域已经彻底改变了原有的传统文化景观格局，使地域文化景观失去整体性，传统地域文化景观的变迁与消亡有加速的趋势。国土空间设计的重要历史责任之一，就是要在深刻揭示地域文化遗产基因与结构的基础上，根据现代人本性空间观理念，在满足地域遗产性景观所在地生产生活空间质量需求的规律下，通过空间设计全面保护历史文化遗产景观基因、系统修复和再现历史文化景观。美国著名文化景观学家索尔在他的《景观形态学》一书中提出，文化景观在地面的直接表现是聚落形态、土地利用类型和建筑样式（Sauer，1925），说明这3类景观是传承保护地域文化基因的最主要空间载体。国土空间设计需要根据地域文化遗产景观的基因图谱，以上述3类文化景观空间载体作为依托，寻找构成地域形态的文化遗传基因单元，再现具有持续性、标志性和代表性的地域文化景观基因类型，包括聚落、土地利用和建筑样式等环境及组合，使美丽中国建设更具有深刻的历史文化内涵。

（二）地域文化在景区设计中的应用

上文已经指出，城市化、工业化、现代化和商业化对地域文化景观造成了很大冲击，再加上景区的盲目开发建设，不少景区的地域文化景观都遭到了严重的破坏，景区原始的文化氛围加速淡化和遗失。Medina（2003）研究了由于景区的盲目开发如何影响了玛雅遗址附近的玛雅古村的传统风貌；Marks（1996）以坦桑尼亚的桑给巴尔石头城为例，阐述了旅游业的发展对古镇地域文化景观的影响。以中国周庄古镇和大理古城为例，由于景区旅游商业化而将沿街的门面都改建为面向旅游者的商铺，从而使历史城镇失去传统的地域文化特色（保继刚等，2004）。这些景区地域文化景观丧失的本质，是文化基因及其符号的丢失。景区国土空间的地域文化设计，核心就是要借助符号学理论，将地域文化视为一种设计符号，通过对其发展变化规律的总结与分析，在景区设计中凸显地域文化符号，将特征地域文化符号作为重要的设计元素融入国土空间设计之中，实现地域文化景观艺术设计创造。

在实施景区国土空间地域文化设计过程中，首先需要从保护地域文化入手，从地方志、县志等丰富的地域文化素材中提取地域特征元素，通过广泛深入的调查和分析，实现国土空间设计中地域文化元素的萃取和提炼。在设计中充分考虑地域的地形地貌、宗教信仰、土地利用类型、建筑形态、文化习俗，尤其是整个地域的个性与结构，重视对地域文化空间整体格局保护。要针对不同地域的传统文化空间结构及格局进行更深入的研究、分析、传承和转化。例如，一个传统地域的地域形态、纪念性或地标类的文化建筑场所、市井生活类的民俗文化空间、科考教育类的文化空间、祭祀及节庆活动类的文化空间等，这些不同类型的文化空间如何组织起一个地域文化的整体保护。以色列的柑橘林景观（Egoz，1996）、也门丰富的农业遗产景观（Nugent，2003）、中国云南的哈尼梯田文化景观和浙江青田的稻鱼共生等具有地域代表性的农业文化景观（孙艺惠等，2008），之所以给当代人留下了很深的印象，从根本上讲就是对地域文化的整体性保护。在全面保护地域文化基因的基础上，国土空间设计人员应该对地域文化素材进行提炼和加工，以便得以更加丰富的设计元素。在具体的设计过程中，需要在符号学理论的指引下，将提取到的地域文化元素融入景区设计的过程中，实现具有地域特色的景区景观建构。其具体操作表现在：①运用借代手法，将地域文化元素中具有代表性的元素视为景区的景观符号元素，促使在景区的景观设计中能够体现出不同区域景观特有的文化符号特征。②重视景区设计中对传统地域文化元素的针对性处理，用设计符号改造的方法实现景区的景观优化设计，确保景区设计中的地域文化精髓能够得到深层次的表达。③用地域文化中民间图案雕塑化、历史典故场景化、文字图案化等增强景观设计符号改造效果，确保其景区设计效果的良好性（考睿杰，2017）。

走向“文化自然之旅”是国际发展的最新趋势之一。2017 年，国际古迹遗址理事会（ICOMOS）第 19 届全体代表大会暨国际科学研讨会在印度德里召开，来自世界各地近千名遗产保护者参加了本次大会。联合国教科文组织（UNESCO）负责文化遗产保护的国际古迹遗址理事会（ICOMOS）和负责自然遗产保护的世界自然保护联盟（IUCN）两大组织共同举办了“文化自然文旅（Culture Nature Journey）”。会后，两大组织共同起草了《文化自然之旅——Yatra 声明》（韩锋，2019）。自然文化之旅的本质是创造一种“天人合一”的文化景观，景区国土空间设计需要特别重视对历史遗产的自然和文化融合，成为“文化自然之旅”的引领者和贡献者。

二、景区国土空间的互动体验设计

（一）景区互动体验设计溯源及其现代内涵

旅游是一种回应人类休闲本性的生存方式，是人们追求生活意义的一种行为，其主要目标是获得身心的愉悦。随着生活水平的提升，全球都逐渐开始接受并热爱度假与休闲生活方式。由此，人们开始关注自然，将更多的时间用于亲近自然、户外活动。充满花香的山野、波光粼粼的湖畔、篝火与繁星相遇的海滩，是自然馈赠予人们的珍宝，同样也是人类找寻自我的钥匙。正如经济学家们所指出的那样，经济发展已经促使体验成为新的经济形态和设计对象。所谓体验（Experience），其词源来自拉丁语 Experior，指非理性的、由感知得来的信息，通常能在大脑记忆中留下深刻印象。从汉语的字面意义解释，“体”即是体察，“验”即是验证，体验即是“以身体之，以心验之”，是身心两方面的综合（吕健梅，2011）。按照美国著名景观设计师约翰·奥姆斯比· 西蒙兹（John Ormsbee Simonds）的理解，景观设计的不是场所、不是空间，也不是内容，而是一种体验（西蒙兹等，2009）。

体验是一种情感下的互动方式，而旅游的内质之一就是景区空间的体验。这种体验除了满足一般需求层次的愉悦之外，更多的是要使旅游者在体验中满足精神层面的需求，获得独特的美好回忆。如何利用场地的特征和现有资源为人们创造丰富的旅游体验，已经成为景区设计的重点内容之一。景区互动体验设计的核心是加入“人”的元素，将景区作为设计“舞台”，将地形、地貌、植被、岩石、土壤、水体、建筑、小品等各类景观实体要素作为“道具”，结合人的行为要素、空间环境要素和地域文化要素，通过合理的组织形成“场景”，为旅游者创造出值得回忆的体验经历，使其在体验过程中得到不同层次的满足。现代景区互动设计是建立在人类工效学、感性工学、人类工程学等基础之上的，其设计内容主要体现在以下 3 个方面：①第一反应设计。景区设计内容主要是整体形态、造型、材料、肌理等能造成直接情感反应的因素。②感受设计。是指景区提供给旅游者的整体感受，包括功能、理解力、易进入性和情绪反应等。③留痕设计。是指旅游者体验后所能留下来的感受，是景区留给旅游者的品位信息、深刻记忆和值得回忆的东西。在国外也称之为反思性设计（Norman，2005），要让旅游者形成有情感、有意义、值得记忆的经历（Dewey，1958）。现代景区体验设计应该更多关注精神和心理需求的满足，如值得回忆、带来愉悦感、实现成就或具有一定的意义，为旅游者带来更完美的体验过程。

（二）景区互动体验设计的关键环节与方法

景区互动体验设计要力图使旅游者在景区活动过程中感受到美好的体验过程，让旅游者能更方便地进入，更加的符合旅游者的行为习惯。其关键的设计环节和方法主要是体现在以下5个方面：

1）景区特色体验主题提炼。特色鲜明的景区体验主题，是决定有多少旅游者会来参与体验以及有多少“回头客”的关键因素。在景区设计中，体验主题是由空间场所和景观要素共同表现的设计内涵，其概念源于文学创作中的中心思想，关键环节有以下3个：①以特色定位主题，从景区本身所具有的特色出发，比如景区特殊的地形地貌、自然资源、历史文化等，将景区场地现有的特征要素提炼出现，通过创新给人耳目一新的感觉。②以素材诠释主题，使其体现主题形象，融入景区的整体景观设计中，完成对主题的进一步诠释。③以命名深化主题，恰当的命名对景区体验主题的表达有点睛之笔的功效，通过景区整体命名和景点命名两个方面对空间序列进行关联和完善（范雯雯等，2020）。

2）景区多样性体验空间划分。从发展趋势看，旅游者会更加重视文化精神层面的景区体验，这就需要多角度、多方式的开发旅游者的体验空间。从宏观层面上看，体验空间的划分必须以原有景区空间载体为基础，将功能与体验相结合，使体验者在不同的空间产生不同的空间感受。每个大尺度空间可以包容多个小尺度空间，将单个的小尺度空间进行合理的组织，形成更有体验性的景区空间序列；通过旷奥收放、起承转合等手法赋予景区多样性的层次变化，使旅游者在步移景异的过程中产生层次丰富和多样性的空间体验感受。例如，杭州三墩现代农业产业园旅游景区，将空间划分为假日集市、玫瑰香镇、魔法庄园、梅子故事馆、快乐大本营、花木大世界、水生植物园、瓜果酵素庄园、艺术公社、农业迪士尼、马术体验营、创业实验田、大色块蔬菜基地等，让游客能有更多样性的空间体验。在设计体验时，要对设计中的情境空间进行合理有趣的划分，在体验服务中满足旅游者“个性化”需求，使每个人都能获得“独特感受”。情境交融下的旅游体验设计，要着力触发旅游者的“某个心事”，带给旅游者心灵上的更多触动。

3）景区多感性体验场所设计。从以游客为中心的空间设计，到游客体验和与游客共同创造的生活实验室多感性体验场所设计，是景区国土空间互动体验设计的基本趋势（Pallot，et al.，2010）。设计中可以通过声音控制系统、思维控制系统、动能控制系统、视角控制系统进行听觉、视角、思维、动态等多感体验设计，形成可以沉思和觉察事物的多维空间体验；通过浸入式体验设计、半交互体验设计、教育体验设计等多重路径实现体验设计的目标。例如，研究者通过对浙江、福建两省城郊国家森林公园的实地调查，收集了相关的视听资料。在此基础上，进行了跟踪实验，研究了森林景观的视听交互设计。结果发现，鸟鸣伴虫鸣、流水或轻音乐伴古寺钟声可增强参与者的参与感和沉浸感，同时显著降低心理负荷。山顶景观与鸟鸣、虫鸣、流水或轻音乐、古寺钟声相结合，最能缓解游客的心理压力；林下景观与人声相结合，使游客在环境中感到更安全，为游客创造一种安静放松的休闲体验（Liu et al.，2019）。

4）景区可视化交互增强设计。随着计算机科学技术的发展和虚拟现实技术、增强现实技术的应用，人机交互技术提供了景区可视化交互增强设计的新方法，可以更好地获取景区环境信息并改善景区设计中环境体验目标的实现。通过创造体验感强、交互性强的设计内容，给旅游者带来多种生动的体验（Liu，2019）。增强现实技术作为一种在设计中可视化环境设计选择的工具，正在得到越来越多的应用，包括利益相关者参与、设计评估和洪水风险应对等（Tomkins，et al.，2019）。德国研究者将地理信息系统、支持公众参与的通信工具、可视化工具和决策支持系统进行整合，开发和测试的一个模型能较好地支持景区规划设计支持系统（Haaren et al.，2006）。将地理信息系统（GIS）与艺术家和居民密切结合，可以更好地实现可视化交互增强设计。地理信息系统通过地图和图像为设计小组提供交互式可视化，艺术家通过居民积极参与设计创作，快速捕捉到创意想法和设计方案；通过计算机照片处理，使参与者能够看到设计原型的真实照片；再通过设置景区全息图和灯光等实验设备与互动界面，促进旅游者交往、体验和对景区神秘空间的探索（Al-Kodmany，et al.，1999）。

5）特殊人群的互动体验设计。特殊人群主要是指儿童、老人及患有特殊疾病的群体，这些特殊人群需要有特殊的景区互动体验设计。以往儿童游憩空间设计主要集中在游戏设施、安全性、趣味性等方面，对交互性设计研究较少。在实际的户外游戏环境中，有很多机会与孩子们进行更深层次的接触和交流。然而，这些机会的利用取决于母亲或其他看护者是否愿意认识和利用身边的机会，把环境变成帮助他们建立联系的工具。通过接触和对“情感调适”的更多理解进行互动体验设计，人们就会克制看手机的冲动，花一些时间寻找并认识到如何利用这个环境来重现那些看着妻子和孩子们分享的讨人喜欢的眼神[1]。在设计中需要特别关注这些特殊群体的生理及心理需求，让这些特殊群体回归自然；同时还要不断融入充满体验感的娱乐设施，突出强调宜人的空间尺度和富含趣味性及创造性的空间形态。例如，2019 年上海的垃圾分类问题，将众多新鲜的元素混入设计中，利用“模数化”概念，让每个单元模块不仅有好的功能体验，还能够灵活布局、弹性安排，就大大增强了儿童的互动性体验（高文静等，2020）。

需要指出，景区设计越来越受到技术智能的控制，但与人们的互动体验却可能越来越远。为了缩小这一鸿沟，国际上出现了“触觉高科技”的环境，使旅游者和空间融为一体。在设计和内容、意识形态和技术之间建立的联系导致了罗斯福（Roosevelt）所说的“技术诗歌（Techno-Poetry）”的出现，这是值得探索和推崇的。

---

[1] https：//thefield. asla. org/2016/06/23/.

第四节　景区国土空间的景观审美设计

一、景区国土空间的景观审美演变

（一）景观审美的缘起与演变

景观一词在西方最早出现在《圣经》全书中，在词源上与“Yafe”，即美丽（Beautiful）相联系。此时景观的概念，相当于汉语中的景色、风景、景物、景象、景致等含义。景观与风景或景色的不同之处在于，风景或景色只表示客观的景象存在，而景观中的“观”，有观看、观赏、观察、观照等含义，是指人的视觉生理系统对客观物象的映射，因而景观即表述客观的景象，也表示主观的视觉。从审美的意义上看，景观作为自然演化过程和人类活动在大地上的印记，是具有审美发生美因潜质意义的物质景象，是人们对其不断认识和审美的动态过程，是人的本质力量对象化的审美观照（丁宁，2007）。景观审美是人们对环境的一种需求，对于美的理解，不同的人群有不同的审美标准，而且随着时代的变迁，人们的审美观也在发生深刻变化。

在早期，人类对周围环境的改造，主要是为了食物生产、庇护和空间运动。随着农业和手工业的分工，地球上开始出现城市。“城市人”的出现，导致景观价值开始发生了分化，出现了审美价值。人们在进行景观设计时，不仅追求其实用功能，还要考虑其能够满足审美需要，由此开始出现了休闲娱乐景观、教育景观、文化景观等新的概念。进入20世纪中叶，随着生态主义的兴起，景观设计具有偏重自然生态的倾向，景观的艺术性在设计过程中被忽视。进入20世纪80年代中后期，景观美学发生了4个方面的显著变化：①生态主义景观由单纯“形象上的生态美”或“功能性生态美”向二者融合的方向发展（秦嘉远，2006；Hough，1984；Gobster，1999）。②伴随着可持续发展的全球深入，景观开始超越传统生态学的作用，强化了生态学的人文内涵，从社会与文化层面促成可持续文化价值的产生，提出了可持续景观的美学宣言，认为景观审美除了包括风景美学品质以外，还应该包括多样性、自然性和地域性等特征（Mozingo，1997；Nohl，2001；Meyer，2008；李光子等，2019）。③产生于20世纪70年代的分形几何学，在80年代中后期引入了艺术领域，形成了景观的分形美概念。分形几何学是一门数学理论，它强调对非欧几何现象的描述和度量，是一种与欧式几何相对的非欧几何学。分形的原意是破碎、不规则，分形体最本质的特征是自相似性（Self Similarity）或非标度性（Non Scaling）。分形美，是分形艺术所提供给人在感受和认知方面的愉悦之美，它不同于传统三角形、方形、圆形等几何形态所呈现出现的美感。蜿蜒美、破碎美、层次组织美、非标度迷幻美等，都是典型的分形美（齐立博等，2006）。④与康德“分离式”的审美模式不同，“介入式”审美模式成为景观审美的一种发展趋势。它强调个体的景观参与和介入对景观审美具有更积极的意义，突出景观审美的体验，强调景观审美包含着主体与客体的交互作用（Berleant，1984）。

（二）景区景观审美的主要特质

人类有一种永恒，就是对美的追求。在现象学视域中，景区景观是作为存在于人类的生活之中，而不仅仅是人们观看、享受和研究的客观对象。景区景观的审美功能存在，早已超越了康德关于审美的无目的的合目的性思想，是人的知觉的感觉特质在景区审美经验中的呈现。大自然中花岗岩的斑斓美，荷花的清纯美，草坪的柔软美，梅花的傲骨美，水体的涟漪美等，并没有以景观的构成材料消耗为代价，而是在敞开的世界领域中以一种去蔽的方式通过人的主体把握才得以发生的。旅游者置身于景区自然与人文物象所进行的旅游体验，其核心是要从景观欣赏中获得审美愉悦。在景区的景观审美实践中，旅游活动就成为一项集自然美、艺术美与社会生活美为一体的综合性审美活动（王柯平，2000）。从这些角度看，景区的景观审美主要有以下特质：

1）象征性。古希腊著名哲学家亚里士多德、德国著名哲学家黑格尔、瑞士著名心理学家荣格、《新编大不列颠百科全书》等都对象征（Symbol）进行过定义，但都尚未形成共识。尽管如此，可有一点是大体相同的，那就是都认为象征是通过种种外显的或可感知的东西来暗示或者反映某些事物的特定内涵。象征可以解释为用具体事物表现某些抽象意义，具体手法是根据事物之间的某种联系，借助某人某物的具体形象（象征体），以表现某种抽象的概念、思想和情感。它可以使景区立意高远，含蓄深刻，给旅游者留下更深刻的印象和咀嚼回味的余地。这也是在景区景观审美领域，后现代主义提倡的所谓空间的符号意义。例如，杭州西湖的三潭印月，海南的天涯海角，山东半岛的蓬莱仙境等，都是典型的景区文化象征。由景观的复杂性所引起的审美体验的潜在差异可以经由多种方式体验，但主要是通过以下几种方式进行的：①观察-隐蔽体系的象征物；②象征的方式和强度；③象征物的空间分布；④观察和隐蔽的象征物之间的均衡；⑤作用于主客体之间的物质媒介（Appleton，1975）。

2）体验性。体验式景区景观审美设计的实质在于，以游客游览时的触觉感知为设计的目标，以游客的心理情感和活动行为作为设计基础。它需要统筹运用现代技术与传统造景方式，将自然景观和人工景观重新组合，使景区景观更符合当代人的审美需求。景观审美设计的体验性的主要特征是创造多元化的、符合人生活体验的景观环境空间。这种景观环境空间是公共开放的，可引导游赏者积极主动参与、亲身经历，在满足游赏者使用需求的同时，还可满足情感需要，能够让游赏者发掘潜在乐趣，与景观进行深入交流对话，获得情感满足，甚至找到归属感与共情心。必要时需辅以人工智能符号为元素通过视觉、听觉、思维、动能等，进行可视化、情景化和生态化的景观语汇表达。

3）原生性。对于旅游者而言，真正能够使内心得以平静的风景是原风景。比如“绿色”，这是一种原风景的象征。世界上的人们都喜欢绿色，见到绿色就会心旷神怡。这是人类从森林中走来留下的基因，也就是风景的原生性审美旨趣。这些原风景包括个人的原风景、地方的原风景、民族的原风景和人类共通的原风景。景区的景观审美设计，需要吸收中国诗学原生性“自然美”的内涵，强调景区的营造从人与自然的紧密联系与和谐关系出发，走回乡之路，丰富“农之风景”，寻找土地之神韵，再造大地之艺术，对话人性与故事的地方。通过原生性、乡土性、在地性的景观设计，寻找景区更有审美层次追求的

“诗境空间”，将审美情感融入自然而然建立起来的诗意神韵。可以认为，景区原生性的“诗境空间”设计，能更好地契合人类“以人和天”的本真性，以及“精神安顿”的归属性，表达了景观美学或环境美学的至高审美层次。

4）时效性。美学质量是景观本身内在的一种属性，但景观美又是观察者的心理和视觉感知共同作用的结果（Lothian，1999）。由于美不是一个孤立的概念，它不能脱离其他知识体系和历史条件而独立存在，同时由于人的心理和视觉感知是会随着情境、认知、发展阶段、自身条件等的变化而发生动态演变的，因此任何景观美都具有某种时效性。所谓时效性，就是指时间进程与产生审美效能的相互统一。它既体现景观美在某一时间段内所产生的审美效果，也预示着这个效果所持续的时间进程——既可能是短暂的存在，也可能是无限的持久保留。景观审美设计时要充分认识这种时效性，避免过度“跟风”设计，力求呈现可持续的审美特性及稳定不变的审美价值。从国土空间的层面看，维系景区景观稳定审美价值主要有 3 条路径：历史与现实的叠加突显对曾有文化的尊重；原态与印象的归依强调对现实感知的肯定；信息与功能的创新表达对将来情景的期待（王雪霏等，2020）。从人类的欲望与景观美学的基本问题看，求善、求真和求美的统一，应该是维系景区景观审美设计价值持久性所要坚持的重要准则。

5）结构性。景观美学的瞭望-庇护理论认为，人的审美过程就好比人具有双重身份：既是“猎人”又是“猎物”。当他的身份为猎人时，希望看到更多的猎物；当身份为猎物时，尽可能不被猎人所看到。这说明人喜欢可以瞭望、视野开阔，并且可以掩藏自我的自然环境结构，这是人审美的一种本性体现（李雪莹等，2016）。按照结构主义美学的基本原理，景区要素间的结构关系要比要素本身更重要，景观要素结构关系的美学价值要大于要素本身。格式塔理论认为，环境对象在某些形式方面与神经处理过程存在同构关系，这种同构关系将景观审美推向主客观的结构统一（Lang，1987）。在国土空间结构环境下，景区景观审美结构由“时间-历史（Time-History）”维、“空间-尺度（Spaces-Scale）”维和“机制-功能（Mechanism-Function）”维共同构成（沈敏等，2011）。因此，景区的景观审美设计，需要让审美主体寻找到一种带有时空交错结构感的真实体验，既有时间维度上的历史感或未来感，也有空间维度上的拓展感或异域感，以满足旅游者共同的文化偏好。

二、景区国土空间的景观风貌设计

（一）景区景观风貌设计的特殊内涵

景区景观是自然、地理、生态、人文和历史等特征的综合外在反映，更多景区还是历经千百年地域自然生境条件和人文生态需求双重选择的结果。与城市景观和乡村景观相比较，景区景观具有以下特殊性：

1）更具自然性。虽然景区也有人类干预的印痕，但与城市和乡村聚落景观相比，景区景观的重要特征是自然性，利用自然形成的地质、地貌、地形、水文、植被、土壤和气候条件生成景区景观，具有吸引力的南方景区尤其如此。例如，浙江杭州西湖、安徽黄山、湖南张家界、贵州黄果树瀑布、广西桂林漓江、云南西双版纳、海南天涯海角等，景区的生成和发展都是以自然性作为坚实基础的。

2）更具生态性。景区生态系统的特点，大多以林地生态系统、农地生态系统、微生物生态系统、动物生态系统等生命景观为主体，更具生态性。它是一个充满各种生命、满眼生机的生态系统。景区景观生态系统的服务功能主要表现在为提供保存生物进化所需要的丰富的物种与遗传资源，如太阳能、二氧化碳的固定、有机质的合成、区域气候的调节、维持水及营养物质的循环、土壤的形成与保护、污染物的吸收和降解，同时满足创造物种繁殖和赖以生存的条件，维持整个大气化学组分平衡与稳定。这些由丰富的生物多样性所形成的自然景观具有美学、文化、科学、教育的价值。

3）更具魅力性。前文已经指出，景区必须对游客有很强的诱惑力与吸引力，如果景区缺乏魅力性景观，就会失去存在价值。景区景观的魅力性，不仅表现在自然景观优美，同时它也是具有人文内涵的自然与文化资源富集的魅力区。中国旅游景区缘起于古代园林，后者是现代旅游景区发展的雏形。中国现在的很多景区是在古典园林基础上建设发展而成的，如颐和园、拙政园、杜甫草堂、清晖园等。园林的特点是把山、水、植物、建筑、道路等各要素与自然景观巧妙地结合起来，使之处于自然、高于自然，建筑美与自然美融合，诗化的情趣和蕴含的意境结合，从而使园林成为供人们行赏游居的魅力景观。这就意味着景区景观要具有更高的审美属性。

4）更具单一性。景区土地利用以林地、耕地和牧草地为主，河流和道路穿过，湖泊、水库、坑塘就像河流或溪流上的珍珠成串分布，完全不同于城镇以建设用地为主体的土地利用方式，也不同于以生产、生活、生态和文化空间多元复合的乡村土地利用方式。景区土地利用的单一性，意味着景区景观风貌设计应该从根本上区别于城市和乡村的景观风貌设计。

因此，景区是一片具有特定景观行为、结构形态和概念内涵的国土空间地域。其景观风貌设计，既不能简单搬用城市景观风貌设计的范式，也不能简单套用乡村景观风貌设计的模式，需要建构新的概念框架和实践途径。目前景区景观风貌设计的突出问题是自然性、生态性与审美性之间经常发生冲突。琼·纳赛尔（Joan Nassauer）的研究认为单纯提高生态品质、采取新颖的景观设计语言可能得不到公众的认可；由于人们与生俱来的对异域感有偏好，本土物种和生态系统可能并不符合人们的审美情趣，因此生态价值很高的景观可能由于在视觉上没有吸引力而得不到很好的保护（Gobster et al.，2007；Fry et al.，2009；Nassauer，1995）。故而，景区景观风貌设计的概念框架，其逻辑主线就是要协调好景区自然性、生态性、审美性和单一性的矛盾冲突，建构起以“关键景观要素整合-整体空间结构融合-生态审美分区叠合”为基本逻辑的景区景观风貌设计概念框架和管控途径（王敏等，2017）。按照这种不同于城市和乡村景观风貌设计的概念框架和管控途径，景区国土空间景观风貌设计可以按以下步骤展开：

1）景区核心景观要素研判。山水格局是景区景观要素精准研判的重要因子，也是关键的景观整合要素。要通过现场踏勘、遥感判读等技术方法进行景观生态要素识别和风貌特征提炼，严格控制景区建设对山水本体的影响，以自然格局为评判依据，划分景区核心资源和景观要素类型，明确景区自然、生态和审美共同的关键景观要素是什么，它们之间存在何种联系，基础性和决定性的要素有何特点。

2）景区景观要素综合评价。要根据景观美学的原理和方法，进行景区生态环境敏感性评价和审美重要性评价。要分析在同样干扰强度和外力作用下，景区各类生态系统出现生态环境可能性的大小和风险级别；分析景区生态环境敏感性的区域分布规律，明确特定生态环境问题可能发生的地域范围与可能程度。审美评价（Aesthetic Evaluation）是指在景区审美活动中，主体以其独特的审美价值观对景区各类景观要素审美对象的属性作出价值判断的过程。景观要素的审美重要性是主观的，它取决于评价者的审美修养和价值取向。在景区景观要素审美评价中，主要从审美欣赏活动中的属性、真实性、道德性及艺术性进行综合判断。

3）景区总体景观风貌设计。这是在对核心景观要素研判和综合评价的基础上，进行立意与构思，确立景观风貌设计的总意图，完成生态安全格局构建与风貌空间骨架布局。从保护和恢复生物多样性、维护和提升审美空间感知的角度，以增加景观安全和景观吸引度为设计目的，综合考虑景区景观特征、功能格局、游憩休闲项目设立、游线组织等内容，将功能区、主要建筑、道路系统、生态景观进行定位，形成具有空间结构整体性的地域综合体。总体风貌把控应以自然生态的山水格局气质为基础，将景观最大限度地融入自然野趣和地域文化。

4）景区景观风貌分区设计。这是对景区总体景观风貌设计的分类细化，进一步细分自然生态空间格局要素和景观风貌特色发展的空间单元，形成多样性的生态审美分区。对于景区重要空间节点，提出生态技术支撑和审美体验途径方面的具体设计方案。明确用地控制、容积率、建筑量、开敞空间、建筑群体高度、建筑宽度、景观节点、植物结构等控制参数，从不同界面和不同层次提升景区整体的“自然-生态-审美”价值。

5）景区景观风貌管制引导。保护自然生态和人文景观是景区景观风貌设计的灵魂所在，要针对景区不同的景观风貌类型制定相应的管制引导规则。例如，对于凸岸临湖类景观，管制引导主要以控制建筑单体形态为主，建筑可直接临水，形式应最大限度融于山水；对于平岸临湖类景观，管制引导应着重选择建筑群体宽度，而因基础地形平缓，建筑群体高度对界面影响较小；对于凹岸临湖类景观，管制引导以营造丰富多样的植物景观为主，零星点缀少量风景建筑和服务设施建筑，控制侧重选择沿湖公共游赏空间宽度与临湖建筑檐口限度（张赛等，2020）。

（二）景区景观风貌设计的地域文化

文化独特性是旅游行为的根本动力，景区表现出某种文化独特性的形态是吸引旅游者的核心要素之一，景区景观风貌设计中要确定将哪种文化作为景区风貌的独特吸引点，其中要特别重视与地域文化的融合。所谓地域文化，是指人们在长期的实践过程中借助自身的脑力劳动和体力劳动所获得的，且随着时间的推移不断沉淀的精神及物质方面的所有成果，涉及自然环境、社会风俗、生活方式、情感价值观等方面。地域文化在长期的历史发展过程中所包含的内容丰富：既包含具有地域特色的自然地理状况，也包含人们在实践过程中的价值理念、生活方式、意识形态等，是以地理分布为基础，以历史文化为主线，以现实为表象的人文精神活动的总和（考睿杰，2017；高晋，2014）。为了使地域文化在景区景观风貌设计应用中能够达到预期效果，需要在理解地域文化的基础上，重视将其作为一种设计符号融入景观风貌的研究之中。景区景观风貌设计中应当从地域文化符号中汲取营养，实现景观风貌地域性设计效果的有效表达，并保持人与自然之间情感的正常交流。同时，应当借助符号学理论，将地域文化视为一种设计符号，通过对其发展变化规律的总结与分析，了解其与人类实践生产活动的关系，促使景观风貌设计中能够体现出地域文化符号。

世界各国都十分重视景区景观风貌设计的地域文化元素提炼与融合。例如，东南亚是佛教、伊斯兰教、基督教三大宗教的交汇地，人文景观无不打上宗教的烙印。宏伟壮丽的宗教建筑风貌构成了本区一道亮丽的风景。泰国向称“黄袍佛国”，境内寺庙林立；缅甸素称“塔之国”，有著名的仰光大金字塔；柬埔寨的吴哥窟、印度尼西亚的婆罗浮屠佛塔等都是著名的宗教建筑。东南亚地区的景区景观风貌设计都十分重视融入并展示本区独特的人文景观。又例如，地中海地区是欧亚非三大洲经济、文化沟通的重要区域，人类文明的发源地古埃及、古希腊、古罗马等保留了灿烂而珍贵的文物古迹。以意大利为中心的“文艺复兴”运动创造出灿若繁星的艺术珍品，拥有罗马、佛罗伦萨、威尼斯等旅游城市，从斗兽场、庞贝古城等遗址中可以领略其昔日的辉煌，被称为“露天历史博物馆”；阳光、海水、石头是希腊的三宝，“考古”旅游为主要内容，如雅典卫城、奥林匹亚古遗址，古城罗德、阿波罗神庙、埃皮达鲁斯考古遗址等。地中海沿岸景区的景观风貌设计，就需要充分融入地中海所特有的这些地域文化。再例如，我国 3A 级及以上旅游景区分布的高密度区主要是长三角和京津冀地区，其中分布密度最高的地区位于苏沪交界地带。景区分布密度较高的地区还有以西安为中心的陕西省关中地区、以洛阳为中心的河南省中原古都区、以宜昌为核心的湖北湖南华中地区、以重庆为核心的川东南地区、以沈阳为中心的东北三省地区及从珠三角往外辐射的两广地区。这些地区都分别有其独特的地域文化，如长三角地区以山岳、湖泊和海滨等自然遗产及水乡古镇为代表的文化遗产为主要特征，北京以大量皇家宫殿建筑、皇家园林、皇家陵寝、长城及宗教景观（八大处）等成为该地区文化遗产的代表，东北三省地区则是自然遗产资源为主的遗产型旅游景区居多（吴必虎等，2011），景区的景观风貌设计应十分重视不同地域文化的气质神韵提炼、传承和彰显。

三、景区国土空间的景观美学设计

（一）景区景观美学设计的认知维度

“景观”从一开始出现就意指景色和自然风景（Naveh et al.，1984；Summers et al.，1987），因而一直就是美学和风景园林研究的对象。然而，系统的景观美学研究，是伴随着 20 世纪 60 年代环境运动的兴起而不断走向完善和成熟的。当代景观美学被定义为生态美学和环境美学的具象化和生活化，是建筑美学的延伸和拓展（桂强，2007）。迄今为止，景观设计学（Landscape Architecture）与风景园林（Landscape Gardening），其概念边界依旧并不清晰。本书第一作者吴次芳于 20 世纪 90 年代末在澳大利亚做访问学者时，教授们告知，大洋洲的景观设计就是指中国的风景园林。可是，从国土空间治理和可持续发展的角度看，景观设计应该不同于传统的中国园林。传统的中国园林强调诗情画意的园艺美，无论是江南园林、岭南园林、蜀中园林、北方园林，还是皇家园林、文人园林、寺庙园林、邑郊风景园林等，其设计解决的核心问题是“美”。它指在一定的地域运用工程技术和艺术手段，通过改造地形、种植树木花草、营造建筑和布置园路等途径，创作一种美的自然环境和游憩境域。由于各民族和各地区人们对美的理解和偏好不同，就出现了不同风格的园林景观。然而现代景观设计更强调可持续发展，解决的是“人地关系”的危机，人与土地的和谐关系成为景观设计学的核心命题（吴明霞等，2016；俞孔坚，2004）。因此，景区国土空间的景观美学设计，其理论认知应该包括以下两个维度。

1）人地共生维度。当代地球景观的重大问题，诸如生物多样性下降、景观结构失衡、土地退化、湿地萎缩、物种灭绝、热带雨林消失等，根源上都是由于人地关系失衡所引致的。而人地关系是地球表层上人类活动与资源环境相互作用而形成的具有整体性、开放性、动态性和非线性的复杂巨系统。在这个复杂的巨系统中，自然景观的山水林田湖草沙是精密镶嵌和互补互动的生命系统。青山、碧水、绿林、沃田、蓝天、镜湖、黄沙，是自然景观的睿智存在。在这里有春分、清明、夏至、立秋、秋分、冬至，人类的一切与生态时间紧密相连。山水林田湖草沙、细菌、原生生物、植物、动物，通过生物小循环和地质大循环，创建了可持续发展的生命有机循环系统和生物圈的“自创生”系统，这是一个“它弃你用”“你无我补”的互补互动运营紧密系统（石军，2013）。田者出产谷物，维系人类的生命；水者滋润田地，使之永续利用；田、水、山、土、树等构成生态系统中的环境，形成一种共生关系，结成命运共同体。所谓“道生一，一生二，二生三，三生万物，万物负阴而抱阳，冲气以为和”，或者说“人法地，地法天，天法道，道法自然”，也充分表达了人类与山水林田湖草沙同呼吸、共命运的自然法则。“大音希声，大象无形。道隐无名。夫唯道，善始且善成。”山水林田湖草是无声的，但它像一个精密运行的机器，有着严格的“道”和运行规则。如果违背了这种“道”和运行规则，人类将会面临严重的惩罚。纵观许多古文明的兴衰，可以发现这些文明之所以从强盛走向衰落，是因为他们在文明发展过程中很少或根本没有遵循生态规律，对自然界肆意开发和掠夺，从而导致自然生态系统的崩溃，最终酿成文明的衰败。美索不达米亚文明、玛雅文明、哈巴拉文明都是如此。当下的土地退化、资源短缺、水源断绝、物种灭绝、地球变暖、灾害性气候频发、环境荷尔蒙对体内胎儿的影响等，就是违背大自然“道”的结果。人类学和历史学的研究表明，人与自然对抗，必然发生生态环境破坏，这是不变的宇宙法则。毫无疑问，景区景观美学设计，首先必须创设人地共融的生态系统。这是一种生命的情感联系，也是景观美与生态美和环境美的统一。否则，任何过于强调视觉和感知上的唯美倾向，而忽视可持续发展下的景观质量美、景观生态美和景观环境美，都可能是一种顾此失彼或者是买椟还珠。

2）园艺美学维度。爱美之心，人皆有之。美是人性的基本属性，也是人类的永恒追求。对于美的欣赏，在很大程度上标明着人的智力水平和文明程度。人比任何动物的高明之处，也表现在人的审美之中（周明，2015）。几乎人人到黄山都会起大早去看日出，都对杭州西湖的景观美倾心相融，没有人会说洛阳的玫瑰生态园不美。儿童爱彩蝶、彩虹，那是因为彩蝶和彩虹更美。无论是山岳型、森林型、江河型、湖泊型、滨海型景区，还是风景园林型、城市公园型、主题公园型景区，旅游者愿意走进其中，首先是因为这些景区很美。它们的美的内含，是来自人的自然属性偏好所致。英文“美学（Esthetics/Aesthetics）”是源自希腊文中一个表示感觉、知觉的词汇，在英文里的含义则指对于美的事物所具备的感受

(Sensation)或认知(Perception)。景观美学的研究表明，审美的产生首先来自审美对象通过视觉、听觉、嗅觉、触觉带给人们的感观审美体验。也就是说，审美过程是沿着感官审美、心理审美和精神审美的层次而展开的。Appleton(1975)的研究指出，人类根据审美法则对景观做出敏锐的感知，因而审美情感首先是基于生物学法则的直接感知。格式塔理论的基本关注点之一，是物体从视野中被识别出来的方式，亦即景观审美形象从背景中凸显出来的方式。现象学美学的创始人胡塞尔，认为生活世界是“通过知觉实际的被给予的、并被经验的世界”(张贤根，2004)。按照胡塞尔对生活世界的理解，审美的意义在于要回到生活世界中去，回到先验意义上的本源的生活世界中去。在20世纪60年代中期兴起的景观美学评估(Landscape Assessment)，主要就是研究景观的视觉美学质量或价值。如美国土地管理局认为，景观美学评估即是研究“基于视知觉的景观美学的相对价值”(USDI BLM，1984)。由此可见，过于强调人地共生维度的生态美，而忽视大众能够直接感知的园艺美学，也是违背审美感知层次由浅入深这一基本逻辑的。所谓园艺美学，是美学里最自然的造物，一两束花或一座园林，缀以山水石桥，亭台楼阁，是匠人呕心沥血使其如浑然天成。中国园林根植于华夏文化，以诗学为宗、画意为尚，本着“天人合一”的底蕴，通过对山石、池水、植被、建筑等园林物境要素进行巧妙组织，使之来自自然美又高于自然美。这种在“咫尺之间再造乾坤”的园艺美学，也应该是景区景观美学设计的重要认知维度。

综上所述，国土空间框架下的景区景观美学设计，在理论认知上需要将人地共生维度和园艺美学维度相结合，凸显景区景观的自然性、科学性、系统性、地域性、尺度性、文化性、艺术性、符号性和审美性，既重视景区景观的生态结构和功能，也重视景区景观的美学功能。不仅如此，景区景观美学设计还需要超越一般功能或生态学上的作用，在区域可持续和人类生活更美好层面上产生效果。

(二)景区景观美学设计的深层结构

正所谓“形有尽而意无穷”。美的高境界在于意境上的美，而非单纯形式上的美。在一般意义上说，景观的审美层次可以分为形式层、体验层和意境层(顾朝林，1995)。形式层次属于景观审美相对浅显的层次，不易为审美主体留下深刻印象。体验层能在心理和情感上产生共鸣，审美层次相对提升。意境层由感观到心理再上升到精神的审美感受，是审美的最高形式和最深层次。“意境”的直接源头来自中国诗学文化的核心和智慧结晶，是中国古典美学的一个重要概念，也是中国文化艺术的一个重要特征。唐代诗人刘禹锡指出“境生于象外”，意味“意境”产生之“意象”又超越于“意象”。唐代僧人、诗论家皎然云：“须绎虑于险中，采奇于象外”，这里的“象外”是指人的思想情感与现实世界感应、交融而营造的美的世界，也就是所谓的“意境”(李先逵，2018)。

景区的景观美学设计，其深层结构在于创造美的“意境”。这种意境不仅是一种精神上的愉悦，还是一种策略和实践方式。因为上文提到的将风景等同于商品等景区开发乱象，已经导致人地关系的失衡和山水林田湖草沙生命共同体的瓦解，它需要人类景观美学设计爱、智慧和洞察力加以解决。当人类因环保政策或土地管理而得以身处于自然保护区或国家公园景区时，缘于这一切的保护措施都涉及“美”。是故，“自然美学的声音就是保护政策或土地管理的重要声音”(Callicott，1983)。从当代可持续发展的角度看，景观美学设计所创造的“意境”，本质上还是停留在个人的精神层面，甚至是带有某种个人主义的倾向。而景区的景观美学并不只是一种抽象意识上的美学意境，它也直接关涉人与自然间的互动，关系到与土地伦理构成利奥波德式环境美学的肌理，甚至关系到人与自然构成的生命共同体。因此，景区景观美学设计的最深层结构应该是——伦理美学，一种建立在生命共同体之上的美。加塔利在《混沌互渗》中，也将伦理美学范式视作生态智慧的最高范式（张惠青，2019）。

所谓伦理美，这是一种既善且美、善的内容与美的形式相统一的美。伦理美的要素可以归纳为：有益性、愉悦性和形象性。它以使人愉悦的形式或形象表现出来的有益于人类社会持续发展的美，作为其心灵、愿望、行动或行为指引（李翔德，1986）。在国土空间可持续发展的结构框架下，景区景观设计的伦理美学应当超越以艺术为中心的分析美学的主流传统，更加强调人-土地-自然系统全面和谐，土地与人在审美心理上的合一：土地功能要素与人的感知性情感合一，土地文化要素与人的想象性情感合一，土地审美追求与人的理解性情感合一。这种伦理美学范式是建立在“美学”——对美作审美阐释的“审美创造”和“认识论”——对美作非审美阐释的“审美再现”的界面上，亦即“爱”（知觉）与“智慧”（真理）的交叉点上，从而解决美学与可持续发展的兼容性问题。由于人类的感知与认知是互为补充、不可分割的，而且由于人类有一种简化和象征的本能倾向，当美与意义、形式与内容相互交融，审美体验就会更加强烈（Koh，1988）。景区景观美学设计的深层结构，就是要从人类精神生活的高度，探讨景区土地与人类审美内在精神之间的互动关系，拓展和深化土地伦理美学在知、情、意、德 4 个方面的有机连贯。唯有如此，才能再造秀美山川。

近代分子生物学和遗传学的研究表明，基因突变是物种进化的主因，但只有被自然接受且与自然共生的基因突变，才造就物种的成功演化。主张作为“万物之灵”出现的人，必须毫无条件地退回到与“众生平等”的位置，重新担当起万物中的一般成员和公民角色，进而在彼此竞争和彼此合作中获得最大的可持续发展。景区景观美学设计的深层结构，应该充分体现土地伦理学的基本思想和基本准，所谓土地伦理学的基本思想是指要反复思考景观美学设计方案伦理上是否正确，美学上是否真有价值。所谓伦理层面的景观美学设计准则主要是指以下 4 个方面。

1）分配公正原则。当人与生物利益在资源配置发生冲突时，冲突各方应尽可能等同分配并共享自然资源。例如，划分永久性环境保护区，实施环境整合设计、轮作、轮猎等，以保证人与生物之间在景区资源分配时的公正。

2）环境损害最小原则。这一原则要求人类在进行景区景观美学设计决策时，有义务为了自身和其他生命形式的延续而保护自然环境。景观美学设计的伦理责任表明景观设计政策应该倾向于缩小人类足迹的范围。脱离土地生态系统提供的基本功能的支持，人类将无法生存。景观美学设计者没有权利破坏土地的自然结构和特性。在景观美学设计过程中，应当采用对环境产生不利影响最小的方案。

3）世代义务原则。土地伦理学认为，土地利用对子孙后代承担着重要的义务。人类没有权利去破坏重要的或无法替代的文化资源。因此，所有的景观美学设计必须综合考虑它们的长期积累结果，并且要求人类抛弃一切可能导致逐渐削弱下一代利益的景观美学设计模式。按照土地利用伦理的观点，应避免家长式的景观美学设计行为，以个人喜好替代社会风险评估势必对世代利益构成危害。

4）重塑公平原则。在景观美学设计过程中，完全避免对生物及环境造成某种伤害几乎是不可能的。如果人们的行为与关爱土地、尊重自然的观念相一致，就应当设法通过土地或景观生态重建、环境复原等方式给生境以补偿。每一种土地利用方式都有其最适宜的特定自然生境。一种土地利用方式可视为一个“生命感应中心”，它有其自身的适宜生境，其行为组织围绕这一生境而展开。景观美学设计必须十分珍惜、切实保护这种生境。从而使人类有一种人地和合、知行合一的精神境界，让人类能更好地享受生命、寻找自由，让生命之躯如同诗一般的自由舒展和美丽绽放。

（三）景区景观美学设计的原点表达

当代景观设计已经从“平面描绘”转化为“场地作业”，也就是从传统的“手法”“构图”及“比例”，转向如何通过设计引导认知主体的直接体验，并提供场地适应性、灵活性及事件触发性。生命哲学、现象学、实用主义哲学、解释学、体验哲学等学科都强调了体验的重要性，将之作为理解和解释生命与存在的前提（Guo，1985；魏方等，2020）。景区景观建构从物质空间限定、心理体验延伸，以及精神生活支撑 3 个方面完成人与场所的互动时，人与景观深刻而亲密的互动关系模式，将成为景区各种时空模式中的基本形态（Balfour，1999）。基于物质、意义、场域的景观空间原型，展开在实际空间中的异质要素与不同的感知组成部分如何在不同层面被不断展开与再组织。通过有意识的空间组织方法，可以提升主体感知的丰富性与社会互动效能。不同空间维度中的关键性组织原型及其相应的亲身参与过程构建，可以进一步保持景观意义传达的有效性，使景观总体上保持更可持续的生存力和活力（魏方等，2020）。

所谓景区景观美学设计的原点表达，就是寻找人类本性的需求和情感涌动的创意点。也就是从人类生命认知的本原，包括本能、习性和审美偏好等，寻找景观的美学意义。景观美学意义是指在景观设计中，通过不同的中介方式，构建相对应的语境系统，实现不同的美学价值。用人类最基本的手法实现人类最深层的本质，传达深层景观美学方法，主要有以下 3 个方面路径：①运用特征中介。从景区场地入手，寻找历史渊源、地理特点和文化的传统元素，采用特征中介，探索人类的情感原型，实现景区景观审美的深层愉悦。②构建景观语境。相同的景观，通过不同的语境的建构，会改变原始的物象特征，最终将景观的审美意义指向人类心灵的建构。③用体验激活公众的情感。景观是可以被体验的，人的体验是景观设计的重要部分。在体验中心灵被打动，就会唤起人类的原型本能。人的体验是传达景观美学意义最直接的方法（谭晖，2016）。正如前文已经指出的那样，人类从绿色森林中走来，依绿色植物而延续，沿着绿道迁徙分布和世代繁衍。热爱绿色、迷恋自然、尊重生命、感恩大地，这是人类的本性需求。景区的景观美学设计必须充分满足人类的这种本性需求，后者主要体现在人地共生上，当然也包括与文化、历史、心理和时间的共生，以下就是两个这方面的典型案例。

案例 1　位于云南省红河南岸哀牢山区的红河哈尼梯田景区，据载已有 1300 多年的历史。这里的梯田规模宏大，绵延整个红河南岸的元阳、绿春、金平等县，仅元阳县境内就有19万亩。世界各地的人们都被它壮美的自然景观所吸引。2013年6月22日，在第37届世界遗产大会上，红河哈尼梯田获准列入世界遗产名录。红河哈尼梯田景观既是人文景观，也属于自然景观，从山体自上而下呈现出的“森林-村寨-梯田-河流”“四素共构”的良性农业生态系统和独特的梯田文化景观，可谓是民族文化与自然生态巧妙结合的典范（Cao, et al., 2013）。以哈尼族为主的各族人民利用当地“一山分四季，十里不同天”的地理气候条件创造的农耕文明奇观，将山谷和梯田装扮得美丽含蓄生动，更是景区景观美学设计原点表达的范例。

案例2 位于贵州省黔南布依族苗族自治州三都水族自治县东北部的都柳江风景区，是景区景观美学设计原点表达的范例。俞孔坚（2014）在《回到土地》一书中对该案例进行了详细的分析。该风景区都柳江两岸重峦叠嶂，堆青拥翠，苗村、侗寨、水舍隐现其间，江水清澈纯净，古榕垂竹倒映，渔舟往来其间，景色美不胜收。其中侗族村寨，小则几户成寨，大则几百户成寨。每个寨子无一例外地分布在蜿蜒江水的凹岸坡地上，山上是一片比寨子更古老的“风水林”，这是一片禁地，里面停放着祖先的遗体或骨灰，寨规是“伐一棵树，罚一头牛”；每寨必临一片卵石滩地，这里水涨水落，鹅鸭与儿童共欢；耕种的梯田在对岸的山坡上，或者在同一面山坡上，都用一道绿色的“风水林”与村庄隔离。尽管山体塌方和泥石流时有发生，寨子却几百年来安然无恙。这是一个如何处理人与河流关系的乡土文化景观，也是景区景观美学设计的原点表达。

需要指出：审美和生态对景观的影响可以是互补关系，也可以是竞争关系。人与景观环境的互动发生在特定的尺度，也就是人可感的尺度上。人感尺度上发生的互动反作用与人和环境，会改变景观和生态系统，语境（包括景观自然语境和人文语境）也会影响人对景区景观的审美体验。一些语境引发了传统上被称为“风景美”的审美体验，而其他语境则引发了不同的审美体验，如感知的关怀、依恋和认同等。人类应该通过景区的景观美学设计，建立理想的美学和生态之间的更紧密关系（Gobster et al., 2007）。

第五节　景区国土空间的修复整治设计

一、景区国土空间生态修复设计的概念

（一）景区国土空间生态修复设计的基本概念

日本学者多认为，生态修复是指采用外界力量使受损生态系统得到恢复、重建和改进，但不一定与原来的状态相同。这与欧美学者“生态恢复”的概念基本相似。近年来，越来越多的学者认为生态修复的概念应该包括生态恢复、重建和改建。还有的学者认为应该包括再野化（Rewild），使某一区域回归到野性、自主的状态，让自然重获自由（Setting Nature Free）是生态修复的一种重要方式。按照国内外学者对生态修复概念的理解，景区国土空间生态修复的基本内涵可表达如下：对长期受到高强度开发建设、不合理利用和自然灾害等影响造成生态系统严重受损退化、生态功能失调和生态产品供给能力下降的

景区，采取工程和非工程等综合措施，对景区国土空间生态系统进行生态恢复、生态整治、生态重建、生态康复的过程。它是在查明景区国土空间生态系统病症、病因和病理的基础上，进行物种修复、结构修复和功能修复，包括社会修复和自然修复。例如，景区陡坡地水土流失的生态修复，既包括退耕还林还草的“结构调整”和“生态移民”等社会修复，也包括植树造林等自然修复。再如，景区采煤塌陷地的生态修复，既包括对因采煤塌陷而受污染土地的环境修复以及生态破坏的修复，也包括对由此引发的失业、经济转型等社会修复。从总体上看，景区国土空间生态修复的目标是生态系统整体平衡，而不仅仅是针对环境要素进行的技术治理。国际上借助哥本哈根海绵城市理念，采用蓝绿策略在有限的国土空间内，将绿地和水系两种具有气候变化适应性的空间联系在一起进行生态修复设计（Li et al.，2017）；通过非生物流和生物流相互作用交换，将大地生态系统被适当地整合到一个更大的生态矩阵或景观中，都能使国土空间生态修复设计有更好的自我维持能力（Church et al.，2008）。景区国土空间生态修复设计，总体上属于项目工程设计的范畴，其主要内容包括以下 4 个方面：

1）景区国土空间生态安全格局修复设计。景区国土空间安全格局修复设计就是针对国土空间格局受损破碎化和退化的状态，通过结构、强度、用途、布局等方面的生态修复设计，为水源涵养、洪水调蓄、生物多样性保护等提供更加合理持续安全的空间结构，筑牢景区生态安全防线。

2）景区国土空间生态基础网络修复设计。生态系统基础网络是维护生命土地安全和健康的关键性空间基础，是景区获得持续的自然生态系统服务的基本保障。例如廊道、绿道和遗产廊道等都是重要的生态系统基础网络。通常，生态廊道主要由景区植被、水体等生态性结构要素构成。廊道包括廊道的连续性、数目、构成、宽度与景观过程的关系等。生态廊道的另一层含义是“生态化”的人工基础设施。例如，交通设施被认为是导致景观破碎化、栖息地丧失的主要原因，人们开始对人工基础设施采取生态化的设计和改造，来维护自然过程和促进生态功能的恢复，并将此类人工基础设施也称为“生态化的”基础设施，或者“绿色”基础设施（Forman，1995；Serrano et al.，2002）。

3）景区国土空间生态景观修复设计。景区国土空间生态景观是自然景观、经济景观和文化景观的多维生态网络复合体，是景区国土空间表层的生态联系。自然景观主要是地理格局、水文过程、气候条件、生物活力等的复合，经济景观主要是能源、交通、基础设施、土地利用、产业过程等的复合，人文景观主要是人口、体制、文化、历史、风俗、风尚、伦理、信仰等的复合。它强调国土空间生态系统内部与外部环境之间的和谐，系统结构和功能的耦合，以及天地生人之间的融洽性。通过对国土空间生态景观破损的修复设计，提升国土空间生态景观功能，维护国土空间生态景观的健康价值和美学价值。

4）景区国土空间要素综合修复设计。对景区国土空间山、水、林、田、湖、草等要素，采取“缺什么补什么、破什么修什么”的思路，统筹各要素进行综合治理设计。重点开展诸如矿山复垦修复、水土流失防治、退化土地修复、水环境恢复、地下水整治修复、沙漠化防治、盐碱地治理、生物多样性保护和植被恢复等设计，让景区国土空间生态系统的“疮疤”得到系统修复。

景区国土空间生态修复设计的主要任务是：根据景区景观生态、景观风貌和景观审美的要求，确定景区各项具体生态修复工程的形式、控制性尺寸、各部分结构和细部构造及所用材料和施工方法，提出工程预算和施工进度计划，进行技术经济分析，阐明生态修复的景观、生态、经济、社会和文化意义及工程效益。它必须遵循以下基本原则：

1）系统性原则。国土空间生态修复设计包括生态、经济、社会修复等多层含义，最终要求实现景区内生态、经济、社会的协调统一发展。

2）整体性原则。改变单一治理手段导致的割裂模式，将各个方面需求统一纳入国土空间生态修复设计的内涵中，强调“山水林田湖草”的整体保护与系统修复设计。

3）地域性原则。由于景区自然条件和社会经济发展水平的差异，景区国土空间生态修复设计，必须贯彻因地制宜，就地取材，采取适地、适时、适宜的国土空间生态修复设计手段才能予以有效解决。

4）可行性原则。景区国土空间生态修复设计必须根据其修复目的，结合当地的地形、地质、土壤、气候、水资源、地表水水位、自然灾害及社会经济和生态环境状况进行技术经济论证，务必使设计方案技术先进、经济合理、经久耐用、运行安全和管理方便。

（二）景区国土空间生态修复设计的主要类型

按照景区国土空间生态修复对象和所采取工程措施的差异，可将其划分为以下主要类型：

1）景区矿山地质环境生态修复设计。主要修复设计对象是矿山地质生态系统，如矿山环境土体重构设计、景观地貌重塑设计、塌陷地水环境修复设计等。

2）景区水环境和湿地生态修复设计。主要修复设计对象是陆地水域生态系统，如流域生态修复设计、水环境生态修复设计、湿地生态修复设计等。

3）景区退化污染废弃地生态修复设计。主要修复设计对象是退化土地生态系统，如水土流失生态修复设计、土地沙漠化生态修复设计、土地盐碱化生态修复设计、土地污染生态修复设计、废弃土地生态修复设计等。

4）景区海洋海岛海岸带生态修复设计。主要修复设计对象是海洋生态系统，如海洋生态修复设计、海岛生态修复设计、海岸带生态修复设计等。

5）景区生物多样性和景观生态修复设计。主要修复设计对象是生物和景观生态系统，如生物多样性生态修复设计、景观生态修复设计等。

6）景区山水林田湖草沙生态修复设计。其修复设计对象具有区域性、丰富性、整体性和系统性，将湿地、草地、林地等统筹纳入设计范畴，对集中连片、破碎化严重、功能退化的生态系统进行综合修复设计。

二、景区国土空间生态修复设计的主要技术

（一）土地平整工程设计技术

景区生态修复中土地平整工程的设计要依据项目主导功能要求，结合辅助功能的特点、区域地形变化幅度，设计项目区域土地平整工程方案。对于景区的生态修复项目，最好能够保持区域的地形地貌特色、田块特色，可以采取工程量较小的局部平整方案，以项

目区域内部耕作田块为最小平整单元，挖填土基本在作业地块内进行，不需要大量的内土清运或外土回填，在保证田块内部平整的前提下，总体保留原有的地貌起伏特征。

（二）农田水利工程设计技术

景区生态修复农田水利工程设计应突出体现景观生态化特点，要有利于生态平衡和生物多样性维持。农田生态沟渠设计要区别于传统的简单水泥硬化沟渠设计的类型，采用自然材料和生态化手段，构造局部小生态环境系统，在沟渠内、外植入适宜的喜阴植物，通过植物的吸收与净化功能，维护水质安全，拦截有害污染物质，保障景区生态安全。在沟渠具体设计上，要做到生态沟渠于农田灌排、污染物拦截、生物多样性保护及农田景观修饰等多重功能并重。在建设材料上，要改变以往单一的水泥硬化方法，多采取生态化手段，采用自然材料进行渠面、坡面、渠道设计，植入适宜植物，净化水质、拦截污染元素，为动物及微生物提供栖息环境。另外，在沟渠建设类型上，要综合考虑对生物多样性的保护及田间动物活动，以一定间隔设置分级梯面，以避免动物跌入渠内而无法跳出，便于不同田块间动物的自由流动。

（三）道路系统工程设计技术

景区生态修复道路工程设计应具备系统性和整体性，保证项目区中的道路工程设计与项目区外的道路体系相贯通，做好景区路网与外部道路网的合理衔接。同时要合理设计景区国土空间生态修复项目中的道路宽度与密度，道路的布置首先要在节约用地前提下，满足项目区旅游休闲度假的要求，要能够方便人流通行。此外，要采用生态化的路面材料。道路的建设要尽量减少简单、生硬的活动痕迹，使之与自然更加融合协调。道路边坡维护措施可以采用栽种植物的方法，种植防护林木、灌木丛或小型花草，起到边坡保护及美化功能。

（四）生态修复防护工程设计技术

景区生态修复防护工程设计主要是指对修复项目区内自然景观、农田、道路、河流水系等的防护工程设计，可以采取生物防护措施和建设工程防护措施。生物防护主要是利用一些适宜的植被对景观、农田、道路、水系等系统进行护持，以期减少病虫害侵蚀、风沙侵蚀及水土流失等，比如防风固沙林带、农田防护林带、道路水系边坡灌木林带等。工程防护措施是指通过工程建设，改变地表形状和建筑结构，以期减弱灾害影响，比如河道工程、防洪工程等。此外，治坡工程设计、治沟工程设计、治滩工程设计也是景区生态防护工程设计的重要内容之一，分述如下：

1）治坡工程设计。主要是指为防止景区坡面水土流失，保护、改良、修复和合理利用坡面水土资源而进行的水土保持工程设计。包括径流调控、植物覆盖护坡和保土耕作措施等。径流调控工程主要有梯田、地埂、水平沟、水平阶、鱼鳞坑、截流沟、排洪沟、蓄水池、水窖及沟头防护设施。对一些可能危害下游的滑坡体采用的固坡工程。主要有挡墙、防滑桩、削坡、反压填土、护坡、固坡工程等（周健民，2013）。

2）治沟工程设计。主要包括景区沟头防护工程设计、谷坊坝工程设计、淤地坝工程设计等。通过坝系工程布设、水文计算、土坝设计、溢洪道设计、放水工程设计、配套加固设计等，提高沟道整体防御能力。

3）治滩工程设计。主要是通过固定河床、束水归槽，削减洪峰，减少泥沙，修复景区生态环境。对于海岸带景区，它在设计潮位与波浪、滩涂治理工程地基处理的基础上，通过海堤设计、交叉建筑物设计、保滩促淤设计等，以及工程施工，修复海岸带景区的生态环境。

（五）景观生态廊道设计技术

景区生态修复应因地、因质制宜，遵循生态系统演化规律，按照不同地貌特征，合理安排适宜的修复模式；按照乔灌草结合的群落原理和绿色基础设施多功能性基础原则，构建生态景观型、生态经济型和生态防护型廊道网络，保证景区国土空间生态修复能保护区域生物种群和生物的多样性。生态廊道结构设计要因循生态流演化规律，既要能够保证丰富的物种群落结构，又要能提供并维持良好的生物生境。生态廊道的长度和宽度设计应结合区域局部的地形和植被特征，要有利于物种的集聚、迁移和生存繁衍。

三、景区国土综合整治和全域土地整治设计

（一）景区国土综合整治设计

国土整治一词在国际上的普遍使用，始于20世纪20年代，德国和法国等欧洲国家是较早开展国土整治的国家。现代意义上国土整治纳入学者视野可追溯到20世纪80年代。早期主要是吴传钧、陈传康、陆大道、胡序威等一批地理学家对国土整治进行了深入的探索。近40年来随着经济社会发展、城市化工业化的推进和科学研究的不断深入，国土整治的概念认知有了很大的拓展和变化。近年来国土整治更加关注人地关系调整和山水林田湖草路村城全要素整治，但总体上还是将国土整治定位在合理开发利用国土资源、改进生产力布局、协调城乡发展、保护和改善生态环境等几个方面。从国际视野和发展历程看，国土整治是国土开发、整理、复垦、修复和防护的统称，其概念可表达如下：为整体改善国土空间要素和系统防治国土空间退化以及为满足新的功能需要，对国土进行改造建设的活动。由于国土整治是一种概括性的概念，它包括土地整治、矿山复垦、海岸带整治、地质灾害治理、江河整治、流域整治等不同类型，其中土地整治又包括农地整治、村庄整治、城镇工矿用地整治等，所以有关政策文件中就将这种包括多种类型的国土整治，称之为国土综合整治。目前在政府的官方文件和不少研究文献中多使用国土综合整治的概念，认为国土综合整治就是采取综合措施对某一空间范围内国土进行开发、利用、整治、保护的全部活动。国土综合整治的功能主要是防止国土空间的功能失调或退化，其本质是着眼于“治未病”，着力于解决国土空间开发利用保护中存在的短板、限制因素和潜在退化危机。国土空间生态修复主要是治理已经失调或退化的国土空间功能，与国土整治“治未病”的内涵有着明显的区别。但是在实践中，国土整治与国土空间生态修复之间的边界有时并不清晰，有时经常是模糊的，就如同“治未病”和“治疾病”的边界并不清晰一样。因此，在实践中人们经常称国土空间整治修复或国土空间修复整治。

所谓景区国土综合整治设计，总体上也属于项目工程设计的范畴，其设计内容和特点

主要体现在以下 4 个方面。

1）优结构。优化景区的国土空间结构，对景区生态、景观、文化和居住空间进行全域优化布局，构建生态环境天蓝地绿、景观风貌健康美丽的景区国土空间新格局，是国土综合整治设计区别于国土空间生态修复设计的重要方面。

2）“治未病”。国土综合整治设计的重要功能是防止景区国土空间的功能失调或退化，其本质是着眼于“治未病”，它着力于解决景区国土空间开发利用保护中存在的限制因素和潜在退化危机。因此，应当坚持问题导向、追根溯源、系统梳理隐患和风险，将水土流失区综合整治设计、重点生态脆弱区保育整治设计、灾害易发区综合整治设计、荒漠生态保育综合整治设计等放在更加突出的地位。

3）补短板。要将国土空间的恶化—不适应—病态，转化成优化—适应—健康，需要改造国土空间的自身结构和景观环境才能实现，其中最重要的路径就是通过补短板来调整适应、克服限制因素、重构平衡。也就是通过补短板化害为利，包括景区交通设施短板、水利设施短板、环保设施短板、生态设施短板、信息设施短板、防灾设施短板以及技术设施短板等，为景区国土空间高效开发利用和可持续发展创造条件。

4）提功能。在国土资源有限的国情背景下，国土综合整治设计的目标在于提升景区的综合功能，促进景区国土空间开发利用向产出、质量、效率、环境和安全 5 目标转变。因此，通过国土综合整治设计对于有效提升国土空间的资源保障功能、资源节约功能、区域协调功能、环境友好功能、文化维护功能及社会和谐功能，应该放在更突出的地位。

专栏 8-1

阿姆斯特丹 Schiphol 机场公园

这是一个具有降噪功能的休闲公园，Schiphol 机场是荷兰首都阿姆斯特丹最繁忙的机场，年平均旅客吞吐量超过 6300 万人次，飞机起降 48 万架次。自 2003 年第五跑道的建成与使用，噪声问题严重困扰了周边的居民。研究表明，10 分贝的降噪便可大大提升人们的生活质量，于是，机场聘请 H+N+S 景观设计公司和艺术家保罗·德科特（Paul de Kort）建造了一个规模达 36 公顷的 Buitenschot 景观公园（图 8-1）。

图 8-1　景观公园鸟瞰图

声波设计：降噪灵感来源于德国“声学之父”克拉德尼，利用抛物线形声镜原理进而演化设计了一系列土堤，改变了地表低频噪声传播的方向，将声音分散出去，以保证最佳的隔音效果（图 8-2）。土堤的走向垂直于声波的来源方向，由 3 米高的条状土堤构成，每个条状土堤的山脊间隔 11 米左右，土堤脚间有 1 米的土路（图 8-3），同时有部分沥青车行道（图 8-4）。公园中央有一块 500 米长，100 米宽的开阔场地，周边还有数个小规模场地（图 8-5）。

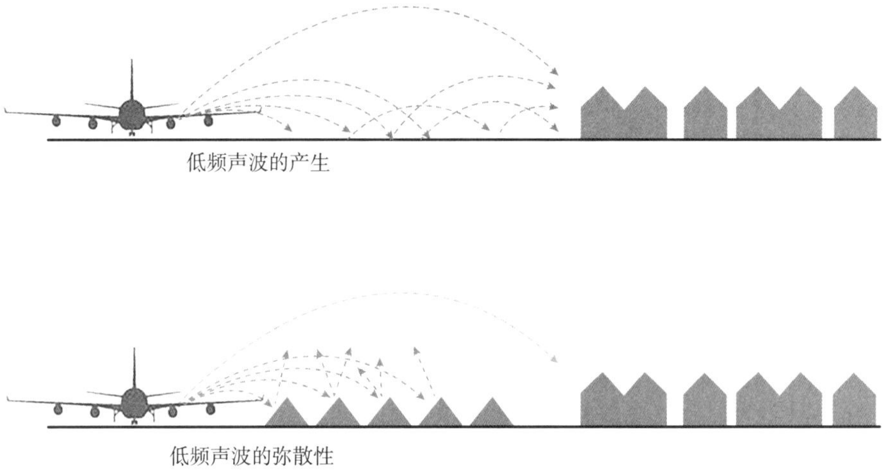

图 8-2　声波设计机制示意图

图 8-3　土堤照片

图 8-4　土堤间的道路照片

（二）景区全域土地整治设计

景区全域土地整治设计主要是指从全区域视角对景区农用地整治、农村建设用地整治、城镇工矿用地整治、损毁土地复垦和未利用地开发整治等进行整体性设计，从而实现挖掘土地利用潜力，优化土地利用空间格局，提高土地利用整体效率，改善景区生态环境，保护和恢复自然山水格局，促进景区景观环境质量的提升。

发达国家的全域土地整治设计技术比较成熟，如德国在土地整治设计技术上一直处于领先地位。早在 20 世纪 80 年代，德国的巴伐利亚州已普遍应用计算机数据处理技术，建立土地整治信息系统（LE-GIS），将各种数据、图件和权属状况等资料储存于该系统中。

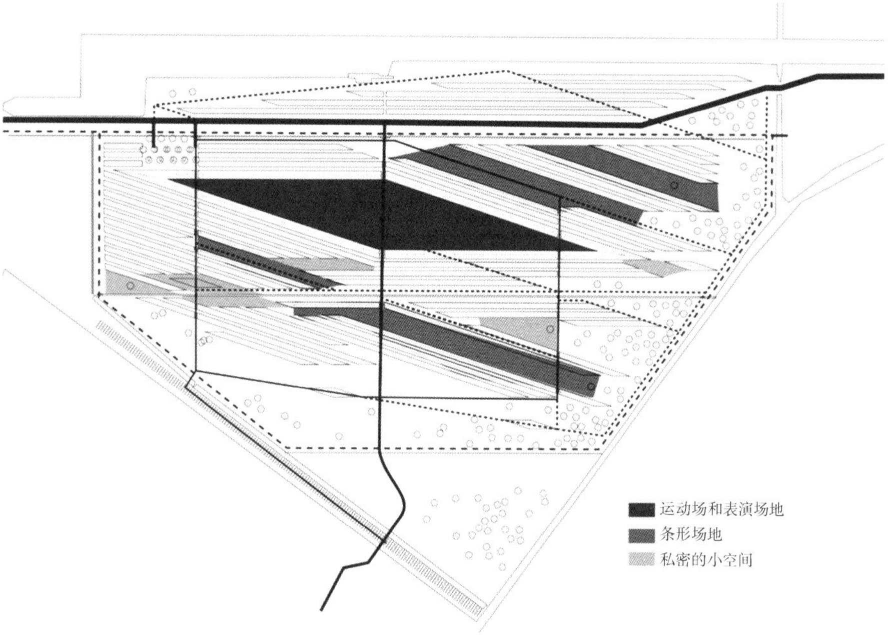

图 8-5 公园活动空间图

资料来源：http：//www.hnsland.nl/en/.

通过对地块价值的评估，控制整治前后的所有地块总价值，使之相等（Yomralioǧlu，et al.，1993）；将模糊专家系统（Fuzzy Expert System）模型应用于土地整治后的土地权属分配中，以公平原则提高农户满意度（Caya et al.，2011）。通过建立模型定量研究土地整治和土壤重构对景区农业景观的影响（Chartin et al.，2013），利用层次分析法研究土地整治配置标准的评价（Cay et al.，2013），以地理信息系统为平台研究半自动化土地治预测软件（Marzaioli et al.，2010）等。

我国土地整治起步较晚，一些学者从具体的土地整治层面提出针对不同类型的土地进行生态整治的设计技术。将重点放在土地重建技术对土壤动物、微生物与不同植被等生物多样性影响，最终形成包括不同类型土地整治区的生态化整治与景观设计技术集成体系框架（韩博等，2019）。此外，基于景观生态学的土地整治项目设计的实践主要包括：生态导向的土地整治区空间优化与规划设计（Bao et al.，2009）、土地整治中路沟渠生态化设计（Ye et al.，2011）、大都市郊区景观生态型土地整治模式设计（Gu，2012）、农田防护林的生态景观设计（刘文平等，2012）、土地利用空间重构和基于土地破碎度的整治设计（张蚌蚌，2017）等，也取得了重要进展。总体上看，全域土地整治作为景区空间重构的助推机制，在景区国土空间设计中有着重要的实践意义。

（三）上海郊野公园整治设计

上海市嘉北郊野公园是上海市主要整治项目区，总用地面积 1398 公顷，一期规划启动区为 690 公顷。嘉北郊野公园规划定位以江南水乡田园风景为典型景观风貌，注重原生态、原汁原味江南水乡特色原则；最小干预、合理利用原则；注重文化、有机传承原则；以人为本、可持续发展原则，其体现在以下 4 个方面：一要自然，体现田园风光，农田主题的大尺度景观特色；二是乡村，体现江南水乡，类型丰富的乡村生活场景特色；三是郊园，自然清新，历史传承演绎特色。四是休闲，设施完善，小环境体现低调的品质感。

嘉北郊野公园总体设计以强化南田北林的景观特征现状，建设中疏外密，核心突出田园风光，边缘打造森林背景为主要目标。从整体布局看，分为北部的主题风情园区，中部的田园休闲区及南部的乡村疗养度假区（图 8-6）。未来启动区主要围绕主题景观游赏、特色休闲体验、基本旅游服务 3 个层面。公园设计了 3 大骨干游线系统，即绿色田园风景游线，红色乡土生活游线，紫色郊野休闲游线，串联嘉北郊野公园整个游线系统，满足不同年龄和兴趣爱好游人的体验需求，同时满足家庭亲子体验、儿童乡土认知、青年人运动娱乐和老年人休闲康体的需求。设计有多个体验游线，进一步丰富郊野公园体验内容（图 8-7）。

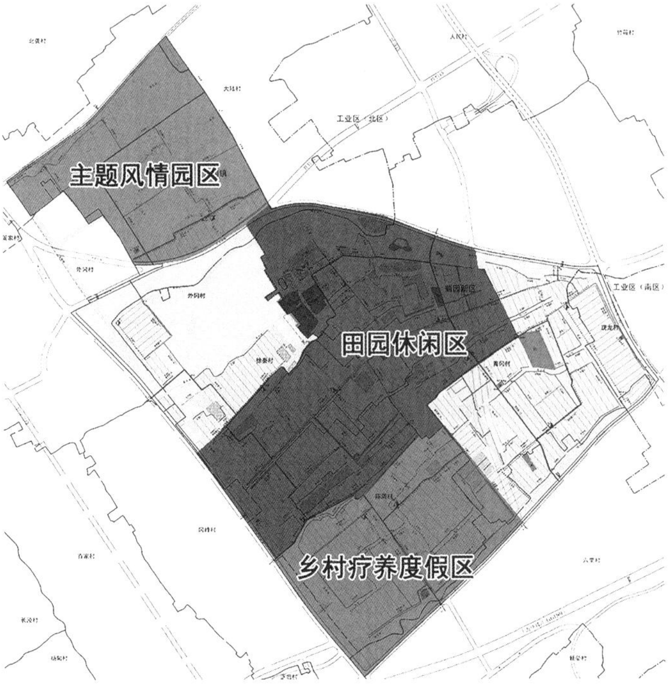

图 8-6　嘉北郊野公园总体规划图

嘉北郊野公园土地整治设计要素包括村、院、水、田、林、路和人文 7 个方面。

1）村要素设计。嘉北郊野公园规划设计前共有 67.17 公顷村庄用地，预规划建设用地 31.26 公顷，其中一期开园区为 18.40 公顷。在原有村庄现状的基础上，利用部分原有基址进行设施新建，以打造原汁原味和手工作坊体验的徐秦古村，融合具有特色茶餐、名宿和购物功能等现代元素的梦里水乡和设计萤火主题度假酒店为主要建设目标。新建的总建筑量约 15.6 万平方米，其中一期开园区约 5.6 万平方米（图 8-8）。

图 8-7 公园 3 大骨干游线系统示意图

a. 徐秦古村

b. 梦里水乡

c. 萤火主题度假酒店

图 8-8 村要素设计图

2）院要素设计。嘉北郊野公园的院要素主要分布在沪一路以北，整体景观状况良莠不齐。设计类型有苗圃化、公园化和园林化三种，打造以主题风情园为特色体验区。根据现状分析，将百树园打造为精品观赏苗主题风情园、百怡绿化改造为以马术为主题风情园等（图 8-9）。

3）水要素设计。根据生态环境和游赏的需求，优化水网的生态和景观格局，主要是通过清淤、局部挖通和拓宽河道来实现。设计水域面积达到 87 公顷，水面率为 12.6%，

a. 苗圃化　　b. 公园化　　c. 园林化

图 8-9　院要素设计图

满足水务部门的相关要求。河道景观通过清除垃圾、清淤和强调水生植物净化水质等方式来改善水质，同时体现乡土、自然和郊野特色，另外对于硬质泊岸进行生态化和乡野化景观改造，以实现整体风貌的统一。

4）田要素设计。现状农田面积为 487 公顷，规划增加 36 公顷，通过对现有农田的整理，减少菜田数量。通过对宅基地复垦，将现有农田连片规模化，实现田园风景景观的纯净和辽阔。同时，通过作物轮种的处理，实现农田的四季景观化。另外增加道路与田间的景观过渡，以自然灌溉水渠和自然较好的草花景观为主要方式（图 8-10）。

5）林要素设计。嘉北郊野公园林地总面积 173 公顷，规划增加 3 公顷。整治基本原则为保留已成型的林地，新栽种的林木要采用观赏性强并具有当地乡土特色的品种，与园林建设相结合（图 8-11）。

6）路要素设计。规划道路分级系统完善，满足游赏要求。主路为 5 米宽，水泥道路为主，其中林荫路强调通透景观化，而其他路段强调落叶树特色，田间以水泥路和沙土嵌草路为主，穿村用石板路，而自行车路面为透水沥青路面或沙土嵌草路（图 8-12）。

7）人文要素设计。设计内容包括历史主题、休闲主题、生活主题、科普主题、运动主题、节庆主题。运动设施可利用现状工业厂房和部分拆除后的场地布置。

上海市嘉北郊野公园规划设计总用地面积为 690. 00 公顷，其中农用地 533. 55 公顷，建设用地 31. 26 公顷，水域面积 87. 00 公顷，其他用地 38. 19 公顷，总建筑面积约 15. 6 万平方米。其土地整治项目是以打造具有江南水乡田园风景的郊野公园为主要目标，通过村、院、水、田、林、路和人文 7 个要素设计，将上海市农村与郊野与公园相结合，打造具有人文、生态和可持续发展理念的郊野公园。贯彻了人与自然相结合、农用地与文化相结合的理念，为景区生态土地整治设计提供别样的思路。

a. 农田彩色水稻

b. 道路与田间的景观过渡带

图 8-10　道路要素设计图

a. 苗圃林

b. 疏林草地英式风景园

图 8-11　林要素设计图

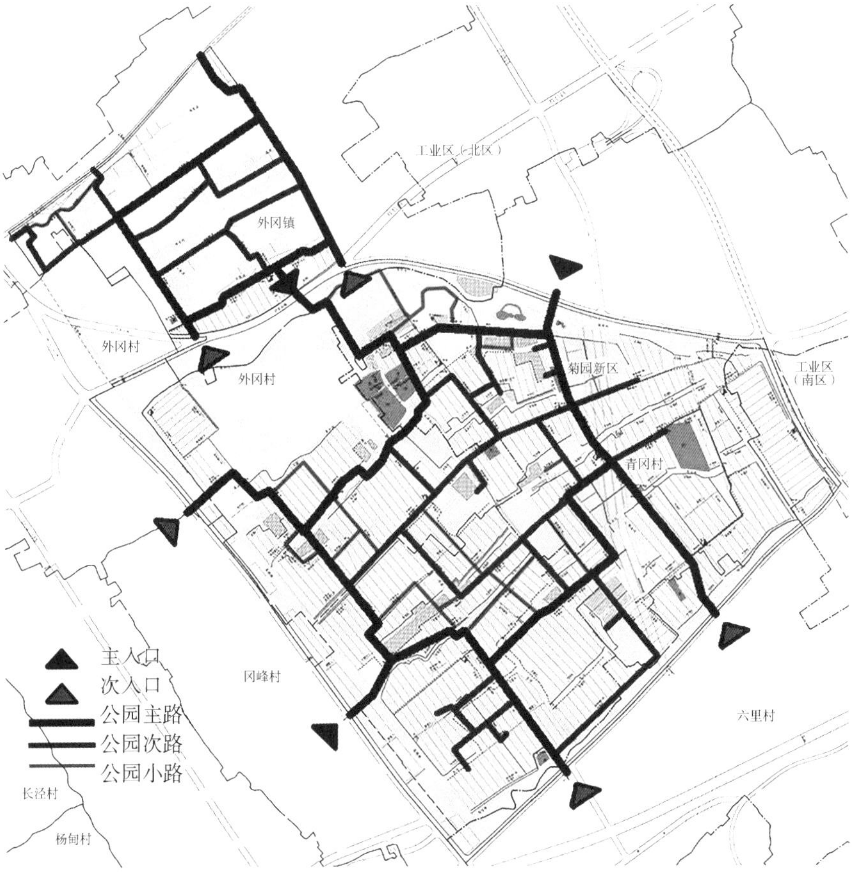

a. 道路设计

b. 沙土嵌草路

c. 透水沥青路面

图 8-12　路要素设计图

参考文献

保继刚，苏晓波. 2004. 历史城镇的旅游商业化研究［J］. 地理学报，59（3）：427-436.
戴代新，戴开宇. 2009. 历史文化景观的再现［M］. 上海：同济大学出版社.
丁宁. 2007. 景观审美分析［J］. 美与时代（11）：23-25.
董靓，陈睿智，曾煜朗，等. 2018. 旅游景区规划设计［M］. 北京：中国建筑工业出版社.

范雯雯，陈东田，谭晓磊，等. 2020. 乡村景观规划设计中体验设计的融入与表达［J］. 山东农业大学学报（自然科学版）（3）：577-581.
傅伯杰，等. 2002. 景观生态学原理及应用［M］. 北京：科学出版社.
高晋. 2014. 地域性文化在城市景观设计中的弘扬［J］. 艺术科技，27（6）：20.
高文静，杨国利. 2020. 体验设计在儿童公园景观中的应用浅析［J］. 南方农业（14）：47+59.
顾朝林. 1995. 中国大城市边缘区研究［M］. 北京：科学出版社：1-39.
桂强. 2007. 景观美学的自律与他律［J］. 艺术百家，46（2）：115-118.
韩博，金晓斌，沈春竹，等. 2019. 基于景观生态评价与最小阻力模型的江南水乡土地整治规划［J］. 农业工程学报，35（3）：235-245.
韩锋. 2019. 世界遗产"文化自然之旅"与中国文化景观之贡献［J］. 中国园林（4）：47-51.
胡连生. 2011. 当代资本主义的后物质主义发展趋向研究［M］. 北京：人民出版社.
黄震方，黄睿. 2015. 基于人地关系的旅游地理学理论透视与学术创新［J］. 地理研究（1）：15-26.
考睿杰. 2017. 地域文化在景观设计中的应用［J］. 住宅与房地产（26）：61+124.
李光子，蔡君. 2019. 生态主义思想景观下的景观审美流变［J］. 中国城市林业（1）：85-89.
李先逵，刘晓晖. 2018. 诗境规划论［M］. 北京：中国建筑工业出版社.
李翔德. 1986. 伦理美学与历史必然［J］. 晋阳学刊（1）：104-109.
李旭. 2003. 对景观规划中湿地保护与利用的认识［J］. 城市发展研究（10）：54-57.
李雪莹，齐童，张国庆，等. 2016. 国内外景观美学研究综述［J］. 黑龙江科技信息（24）：261-262.
刘德鹏，张晓萍. 2012. 关于旅游景区概念的再思考［J］. 江西青年职业学院学报（4）：70-72.
刘纲纪. 1986. 艺术哲学［M］. 武汉：湖北人民出版社.
刘茂松，张明娟. 2004. 景观生态学［M］. 北京：化学工业出版社.
刘文平，宇振荣，郧文聚，等. 2012. 土地整治过程中农田防护林的生态景观设计［J］. 农业工程学报，28（18）：233-240.
刘湘洪，徐艳晴. 2010. 土地利用的外部性及政府对策研究［J］. 湖北社会科学（12）：33-35.
刘小枫，曹锦清，孙歌，等. 2007. 作为学术视角的社会主义新传统［J］. 开放时代（1）：5-48.
吕健梅. 2011. 基于体验的建筑形象生成论［D］. 哈尔滨：哈尔滨工业大学：28.
骆天庆，王敏，戴代新. 2008. 现代生态规划设计的基本理论与方法［M］. 北京：中国建筑工业出版社.
马克平. 1993. 试论生物多样性的概念［J］. 生物多样性（1）：20-22.
马武定. 2005. 城市美学［M］. 北京：中国建筑工业出版社.
齐立博，李艳萍. 2006. 景观美学研究中的分形美［J］. 南京林业大学学报（人文社会科学版）（1）：88-92.
秦嘉远. 2006. 景观与生态美学：探索符合生态美之景观综合概念［D］. 南京：东南大学.
沈敏，周永博. 2011. 旅游景观审美层次与结构探析［J］. 安徽农业科学（35）：21886-21888.
石军. 2013. 人类问题的由来与出路［M］. 上海：上海人民出版社.
孙艺惠，陈田，王云才. 2008. 传统乡村地域文化景观研究进展［J］. 地理科学进展（6）：90-96.
谭晖. 2016. 回到景观美学意义的原点［J］. 美术大观（2）：102-103.
王柯平. 2000. 旅游美学新编［M］. 北京：旅游教育出版社.
王敏，侯晓晖，汪洁琼. 2017. 生态：审美双目标体系下的乡村景观风貌规划：概念框架与实践途径［J］. 风景园林（6）：95-104.
王雪霏，夏楠. 2020. 基于"此在"理论的标志性景观的审美时效性研究［J］. 园林与景观设计（11）：175-179.

王云才. 2010. 景观生态规划原理［M］. 北京：中国建筑工业出版社.

魏方，黄子舰. 2020. 身体经验与时空想象：基于场地、场景、场域的景观建构原型研究［J］. 景观设计学，8（4）：26-41.

邬建国. 2000. 景观生态学：格局、过程、尺度与等级［M］. 北京：高等教育出版社.

吴必虎，乔莹，肖金玉. 2011. 中国3A级以上旅游景区：分类与分布［J］. 旅游规划与设计（1）：6-14.

吴明霞，齐宣，刘传安，等. 2016. 景观地理学的演变及其学科发展［J］. 首都师范大学学报（自然科学版）（4）：85-90.

西蒙兹 约翰 O，斯塔克巴里 W. 2009. 景观设计学：场地规划与设计手册［M］. 朱强，俞孔坚，王志芳，译. 北京：中国建筑工业出版社.

亚里士多德. 1990. 亚里士多德全集［M］. 苗力田，译. 北京：中国人民大学出版社.

俞孔坚. 2004. 还土地和景观以完整的意义：再论“景观设计学”之于“风景园林”［J］. 中国园林（7）：47-51.

俞孔坚. 2014. 回到土地［M］. 北京：生活·读书·新知三联书店.

张蚌蚌. 2017. 细碎化视角下耕地利用系统空间重组优化理论、模式与路径［D］. 北京：中国农业大学.

张惠青. 2019. 论生态美学的三个维度：兼论加塔利的“三重生态学”思想［J］. 文艺理论研究（1）：9.

张金屯. 1999. 论生物多样性保护与可持续发展［J］. 经济地理（2）：70-75.

张金屯. 2004. 数量生态学［M］. 北京：科学出版社.

张赛，赵璇. 2020. 立足山水格局的湖泊型风景区景观风貌控制方法［J］. 中国园林（S2）：19-23.

张贤根. 2004. 民间工艺审美的现象学阐释：以土家织锦为例［J］. 武汉科技学院学报（1）：27-31.

张玉能. 2004. 德国早期浪漫派的美学原则［J］. 厦门大学学报（哲学社会科学版）（6）：85-91.

赵羿，胡远满，曹宇，等. 2005. 土地与景观［M］. 北京：科学出版社.

周健民. 2013. 我国耕地资源保护与地力提升［J］. 中国科学院院刊，28（2）：269-274.

周明. 2015. 从美与人性、异化的关系看美的内容［J］. 福建艺术（2）：7-11.

USDI BLM. 1984. Visual resource management（supersedes Re I. 8-4）［R］. Washington，D. C.

Ahern J. 1999. Spatial concepts，planning strategies，and future scenarios：a framework method for integrating landscape ecology and landscape planning［M］//Jeffrey M K，Robert H G. Landscape Ecological Analysis：Issues and Applications. New York：Springer：175-201.

Al-Kodmany Kheir. 1999. Using visualization techniques for enhancing public participation in planning and design：process，implementation，and evaluation［J］. Landscape and Urban Planning（45）：37-45.

Antrop Marc. 2004. Landscape change and the urbanization process in Europe［J］. Landscape and Urban Planning（67）：9-26.

Appleton Jay. 1975. Experience of landscape［M］. Chichester，New York：John Wiley & Sons.

Balfour A. 1999. Octagon：the persistence of the ideal［M］// Corner J. Recovering Landscape：Essays in Contemporary Landscape Architecture. New York：Princeton Architectural Press.

Bao H J，Xu B G. 2009. Planning mode for land remediation based on ecological priority：a case of Qixing town of Jiaxing［J］. Economic Geography，29（11）：1903-1906.

Baudy J. 1984. Effects of landscape structure on biological communities：the case of hedgerow network landscapes［C］// Brandt J，Agger P. Proceedings of the First International Seminar on Methodology in Landscape Ecological Research and Planning（Vol. 1）. Oct15-19. Roskilde：Universitetforlag GeoRuc：55-65.

Berleant A. 1984. Aeshetic participation and the urban environment［J］. Urban Resources（1）：37-41.

Callicott J B. 1983. Leopold's land aesthetic［J］. Soil Water Conserv（38）：329-332.

Cao Y, Wu Y, Zhang Y, et al. 2013. Landscape pattern and sustainability of a 1300-year-old agricultural landscape in subtropical mountain areas, Southwestern China [J]. International Journal of Sustainable Development & World Ecology, 20 (4): 349-357.

Cay T, Uyan M. 2013. Evaluation of reallocation criteria in land consolidation studies using the analytic hierarchy process (AHP) [J]. Land Use Policy, 30 (1): 541-548.

Caya T, Iscan F. 2011. Fuzzy expert system for land reallocation in land consolidation [J]. Expert Systems with Applications (38): 11055-11071.

Chartin C, Evrard O. 2013. Quantifying and modeling the impact of land consolidation and field borders on soil redistribution in agricultural landscapes [J]. CATENA, 110 (11): 184-195.

Church S E, von Guerard Paul, Finger S E. 2008. Integrated investigations of environmental effects of historical mining in the Animas River watershed, San Juan County, Colorado: U. S. [J]. Applied Geochemistry (23): 2512-2513.

Davis Diane E, Gray Stephen F. 2019. Beyond appearances: community activism and New York City's high line [J]. Journal of Landscape Architecture (Wageningen, Netherlands) (3): 74-81.

Dewey John. 1958. Art as experience [M]. New York: Capricorn Books.

Egoz Shelley. 1996. Israel' s citrus grove landscape: an opportunity to balance urbanization with culture values [J]. Landscape and Urban Planning (36): 183-196.

Ersoy E, Anna J, Philip H, et al. 2019. Identifying multispecies connectivity corridors and the spatial pattern of the landscape [J]. Urban Forestry & Urban Greening, 40 (4): 308-322.

Forman R T T. 1995. Land mosaics: the ecology of landscape and regions [M]. Cambridge: Cambridge University Press.

Fry G L, Main A R. 1993. Restoring saunders seemingly natural communities on agricultual land [M] //Saunders D A, Hobbs R J, Ehrilich P R. Reconstrulion of Fragmented Ecosystems. Chipping Norton: Surrey Beatly and Sons: 224-242.

Fry G, et al. 2009. The ecotogy of visual landscapes: exploring the conceptual common ground of visual and ecological landscape indicators [J]. Ecological Indicators (5) 933-947.

Gjorgievski Mijalce, Kozuharov Saso, Nakovski Dejan. 2013. Typology of recreational-tourism resources as an important element of the tourist offer [J]. UTMS Journal of Economics (1): 53-60.

Gobster P H. 1999 . An ecological aesthetics for forest landscape management [J]. Landscape Journal (1): 54-64.

Gobster P H, Nassauer J I, Daniel T C, et al. 2007. The shared landscape: what does aesthetics have to do with ecology [J] Landscape Ecology (7): 959-972

Gu X K. 2012. Ecological effect of different types land consolidation in Hubei province of China [J]. Chinese Journal of Applied Ecology, 23 (8): 2263-2269.

Gulsrud Natalie, Steiner Henriette. 2019. When urban greening becomes an accumulation strategy: exploring the ecological, social and economic calculus of the high line [J]. Journal of Landscape Architecture (Wageningen, Netherlands) (3): 82-87.

Guo G. 1985. What is die Lebensphilosophie [J]. International Philosophy Today (4): 79.

Haaren Christina, Warren-Kretzschmar Bartlett. 2006. The interactive landscape plan: use and benefits of new technologies in landscape planning and discussion of the interactive landscape plan in Koenigslutter am Elm, Germany [J]. Landscape Research (31): 83-105.

Harms W B, Knaapen J P, Rademakers J G M. 1993. Landscape planning for nature restoration; comparing regional scenarios [M] // Vos C, Opdam P. Landscape Ecology and Management of a Landscape under Stress.

IALE-studies1. London: Chapman & Hall.

Hehl-Lange S. 2001. Structural elements of the visual landscape and their ecological functions [J]. Landscape and Urban Planning (54): 105-113.

Heliwell D R. 1975. The distribution of woodland plant species in some Shopshire Hedgerows [J]. Biol. Coserv (7): 61-72.

Heyde Steven. 2014. The historical roots of ´aesthetics´ in landscape architecture: an introduction [J]. Studies in the History of Gardens & Designed Landscapes (2): 123-45.

Hopkins L D. 2012. Plan assessment: making and using plans well [M] // The Oxford Handbook of Urban Planning. New York: Oxford University Press.

Hough M. 1984. City form and natural process [M]. New York: van Nostrand Reinhold.

Jorgensen Anna, Keenan Richard. 2012. Urban wildscapes [M]. London: Routledge.

Kelly R, Macinnes L, Thackray D, et al. 2001. The cultural landscape: planning for a sustainable partnership between people and place [M]. London: ICOMOS-UK.

Koh Jusuck. 1988. An ecological aesthetic [J]. Landscape Journal (2): 177-191.

Lang J T. 1987. Creating architectural theory: the role of the behavioral sciences in environmental design [M]. New York: Van Nostrand Reinhold.

Li H, Ding L, Ren M, et al. 2017. Sponge city construction in China: a survey of the challenges and opportunities [J]. Water, 9 (9): 594.

Liu Yanlin. 2019. Research on application of interaction design in landscape design [J]. HCI (18): 132-145.

Liu Yiping, Hu Mengjun, Zhao Bing. 2019. Audio-visual interactive evaluation of the forest landscape based on eye-tracking experiments [J]. Urban Forestry & Urban Greening (46). 126476.

Lothian A. 1999. Landscape and the philosophy of aesthetics: is landscape quality inherent in the landscape or in the eye of beholder [J]. Landscape and Urban Planning, 44 (4): 177-198.

Mai Thanh, Smith Carl. 2018. Scenario-based planning for tourism development using system dynamic modelling: a case study of Cat Ba Island, Vietnam [J]. Tourism Management (68): 336-354.

Marks Rafael. 1996. Conservation and community: the contradictions and ambiguities of tourism in the Stone Town of Zanzibar [J]. Habitat International, 20 (2): 265-278.

Marzaioli R, D'Ascoli R, de Pascale R A, et al. 2010. Soil quality in a Mediterranean area of Southern Italy as related to different land use type [J]. Appl. Soil Ecol. (44): 205-212.

Medina L K. 2003. Commoditizing culture: tourism and Maya identity [J]. Annals of Tourism Research, 30 (2): 353-368.

Meng Yanjun. 2019. Architectural design of tourist areas from the perspective of ecological environmental protection [C] // Proceedings of the 1st International Symposium on Economic Development and Management Innovation (EDMI).

Meyer E K. 2008. Sustaining beauty. the performance of appearance: a manifesto in three parts [J]. Journal of Landscape Architecture, 3 (1): 6-23.

Mozingo L A. 1997. The aesthetics of ecological design: seeing science as culture [J]. Landscape Journal (16): 46-59.

Nassauer J I. 1995. Messy ecosystems, orderly frames [J]. Landscape Journal (2): 161-170.

Nassauer J I, Opdam P. 2008. Design in science: extending the landscape ecology paradigm [J]. Landscape Ecology, 23 (6): 633-644.

Naveh Z, Lieberman A S. 1984. Landscape ecology: theory and application [M]. Berlin, Heidelberg, New

York：Springer-Verlag.

Nohl W. 2001. Sustainable landscape use and aesthetic perception-preliminary reflections on future landscape aesthetics [J]. Land-scape and Urban Planning (54)：223-237.

Norman Donald A. 2005. Emotional design：why we love (or hate) everyday things [M]. New York：Basic Books.

Nugent Jeffrey B. 2003. Yemeni agriculture：historical overview, policy lessons and prospects [J]. Research in Middle East Economics, 5 (5)：257-288.

Pallot Marc, Trousse Brigitte, Senach Bernard, et al. 2010. Living lab research landscape：from user centred design and user experience towards user [J]. Technol. Innov. Manag. Rev. (1)：00612632.

Peng J, Zhao H, Liu Y. 2017. Urban ecological corridors construction：a review [J]. Acta Ecologica Sinica, 37 (1)：23-30.

Pickett S T A, Thompson J N. 1978. Patch dynamics and the design of nature reserves [J]. Bio. Conserv. (13)：27-37.

Rahmafitria F, Pearce P L, Oktadiana H, et al. 2020. Tourism planning and planning theory：historical roots and contemporary alignment [J]. Tourism Management Perspectives (35)：100703.

Sauer Carl O. 1925. The morphology of landscape [J]. University of California Publications in Geography, 2 (2)：19-54.

Saviano Marialuisa, Di Nauta Primiano, Montella Marta Maria, et al. 2018. Managing protected areas as cultural landscapes：the case of the Alta Murgia National Park in Italy [J]. Land Use Policy (76)：290-299.

Serrano M, Sanz L, Puig J, et al. 2002. Landscape fragmentation caused by the transport network in Navarra (Spain)：two-scale analysis and landscape integration assessment [J]. Landscape and Urban Planning, 58 (2-4)：0-123.

Starke Barry W, Simonds John Ormsbee. 2013. Landscape architecture：a manual of environmental planning and design [M]. 5th ed. New York：McGraw-Hill Education.

Steiner F. 2000. The living landscape：and ecological approach to landscape planning [M]. New York：McGraw-Hill.

Summers D, Rundell M. 1987. Longman dictionary of contemporary English [M]. Essex：Longman Group.

Tansley A G. 1935. The use and abuse of vegetational concepts and terms [J]. Ecology, 16 (3)：284-307.

Tomkins Adam, Lange Eckart. 2019. Interactive landscape design and flood visualisation in augmented reality [J]. Multimodal Technologies and Interaction (3)：3020043.

Turenr M G, et al. 1987. Landscape heterogeneity and disturbance [M]. New York：Springer-Verlag.

Vaníček V, Hrabal A . 1974. The engineering landscaping in an historical area of central Europe [J]. Landscape and Planning (1)：57-79.

Wang Shijin, Xie Jia, Zhou Lanyue . 2020. China's glacier tourism：potential evaluation and spatial planning [J]. Journal of Destination Marketing & Management (12)：100506.

Wilson E O. 1984. Bilphilia [M]. Cambridge：Harvard University Press.

Ye Y M, Wu C F, Yu J. 2011. Ecological design of ditches in agricultural land consolidation：a review [J]. Chinese Journal of Applied Ecology, 22 (7)：1931-1938.

Yomralioğlu T, Parker D. 1993. A GIS-based land readjustment system for urban devlopmen [C] //Fourth Europen Conference on Geographical Information Systems in Genoa, EGIS'93 Conference Proceeding. Vol. 1：372-379. Utrecht, Amsterdam.

第九章　修复国土空间设计

第一节　修复国土空间设计的概念

一、修复国土空间设计的基本概念

（一）国土空间生态修复的含义和类型

日本学者多认为，生态修复是指采用外界力量使受损生态系统得到恢复、重建和改进，但不一定与原来的状态相同。这与欧美学者“生态恢复”的概念基本相似。生态修复强调以生态系统本身的自组织和自调控能力为主，而以外界人工调控能力为辅。近年来，越来越多的学者认为生态修复的概念应该包括生态恢复、重建和改建。还有的学者认为，生态修复应该包括再野化（Rewild），使某一区域回归到野性、自主的状态，让自然重获自由（Setting Nature Free）是生态修复的一种重要方式。按照国内外学者对生态修复概念的理解，国土空间生态修复（Territorial Ecological Remediation）的基本内涵可表达如下：为实现国土空间格局优化、生态系统健康稳定和生态功能提升的目标，按照山水林田湖草是一个生命共同体的，对长期受到高强度开发建设、不合理利用和自然灾害等影响造成生态系统严重受损退化、生态功能失调和生态产品供给能力下降的区域，采取工程和非工程等综合措施，对国土空间生态系统进行生态恢复、生态整治、生态重建、生态康复的过程和有意识的活动。它是在查明国土空间生态系统“病症”“病因”和“病理”的基础上，进行物种修复、结构修复、功能修复和景观修复。其对象是受损生态系统，目的是维护国土空间生态系统的整体平衡和可持续发展，采取的路径包括自然修复和社会修复的双重修复。国土空间生态修复具有修复规模大、区域性强、工程类型多、技术复杂、修复时间长、治理措施综合和综合效益显著等基本特点，是国家可持续发展的重要战略之一。从总体上看，国土空间生态修复的目标是生态系统整体平衡，而不是针对环境要素进行的技术治理。

国土空间生态修复的类型有多种划分方法。通常情况下，按照空间类型可以划分为4大类：①城镇空间生态修复（Urban Space Ecological Remediation），指统筹保护和修复城镇空间各类自然生态系统的过程和活动，包括修复被破坏的山体、连通河湖水系、构建绿地系统、完善蓝绿交织的生态网络等。②农业空间生态修复（Agricultural Space Ecological Remediation），指利用工程和非工程措施，对受损或退化的农业空间生态系统实施恢复和重建的过程和活动。③自然生态空间生态修复（Ecological Space Ecological Remediation），指利用工程和非工程措施，对受损或退化的具有自然属性、以提供生态产品或生态服务为主导功能的国土空间生态系统实施恢复和重建的过程和活动。④海洋空间生态修复（Marine Space Ecological Remediation），指利用工程和非工程措施，对受损或退化的海洋空间生态系统实施恢复和重建的过程和活动。该分类的最大特点是比较简明，符合国家的空间分类指向。但面对国土空间生态修复而言，最大的问题是很多修复行为和工程很难归属其中单一的某种类空间。例如，矿山地质生态环境修复，既不能归入城镇空间，也不能归入农业空间，更不能简单归属自然生态空间；山水林田湖草生态修复，也很难归属其中某种单一的空间范畴。因此在具体操作实践中，通常按空间要素差异和工程性质划分为以下几种类型：

1）矿山地质环境生态修复。主要修复对象是矿山地质生态系统，如矿山环境土体重构、景观地貌重塑、塌陷地水环境修复等。

2）水环境与湿地生态修复。主要修复对象是陆地水生生态系统，如流域生态修复、水环境生态修复、湿地生态修复等。

3）退化污染废弃地生态修复。主要修复对象是退化土地生态系统，如水土流失生态修复，土地沙漠化生态修复，土地盐碱化生态修复、土地污染生态修复、废弃土地生态修复等。

4）海洋海岛海岸带生态修复。主要修复对象是海洋生态系统，如海洋生态修复、海岛生态修复、海岸带生态修复等。

5）生物多样性和景观生态修复。主要修复对象是生物和景观生态系统，如生物多样性生态修复、景观生态修复等。

6）山水林田湖草生态修复。其修复对象具有区域性、丰富性、整体性和系统性，将湿地、草地、林地等统筹纳入统一修复范畴，对集中连片、破碎化严重、功能退化的生态系统进行综合修复。

7）国土综合整治修复。与国土空间生态修复相比，国土综合整治修复主要是“治未病”的，即采取相应的措施，防止国土空间生态系统“疾病”的发生发展，更具有综合性、战略性和地域性的特点。这种“治未病”，在中医中的主要思想就是：未病先防和既病防变。从科学内涵来看，国土综合整治修复的范畴在某种程度上要比国土空间生态修复更为广泛，但二者有紧密的联系。国土综合整治修复“治未病”作为未病先防和既病防变，与真正意义上国土空间生态修复“治病”的界线是模糊的。二者采用的手段有较大区别，国土综合整治修复主要采用调查、评价、规划、开发、利用、改良、治理、保护等综合措施，对生态系统的功能失调进行恢复，而较少采用直接的物理化学生物措施。

8）城乡居住地生态修复。主要修复对象是城乡居住地生态系统，以人为干扰为主，强度和频率大，变化迅速，是一个由自然要素、社会要素和人类要素复合而成的网络结构，其物质流、能量流、信息流、人口流和价值流都更为复杂，其中可分为城镇居住地生态修复和乡村居住地生态修复等。

（二）修复国土空间设计的内涵边界

修复国土空间设计不是针对修复区建构筑物和土体内部构造的工程设计，它是从整体平面和立体空间上统筹国土空间生态修复综合措施布局，对修复国土空间形态结构、生态功能、景观风貌、大地艺术、人文需求、意境意象做出的整体安排和设计控制。而建（构）筑物的工程设计，主要任务是确定各项具体工程的型式、控制性尺寸、各部分结构和细部的构造及所用材料和施工方法，提出工程预算和施工进度安排，进行技术经济分析，并阐明工程效益，是对一项具体工程的组织实施所进行的参数设计活动。二者在目标、尺度、内容、结构、方法等方面，都有较大区别。修复国土空间生态设计的内涵和基本特点可表述如下：

1）修复国土空间设计与国土空间生态规划目标具有广泛一致性，是落实国土空间生态修复规划的重要手段，二者的实践边界基本相同。

2）修复国土空间设计关注空间形态结构、空间景观等物质环境，也关注行为、心理、精神等人文需求，是物质环境和人文环境的综合设计，但不进行工程项目内部构造的技术参数设计。

3）修复国土空间设计汲取景观设计、生态设计的学科经验，将修复国土空间大地环境进行整体性的设计控制，其指向是美丽中国建设。国土空间自然美学、特色风貌、心智体验和精神意象是其重要的价值取向。

4）修复国土空间设计强调突出创意活动，它通过创新思维意识和概念开发，不断挖掘和激活修复国土空间要素的组合方式，获得不同于其他过程和区域的产品，不断满足人们对美好生活的多样性需求。例如，湖北大冶铁矿区修复，该矿区原本是一个很不美观的废弃地。通过修复国土空间设计的创意，将矿区主体部分设计成地质博物馆，是中国第一座陈列矿山历史的博物馆，浓缩了 1780 年，特别是近 110 年来矿山的创业史和发展史，同时通过空间修复设计的概念开发，将其作为黄石国家矿山公园的一个主要组成部分，从而在多方面满足了人们对美好生活的需求。

简言之，修复国土空间设计重点是对修复区域景观风貌、大地艺术和意象意境等偏重风貌和人文方面的设计，而通常所指的国土空间生态修复设计，主要是指项目层面的工程设计，二者有着根本性的区别，是两个层面的问题。本书之所以单独提出修复国土空间设计的概念，主要是源于工业化社会导致国土空间生态系统面临诸多损毁和破坏，当下全国各地都在全面推进国土空间生态修复或全域土地综合整治，但在国土空间生态修复或全域土地综合整治时大多就项目论项目，普遍缺乏考虑国土空间生态修复或全域土地综合整治工程对区域景观风貌、大地艺术和意象意境的影响，已经影响到美丽中国建设的目标实现。因此，本书认为有必要单列一章专门讨论修复区的国土空间设计问题，试图能够引起更多人的关注并促进修复区的美丽中国建设。

二、修复国土空间设计的主要技术

（一）修复国土空间设计的技术准则

修复国土空间设计的对象是国土空间生态系统，这是一个完整的生命系统，应站在国土尺度上看待生态系统的完整性与连续性。不同尺度的空间生态系统，其功能有不同的表现，产生的生态效应也不同。修复国土空间设计应在多尺度的国土空间范围内构建最优生态网络结构，加强重要生态区域、主要生态廊道、关键节点的生态基础设施设计，使修复国土空间生态系统“通经络、强筋骨”，充分发挥系统的整体功能。它需要借助景观都市主义的方法论，为自然和建设之间提供相互融入和流动交换的协调界面，形成修复区景观区域主义格局，其设计技术要符合以下准则：

1）嵌入本地生态系统（Local Ecosystem）。修复国土空间设计首先需要选择一个参照生态系统（Reference Ecosystem），选择标准是能够作为生态修复目标或基准的生态系统，通常包括破坏前的生态系统、未因人类活动而退化的本地生态系统，以及能够适应正在发生的或可预测的环境变化的生态系统，然后将设计嵌入由修复区本地生物组成的稳定生态系统，这些生物是本地进化而来或者是随环境条件变化从邻近地区迁移而来。

2）以自然恢复（Natural Recovery）为主导。自然恢复是指对生态系统停止人为干扰，减轻生态系统负荷压力，依靠生态系统的自我调节能力和自组织能力使其向有序的方向自然演替和更新恢复的活动。要多采用基于自然的解决方案（Nature-Based Solutions），利用自然应对气候变化、水资源安全、粮食安全等社会环境挑战，并对其进行可持续管理。绝大部分设计都应该具有辅助再生（Interventional Recovery）的功能，充分利用修复区生态系统的自我恢复能力，辅以人工促进措施，使退化、受损的生态系统逐步恢复并进入良性循环。

3）保护修复区遗留地（Remaining Land）。修复区的自然景观大都已或多或少受到破坏，并在组成和结构上发生了很大的改变。真正原始的自然保留地已经极为稀少，有着极其重要的生态、科研、人文等方面的价值，具有不可补偿和不可替代的功能。在对修复区进行国土空间设计时，对原始自然保留的和珍贵的历史文化遗迹要实行绝对的保护。

4）凸显可持续性设计（Sustainable Design）。修复国土空间设计首先需要重视对生态胁迫因子的消除或降低其影响，提升生态系统维持结构与格局的能力，也称弹性或韧性（Resilience）。一种可持续的国土空间设计，在于寻求一种最佳的生态系统以支持生态的完整性和人类愿望的实现，需要均衡考虑经济、环境、道德和社会问题，使修复区的生存环境得以永续发展，包括抵抗力、恢复力、持久性、变异性、可靠性等设计内涵。这种设计要有利于适应性管理（Adaptive Management），也就是要有利于在面对不确定性因素时进行稳健决策的结构化、迭代过程，有利于通过系统监控降低不确定性，改善长期管理结果。

（二）修复国土空间设计的技术类型

修复国土空间设计的核心目标，是对破坏和退化了的生态系统和景观进行恢复。景观生态学理论可以指导修复国土空间设计的实践，如重建所要恢复的各种要素使其具有合适的空间构型，从而达到使退化生态系统恢复的目的。从根本上来说，它是在景观尺度上的设计、实践与表达，是对损毁的生态系统在水平和垂直两个方向上进行全面的景观恢复设计。按照修复国土空间设计的目标和本体，其技术类型主要包括以下几项：

1）地形地貌修复设计技术。地形地貌重塑是修复国土空间设计的重要环节，直接影响修复区的自然景观格局、水热的再分配，也影响植被和土壤的形成，对居民地和道路布局适宜性也有重大影响。要综合分析修复区的地形坡度、山脊和山谷及山顶和凹地的形态、分水线、汇水面积与径流量、坡度与径流侵蚀等因素，对修复区周边自然山体边坡坡形进行分类，包括直线形、凸形、反S形和凹形等类型，并提取自然山体边坡坡长、坡高、边坡角、曲率等关键坡形特征参数，根据仿自然地形特征所提取的关键参数进行地形地貌重塑设计，并对坡面表层土壤组成、坡面植被配置与关键控制部位进行水土流失模拟与最终设计方案优选。地形地貌重塑不是简单地将修复区损毁的地形地貌恢复为损毁前的状态，而是要恢复为具有较强的安全稳定性，且有一定景观美学功能和价值的地貌类型，以及更有利于促进可持续的土地利用方式选择，也要有利于改善土壤有机质和调节修复区的小气候条件。

2）水流系统修复设计技术。地球上的物象都是循环往复的。路的曲折、水的流动、山的起伏都离不开S形（图9-1）。这种S形构图样式与周易之道里的太极线，在形式和精神上有着惊人的相似和暗合。构图是使山水画作品具有生命力和表现力的重要因素，“得势则随意经营，一隅皆是；失势则尽心收拾，满幅都非。”中国传统绘画将“构图”称作“经营位置”“置陈布势”“布局”等。由于S形构图中线条的转动，与山水画里的“起、承、转、合”相一致，能更好地表现出画面的动势与气势。所以，从古至今S形构图样式在山水画中最为常见。这也从另外一个角度说明，“S形构图之技”与“阴阳之道”有着异曲同工之妙。“河流谷底线”也是成S形的，通常用“曲流度”来表征。河道与河谷长度的比值小于1.5的河流被认为是弯流，等于1.5或大于1.5的被认为是曲流，大于2.1的被认为是绕流。一般而言，推荐的河流曲流半径为两岸宽度的2.7~2.8倍（罗斯，2005）。水流系统修复设计除了要有利于水循环平衡和生物多样性维持以外，按照水流系统的自然特征进行修复是十分重要的。不能为了增加耕地，将河流截弯取直，如此会破坏水流系统的自然结构。

图9-1　自然河流的S形结构照片

3）道路系统修复设计技术。修复国土空间的道路设计应具备系统性和整体性，保证修复区域中道路与项目区外的道路体系相贯通，做好田间路网与村庄道路网的合理衔接。同时要合理设计修复区道路的宽度与密度。道路的布置首先要在节约用地和不破坏自然生态格局前提下，满足修复区主导功能和辅助功能的要求，要能够方便车辆通行、产品运输和人流通行。那么，根据道路主要功能的不同，就相应地会存在不同的宽度要求。道路的设计要尽量使之与自然更加融合协调。另外，道路边坡维护措施可以采用栽种植物的方法，种植防护林木、灌木丛或小型花草，起到边坡保护及美化功能。景观美学是道路系统修复设计的重要内容，需要结合陆域景观特点，用道路将景观点连成景观带，形成修复区新的视线走廊和视角平衡。道路密度、道路位置和道路影响域会对修复区景观格局、动物迁移路线和生境的完整度等产生重要影响（Geneletti，2004；Serrano et al.，2002），在道路系统修复设计中应该给予足够重视。

4）景观生态修复设计技术。景观生态修复设计技术主要包括两方面内容：一是修复区的防护景观设计技术。主要是指对修复项目区内农田、道路、河流水系等的防护景观设计，可以采取生物防护措施和建设工程防护措施。生物防护主要是利用一些适宜的植被对农田、道路、水系等系统进行护持，以期减少病虫害侵蚀、风沙侵蚀及水土流失等，比如建造防风固沙林带、农田防护林带、道路水系边坡灌木林带等。工程防护措施是指通过工程建设，改变地表形状和建筑结构，以期减弱灾害影响，比如河道工程、防洪工程等。二是景观生态廊道修复设计技术。修复国土空间景观廊道修复设计，应因地、因质制宜，遵循生态系统演化规律，按照不同地貌特征的异质性，合理安排适宜的修复模式设计。要按照乔灌草结合的群落原理和绿色基础设施多功能性的原则，构建生态景观型、生态经济型和生态防护型廊道网络，保证修复区能保护区域生物种群和生物多样性。生态廊道结构设计要因循生态流演化规律，既要能够保证丰富的物种群落结构，又要能够提供并维持良好的生物生境。生态廊道的长度和宽度设计应结合区域局部的地形和植被特征，要有利于物种的集聚、迁移和生存繁衍。

5）景观美学修复设计技术。从农耕时代开始，人类就发现了景观的审美功能，东西方园林艺术就属于人类开始设计自己所喜欢的“美的景观”。在经历理性主义和形式美、浪漫主义影响与英国自然风景园林、现代主义时期的景观设计学之后，20 世纪 70 年代末期以来，人类进入了多元化时期的景观美学设计时代（董晓龙，2009）。修复区的景观美学通常会受到很大的干扰甚至破坏，按照景观美学原理对修复区进行设计，是修复国土空间设计的重要技术类型。景观美学修复设计技术，必须坚持功能性、艺术性和生态性相统一的原则。不能过于偏重景观形式的新异怪诞和某些象征性含混的符号构成，应该将功能的完美和景观对人的良好服务作为景观美学修复设计的基本原则。艺术只以美为对象，需要不断地创造、更新和发掘出新的艺术意蕴，而不能受更多的权利意志和所谓某某文化风格的束缚。生态原则主要体现在人与自然的亲和及对自然的改善方面，不能只停留在理论认识层面，而应该付诸设计方案（桂强，2007；Rader et al.，1975；Cook et al.，1994）。

第二节　矿山修复国土空间设计

一、矿山修复的概念及环境损毁类型

（一）矿山修复的基本概念

世界工业革命以来，矿产资源的开发利用对工业化和城市化的发展起到了关键的支撑

作用。全球对矿产资源利用的需求呈螺旋式上升的趋势，预计未来每年增加还将超过3%~5%。矿产资源开发在为人类发展带来福利的同时，矿区生态环境也普遍遭受严重破坏。据粗略估算，目前中国因矿产资源开发等生产建设活动，挖损、塌陷、压占等各种人为因素造成的破坏废弃地约 13 万平方千米，现在每年仍以 3.3 万~4.7 万公顷的速度递增。矿山开采特别是露天开采，不但影响自然景观，造成环境污染，而且还会造成水土流失，诱发山体滑坡等地质灾害，对矿区景观、土地资源、水环境、生物多样性等均产生巨大影响并危及人类的生存与健康，影响区域的可持续发展。矿山开采对生态环境造成的破坏，犹如大地景观上的一个个“疮疤”，已经直接影响美丽中国建设，亟须进行系统的修复。

矿山修复区是指需要进行生态修复的矿区。矿区的概念有广义和狭义之分：

1）广义的矿区是指我国国有大中型矿山企业所在地区，包括生产作业区与当地居民生活所在地区，包括依托矿产活动演替而建制的乡镇，甚至是县、市和工业小区。从目前我国现实情况来看，矿区还应该包括小型矿山群所在地。

2）狭义的矿区是以矿山生产作业区为核心的小区域，它不同于流域规划的范围，以及按地貌界、行政区界划定的区域规划范围。该小区域是根据征地范围、待征地范围、施工开挖、弃渣堆放地貌部位、弃渣堆放方式，以及洪水、沙害、泥石流的源地而确定的，可能是集中连片的，也可能是零散分布（白中科等，2012）。

从生态文明建设和推进美丽中国建设的角度来看，矿山修复区应该是指广义的矿区，这是由区域生态系统的整体性所决定的。例如，由于矿山开发导致的水文地质环境问题，包括水文环境变化、水资源结构变化、水质变化等，直接影响区域的水流循环，需要进行区域性的系统修复才能解决水生态系统的平衡问题。当然，修复的重点区域是狭义的矿区，是生态重建的主体和重点，且要求重建的时空尺度开始于采矿设计阶段，终止于矿山闭坑后达到重建生态系统相对稳定的时期。

（二）矿山地质环境问题分类

矿山地质环境（Mine Geological Environment）是指曾经开采、正在开采或准备开采的矿山及其邻近地区的岩石圈表层与大气圈、水圈、生物圈组分之间不断进行物质交换和能量流动的一个相对独立的环境系统。这个系统是以岩石圈为依托，矿产资源开发为主导，不断改变着地球表面岩石圈自然环境平衡的地质环境（国土资源部地质环境司，2002）。矿产资源开发引发、产生和加剧了矿山地质环境问题，其类型、表现形式、严重程度等，与开发的矿产资源种类（石油天然气、煤矿、金属矿产、石材类、水泥灰岩类、卤水盐矿类等）、开发方式（露天、井工开采）、区域地质环境条件（山地型、黄土高原型、戈壁沙漠型、平原盆地型）、开采规模等因素密切相关（徐友宁，2008）。

矿山地质环境问题按照不同分类原则与分类目的，存在不同的分类体系。从类型上讲，矿山地质环境问题是多样的，包括泥石流、崩塌、滑坡等常见地质环境问题，以及采矿塌陷、尾矿库溃坝、矿山水土环境污染等矿山特有地质环境问题。作为国土空间生态修复的重要组成部分，为了强调国土空间生态修复的目的，契合国土空间生态修复的概念与理论体系，同时与矿山生态环境问题有所区分，矿山地质环境生态修复所涉及的矿山地质环境问题分类有必要根据修复目的重新组织，对其进行如下划分（表 9-1）。

表 9-1　矿山地质环境问题的类型划分表

类型划分	主要表现形式
资源破坏	土地与植被压占破坏、疏干排水破坏地下水均衡系统、地表水量减少、地质遗迹破坏、地形地貌改观、人文风景景观破坏等
地质灾害	崩塌、滑坡、泥石流、地面塌陷、地裂缝、地面沉降、水土流失、土地沙化、尾矿库溃坝等
环境污染	地表水污染、地下水污染、土壤污染及其环境效应等

（据徐友宁，2008）

矿山地质环境生态修复针对的是矿山地质环境问题与矿山生态环境问题。在每个细分的问题上，矿山地质环境生态修复具有不同的处理方式，持有不同的修复思路，并因此发展成不同的生态修复技术。

1）矿山资源问题。矿山资源环境问题的本质是矿山开采带来的资源相关问题。这些资源问题包括煤矸石的利用与存储、矿区建筑用地的规划及矿区人工建（构）筑物的损毁与重建问题。从某种角度上讲，这类问题更偏向于规划问题，需要通过规划手段来更好地实现矿山资源利用。例如，通过煤矸石的井下充填来避免煤矸石山堆积，矿区建筑用地在闭坑后的持续利用，应按照科学规划的方法对每片重建后的田地配套修筑灌溉设施与道路配置，生态重建时植被种植数量的合理决策等。它们更像是同一类问题，需要依靠科学的运筹学与土地规划知识来完成。

2）矿山水文地质问题。矿山水文地质环境问题是指矿区的水文环境变化、水资源结构、水质等的变化问题。水资源是矿区环境极重要的组成部分，有必要将其抽出来独立谈论。水文环境问题的解决主要依靠实时探测，必须配备足够的水文监测点，与此同时需要及时弥补与解决已有的水文问题。例如，井工开采导致的含水层破坏，塌陷区积水，地表水系水质水量监测等问题，事实上，采空区积水问题也被更多地放在生态重建与土地复垦问题中论述（裴文明等，2018）。矿山水文地质环境问题需要高效的监测与健全的评价体制，除此之外，保水开采、注浆堵漏等方法也常应用于此。在地表水文环境变化中，研究者更多地希望因地制宜完成生态修复，例如，塌陷导致的积水区更多地使用挖深垫浅技术将其直接修复为鱼塘。

3）矿山地表地质灾害问题。矿山地表地质灾害问题是矿山开采导致的极为严重的问题。除了在土地规划与管理，以及矿山建设过程中提前规避地质灾害高发区外，主要依靠时效性与精度高的对地监测技术。例如，矿山地质灾害可通过 InSAR 实现较高精度的监测，以此来及时进行人群疏散、土地规划与管理。

4）矿山土壤环境问题。矿山土壤环境问题是矿山生态环境监测与污染治理的热点问题。矿山土壤环境问题主要指采矿活动影响下的矿区土壤理化性质受损的问题，该类型问题针对的是矿山采矿活动持续时间及闭矿后可能造成的土壤受损及作用于其上的矿区对象损伤。其首要关注对象是土壤本身，由于土壤作为地物基质带来的巨大影响，研究者需要更多地专门考虑两者带来的衍生污染问题。其首先需要考虑的是矿区土壤环境包括其生态交互的对象的监测与评价。与地面塌陷监测不同的是，研究者多通过对地观测，通过光谱波段实时监测矿区地物在某些指标上（叶面积、生物量等）的受损情况。除此之外，土壤受损的防护与修复重建问题，包括其影响对象的防护与治理问题也是其关注的重点。

5）矿山地形地貌与自然景观破坏问题。矿山地形地貌与自然景观破坏问题是一个重要的问题，矿区地形地貌受露天或井工开采产生的破坏，需要通过修复手段完成，土壤重构、水系修复等问题是其中的核心问题。此外，最近兴起的对矿区损毁的景观评价与景观重建问题也是其中的重要问题，研究者开始关注如何让矿区生态修复与重建后的生态系统更接近自然形态的生态系统，保持其抗逆性。

（三）矿山地质环境损毁类型

矿山开采主要有两种形式，一种是露天采矿，另外一种是井工开采。两种开采类型所造成的主要地质环境损毁主要有以下 9 种类型。

1）挖损。矿山挖损是指由于露天采矿、取土、挖砂、采石等活动致使原地表形态、土壤结构等对象的直接遭受破坏，使原地类的原有功能丧失，是对原来地表形态、地层组成、生物群的直接摧毁，原生态系统不复存在。挖损存在 3 个方面危害：①资源破坏。挖损的大面积剥离表土，导致岩石裸露，破坏了相对稳定的地形、土壤结构、植被；由于挖掘的不断推进破坏了原有的表层土质，使地类（耕地）丧失了原有的使用价值，造成了减产，甚至荒废；若不及时采取相应的回填措施，将会形成几十米乃至上百米的深坑。②养分与水土流失。挖损改变了耕地肥力，耕地地表出现裂缝，致使有毒物质流入缝内，水土流失等，导致耕地的肥力下降，降低了使用价值；其彻底改变了土壤养分的初始条件，改变了下垫面条件，改变了地表径流水沙特性，增加了养分流失的机会，产生明显的土壤侵蚀效应。③由于挖损使其田面状况改变，造成田间积水，矿区开采尤其是民采群挖矿区，采场所到之处，千疮百孔，导致耕地积水现象严重。

2）沉陷。当地下工作面开采达到一定深度后，地下开采便波及地表，使受采动影响的地表从原有标高向下沉降，从而在采空区上方地表形成一个比采空区大得多的沉陷区域，这种地表沉陷区域称为地表移动盆地，或称下沉盆地。在地表移动盆地的形成过程中，逐渐改变了地表的原有形态，引起地表标高、水平位置发生变化，从而导致位于影响范围的建（构）筑物、铁路、公路等的破坏。从地表移动的力学过程及工程技术问题的需要出发，地表移动的状态可分为垂直移动和水平移动。常用的定量指标有：下沉、水平移动、倾斜、曲率、水平变形、扭曲和剪应变。地下开采之后，地表移动除出现连续移动盆地外，在大多数情况下地表还会产生非连续破坏现象。这种现象一般有两种形式：地表裂缝和台阶、塌陷坑和塌陷槽。①地表裂缝和台阶。在一定条件下，地表移动盆地外边缘拉伸变形区可能产生裂缝。裂缝的深度、宽度与有无第四纪松散层及其厚度、性质和变形值大小有关。国内外观测表明，塑性大的黏土，一般在地表拉伸变形值超过 6~10 毫米/米时地表才发生裂缝。塑性小的黏土、砂质黏土、黏土质砂或岩石，当地表拉伸变形达到 2~3 毫米/米时即发生裂缝。地表裂缝一般平行于工作面边界发展，但在推进工作面前方地表可能出现平行于工作面的裂缝。这种裂缝深度和宽度较小，随工作面推进先张开而后逐渐闭合。裂缝的形状一般呈楔形，上口大，越往深处越小，到一定深度尖灭。当地表存在较厚的表土时，地表裂缝深度一般小于 5 米，对于采厚较大的综采放顶煤开采情况，地表裂缝深度可达十几米。当地表不存在表土或表土较薄时，地表裂缝深度可达数十米。当采深小且基岩为坚硬岩层时，这种裂缝可使地表与采空区连通。在采深和采厚比值较小时，地表裂缝的宽度可达几十毫米，裂缝两侧可出现落差而形成台阶。台阶落差的大小取决于地表移动值的大小。地表除出现张口裂缝外，在某些特殊情况下还可能出现剪切式压密裂缝。常见有 3 种情况：断层导致的压密裂缝，软弱夹层导致的压密裂缝，重复开采时下沉盆地边缘区主裂缝面导致的压密裂缝。②塌陷坑和塌陷槽。开采缓倾斜矿层和倾斜矿层时，地表破坏的主要形式是地表出现裂缝，但在某些特殊地质开采条件下地表也可能出现漏斗状塌陷坑和塌陷槽。其类型主要有：浅部不均匀开采引起的塌陷坑；松散沙层进入井下引起的漏斗状塌陷坑；急倾斜矿层开采引起的漏斗状塌陷坑；开口大裂缝引起的漏斗状塌陷坑；导水断层引起的漏斗状塌陷坑；岩溶塌陷引起的漏斗状塌陷坑等。

3）压占。压占（包括临时占用）是矿产开采过程中产生的废弃岩土堆置于原地貌上，造成原生态系统的破坏和丧失。压占主要指煤矸石压占、粉煤灰压占、露天矿排弃的剥离物压占及金属矿尾矿库压占土地，固体废物数量庞大，种类繁多，物理化学性质复杂而处置设施严重不足，回收利用率低下。煤矸石及粉煤灰是煤矿开采过程中的主要排弃物，粒径大，难以在短期内自行粉碎风化，该类堆弃地空隙大，持水性差。排土场是露天采矿的必然产物，剥离物堆积形成外排土场占用了大量耕地资源，堆砌规模通常很大，形成一个人工堆砌的巨型松散堆积体。

4）环境污染。在矿山开采过程中，尾矿粉尘飞扬进入土壤，经雨水冲刷、淋溶，极易将其中有毒有害成分渗入土壤中，造成土壤的强酸污染、有机毒物污染与重金属污染，对土壤的污染可达数百年甚至上千年。污染土壤的重金属主要包括镉、铬、锌、铅、铜及汞等元素。土壤的纳污和自净能力有限，当污染物超过其临界值时，其自身的组成结构与功能也会发生变化，过量重金属可引起植物生理功能紊乱、营养失调，汞、砷能减弱和抑制土壤中硝化、氨化细菌活动，影响氮素供应。由于重金属污染的隐蔽性和难降解性，其通过食物链不断在生物体内富集，最后进入人体内蓄积，对人身体健康造成危害。井工开采的大气环境污染主要由排土场扬尘、尾矿石、煤矸石等造成。尾矿石在露天堆放情况下，经受风吹、日晒和雨淋，容易产生扬尘，对周围大气环境造成污染。煤矿开采产生大量的煤矸石，煤矸石氧化时蓄积热量到一定温度会引发煤矸石山自燃，产生大量扬尘并释放 CO、SO_2、H_2S 和氮氧化合物等有毒有害气体，使周围地区常常尘雾蒙蒙，并导致酸雨形成，排放的 SO_2 和 H_2S 气体使该地区呼吸道疾病发病率明显高于其他地区，且这些地区大都是癌症高发区，严重危害居民身体健康甚至生命，对农业、畜牧业也带来严重后果，使农作物枯萎或减产，甚至颗粒无收。

5）地质灾害。矿山地质灾害是指从事矿山开发利用过程中由于自然因素和人为因素引起的矿山地质生态环境恶化，对人类生产生活造成影响的地质灾害事件。根据引起矿山地质灾害的因素，矿山地质灾害包括地表塌陷、地表裂缝、冒顶、片帮、岩爆、井下突水、滑坡、崩塌、地下水及环境地质破坏等（范立民等，2017）。相关统计工作显示，矿山地质灾害给矿区带来了极大的危害，这种损毁形式是矿山地质环境问题中最直接、后果最严重的损毁，需要特别提高警惕，严格监督与防范（唐朝晖，2013；何芳等，2012）。中国西南部地势崎岖，大部分被山丘区覆盖，由于开矿破坏了原有的地基承载力，改变了原有的地质结构和形成大面积的采空区，崩塌、滑坡现象经常发生，地震、泥石流等严重的地质灾害屡见不鲜。特别在露天开采中剥离的大面积表土与松散物等，易诱发泥石流、滑坡等地质灾害。

6）土壤退化。采矿引起的塌陷对土壤物理化学性质的影响主要表现在随着沉陷深度的增加，从沉陷盆地的坡顶到坡底，土壤散密度逐渐变大，土壤总孔隙以及通气孔隙量逐渐减少，土壤变得紧实，水分含量逐渐升高，渗透速率依次下降，土壤通气透水性能变差，土内空气缺乏，影响微生物的活动及养分的转化，影响幼苗正常生长及作物根系的正常发育，且易产生地表径流。挖损和压占对土壤物理性质也有不同程度的影响，改变了耕地的有效土层厚度、土体构型等。对于高潜水位地区，积水盆地中土壤因积水过深，可能完全失去利用可能，在体量上失去极大一部分土壤，对于这部分土壤来说，它们等于被完全损毁（肖武等，2013，2019）。

7）景观破坏。由于露天开采的开采工艺所致，其开采任务结束后总会遗留下一个较大的深坑，原有地貌的表层土壤和岩石被挖出，地表植被和生态被摧毁，而煤炭开采完成后产生基岩裸露、坡度较陡的台阶状的深坑，原地貌景观完全被损坏。井工开采产生了地表塌陷，其堆积物如煤矸石山，地表建设用地如工业广场、爆破库等对矿区自然景观产生了严重损坏。

8）生物损害。开采沉陷对植物与农作物以及土壤中的微生物的直接影响，是位于采动裂缝坍塌和滑坡上的植物与农作物的根系被暴露甚至拉断，有的甚至直接被埋没或跌落在裂缝与塌陷坑中，同时对土壤的微生物也造成了直接的伤害，这种影响可直接造成农作物如玉米、小麦、谷子等枯死，影响树木的正常生长及果实的产量，严重的可致枯死。由于采动地表的沉陷和裂缝，使土壤的结构湿度和温度发生了变化，水土与肥料可沿裂缝流失，从而导致植物的生长环境恶化，土壤微生物的生存环境被破坏，并在一定时期内不同程度地影响植物的生长和农作物的产量，以及生物多样性的破坏。

9）水文破坏。矿山开采、选矿和冶炼生产中，引起上覆地层产生裂缝、变形或塌陷，破坏了矿层上部的地层结构，使原来隔水层的连续性遭到破坏，起不到隔水作用，上层水流入坑道，切断了含水层下游的补给来源，也使矿采区下游的泉溪断流，引起采矿区一定范围内土地潜水位下降，并产生两个结果：土壤含水量减少，墒情变差，影响作物生长；地下水的破坏会直接影响矿区周边的水资源的数量和质量。同时，采矿还会排出大量的矿坑废水、选矿和冶炼废水，废水含有大量的矿物质和化学药剂，以及开采方式采用得化学方法，势必要污染矿区的水质。矿山开采引起地下含水层结构破坏、地下水水位变化、地下水补径排条件改变和水质污染等，这是矿山地质环境修复需要特别关注的内容。

二、矿山修复国土空间设计的理论基础

（一）矿山修复的恢复生态学理论

矿山修复是指帮助那些因开矿导致功能退化、受损或毁坏的生态系统进行恢复的过程。恢复生态学在发展过程中充分吸收了生态学已有的理论，如竞争、生态位、耐性定律、演替、定居限制、护理效应、互利共生等，但在自身发展过程中也产生了一些特有的理论。与矿区国土空间生态修复关系最为密切的特有理论主要有下 6 个方面。

1）自我修复和人为修复理论。自我修复理论认为，只要有足够的时间，随着时间的推移，退化生态系统将会根据环境条件合理地组织自己，并最终改变其组分结构。人为修复理论则认为，通过工程方法和植物重建可直接恢复退化的生态系统，但恢复的类型可能是多样的。在修复国土空间设计过程中，需要因地制宜地将两种理论相结合。如果生态系统退化已经比较严重，种子库已经丧失，自我修复的结果只能是环境决定的群落。而人为修复理论是把恢复放在个体或种群层次上考虑，恢复的可能是多样性的结果。是否采取自我修复手段取决于周边景观状况、历史、地区物种池中本土物种或者外来物种的共享、损失生境的快速补偿的必要性，以及有关的生态系统服务如矿区侵蚀控制等。一般说来，在修复国土空间中应尽量采用近自我修复，通过自组织提高恢复场地生物多样性和自我维持能力。

2）适应性恢复理论。研究表明，即使有一定年限的恢复，相对于原生生态系统，也只有23%~26%的生物结构（主要由植物集合驱动）和生物地球化学功能（主要由土壤碳库驱动）恢复。可见，矿区生态系统是很难完全恢复的，因为它有太多的组分，而且组分间存在非常复杂的相互作用。此外，在矿区生态系统恢复过程中，由于物理及生态环境及社会经济因素发生变化，对生态系统的认识也要发生变化，在恢复过程中要考虑恢复的目标与措施，进行适应性生态恢复。也就是说，恢复目标的确定要根据生态、经济和社会现实；不是重建历史上的系统状态，而是帮助系统获得自我发展和维持的能力（任海等，2014）。

3）集合规则理论。该理论认为，一个植物群落的物种组成是按照环境和生物因子对区域物种库中植物种的选择与过滤的组合规则的，在一定条件下生物群落中的种类组成是可以解释和预测的。已有研究表明，物种库通常包括区域、地方和群落物种库 3 个层次，集合规则显示种与种之间的组合是受到环境影响的，而某些种与种之间是不相联系的。这主要与生态位相关的过程、物种是平等的中性过程、特化和扩散过程有关。生物间相互作用的集合规则主要是基于物种和功能群等生物组分的频率；而生物间及生物与非生物环境因子间相互作用的集合规则强调基于确定性、随机性及多稳态模型的生态系统结构和动态响应（任海等，2014）。在矿山修复国土空间设计过程中，在进行生物多样性恢复设计时，需要充分考虑集合规则的影响。

4）恢复力理论。该理论认为，重建有恢复力的系统需要了解这个系统的自然演替、相互作用及动态过程。恢复力应该包括两种能力：一是在当下扰动中的恢复能力，二是在未来扰动中的恢复能力。因此，按照恢复力理论，生态恢复需要重新建立与地形、土壤相匹配的树种多样性，用表土物质来促进多样的、自然的植物群落的演替，还可以使用定植技术来提高抗压能力（张绍良等，2018）。也就是说，矿区生态系统恢复设计要强调动态平衡、多样性与稳定性的关系，还要考虑冗余性和生态网络的恢复，考虑它在景观背景下与其他生态系统的边界、连接性、能量与物质流动态、物理环境等问题（van Andel et al.，2012）。重建有持久恢复力的系统，建设生态功能再生场所，是矿山修复国土空间设计的重大任务。明确恢复力设计的目标，探索提高土壤恢复力、植被群落恢复力、景观恢复力等的机理和路径，是一个需要持续探索的重大理论和实践课题。恢复力在恢复矿山生态系统和创建可持续生态系统中具有重要作用（Grant，2006；Doley et al.，2012），从恢复力的视角管理扰动和脆弱性，能够更好地实现矿区社会-生态系统的可持续性（Wasylycia-Leis et al.，2014；Mckenna et al.，2017）。

5）生物群落演替理论。生物群落的演替是指在生物群落发展变化过程中，由低级到高级，由简单到复杂，一个阶段接着一个阶段，一个群落代替另一个群落的自然演变现象。在通常情况下，开始是先锋植物侵入遭到破坏的地方并在此定居和繁殖。先锋植物改善了被破坏地段的生态系统后，随着其他更适宜物种的生存和繁衍，比如更能忍受有限的资源或具有更大的竞争优势，先锋植物逐步被取代。在遭到破坏的群落地点所发生的这一系列变化就是演替。演替有原生演替和次生演替两种基本类型，发生哪一种类型的演替是由演替过程开始时的矿山土地条件所决定。无论是原生演替还是次生演替，都可能通过人为手段加以调控，从而改变演替速度或方向。矿山修复国土空间设计需要在生物群落演替理论的指导下，通过物理、化学、生物或工程等技术手段，调控待修复生态系统的演替过程和发展方向，恢复或重建生态系统的结构和功能。例如，在人工干预下，坡地生态修复的顺序一般应为：先锋植物（通常选择草类植物）→当地草种→灌木→乔木（土层太薄不能演替到乔木）（周连碧等，2010）。

6）生物多样性理论。生物多样性通常是指生命形式的多样化，一般包括遗传多样性、物种多样性和生态系统多样性3个组成部分：①遗传多样性，也就是生物的遗传基因的多样性。一个物种的所包含的基因越丰富，它对环境的适应能力就越强。它可以表现在多个层次上，如分子、细胞、个体等。在自然界中，对于绝大多数有性生殖的物种而言，种群内的个体之间往往没有完全一致的基因型，而种群就是由这些具有不同遗传结构的多个个体组成的。②物种多样性，物种是生物分类的基本单位，物种多样性是指地球上动物、植物、微生物等生物种类的丰富程度。它包括两个方面，一是指一定区域内的物种丰富程度，可称为区域物种多样性；二是指生态学方面的物种分布的均匀程度，可称为生态多样性或群落物种多样性。物种多样性是衡量一定地区生物资源丰富程度的一个客观指标（蒋志刚，1997）。在阐述一个国家或地区生物多样性丰富程度时，最常用的指标是区域物种多样性。区域物种多样性的测量有以下3个指标：一是物种总数，即特定区域内所拥有的特定类群的物种数目。二是物种密度，指单位面积内的特定类群的物种数目。三是特有种比例，指在一定区域内某个特定类群特有种占该地区物种总数的比例。[1] ③生态系统多样性，是指地球上生态系统组成、功能的多样性以及各种生态过程的多样性，包括生境的多样性、生物群落和生态过程的多样性等多个方面。其中，生境的多样性是生态系统多样性形成的基础，生物群落的多样性可以反映生态系统类型的多样性。生物群落多样性的恢复，在矿山修复国土空间设计中具有突出的作用。在遗传多样性方面，矿山修复国土空间设计要重视选择那些适应当地气候和土壤条件以及抗干扰能力强的品种；在物种多样性方面，矿山修复国土空间设计应当根据生态系统的退化程度，充分考虑物种与生境的复杂关系，选择阳生性、中生性或阴生性种类并合理搭配；在生态系统多样性方面，矿山修复国土空间设计应尽可能加快恢复与矿区地带性生态系统相近似的生态系统。

---

[1] 生物多样性的主要组成［Z］. 生物多样性保护行动网，http：//www.greentimes.com/green/swdyx/2012-02/06/content_165721.htm.

（二）矿山景观格局修复的理论基础

矿产资源开采最大的危害之一是对矿山景观格局的破坏。景观是由大大小小的斑块所组成的，基质和廊道都可以看作是形态迥异的斑块。景观格局就是景观斑块在空间上分布的总体样式、布局和相互关系，它直接影响斑块间能量流动、物质循环和信息传递。景观格局具有完整性、整体性、异质性、多样性和网络性等特性，它不是以其中的某些组分与环境发生相互作用，而是以景观整体响应环境的变化（Karr，1996；Forman，1995；Anttop et al.，2000）。景观格局研究主要是关注景观结构、景观功能、景观过程和景观网络及其相互作用的过程。

1）景观结构。景观是由斑块、廊道和基质等景观要素组成的区域，各要素的数量、大小、类型、形状及在空间上的组合形式构成了景观的空间结构。矿山修复国土空间设计的重要目标之一，就是要对受损景观结构进行修复设计，如对景观中的栖息地进行生态修复设计，以保证生物的栖息、觅食、繁衍等基本生物过程的延续。

2）景观功能。它包括景观构成要素（斑块、廊道、基质）和网络结构等所形成的各种功能，如廊道的传输作用、斑块形成的源和汇、网络连接形成的景观整体结构所体现出来的景观整体性功能。具体来说，景观的功能主要有 4 个方面：一是植被的第一性生产力功能；二是景观生态系统的服务功能；三是自然景观的美学功能；四是景观的生态功能。修复和提升景观功能，是矿山修复国土空间设计的重要使命和核心内容。

3）景观过程。景观的结构和功能会随着时间的推移而发生变化，是一个动态的过程。景观破碎化过程就是现代景观最为重要的过程，它不仅极大地降低了生物多样性，而且还加速了土地退化等许多其他负面影响。连通过程是景观破碎化的反过程，通过连通不仅改变了原有的斑块，还会引起景观机制的改变，有利于维护和促进生物的多样性。矿产资源开采加大了景观破碎化程度，因而也影响了该地的生物多样性，并导致了包括湿地等具有重要生态功能面积持续下降。通常情况下，狼群要避开某些特定的土地利用类型，例如耕地、园地、草地和落叶林地，它们喜欢至少有一些针叶树的森林。同时，狼群的发生很大可能需要满足公路密度在 0.23 千米/平方千米以下的条件，在被重要高速路分割的地区不会有任何狼群的出现。美国密歇根州北部狼的种群数量远高于威斯康星州，原因就是后者的景观很破碎，且缺少高的空间连接性。

4）景观网络。景观由于廊道的交叉形成网络结构，其连接度直接影响景观功能和景观赛程。景观连接度是指景观空间结构单元之间的连续性程度，而临界阈现象是指某一事件或过程（因变量）在影响因素或环境条件（自变量）达到一定程度（阈值）时突然地进入另一种状态的情形，它是一个由量变到质变的过程，从一种状态过渡到另一种截然不同状态的过程。矿山修复国土空间设计需要研究某一物种处于什么样的景观环境时才能正常生长和繁殖？当某一物种的生境面积占总国土面积的比例增加到何种程度时，该物种的个体可以通过彼此相互连接的生境从景观的一端运动到另一端，从而使景观破碎化对种群动态的影响大大降低？植被覆盖度达到多少时流动沙丘可以被固定？对于濒危物种来说，其生境面积占整个景观面积的多大比例时它才能幸免于生境破碎化作用的强烈影响等。连通过程可以看作是矿区景观破碎化的反过程，河流水系是最好的连通媒介，但公路的连通可能会带来负面效应，这是矿山景观格局修复设计需要特别引起注意的。

（三）矿山土壤系统修复的基本原理

土壤是矿区植物生长繁育和生物生产的根基，是矿区生态系统的基础，对矿区修复起着营养库、养分转化和循环、雨水涵养、生物支撑、稳定和缓冲环境变化等作用。它覆盖于矿区表层，处于大气圈、水圈、岩石圈、生物圈的交接面上，成为它们连接的纽带，构成了结合生命和非生命联系的中心环境。矿山修复国土空间设计，其重要目的就是要对矿山土壤进行系统修复，以奠定矿区生态系统可持续性的扎实基础。矿山土壤之所以要进行系统修复，就意味着不是对单一功能的修复，而是要实现土壤系统的复合质量功能：①保持生物活性、多样性和生产性。②对水体和溶质流动起调节作用。③对有机及无机污染物具有过滤、缓冲、降解、固定和解毒作用。④具有贮存并循环生物圈及地表的养分和其他元素的功能。从对土壤质量进行系统修复的角度看，矿区土壤修复主要是针对以下 4 个方面的性状进行整体恢复（黄昌勇，2000；Doran，1994；Delgado-Baquerizo et al.，2016；Epelde et al.，2014；Haynes，2000；Hu et al.，2001）：

1）土壤农艺性状。主要是对直接影响土地生产力的农艺性状进行修复，包括土壤质地、耕层厚度、酸碱度、有机质、全氮、碱解氮、速效磷、速效钾、容重、阳离子交换量、土壤排水性、土壤渗透率、土壤结构等。这些基础性农艺性状的修复，对于矿区农业特别是种植业恢复利用有重要价值。

2）土壤环境质量。矿山开采很容易使其中有毒有害成分渗入到土壤中去，造成土壤强酸污染、有机毒物污染和重金属污染等。因此，矿区土壤修复不仅是恢复其作物生产力，而且还应该包括影响矿区食物安全及人类和动物健康的环境质量。矿区土壤环境质量修复的主要内容包括地表水污染物、地下水污染物、土壤强酸性污染物、重金属污染物以及其他有机毒物污染，采用物理、化学、生物等多种技术方法进行联合修复。

3）土壤生物活性。土壤中微生物量、C/N 比、土壤呼吸、微生物多样性、磷酸酶活性、脲酶活性、细菌群落结构、真菌群落结构等是土壤生物活性的重要表征。新近的研究表明，微生物与农田生态及抗病功能密切相关，土壤微生物的多样性能敏感地反映出自然景观及其土壤生态系受人为干扰或生态重建过程中的细微变化。因而加强对土壤微生物群落多样性及功能特征的修复，对土壤质量和健康的作用十分显著。

4）土壤生态质量。物种和基因保持是土壤在地球表层生态系统中的重要功能之一。一个健康的土壤可能滋养和保持相当大的生物种群区系和个体数目，因此土壤生物多样性和种群丰富度等就成为土壤生态质量的重要表征。根据国内外研究的结果，土壤生态质量的表征指标主要有：①种群丰富度。种群个数，个体密度，大动物，节肢动物，细菌，放线菌，真菌等。②多样性指数。生物或生态复合的种类，结构与功能方面的丰富度及相互间的差异性。③均匀度指数。生物个体或群体在土壤中分布的空间特征。④优势性指数。优势种群的存在及其特征。

需要指出的是，气候、生物、地形、母质等土壤形成因素都在不同的侧面，通过时间的历程对土壤的适宜性、生产能力和健康质量等形成发生深刻作用。矿山土壤系统修复的国土空间设计，首先需要深刻认识影响矿区土壤形成和演变的自然及社会因素，然后再考虑对土壤农艺性状、土壤生物活性、土壤环境质量和土壤生态质量的修复，才能使土壤修复更好地与自然共生。

三、矿山修复国土空间设计的关键技术

（一）矿区地貌重塑设计技术

地貌重塑设计技术，是针对矿区的地形地貌地势特点，根据开采工艺、土地损毁方式和土地破坏程度，采取一系列措施，将损毁土地重新塑造成一个适于再利用的新地貌。目前国内外采用较多的地貌重塑方法主要有充填法和非充填法。充填法主要指粉煤灰充填、煤矸石充填和污泥充填等；非充填法主要指就地整平、梯田式整平、疏排法和挖深垫浅。典型的矿区人工恢复地貌如经过人工重建的绿化煤矸石山、大型堆砌排土场等，其往往具有较重的人工痕迹，形状规则布局过于工整，且花费较大，但不易保持。如果对损毁的地形地貌采取完全机械的重塑和单一工程的再造，不仅会造成与周围景观和生态系统的不协调，还会带来高昂的长期维护成本。在矿区尺度上，对于全国大量的大面积矿区来说，这种通过人工地貌重塑恢复矿区生态系统的做法并不是最佳的选择。在实践中，通常采用以下两种地貌重塑模式：

1）地貌战略点重塑。在矿区地貌景观中，一些地貌景观战略点的损坏将会直接影响地貌和生态的稳定性，必须进行重塑设计。如盆地的进出水口，廊道的断裂处，一个具有“跳板（Stepping Stone）”作用的残遗斑块，河道网络上的汇合口及河谷与山脊的交接处，一个联络岛屿的“陆桥”，林缘的凹边部位，景观中央的林地斑块、断裂带或断层的上部等（Yu，1996；Selman et al.，1991；Franklin et al.，1987）。一旦在矿产开采过程中受到侵扰，就应该考虑重塑地貌景观的稳定性。

2）微地形地貌重塑。微地形是指针对地理空间巨地形和大地形而言的小尺度的地形变化，如大型露天矿区的切沟、浅沟、陡坎、塌陷及缓台等。在地貌重塑设计中，根据矿区地形地貌的整体形态特征，在充分考虑立地条件的基础上，对微地形进行改造设计，能够更好地实现矿区地貌重塑的综合效益。大量研究表明，微地形改造对于矿区流量生成、植物水的可用性、土壤养分保持和微生境、降水入渗和损失过程、植被恢复及生态服务功能效果、预防水土流失、调节矿区小气候、地貌演化和生态系统的形成过程等都具有积极的促进作用（Thompson et al.，2010；Moser et al.，2009；张莉等，2016）。

（二）矿区生态恢复设计技术

依据矿山地质环境所处的地理条件、灾害环境类型，遵循自然恢复和人工修复相结合的原则，对矿区生态进行恢复设计，来恢复或重建矿区被破坏的生态系统，恢复其物种多样性及其生态系统功能。自然修复是一种最高境界，即使人工修复，实现生态系统的自我维持能力才是最终目的。在这种层面上考虑矿区生态修复技术，目前已衍生出较新的修复方法，它们直接通过动植物、微生物进行矿区修复，在修复“材料”选取上与直接替换土壤、大量施肥等方法有所区别。

1）植物修复。植物修复是通过植物对土壤、空气等生态修复对象的修复作用来实现修复的手段。矿区废弃地的植物修复效益与恢复植物的选择密切相关，恢复植物的选择不仅要适应当地的地质、水文、土壤类型等自然条件，还要考虑因开采造成的具体污染情况，因地制宜选取植物，才能对当地土壤起到较好的改良效果，生态演替效果良好。因此，矿区废弃地土壤植物修复成功的关键在于恢复植物的选择与合理的配置模式。通常情况下，使用较多的生物物种，特别是将乔木、灌木、草本、藤本植物多层次配置结合起来进行植被恢复，建立起的植物群落的稳定性和可持续性均比单物种或少物种的效果好得多（毕银丽，2017）。

2）微生物修复。微生物修复技术是矿区土壤管理与改良的重要生物技术。利用微生物群落的优势，可以促进植物生长和植被覆盖，减少或避免土壤侵蚀，从而达到生态恢复的目的。微生物修复技术可以利用植物根际微生物的生命活动来改善植物营养条件，并同时促进植物生长和发育。随着植物修复和微生物修复的发展，矿区土壤的渗透性显著提高，其改善的土壤调节和地表径流转化能力，可以防止土壤侵蚀，改善河流水文条件。微生物在有机物质的分解、合成和转化，无机物质的氧化和还原过程中起着重要作用。它们是土壤生态系统代谢的重要驱动力，可以提高土壤肥力，使生土熟化，缩短复垦周期。

3）土壤动物修复。土壤动物可帮助矿区土壤肥力维持，无脊椎动物可帮助粉碎和分解动植物残体，促进物质的淋溶、下渗，其活动与翻动作用增加土壤中细菌和真菌活动的接触面积，加速养分的流动，同时也混合了土壤的物质组成。另一方面，土壤动物采食细菌或真菌或粉碎有机物质、微生物繁殖体等，间接改变了有效营养物质的传播，并改变了微地形，从而使土壤中的水、气、热量状况和物质的转化都受到影响，继而影响微生物群落的生物量和活动。使微生物修复技术、植物修复技术、工程技术与土壤动物修复结合，更能发挥其功能，提高修复能力。

需要指出的是，矿区生态恢复设计必须重视保护和恢复生物多样性。矿山开采大都会降低生物的多样性，包括某些栖息地的消失和栖息地（景观）的破碎化，以及开垦后土地的过度利用等。因此必须修复地域内多层次的景观补偿系统和生态基础设施，包括重建绝对保护的栖息地核心区和缓冲区，在栖息地之间建立廊道，在关键性的部位重建或引入本土景观斑块等（Forman，1995；Saunders et al.，1991；Renshaw，1991）。

（三）矿区恢复力评价与设计技术

矿区修复不仅仅要完成某个单项的生态工程，只有当修复后的矿区生态系统能够可持续发展且有能力应对各种扰动时才是成功的。综合来看，矿山修复国土空间设计的目标和评价尺度，就是要解决矿区生态系统的恢复力问题，也就是矿区修复后能否从根本上保持相同的生态系统功能、结构和反馈能力（Walker et al.，2012）。关于如何进行矿区恢复力评价和设计，虽然现阶段还缺乏成熟的理论指导和实践案例，但这一问题极其重要，否则就无法判断矿区修复后承受外部冲击、从风险中缓解和抗干扰的能力。矿区恢复力是可持续性和脆弱性的重要表征，系统恢复力越强，则可持续性越强、脆弱性越弱。矿区系统是嵌套在多层级系统之中，受到跨尺度扰沌的作用，如一个矿山嵌套在小尺度土壤系统（较小层级）和流域生态系统（较大层级）中。矿区恢复力是一个韧性概念，未来必须转变为更有适应性（Adaptability）、更有转移力（Transformability）和更有协同性（Cooperativity）的思维框架。

1）矿区恢复力评价。与其他陆地生态系统相似，矿区生态系统的进化具有不可逆性，即原有生态系统一旦被破坏，就很难恢复到原来的状态，因此对矿区生态系统恢复力的评价较为困难。但是，由于矿区植被生态系统存在多稳态机制，任何外部干扰都可能引发植物群落的演替，进而导致系统状态的突变，因而植被和生物多样性可以作为开展矿区生态系统恢复力评价的指标。一是，通过植被这一指标对矿区生态系统恢复力开展定量测度研究，依然可以通过 NPP 的动态变化及 NPP 与气候因子之间的联系来表征矿区生态系统恢复力。二是，通过野外样方调查法与 3S 技术的结合，从遗传、物种、生态系统和景观 4 个层次，按照小、中、大的空间尺度，建立不同层次不同尺度的生物多样性评价的指标体系和模型来开展矿区生态系统恢复力评价（杨庚等，2019）。一般意义而言，可通过直接测量矿区的最大胁迫和恢复时间来指示恢复力，具体可通过计算机模型，如 CENTURY、GAP 模型等进行计算；使用阈值宽度或者系统状态离阈值距离表示恢复力时，多采用潜在阈值模型、时空动态分析模型、转移模型、试验方法来识别和测量阈值、状态和反馈；理解稳定域特征时，多采用微分系统的数学方法或景观势流理论求解（Rogers et al.，2013；Carpenter et al.，2014；Bagchi et al.，2013；Slocum et al.，2008；Fassoni et al.，2014）。研究者普遍认为，恢复力评价不应该浓缩为几个指标，这样会降低对复杂系统的理解，因而评价指标必须多样化，包括恢复力的各个方面（Folke，2016）。

2）矿区恢复力设计。矿区恢复力设计目前还只处于刚刚开始探索的阶段，很少有成功可供推广的设计案例。我国幅员广大，矿区的自然和社会经济条件相差悬殊，很难有一套固定的设计模式和技术。但总体上需要遵循以下基本准则：保持多样性和冗余度、设计连通性、设计慢变量和反馈、培育复杂系统思维（Biggs et al.，2015）。在具体设计过程中，坚持以下设计策略可能是有实践价值的：①设计高效的矿区生态经济复合系统，实行土地集约利用，保护集中的农田斑块。②控制建筑分散盲目扩张，建设具有紧凑、多样、绿色、愉悦和混合功能的城乡聚落。③重建植被斑块，因地制宜地增加绿色带和防护林以及尽可能保留若干分散的自然斑块，补偿和恢复土地的生态功能。④尽可能保留河道原有自然风貌，减少人为改造，在河道两侧多布置防护林。⑤保留一定数量和面积的沟塘和低洼地，为野生动植物留下一片合适的栖息场所和生存、繁衍的空间环境，促进生态的持续发展。⑥坚持山水林田湖草统一设计，旱、涝、渍综合治理，对自然景观和传统文化习俗统一评价，使矿区成为结构协调、功能完善、具有维持自调节特征的土地生态系统。⑦优势土地利用必须在自身之内多样化，应避免大片土地同一化。按照 Haber 的研究，单一的土地利用规模不能超过 8~10 公顷（Haber，1990）。⑧不以增加耕地数量为主要目的，以保护土地和景观多功能、维护土地和景观健康、创设人地共荣为矿区恢复力设计的最高宗旨。在矿区恢复力设计过程中，对某些关键参数进行详细设计，具有特别重大的意义。例如，在内蒙古自治区伊金霍洛旗补连沟井工矿山恢复力设计时，对关键参数潜水位进行设计，具体包括：引入外源水对潜水进行补给，使得潜水位升高，增大潜水平到阈值的距离，实践表明该设计有效提高了沟谷坡地植物组分对扰动的特定恢复力（中国矿业大学，2019）。

（四）矿区景观格局修复与设计技术

对于矿山开采破坏景观格局的具体评价，现有研究通常通过分形理论或景观指数来表征。分形理论大多应用于对宏观大尺度的地形和微观尺度的土壤颗粒分布进行表征，通过单一分维数表征地形复杂程度，如河道地貌（朱嘉伟等，2005）、土地利用结构（赵晋宝，2014）、侵蚀冲沟（Su et al.，2015）等；通过多重分形谱表征地形的变异特征，如土壤粒径分布规律（王金满等，2014）等。但分形理论对于露天煤矿排土场等中小尺度的受损景观格局表征研究相对较少（张莉等，2016）。另一种表示方法为景观指数。利用景观指数可以表征矿区景观格局破碎化程度，其连接性与异质性，结构、空间排列等。其主要使用指数包括分维数、多样性、优势度、斑块数目、景观类型面积比例、景观形状指数、蔓延度、破碎度、香农多样性指数与香农均匀度指数、分离度、均匀度等（毕如田等，2007；万越，2015）。

由于矿山开采活动形成的人造景观格局与周围原有景观格局不协调，景观连接性差，造成生态系统的不和谐，导致出现一系列生态问题，由此就衍生出仿自然地貌理论（张莉等，2016）。仿自然地面要求修复后景观格局与当地自然景观格局相协调，统筹保土壤、水源和环境质量。仿自然地貌更加注重当地原有的景观格局和生态系统，尽可能接近原有地貌景观格局：①基于景观生态学，根据斑-廊-基原理、景观格局优化原理、多样性与异质性原理等，在修复过程中增大景观多样性与异质性，设计基质与斑块组成较优的景观格局。②注重微地形地貌对景观格局生态系统的影响。仿照自然地貌的设计能使重建和再造的景观格局更具协调性和稳定性，使生态结构更加合理，视觉效果和经济型均有所提高（Alan，2008；Schor et al.，2008）。例如，山西平朔露天煤矿的排土场地貌在重塑时便运用该理论仿照黄土高原丘陵山地的层层梯田，设计出相对高差一般为100~150 m，平台与边坡相间分布的景观格局，达到人工景观与自然景观相互协调的效果（陈晓辉，2015）。煤矿区周围临近成熟的、未扰动的地貌，同样可以为修复区景观格局设计提供便利，建设自然式缓坡地与自然河道，可减少修复区地表侵蚀及水土流失的可能性（胡振琪，1997）。

1）土壤复垦与植被景观恢复设计。在损毁的矿山土地中，除了挖损、塌陷、压占三种情况外，还有土地污染的问题，如尾矿库、矸石场。国际上有4种关于土地复垦的概念，分别是去除污染物，恢复存在物的健康、恢复采矿前的生态多样性、生态系统的结构和功能、恢复采矿前的生态服务价值，优先考虑生产和水的供给（卞正富等，2018）。对于非土地污染类的土壤复垦可采取土壤重构的措施，对于土壤污染的土地需采取自然恢复和人工修复结合，进行表土混合置换和地貌重塑。除了种植本土物种，还要引进对重金属污染治理富集能力高、生物量高、转运能力强的植被物种，如土荆芥、荨麻、商陆等（吴双桃等，2004）。此外，分层解构美国土地管理局视觉资源管理系统（VRM）评价、联邦公路局视觉影响评价（VIA）等评价体系，融入土地美学思想和中国传统园林景观美学评价体系。在植被种植的同时考虑植被的季相变化、形态特性、质地色彩、空间序列等因素与地形地貌、土壤结构与质地的关系（程纪元等，2021）。

2）矿坑修复与水景观再塑设计。对因采石、取土等各类挖掘活动而遗留的水坑要进行水体修复；对因各类建设活动引发滑坡、崩塌等自然灾害的、出现裸露边坡为主体的水土流失迹地或破损山体（束鑫宇，2014）可做破损山体修复和边坡工程修复，在此基础上利用开采后的遗留水体进行水景和滨岸景观设计，比如岸线设计、湿地营造、雨水管理、浇灌系统设计、水资源净化和循环利用等。

3）生态保护与渐进式开发设计。设立生态核心保护区，在核心保护区周围进行圈层式、渐进式土地再开发利用与景观设计，土地利用符合上位区域国土空间规划，控制建设用地、水工用地和养殖用地等的规模，采取具有自我修复调节功能的种植策略，新环境与原生景观的无缝对接给予野生动物连续的栖息活动场地，并以当地的历史文化要素作为景观设计的题材。例如，Design Workshop 设计公司的山地景观修复性设计项目，项目占地 28 英亩，位于美国科罗拉多州海拔 8000 英尺的山上，处于山地森林生物带（图 9-2）。19 世纪末的采银热潮令当地的树木被砍伐殆尽，20 世纪 60 年代中期的矿石开采场的挖掘残留了一个 6.5 英亩的水坑（图 9-3）。设计团队基于对当地植被群落、物种结构与密度以及微气候的深入研究，针对不同区域进行多方面的生态修复，如旧矿区、矿坑、地形、湿地修复（图 9-4）、地形修复、最小干扰区和开发区域的修复。

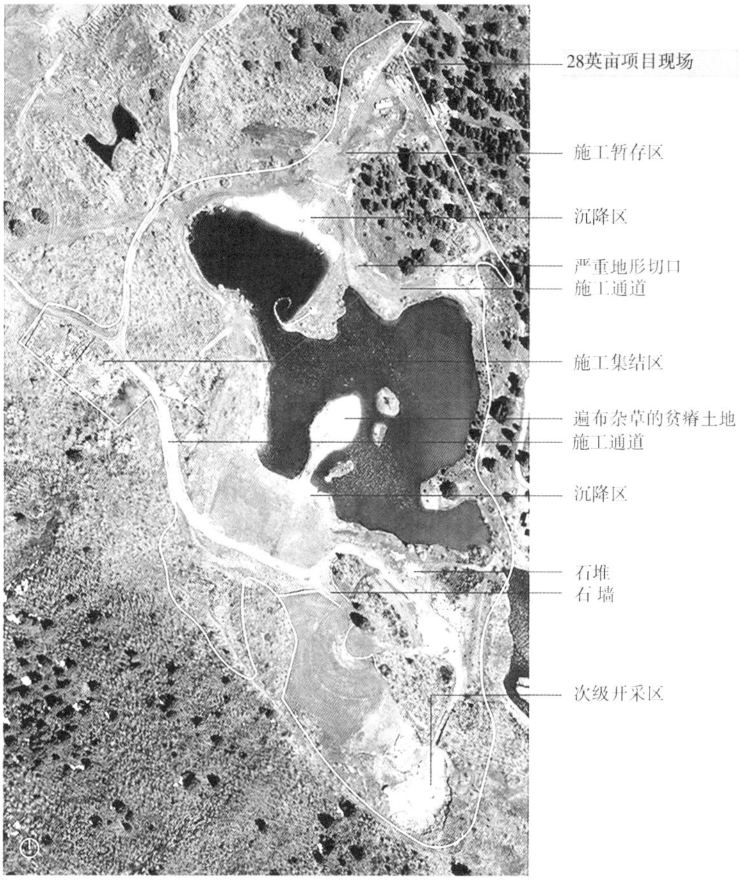

图 9-2　2016ASLA 住宅设计类荣誉奖：山地景观修复性设计项目修复前的场地影像图（被忽视的景观空间）

资料来源：https：//www. asla. org.

1952—1972年：砂石作业　　现今：实现生态修复

图 9-3　2016ASLA 住宅设计类荣誉奖：山地景观修复性设计项目修复前和修复后的水源池塘照片

资料来源：https：//www. asla. org.

图 9-4　2016ASLA 住宅设计类荣誉奖：山地景观修复性设计项目
修复前、修复中和修复后繁盛的芦苇湿地照片

资料来源：https：//www. asla. org.

第三节　河流修复国土空间设计

一、河流修复国土空间设计的理论原理

（一）流域生态系统的整体性原理

流域是对河流湖库及其汇水来源各支流、干流和集水区域的总称，是以河流为中心，被分水岭所包围的区域，在地域上具有明显的边界范围，是对河流进行研究、开发和治理的基本单元（钱乐祥等，2000）。自古以来，人类就是依赖河流而生存。古代文明的发祥

地均位于如黄河和尼罗河等这样的大河之畔。可以认为，人类是在充分地接受河流的恩惠中走向繁荣的。在历史演化过程中，河流或者其地貌分异的某些局部地段常被当作人居环境建设中的某种典型区域进行开发建设，由此也导致了大量河流生态以及景观的退化问题。在这类研究中，流域早已超出了最初的水文意义，甚至是地理意义上的封闭区域概念。因此，河流修复的本质更是流域修复问题。

流域生态作为一种系统，具有层次、结构、功能、反馈、信息、平衡、涨落、突变和自组织等特征。整体性是流域生态系统的突出特点，正确处理整体和部分之间的关系是流域和河流生态修复的基本出发点。对流域和河流的生态修复，必须充分认识系统成分之间的密切联系，用整体性思维和方法进行生态调控。这种整体性思维和方法统一于结构性原则之中。结构性原则着眼于系统整体内部所有要素之间的关联方式，即系统的结构，其中包括层次性和有序性。在进行河流修复国土空间设计时，要从流域面积、河网密度、流域形状、流域高度、流域方向、流域基质、流域生物多样性、流域化学组成、流域演变动力、流域空间分异方面等进行整体性结构分析，确立系统结构的组成和相互关系，然后根据水文情势、水质、联通性、生物组分、地理景观的整体性要求，选择最佳的河流生态修复设计方案。

（二）水生态系统自组织演化原理

河流是以水为主体的生态系统，水文情势、水体物理化学性质、3 维联通性、地貌景观形态、生物组成，是影响或决定河流生态系统的五大生态要素。水文情势是影响水生态系统自组织演化的关键要素，主要包括流量、频率、持续时间、出现时机和变化率等 5 种水文要素。决定水文情势的水文过程，包括水的输入、输出、水深变化、水流方式、淹水持续期和淹水频率等演变，具有关键性的作用。水的输入来自降水、地下水、泛滥河水以及潮汐；水的输出包括蒸发散、地表外流、注入地下水及涨潮外流。河流水文状况，通常可用以下方程式表征（刘厚田，1996）：

$$\Delta V = P_n + S_i + G_i - E_T - S_0 - G_0 \pm T \qquad (9-1)$$

式中：V 为河流蓄水体系；ΔV 为河流蓄水体积变化；P_n 为有效降水；S_i 为地表流入，包括河流泛滥；G_i 为地下水流入；E_T 为蒸发散；S_0 为地表流出；G_0 为注入地下水；T 为感潮进水（+）或出水（-）。

河流水文调节也就是通过蓄水和出流调节洪水与径流，通过蒸发散调节河流蓄水和地表水与地下水转换。河流蒸发散是河流受太阳辐射一级生态动源的热力作用将大量水汽送向上空增加局地空气温度从而在一定程度上改善局地气候，尤其是在干旱半干旱地区表现更为明显（裴铁璠，2000）。在自然条件下，河流生态系统具有自我调节与反馈机制，使之具有适应各种环境变化并进行自我修复和完善的能力，以保证河流生态系统的功能发生最低程度的退化，也就是具有“自我组织”的能力，如“自我净化”作用等。河流修复就可以依据水的自净化作用通过人工调节来分解水环境污染物，即运用对污染物起降解作用的特异微生物，在水体中进行环境污染物的分解等。

（三）修复重建的景观生态学原理

景观是所有的自然和文化特征，如村落、农田、山体、建筑、荒漠、森林和河流等有别于另一地表的特征，河流生境或生态系统的空间排列组合构成了景观。河流景观是一种生态系统，就如同地球上所有的系统都渴望生存与成功一样，景观生态系统也不例外。景观生态系统在一定范围内具有一定的恢复力、抵抗力和持久力，因而受干扰景观具有自然的恢复能力和在人为控制下修复重建的可能性。河流景观生态系统的生存与成功，其原理可以被描述为优化—适应—健康；其对立面是恶化—不适应—病态。要实现这一目标，河流修复国土空间设计需要找到最适宜的生命环境，并改造这种环境及自身结构。要成功地调整适应，就必须维护并提高生命景观的健康，最终才能维持人类文明的延续并增加自身的幸福。要实现这种功能，当自组织过程不能达到健康状态时，就需要运用国土空间设计等措施，对受损生态系统景观组成、景观要素和景观缀块，如嵌块体、廊道、基质等进行修复重建，改变河流景观过程与景观功能，改变河流景观中的动植物运动，以形成新的河流生命景观。在具体的国土空间修复设计过程中，要特别重视研究河流景观空间异质性的发展和动态、异质性景观的相互作用和变化、空间异质性对生物和非生物过程的影响；关注河流景观结构和功能、景观美化格局、异质性景观格局的合理利用和保护设计；重视景观格局生态过程以及等级结构和跨尺度外推（Risser，1984）。

（四）修复设计的道法自然原理

山水林田湖草是精密镶嵌和互补互动的生命系统。青山、碧水、绿林、沃田、蓝天、镜湖，是自然界的睿智存在。在这里有春分、清明、夏至、立秋、秋分、冬至，人类的一切与生态时间紧密相连。山水林田湖草、细菌、原生生物、植物、动物，通过生物小循环和地质大循环，创建了可持续发展的生命有机循环系统和生物圈的“自创生”系统，这是一个“它弃你用”“你无我补”的互补互动运营紧密系统（石军，2013）。所谓“道生一，一生二，二生三，三生万物，万物负阴而抱阳，冲气以为和”，或者说“人法地，地法天，天法道，道法自然”，也充分表达了人类与山水林田湖草同呼吸、共命运的自然法则。人类不可以不遵循自然的“道”和生命的法则。“大音希声，大象无形。道隐无名。夫唯道，善始且善成。”山水林田湖草是无声的，但它像一个精密运行的机器，有着严格的“道”和运行规则。如果违背了这种“道”和运行规则，人类将会面临严重的惩罚。“道法自然”揭示了整个宇宙的特性，表征了天地间所有事物的根本属性。河流修复需要坚持保护优先、自然修复为主的方针。但是完全的自然修复过程漫长、时间成本也很高。通过国土空间设计，基于自然过程进行适度的干预是必要的。不过这种干预需要依据道法自然的基本原理，充分借鉴传统农耕文明时代治水的生态智慧，采用坡塘、基塘等简单和低成本的方式，不破坏水流系统的自然结构，不破坏流域的水循环平衡，应该成为一种根本遵循。

二、河流修复国土空间设计的核心准则

（一）河流修复国土空间设计的特点把握

对于河流生态修复而言，水文起着决定性的影响。在时间尺度上，受到大气环流和季风的影响，水文循环具有明显的季节性变化规律，雨季和旱季径流的交错变化，洪水期与

枯水期的有序轮替，是河流生态修复必须着重考虑的因素。在空间尺度上，对于大流域会存在着上、中、下游水文条件明显差异，在流域内形成不同的生物区。河流的年度丰枯变化和洪水脉冲，直接影响流域和河流的群落组成、结构功能以及生态过程。流域自然过程的低流量、高流量和脉冲流量，都是维持生物多样性的基础条件。低流量是大部分水生生物和常年淹没的河滨植物生存所必不可少的基本条件，高流量有利于维持水生生物适宜的水文、融解氧和水化学成分，增加水生生物适宜栖息地的数量和多样性；洪水脉冲可为漂流性鱼卵漂流、仔鱼生长，以及植物种子扩散提供合适的水流条件，洪水脉冲还可抑制河口咸潮入侵，为河口和近海岸带输送营养物质、维持河口和近海生物生存（董哲仁，2015）。

因此，河流生态修复的国土空间设计具有以下特点：①需要根据流域和河流水文情势，对水生态系统进行综合设计和系统整治，统筹协调保护与发展的相互关系，促进流域和河流水生态系统的整体改善。②需要推进人水和谐，通过建立生态护岸工程等建设，减少采砂等人类活动对河流水生态环境的破坏，通过沿岸营造植被缓冲带或其他阻隔工程截留或隔断农业面源污染设计，建构人水共荣共生环境。③需要按照综合规划的水生境功能分区，对重点水域的水生境进行生态修复设计，开展栖息地的恢复、修复和再生工程设计，维持生物多样性。④需要对全流域重点水源涵养区进行生态保护修复设计，加强流域水土保持、退耕还林还湖还草，加强小流域综合治理，有效遏制河流退化的趋势。

（二）河流修复国土空间设计的关键准则

中国是世界上河流最多的国家之一，其中流域面积超过 1000 平方千米的河流就有 2221 条。按照河流径流的循环形式，有注入海洋的外流河，也有与海洋不相沟通的内流河。影响各种河流退化的因素各不相同，河流的退化过程和退化程度也各不相同。河流修复区的国土空间设计除了需要坚持因地制宜地制定修复目标、分时段设计、分河段设计、保护生物多样性、美化景观等原则以外，在国土空间设计的具体操作实践中，坚持以下关键准则具有十分重要的意义（西蒙兹，1990；李真真，2019；袁兴中等，2020；Mitsch et al.，1998）。

1）保存现有河流的自然状态。尊重以洪水过程、潮汐、风力、生物传播等自然动力为主的河流生态系统的自然组织能力，在设计中遵循“自然是母、时间为父”的准则。河流底部的黏土和卵石，受到石头、植物和草保护的河岸等，抵抗了各种侵蚀，使河流自然状态得以保存。由于河水向四周土壤中渗透，维持了含水层并提供了地下水的补给，这也是河流的另一种自然状态，无论何时都不应该扰乱。

2）尊重上、下游间的生态连通性。设计要以河流生态学的“河流连续体理论（River Continuum Concept，RCC）”为依据，强调从上游到下游纵向空间维度的生态联通性。遵循从河流深水区—浅水区—河岸带—过渡高地—高地侧向空间上的生态梯度变化，加强从水面—河床底质—潜流层的竖向生态交换，重建蜿蜒之变、多景观层次、多生态序列的河流景观。

3）将河流作为风景区进行设计。每一条河流都是自我保养和更新的天然花园。国土空间设计应当把河流作为珍贵的风景妥善地进行保护。最好是将视线范围内的河流两岸进行统一设计，以保持谷地的统一性。只要地形允许，交通道路就要平行于河流布置，在河流两边形成绿色的公园道路地带，使乘车者和步行者在经过河流时能分享优美的环境。河流修复时应注重植物搭配，美化河道景观，为居民提供更多的休闲场所。

4）利用河流来疏导洪水径流。河流是天然的排水道，应当充分地利用它来疏导洪水径流。理想的方式是，使雨水大片直接地流入水道，灌溉沿岸的田地和花园，并有助于补充地下水。人工排洪设施是设有入孔的、埋入地下的管道，这是花费大、效率低的取代天然原始体系的设计，应该尽可能予以减少。但现阶段已经建造的大面积雨水管网中，只有不到5%是考虑了合理的利用河流来疏导洪水径流的。

5）防止任何污水排入河道。污水永远不要排入河道，除非是将其经过三级处理后恢复到饮用水的质量。携带淤泥流速快的径流，最好是先通过起拦截作用的洼地和池塘。从社区排入的含清洁剂或含油污水，首先要通过设计使油水分离和过滤。不要在近河流5千米范围内设置垃圾堆放场，以免将垃圾和废物流入开敞的河流，就如同在厨房地板上不放垃圾一样。任何对河流可能会产生影响的面源污染和点源污染，都应该通过设计隔离沟或隔离带或其他净化措施，防止污水排入河道。

6）避免对河流进行过度开发。河流修复国土空间设计要综合考虑环境容量、径流量、流速和植被覆盖率等因素，深入分析河流的自组织能力和自我恢复能力，在不超越河流承载力的前提下进行河流开发设计，避免对河流进行过度开发。沿线过多地建设大坝和水闸，在河道中大量挖沙等过度开发行为，会对河流水域中的生态系统产生严重干扰，阻碍鱼类的洄游、产卵，影响河流上下游的生态连通性。如果在开发过程中大量建造硬质堤岸，会导致地下水和河流的水文过程无法正常交换，影响河流正常生态系统功能的发挥。

三、河流修复国土空间设计的技术体系

（一）流域修复国土空间设计

1）流域修复国土空间设计的核心要点。流域修复国土空间设计要准确把握以下要点：①要准确地识别环境胁迫因子。如干旱、冻害、盐害、冷害、高温、水涝、环境污染等，这些因素都可以称为植物逆境因子。这些环境胁迫因子既可以是由自然灾害产生的，如干旱、洪水、寒潮等，也可以是由人类活动不当引起的，如城市建设、农业开垦、工业污染、交通运输影响等。要通过全面调查流域和河流生态系统的水文、水环境、生物资源等要素，针对目标流域和河流生态系统进行生态现状评价，准确识别出关键的环境胁迫因子，以便采取更有针对性的生态修复措施设计方案。②塑造多样性顶极稳定群落。地带性植被类型是区域性气候水热要素长期塑造的结果，顶极是植被演替的最终阶段。要针对流域和河流生态系统的修复，对生物多样性、顶极稳定群落、生态过程和结构、区域演变历史、可持续的社会实践进行生态整合性恢复设计，调整、配置和优化生态系统的结构和功能，使其尽可能恢复到顶极稳定群落。③采用多种修复模式相融合。流域和河流生态系统是一个多层次、多样性和多元化的异质性系统。严格说来，没有任何两个流域或两条河流，其生态系统的结构和功能是一致的。从这个意义上说，流域和河流生态系统的修复，不存在“放之四海而皆准”的设计模式。大量研究和实践表明，采用多种修复模式相融合，才能实现生态系统的预期目标。对于流域和河流生态修复，不仅需要多种工程模式相

融合，还需要将工程模式和非工程模式相结合，才能取得预期效果。比如，教育+法规+生物措施+工程措施，生态移民+劳务输出+养殖+沼气+种植。在非工程模式中，流域或河流的综合管理机制、生态水量调控机制、生态补偿机制、生态监控机制、生态考核机制、资金筹措机制等，有时比工程模式更具有决定性的影响。④制定因地制宜的设计方案。流域和河流的生态修复，其设计方案是否因地制宜，是决定生态修复成功与否的关键环节。设计方案的编制必须着力于当地资源生态空间的保护和再生，包括水土资源以及野生动植物栖息空间及场所的维护，土地肥力和潜力的维护，自然和景观的安全性和多样性维护，重要景观断裂点的修复和再生，防治水土污染，以及增强对气候变化的适应能力等。在制定设计方案时，需要面对两个重大问题：一是怎样应对当地日渐消失的自然景观；二是怎样应对当地人与自然关系的变化。因地制宜加强保护、自然再生和可持续利用 3 个方面将成为流域和河流生态修复设计的重点。即使对于同一个河流，由于不同河段具有多种河型，如蜿蜒型、微弯顺直型、辫状型、网状型和游荡型等，不同河型的生物多样性特征不同，其设计方案也应该有很大差别。辫状型河段和游荡型河段的生物多样性相对较低，而蜿蜒型河段的生物多样性较高，故应该采取不同的生态修复设计方案。

2）流域修复国土空间设计突显自然再生。对于流域修复的国土空间设计，自然再生需要放在设计的突出地位。它是一项以积极恢复过去失去的自然环境、恢复生态系统的健全性为目的的事业。要以流域和河流的绿色、自然和生物适宜居住的环境再生为目的而进行河流、农田、湿地的建设，重构人与自然的“结构”。在操作层面上，要积极推进自然再生的全域国土空间设计，明确应在哪里进行自然再生，明确自然环境的质（生态系统的种类和自然度）、量（面积）、配置（形状和相邻关系）。要重点关注流域和河流生态机能保育建设，完善绿色空间体系的生态质量、景观和历史文化价值以及游憩等多功能，以满足城乡居民的多功能需求。要按照不同人群和消费群体的特征与需求，围绕流域和河流绿色生态空间体系，大力推进多层次、多尺度的生态网络建设设计，实现建设用地、绿色开放空间、生态景观、文化景观建设整体推进，全方位地营造高质量的绿色休闲开放空间。加强沿海、沿湖、滨水及道路两侧生态景观的整治力度，选择以乡土树种为主，乔灌草结合的多元化的植被配置模式，营造出多样化和多功能的植被景观。

3）流域修复国土空间设计要重视系统综合。流域修复国土空间设计的内容极其广泛，措施种类也极其繁多。主要包括水土流失防治设计、水源涵养保护设计、水环境修复设计、水文修复设计、生境恢复工设计、生物再生设计等等。各类修复措施的空间设计，要重视发挥系统整体的作用，将长远利益和近期利益相结合，使各种措施彼此取长补短，减轻单项措施的承担能力和设计标准，最大程度地降低全流域总的工程量和投资，促进生态系统以自组织为主体的整体平衡。在涉及大面积农田的流域，其修复设计需要将大中型灌区续建配套与节水改造设计、灌区高效节水改造设计、河道综合整治设计、河道防护林建设设计、清洁流域建设设计、净化工程生态建设设计、水源涵养设计、水源地保护设计、地下水采压设计、地下水回补设计等密切结合，建成完善的水资源配置系统，提供系统的综合修复设计方案。

4）流域修复国土空间设计要突显景观生态。景观生态学是研究景观单元的类型组成、空间格局及其与生态学过程相互作用的综合性学科，强调不同尺度下的结构与格局、动态与过程是景观生态学的核心。景观生态设计是指任何与景观生态过程相协调，尽量使其对景观环境的影响达到最小的设计形式。景观生态设计和生态过程相协调意味着要尊重物种多样性、保持营养和水循环、维持动植物栖息地质量，以有助于改善流域人居环境及流域生态系统的健康，这与景观生态学关注受到人为因素影响的自然系统格局、功能与过程不谋而合。流域内进行着水文循环的完整的动态过程，包括植被截留、积雪融化、地表产流、河道汇流、地表水与地下水交换、蒸散发等。河流生态系统包括功能、格局、植物群落等，这些与水文因子和水文过程密切相关。河流生态过程所发生的范围，与水文过程的范围往往一致，都在流域尺度之内。流域修复的国土空间设计需要架构在一个层级化（干流-支流-湖泊/湿地等）的水文生态系统之上，流域景观的空间形式表现为不同规模、形状的斑块，不同宽度、连接度的廊道和不同孔隙度、聚散程度的基质错综复杂地叠加、交互与连接。

流域中的城市不断的蔓延并改变着区域内的山脉、河谷、水岸等生态系统，而这些都与水文生态系统密切相关。19 世纪 80 年代奥姆斯特德设计的"蓝宝石项链"波士顿后湾公园即是顺应水文生态系统自身的特征和规律进行设计的景观生态控制体系。建成后的景观是由自然溪流、人工河道、人造湿地和排洪通道共同组合而成，是一个利用生态系统原理，并将其应用到流域基础设施建设之中的一个工程与自然结合的产物。流域生态修复设计的时间策略聚焦于设计介入的时间策略点。流域开发建设对自然生态的扰动是持续性的，其生态影响的时间维度应为门槛值和极限值之间。门槛值是生态系统可利用自我调节机制自我恢复的最大干扰值，而极限值是生态系统达到不可恢复程度的最小干扰值，而景观生态设计最适宜的方法则是以设计介入的方式来维持门槛值以内的开发适度发展。要在更为宏观的时间层面掌握流域各类开发的景观现状，有助于进一步主动寻求空间设计的对策。如何掌握土地嵌合体空间形式变化的门槛值，并进一步避免景观在各类开发过程中超越极限值，正是思考如何选择适当的时间策略点来进行景观生态设计的介入所必须要考虑的主要因素。以景观生态指标的变化来制定极限门槛的策略点位置，可以同时掌握景观变化的空间形式及量化程度（李晨晨，2017）。

（二）河流修复国土空间设计

1）水文生态修复设计。河流水文过程是维持生态系统功能的关键要素，决定了河流植物、动物栖息和土壤生物地球循环化学特征，是生态修复国土空间设计的关键。河流水文生态修复的国土空间设计，首先应根据流域和河流水文退化的程度及原因，采用生态补水技术、水文联通技术和蓄水防渗技术等，恢复地下水位和水文周期。其次才是运用水环境修复设计净化水质，改善水体污染。水文生态修复是一个极其复杂和漫长的过程。河流的多样性和形态蜿蜒性、河流横断面的地貌单元多样性、河流纵坡比降、河流水平方向的地貌变化、河流垂直方向水深度的变化、河流岸线的规则程度等都会影响水文生态修复，但是要改变河流形态的空间异质性是十分困难的。即使通过修复在短期内提升了生态系统服务功能，但长期的影响并不确定是否与短期的效果相一致，需要准确科学的长期动态观测和持续研究，采用综合修复措施才能更有效地解决水文生态修复问题。

2）水环境修复设计。河流水环境修复设计，就是利用水生态系统原理，采取各种技术手段，改善水体质量，修复生态系统结构和功能的过程。水环境修复的对象不仅包括水体本身，还包括与水体相关的流域生物地理环境。由于不同的水域形式，其物理、化学和生物环境都有较大差异，需要采取不同的水环境修复设计技术。战玉柱等（2018）的研究表明，可以从河流水生态修复技术的不同应用环节进行分类，更有针对性和实操性：①污染基底修复，主要有原位处理工程技术和异地处理工程技术两大类。其中原位处理工程技术主要包括调水冲污、底泥覆盖、底泥化学固化等；异质处理工程技术主要是清淤疏浚，可以快速有效地去除水体外源污染。②岸坡生境修复，最常用的是河道生态护坡工程修复，主要是采用自然属性较强的材料作为主体结构，结合适宜生态护岸结构采用的块石、生态混凝土、植草砌块、石笼、土工合成材料等，构筑可以抵抗水流淘刷侵蚀的结构，同时适合植物的生长和自然演替。③河道缓冲带修复，其关键是确定缓冲带的宽度和植被群落的结构。苏州河上游滨岸缓冲带的试验表明，19 米长的百慕大草缓冲带对径流总固体悬浮物的截留能力达到 70%以上，特别是前端 12 米的截留距离效果明显（刘泽峰，2009）。④河流水质净化修复，其中原位水质净化的修复主要有生物膜技术、生态浮床技术、沉水植物修复技术、投加微生物菌剂修复技术等；异位水质净化修复，主要有人工湿地系统技术、生态砾石床技术等。

3）生境恢复设计。生境是指物种或物种群体赖以生存的生态环境。生境恢复设计是一种对受损的生境进行恢复与重建，使恶化状态得到改善的技术行为，其主要目标是生物群落多样性和服务功能的显著提升。生境恢复设计一般分为以下步骤：①明确生境恢复的边界。②调查生境退化的特征，包括退化主导因子、退化过程、退化类型、退化阶段与强度的调查、诊断和辨识。③生境退化的评价，确定生境恢复目标。④生境恢复设计模式选择，有针对性地建立不同功能区的生境恢复设计方案，包括生境恢复与经济协调发展的设计方案。生境恢复设计的核心是解决水环境恢复、土壤环境恢复和植被恢复 3 个方面的问题。它们都必须综合考虑针对待恢复生境的物理条件、营养条件和污染状况等，来进行适当的物种选择和环境改善。

4）生物恢复设计。生物恢复设计的核心是植被恢复。它是指运用生态学原理，通过保护现有植被、封山育林或营造人工林、灌、草材料，修复或重建被毁坏或被破坏的森林和其他自然生态系统，恢复生物多样性及其生态系统功能的过程。在总体思路上，植被恢复首先要尊重植被群落的演替规律，遵守植物地带性原则、生物多样性原则、群落稳定性原则和长短效益结合原则，从结构入手进行人工植物群落设计，实现群落的物种组成、群落片层、垂直结构和时空结构上的合理配置，达到群落结构合理、功能优化的目的。其次是要建构“复合型”植被重建工程，改变单一品种，营造“复合型”植被。在植被恢复过程中，适当的人为干扰是必要的，但必须防止生物侵入的风险和隐患。日本学者宫胁昭根据植被科学中的演替理论，采用当地乡土树种的种子进行营养钵育苗，配以适当的土壤改造，在较短时间内建立起适应于当地气候的顶极群落类型。这一方法取得了显著成绩，得到了世界公认，通常称之为宫胁法。在实践中从营养钵育苗开始培育，可能会有些难度，但植被重建选择的品种应该是适应当地生长的品种。例如，红壤地区的植被恢复，植被重建可以选择地带内的阔叶树种包括山茶科木荷、金缕梅科枫香、杨梅科杨梅、壳斗科闽粤栲、青冈、樟科香樟、木兰科含笑和杜英科山杜英；灌木的乡土品种可以选择蝶形花科胡枝子等。营造水保林选择以马尾松、木荷、枫香、杨梅、胡枝子等为典型优势造林树种，这是建立地带性质顶极稳定群落的需要（孙波等，2011）。

5）意象意境设计。山水是自然的代称，河流是自然的“脉搏”，它们都是人与自然“心物感应”的物质基础。从魏晋时代开始，先人对山水的审美就进入了艺术上的自觉时代。山水美学从此成为东方文化中的亮丽奇葩，成为民族审美心理的普遍共识。传统的国土空间设计，中国历来重视保山护水、顺山应水、显山露水、依山傍水、迎山接水和治山理水。大理古城“一水绕苍山，苍山抱古城”和桂林古城“千峰环野立，一水抱城流”的空间环境意象和意境，始终让人赏心悦目和怡情畅神。河流修复的国土空间设计应当积极的依照河流的自然肌理机制，充分利用河流生态修复和景观再培育的空间设计，建构以水为依托的空间意象意境。例如，成都府南河生态修复就是重视了意象意境设计，为成都品位的提升添色加彩，取得了良好效果。府南河（现在正名为“锦江”）是成都的生命之河，随着现代化工业发展和人口增长，河水污染、生态恶化，当时的府南河被市民称为腐烂河。1992 年启动了集防洪、环保、绿化、安居、道路管网及文化六大工程于一体的府南河综合整治工程。1997 年底城区段竣工后，扼制了生态环境恶化，明显地改善城市环境条件，也极大地提升了成都的知名度，为城市可持续发展提供了保障。在整治修复过程中由于民众参与，普遍提高了环境意识。府南河综合整治修复工程得到了联合国及世界其他权威机构的认可与赞扬，先后获得人居、优秀水岸奖最高奖、环境地域设计奖、地方首创奖和联合国 2000 年最佳范例奖。“锦江春色来天地，玉垒浮云变古今”的诗意又重现锦江城（李先逵等，2017）。

（三）河流修复：雨洪控制与景观设计

雨洪管理，这一理念早在 20 世纪 70 年代就开始应用于城市设计与开发，经过长期研究和实践发达国家已经形成较为成熟的体系和方法，可以有效减低小区域范围的洪水峰值流量问题。但在国土空间设计中，需要建立更为开阔的整体性视角和分层级的设计原则，更精准地解决流域尺度的洪灾、河道尺度的侵蚀和人类活动等问题。流域修复和景观设计中可以借鉴美国的低影响开发（LID）和英国的可持续排水系统（SuDS）的雨洪管理体系。LID 以模拟自然水文过程的场地规划为核心，通过综合措施对雨水径流进行源头控制，包含 5 大方法：场地规划、综合的水文分析、综合管理措施、土壤侵蚀和沉淀控制、公众宣传计划。具体内容包括保护性设计、渗透技术、径流调蓄、径流输送技术、过滤技术、低影响景观等 6 个部分，通过减少地表硬化处理、利用土壤的渗透性和生态化输送系统、人工调蓄等技术降低径流量，将低影响景观与雨洪控制结合设计。SuDS 主要是考虑城市中水资源的循环利用与人的休闲游憩活动相结合，是将水量、水质与娱乐交叉的综合设计（俞孔坚等，2015）。

1）雨水径流控制与设施设计。设施的设计需注重土方平衡，一方面预留回填土的空间，另一方面可营造微地形小景观来削减土料外运的情况，尽量在场地内实现土石的开挖和填筑的平衡，既节约成本又能确保土石填筑工程供料的可靠性。将径流控制方式进行地表可视化呈现，比如传输的沟渠设施、受纳的河湖、调蓄的水库、湿地、湖塘等，在周边种植适应当地气候特性的农作物、花草、果林、灌木等，结合游憩路线的设计，在控制的同时也呈现出良好的景观效果。

2）地形地貌与功能设计。统筹流域的雨水径流总量、洪涝、峰流量、气候变化和水质情况，利用自然地形的高低差距、山丘河流之间的开合关系、人的视线关系，在恰当的位置布局公共活动的场地并考虑是否搭建低影响的建（构）筑物，如雨水花园与下凹绿地宜在低洼沼泽区域的上游位置，在城镇、村庄旁边可以利用旱溪做人行小道、蓄水池做临时的下沉广场等，还可以通过梯田草场等大地艺术作品凸显地方文化与雨水利用的主题。

3）渗透过滤与材料设计。尽量减少不透水的地表面积，减少地表的硬化铺装，提倡多使用运用新技术制成的透水砖铺装，可实现收集雨水、吸收地面扬尘、高透水、可净水、抗折防滑等诸多功能，如利用废陶瓷为主要原料经过特殊工艺成型的花岗岩透水板、透水砖、透水混凝土、透水地坪、透水沥青等代替传统不透水砖铺地。此外，可利用当地的细碎石、鹅卵石、废弃的瓷片和瓦片等散落铺装景观小道或观景平台，还可以少量使用孔型石块或混凝土砖等不透水的材料和自然泥土间隔铺装。

何洁茹在美国宾夕法尼亚州莱格河谷的板岩带水域规划和泄洪道景观设计（图 9-5、

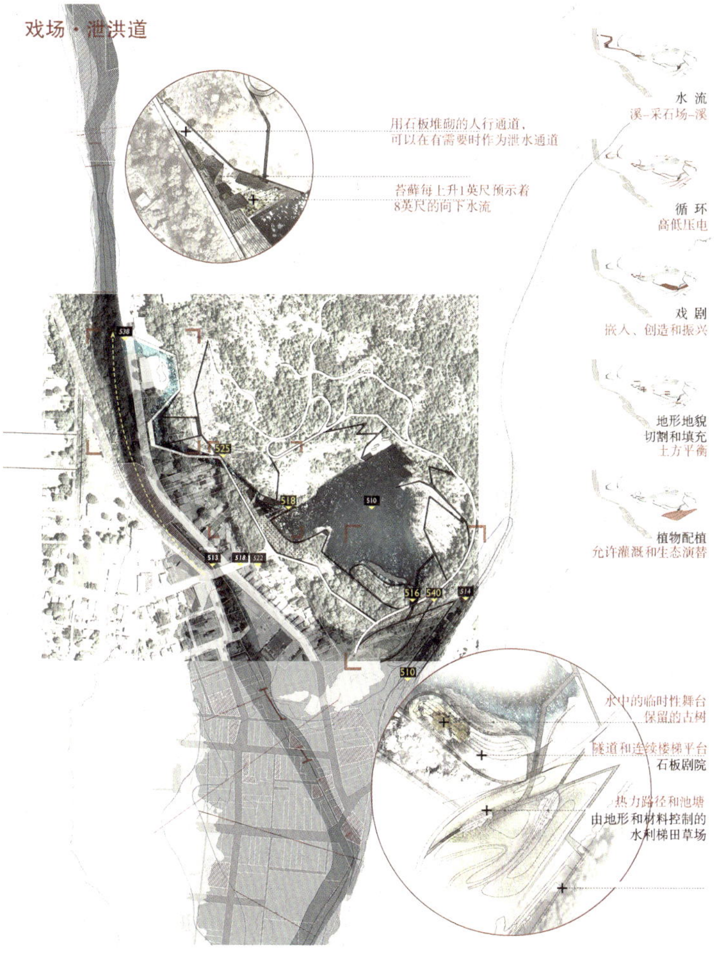

图 9-5　结合工程计算和景观场所进行场地泄洪道的设计示意图

资料来源：hejieruhedy@ gmail. com.

图 9-6）中，贯彻了全生命周期雨洪控制理念，通过流域尺度的宏观分析、雨洪期不同的水量和土方计算，更精确找到了流域范围内洪水管理的重要控制点，通过将原有的泄洪道转换成舞台，如水帘式剧场、观水平台、探索性隧道和台地式生态草坪，将泄洪道与景观场所的设计恰如其分地结合起来。

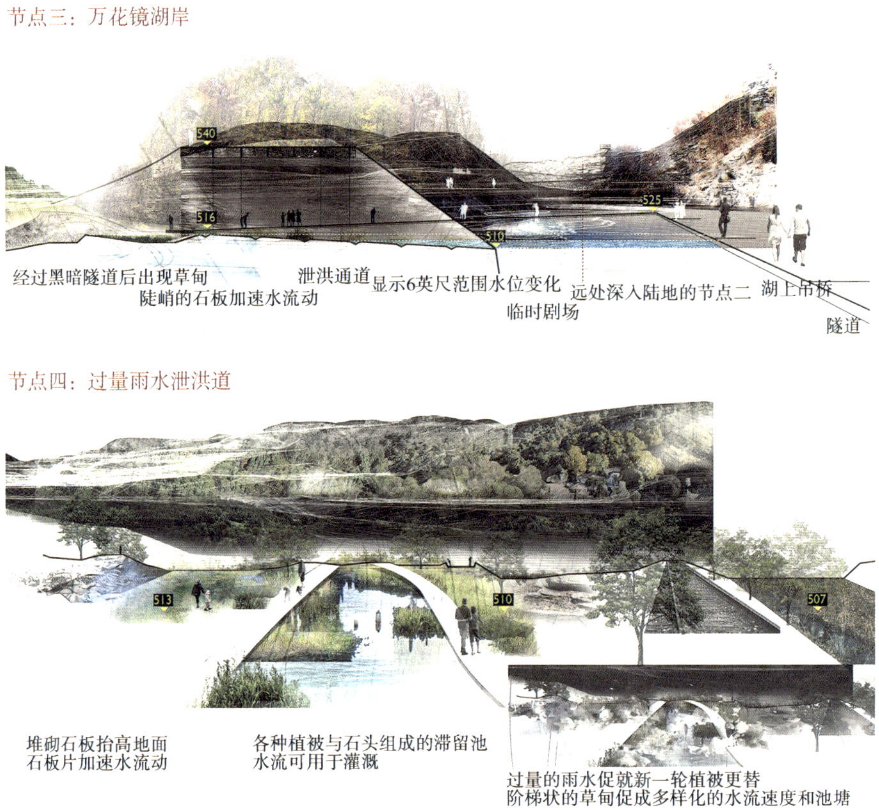

图 9-6　节点设计图

资料来源：hejieruhedy@ gmail. com.

第四节　生物多样性修复国土空间设计

一、生物多样性修复国土空间设计的概念及意义

（一）生物多样性修复国土空间设计的含义

1992 年《生物多样性公约（Convention on Biological Diversity）》认为：生物多样性是地球上陆地、海洋及其他生态系统及其所构成的生态系统综合体中的所有生物体，包括物种内、物种之间和生态系统的多样性（United Nations，1992）。2010 年发布的《中国生物多样性保护战略与行动计划（2011—2030 年）》，将生物多样性定义为：生物多样性是

生物（动物、植物、微生物）与环境形成的生态复合体及其与相关的各种生态过程的总和，包括基因、物种、生态系统3个层次。但随着研究的深入，更多研究认为生物多样性还应该包括景观生物多样性（landscape diversity），所以生物多样性研究已从原来3个层次拓展到遗传、物种、生态系统、景观4个层次（Noss，1990）。

生物多样性是一个具有生物学、生态学和生物地理学多重内涵的概念，从基因到生态系统，生物多样性体现于生命系统的各个组织水平。生物多样性修复国土空间设计，就是对国土空间损毁的生物多样性系统进行恢复性设计的过程。这种恢复性设计的核心，更多地体现在对生态系统恢复的过程。退化的生态系统类型有很多，比如退化森林生态系统、退化草地生态系统、退化农田生态系统、退化海岛生态系统、退化水生生态系统、退化湿地生态系统等。对不同退化类型的生态系统，生物多样性恢复的国土空间设计范式、方法和过程都可能是不相同的。就一般意义而言，生物多样性修复的国土空间设计，需要实现以下基本目标或要求：①实现国土空间地表基底稳定性，因为地表基底（地质地貌）是生态系统发育与存在的载体，基底不稳定（如滑坡），就不可能使生物多样性持续演替与发展。②恢复植被和土壤，保证一定的植物覆盖率和土壤肥力。③增加各类组成和生物多样性，尤其是物种多样性。④实现生物群落的恢复，提高生态系统的亲和力和自我维持能力。⑤减少或控制环境污染。⑥增加视觉和美学享受。⑦合理配置土地利用类型，避免单一类型的土地利用，维护景观格局的多样性（任海等，2001）。

（二）生物多样性修复国土空间设计的意义

地球上最为特色的就是生命物质的存在，而生命物质的最重要特点就是丰富的生物多样性存在（Cardinal et al.，2012）。联合国粮农组织（FAO）对生物多样性可持续利用的研究表明，世界经济发展大约有40%来自生物资源的直接或间接利用❶。当代人类活动已经“严重改变”75%的陆地环境和66%的海洋环境。目前全球约有100万种动植物面临灭绝危险。土地生境退化已经引起近1/2的人畜共患病，森林砍伐所导致的生境破坏与31%的疾病暴发有直接关联（曲建升等，2021）。受到生境破坏和退化、过度利用、污染和其他威胁的影响，农田的生物多样性正在缩减，包括传粉动物、害虫天敌、土壤有机质以及野生食物物种都在逐步缩减。很多相关生物多样性也面临严重威胁，这些物种包括鸟类、蝙蝠、帮助控制病虫害的昆虫、维持土壤生物多样性的生物，以及野生授粉生物，如蝴蝶、蜜蜂等。生物多样性的减少意味着动植物更易发生病虫害，粮农生物多样性正在加速消失（田雪，2020）。2020年9月联合国发布的《全球生物多样性展望（第五版）》指出，全世界各国的生物多样性现状“不及格”，人类正在失去生物多样性，这对人类的健康、繁荣和幸福生活都会产生非常现实的影响（杨勔，2020）。中国为全球生物多样性保护做出了重大贡献，但目前也仅完成20个联合国爱知生物多样性目标中的3项（张惠远等，2020）。中国已成为全球5个生物栖息地丧失面积最大的国家之一（The Nature Conservancy，2018）。由于人类活动、人口增长和消费速率的急剧上升，已经导致地球上生物多样性消失的速率达到了前所未有的状态，比人类活动开始之前地质时期的生物灭绝速率高过100倍，甚至1000倍，有可

❶ https：//www. cbd. int/sustainable.

能会造成地球上的第六次生物大灭绝（Isbel et al.，2017；Johnson et al.，2017；Meng et al.，2019；Pimm et al.，1995）。生物多样性下降或丧失已成为一项全球性的重大议题，它所造成的负面影响也已成为近几十年来国际社会的关注焦点。人类活动是造成生物多样性丧失的主要原因，但现阶段国土空间生态修复的规划设计，并未将生物多样性保护置于其结构体系之中，也未形成有效的治理机制，对生物多样性保护造成不可忽视的影响，具体表现如下：

1）国土空间规划设计对生境保护的缺失。在快速城镇化和工业化的背景下，人类活动高度密集的建设用地不断扩张挤占了大面积的森林、湿地等重要生物栖息地，导致物种丰富度指数不断降低、生态系统大幅退化等问题。同时高速公路网络及风景名胜区旅游基础设施建设等人为干扰阻断了物种传播、迁徙的生态廊道，造成生物生境丧失以及破碎化、片段化程度加大，使生物多样性下降的趋势日益加重。据统计，我国野生动植物种类受威胁比例达15%~20%，典型生态系统和关键物种栖息地尚未得到全面保护，导致超过200种脊椎动物处于濒危状态及超过100种的野生植物物种极危或濒危，生物物种遗传资源丧失和流失严重。

2）国土空间规划设计对生物资源开发过度的放任。以海洋生物多样性为例，伴随着海洋渔业开发强度加大，经济鱼类产量减低，渔获质量下降，种间更替频繁。此外，海产养殖业的迅速发展造成近岸海域新污染。由于缺乏科学规划设计，局部海域养殖密度过大，布局不合理，加上残饵、排泄废物、有机碎屑等富集于养殖场基底，导致底质环境恶化，养殖水体出现富营养化，病害和赤潮灾害日趋频繁，出现各种严重的生态环境问题，加之外来入侵物种的影响，对原始海洋浮游动物与大型底栖动物栖息地构成严重威胁。

3）缺乏专门服务于生物多样性保护的国土空间规划设计。20世纪70年代以来，中国先后实施了天然林资源保护、退耕还林、退牧还草等重大工程，但是对于现有保护区的生物多样性价值缺乏系统评估，未能形成从区域到国家尺度的生物多样性监测预警系统。近年来，在积极履行《生物多样性公约》的基本框架下，中国发布了《中国生物多样性保护战略与行动计划（2011—2030年）》，并成立了中国生物多样性保护国家委员会。尽管生物多样性保护的国家战略性地位日益凸显，但是具有战略引领作用的生物多样性保护与修复规划设计等相关专项规划设计尚未出台，进而缺乏对生物多样性生态修复工作的顶层设计和整体指导。另外，现有专门针对生物多样性保护和修复的生态补偿、环境政策、用途管制、法律法规等方面的制度、政策较少。同时生物多样性管理体系不够健全，仍然按要素、部门管理，造成山水林田湖草保护和修复工作缺乏整体性、系统性。

4）国土空间规划设计缺乏对生态系统服务与生物多样性关系的正确认识。目前有充足的证据表明，生物多样性能够直接或间接影响生态系统的供给服务和调节服务以及部分文化服务（Cardinale et al.，2012）。例如，种内遗传多样性直接增加了经济作物的产量，树种多样性能够提高人工林的木材产量，鱼类多样性的增加与渔业产量保持稳定的重要因素。就调节服务而言，一方面生物多样性能够缓冲外界环境变化，提升植物多样性可增加生态系统对外来植物入侵、害虫的抗性，植物病原体如真菌和病毒感染，在更多样化的植物群落中较不常见。另一方面，通过提高植物物种丰度可以增加固碳释氧、气体调节、养分矿化和水质净化等调节服务，同时植物种间多样性的提升会加快某些混交林的生长，例如，在氮元素受限制的区域，固氮树种可以促进混交林分内其他树种的生长。同时，生物多样性本身也是一项生态系统服务，遗传多样性和野生物种多样性可产生直接的商品经济价值和文化价值。例如，一些具有高水平遗传多样性的物种可用于食品、纤维、生物质燃料的大量生产，野生动植物和风景名胜的观赏价值以及精神、教育、宗教和娱乐价值（李奇等，2019）。当下的国土空间设计也提倡对生物多样性的保护，但其认知还是停留在“宏大叙事”上，缺乏对生态系统服务与生物多样性关系的深刻理解，因而很难付诸空间行动。

5）国土空间规划设计缺乏对生物多样性与生态系统服务的权衡和协同。生态系统服务之间协同与权衡关系的表现形式研究是生态系统服务管理的基础，是明确国土空间生态修复目标、技术手段、过程管理以及空间决策的重要依据。权衡常常发生在小区域与大区域、短期与长期以及可逆与不可逆之间，可以从空间、时间和可逆性探讨生物多样性与生态系统服务的权衡和协同关系：①空间权衡指的是生态系统服务供给和需求在空间上存在一定差异，导致生态系统服务在空间上的此消彼长，即一种生态系统服务的提高会导致该区域内其他生态系统服务的降低。空间权衡常见于供给服务与一些调节、支持服务之间，例如，不合理的农药化肥投入短期内促进了粮食作物的生产，但由此造成的水体污染、土壤板结问题也降低了水源涵养等生态系统服务（宋博等，2016）。②时间权衡指的是由于不同生态系统服务供给和需求在时间上存在一定差异，对于刺激和干扰的反应周期不同所造成的在时间上的供给权衡，即在当前与未来供给的分配关系。供给服务对管理决策的反馈迅速，调节和支持服务则因为变化缓慢而比较滞后。时间权衡常见于流域生态系统，如上游地区森林恢复及植被物种多样性的增加会直接影响下游地区的泥沙供给、水文调节等服务。③可逆性权衡是指生态系统服务在引起权衡的干扰因素消失后，能否恢复到原本状态的能力。当人类对生态系统的干扰过度时，生态系统服务会出现退化甚至永远不能恢复。因此，在进行生态系统规划设计时必须考虑生态系统的恢复性和稳定性，人类活动不能突破生态系统服务的阈值，要在可逆与不可逆之间寻求平衡点。在生态系统服务遭到破坏时及时开展国土空间生态修复，才能避免不可逆权衡关系的发生。

生物多样性保护基础研究与国土空间生态修复规划设计实践之间的差距很大，旨在缓解或停止生物多样性损失率的治理机制和政策承诺效果并不显著，亟待从各个层面进行“革命性改变”（曲建升，等，2021）。事实上，生物多样性与国土空间生态修复是一个上下统一的概念，体现了生态系统单元、景观镶嵌体与自然地理分区之间在生态系统功能上存在的双向联动关系。国土空间生态修复和生物多样性保护都具有明显的尺度性，但以往的国土空间生态修复规划设计和生物多样性保护研究多限于较小的空间尺度，主要是具体项目层次。按照国家对整体保护、系统修复和综合治理的要求，亟须探索支撑“生物多样性保护”的国土空间生态修复规划设计模式，为生物多样性保护和恢复提供更全面的科学依据。

二、生物多样性修复国土空间设计的层次与测度

（一）生物多样性修复国土空间设计的层次

国土空间生物多样性丧失是国土空间生态系统结构与功能退化的主要特征之一，当受损生态系统被修复至受干扰前的物理、化学和生物学特征时，其生物多样性质量也必然得

到提高。生物多样性生态修复与生物多样性保育不同，后者的重点在于对物种多样性的维持，包括濒危物种的保护等；而生物多样性生态修复的本质是通过恢复和重建使退化生态系统回归到其基本结构和固有功能的状态，将生物多样性水平由丧失或者锐减的趋势转变为动态平衡。生物多样性的空间尺度和组织层次是对其开展生态修复的重要理论依据（图 9-7）。根据生物多样性这一概念的内涵及其在不同空间尺度上的表达形式，生物多样性生态修复主要可以分为物种层次和种群层次。需要注意的是，景观层次上的修复手段并非直接作用于生物种群或群体之上，而是通过改变景观格局来优化生态过程，进而对区域的生物多样性水平产生影响。

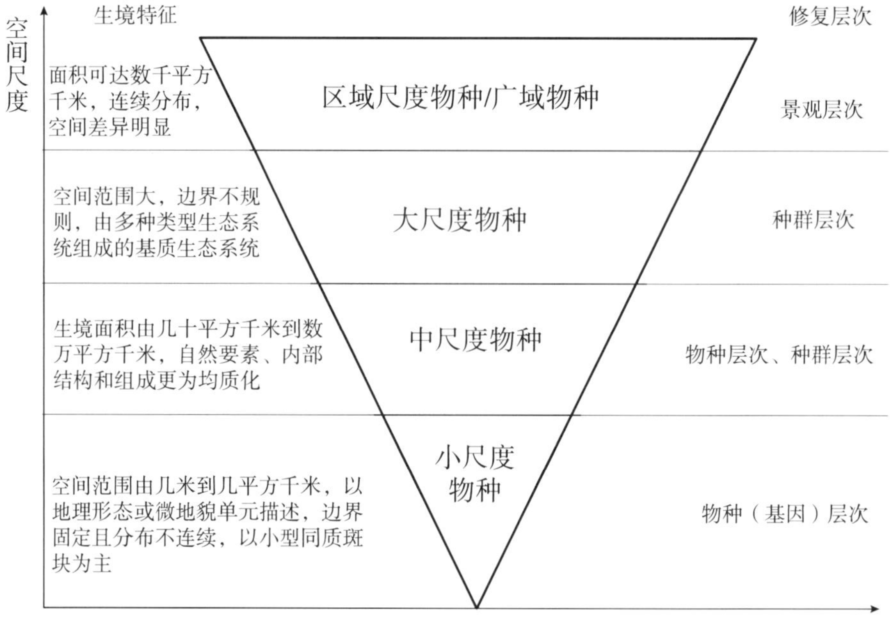

图 9-7　生物多样性生态修复层次与空间尺度示意图

1）物种层次。纵观生态修复理论与实践应用的发展历程，大部分修复活动都只是在相对小的空间尺度进行的，几乎都强调来自本地的品种和地方性的动植物资源。同时，恢复生态学家普遍认为，采用乡土物种是实现恢复目标的有效手段，能够维持地方性种群遗传基因的纯正性，避免外来物种所引发的生物入侵等诸多问题。生物多样性修复的开展需要基于恢复遗传多样性来维持进化潜力，因此遗传类型（乡土种或非乡土种）的选择和物种个体数量的定量分析就成了必要前提。换言之，遗传多样性鉴定是生态修复的基础，包括了解当代各物种的遗传结构、掌握遗传多样性的空间模型、与环境变化有关的遗传转化模型等，它能够回答在实施修复过程中需要引入多少能够代表遗传多样性的物种数量，这个数目取决于具体的修复目标、遗传多样性的种间分布、物种的繁殖系统和生活史、外源动力的波动等。已有的大多数生态修复模式侧重于恢复特定的物种，包含了改变物种遗传和进化过程，但对生态系统功能的运行情况关注较少。生物多样性生态修复不仅要考虑适宜生存的遗传类型，同时要考虑引进物种的适应性和遗传多样性问题，以及随着时间推移可能产生的进化问题。

2）种群层次。从种群与群落的层次解析生物多样性生态修复的内涵，需要纳入生境、栖息地的内容，同时考虑生态位、群落演替规律、种群空间异质性、尺度效应等实际问题。Wheeler（1995）认为实现动植物群落恢复的重要标志，是在一定条件下栖息地能够处于自我维持的半自然状态。例如，在美国中部矮草草原区，黑尾草原犬（*Cynomys ludovicianus*）的种群规模在20世纪至少减少了90%，当地的保护规划人员通过维持适合其生存的草原生境来为未来该种群的重建提供条件。而另一种观点认为，维持生存力或最小生存力的种群是不理想的，重点应当维持在群落内发挥生态功能的种群，这使得生态功能种群的繁衍成为修复的重要目标，它能够间接体现某一项生态系统功能的变化趋势。在地形复杂、破碎化严重的栖息地，生物种群的分布、规模与密度也呈现出相对复杂的特征，种群层次上的生物多样性修复要更加注重外部条件，如恢复地点的选择、栖息地的破碎化及地形联系。由于边缘效应的存在，将目标种群置于中心区域或是边缘地带会带来截然不同的恢复效果。此外，根据生态位的相关理论，生物多样性生态修复的终结点是建立起生态位不冲突、相互错开的种群结构。例如，在气候条件适宜的退化生态系统修复中，构建由高大乔木、灌木、草本植物、藤本植物和微生物组成的多层次、多物种的群落结构，能够通过树冠截留、凋落物增厚来控制水土流失，利用植物有机残体和微生物活动来改善土壤的生物地球化学循环，进而促进生态系统多样性的形成。

3）景观层次。主要是研究地球上各种生态系统相互配置、景观格局及其动态变化的多样性。其修复是针对景观多样性降低或丧失、景观结构与功能退化等问题，从景观尺度上采取一系列工程技术和管理措施，以修复不同类型生态系统之间的耦合协调关系，恢复不同生态系统之间被人类活动所破坏的相互联系。景观生态修复的起点不同于传统恢复生态学的关注对象，它的尺度主要依存于比生物群落、生态系统更为高级的层面。景观层次的生态修复亦可理解为生态修复的景观化途径，囊括了与景观联系密切的生态修复模式和措施，这些技术方法、工程措施可直接反映到景观中来。生态修复的景观化途径是手段而不是目的，是过程而不是结果。作为一个由恢复生态学理论衍生而来的概念，景观生态修复在理论基础、方法体系、以及应用范围等方面仍需进一步完善（Holl et al.，2003）。

（二）生物多样性修复国土空间设计的测度

如何定量测度生物多样性，是生物多样性修复国土空间设计需要关注的核心问题之一。据不完全统计，目前全球至少出现了30种以上不同的生物多样性测度模型。但各种测度模型都有其不同的适用条件和优势及缺陷，很多模型还会损失关键信息。实践中发现，仅靠一种方法很难对生物多样性进行有效的分析，需要结合多种方法进行综合应用。可如何结合，每个人都有不同的标准，测度结果很难进行比较。随着研究的深入，人们发现人类实际上更关注生物多样性的减少对生态系统功能和动态及其提供的产品和服务所产生的影响，虽然这两者之间存在着相关性，超过100个生物多样性实验的证据也表明物种多样性与生产力呈正相关性，但这种相关性也是很复杂的。比如，多样性对一个生态系统的整体功能会同时出现正、负效应，有些物种对于一些功能来说可能是冗余的，而对于其他功能来说可能又起着一定的作用，而且种间作用、群落和生态系统间的反馈都需要很长的时间观察研究，如此等等。于是科学家们从21世纪初开始更多地专注于生态系统多功能性（Ecosystem Multifunctionality，EMF）的测度研究（Hector et al.，2007；Maestre et al.，2012）。通过生态系统多功能性的测度，也就是通过对生态系统同时维持多种生态系统功能和服务能力的测度，来判断生物多样性状况。然而更多的研究又表明，在变动的景观中，生物多样性与生态系统功能多样性的关系是十分复杂的。例如，不同管理强度的草原以及不同利用方式下生物多样性与生态系统功能之间的关系就表现出较大的变异，研究的尺度也影响生物多样性与生态系统功能的关系（Schwartz et al.，2000；Brose et al.，2016）。因此，有机体功能多样性开始逐渐成为生物多样性研究中除了物种多样性和遗传多样性以外的另一个重要领域和发展趋势。到目前为止，常见的生物多样性测度模型主要有以下 4 种：

1）α 多样性测度模型。在较早的生物多样性研究中，Whittaker（1972）提出了以下 3 种多样性：① α 多样性。指某个群落或生境内部的种的多样性。② β 多样性。即在一个梯度上从一个生境到另一个生境所发生的种的多样性变化的速率和范围。它是研究群落之间的种多度关系。在植被生态学中，β 多样性受到更多学者的重视。③ γ 多样性。即在一个地理区域内（例如一个岛屿）一系列生境中种的多样性。它就是用这些生境的 α 多样性和生境之间 β 多样性的研究范围结合起来表示的。A 多样性和 β 多样性可以用纯量来表示，而 γ 多样性不仅有大小，同时还有方向变化，因此是一个矢量。它们三者的关系可以表示为

$$\beta = \frac{\gamma}{\alpha} \tag{9-2}$$

β 多样性可以用式（9-2）计算：

$$\beta = \frac{\ln R_0 - \ln R_n}{\ln 2} \tag{9-3}$$

式中：R_0 为两个最大相似群落的相似系数；R_n 为环境梯度上最不相似的两个群落的相似系数。式（9-3）也可以说是种数改变了一半的测度。在实际应用中，α 多样性度量模型得到更多的应用。主要类型有概率信息测度方法、物种丰富度测度方法、物种均匀度测度方法、分布信息测度方法，以及 DIV 多样性指数、综合多样性指标修正模型等，各种方法的详细计算模型和过程可见相关文献（宋丁全，2004；张金屯，2004）。

2）生态系统多功能性测度模型。测度生态系统多功能性的模型主要有（徐炜等，2016）：①单功能法。通常是通过测定生态系统的各种功能，然后采用线性模型建立各个生态系统功能与生物多样性之间的回归关系，根据回归结果定性的判断生态系统多功能是否随着多样性的增加而提高。它有助于阐明多功能性是由哪一种功能所驱动的，但难以评估生态系统的整体功能，通常只是作为一种辅助方法，与其他方法一起使用。②功能-物种替代法。单功能法的缺陷之一是某些功能可能受到一个或几个物种的影响较大。为了解决这个问题，研究者提出了功能-物种替代法。所谓物种替代，就是不同的功能是由不同的物种所驱动，即功能-物种替代。该方法通过量化维持生态系统多功能性的物种数和每个物种对生态系统多功能性贡献的冗余度来评估功能的替代。它首先通过模拟每个物种的作用，以此来量化物种对生态系统多功能性的影响；然后进行生态系统多功能分析，建立生态系统功能数与维持这些功能所需的平均物种数之间的关系来进行测度。③平均值法。该方法就是将不同功能的测定值进行转化和平均，最后得到一个可以代表所测功能平均数水平的指数，即多功能指

数，来评估生态系统的多功能性和生物多样性。④阈值法。该方法通过计算每个生态系统中达到某一阈值的功能数来求得一个指数，该指数表示在该阈值条件下这个生态系统整体功能的水平。该方法的关键步骤是阈值的确定，它通常指每个功能所观测到的最大值的比例，用最大值法来确定某一功能在所研究生态系统中的最高水平。在实际应用中，往往很难准确地选择恰当的阈值，于是便出现了多阈值法，即对每个阈值都计算相应的多功能性指数。通过分析计算最低阈值、最高阈值、多样性效应最大时的阈值、多样性的最大效应等指标，判断多样性与多功能性的关系。⑤直系同源基因法。该方法主要用于测度微生物群落的多功能性，直系同源基因丰度越高则群落的多功能性越高。微宇宙实验证明，利用群落中微生物直系同源基因序列丰富度可以预测实际的多功能性（Miki et al.，2014）。⑥多元模型法。该方法在分析过程中充分考虑了不同方面的多样性，如物种相对多度、均匀度、物种组成等对生态系统多功能性的影响。该方法的核心基础是多样性交互模型（Kirwan et al.，2009），应用该模型可以评估物种属性和多样性对生态系统功能的影响。

3）有机体功能多样性测度模型。有机体功能多样性是指影响生态系统功能的群落中所有物种及有机物的功能特征值及其变动范围，强调的是特征值的差异性，它是在测定有机体的功能特征的基础上完成的（Luch et al.，2009；Tilman，2001）。而功能特征是指那些可影响生态系统功能过程的生物特征，例如，对植物而言，功能特征值主要指如生长速率、叶面积、氮含量、植株高度、种子扩散和萌发特征、营养繁殖或有性繁殖、物候等特征或相对丰富度等。特征范围是指生态系统中不同植物所具有的功能特征极端值间的差异，如不同植物叶片的大小、植株的高度、根深等特征的范围（江小雷等，2010）。相对于传统的多样性指数，功能多样性指数能更好地预测生态系统的功能。目前被广泛认可的功能多样性测度模型有（陈又清，2017）：功能丰富度指数（Functional Richness Index，FRic）、功能均匀度指数（Functional Evenness Index，FEve）和功能分异（趋异）指数（Functional Divergence Index，FDiv）3 个功能多样性指数。其中 FRic 是指有机体在群落中所占据的功能空间的大小，体现的是生态空间利用程度的指数，该指数越大，生态空间利用程度越高；FEve 是指在群落内有机体的功能特征在生态空间上分布的均匀程度，多度量化生态功能空间如何被填充的指标，该指数越大，说明对有效资源利用越全面，效率越高；FDiv 表示群落内有机体特征值的差异性，体现了群落内有机体的生态位分化和资源竞争程度，该指数越高，说明群落内有机体生态位互补程度越强，竞争较弱。除此之外，功能特征多样性指数（Functional Attribute Diversity，FAD）、功能分散指数（Functional Dispersion，FDis）、Rao 指数[1]、CWM 指数（Community Weighted Mean）等也被用于功能多样性测定（Walker et al.，1999；Lalibert et al.，2010）。

4）物种分布模型（Species Distribution Models，SDMs）。该模型是一种将物种的分布样本信息和对应的环境变量信息进行关联，得出物种的分布与环境变量之间的关系，并将这种关系应用于所研究的区域，对目标物种的分布进行估计的模型。它已被广泛应用于面向生态系统恢复的关键物种的潜在分布预测和保护区规划设计、不同尺度生物多样性的管理和保护、区域气候变化对植物群落和功能的影响、生态红线划定、生态系统功能群和关

[1] Rao 指数，由 C. Radhakrishna Rao1982 年提出，是常用的分布和相似性敏感测度指标。

键种的预测等，而且认为比 NPP（植被净第一性生产力）校正法能更好地测度生物多样性维护功能（许仲林等，2015；中国绿发会，2020）。

三、生物多样性修复国土空间设计的技术结构

（一）生境修复设计

生境（Ecotope）又称为栖息地，是具有一定环境特征的生物生活或居住地，由生物和非生物因子综合形成，也就是几个物种的生存环境。群落生境（Biotope）是在一个生态系统里可以划分的空间单位，其中的非生物因素构成了群落的生活环境，也就是说在描述一个生物群落的生境时通常只包括非生物的环境。但无论哪一种生境，所指环境都不同于一般的环境概念，而是强调决定生物分布的生态因子。对于生物多样性而言，最大的威胁就是生境的破坏，如森林的砍伐、草原和湿地的开垦，以及由此带来水土流失、干旱化、养分的减少等，会对生物多样性丧失造成致命性的影响。

针对生境破碎对维护生物多样性所带来的负面效应，生物多样性修复国土空间设计要以生境再造为突破口，进行国土空间生境的原生性修复设计。也就是要以“生境多样性→物种多样性”的思路为核心，以自然生境多样性的再造为关键，通过自然生境多样性的修复和再造，为生物多样性的恢复奠定土壤。生境原生性修复设计的主要步骤包括：①核心物种和稀有物种的确定及其生境适宜性现状分析、调查与评价。②以高程、坡度和土壤类型等自然地理因素的不同，划分自然生态修复单元。③按照自然生态修复单元进行生境恢复可行性分析评价，确定生境修复的设计目标。④生境序列设计。模拟生态群落的大地景观格局，形成相应的主体生境序列，继而在这个圈层状的生境序列中进一步利用坡度、光照、土壤成分和地貌组合等手段，对每一个圈层进行分段小气候生境的营造设计（王云才，2007）。⑤生境基质设计，对保护生物多样性功能起主要作用的景观斑块进行修复设计。⑥按照生境序列和生境基质的重要性排序，分别对设施类型、开发强度、使用条件等进行分级控制设计。⑦生境营造设计。根据恢复生态学的理论，以修复乡土种生物多样性设计为主体，充分考虑物种与生境间复杂的搭配关系，尽最大可能恢复自然生态系统的结构和功能。

在生境修复设计过程中，基质修复设计是最重要的基础。所谓基质是大地景观中露出面积最大、连通性最好、在景观功能中起主要作用的斑块（Perlman et al.，2004）。基质修复设计的常用技术有下列两种。

1）物理基底修复技术。该技术常见于改善水动力的河道基底构建、滩涂湿地修复工程及污染土壤的修复。①土壤物理修复，可以运用翻土、客土、换土、填埋、隔离、土壤蒸汽浸提等技术实现污染土壤的物理修复。②通过改造土、石配比，采取人工措施改变土壤的渗透率，促进植物根系的生长。③河道基质的修复改造技术，包括以提升河流平面形态多样性的蜿蜒度构建技术，人工设计与河床演变相结合的河流横断面多样性修复技术，以及旨在去除沉积于湖底（河底）富营养物质的生态清淤技术。④针对微生物、动植物赖以生存的土壤环境，适当添加草木灰、团粒剂、有机肥、缓释肥、保水剂等人工添加剂促进植物生长的土壤改良技术。

2）生物堤岸修复技术。该技术主要是利用生态砖或者新型基底材料作为堤岸材料，改变堤岸建设必须采用混凝土、砾石的惯性思维。生物堤岸修复技术是利用填料（种植土、碎石或混凝土）、其他土工材料、土基与生物群落等产生的复合作用，达到土体加筋稳固、水土保持、生物多样性修复和生态修复等工程目标的综合解决方案。它适用于间歇水流、持续水流的河川湖泊护岸、塌岸治理、硬质堤岸生态修复等工程，其柔性结构使之适应和保留河川湖泊岸线的变截面、变坡度的自然地形，其生态护岸可保留河川湖泊的堤岸的自然功能，有利于促进生物多样性恢复。法国 Passeligne 自然公园的设计理念是以人工方式建立生物多样性和最大人群介入使用之间的平衡。场地在一片砂石场上，设计保留了场地的砾石、湿地、芦苇、白柳、岛屿、微地形、自然驳岸等，在自然场地中设计了体育空间，满足了附近居民和青少年的功能需求（图 9-8～图 9-15）。

图 9-8　鸟瞰图❶

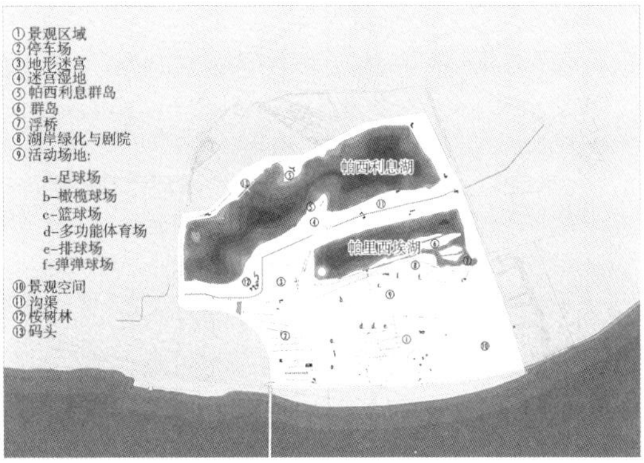

图 9-9　总平面图❷

图 9-10　自然区域照片❸

图 9-11　湿地公园照片❹

❶ ❷ ❸ ❹ https：//atelier-arcadie. fr/portfolio/la-terre-leau-et-lactivite-humaine-parc-naturel-urbain-fluvial-agen-garonne-47/.

图 9-12　砂石群岛照片[1]

图 9-13　岛与浮桥照片[2]

图 9-14　地形迷宫照片[3]

图 9-15　足球休息场照片[4]

（二）物种修复设计

在生物多样性修复过程中，种类组成与退化生态系统功能的修复是生态修复的核心问题，包括种、种的多样性及退化生态系统功能的修复和维持。物种多样性是表征生境变化特征的一个最直接和最有效的指标，是整个生物多样性修复的关键。物种多样性是用一定空间范围内物种数量和分布特征来衡量的，它包括以下 3 个方面含义：①种的丰非富度或多度。种的丰富度（Species Richness ）或多度（Abundance ）是指一个群落或生境中种的数目的多寡。Poole（1974）说，只有这个指标才是唯一真正客观的多样性指标。在统计种的数目时，都需说明多大的调查面积，以便比较。②种的均匀度或平衡性。种的均匀度（Species Evenness ）或平衡性（Equitability ）是指一个群落或生境中全部种的个体数目的分配情况，它反映了种属组成的均匀程度。例如，某一群落中有 100 个个体，其中 90 个属于一个种，10 个属于另一种；而还有一个群落中也有 100 个个体，两个种各居一半，那么前者的均匀度就比后者要低得多。在这种情况下，实际上是减低了种的数目的重要性，而强调了个体数目的重要性，特别是应用信息论公式时 lg1 = 0，这就是说把偶见物种

❶ ❷ ❸ ❹ https：//atelier-arcadie. fr/portfolio/la-terre-leau-et-lactivite-humaine-parc-naturel-urbain-fluvial-agen-garonne-47/.

忽略不计了。③种的总多样性。种的总多样性（Total Diversity）是上述两种含义的综合，又称种的不齐性（Species Heterogeneity）（Peet，1974），所以有人就称之为优势度多样性（Dominance Diversity）。在对一个群落或一个区域物种多样性进行研究设计时，一般从以上 3 种概念出发，综合分析比较物种的多样性及其影响因素（张金屯，1999；张金屯等，2000，2002；胡玉佳等，2000）。

物种多样性修复设计，主要是通过分析样带上的物种替代率来实现的，也包括分析环境因子梯度上的物种替代率和环境因子梯度上的物种恢复速率等。物种选育技术主要包括以下两项：①物种筛选技术。以修复生物多样性为目标的物种选择应当基于物种的分布和区系，并通过实地调查和资料收集，结合待修复场地的土壤条件和地形地貌，征询当地植物专家意见，完成适生植物的初步筛选。随后运用动态观测、盆栽试验和人工模拟气候室试验相结合的方法进行第二步筛选与优化，以植物抗逆性、景观美化效果、季相搭配特点作为筛选依据，同时也可适当考虑引入抗逆性良好、适应性能强以及景观效果良好的植物。②物种繁育技术。主要分为动物和植物两大体系。动物的繁育主要是有性生殖，植物繁育则是以扦插、组培等的无性繁殖为主，包括种子发芽培育、实生苗木培育等。动植物的繁育要充分开发利用优良种源区，利用个体选优的筛选成果建立良种场、繁殖圃、采穗圃、测定示范林与种子库，开展种质资源收集、保存、利用，进行动植物良种的引进、试验、繁殖和示范，并在适宜区域进行推广。在生物多样性修复中应当注意乡土植物的引种和驯化，以尊重生态习性、保持生态秩序、保护生态安全的原则塑造修复区域的物种多样性。

（三）种群修复设计

传统的生态修复理论和实践强调减少生物的种内竞争以达到修复成功率的最大化，而忽视了生物种内的正相互作用（Silliman et al.，2015；van Wesenbeeck et al.，2008）。近来不少生态修复的实践表明，物种内部有良好的正相互作用是有机体在恶劣条件下，如剧烈的水文动力沉积作用等，能够生存、生长和扩散的关键。这也是近年来互惠理论研究的最新成果，即在环境条件较严酷的背景下，通过改变修复植物的种植结构增强植物种内的正相互作用，可以提高植被修复工作的成功率（陈雅慧等，2019）。物种多样性在生态系统稳定性中的作用，与金融市场上的“组合效应”能更抗风险具有类似的机理。返回阿拉斯加布里斯托尔湾的红大麻哈鱼的超过 50 年的数据所做的一项分析，正好反映了这种所谓的“组合效应”有多重要。红大麻哈鱼捕捞业是美国最脆弱的鱼类捕捞业之一，60%以上的红大麻哈鱼来自这一地区。这里的渔场由数百个孤立种群组成，这个事实使得所观察到的种群变化只有单一均化种群可以预见之变化的约一半，而且数值模拟的预测结果是，一个均化种群所面临的渔场关闭风险是非均化种群的 10 倍。就渔场管理来说，这项研究工作表明，降低孵化场对遗传多样性的均化效应，在混合种群渔场中保护脆弱种群不受过度捕捞和维持生境网络应当作为优先任务来落实（佚名，2010）。因此，种群修复对于生物多样性修复具有重要的重要性，这是在以往研究中经常被忽视的。

生物多样性种群修复技术，主要包括以下两方面。

1）植被配置技术。植物配置技术泛指植物镶嵌技术、工程绿化技术、景观设计与快速绿化技术等内容的集成。首先对修复区域本地条件进行评估，分析区域植株密度、植被结构，综合运用物种选配、栽植等恢复和重建技术，并进一步试验不同植被恢复与重构技术对生物多样性的影响。其次，在植物种群修复过程中，尤其是在生态系统退化特别明显的区域，动植物种群的调控技术作用尤为突出。动植物种群的调控技术主要包括种群动态调控技术、种群竞争控制技术、群落演替控制与恢复技术、种群结构优化配置技术、食物网配置技术等。利用种群、群落、生态系统的优化配置与调控，促进生态系统良性循环，在一定程度上利用人为措施促进生态演替。例如，在恢复乔木、灌木、草本植物结构的人工植物种群时，可通过扩大木本植物的间距为地面的草本植物生长提供条件，而在水陆交错带进行植被配置时，可以根据距湿地的远近种植不同的植被。

2）微生物区系重建技术。微生物区系恢复与重建对于修复污染土壤、净化水质、提升生物多样性具有重要意义，其技术主要包括：在不经搅动、挖出土壤基底的情况下，通过向土壤中补充氧气、营养物来扩大微生物的种群密度；利用常规的微生物手段，即通过选择性培养基分离具有特定功能的微生物，再通过富集培养、多次分离纯化，并经过扩大培养、复配得到大量高效微生物；土著微生物种群通过长期驯化得到具有一定降解能力的微生物菌群，或是通过基因工程手段构建能够引入修复区域的高效工程菌。

（四）景观修复设计

回顾生物多样性与生态系统功能（BEF）关系的研究发展历程，不难发现 BEF 关系研究正逐渐从小尺度、实验设计型转变成在自然环境、动态景观和长期监测的研究。越来越多学者关注大尺度上的景观格局对于 BEF 关系的影响。例如，在大尺度上，从寒带到温带，森林生态系统内的 BEF 关系呈逐渐减弱的趋势，甚至在热带雨林中不显著。究其原因，是因为热带雨林中功能互补的物种相对较多，某些物种消失未必会降低其主要功能，而温度增加则可能降低 BEF 关系的强度。过去的 BEF 关系研究往往将不同的森林、草地斑块视作独立的样本，忽略了斑块之间的相互作用。但越来越多的控制实验开始注重从单个物种到多个物种，从短期到长期的转变，这些研究的结果表明，景观格局对 BEF 关系至关重要。例如，隔离度低的生态系统具有更高的适应性和抵抗性，这可能与物种间的相互作用有关。有控制实验表明，如果食草昆虫能在斑块间移动，生物多样性对生态系统功能的影响作用会被降低。相反，修复生境斑块间的传粉网络则可以强化生态系统功能（Kaiser-Bunbury et al.，2017）。而目前全球 70%的森林处于森林 1 千米的边缘范围内，高度破碎化的森林斑块中的 BEF 关系会显著受到景观格局的影响。因此，在探讨退化生态系统中的 BEF 关系时不能认为各个斑块是相对独立的，而要考虑不同修复区域所在阶段的特殊性，同时考虑景观格局因素和人类干扰历史的影响，并且在实施开展生物多样性生态修复的过程中，需要将景观格局纳入物种分布模型和生态系统功能的分析中。

事实上，生物多样性修复主要有两条途径：一是从底层的遗传和物种多样性恢复开始的“自下而上（Down-Top）”的途径；二是从景观格局优化角度进行的“自上而下（Top-Down）”的途径（金松岩等，2009）。第一条途径突出了自然生态系统的组分作用，揭示了自组织状况下生物多样性发生、维持的微观机理，但忽视了人为干扰等外部环境因素的作用。第二条途径突出了人为干扰下景观格局的改变对生物多样性的影响，因为景观要素的形状、组成、空间结构对景观中的生物多样性有重要影响和作用（刘云慧等，2012）。生物多样性指向下的景观修复设计技术，主要包括以下 3 个层面的内涵。

1）景观安全格局设计。景观中的点、线、面等各个要素在景观生态过程中所发挥的作用不同，其中存在某些点或特定格局，对景观生态过程和生物多样性的恢复起到关键性的作用，这些景观局部就构成了景观安全格局（俞孔坚，1999）。它强调的是格局与过程之间的关系，将景观过程（如物种的空间运动、城市扩张、水的流动等）具象化为各要素克服空间阻力实现景观控制的过程，并且根据不同的景观生态过程确定不同层次的安全格局，通过这些安全格局便可实现对景观结构的有效控制。该理论是基于景观生态学中的源汇理论，其关键是确定源及阻力因子。源，即是对生态过程起关键作用的生态斑块，阻力因子主要包括地形地貌、水文条件等，在此基础上构建阻力面来确定缓冲区、源间连接、辐射道、战略点等景观安全格局组分，构建景观生态安全格局，其结果通常表现为不同层次安全水平的保护等级。

2）景观生态设计技术。景观生态设计是基于更微观的场地、项目尺度，应用景观生态学原理及其他相关学科的知识，在对景观格局调查、分析、评价的基础上，提出合理的景观格局调整方案和优化的景观单元内部结构。景观生态设计通常作为生物多样性修复的一部分，由于生物多样性修复的实施必然会引起项目区景观斑块、基质、廊道的显著变化，因此从整体的角度开展生物多样性修复项目的景观生态设计就显得十分必要。它以景观单元空间结构的调整与优化配置为基本手段，旨在尽可能避免修复项目区景观要素单一化，减少工程措施对景观内土壤、水资源、植被、生物等环境要素及其生态过程和生物多样性产生的有害影响，进而修复受胁迫或受损生态系统的功能，提高生态系统的生产力和生物多样性等的稳定性，将人类活动对于景观演化的影响导入良性循环。

3）景观恢复设计技术。景观恢复是从维持景观要素间的物质、能量交换与动态平衡的角度出发，强调人类活动的积极引导作用，重点在于减轻人类对受损景观的负面干扰强度，并辅以各类人工生态工程的干预手段，维持景观原有的演化轨迹。景观恢复的对象则是在强烈的人类活动或自然干扰下已经受到严重损害的景观，诸如严重污染的河流水域、矿山废弃地、大型基建区等原有生态系统结构和生态功能已严重退化或损坏的区域。景观恢复需对景观系统进行直接而主动的人为干预和积极的生态建设，在中宏观尺度上通过大型景观生态工程建设进行国土生态空间格局与功能的重构，并结合微观尺度上的景观生态设计及其他各类工艺措施，达到重塑区域生态系统和生物多样性的整体稳定性目标（关文彬等，2002）。

（五）网络修复设计

2016 年，国际生态修复学会发布了第一个《生态修复实践国际标准》，指出生态修复要以本地原有的健康生态系统为目标导向，确定目标生态系统的关键属性，包括修复动物食物网和空间生境多样性的网络结构（SER，Society for Ecologial Restoration International Science and Policy Working Group，2004；Clewell et al.，2000）。生态系统和生物多样性修复，更加关注通过生态节点网络的修复来推进已成为重要的发展趋势（曹宇等，2019；Chi et al.，2019）。生物多样性网络修复设计技术，核心是以自然解决方案（Nature-Based

Solutions, NBS)、共同健康框架(One Health)与碳中和(Carbon Neutralization)等为指引，设计生物多样性修复保护的生态网络模型，包括区域尺度的核心区-缓冲区-生态廊道及节点网络，景观尺度的多样性景观格局-生态景观联通性-多样化生态景观斑块网络，场地尺度的农业空间、城镇空间、生态空间生物多样性保护网络等。

近年来，复杂网络在生态学上的应用不断深入，复杂网络也逐渐成为生物多样性修复研究的重要工具。应用复杂网络理论进行生物多样性修复建模被证明能够提升分析复杂生态过程的能力(Reuter et al., 2008)，这些复杂生态过程包括与土地利用相关的动力学、物种间相互作用、水文系统、空气动力学等多方面。例如，分析生态廊道如何对区域生态网络产生影响(Fenu et al., 2020)，研究物种间相互作用如何影响物种多样性和生态群落动态过程(Ramirez et al., 2018; Lin et al., 2013)，通过流域间的相互联系、水循环等深入了解地区水文系统的结构和特征(Rodríguez-Alarcón et al., 2019; Nazly et al., 2018; Konapala et al., 2017; Sun et al., 2017)。按照国土空间生态系统多种正、负反馈所构成的复杂网络机理，依据国土空间生态节点作为具有重要生态功能、生态敏感性和脆弱性的生态源地或易受人类破坏的关键地段的原理，基于复杂网络理论和方法，通过度分布、平均路径长度、集聚系数、介数等控制参量的表征和测度，构建国土空间重要生态节点分布的小世界网络模型和无标度网络模型分析框架，阐明国土空间生态节点自发涌现的演化博弈动力学机制，为构建国土空间重要生态节点“识别-优化-修复”奠定科学基础。根据生态网络的特性，采用符合生态节点网络生成规则的无标度网络 Scalefree Rank 算法，从节点权威性角度来识别网络中的重要生态节点。同时，从网络的功能-传播角度，采用 Smallworld Rank 算法，从节点传播能力角度来识别网络中的重要节点。通过比较权衡，构建“资源型战略点-结构型战略点-生态廊道-结构型薄弱点”的国土空间重要生态网络节点修复体系，改进传统生物多样性修复国土空间设计技术，并探索新模式下的生物多样性修复设计范式，是未来重要的发展方向。

此外，生物多样性具有明显的空间异质性，网络化监测可以更系统地掌握监测对象中生物多样性变化的整体格局。以野外修复的监测样地、样带、样点为核心，借助分子生物学技术、计算机信息技术、数码影像和遥感技术、3D 形态识别与分别技术等现代科学技术手段，从基因、物种、种群、群落、生态系统和景观水平上对生物多样性修复状况进行多层次的全面监测与系统研究，也是生物多样性修复重要的网络设计技术之一。

参考文献

国土资源部地质环境司. 2002. 地质环境管理手册［M］. 北京：中国大地出版社：37-38.

中国矿业大学. 2019. 全国生态修复国土空间布局的资源与生态效应图形信息模拟分析［R］. 三河：中国自然资源经济研究院.

中国绿发会. 2020. 用物种分布模型代替 NPP 校正法，评价生物多样性维护功能如何？生态保护红线建议三［N］. 澎湃新闻·澎湃号·政务，07-03.

白中科，吕春娟，等. 2012. 矿区岩土侵蚀控制及水资源利用［M］. 北京：中国大地出版社.

毕如田，白中科，叶宝莹，等. 2007. 安太堡露天煤矿排土场景观结构及其分形研究［J］. 中国农学通报，23（4）：339-344.

毕银丽. 2017. 丛枝菌根真菌在煤矿区沉陷地生态修复应用研究进展［J］. 菌物学报（7）：800-806.

卞正富，雷少刚，金丹，等. 2018. 矿区土地修复的几个基本问题［J］. 煤炭学报，43（1）：190-197.
曹宇，王嘉怡，李国煜. 2019. 国土空间生态修复：概念思辨与理论认知［J］. 中国土地科学（7）：1-10.
陈晓辉. 2015. 黄土区大型露天煤矿地貌演变与重塑研究［D］. 北京：中国地质大学（北京）.
陈雅慧，袁琳，曹浩水，等. 2019. 基于胁迫梯度假说和互惠理论的海三棱藨草种群恢复技术［J］. 生态学报（12）：4233-4241.
陈又清. 2017. 功能多样性：生物多样性与生态系统功能关系研究的新视角［J］. 云南大学学报（自然科学报）（6）：1082-1088.
程纪元，白中科，杨博宇，等. 2021. 土地复垦美学视觉评价：以黄土高原矿区为例［J］. 地学前缘，28（4）：165-174.
董晓龙. 2009. 景观美学思想演变与生态美学［J］. 科技情报开发与经济（31）：138-141.
董哲仁. 2015. 论水生态系统五大生态要素特征［J］. 水利水电技术（6）：42-47.
范立民，马雄德，李永红，等. 2017. 西部高强度采煤区矿山地质灾害现状与防控技术［J］. 煤炭学报，42（2）：276-285.
关文彬，谢春华，马克明，等. 2002. 景观生态恢复与重建是区域生态安全格局构建的关键途径［J］. 生态学报，23（1）：64-73.
桂强. 2007. 景观美学的自律与他律［J］. 艺术百家（2）：115-118.
何芳，徐友宁，乔冈，等. 2012. 中国矿山地质灾害分布特征［J］. 地质通报（Z1）：476-485.
胡玉佳，丁小球. 2000. 海南岛坝王玲热带天然林植物物种多样性研究［J］. 生物多样性（4）：370-377.
胡振琪. 1997. 煤矿山复垦土壤剖面重构的基本原理与方法［J］. 煤炭学报（6）：59-64.
黄昌勇. 2000. 土壤学［M］. 北京：中国农业出版社.
江小雷，张卫国. 2010. 功能多样性及其研究方法［J］. 生态学报，30（10）：2766-2773.
蒋志刚. 1997. 保护生物学［M］. 杭州：浙江科学技术出版社.
金松岩，张敏，刁锐. 2009. 景观生态学在生物多样性保护中的作用［J］. 内蒙古环境科学，21（5）：22-25.
李晨晨. 2017. 基于景观生态学的流域城市景观生态设计思考［C］//中国城市规划学会，东莞市人民政府. 持续发展 理性规划：2017 中国城市规划年会论文集：08 城市生态规划.
李奇，朱建华，肖文发. 2019. 生物多样性与生态系统服务：关系、权衡与管理［J］. 生态学报，39（8）：2655-2666.
李先逵，刘晓晖. 2017. 诗境规划论［M］. 北京：中国建筑工业出版社.
李真真. 2019. 综合性河道生态修复［J］. 市政技术（2）：213-215+254.
刘厚田. 1996. 湿地生态环境［J］. 生态学杂志（1）：75-78+71.
刘云慧，张鑫，张旭珠，等. 2012. 生态农业景观与生物多样性保护及生态服务维持［J］. 中国生态农业学报，20（7）：819-824.
刘泽峰. 2009. 不同坡度滨岩缓冲带对农田径流污染物的去除效果研究［D］. 上海：东华大学.
罗斯 托马斯 H. 2005. 场地规划与设计手册［M］. 顾卫华，译. 北京：机械工业出版社.
裴铁璠. 2000. 森林水文功能与自然灾害及其非参数统计应用研究［R］. 沈阳：中国科学院沈阳应用生态研究所.
裴文明，张慧，姚素平，等. 2018. 淮南矿区不同类型沉陷水域水质遥感反演和时空变化分析［J］. 煤田地质与勘探（3）：85-90+97.
钱乐祥，许叔明. 2000. 流域空间经济分析与西部发展战略［J］. 地理科学进展，19（3）：266-272.

曲建升，等. 2021. 国际资源生态环境领域科技发展态势与战略［J］. 中国科学院院刊（2）：229-232.
任海，彭少麟. 2001. 恢复生态学导论［M］. 北京：科学出版社.
任海，王俊，陆宏芳. 2014. 恢复生态学的理论与研究进展［J］. 生态学报（15）：4117-4124。
石军. 2013. 人类问题的由来与出路［M］. 上海：格志出版社.
束鑫宇. 2014. 巢湖市区及近郊区山体综合整治规划研究［D］. 合肥：安徽建筑大学.
宋博，丁圣彦，赵爽，等. 2016. 农业景观异质性对生物多样性及其生态系统服务的影响［J］. 中国生态农业学报，24（4）：443-450.
宋丁全. 2004. 生物多样性基本概念及其数学方法［J］. 金陵科技学院学报（2）：1-4.
孙波，等. 2011. 红壤退化阻控与生态修复［M］. 北京：科学出版社.
唐朝晖. 2013. 石灰岩矿山地质环境风险分析与管理研究［D］. 武汉：中国地质大学（武汉）.
田雪. 2020. 粮农生物多样性保护及可持续利用的挑战与对策［J］. 湖北农业科学（8）：214-216.
万越. 2015. 基于数字地形分析的排土场微地貌景观格局分析［D］. 北京：中国地质大学（北京）.
王金满，张萌，白中科，等. 2014. 黄土区露天煤矿排土场重构土壤颗粒组成的多重分形特征［J］. 农业工程学报，30（4）：230-238.
王云才. 2007. 景观生态规划原理［M］. 北京：中国建筑工业出版社.
邬建国. 2000. Metapopulation（复合种群）究竟是什么［J］. 植物生态学报（1）：123-126.
吴双桃，吴晓芙，胡曰利，等. 2004. 铅锌冶炼厂土壤污染及重金属富集植物的研究［J］. 生态环境（2）：156-157+160.
西蒙兹. 1990. 大地景观［M］. 程里尧，译. 北京：中国建筑工业出版社.
肖武，胡振琪，李太启，等. 2013. 采区地表动态沉陷模拟与复垦耕地率分析［J］. 煤炭科学技术，41（8）：126-128
肖武，陈佳乐，赵艳玲，等. 2019. 利用无人机遥感反演高潜水位矿区沉陷地玉米叶绿素含量［J］. 煤炭学报，44（1）：295-306.
徐炜，井新，马志远，等. 2016. 生态系统多功能性的测度方法［J］. 生物多样性，24（1）：72-84.
徐友宁. 2008. 矿山地质环境调查研究现状及展望［J］. 地质通报（8）：1235-1244.
许仲林，彭焕华，彭守璋. 2015. 物种分布模型的发展及评价方法［J］. 生态学报（2）：557-567.
杨庚，曹银贵，罗古拜，等. 2019. 生态系统恢复力评价研究进展［J］. 浙江农业科学（3）：508-513.
杨勔. 2020. 全球生物多样性保护工作成绩惨淡［J］. 世界科学（11）：30.
佚名. 2010. 种群多样性的重要性［J］. 中国科技信息（18）：10.
俞孔坚. 1999. 生物保护的景观生态安全格局［J］. 生态学报（1）：10-17.
俞孔坚，许涛，李迪华，等. 2015. 城市水系统弹性研究进展［J］. 城市规划学刊（1）：9.
袁兴中，贾恩睿，刘杨靖，等. 2020. 河流生命的回归［J］. 风景园林（8）：29-34.
战玉柱，陈春霄. 2018. 河流水生态修复技术研究综述［J］. 污染防治技术（6）：53-57.
张惠远，张强，胡旭珺. 2020. 共建地球生命共同体：生物多样性保护的中国方案、世界行动［J］. 世界环境（2）：19-21.
张金屯. 1999. 论生物多样性保护与可持续发展［J］. 经济地理（2）：70-75.
张金屯. 2004. 数量生态学［M］. 北京：科学出版社.
张金屯，邱扬，柴宝峰，等. 2000. 晋西吕梁山严村流域撂荒地植物群落演替中的物种多样性变化［J］. 生物多样性（4）：378-384.
张金屯，陈廷贵. 2002. 山西关帝山神尾沟植物群落物种多样性与环境关系的研究Ⅱ：统一多样性和β多样性［J］. 山西大学学报（自然科学版）（2）：173-175.
张莉，王金满，刘涛. 2016. 露天煤矿区受损土地景观重新与再造的研究进展［J］. 地球科学进展

(12): 1235-1246.
张绍良，米家鑫，侯湖平. 2018. 矿山生态恢复研究进展［J］. 生态学报（15）: 5612-5619。
赵晋宝. 2014. 鑫鼎泰矿区土地地貌景观的分形研究［J］. 科技与创新（11）: 137-139.
周连碧，王琼，代宏文，等. 2010. 矿山废弃地生态系统研究与实践［M］. 北京：中国环境科学出版社.
朱嘉伟，赵云章，闫振鹏，等. 2005. 黄河下游河道地貌分形分维特征研究［J］. 测绘科学，30（5）: 28-30.
SER, Society for Ecological Restoration International Science and Policy Working Group. 2004. The SER international primer on ecological restoration [M]. Tuscon: Society for Ecological Restoration International.
The Nature Conservancy. 2018. Nature in the urban century: a global assessment of where and how to conserve nature for biodiversity and human wellbeing [R]. Pennsylvania: The Nature Conservancy.
United Nations. 1992. Convention on biological diversity: text with annexes [R]. New York: United Nations.
Alan B. 2008. Designing the reclamimed landscape [M]. London, New York: Taylor & Francis.
Anttop M, Eetvelde V V. 2000. Holistic aspects of suburban landscapes: visual image interpretation and landscape metrics [J]. Landscape and Urban Planning (50): 43-58.
Bagchi S, Briske D D, Bestelmeyer B T, et al. 2013. Assessing resilience and state-transition models with historical records of cheatgrass Bromus tectorum invasion in North American sagebrush-steppe [J]. Journal of Applied Ecology, 50 (5): 1131-1141.
Biggs R, Schluter M, Schoon M L . 2015. Principles for building resilience [M]. Cambridge: Cambridge University Press: 80-104.
Brose U, Hillebrand H. 2016. Biodiversity and ecosystem functioning in dynamic landscapes [J]. Philosophical Transactions of the Royal Society B Biological Sciences, 371 (1694): 20150267.
Cardinal B J, Duffy J E, Gonzalez A, et al. 2012. Biodiversity loss and its impact on humanity [J]. Nature (486): 59-67.
Carpenter S R, Brock W A, Cole J J, et al. 2014. A new approach for rapid detection of nearby thresholds in ecosystem time series [J]. Oikos, 123 (3): 290-297.
Chi Y, Xie Z L, Wang J. 2019. Establishing archipelagic landscape ecological network with full connectivity at dual spatial scales [J]. Ecological Modelling (399): 54-65.
Clewell A, Rieger J, Munro J . 2000. Guidelines for developing and managing ecological restoration projects [J]. Society for Ecological Restoration (6): 1-8.
Cook E A, van Lier H N. 1994. Landscape planning and ecological networks [M]. Amsterdam: EISEVIER.
Delgado-Baquerizo M, Maestre F T, Reich P B, et al. 2016. Microbial diversity drives multifunctionality in terrestrial ecosystems [J]. Nature Communications (7): 10541 .
Doley D, Audet P, mulligan D R. 2012. Examining the Australian context for post-mined land rehabilitation: reconciling a paradigm for the development of natural and novel ecosystems among post-disturbance landscapes [J]. Agriculture Ecosystems & Environment, 163 (12): 85-93.
Doran J W. 1994. Defining soil quality for sustainable environment [M]. Madison: Soil Science of America Inc, American Society of Agronomy Inc.
Epelde L, Becerril J M, Garbisu C. 2014. Adaptive long-term monitoring of soil health in metal phytostabilization: ecological attributes and ecosystem services based on soil microbial parametersxs [J]. International Journal of Phytoremediation, 16 (10): 971-981.
Fassoni A C, Takahashi L T, Santos L J D. 2014. Basins of attraction of the classic model of competition between

two populations [J]. Ecological Complexity, 18 (1784): 39-48.

Fenu G, Podda E . 2020. A model of second-degree virtual cut nodes applied to complex networks in ecological landscape [J]. Procedia Computer Science (170): 123-128.

Folke C. 2016. Resilience: republished [J]. Ecology and Society, 21 (4): 44.

Forman R T T. 1995. Land mosaics: the ecology of landscape and regions [M]. Cambridge: Cambridge University Press.

Franklin J F, Forman R T T. 1987. Creating landscape patterns by forest cutting: ecological consequences and principles [J]. Landscape Ecology, 1 (1): 5-18.

Geneletti D. 2004. Using spatial indications and value functions to assess ecosystem fragmentation caused by linear infrastructures [J]. Inter-national Journal of Applied Earth Observation and Geoinformation (5): 1-15.

Grant C D. 2006. State-and-transition successional model for bauxite mining rehabilitation in the jarrah forest of Western Australia [J]. Restoration Ecology, 14 (1): 28-37.

Haber H. 1990. Using landscape ecology in planning and management [M] // Zonneveld I S. Changing landscapes: an ecological perspective, New York: Springer Verlag.

Haynes R J. 2000. Labile organic matter as an indicator of organic matter quality in arable and pastoral soils in new Zealand [J]. Soil Biology & Biochemistry, 32 (2): 211-219.

Hector A, Bagchi R. 2007. Biodiversity and ecosystem multifunctionality [J]. Nature (448): 188-190.

Holl K D, Crone E E, Schultz C B . 2003. Landscape restoration: moving from generalities to methodologies [J]. BioScience, 53 (5): 491-502.

Hu S, ChapinIII F S, Firestone M K, et al. 2001. Nitrogen limitation of microbial decomposition in a grassland under elevated CO_2 [J]. Nature, 409 (6817): 188-191.

Isbel F, Gonzalez A, Loreau M, et al. 2017. Linking the influence and dependence of people on biodiversity across scales [J]. Nature (546): 65-72.

Johnson C N, Balmford A, Brook B W, et al. 2017. Biodiversity losses and conservation responses in the Anthropocene [J]. Science, 356 (6335): 270-275.

Kaiser-Bunbury C, Mougal J, Whittington A. 2017. Ecosystem restoration strengthens pollination network resilience and function [J]. Nature (542): 223-227.

Karr James R. 1996. Ecological integrity and ecological health are not the same [M] // Schulze Peter C. Engineering within ecological constraints. Washington, D. C.: National Academy Press.

Kirwan L, Connolly J, Finn J A, et al. 2009. Diversity-interaction modeling: estimating contributions of species identities and interactions to ecosystem function [J]. Ecology (90): 2032-2038.

Konapala G, Mishra A . 2017. Review of complex networks application in hydroclimatic extremes with an implementation to characterize spatio-temporal drought propagation in continental USA [J]. Journal of Hydrology, 555 (1): 600-620.

Lalibert E, Legendre P. 2010. A distance-based framework for measuring functional diversity from multiple traits [J]. Ecology, 91 (1): 299-305.

Lin Y, Sutherland W J . 2013. Color and degree of interspecific synchrony of environmental noise affect the variability of complex ecological networks [J]. Ecological Modelling, 263 (1765): 162-173.

Luch G W, Harrington R, Harrison P A, et al. 2009. Quantifying the contribution of organisms to the provision of ecosystem services [J]. Bioscience, 59 (3): 223-235.

Maestre F T, et al. 2012. Plant species richness and ecosystem multifunctionality in global drylands [J]. Science (335): 214-218.

Mckenna P, Glenn V, Erskine P D, et al. 2017. Fire behavior on engineered landforms stabilized with high biomass buffel grass [J]. Ecological Engineering (101): 237-246.

Meng H H, Zhou S S, Li L, et al. 2019. Conflict between biodiversity conservation and economic growth: Insight into rare plants in tropical China [J]. Biodiversity and Conservation, 2 (28): 523-537.

Miki T, Yokokawa T, Matsui K. 2014. Biodiversity and multifunctionality in a microbial community: a novel theoretical approach to quantify functional redundancy [J]. Proceedings of the Royal Society B: Biological Sciences (281): 1-9.

Mitsch W J, Wu X, Nairn R W, et al. 1998. Creating and restoring wetlands: a whole-ecosystem experiment in self-design [J]. BioScience, 48 (12): 1019-1030.

Moser K, Ahn C, Noe G. 2009. The influence of microtopography on soil nutrients in created mitigation wetlands [J]. Restoration Ecology, 17 (5): 641-651.

Nazly Y, Bellie S . 2018. Temporal streamflow analysis: coupling nonlinear dynamics with complex networks [J]. Journal of Hydrology (564): 59-67.

Noss R F. 1990. Indicators for monitoring biodiversity: a hierarchical approach [J]. Conservation Biology, 4 (4): 355-364.

Peet R K. 1974. The Measurement of species diversity. [J] Annual Review of Ecology and Systematics (5): 285-307.

Perlman D L, Milder J. 2004. Pratical ecology for planners, developers and citizens [M]. Washington, D. C. : Island Press.

Pimm S L, Russell G J, Gittleman J L, et al. 1995. The future of biodiversity [J]. Science, 269 (5222): 347-350.

Poole R W. 1974. An introduction to quantitative ecology [M]. New York: McGraw-Hill.

Rader Melvin, Jessup Betram. 1975. Art and human value [M]. Upper Saddle River: Prentice-Hall Inc.

Ramirez Kelly S, Geisen Stefan, Morriën Elly, et al. 2018. Network analyses can advance above-belowground ecology. [J]. Trends in plant science, 23 (9): 759-768.

Renshaw E. 1991. Modeling biological populations in space and time [M]. Cambridge: Cambridge University Press.

Reuter H, Jopp F, Hoelker F, et al. 2008. The ecological effect of phenotypic plasticity: analyzing complex interaction networks (COIN) with agent-based models [J]. Ecological Informatics, 3 (1): 35-45.

Risser R . 1984. Amplification and novel locations of endogenous mouse mammary tumor virus genomes in mouse T-cell lymphomas [J]. Journal of Virology, 49 (1): 92-101.

Rodríguez-Alarcón R, Lozano S . 2019. A complex network analysis of Spanish river basins [J]. Journal of Hydrology (578): 124065.

Rogers K, Saintilan N, Colloff M J, et al. 2013. Application of thresholds of potential concern and limits of acceptable change in the condition assessment of a significant wetland [J]. Environmental Monitoring & Assessment, 185 (10): 8583-8600.

Saunders D A, et al. 1991. Nature conservation: the role of corridors [M]. Chipping Norton: Surrey Beatty & Sons.

Schor H, Gray D. 2008. Landforming: an environmental approach tohillside development, mine reclamation and watershed restoration [J]. Landscape Architecture, 98 (1): 110-111.

Schwartz M W, Brigham C A, Hoeksema J D, et al. 2000. Linking biodiversity to ecosystem function: implications for conservation ecology [J]. Oecologia, 122 (3): 297-305.

Selman P H, Doar N R. 1991. A landscape ecological approach to countryside planning [J]. Planning Outlook, 34 (2): 83-88.

Serrano M, Sanz L, Puig J, et al. 2002. Landscape fragmentation caused by the transport network in Navarra (Spain): two-scale analysis and landscape integration assessment [J]. Landscape and Urban Planning (58): 113-123.

Silliman B R, Schrack E, He Q, et al. 2015. Facilitation shifts paradigms and can amplify coastal restoration efforts [J]. Proceedings of the National Academy of Sciences of the United States of America, 112 (46): 14295-14300.

Slocum M G, Mendelssohn I A. 2008. Use of experimental disturbances to assess resilience along a known stress gradient [J]. Ecological Indicators, 8 (3): 181-190.

Su Z, Xiong D, Dong Y, et al. 2015. Hydraulic properties of concen-trated flow of a bank gully in the dry-hot valley region of south-west China [J]. Earth Surface Processes & Landforms, 40 (10): 1351-1363.

Sun A Y, Xia Y, Caldwell T G, et al. 2017. Patterns of precipitation and soil moisture extremes in Texas, US: a complex network analysis [J]. Advances in Water Resources, 112 (2): 203-213.

Thompson S, Katul G, Porporato A. 2010. Role of microtopography in rainfall-runoff partitioning: an analysis using idealized geometry [J]. Water Resources Research, 46 (7): 1-11.

Timan D. 2001. Functional diversity [J]. Encyclopedia of Biodiversity, 3 (1): 109-120.

van Andel J, Aroson J. 2012. Restoration ecology: the new frontier [M]. 2nd ed. Oxford: Wiley-Blaekwell.

van Wesenbeeck B K, van de Koppel J, Herman P M J, et al. 2008. Does scale-dependent feedback explain spatial complexity in salt-marsh ecosystems [J] Oikos, 117 (1): 152-159.

Walker B, Kinzig A, Langridge J. 1999. Plant attribute diversity, resilience, and ecosystem function: the nature and significance of dominant and minor species [J]. Ecosystems, 2 (2): 95-113.

Walker B, Salt D. 2012. Resilience practice: building capacity to absorb disturbance and maintain function [M]. Washington, D. C.: Island Press.

Wasylycia-Leis J, Fitzpatrick P, Fonseca A. 2014. Mining communities from a resilience perspective: managing disturbance and vulnerability in Itabira, Brazil [J]. Environmental Management, 53 (3) 481-495.

Wheeler B D . 1995. Restoration of temperate wetlands [J]. Journal of Ecology, 84 (2): 323.

Whittaker R H. 1972. Evolution and measurement of species diversity [J]. TAXON, 21 (2-3): 213-251.

Yu K-J. 1996. Security patterns and surface model in landscape planning [J]. Landscape and Urban Planing. 36 (5): 1-17.

第十章　国土空间设计：国际案例

第一节　美国案例

一、区域层面

（一）美国公共土地测量系统——具备法律效力的地理格网

1. 美国公共土地测量系统简介

美国公共土地测量系统（Public Land Survey System，PLSS）是美国一种具有法律效力的地理格网系统。这一系统最初是由托马斯·杰斐逊（Thomas Jefferson）提出的，目的是分割原始公共领域的土地，包括13个原始州割让给联邦政府的土地和从印第安人或外国势力手中获得的土地。18世纪后期，美国的东部移民开始涌向西部地区进行拓荒和占地。这也使联邦政府开始关注西北地区连片的国有土地，决定将国有土地出让给私人，以满足筹措资金、军功授地和安置移民的需要。为了促成该地区土地从公共领域转移成为私有财产的有序进行，美国于1785年正式颁布了《土地法令（Land Ordinance）》，以法律的形式承认联邦政府有权出让西部拓荒的土地，并且规定任何公共土地在出让前必须依据土地测量的行动纲领“矩形测量体系（Rectangular Survey System）”进行测量。在后续的应用中，这种基于地理格网的地籍测量系统证实了其远高于传统英式自然界标法（Metes and Bounds）的系统性、实用性和有效性。1973年，美国政府重新修订了《美国公共土地测量规范（Manual of Instructions for the Survey of the Public Lands of the United States）》，全面指导美国地籍调查工作，并一直应用至今。在此期间，虽然美国的社会经济情况发生了多次重大变化，但为了维护土地产权的法律性，PLSS至今仍在实施且不断更新。

2. 美国公共土地测量系统的测量模式

PLSS将美国中、西部30个州的土地由粗到细逐级划分，依据一定的规则为每个格网单元建立统一编码，并在各格网单元的角点上设置永久性界标，采用天文测量方法，精确测定其坐标值，构成以纵横等间距为基础的多级地理格网系统，从而实现地理空间定位和地理特征描述的集成（葛莹等，2013）。

PLSS实际上由一系列单独的调查组成。大多数PLSS的调查都是从某一个大地原点（Initial Point）开始的，通过该原点建立局部直角坐标系（图10-1）。经过大地原点的经线为起始子午线（Principal Meridian）、纬线的平行线为基线（Base Line），分别作为坐标系的y轴和x轴。通过这个方法，各州内的地面某点位置就可基于该坐标系的坐标值给出。同时，基于这个坐标系可将各州土地分为 6 英里（约 9.7 千米）的网格，每个网格的面积为 36 平方英里（约 93.2 平方千米），网格划分出的区域统称为乡镇（Township），并按统一编码进行标识。在乡镇之下，又可将一个乡镇网格按纵横各 1 英里（约 1.6 千米）分为 36 个矩形区域，每个区域的面积为 1 平方英里（约 2.6 平方千米）统称为片段（Section），它是美国联邦政府一级规定的最小土地划分单位。如果下至州政府一级，土地则可以按需要继续进行细分。一般而言，可将每个片段 4 等分，形成 4 等分片段（Quarter-Sections）。依次类推，在四等分片段基础上还可以再细分，直到满足需要为止。

3. 美国公共土地测量系统的设计效应

PLSS 对美国社会的影响巨大，它给美国社会带来的不仅仅是地籍测量方法的改变，更有区域设计模式、城市设计理念、生活方式的突破（Dahlberg R E，1984）。例如，在很多美国农村地区，道路是沿着 PLSS 定义的土地权属界线走向而修建的，道路的具体位置也用 PLSS 描述，有时甚至采用 PLSS 编码命名。因而，如果从空中俯视，很容易发现美国乡村农田整齐划一的特殊布局（图 10-2）。又如，很多美国城市则顺应片段网格划分，将其作为主要街道网络的道路网（图 10-3）。此类道路也被称为片段线道路（Section Line Road）。这种城市形态更多地出现在美国的郊区，商业开发主要发生在沿线和交汇处，而其余部分则用于布置住宅社区及相应的配套设施。

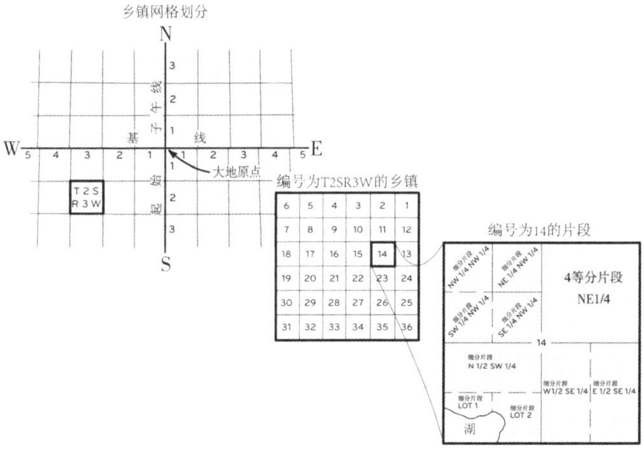

图 10-1　美国公共土地测量系统（PLSS）示意图

资料来源：https：//www. gislounge. com/what-is-the-public-land-survey-and-why-do-we-still-use-it/.

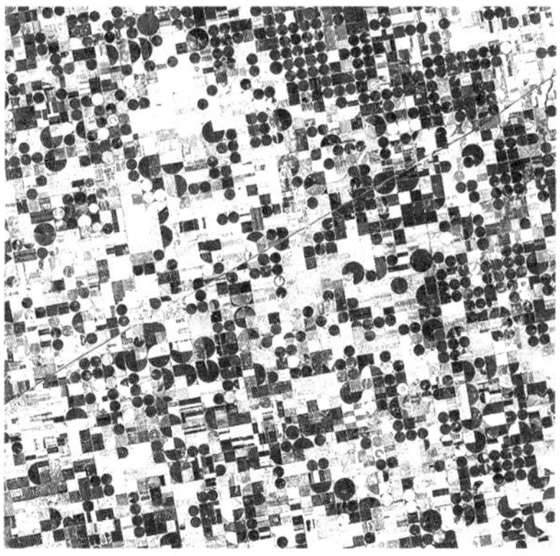

图 10-2　美国堪萨斯州遵循 PLSS 的农田鸟瞰图

资料来源：https：//www. gislounge. com/what-is-the-public-land-survey-and-why-do-we-still-use-it/.

4. 结论和讨论

建构网络化的国土空间设计格局，对于历史悠久用地边界盘根错节的中国来说无疑是过于理想化了。因此，在看到 PLSS 高效性同时也应看到这种分割方式的机械性和暴力性，同时也需要认识到这一政策潜在的对原生环境特征和生物群落的忽视。但是，PLSS 作为对土地资源的一种划分方式、分配方式和管理方式，无疑是高效的。同时，PLSS 模

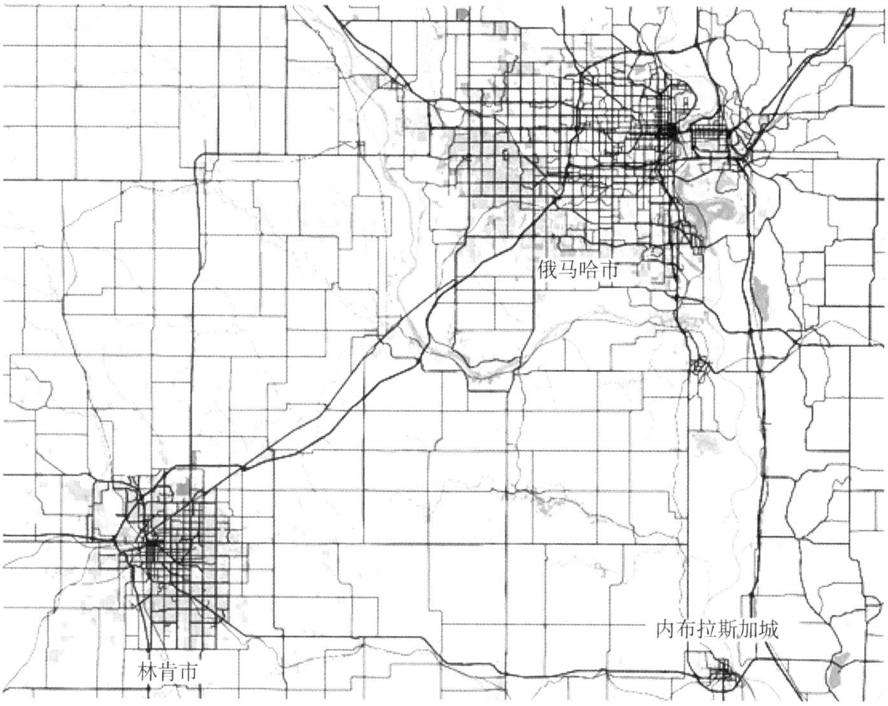

图 10-3　美国内布拉斯加州遵循 PLSS 的道路系统示意图

资料来源：http：//www. openstreetmap. org/.

式对土地景观产生巨大影响，也与交通系统有很高的契合度。可以说，这种网格化的思想对于需要适应高速发展的中国全域性国土空间设计来说仍是有一定借鉴意义的。

（二）美国州际高速公路系统——从连通到蔓延、从割裂到缝合

1. 州际高速公路系统简介

美国州际高速公路系统是美国有史以来规划建设的最大基础设施项目。该公路系统从20 世纪 20 年代后期开始筹备和规划，中间几经调整，于 50 年代中期开始大规模建设，至 80 年代基本建设完成，前后经历了半个多世纪。截至 2010 年，州际系统的总里程超过47100 英里（约 75800 千米），形成了连接各州首府及所有 5 万以上人口的城市的高速公路网。

美国州际高速公路系统从整体上对美国国民经济的增长产生了积极影响，也是影响1950 年至 2000 年美国城市发展的最重要因素（张庭伟，2010），也使美国获得了“汽车轮子上的国家”的称号。

2. 从连通到蔓延：高速公路对城市空间格局的影响

高速公路带来的高效交通流动性使其在经济社会生活中的作用突出，运输和旅行成本急剧下降，使美国州际高速公路系统成为推动美国国土空间转向大都市区化的关键支撑。该系统在主要高速公路不足的南部各州产生了特别强烈的影响。新系统促进了重型制造业

向南方的转移，并刺激了沃尔玛（位于阿肯色州）、联邦快递（位于田纳西州）等南方公司的发展。1994 年，美国土木工程师协会将州际高速公路评选为美国七大奇迹之一。

在州际高速公路系统的基础上，美国形成了多条连接大都市区的大型流通走廊。目前，已形成了对应于州际轴线的 8 条纵向走廊和 5 条横向走廊（例如 I-5、I-15、I-40、I-55、I-70、I-95）。近年来，几条南北“北美自由贸易协定”走廊也已成为北美长途贸易的轴心，能更有效地将加拿大和墨西哥经济与美国市场联系起来。

联邦政府对州际高速公路的支持主要是出于交通、经济和国防方面的考虑，地方政府则是期待利用公路提升城市的通达性以对抗城市蔓延对城市的影响。然而，让人始料未及的是城市衰败问题不但没有解决，反而在公路的冲击下愈演愈烈。首先，高速公路在为沿线城市带来人口红利的同时，也加剧了一些离它较远的城市的衰落。同时，在州际公路便捷的交通条件下，中心城市不再是生产生活的最佳选择，人口与工商业开始往分散化发展（董俊，2020）。其次，高速公路非人性化的物理尺度（图 10-4）也成为邻里之间的物理障碍，甚至一定程度上导致了教育隔离、就业隔离乃至种族隔离。同时，在大力发展高速公路的同时，联邦政府并未及时推动公共交通的建设，而分散的工作和居住点也无法被公共交通有效覆盖，导致了后续诸多的交通问题。此外，在州际公路系统前期设计阶段，由于城市设计的缺席（当时的城市设计学科还未完全建立），在后期公路修建过程中遭到许多关注城市空间品质和社会平等的人士的抵制（图 10-5）。例如，简·雅各布斯（Jane Jacobs）等人就曾强烈反对过纽约的 I78 公路的修建。

图 10-4　美国马萨诸塞州的早期高速公路照片

资料来源：https：//highways. dot. gov/.

图 10-5　市民在旧金山市政厅前反对高速公路项目照片

资料来源：San Francisco History Center/San Francisco Public Library.

3. 从割裂到缝合：波士顿“大开挖”项目

美国波士顿的“大开挖（Big Dig）”项目也被称为中央主干道/隧道项目（Central Artery/Tunnel Project），它于 1982 年开始规划，旨在改善因穿城而过的高速公路所造成的物理空间割裂的问题，重塑波士顿滨海空间。“大开挖”由两个主要项目组成，其一是把原本的中央高架主干道下沉到地下，穿过小托马斯·P. 奥尼尔隧道（Thomas P. O'Neill Jr. Tunnel）以及两座跨越查尔斯河（Charles River）的桥梁。另一个项目则将马萨诸塞州收费公路通过新建的泰德·威廉姆斯隧道（Ted Williams Tunnel）延伸至波士顿洛根国际机场和1A号公路。“大开挖”于2007年完成了大部分建设，总成本超过240亿美元。它不仅将波士顿市区重新连接到滨海区，还新增了300英亩的开放空间。尽管“大开挖”项目也曾经面对了工期拖延，实际费用远超预算，以及隧道工程质量存在缺陷造成人员伤亡的种种争议，但它为城市车行、步行交通环境和公共空间的改善仍然让它成为波士顿的一张被人津津乐道的城市名片。

原本高架在空中的中央主干道建于1953年，并于1959年开放，每天可容纳7.5万辆汽车，建设的目的是将郊区的工作和中产阶级带回正在衰退的城市地区，以缓解城市的贫民窟犯罪率高的问题（Krieger，2010）。但是，到了20世纪90年代初，由于每天有超过20万辆汽车的交通流量，它每天的拥堵时间超过10个小时。主干道上的事故率是全国平均水平的4倍，交通拥堵每年给驾车者造成约5亿美元的损失。2003年，“大开挖”项目的重要组成部分小托马斯·P. 奥尼尔隧道内的8~10车道高速公路建成，取代了原来6车道的高架公路。在地面交通方面，该项目仅预留了一条双向4~6车道的道路。调研表明，从1995年到2003年，该区域高速公路上的总车辆小时数减少了62%，并且每年为旅客节省了1.68亿美元的时间和成本，从而大大减少了延误时间。这也导致全市范围内的一氧化碳水平下降了12%。

在中央主干道/隧道项目中，高架公路的拆除为地面提供了宜人的环境，减小了因交通状况复杂和高架路下缺乏阳光而引起的滨海区与人的距离感（图10-6）。当高速公路移至地下时，肯尼迪绿廊花园（Rose Kennedy Greenway）在原本高架路的地方建设起来，风

图10-6 波士顿“大开挖”项目实施前后对比照片
（据Prentkovskis et al.，2010）

和阳光重新进入该区域，而肯尼迪绿廊花园里吸引人的景观，丰富的活动和公共艺术作品成为人们通往海滨的景点和“踏脚石”。当人们从市区走到滨海区，每次只需要横穿单向的2~3 车道，这样人们拥有了更广阔的视野，可以彻底消除不安全感。此外，经过设计的穿过绿廊的“自由之路（Freedom Trail）”和“步行到海（Walk to Sea）”的路径也有助于加强滨海区与市区之间的联系。通过这些方式，波士顿的滨海区变得前所未有的充满活力。

4. 结论和讨论

虽然美国高速公路系统的建设并非国土空间设计的范畴，但事实上，国土空间的可达性和连通性是它自然禀赋之外最重要的属性。这一点不管在美国或者中国都是如此。在中国有句谚语叫“要想富先修路”。在如今的中国，尤其是东南沿海地区已经有了发达的高速公路和铁路系统。其中，高速铁路网络让中国跨省物资人员流通对汽车的依赖性远低于美国。通过交通提升带来的发展成果有目共睹，而由交通网络发展而造成问题也不容忽视。如何谨慎地处理好交通设计与国土空间设计的关系是时代向区域层面国土空间设计提出的重大问题。

二、城乡层面

（一）格网城市——美国首都的秩序空间

1. 华盛顿哥伦比亚特区的城市空间

站在美国国会大厦前的广场上，美国华盛顿哥伦比亚特区由方格和放射线组合形成的城市肌理和壮丽景象尽收眼底（图 10-7）。

图 10-7　今日的华盛顿布局图

A—美国国会大厦；B—华盛顿纪念碑；C—第二次世界大战国家纪念碑；D—林肯纪念堂；E—越战纪念碑；F—朝鲜战争老兵纪念碑；G—宪法公园；H—哥伦比亚特区战争纪念碑；I—阿灵顿纪念桥；J—东波托马克公园；K—美国白宫；L—杰斐逊纪念堂；M—五角大楼；N—美国最高法院；O—国会图书馆；P—林肯公园；Q—罗伯特·F. 肯尼迪纪念体育馆；R—国会山；S—美国国家植物园

注：作者自绘，底图来源谷歌地图。

国会大厦的西面，穿过尤利西斯·格兰特将军纪念碑和联合广场，可以到达远处美国国家广场的东西轴线上矗立着的直破云天的华盛顿纪念碑，众多博物馆、美术馆、联邦政府机关大楼分列两侧。再向西，经过第二次世界大战国家纪念碑，林肯纪念堂就坐落在倒影池的尽端，两旁是越战纪念碑、朝鲜战争老兵纪念碑、宪法公园和哥伦比亚特区战争纪念碑。跨过阿灵顿纪念桥，还能到达波托马克河对岸的东波托马克公园。

在西偏北方向，沿着宾夕法尼亚大道，经过联邦法院、联邦三角、美国海军纪念广场、自由广场，可以看见与华盛顿纪念碑相隔一个椭圆形草坪和总统公园相连的美国白宫。白宫北面是拉法耶特广场，沿着周边放射性的路网极目远眺，城市中散布的纪念广场正诉说着这个国家首都的过去与未来。在西偏南方向，沿马里兰大道穿过众多联邦政府机关可以到达华盛顿纪念碑正南方的杰斐逊纪念堂，沿着桥跨过波托马克河还可以到五角大楼。

美国国会大厦东面，穿过美国最高法院和国会图书馆，顺着东国会街可以到林肯公园和罗伯特·F. 肯尼迪纪念体育馆。国会大厦东偏南方向，宾夕法尼亚大道连接国会山，并跨过安那考斯迪亚河一路向东南延伸。东偏北方向，马里兰大道连接斯坦顿公园并一直延伸到美国国家植物园。此外，国会大厦的北、南、北偏西、南偏东和北偏东、南偏西方向分别与北国会街，南国会街，新泽西大街和特拉华大街相连，可以便捷地到达城市中众多重要的场地。

2. 华盛顿网格的规划设计与历史

这样一个正交网格和叠加星形放射性街道的规划设计来自1791年皮埃尔·朗方（Pierre L' Enfant）对新联邦首都的规划设计。此前，托马斯·杰斐逊也曾给华盛顿总统提交过在波托马克河及安那考斯迪亚河交汇处卡罗斯堡所在位置及靠近乔治敦的地方做的两个规模不大的、以正交体系为主的网格状城市，但朗方指出了规划设计的规模应该为城市的发展留有余地，而单纯的网格会令人感到厌烦和乏味。于是，在测量地形、检验用地的水资源、最佳对外交通途经和风向后，朗方将自然地形因素与不同等级的公共建筑结合起来，比如詹肯山成为美国国会大厦的基座，而国会、总统府、高等法院等建筑物的选址也充分考虑了地形。

在确定了主次元素的位置之后，朗方在它们之间布置了一个规则的平面格网，每条道路都按东西、南北方向直角相交。之后，为了与规则的图形形成对比，同时在主要街道的交汇处获得多样化的空间和宜人的景观，并将整个城市便捷地联系起来，朗方又在各个主要场所之间开通直接相连的其他方向的道路，缩短了两者之间交通的实际距离，又让这些主要场所之间在视觉上相互贯通，不仅营造了街道的对景以及城市的重要景观和观景点，更让这些场所得到在物质和意识层面某种程度上的相互联系。朗方认为这些做法有助于人们在整个地区范围内快速定居，使得即使是城市最偏远的区域也能参与成为主要场所的补充。

主要街道交汇处，不仅是人流汇集的交通空间，也是文化中心、行政中心、休憩娱乐中心。在城市中，朗方布置了15个广场，代表当时的15个州，每个广场中央都相应的有一个能够表现其功能和特点的塑像或其他纪念物。在朗方的设计中，台伯溪的水将被引到国会山下，形成一个巨大的城市瀑布。

在尺度上，朗方也着力于“与强大帝国的伟大形象相映衬”。不仅在选址和整体规划设计上，朗方考虑了首都的远期扩张和发展，在主要道路的尺度上也追求恢宏的尺度，他对主要道路的设计达到了 160 英寸（约 49 米），远超后来纽约主要街道的 100 英寸（约 30 米）的尺度。

3. 华盛顿网格的发展与演变

1792 年，美国土地测量师安德鲁·埃利科特（Andrew Ellicott）根据朗方的设计规划，对放射性的道路稍加规整后，发布了官方版的城市规划图。但直到 1848 年，美国国家广场才真正开始建设，且受资金影响直到 1884 年才完成。1893 年，议会通过了“哥伦比亚特区永久公路系统（Permanent System of Highways for the District of Columbia）”法案，为华盛顿的城市扩张规划了规整有序的框架，奥姆斯特德也参与了这次规划。1902 年，密歇根州的参议员詹姆斯·麦克米兰（James McMillan）对包括美国国家广场片区在内的华盛顿特区的公园系统提出了新的规划设计，如缩窄美国国家广场的东西轴线，把景观简化为草坪，并鼓励在两旁建立低层新古典主义的文化建筑，尽管他的方案没有被正式采纳，但其影响力一直持续至今。1929 年及 1976 年美国国家公园管理局（National Park Service，NPS）的一份直接影响今天美国国家广场的空间设计的方案就几乎是按照朗方和麦克米兰的规划设计进行融合产生的。在 20 世纪 80—90 年代，诸如越战纪念碑、朝鲜战争老兵纪念碑等纪念性景观构筑先后在国家广场周边建成，2003 年时议会通过保护法案，设立“禁建区”来保护美国国家广场片区的历史文化景观资源。而华盛顿特区从 20—21 世纪的一次次涉及交通、公园系统、公共建筑、社区复兴等的规划设计中，也逐渐成为区域发展的中心，通过辐射的交通网络、楔形廊道组织起周边的区域中心。

（二）格网城市——纽约曼哈顿岛的灵活空间

1. 1811 年委员会规划

1785 年通过的《国家土地条例（The National Land Ordinance）》决定了绝大多数美国城市的基础结构以网格为基础的城市规划设计，但几乎没有哪个城市像纽约曼哈顿岛这样“疯狂”，它中部的网格被认为是“最伟大的网格”。

在网格规划设计之前，在曼哈顿岛最南端休斯敦大街（Houston Street）以南，曾经殖民时期的荷兰人聚居地新阿姆斯特丹（New Amsterdam）地区，城市的生长是有机的，街道因地制宜，建筑零散建设，并没有统摄全局的空间秩序，而今天网格覆盖的区域在当时是农场、牧场、池塘、盐沼和沼泽和蜿蜒村道的拼贴[1]（图 10-8）。

曼哈顿岛的网格形态起源于 1811 年的委员会规划（The Commissioner's Plan of 1811）。该规划提出了一种标准化的城市结构，即以一种单一的街区网格覆盖了剩余的曼哈顿岛，一直到第 155 街（Kostof，1991）（图 10-9）。整个网格系统由相互垂直的东西向街道（Street）和南北向大道（Avenue）组成，这些街道和大道勾勒出矩形街区，街道与街道之间的距离均为 200 英尺（约 60.96 米），大道之间的长度从 610 英尺（约 185.90 米）至

[1] https：//thegreatestgrid. mcny. org/greatest-grid/.

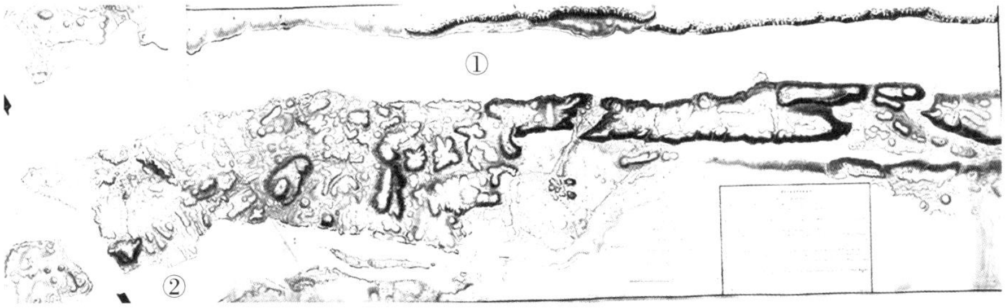

图 10-8　纽约曼哈顿岛地形图（1792 年）

①哈德逊河（The North Hudsons River，now called Hudson River）；②伊斯特河（East River）

资料来源：https：//thegreatestgrid. mcny. org/greatest-grid/geography/8.

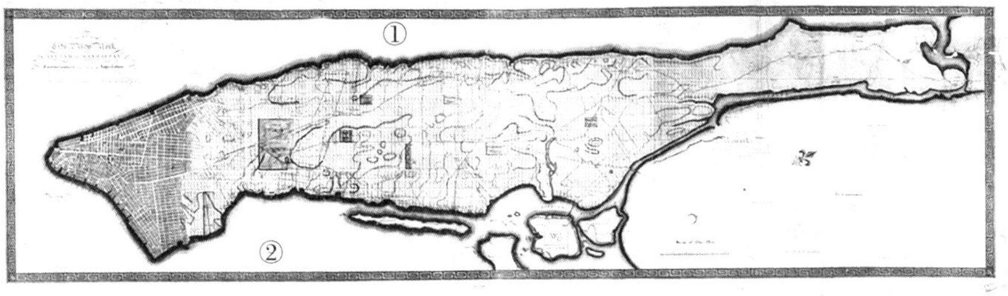

图 10-9　根据 1811 年委员会规划绘制的地图（1811 年）

①哈德逊河（Hudsons River，now called Hudson River）；②伊斯特河（East River）

资料来源：https：//thegreatestgrid. mcny. org/greatest-grid/making-the-plan/14#map.

920 英尺（约 280. 40 米）不等，规划街区普遍为 2 公顷以下的矩形形态，城市形态具有很鲜明的“小街区、密路网”的典型形态特征。尽管网格没有直接反映其内在的政治性，但在一些评论家看来，网格的非等级性和统一的性质代表了民主共和国（Ballon，2012）。

在 1811 年委员会规划提出之际，纽约的主要城镇化区域还集中于曼哈顿岛南端的运河街（Canal Street）以南，北边大片土地还处于待开发的阶段。该规划设计能用一种极具理想化意味的街区网格一直画至第 155 街，可见规划设计者当时的远见与野心。整个曼哈顿岛格网街区的建设延伸至第 155 街用了约 60 年的时间，这是一个重大基础设施项目在几代人的坚持下形成的。对于一个总体规划设计来说，这也是极其罕见的情况。

2. 委员会规划方案的调整

在将 1811 年委员会规划付诸实践的过程中，整体总平面也经历了多轮的调整，以更好地适应纽约不断变化的需求。虽然委员会规划保留了 1811 年以前已建立的诸多小型、分散的公园，包括保龄球场公园（Bowling Green Park）、炮台公园（Battery Park）和市政厅公园（City Hall Park），并提议在曼哈顿岛北部地区建立更大的公共空间，同时在百老汇大街（Broadway）、鲍里路（Bowery Road）和第四大道形状不规则的交叉口创建了联合广场（Union Square）。但是，纽约政府很快意识到，对于一个蓬勃发展的大都市来说，原本规划中的广场、公园和南北向贯穿的干道太少了，而且这些“象征民主”的严格而均质网格却也给城市建设应对原有地形及特色空间的营造带来了挑战。幸好，网格系统本身是一个非常灵活的体系，通过对网格的调整、细分或合并，可创造出许多尺度更多元、功能和空间体验更加丰富的街区，也为解决平铺的网格和变化的地形间的矛盾提供了缓冲空间。其中，最为引人注目，最大也是最重要的变化是他们开创的纽约中央公园。它由弗雷德里克·劳·奥姆斯特德（Frederick Law Olmsted）和卡尔弗特·沃克斯（Calvert Vaux）设计，占地 843 英亩，设计有广阔的草坪、风景如画的林地、蜿蜒的溪流和宽阔的湖泊，沿着蜿蜒的小径、马车车道和缰绳小径穿过公园。随着时间的推移，公园增加了额外的功能，包括棒球场和足球场、旋转木马、溜冰场（2 个）、动物园、正式花园、纪念碑以及音乐会和剧院场地。纽约中央公园的设计为城市带来了巨大的生态和环境效益，它的设计和营造影响了全国城市公园的发展，被广泛认为是景观的杰作。

此后，在中央公园的北部和西部，营建了更多的公园。例如，在第 110 街与第 123 街之间的晨边公园（Morningside Park）就在东西宽 100~200 米之间的狭长区域内，最大限度地缓解了网格与山地地形的矛盾。此外，还有西部沿哈德逊河的河滨公园（Riverside Park）、圣尼古拉斯公园（St. Nicholas Park）、罗宾逊公园（Jackie Robinson Park）、马库斯加维公园（Marcus Garvey Park）等。随着纽约城市建设的快速发展，使得规划建设第 155 街以北的区域比起当初委员会的预估大幅提前。1865 年，安德鲁·H. 格林的中央公园委员会（Andrew H. Green's Central Park Commission）开始着手相关规划设计，并在 1868 年形成初步方案。作为 1811 年的规划设计愿景与曼哈顿岛北部崎岖地形之间的妥协，北部的规划设计仍然是一个正交网格的平铺，但其角度则顺应了山丘的等高线走势。同时，规划设计还构想了两个新的风景优美的水边公园，即今天的华盛顿堡公园（Fort Washington Park）和高桥公园（High Bridge Park）的一部分，并重新划定了沿海岸线，使岛的边缘可以延伸以容纳沿海岸线的道路。

在对 1811 年规划设计的调整中，另一个重要的项目即百老汇大街。虽然如今的百老汇大街已经成为曼哈顿的一个决定性特征，但它在一开始并不是 1811 年规划设计的一部分。可以说，它是在多方的努力之下被“抢救”出来的，并以一种特殊的方式融合在曼哈顿网格之中。如果网格体现了一种理性的、抽象的秩序，那么曾作为原来殖民地城市主轴的百老汇就代表了对纽约历史和环境的传承和延续。从第四大道到第十大道共有 7 个十字路口作为百老汇的十字交叉口，这些交叉点通常会跟网格叠加而产生 2 个倒三角形，俗称领结形空间（图 10-10）。一开始，这些空间被视为剩余的、低效的空间，对其空间设计非常有限。但是，随着纽约的高密度发展以及市民对城市空间品质要求的不断提高，这个城市越来越认识到这种“领结”形空间的特殊性，开始结合两侧街道的更新把它们改造成宜人的公园或广场。如今，百老汇从第十大道开始，分别经过了威尔第广场（Verdi Square）与谢尔曼广场（Sherman Square）、理查德·瓦格纳广场（Richard Tucker Square）与丹堤公园（Dante Park）、时代广场（Times Square）与杜菲广场（Father Duffy Square）、先驱广场（Herald Square）与格里利广场公园（Greeley Square Park）形成的“领结”，并连接了曼迪逊广场（Madison Square Park）、联合广场（Union Square）两个标志性的节点，最终在第三大道通过一个库珀三角广场（Cooper Triangle）衔接在一起。

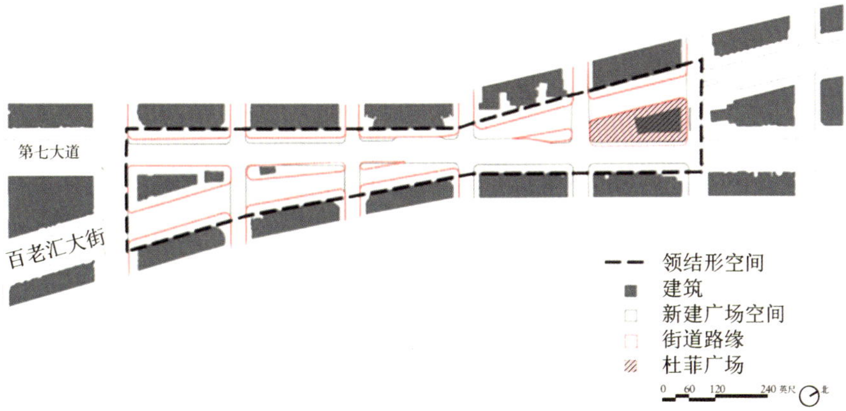

图 10-10　百老汇与第七大道的领结形空间形成的时代广场示意图（近年正迎来新的一轮改造）
底图来源：https：//www. stellenboschheritage. co. za/wp-content/uploads/Bow-tie-600x387. png.

3. 弹性网格中的灵活空间

除了公园与广场，在城市建设过程中，还有很多对网格的调整优化，相邻的多个小的网格被合并共同开发，以取得更大片、完整的建设空间（图 10-11）。这些对网格的调整主要分布在曼哈顿岛的沿海部分（主要是东部沿海）及北部，沿海部分的网格调整让规则格网和不规则的海岸线之间形成了较为顺畅的对话和连接。

这些被灵活地进行合并发展的空间类型包括了大学、医院、大型住房项目、公共设施、商业项目、交通设施以及墓地等。例如，中央公园西北的世界著名学府哥伦比亚大学（Columbia University）就合并了 8 个街区进行建设。此外，纽约城市学院（City College of New York）和福特汉姆大学林肯中心（Fordham University at Lincoln Center）也利用合并网格的方式在纽约建设了它们的大学校园。住宅项目中，较为出名的当属史岱文森镇、彼得库珀村（Stuyvesant Town，Peter Cooper Village），它位于曼哈顿岛的东南滨水区域，跨越了 14 街到 23 街，第一大道到 C 大街（Avenue C）之间的多个街区约 80 公顷的土地，共有 110 座公寓，因其良好的环境，配套设施和服务团队，它成为美国第二次世界大战后最成功的标志性住宅区之一。除此之外，美国自然历史博物馆（American Museum of Natural History）；贝聿铭参与设计的基浦斯湾公寓（Kips Bay Towers）、中央火车站（Grand Central Terminal）等也以合并网格的方式落成在曼哈顿岛规则的网格框架之中。

图 10-11　曼哈顿不同功能的合并街区分布情况示意图
（据马敬然等，2020）

与此同时，一些先锋性的空间设计也陆续叠加在曼哈顿网格之上，例如高线公园（The High Line Park）和 Big U 滨水空间更新这两个项目。纽约高线公园是由废弃货运铁路经改造成的“空中花园”。这个架空的线性公园的巨大影响力不仅来自其极具创意的空间模式，为城市所保留的文化记忆，极具艺术观赏价值的精巧景观设计，也来源于其常年组织的生态科普导览、艺术展览展演、社交文艺活动、亲子互动体验等丰富的活动，使其成为家庭亲友聚会，青少年自然教育和实习，以及参观游赏的圣地，成为极富魅力的公共开放空间，吸引了大批游客和投资，也带动了周边经济的急速发展，成为公认的纽约城市名片。

Big U 是由 BIG（Bjarke Ingels Group）事务所提出的帮助曼哈顿岛应对气候变化、海平面上升，同时能激活城市滨水区域，创造栖息地的防护性景观系统。设计从西 57 街开始延伸到炮台再到东 42 街，以创新的方式设计防浪堤，如有海草、能够作为生态栖息地的护堤，可以兼做滑板公园与露天剧场的堤岸，以及可以为临时咖啡厅与静态休闲活动提供空间的防浪堤，为曼哈顿岛南部建立 10 英里的连续保护系统，它以景观的手法营建洪水保护区，为周边社区提供多样的活动场地和基础设施，结合有效的社区参与激励措施，创造出新的经济、旅游、社会服务机会及效益与休闲娱乐空间。

事实证明，虽然网格模式看起来是过于规则化的产物，但是它几何化的形态也具备很强的弹性特征，使统一均质的原始网格可以历经多次形态调整优化迭代以实现满足变化的需求。

（三）格网城市——大型事件牵引下的芝加哥建设

1. 芝加哥最初网格建设与面临的问题

芝加哥城市建设的早期深受美国公共土地调查系统的影响。由于 1871 年芝加哥大火使城市的建设由“空地”重新开始，而且芝加哥的地形非常平坦，使得规则网格能在这里无限延伸，构成了芝加哥城市街道的骨架。

然而，在 19 世纪末到 20 世纪 30 年代，芝加哥的人口出现了惊人的爆炸式增长，大量的人口在短短四五十年间涌入芝加哥，以至于无法对城市的经济做出相应的规划（Smith，2006），土地的兼并总是在发生，城市中肮脏、过度拥挤和高度城市化的问题日益凸显，人们迫切需要对城市进行整理，以创造一个设计精美、宜居的空间。芝加哥的城市美化运动成为城市化和工业化的直接反映，目的是使污染和拥挤的城市再次美丽。

2. 城市美化运动对芝加哥城市风貌的重塑

1893 年，在哥伦布世界博览会上，城市美化运动举办了第一次大型的展览，由丹尼尔·伯纳姆（Daniel Burnham）主导，在对场地的设计中，伯纳姆融合了在巴黎美术学院受到的建筑师的设计训练的内容，将新古典主义、巴洛克式建筑的平衡与和谐与芝加哥建筑和城市景观的美学相结合，展示了城市美化的模范城市，气势磅礴。这直接引起了 1893 年后的城市美化运动，影响了芝加哥的城市规划设计。城市美化的概念重视在城市规划设计中结合市民中心、公园和大道，不仅为了改善城市的外观，而且有助于车辆和行人的流动。但城市美化运动在解决贫困、移民压力、住房条件差和过度拥挤方面确实存在缺陷。

在城市美化运动中，伯纳姆提出了许多新的交通方式，比如沿对角线的街道，以及连接环线周围公园的绿色林荫大道。城市美化风格的街道则“遵循阻碍最少的路线”，伯纳姆认为，对角线道路节省时间，也“能够通过分解车流来防止交通阻塞”。对角线道路的作用是能够使人们以最快速度到达市中心，吸收中心区不必要的交通流，同时也方便那些想要穿过城市中心但不做停留的人流。

3. 大型博览会对城市规划设计的积极影响

哥伦比亚博览会之后，1906 年，伯纳姆被委托为芝加哥城市的发展制定规划，他聘请了爱德华·H. 本尼特（Edward H. Bennett）一起，在 1909 年提出了芝加哥规划，通常也被称为“伯纳姆规划”。芝加哥的规划主要受到巴黎的影响，巴黎的城市规划包括一个中心焦点以及从市中心向外延伸的林荫大道和街道。而在芝加哥规划中也相似地提出了城市设计基于一个节点概念，规划还包括市中心、街道、林荫大道、喷泉和建筑，这允许步行友好的城市拥有大量人行道和轻松到达城市“市中心”的方式。

芝加哥规划关注芝加哥人的经济、交通和社会需求，体现了维持繁荣城市的 6 个要素：第一，城市发展与其靠近湖滨的土地建立紧密的物理交通联系，并改善滨水设施；第二，开发高效的区域高速公路系统；第三，完善铁路和码头，发展完善的针对货物和行人的交通体系；第四，在整个城市范围内营建开放式公园系统城市；第五，有系统的街道和通往城市中心的“战略性”路径，方便进出商业区；第六，在城市中建立一个市民中心，成为城市的焦点，并布置政府和文化机构，使城市文化生活与城市管理中心结合，让城市具有连贯性和统一性。

伯纳姆规划受到中产阶级和商人的欢迎，也惠及周边地区的市民。它将市场与基础设施、道路和高速公路联系起来，以促进汽车时代的发展，促使了更多密切关注商业区的人们涌入芝加哥。这个规划将带来一个有序的街道系统和通往市中心商业区的便利。城市中心市民的节点和周边住宅区的规划设计，以一种高效的方式将商业与住宅区和郊区结合起来，使城市拥有理想和宜居的设计，这个规划设计主要惠及商业精英，但也让周边地区的市民受益。

虽然芝加哥计划如中心市民广场等许多雄心勃勃的想法从未完全实现，但最初的城市设计元素被本尼特延续下来以应对实施公园和空间保护的需要。1973 年，芝加哥的《湖滨地区保护法令（The Lakefront Protection Ordinance）》生效，保护湖滨免受已建成的基础设施和破坏自然感觉的因素的影响。这些保留的湖滨和水道的元素，以及通向开放空间的路径依旧存在于今天的芝加哥，而芝加哥规划也会继续为不断变化的芝加哥以及全球其他城市提供空间设计的积极参考、解决方案和可能性。

（四）格网城市——旧金山与地形结合的折中空间

1. 旧金山网格化空间的缘起

旧金山是一座经历了多次扩张与重建的城市。坐落在加利福尼亚湾区门户的一处丘陵起伏的半岛上，它最初是一处西班牙传教士建立的小村落。直到 19 世纪，人们在此地发现了金矿，随之而来的淘金热带来了人口和城市规模的迅速膨胀。这样迅速的城市化意味着旧金山的发展不会遵循着传统城市的模式自然生长，沿着地形建设蜿蜒的道路，而是选择了一种最直接快速，也是当时刚刚兴起的发展模式：网格化。这种网格规划能够使居民在交通上节约时间，从而更多地投入在工作上，增加生产效率，而金矿所带来的源源不断的财富则能够很好地支持这种发展模式。

网格化的城市规划虽然在2维平面上简单明了，但旧金山地区多山的地理条件意味着它在高度上是复杂的。随着越来越多的人涌入这座城市，1873年发明的缆车成了这里第一种公共交通工具，它的主要使命就是载人上下山坡。今天，缆车仍在城市中运行，并成为这座城市的标志之一。发明它的初衷就是为了方便行人更方便的应付那里多山的地形。发达的公共交通戏剧性地改变了不同区域之间的地位平衡。例如，起初，南部公园（South Park）和林康山（Rincon Hill）因为坡度平缓，是这座城市最好的街区。但有了缆车以后，诺布山（Nob Hill，俗称富人岗）变得容易到达，因此挤满了精美的维多利亚式豪宅。

2. 网格规划的更替

1905年，因策划了哥伦比亚博览会而声名鹊起的伯纳姆曾受邀为旧金山制定规划。伯纳姆的计划被戏称为“蜘蛛网计划（The Cobweb Plan）”，计划对原本网格无视城市地形的问题加以修正，同时借鉴了古典希腊和罗马风格，将城市的山顶、公园和市政中心设定为关键的城市节点，并通过拓宽的林荫大道和一系列大大小小的公共空间将不同要素编织成一个庞大的空间网络（图10-12）。然而，在该计划向公众公布后不到一年，旧金山的大部分地区就被1906年的灾难性地震和火灾夷为平地。

地震和火灾几乎摧毁了旧金山2/3的空间，但也给这座城市的其他区域的建筑热潮创造了机会。人们开始在地震之后到来的混乱期开展了无序的快速建设。例如，在灾后的两年内，城南边缘的贝纳尔高地（Bernal Heights）已有600多栋全新房屋拔地而起。这种趋势最终被政府控制住了，并制定了“总体计划”，标志着旧金山现代城市规划的起始。

3. 独特的旧金山网格

1921年颁布了旧金山的第一个分区规划（1921 Zoning Ordinance）对住宅区、工业区、金融区和不限制功能区进行了划分，但在空间形态上仍然沿用了之前的格网体系，对于建筑物的高度也不设限制。虽然经过数次调整，但这个规划一直沿用到20世纪60年代。直至1971年，旧金山提出的城市设计方案（1971 Urban Design Plan）是又一个里程碑。该方案创新性地提出了保护原有城市肌理、暂缓高速公路建设、控制大型破坏性的地产开发项目、深入社区设计等一系列导则，使得旧金山从第二次世界大战后的功能主义规划中解脱，稳步向宜居城市发展。

旧金山的城市空间发展至今，仍然是一座具有高度网格化形态的城市。除了市场街道和哥伦布大道以直角穿过网格，它的市中心街道都是以简单的网格模式排列。然而，平面地图是具有欺骗性的。一些地方虽然在地图上看起来接近，但事实上他们还是被山所隔离的一个一个单独的小山谷。因而，大量的独立社区应运而生。根据该市的官方网站，旧金山有40多个独立社区，还不包括众多未被记录在案的微型社区。

旧金山在其快速发展的过程中不得不选择了网格化的模式，但它丘陵起伏的地理条件

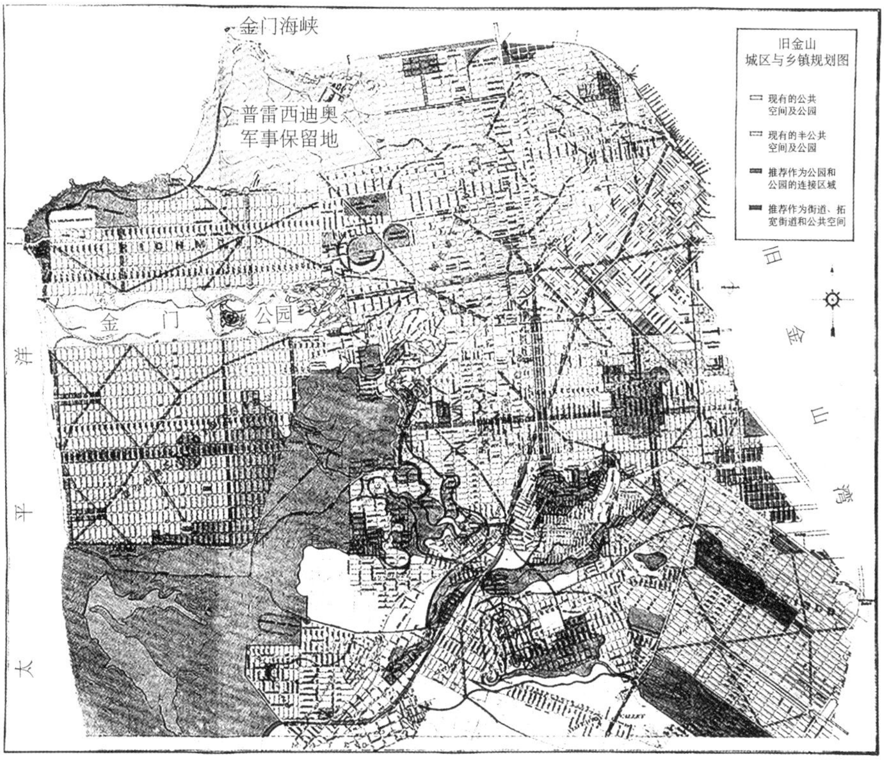

图 10-12 伯纳姆计划平面图

资料来源：https：//www. foundsf. org/images/d/db/Burnham_ plan. jpg.

又决定了它与这样的发展模式不相适应。丘陵地带，市区内部的高差很大的城市一般都会发展出崎岖的道路来连接城市中的繁华地带。而旧金山的路网却是规整的网格，这也是一种无奈和折中之举。因为旧金山的发展实在太快了。它本来只是一座小镇，淘金热以后进入迅速膨胀。没有足够的时间让它生长出有机的道路系统和城市肌理。强行采用网格化的规划设计有利有弊。优点是网格系统适应汽车通行，使新城区建设发展有条不紊。缺陷在于产生了大量的坡道和高差巨大的道路。为了解决大坡道下的公共交通诞生的缆车系统沿用至今也成为该地区的特色。

（五）格网城市——萨凡纳模块化的空间单元

1. 模块化网格的缘起

1732 年乔治二世授权由詹姆斯·爱德华·奥格勒索普（James Edward Oglethorpe）带领的队伍作为新建乔治亚州殖民地的受托人，在萨凡纳河（Savannah River）与艾尔塔马哈河（Altamaha River）之间建立殖民地。1733 年，萨凡纳建立。奥格勒索普为这个新殖民地制定的规划自 1730 年起就一直在进行。这项计划涉及若干相互配合的政策和设计规定，内容包括城镇间距、城镇布局、周边县布局以及土地的公平分配等。

对于每个来到新殖民地定居的自由人，奥格勒索普都授予了 50 英亩的土地。这包括萨凡纳市内的一片房屋、城外占地5英亩的花园以及花园外占地45英亩的农场。殖民者通常住在城市内，而在城市外的花园和农场上耕种以获取食物和其他资源。奥格勒索普全面而多元化的计划的核心是农业社会对公平和公民美德的愿景。支持这一构想的机制包括公平的土地分配、稳定的土地使用权、禁止奴隶制、反对天主教和世俗化管理等，都是源自英国启蒙运动的思想。

2. 组团单元的特征

起初，为抵御西班牙人和美洲原住民的攻击，奥格勒索普的萨凡纳规划（图10-13）带有很强的兼顾政治、军事以及农业发展上的目的。奥格勒索普将一个组团（Ward）定义为围绕中央广场排列的8个街区的小型社区。通常，一个组团可以允许多种用途的混合使用。围绕广场的街块有两种类型，最初称为居住块（Tything）和非居住块（Trust）。4个居住块被一条巷子划分成为4块，非居住块面向中央广场。但是，关于这一模式到底是来源于罗马军营还是参考了当时英国城中小广场的做法，目前还未有定论。

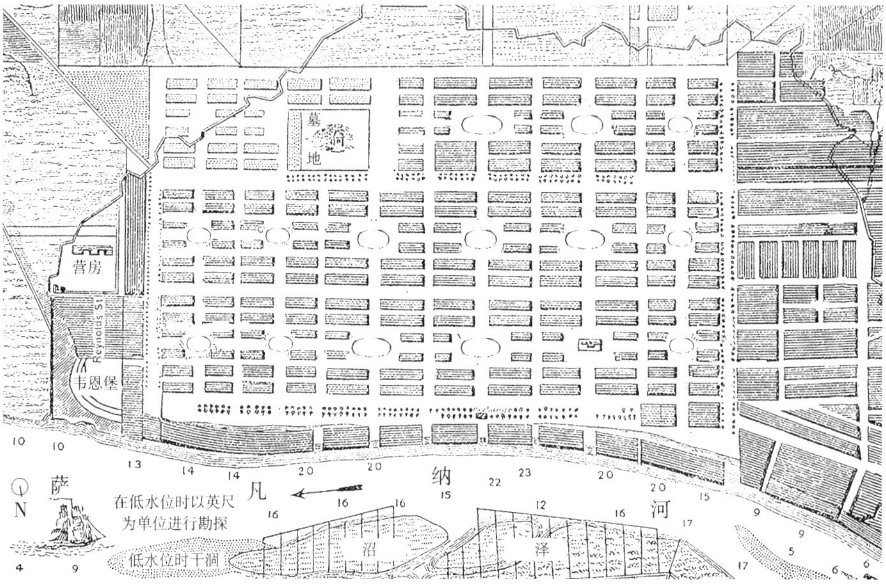

图10-13　奥格勒索普的萨凡纳规划图

资料来源：https：//en. wikipedia. org/wiki/Oglethorpe_ Plan.

萨凡纳的网格规划有其独一无二的特色。第一，这种组团单元符合当时城市对空间的需求，有较强的适应性，很容易被复制。奥格勒索普最初在萨凡纳布置了6个组团。随着城市的发展，设计显现出优越的适应性，并且城市规划者以相同的基本模型为蓝本，持续扩张一个多世纪。最终，大体上按照原始设计布局了24个组团。第二，这是一个清晰的系统。宽阔的大道与中央广场都对空间产生了定位与划分，而街道则遵循规则的几何布局。地标和坐标设计功能的组合使寻路变得容易。第三，这种组团单元布局在一起，每个组团内存在多个市民生活区域和商业活动中心，形成了多中心的城市格局。组团的设计在某种程度上是通过在较大的空间规则框架内创建纹理丰富的微环境来创建位置感的，同时保留了成为强大的商业核心或主要街道的机会。

3. 萨凡纳的新挑战

2010 年，这座只有不到 15 万居民的城市却要每年接待超过 1400 万人次的游客。城市的发展、交通拥堵和噪音的增加，以及不符合奥格勒索普计划的市中心建筑物用途的改变，促使国家公园管理局将地标区的状况从“令人满意”降级为“受威胁”。城市规划中不得不设立大量大规模综合体项目以满足城市发展的需求。然而这些新项目的引入却由于与旧有城市规划之间的冲突，和当地的居民之间产生了矛盾与摩擦。如何解决好这些矛盾，在保护的同时谋求发展，这是这座历史城市现代化过程中急需解决的问题。（图 10-14）

图 10-14　萨凡纳旧城区内 24 个广场示意图

资料来源：https：//en. wikipedia. org/wiki/Squares_ of_ Savannah，_ Georgia.

萨凡纳城是美国最早采用网格化发展思路的城市之一。和旧金山为了快速发展而推广网格有所不同，萨凡纳的格网系统在一开始就是作为一种理想化现代生活的乌托邦而设计的。它的网格化思路也与后期的网格化思路有所不同，每一个单元的尺度更大，内部功能更齐全，而且每一个单元内部是适于步行的。这与后期美国式网格化的为汽车设计的城市在宜居程度上是完全不同且有借鉴意义的。

（六）欧文斯湖大地艺术——生态与文化并存的荒野景观

1. 欧文斯湖的减尘计划

欧文斯湖位于美国加利福尼亚州伊诺伊县内华达山脉东部的欧文斯山谷中。由于南加州的快速发展，用水量自1913年起持续增加，欧文斯湖湖水被引入洛杉矶的渡槽中，导致欧文斯湖在1926年干涸。干涸的湖床上露出了大量的矿石层，产生了大量的粉尘，使这里成为美国最大的单一粉尘污染源。1983年，美国立法启动了全面的减尘工作。1998年，洛杉矶被命令实施沙尘控制。2001年，洛杉矶水电局开始实施欧文斯湖减尘计划。这个计划包括制造浅水、砾石覆盖和建立原生态耐盐植被等治理措施和若干个大型整治修复项目。到2006年底，欧文斯湖重新被浅水淹没的湖床已达约1.5万英亩，其他的治理也一直在持续。

欧文斯湖大地艺术项目位于一个名称为T30的700英亩地块内，是由加利福尼亚州州政府授权洛杉矶水电局实施的景观设计项目。该项目作为洛杉矶减尘计划的一部分，旨在满足总体计划的控尘要求下，为公众提供公共交通路线和远足路径，为野生动物提供栖息地，同时保护当地的文化资源，从而促进区域经济发展，营造与周边环境相协调的景观。

2. 欧文斯湖的“白浪”设计

欧文斯湖大地艺术项目于2011年启动。项目兴建之初是为了降低粉尘，并为动物提供栖息地，但由于受当地文化和自然景观启发，最终演变成了简单却极富张力的大地艺术。通过州政府、地方政府、社区成员、部落首领和生物学家间的合作，诞生了这个极具艺术感的解决方案——“白浪”（图10-15、图10-16）。沿着南北轴线，“白浪”昭示着

图10-15　利用当地岩石建造的“白浪”

资料来源：https：//www.asla.org.

曾经这片土地上，每小时 80 英里的疾风吹过山谷里的这片巨大水面的情景。而其地形形式也为迁徙的鸟类、哺乳动物和无脊椎动物提供了栖息地，堆积的岩石壁龛则保护它们免受风和食肉动物的侵袭，同时也为游客提供了观赏野生动物的机会。

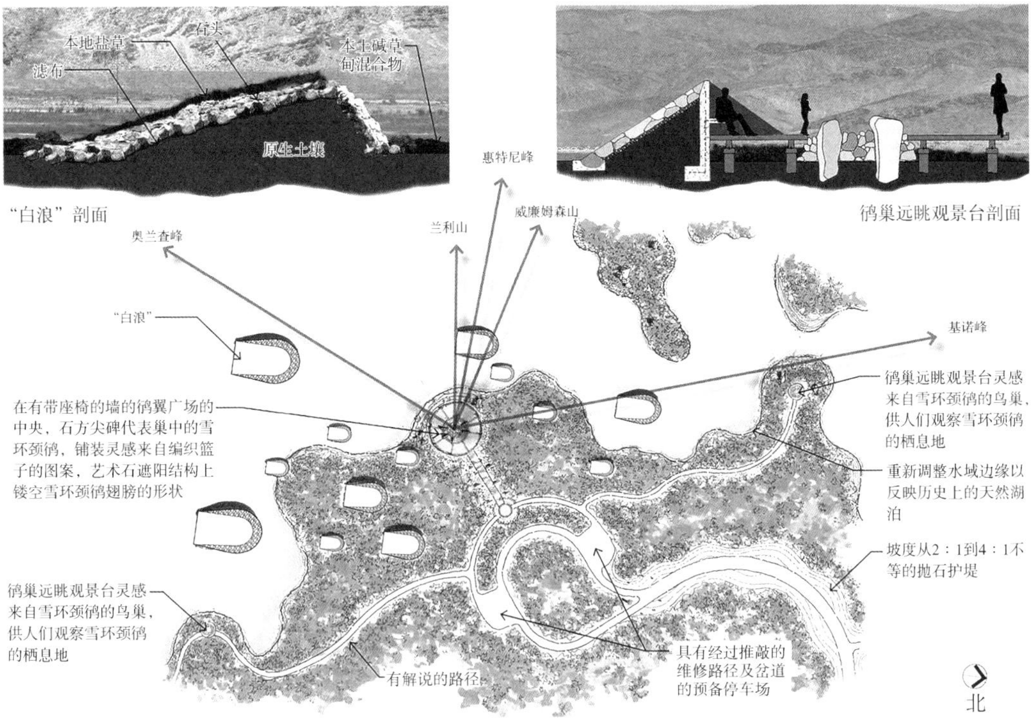

图 10-16　"白浪"设计图纸

资料来源：https：//www.asla.org.

"在塑造未来的同时尊重历史"，这是设计团队提出的欧文斯湖大地艺术设计初衷。设计师充分领会了这个场地雄壮、独特之美，并提出了一个与周围景观和谐统一的解决方案，同时为当地物种提供了重要的栖息地。"白浪"的概念源自一张曾经湖水仍充沛的年代的老照片，展示了风以每小时 80 英里的速度吹过山谷里的这片巨大水面，湖面上泛起层层白浪的场面。"白浪"即多个大小不同的岩石土墩，其形状和方向则是模仿了在 110 平方英里❶的湖面上白浪被吹起的样貌。同时，这些岩石土墩及周边区域也将作为不同植物和小动物生境和栖息地。

为了达到减尘协议中的标准，每项设计都严格遵守减尘措施的要求。每年 10 月 1 日至次年 6 月 30 日，需要维护 235 英亩的浅滩，以保证每平方英里涵盖 75%的积水或饱和，并通过卫星进行监测。407.5 英亩的人工植被区种有干碱性草甸、混合碱性草甸，灌木或干草原本土物种。其余的 51 英亩（不包括道路）则需要覆盖砾石或岩石，并要在分散的裸露的土地安排植被，构成开放的小空间，为栖息地的形成做准备。因此，基于以上标准

❶ 1 平方英里 = 2.589988×10^6 平方米。

所产生的解决方案就是一个结合当地需要、应用当地材料编织成的具有特定功能的动态形式。

为了强调当地野生动物、本土文化和历史产业的主题，景观设计师组织团队对该项目展开了深入的讨论，从而设计了75个展品。同时，为了保证项目整体实施质量，该团队还为所有顾问准备了该项目相关的图片和计算机辅助绘图与设计（CADD）标准。在这样的工作基础上，景观设计师（负责定级、施工、灌溉和种植）与土木工程师（负责基础设施）、环境顾问（负责土壤和野生动植物）与标识顾问（负责路标和解释）互相协作，共同绘制了切实可行的施工文件和图纸，并希望通过以下方式改善这里的整体品质：①减少粉尘排放；②强调当地文化；③推动解释性教育发展；④建立并保护栖息地；⑤提供安全的公共路线；⑥提供具有功能性和艺术性的场地；⑦激发公众了解和保护欧文斯湖的兴趣。

3. 生态型大地艺术带来的效益

该项目于2016年4月对外开放，吸引了众多专业摄影师、游客、观鸟俱乐部成员和自然爱好者。自2016年4月对公众开放以来，该项目在一些报刊中被陆续报道，为该地区提供了一个全新的诠释型和栖息地型的目的地。

通过与洛杉矶水电局的运营和维护人员合作，该项目经受住了时间的考验，并成功抵御了季节性温差、腐蚀性碱性土壤和极端气候。到目前为止，在欧文斯湖已经发现了100余种鸟类，每年都有数以万计的候鸟在此停留、休息、捕食。它们的食物来源主要是湖区中的碱性苍蝇、盐水虾和其他无脊椎动物。另外，骡鹿、麋鹿、长耳大野兔和蝙蝠等哺乳动物也频繁出没于此地。这些动物给设计和施工带来了特别的挑战，但应对挑战的过程也构成了保护，改善和扩大了栖息地任务的一部分，同时为公众提供了解释性的素材。

欧文斯湖大地艺术项目在当地乃至全国范围内产生了积极影响，不仅增加公众对独特的欧文斯湖环境的理解，同时表现出了设计师在大型环境项目中发挥的巨大作用。欧文斯湖大地艺术项目展示出了一个独具特色的大地艺术设计，并有效促进了当地旅游业的发展，为公众创造了新的休闲娱乐目的地，同时也提高了公众的节水意识。

第二节　欧洲案例

一、区域层面

（一）欧洲绿带倡议——跨区域生态网络的构建

1. 欧洲绿带倡议简介

绿带，一般是指城市外围一定规模、基本连续且具有永久性的，由农田、森林、水域和其他绿地组成的绿色开放空间。“欧洲绿带倡议（European Green Belt Initiative）”的雏形最早源于1989年柏林墙倒塌后的“霍夫（德国）绿带决议（The Green Belt Resolution of Hof）”。早在20世纪80年代初期，生物学家就已发现，位于德国西巴伐利亚州和东图林根州之间的内部边界地区是一些稀有鸟类的栖息地，而这些稀有鸟类当时已从覆盖中欧大部分地区的密集城市化地区中消失了。这样一个禁止公众进入的边境区在生态环境保护方面反而起到了积极作用，一定程度上证实了人类活动与野生动植物环境的负相关性。1991年冷战结束后，严格的边界制度被废弃、边界地区陆续开通。同时，在边界地区的大型军事设施也陆续关闭。对于当时边界空间的未来发展而言，其土地产权划定、建设发展规划、空间设计策略等问题随之而来，因而边界空间内部珍稀生态环境的命运也可能面临新的变革。正是这种背景促使了绿带倡议的形成，其最初的目的是为了保护前“铁幕”沿线的自然资产。

德国绿带建设在取得了一些成就之后，这个想法扩展到了更大的范围，涉及欧洲多个国家。2003年，德国联邦自然保护局（BfN）在波恩组织了第一次科学论证会议，由此正式启动了欧洲绿带倡议。2004年，由德国联邦自然保护局（BfN）和世界自然保护联盟（IUCN）联合组织的第一次工作组会议正式开展。所谓工作组，即由多个国家联络中心（National Green Belt Focal Points）组成，这些联络中心由沿岸国政府和国际活跃非政府组织的各个代表。自2005年起，基于GIS技术建立绿带开发地理数据库的工作启动，开始汇集沿线各个地区和国家的地理数据，以此为多学科提供绿带保护和绿带建设的综合信息来源。

如今，欧洲绿带倡议已落实了与24个国家的联系，包括16个欧盟国家、5个候选国（阿尔巴尼亚、马其顿共和国、黑山、塞尔维亚和土耳其）、1个潜在欧盟候选国（科索沃）和2个非欧盟国家（俄罗斯和挪威）。来自这些国家的近150个政府组织和非政府组织共同参与了绿带倡议。

2. 欧洲绿带倡议的4块区段

欧洲绿带倡议的愿景是创建一条从巴伦支海到黑海的生态网络主轴。绿带的路线遵循20世纪下半叶将东欧社会主义国家和西方资本主义国家分开的边界路线，总长度已超过12500千米，穿过8个生物地理区，并分为4块区段，包含芬诺斯堪底亚绿带、波罗的海绿带、中欧绿带以及巴尔干（或东南欧）绿带。（图10-17）

其中，被倡议称为“100万公顷的自然保护区链条”的芬诺斯堪底亚绿带，是沿着挪威、俄罗斯和芬兰边界，从巴伦支到波罗的海，绵延1350千米的狭长地带。三国环境部门已于2010年2月签署了合作开发芬诺斯堪底亚绿带的谅解备忘录，以促进基于绿带的生态、经济和社会可持续的跨界合作。芬诺斯堪底亚绿带北部以地衣、苔藓和矮灌木为主，中部和南部由广阔的针叶林组成，是棕熊和麋鹿等大型哺乳动物的栖息地。这里有无数的湿地、沼泽和湖泊，为芬兰国鸟大天鹅提供了广阔的家园。此外，芬诺斯堪底亚绿带包括一些仅存的古老北方森林，该地区约有50%的濒危森林物种栖息其中。这主要是由于冷战和随之而来的低水平的经济活动，这一地区仍然处于一种近乎原始的状态。

波罗的海绿带沿着波罗的海海岸线延伸，联系爱沙尼亚，拉脱维亚，俄罗斯和立陶宛。这一区段的独特之处在于其多样化的海洋水下栖息地和丰富多彩的海岸线，以及大片的沙丘、长长的海滩、令人印象深刻的悬崖和与世隔绝的潟湖。广阔的军事区域是数百万候鸟和许多海洋动物（如灰海豹和环海豹）的保护区。然而，自20世纪90年代初以来，

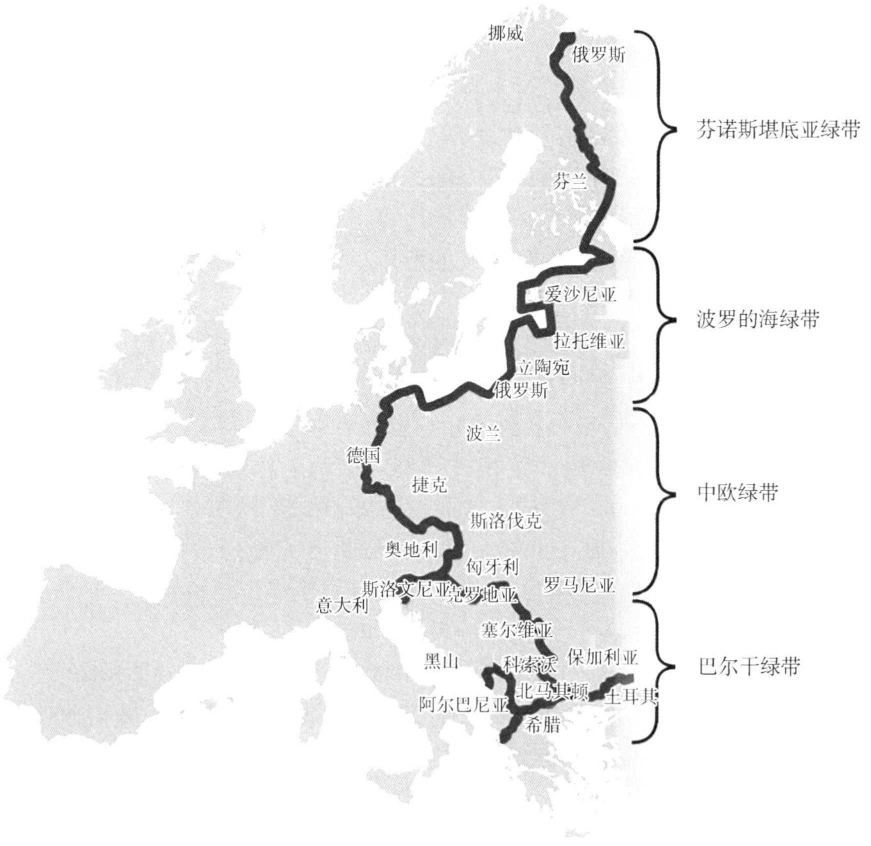

图 10-17　欧洲绿带倡议总平面图

资料来源：https：//www. europeangreenbelt. org/european-green-belt/.

海岸线面临着巨大的开发和利用压力。保护这片迷人且备受追捧的景观的宝贵自然和历史资产对绿带构成了重大挑战。

中欧绿带联系了波兰、德国（以及其内部边界）、捷克共和国、斯洛伐克、奥地利、匈牙利、斯洛文尼亚、克罗地亚和意大利，其自然与文化景观的多样性是4个区段中最明显的。它经过波希米亚山丘，那里有树木繁茂的跨界国家公园，在德国这边是巴伐利亚森林公园，在捷克这边是苏玛瓦国家公园，并沿着穆拉河、德拉瓦河等自然河流绵延而下，穿过卡拉万克山脉和朱利安阿尔卑斯山脉的长山脊后，绿带在亚得里亚海结束。由于欧盟在地区和国家层面的资助和邻国的支持，绿带沿线的利益相关者参与了多个跨国项目的实施。这些项目的主要目的是保护作为生态走廊和纪念景观的绿带，开展跨界合作，促进区域可持续发展。

巴尔干（或东南欧）绿带以多山为核心特色，联系塞尔维亚、黑山、科索沃、保加利亚、罗马尼亚、北马其顿、阿尔巴尼亚、希腊和土耳其。它的最南端是生物多样性和地方特色的重要地区，主要位于巴尔干半岛的山脉中，形成了一个极具特色的自然景观，包括原始的高山生态系统、森林和草原生境以及湖泊和海岸带。该区段还包括许多非同寻常的文化景观，同时也是众多濒危动植物物种的家园。

3. 结论和讨论

欧洲绿带延续了欧洲“铁幕”及其在芬诺斯堪底亚的类似分界的地理空间位置，时刻提醒人们过去欧洲一直受地缘障碍影响的历史。同时，这条绿带能有效保护众多濒危物种和栖息地，更是一个自然保护和可持续发展方针跨境合作的有益尝试。除了其非凡的生态重要性外，欧洲绿带倡议是欧洲及其多元文化如何跨区域共同发展的一个活生生的例子，展示了将生物多样性与文化多样性相结合的可行性。倡议指出，欧洲绿带有可能推动不同国际协定和立法的落实，例如“自然 2000 网络（Nature 2000）”“绿宝石网络（Emerald Network）”“泛欧洲生态网络（Pan-European Ecological Network）”及“欧盟生境指令（EU Habitats Directive）”等，这对中国城市群、流域和跨省区沿海地带的国土空间设计应该有参考借鉴价值。

（二）欧洲文化线路项目——跨区域文化网络的构建

1. 欧洲文化线路简介

“文化线路（Culture Route）”一词最早在 1987 年欧洲委员会发布的《圣地亚哥德孔波斯特拉宣言》中出现。同年，“欧洲文化线路”项目由欧洲委员会正式启动。1994 年，文化线路世界遗产专家会议清晰地提出了文化线路作为遗产的概念和判别标准。2008 年，国际古迹遗址理事会把“文化线路”正式列为新型文化遗产类别。2010 年，欧洲委员会的《文化线路扩大部分协议（Enlarged Partial Agreement on Cultural Routes，EPA）》是欧洲文化线路发展的里程碑。“文化线路”被定义为“具有文化、教育特征的遗产与旅游合作项目”。截至 2019 年，已有 38 条欧洲文化线路被认定，涵盖欧洲内外 50 多个国家。

秉承着欧洲委员会的人权、文化多元性、跨文化和跨境交流的价值观，欧洲文化线路项目把欧洲的一些历史景点都聚集在一个空间网络中，并邀请人们前来旅行和探索欧洲丰富多元的文化遗产。该项目主要在研发合作，记忆、历史和欧洲遗产保护，欧洲青年文化教育交流，现代文化艺术展示，文化旅游和可持续文化发展这 5 大领域开展创新性的活动。通过欧洲文化线路项目，欧洲委员会提供了一种跨国文化旅游管理的模式，并促进国家、区域和地方当局以及广泛的协会和社会经济参与者之间的协同合作。

欧洲委员会认定的 38 条文化遗产路线中，包括有公元前 12 世纪以来连接亚非欧三大洲、促进地中海贸易文化交流的“腓尼基人之路”，从古至今基督徒重要的朝圣路线之一“圣地亚哥之路”，8—11 世纪足迹遍及西欧、北欧、北大西洋乃至俄罗斯的“维京之路”，促进欧洲在社会文化政治思想等多领域变革的“宗教改革线路”；隶属于文化板块的“欧洲罗马式建筑遗产之路”“印象派之路”，19 世纪末受到新美学思想启迪和现代化发展驱动下形成的“新艺术路网”，现代主义运动巨匠“勒·柯布西耶的建筑步道”；展现欧洲经济沿革的“汉莎联盟”“欧洲工业遗产之路”“橄榄树之路”“欧洲陶瓷之路”等。这些线路包含多种不同的主题，从建筑景观到宗教影响、从美食和非物质遗产到欧洲文化、音乐文化的领军人物，为来自欧洲乃至全世界的人民提供一个休闲和教育的窗口，并促进了欧洲的旅游业和城市的可持续发展。

2. 圣地亚哥朝圣之路简介

圣地亚哥朝圣之路是第一条欧洲文化路线，该线路跨越5个欧盟国家，分别是葡萄牙、西班牙、法国、比利时、意大利，包含5段主要的线路，分别是葡萄牙之道、西班牙之道、法国之道、比利时之道、意大利之道。

葡萄牙之道全长175千米，包含6个站点，主要以自然风光和教堂建筑文化为主，包括有丰特洛公园、帕维亚河、拉梅戈博物馆、圣米迦勒教堂、杜罗自然公园、拉梅戈葡萄园产区、圣地亚哥教堂、福尔戈萨河滩、科尔戈谷生态铁路等景点。西班牙之道全长340千米，包含6个站点，主要展示罗马式建筑风格和自然风光，包含圣玛丽亚神庙、米诺河、圣地亚哥大教堂等景点。法国之道全长840千米，包含6个站点，展示不同的建筑风格，如罗马式、拜占庭式、加洛林式和摩尔式，包括卡奥尔艺术之城、莫萨克艺术之城、圣让皮耶德波特小镇等景点。比利时之道全长135千米，包含6个站点，主要展示哥特式和巴洛克风格建筑，包括圣雅克塔、默兹河畔的城堡和老房子、圣母大学教堂等景点。意大利之道全长653千米，包含5个站点，主要展示罗马哥特式建筑，包括阿西西中世纪小镇、圣弗朗西斯大教堂、钟楼、市民博物馆、坎波广场、海洋公园和灯塔等景点。

3. 结论和讨论

欧洲是在不同背景和信仰的人们几个世纪以来交流的基础上建立起来的，这一遗产的痕迹仍然存在于纵横交错、不分国界或国籍的路线上。欧洲委员会文化之路项目的目的是保护和加强这一遗产，以建立共享的跨文化身份。自1987年以来，该计划已认证了38条穿越欧洲及其他地区的最重要航线，跨越了50多个国家，是一次穿越文明的旅程。旅行者可以参观地中海腓尼基人的贸易地点，沿着多瑙河跟随罗马皇帝的旅程，或者探索从斯堪的纳维亚到欧洲其他地区的维京世界。文化路线体现宗教的交汇，沿着古代天主教路线的朝圣者的脚步，探索新教文化、犹太传统或穆斯林遗产。在旅途中，旅行者还可以追溯艺术革命的进程，从史前岩画绘画，到新艺术运动的兴起，从炼铁传统到陶瓷的发展，甚至追随一些巨人的脚步，以及音乐或文学。沿着这些路线旅行是一项可持续的旅游活动，它提供了亲身体验最基本的欧洲价值观的机会：人权、民主、人民之间的相互理解以及文化多样性的保护。欧洲委员会的文化路线是记忆、历史和遗产的无价珍宝，这对于帮助他们了解他们是谁以及来自哪里至关重要，以便他们能够期待共同的未来。中国是一个历史极其悠久和文化多样性极其丰富的国家，在国土空间设计中构建具有中国特色的跨区域、跨民族和跨时代的文化网络，是一项历史意义深刻和具有无限魅力的事业。

二、城乡层面

（一）德国绿带——兼具生态保护和增长管理的策略

1. 德国绿带简介

德国绿带是欧洲绿带倡议的核心区域，德国绿带主要由各类水域、森林，广泛开发的草地、未利用的休耕地和物种丰富的潮湿草原组成，沿线涉及 150 个自然保护区和 125 个其他相邻保护区。其中，绿带中有一半的区域涉及德国红色名录中的濒危栖息地类型，如旱生草原、沼泽、湿地、半自然河岸带和冲积森林。同时，85%的绿带面积的 80%绿带长度可视为处于原始状态。如果将与绿带直接联系的 150 个保护区算入绿带面积，德国绿带相较于 1989 年增长了约 12.5 倍，达到 2232 平方千米，这个数值几乎和德国联邦州萨兰的面积一样大。从长远来看，德国的生态网络建设不仅关注作为核心“脊椎（Backbone）”的绿带本身，相关的保护与发展也逐步辐射至绿带相邻的作为“肋骨（Rib）”的其他相邻保护区及相关区域（Geidezis et al.，2012）。

2. 德国绿带的生态保护作用

德国绿带被禁止用于城市开发或其他功能不相容的土地使用，起到了保护有价值的农业、森林、保育区和休闲区免受城市化影响的作用。以柏林绿带（Green Belt Berlin，GBB）为例，该绿带占地约 164 公顷，从柏林的核心沿约 13 千米延伸到巴尔尼姆森林公园（Naturpark Barnim），将柏林郊区与邻近的勃兰登堡联邦州的文化景观连接起来。早在 1984 年，这条被称作“铁幕走廊”的绿带就被认为是“线性生物群落的主要开发区”和“全市栖息地网络的一部分”（AGA，1984）。2009 年，一个栖息地网络计划被整合到柏林全区的景观及物种保护项目（Landscape Program including Species Protection Program）中，解决了 42 种目标物种的保护问题。柏林绿带为 4 个目标物种提供核心区域和栖息地联系：蓝翅蝗虫、野生壁蜂、沙蜥和鲫鱼大步甲虫（Kowarik，2019）。

3. 德国绿带的增长管理作用

除了生态保护功能，有研究显示，绿带对限制城市蔓延、促使高密度建设具有积极作用。一项基于 GIS 分析德国绿带影响城市空间结构和土地使用效果的研究（Siedentop，2016）发现，德国 96 个规划区域中有 59 个具备绿带划定区，不同区域的覆盖程度相差较大，一些地区的绿带覆盖超过 20%的行政区域面积，而另一些地区的覆盖率却低于 2.5%。该研究针对杜塞尔多夫、汉诺威、黑森中部、斯图加特 4 个区域，通过对建成区面积增长率、人均已开发土地变化率、人口变化率和就业人口变化率 4 个指标的分析和比较，衡量了绿带的紧密度（城市化区域和绿带区域之间的潜在可开发土地量）及其对城市增长管理的效果。研究发现，城市化地区被绿带包围越多的区域，其已开发土地增长更少、人口增速和建设密度更高。但是，绿带也会对城市结构有所限制，导致城市空间的外溢效应。

（二）英国环城绿带——自上而下的区域绿色空间管控

1. 英国环城绿带简介

环城绿带是指在城市地区、居民点或村镇外围，安排建设较多的大型郊野绿地或绿化比例较高的相关用地，形成城市建成区的永久性开放空间，并在法律上受到区划和土地利用规划的保护。在欧洲，环城绿带已有广泛应用，并在建设实践中已从最初的控制城市蔓延、保护农业资源策略，发展为兼顾生物多样性保护、城市生态修复、食品安全保障、扶持农业发展、推进科普教育等方面的综合性政策。英国是较早建设环城绿带的国家，目前已形成了较为稳定的绿带空间布局（图 10-18）。

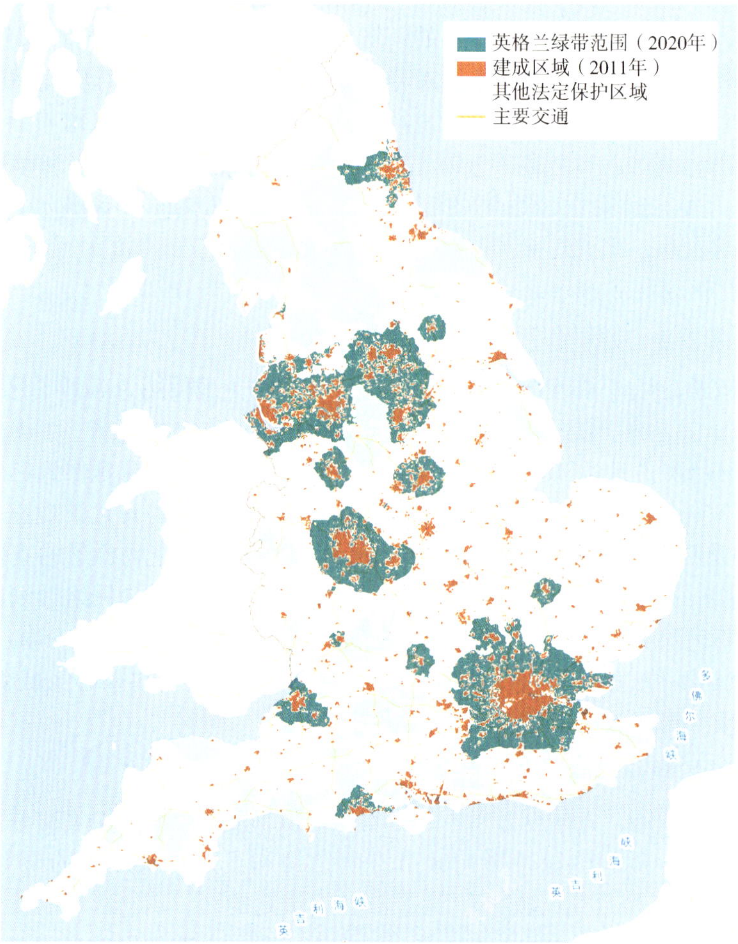

图 10-18　2020 年英格兰绿带分布图

（据 Ministry of Housing, Communities & Local Government，2020）

英国绿带思想概念产生由来已久，而后逐渐发展出政策法律和导则，奠定了绿带的法定性和引导性。19 世纪末，埃比尼泽·霍华德（Ebenezer Howard）在《明日的田园城市》中已指出，“在城市外围应建设有永久性绿地，供农业生产使用，并以此来抑止城市的蔓延扩张”。1935 年，大伦敦区域规划委员会（Greater London Regional Planning Committee）首次提出了环伦敦都市绿带的概念。1938 年和 1947 年，《绿带法》和《城乡规划法》两部法案相继出台，为绿带的实施奠定了法律基础。1988 年，英国政府颁布了《绿带规划政策导则（Planning Policy Guidance 2：Green Belt，PPG2）》，详细规定了绿带的作用、土地用途、边界划分和开发控制要求等内容。2012 年，英国政府颁布了《国家规划政策框架（National Planning Policy Framework，NPPF）》，进一步强调了政府对绿带建设和保护的重视程度。NPPF 指出，绿带政策的基本目标是通过保持土地永久开放来防止城市扩张，绿带的本质特征是其开放性和永久性。根据英国住房、社区与地方政府部的统计，截至 2020 年 3 月，英国的绿带面积为 1615800 公顷，约占英格兰全部土地面积的

12.4%，其中伦敦绿带面积最大，约为509110公顷。伦敦绿带宽度约35千米，涉及大伦敦市及其周边的7个郡县，占伦敦土地的22%，且有2/3的土地用于农业，是伦敦乃至全英国粮食安全和土壤保护的重要经济资源。伦敦绿带和大都会开放土地（Metropolitan Open Land）共同组成了伦敦的永久性开放空间体系（图10-19）。2021年3月，《伦敦发展计划2021（The London Plan 2021）》在其绿色基础设施专章中强调了绿带对于伦敦的重要性。

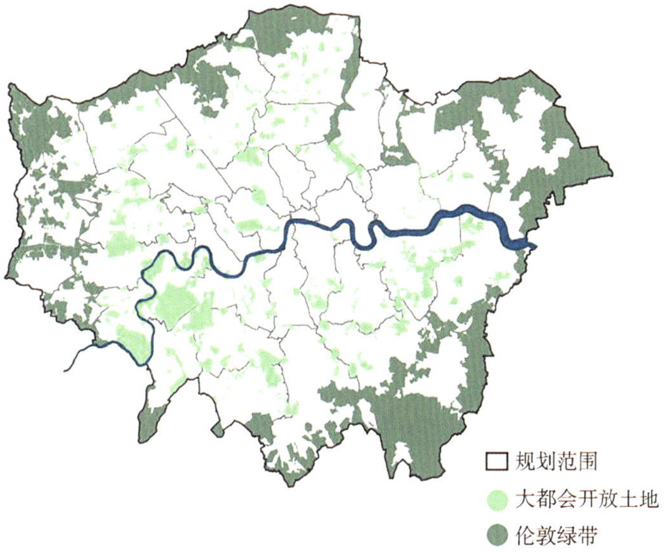

图10-19 伦敦绿带与大都会开放土地示意图
（据Greater London Authority，2021）

2. 自上而下的绿带政策

英国政府70年来始终如一地坚持和完善绿带政策，使之保持长期稳定，具有法律权威性。同时由于英国完整的城市规划体系，使得绿带政策从国家政策到区域规划、结构规划，再到详细的地方规划，被逐级细化和层层落实，保证了政策的顺利贯彻实施。

国家层面，通过制定系列的规划法令和规划指引政策体系，如开敞空间、运动和娱乐空间规划指引（PPG17）、乡村区域的可持续性发展政策（PPS7）、生物多样性和地质保护声明（PPS9），并结合部门导则性的文件，保护和调控区域绿色空间的区域整体发展。地方层面，通过地方发展框架编制过程中绿色基础设施（G1）规划的程序化引导，地区性的规划指引对国家层面政策指南的补充和细化，以及采用规划管理过程中的多元控制管理工具，如开发者协议的整合协调、绿色空间优先发展策略、绿色空间质量控制策略，保障区域绿色空间规划实施的控制管理。

实际上，尽管英国对绿带非常重视，但是英国总体的绿带面积仍在缓慢缩减。根据英国住房、社区与地方政府部的统计，相比于2013年，2020年英国的绿带面积减少了

17590 公顷。伦敦绿带委员会（London Green Belt Council）在其针对绿带威胁的报告中指出，在地方规划审查的过程中，地方政府往往迫于土地供应紧张的压力而划拨非常多的绿带土地用于开发，且这些建设忽略了对棕地有效利用的可能性。此外，委员会还指出，英国绿带涉及约 66 个不同的地方规划机构，且每个地方规划机构的职责不一，缺乏互相协作。委员会强调，应该采取更多的政策和行动，特别应提出一个更整体的战略，以确保绿带得到妥善的发展和保护。

（三）巴塞罗那扩展区——从“小街区”到“超级街区”

1. 塞尔达方格网街区的建立

巴塞罗那是西班牙加泰罗尼亚地区的首府，也是西班牙第二大城市。巴塞罗那市域面积 3200 平方千米，主要由老城区（Ciutat Vella）和扩展区（L' Eixample）两个主要部分组成。这座著名的港口城市之所以享誉世界，不仅因为其悠久的历史文化和独特的城市风光，还因其扩展区的塞尔达方格网街区对近代城市建设史上的深远影响。塞尔达方格网街区是将理性主义规划思维付诸实践的代表之一（Busquets，2005），奠定了现代巴塞罗那城市形成和发展的基础，并仍在当代巴塞罗那城市建设中不断扬弃和更新。

塞尔达方格网街区的设计者伊尔德方斯·塞尔达（Ildefons Cerda）抱着消解阶级隔阂、让市民平等享有公共空间的愿景，采取了一个异常整体化、几何化的城市空间设计手法，以贝索斯河、洛布里加特河、科尔赛洛拉山和海岸线为界，利用网格道路在 26 平方千米的扩展区土地上均匀布置了 550 个街区单元。这种街区单元被称作“黄金方块”（图 10-20），以边长 113 米的正方形为基础，在街角处形成 45°切角，街区中心设置公共空间，沿街建筑鼓励“下商上住”的混合功能模式，并将人口均衡安置，从而创造一种均质、平等的城市空间。

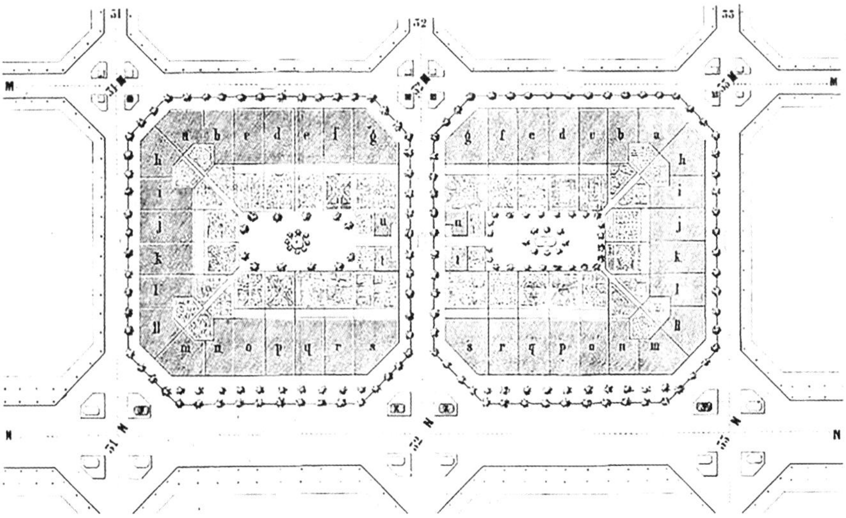

图 10-20　塞尔达方格网中 51~52 号和 52~55 号两个“黄金方块”街区的平面图

资料来源：https：//es. wikipedia. org/wiki/Plan_ Cerd%C3%A1.

塞尔达方格网街区的核心思想之一是以低密度保证居住条件，所以这一时期的建筑法规规定街坊建筑密度不得超过 50%（街坊地块内的建筑基底面积小于 6400 平方米），并根据情况仅沿街区的 2 面或 3 面进行建设进深 20 米、限高 16 米的条形建筑，从而避免新建的街区像老城区一样过度拥挤，使市民能够共享充沛的阳光和充足的绿化。由于塞尔达把握了当时巴塞罗那向欧洲发展的趋势，并强调了新区与古城、山、海等要素之间的关系，所以政府接纳了他的设想。然而，在随后的工业化发展过程中，巴塞罗那不断增加的人口也使城市土地投机成为必然。自 1859 年提出规划方案至 20 世纪 70 年代，在土地经济的作用下，政府不断颁布新的建筑法规，对塞尔达方格网街区做出了多次调整，街区内部的用地布局和功能规划逐渐脱离了原来的设想（图 10-21），建筑开始可以沿街区四周布置，首层可分为半地下层和夹层，建筑高度被逐步提高至 24. 4 米，并且还可在建筑主体上建造两层阁楼，甚至整个街区（包括内院）范围内均可加建层高 2 米的地下室。

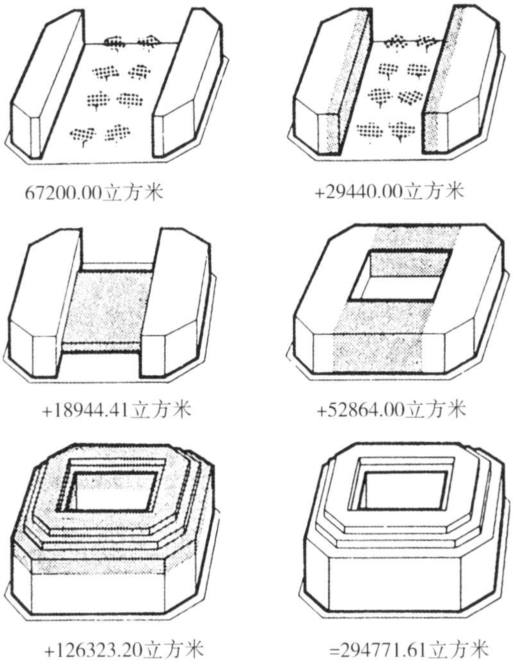

图 10-21　在原始的塞尔达方格网中逐步加建示意图
（据 Wynn，1979）

2. 空间复兴的巴塞罗那经验

20 世纪 70 年代之后，城市人口增速放缓，城市衰败问题凸显，政府开始关注前一阶段高密度建设带来的弊病，并针对赛尔达方格网街区展开了整治和更新。1981—1986 年，巴塞罗那主要通过“针灸式”和“渐进式”的方法进行整治，重要的举措包括清理被占街区内院、控制沿街立面红线、下调建筑限高、优化采光通风等，逐步改善了城市空间品质。在此期间，巴塞罗那的城市规模开始加速扩张，城市发展迫切需要更大的空间增量，扩展区迎来了新一轮由大事件驱动的城市更新。自 1986 年巴塞罗那赢得第 25 届奥运会举办权起，“重新塑造具有地中海文化特质的城市”成为奥运背景下的巴塞罗那城市更新目标。随后，巴塞罗那政府对滨海区进行了大幅改造，不仅完成了对角线大道向滨海延伸的规划，还大幅推动了城市建设的现代化进程。至此，虽然巴塞罗那扩展区最终的形态有悖于塞尔达当初营造低密度人居环境的设想，但是整个城市的格局始终是以塞尔达方格网街区作为基本结构的。在这一时期，巴塞罗那的城市更新在保持街区空间格局和特色的前提下，成功地延续了城市的特色，同时也提升了城市整体环境，最终使其成为被全球借鉴的“巴塞罗那经验”。

3. 巴塞罗那“超级街区”计划

进入 21 世纪以来，巴塞罗那并未停下其空间复兴的脚步，先后开展了一系列重大城市更新，先后开展了于 2000 年启动的“22@ 区计划（22@ Barcelona）”、以 2004 世界文化论坛为驱动的新一轮滨海区开发和 2016 年启动的“超级街区（Superilles）”计划为代表的城市交通改善项目。其中，目前正如火如荼地开展的“超级街区”计划是一项极具先锋意味的现代城市新型街区模式的探索。

巴塞罗那的第一批类似“超级街区”的项目分别于 1993 年和 2006 年在波恩区（Born）和恩典区（Gràcia）实施。然而，在随后的 10 年内，“超级街区”一直没有被进一步应用。在很长一段时间内，巴塞罗那市区四通八达的街道被机动车充斥，城区的尾气污染和噪声污染已经成为不可忽视的城市病，而巴塞罗那和其周围 35 个次级辖区一直没有达到欧盟空气质量标准。同时，巴塞罗那城市人口密度已达到 1.58 万人/平方千米，在扩展区更高达 3.60 万人/平方千米，密集的人口不仅加剧了城市人为热的释放，使城市公共空间短缺的问题更加突出。例如，扩展区的人均绿地面积仅为 1.85 平方米，远小于世界卫生组织要求的 9.00 平方米。[1] 在这样的背景下，巴塞罗那于 2015 年提出了“巴塞罗那气候承诺（Barcelona Commitment to Climate）”，并于次年正式提出了“超级街区”计划，旨在通过创新性的城市空间设计，从土地利用、交通规划、环境保护、文化传承等方面对城市空间展开新一轮的转型升级，增加公共空间、促进绿色出行、减少机动车交通，从而缓解城市病对环境的影响。“超级街区”计划提出“为行人赢回街区”的口号，将原有的 9 个左右街区单元统筹安排为一个大单元，成为 400 米×400 米左右的超级街区，结合对超级街区内部机动车道等级的全面调整，通过改造街道空间、限制机动车通行、控制车速等方式，开创了一种新型的慢行街区模式（图 10-22）。街区内部原有的多车道空间被划为共享停留空间，而道路交叉口则将结合特色的街角空间而被改造为社区广场。进入超级街区内部的大型车辆被严格限制，通过街区内部的私家车辆限速 10 千米/小时，而超级街区四周的道路亦有 50 千米/小时的限速。同时，街道上将增设许多兼具景观性和实用性的绿色基础设施，这既可以增加街道舒适性，又可以帮助街道排水。

起初，巴塞罗那“超级街区”计划拟在除老城区之外的 9 个区逐步实施，并选择在波布雷诺（Poblenou）、奥尔塔（Horta）和圣安东尼奥（Sant Antoni）3 地设立试点。在一项针对这些试点的研究指出，“超级街区”在减少空气污染（二氧化氮），减小交通噪

---

[1] https://ajuntament.barcelona.cat/ecologiaurbana/en/what-we-doand-why/green-city-and-biodiversity/green-and-biodiversity-plan.

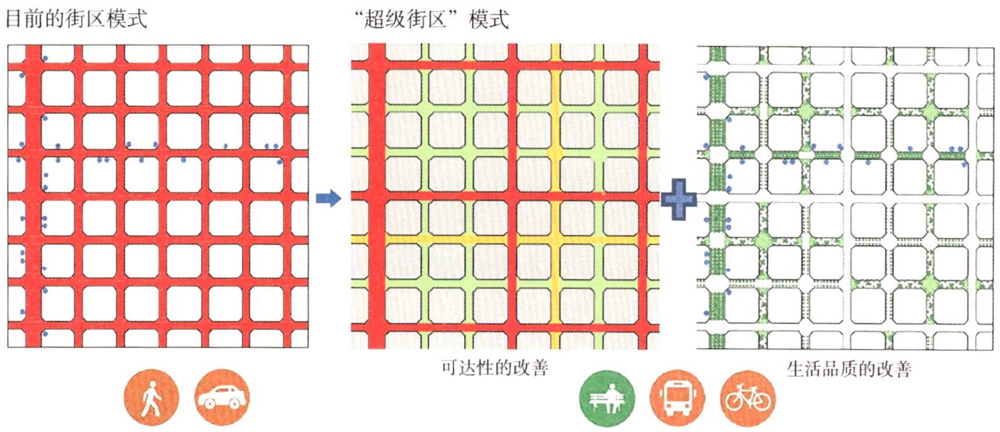

图 10-22 “超级街区”示意图
（据 Ajuntament de Barcelona，2016）

声，缓解热岛效应，增加绿地面积，促进体力活动的发生，有效减少过早死亡人数方面具有效果（Mueller et al.，2019）。根据巴塞罗那城市生态局的一项民意调查，市民们普遍认同该方案的有效性。“超级街区”释放了机动车所占空间的约70%，可减少13%的流通车辆数量，减少超过50%的交通事故，并可将73.5%的公共空间中的噪声降低到允许水平（65分贝）以下。这些试点的成功极大地鼓励了当地政府。2020年起，巴塞罗那发布了“巴塞罗那气候紧急状态宣言（Barcelona Climate Emergency Declaration）”。同年，“超级街区”计划也作为该宣言的核心行动方针之一，开始扩大实施范围并加快执行速度。

此外，结合“超级街区”计划的实施，政府针对巴塞罗那全市范围提出了交通系统提升方案。一方面，城市公共交通系统将得到相应的优化，使得居民能在住宅300米范围内就近找到公交站点，并进一步完善自行车道网络和步行网络。均衡的公共交通网络将使人们在市区内的出行在95%的情况下只需换乘1次（Marta，2016）。另一方面，政府还提出了为全市建立一个绿色街道（Green Street）网络的初步方案。绿色街道即交通稳静化措施的街道，这种街道优先考虑步行出行的方式，并以安全、便捷的方式连接城市开放空间和基础设施，同时，绿色街道将穿过一个个超级街区内部，联系多个由十字交叉口改造而来的社区广场。以扩展区为例（图10-23），在区域内计划建设的21条绿色街道总长约33千米，新增33.4公顷的步行区和6.6公顷的城市绿地。同时，这21条绿色街道也将联系21个新社区广场、增加3.9公顷的公共空间。

4. 塞尔达方格网街区演变逻辑

在漫长的城市建设过程中，巴塞罗那扩展区内的街区形态从一开始的推崇公平与共享的低密度街区设想，到因人口与用地压力而转变为高密度小街区模式，再到近年来通过重组、合并形成相对封闭的超级街区。在此期间，塞尔达方格网街区虽然经历了不同程度的发展和更新，但其“黄金方块”的雏形在不同阶段的城市路网布局和地块划分方式上变化不大。可见，一个强有力的街区单元模型在很大程度上能够决定国土空间的基本形态，

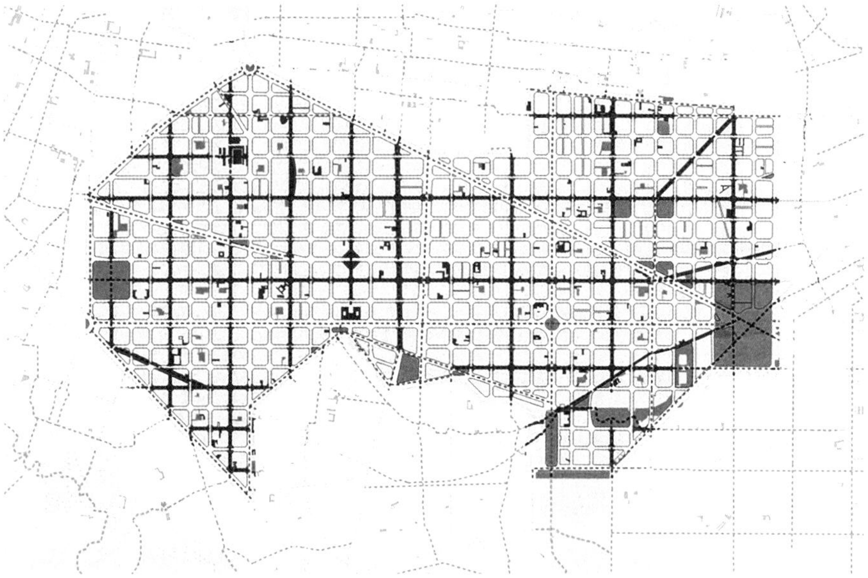

图 10-23 “超级街区”计划中巴塞罗那扩展区的绿色街道草案示意图

资料来源：https：//ajuntament. barcelona. cat/superilles/en/superilla/eixample.

并可以具备很大的弹性。此外，应认识到在塞尔达方格网街区发展的 3 个阶段中形成的 3 种街区形态均是在对应的时代背景下产生的科学方案。虽然这 3 种形态在很多方面存在互斥的属性，但是并不存在绝对的利弊。这很好地反映了城市建设遵循自身发展规律的特性，也体现了社会发展、科技进步和人类认知在逻辑上的思辨性，值得规划设计者学习和反思。

（四）德国乡村建设——巴登-符腾堡州的内生型发展

1. 德国乡村的内生型发展

德国的乡村地区约占国土面积的 70%，容纳了全国约 30% 的人口，是德国重要的人居空间。21 世纪初以来，产业的结构性调整带来了农业生产模式和农民从业模式的转型，引发了德国乡村多元功能的重构。一方面，农耕技术的发展使农业逐步发展为资本密集型产业，农业的功能内涵也随之从传统农业转变为现代农业，即农产品生产、能源生产和文化景观保护三者的结合，为农民提供了新的收入模式。另一方面，重构后的德国乡村主要承担着生活居住、就近就业、休闲旅游 3 个方面的功能。特别是在诸如巴登-符腾堡州等南部地区，乡镇政府大力发展特色生产项目和产业园区，鼓励多元化的经营模式，为当地创造了大量的就业岗位。在这些地区，中小型制造类企业在乡村的集聚度明显高于人口稠密区域，使村镇成为城乡关系中职住平衡的聚居点（钱玲燕等，2020）。

与全球其他地区的乡村发展面临的问题类似，德国乡村多元功能的重构同样也带来了人口结构的变化，低出生率、老龄化及部分地区人口的流失影响了乡村的发展，由此进一步带来了乡村的整体萎缩、硬件不足、活力欠佳的问题。为应对这些问题，德国乡村当前的更新重点是着力于提升空间品质的内生型发展。内生型发展是指“改善内部存量的质量，同时限制居民点向外部边缘地带扩展（Schmied，2009）”。改善存量即减少对新的建设用地的需求，改善质量则是指稳定并优化城乡建设和发展。

德国推动乡村地区内生型发展主要在村庄更新与发展项目下进行，其政策和资金主要建立在以下 3 大基石之上（Gothe et al.，2019）：一是欧盟层面上的欧洲农业基金，其资助的 LEADER 项目以及其中的“乡村地区发展基金”；二是联邦层面上的“改善农业结构和海岸保护共同任务”；三是“城市建设资助”。

欧盟、联邦、联邦州、地方等各层级共同协商推动德国乡村地区内生型发展，且各层级职责分工明确，政策清晰。欧盟和联邦层面主要明确规划和发展的逻辑与目标，涵盖了投资性措施、土地购置、村庄更新方案的制定等多个领域。而联邦州和地方则在制定具体方案和措施方面具有较为充足的空间，从而可以因地制宜地提出有针对性的发展侧重点。例如，在基础条件较好的巴伐利亚州和巴登—符腾堡州，内生型发展强调对村庄更新和发展工具的进一步深化。两州分别推出了“以内生型发展为导向的村镇活力测评”和“通过激活内部空间潜力减少土地开发利用的示范项目（MELAP）”，通过激活存量用地潜能来强化村镇中心，提升就近服务设施供给的质量，应对气候变化、能源利用等新问题。而在萨尔州和图林根州，内生型发展则更多地关注改善房屋空置、建筑保护利用、挖掘乡村资源、激发乡村活力等问题上，助力乡村的可持续发展。

2. 巴登-符腾堡州的内生型发展

巴登-符腾堡州共有 1101 个城市和村镇，其中的 655 个位于乡村地区，占总数的 59%。相比以德国东部为代表的人口收缩地区，巴登—符腾堡州的小城镇和乡村地区的经济分布整体上较为合理，不仅可以提供很多工作机会，且交通相对便利。然而，在这样一个基础条件较好的地区，其乡村地区的人口老龄化、移民人口的减少以及年轻家庭趋向于城市生活等问题仍广泛存在。例如，许多村镇出现了“甜甜圈效应”，即外围繁华密集、村内冷清闲置的空心村现象。

为优化土地使用效率和加强农村社区的城镇中心建设，巴登—符腾堡州乡村地区和消费者保护部在 2003—2015 年推出了“通过激活内部空间潜力减少土地开发利用的示范项目（MELAP）”，旨在通过盘活村镇中心存量空间发展潜力来提升村镇生活品质并激发村镇可持续发展的动力。该项目分 2 期进行：第一期 MELAP 项目的周期为 2003—2008 年；第二期 MELAP PLUS 项目的周期为 2010—2015 年。该项目主要通过示范村建设的方法开展，两期项目分别筛选出了 13 个和 14 个示范村。在示范村的选择上，首先由各村镇提交基于自身实际情况的发展计划作为申请报告；接下来，经过一轮筛选后的村镇将继续提交相应的研究报告；最后，根据各村镇提交的研究报告筛选出示范村。这些被筛选出的村镇需要在接下来的 5 年资助期内将其制定的具体项目加以实施，为其他乡村地区的发展提供示范。在示范村项目实施期间，各村会通过多次的交流研讨会、工作坊、专业会议等活动促进参与者对村镇发展的目标与主题形成共识，并进而寻找相应的解决方案。示范村项目的进展将被记录在年度报告中，反馈给项目组织方并开展中期评估。通过示范村的建设，可以清楚地看到当前乡村地区发展中哪些因素和战略对于有效促进内生型发展（如激活中心区域、增加居住与就业的吸引力、保护地方建筑文化等）具有重要作用。此外，

MELAP 项目还积极推动了配合示范村建设的社会活动、媒体宣传以及出版物传播，在一定程度上提高了该项目以及内生型发展的影响力和接受度。

得益于 MELAP 的实施，示范村中心区萎缩的问题得到了很大的改善。示范村中的诸多空置的建筑物被重新激活并得到利用，从而一定程度上提升了村内道路、公共空间以及整个村的吸引力，有利于加强居民对中心区域的认同感。MELAP 对于存量土地潜力的激活不仅实现了人口向心集中，还相应减少了新土地的开发利用。以第二期 MELAP PLUS 项目为例，该项目总共审批通过了 210 个项目申请，投资总额约为 3900 万欧元，120 片存量土地被激活，得到再利用的建筑中共安置了 82 间公寓。

此外，村及其所在城镇的组织管理机构也借此机会得到了改善，为内生型发展的推进提供了很好的基础保障。更为重要的是，该项目自始至终都坚持公众参与的原则。从一开始，市政当局和规划者就认识到 MELAP 项目不应是村民配合规划设计，而是规划师、设计师陪同村民实施计划。因此，相关负责人就地方未来发展频繁与当地居民（尤其是产权所有人）开展协商讨论，并及时传递关于内生型发展的相关政策和专业信息，很大程度上增强了公众对内生型发展必要性的认识，同时构建了地方对话文化，有效提高了公众对村镇中心区域发展的意识和敏锐度。（Gothe et al.，2019）

第三节　亚洲案例

一、区域层面

（一）日本东海道城市群——从交通经济带到大都市带

1. 东海道城市群简介

在日本夜晚的卫星照片中能够明显的分辨出一条连续、密集的灯光带，它就是东海道城市群。东海道城市群又称为日本大都市带，是以东京、名古屋、大阪三个大都市圈为核心，覆盖从东北的茨城县到西南的福冈县的太平洋沿岸带状地域。东海道城市群全长近 1200 千米，国土面积约为 10 万平方千米，占全国总面积的 31.7%，集中了日本约 60%的人口，是日本政治、经济、文化活动的中枢地带。

早在 12 世纪，东海道就已成为日本国内的一条主要交通路径。随着 16 世纪末德川政府的建立，日本的行政中心转移至江户（东京），一条路线近似于现在的东海道路线逐步建立。战后日本经济的高速增长，在国际贸易重新转向跨太平洋市场的契机之下，东海道由于其面向太平洋的优势区位而得到了很大的重视。特别是从 1960 年起，随着“国民收入加倍计划”的制定，政策集中在东海道地区进行公共资源投资，计划在东海道区域形成一条太平洋经济带（Taiheiyo Belt）。然而，在经历了 20 世纪 70 年代石油危机和 80 年代泡沫经济崩溃之后，太平洋经济带的概念逐渐衰弱。直至 1998 年，日本在第五次全国综合开发规划中，制定了新的国家陆轴规划，将东海道城市群重新打造为日本西部的国家陆轴。此后，日本的人口和产业向太平洋沿岸不断集聚，以东海道本线、国道 1 号线、新干线、东名和名神高速公路等为主要动脉，逐步建立了太平洋沿岸的京滨、中京和阪神经济带，从而大大促进了东海道城市群的形成。

2. 东海道城市群特征

1）高速交通网络中的东海道新干线、山阳新干线是连接东海道城市群的交通动脉，它们对该地带的经济发展和产业空间的合理运动起到了重要的作用。该线路于1964年10月初次建成通车，后又经过多次延长改建，形成了一条由东京到博多，中间跨越35站全程1069千米的高速铁道骨干网络。设计时速300千米/小时，并设有大站快车，使都市群内交通时间缩短到了5小时以内，把都市群内城市紧密地串联起来。该城市群地理上紧邻太平洋，横跨关东平原、浓尾平原和大阪平原这3大日本人口稠密区。它不仅在日本面向太平洋地区的外向型经济中占有主导性地位，而且其狭长的地理分布更是把经济发展的动力辐射到日本内部广阔的山区城市中去。

2）日本的城市群是以圈域经济为主体、中心城市为核心的结构。其具体的反映是人口与产业向都市圈的集聚，而这种集聚最突出的表现在于向以东京、大阪、名古屋为中心的大都市圈的人口集聚，并且“东京一极集中”特征显著。从地方圈的范围看，如福冈市、广岛市等地方中心城市的人口和产业集中程度也十分显著。这些中心城市的人口规模基本是所处地区第二大城市的两倍以上，人口比例占经济大区的四成左右（孙小明，2017）。

3）东海道城市群内各城市根据自身的基础和特色，承担不同的职能分工。例如，以东京为中心的东京都市圈，不仅是全国的大市场和重要的综合性大工业带，也是世界经济、金融、贸易中心；以大阪、神户、京都为中心的大阪都市圈，早在江户时代就是全国最大的市场，目前是以消费品生产为主的大工业地带；以名古屋为中心的名古屋都市圈，以生产纤维、陶器等传统工业为主，逐渐发展为日本最大的重化工业区（李荣欣，2018）。这样，东海道城市群就能在更大空间范围内进行资源的合理配置，从而提升城市群的区域综合实力和产业协作优势。

4）东海道城市群的建设具有明确的政策导向性。由于日本特殊的自然地理条件，促使日本政府较早地重视国土开发和整治。城市群产业结构、产业布局与空间组织是在日本政府有计划、分步骤推动下逐渐形成的。截至目前，日本全国开发规划共制定实施6次，全国国土利用计划制定实施5次，首都圈整备规划、近畿圈整备规划分别实施5次，中部圈整备规划实施4次，而各地方也依据地方开发促进法制定了各自的开发和国土利用规划。同时，日本中央政府合理调控，对市场竞争和社会保障进行必要的国家干预，并通过立法保证地方政府的自主权利，为区域经济的发展提供了较为宽松的政治背景。此外，日本也对城市群的建设提供了充分的财政投融资支持和税收优惠，极大地促进了高效的城市开发和建设。

3. 结论和讨论

在城市群这种超越城市尺度的大规模国土资源配置模式下，物资、人员、信息的高速流动使得城市群的各个组成部分在较大的尺度之下仍能有机地整合在一起。城市群可以作为传统的超大型城市的补充，解决城市发展到一定规模后进一步发展动力不足的问题。高速高效的交通网络无疑是城市群的形成条件，城市之间的职能互补也是城市群得以存在的前提之一，而合理有效的政策机制更是为城市群的快速发展提供了基本保障。

然而，与“中心集聚”相对应的就是“周边过疏”的问题。这个象征日本战后经济高速增长的东海道城市群的反面，却是其外围乡村地带受中心城市“虹吸效应”影响而导致的劳动力的不足、产业转移、空间衰败等问题（柴彦威等，1997；张文忠，2001）。如何平衡城市群中的资源配置，使优势资源不被中心城市吸走，边缘城市沦为中心城市配套，是仍待进一步探索的国土空间规划设计问题。

（二）新加坡公园系统——从“花园城市”到“花园中的城市”

1. 新加坡与“花园城市”

新加坡是东南亚的一个岛国，其国土面积的88.5%都在新加坡岛上，约630平方千米，另有63个周边的小岛。早在1958年殖民统治时期，新加坡就受到英国的影响，在其1958年的总体规划中规划了一条绿带以约束城市的扩张。1965年新加坡独立之初，领导人李光耀提出了把新加坡建设成区别于东南亚邻国的绿洲，以清洁绿色的环境获得吸引世界投资和商旅的比较优势。这个决策和定位的成功实现，极大地推动了新加坡的经济，使其在独立后的短短40年间从第三世界跨进第一世界的发达国家行列。

20世纪60年代，新加坡广泛开展绿化运动（Greening Movement），1963年总理李光耀发起了第一次植树运动，此后的五十年间全民参与绿化运动，奠定了新加坡“花园城市”的基础。1968年，政府在《环境公共卫生法案（Environmental Public Health Act）》中首次提出把新加坡建设成清洁葱绿的“花园城市”的目标，并通过概念规划和总体规划，保留足够的发展用地和自然保护区，以高层高密度的商用、民用建筑为地面留出空间进行绿化。到了1973年，新加坡成立的“花园城市行动委员会（Garden City Action Committee，GCAC）”统筹协调绿化活动，使建设花园城市上升为国家战略（Yuen，1996）。在此期间，城市美化项目引进了丰富的植物品种，成为打造“花园城市”的重要一步。同时，政府也开始主动规划开发各类公园和配套设施，满足人们生活休闲的需求（王君等，2015）。

1990年开始，受到20世纪80年代开放空间应被作为网络化、一体化的绿色系统的理念影响，新加坡开始建设全岛公园网络连接系统（Park Connector Network），并在1991年获得花园城市行动委员会的批准。公园网络连接系统是新加坡岛全岛围绕主要住宅区的线性开放空间网络，连接了新加坡的公园和自然景点，将社区成员聚集在一起，并为有着不同的兴趣群体提供更多休闲选择的机会，提高公园及绿色空间的可达性、安全性及利用率，同时廊道也兼顾通往地铁及巴士站的便捷性，这让每个人都可以享受这些绿色空间，通过绿色板块间生态廊道的连接，也增强了城市的生物多样性。

在最初的规划设计中，新加坡公园连接系统有6个环路（图10-24），分别是36.0千米长的中央城市环路（Central Urban Loop），17.5千米长的具有丰富海岸线景观的东部沿海环路（Eastern Coastal Loop），11.0千米长的具有丰富的生物多样性的北部探索环路（Northern Explorer Loop），26.0千米长的联系多种鸟类集聚区和特色滨水空间的东北河流环路（North Eastern Riverine Loop），12.0千米长的拥有蝴蝶公园和自然教育中心的西部冒险环路（Western Adventure Loop），以及 10.0 千米长的富有挑战性的南部山脊环路（Southern Ridges Loop）。

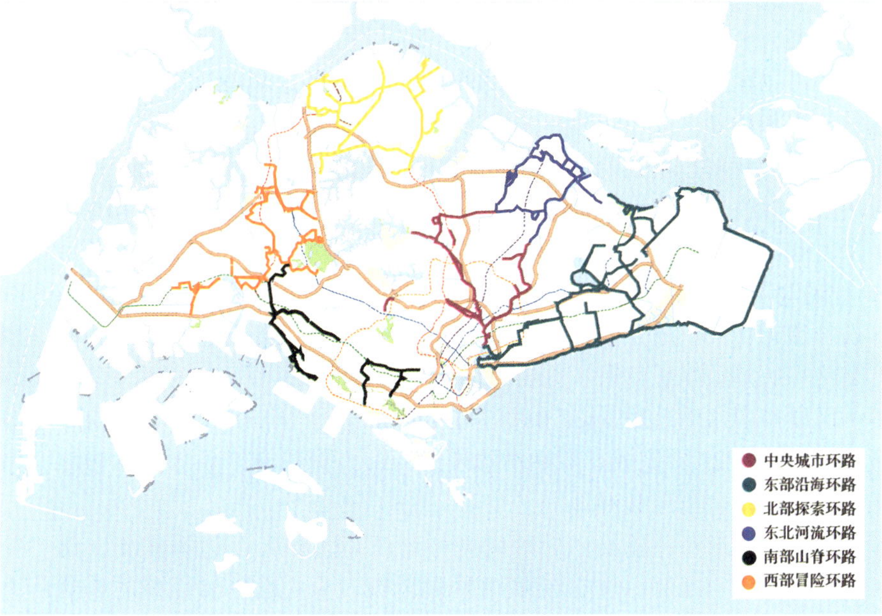

图 10-24 6 条公园网络连接系统示意图

资料来源：https：//www.nparks.gov.sg/gardens-parks-and-nature/park-connector-network.

在寸土寸金的新加坡建设公园连接系统，在土地征收上是个不小的挑战，政府一方面充分利用低效利用的土地，通过土地重新规划设计，以及租借部分不属于国家公园委员会的土地，充分利用排水系统和车道未利用的土地等多种手段，调用到足够的土地完成首期建设。首期建设完成后，项目得到了公众的认可和支持，并与一些拥有大量土地的机构建立了战略合作伙伴关系，这为土地重新分配的过程赋予了灵活性，最终保证了项目的完整落成（Tan，2006）。在后续的建设中，新加坡又陆续形成了 18 条不同主题的路径，包括古代和殖民历史、战争及名人纪念、古迹、雨林、各种种类的树及古树、蜜蜂等主题。

2. 新加坡与“花园中的城市”

1996 年，由时任国家公园局首席执行官陈伟杰博士最早提出“花园中的城市（A City in a Garden）”概念，此后这个概念逐渐成为新加坡政府的新愿景：在“花园城市”基础上，更加注重生态自然的保护和连接城市环境的绿色空间，使其网络化和系统化，扩展、融入城市人居生活空间，强化城市国家的身份特征，社区归属感和拥有感，使城市与自然完整融为一体，使“花园”从城市的点缀变为城市的轮廓（王君等，2015）。

在这个思想的指导下，近年来一批全国性的公园廊道投入建设。最近建成的一段廊道是 2019 年完工的连接新加坡东北和西南部滨岸的“海岸之径（Coast-to-Coast Trail，C2C）”。海岸之径一共 36 千米长，从西部的裕廊湖花园（Jurong Lake Gardens）一直延伸到中心附近的洛尼自然走廊（Lornie Nature Corridor），以及东北部的康尼岛公园（Coney Island Park），一共连接了18个公园、自然区域和名胜古迹。为丰富游览体验，海岸之径项目还开发了专门的C2C移动应用程序，这个应用程序利用交互式增强现实（AR）的方式，为用户提供精心策划的步行体验以及DIY步道指南。借助C2C移动应用程序，人们可以通过集成地图从新加坡的任何地方导航到海岸连接步道，并开始探索沿途有趣的景点。他们还可以在AR的帮助下了解原生生物多样性，了解沿途有趣的景点和体验，并参加有趣的活动和计划。在应用程序中赚取的积分（“花朵”）将累积起来，使人们有资格参加特别策划的活动，使他们可以得到更大、更吸引人的礼物。此外，人们可以通过拍照并在应用程序和社交媒体平台上分享游玩体验和醉人的风景。目前，海岸之径项目已向南、北两个方向分别规划设计了延长廊道，预计将分别于2025年和2030年建成。

另外一个重要的全国性公园廊道是环岛一圈的环岛径（Round Island Route，RIR）。环岛径是一条长约150千米的公园连接线性廊道，它将缝合现有的公园连接网络，联系现有的自然、文化、历史和娱乐场所，并将它们与周边社区和大约350万居民联系在一起。环岛径的第一区段是罗尔湾（Rorow's Bay）与滨海湾花园（Garden by the Bay）之间60千米的路线，计划于2021年完成。罗纳湾的环岛径节点设计有一条新的木板路，可使游客更靠近水面、观景亭、沼泽和湿地。

如今的新加坡，通过一轮又一轮的发展与建设，稳步从“花园城市”到“花园中的城市”推进，逐渐拥有了独一无二的城市景观风貌，为人们提供良好的生活环境品质和生态关怀，让人与自然在这里和谐共生。

3. 结论和讨论

回望新加坡的发展历程，正是当年对于环境的重视与整治给刚刚独立的新加坡带来了无可比拟的发展契机。在后续的建设中，新加坡从“花园城市”到“花园中的城市”不断推进，蓝绿空间的建设从分散的斑块到以廊道连接的整体生态体系，不断扩大辐射影响范围，为人们提供良好的生活环境品质和生态关怀，让新加坡逐渐拥有了独一无二的城市景观风貌，让人与自然在这里和谐共生。中国目前正在全面推进美丽中国建设，如何从“花园城市”到“花园中的城市”，如何从“自然中的城市”到“城市中的自然”，构建不同城市类型、不同城市规模、不同城市结构及现状特点的美丽城市国土空间设计新模式，是一个有趣的研究和反思性领域。

二、城乡层面

（一）新加坡模式——刚弹有序的城市规划与设计审查制度

1. 新加坡城市规划设计审核制度产生背景与历史发展

新加坡在空间尺度上既是一个国家又是一个城市，它的市中心占地约110平方千米，位于主岛南部，它深度的城市化让整个岛屿都被归类为城市。由于必须在有限的土地面积内满足不断增长的人口，以及同时作为城市和国家的需求，新加坡制定了一套从整体规划、概念规划到城市设计的详尽严谨而具有灵活性的审核制度。

这套详细而较为完善的城市规划和设计审核制度起源于英国1947年的《城乡规划法

令（Town and County Planning Act）》，其建设规划和控制的理念和决策-批准/拒绝-申诉的控制流程在英国殖民统治时期传入新加坡，并在1959年形成了相应的规划条例（Planning Ordinance）。由于新加坡是一个多种族、多语言、多宗教的国家，考虑到法律和秩序，需要为不同种族的定居者确定单独的住宅区，并且分配土地时要优先考虑商人，其次为手工业者，再次为农民的需求；同时新加坡有限的土地面积，不断上涨的土地价格，以及相互竞争的利益和需求，需要一套制度来对竞争进行仲裁并保护社区的集体利益；于是，这套融合社会、经济、增值和空间远景的、控制土地开发和使用的建设规划及控制的审核制度得到了重视并不断被修改完善。

在这个体系下，新加坡国家发展部部长具有最高权威，1989年后，部长通常通过组建的中央规划机构市区重建局（Urban Redevelopment Authority，URA）来对从国家的长期发展和规划到日常的开发建设管控的全流程进行直接控制和管理（此前由部长领导的不同政府部门完成），成立跨部门合作的委员会，负责协调不同的土地需求，解决土地使用冲突，同时保持设计的卓越性。市区重建局的主要职能包括：①制定和修订发展计划；②控制土地使用和开发；③营造良好的城市形态；④对有价值的遗产实施保护；⑤协调公、私部门的发展建议。

新加坡的城市规划与设计审查制度包括建设控制和建设规划两个部分。建设控制主要是针对土地开发的法定管制，这种控制的法定基础首先出现在1959年规划条例，现在包含在《规划法（1998年修订版）》第232章中。建设规划首先出现在1958年殖民政府通过的总体规划（Master Plan）中，它为新加坡引入了土地使用管控中的两个新概念：①通过分区调节土地利用，通过密度（住宅用途）和容积率（非住宅用途）控制开发强度；②英国的限制城市无限扩张的规划思路。

20世纪60年代新加坡独立之后，1958年严格的总体规划制度难以适应城市快速扩张的需求，同时也引起一些城市风貌单调乏味缺乏场所感的问题，人们希望有能够更加灵活且高效反馈的制度，于是在1971年，新加坡概念规划（Concept Plan）应运而生，并在之后每10年完成一次修订。概念规划侧重于实现目标的过程，即灵活响应所有利益相关方的需求。它通过更加灵活的原则和政策，而不是总体规划中的详细的建议和土地利用图，来实现对城市建设设计的管控。概念规划通过集合不同政府部门的意见建议，开展如讲座、展览、竞赛、媒体宣传、公众对话、重点人群探讨交流等形式多样的活动，听取多方的需求和意见，促进公众社会对国家、城市、社区的归属感，营建更加宜居，有趣，具有经济活力，独特而具有地域特色和场所感的新加坡。

20世纪90年代，新加坡又制定了一系列共55个地区性发展指导规划（Development Guide Plans），取代了1958年的总体规划。这些发展指导规划整合了所有土地利用规划，特殊性控制条例和详细控制规划，还加入了线上线下的公众咨询过程，为开发控制的透明性提供了基础（Yuen，2009）。

2. 现行新加坡城市规划设计审核制度及应用案例

今天，城市设计贯穿了新加坡“概念规划—总体规划—通则和专项导则—地块开发”的4级规划体系，通过组建不同专业背景人员的审查团队，担负不同审查职能的各个小组和委员会，如：①由市区重建局成员，经济、房地产及交通领域教授级专家组成的国际专家小组；②由建筑设计、咨询、城市设计相关领域专家组成的设计顾问委员会；③由建筑技术、商业协会、业主组成的遗产保护顾问小组；④由建筑、规划管理领域专家构建的设计导则豁免委员会，对包含土地利用、步行交通、照明系统、户外美观及商业活力、设施遮蔽、激励政策等方面的设计控制导则进行审核，实现了审查主体的分工与协作，从而保证了项目开发的有序进行（郑宇等，2020）。

在一些重点地区，新加坡还会成立开发委员会对该地区城市设计方案进行审议。例如，2005 年在乌节路（Orchard Road）的改造振兴中，由市区重建局、旅游局、经济发展局、陆交局、土地局、国家公园委员会、建筑师学会的成员成立了乌节路发展委员会（Orchard Road Development Commission，ORDEC），在当时的规划审核标准上进行增加和调整，激励乌节路地区创新性、高质量的更新，以重振乌节路地区的商业和经济，使其发展为新加坡极为重要的一条商业街。

在对城市设计方案进行评估时，乌节路发展委员会的成员着重考量了方案的设计理念的独特性和创新性，对于社区福祉的贡献度，如公共空间、公共艺术活动及表演、步行交通网络，以及经营理念的创新性和经济发展效益的可持续性等。

重点地区城市设计方案如果与现有城市设计导则不符，可以向设计导则豁免委员会（Design Guidelines Waiver Committee，DGWC）提出申请。例如，2009 年的新加坡汇锦园（River Gate）项目就以其大胆的建筑设计、苍翠的多层空中花园以及与新加坡河长廊无缝结合的郁郁葱葱的绿色景观，成为首个通过新加坡设计导则豁免委员会审议的开发项目，建设高度远超当时该区域城市设计导则中的限制，却也成为首个因创新设计方法而被市区重建局称为地标性建筑的住宅项目。

此外，当申请人质疑开发控制或设计审议的结果时，也可选择进行申诉程序。根据新加坡《规划法令修正案（Planning (Amendment) Ordinance）》，申诉人可就开发项目、开发导则向国家发展部提出申诉。为了更好地执行，新加坡制定了“公务员工作程序优化计划（Public Officers Working to Eliminate Red Tape，POWER）”，明确专业人员或城市空间的使用者可以对有异议的开发控制导则提出修改建议，由市区重建局定期召开会议，综合考虑各类意见后作出修改或不修改的决定（郑宇等，2020）。

经过多年的修订和完善，新加坡的城市规划与设计审查制度逐渐成为一个兼具严谨性和灵活性，广泛听取社会不同声音，具有强执行力，防止腐败的体系，引导新加坡成为具吸引力、独特性、充满活力、更可居宜居且可持续发展的国家和城市。

（二）日本站城一体化——以涩谷站与六本木之丘为例

1. 日本的站城一体化

TOD（Transit-Oriented Development）的中文通常译为“公共交通引导开发”，即为以（包括铁路与公共汽车的）公交站点及线路走廊为基础，进行与交通节点功能融合的土地开发的实践。日本式的 TOD 不仅仅局限于城市空间的规划与设计，而是由同一主体同时承担轨道交通建设和城市开发，从而使城市开发效益直接内涵于铁路开发之中，也使得交通与用地实现无缝衔接，形成了“站城一体化”的模式，这是日本不同于其他各国 TOD 的显著特点（陆化普，2017）。

日本的“站城一体化”开发模式，已从20世纪90年代沿用至今，并经过多次变革，已深入贯彻于轨道交通规划、设计、建设、运营等各个环节，典型的开发模式分为以交通枢纽站为中心的高度复合的集聚型开发模式和与轨道交通线路建设同步的沿线型开发模式两类（日建设计站城一体开发研究会，2014），前者案例包括涩谷站、横滨站、鹿儿岛中央车站等，后者则以新宿站、六本木之丘等为代表。

2. 涩谷站

涩谷在20世纪初还是农田和旷野，在1923年东京大地震之后定居者逐步增多，东急东横线和银座线都在涩谷设站，这个区域在1932年正式成为东京市的一个区。二战后东京市中心损毁严重，但是涩谷受到战争的影响小，因而涩谷稍远于市中心的缓冲区域开始被大规模开发。至1968年日本承办东京奥运会，涩谷正式由居住用地改为混合用地，得到进一步开发（图10-25）。

图10-25 涩谷鸟瞰图

资料来源：https：//www. nikken. co. jp/ja/projects/mixed_ use/shibuya_ scramble_ square_ the_ first_ phases. html.

因而涩谷站的形成是以上相当长的累积过程。21世纪初，已有9条线（JR山手线、JR埼京线、JR湘南线、东急田园都市线、东急东横线、京王井头线、地铁银座线、地铁半藏门线、地铁副都心线）从涩谷站经过成为仅次于新宿的第二大交通枢纽。但长期规划不当的开发也使得站点附近拥挤不堪，经济效益持续下滑。2005年12月，涩谷站及其周边地区被列为城市更新紧急情况区（Urban Renaissance Emergency Development Area）。东京市为此成立了涩谷站地区基础设施发展委员会，这个委员会由专家、政府官员和铁路公司共同组成，为未来的涩谷制定计划，这是涩谷站更新项目的开始。

涩谷站更新项目由涩谷区政府总体控制，分区块承包给多家私人开发商。这是由于20世纪60—80年代日本地铁亏损严重因而从国有转包给私营公司，由于仅靠运营地铁的收入微薄，因而地铁周边的地块往往会一起交由私营企业开发。

更新项目主要分为两部分：一是涩谷站的内部改造；二是涩谷站周边城市地块的综合开发。站内改造主旨在于简化换乘过程，增加公共交通设施与城市的联系。主要有如下措施：将东急东横线从地面移至地下，方便换乘的同时优化了地面空间配置；埼京线（Saikyo Line）站台与山手线（Yamanote Line）站台合并，增加站台空间并且方便换乘；将东京地铁银座线的站台与涩谷未来之光（Shibuya Hikarie）商场合并，商场作为城市街道和交通站台之间的连接区域，增加了商业所需客流，创造了独特的城市公共空间体验。

更新项目的第二部分在于周边地块整体开放，主要通过设置城市核心点位和增加人行道路连接两大手段。其中，城市核心是指通过在重要点位设置综合性大楼，并将大楼中的低矮楼层作为城市公共空间服务于一般市民。与之相辅相成的行人道路连接则是在水平方向上大量设置人行道，增加区域步行可达性。以其中涩谷站大厦（Shibuya Scramble Square）为例，作为涩谷站地铁上盖，地下2层可以换乘田园都市线、东急东横线、半藏门线和副都心线；1层可以到达JR线、3层可换乘银座线，便捷的交通连接带来巨大的商业人流。地下2层至14层均为综合商业，15层为产业交流空间，17~45层为办公，45~47层为观景设施。面对著名的涩谷人车分离十字路口，涩谷站大厦成为一个全新意义上的垂直城市广场。

3. 六本木森林

六本木之丘（Roppongi Hills）位于东京都市核心区西南部，是由森株式会社开发建设的六本木新城建筑群，总占地面积约为11.6公顷，耗资2864亿日元。六本木之丘不仅是日本有史以来由民间主导、规模最大的城市更新项目，也是当时世界上最大规模的民间主导、政府配合的更新改建项目（图10-26）。

图10-26　六本木之丘照片

资料来源：https：//en.wikipedia.org/wiki/Roppongi_ Hills#/media/File：Roppongi_ Hills_ 2013-12-01.jpg.

在城市更新之前，这块基地上已建有一栋老旧的朝日电视台的旧总部，一个没有特色的办公街区，一栋兴建于1955年的国民住宅，以及一片拥挤简陋的住宅区，巷道狭窄、建筑简陋、设施陈旧，并有严重的防灾问题。由于六本木之丘地区的土地权利关系人多达380位，整个更新过程从开始协调到获得权利关系人百分之百同意，再导最终完成建设工程，共历时17年（表10-1），其中13年用于土地谈判等前期开发策划，这一期间还历经了日本泡沫经济时期，土地价格发生剧烈变动，其过程之艰辛可见一斑。

表10-1　六本木之丘开发历程表

年份	关键动态
1986	六本木六町目地区经东京都厅指定为“再开发诱导区”
1988	街道建设恳谈会活动开始
1990	设立六丁目地区再开发筹备组合、专门研究委员会活动开始
1995	再开发地区计划出台
1998	成立六本木六町目地区区域再开发组合，12月开始建筑设计
1999	完成建筑设计，完成权利变换计划，办理公开展览
2000	权利变换计划核定，4月陆续开工，9月六本木之丘（Roppongi Hills）名称确定
2003	再开发工程全部完工，4月开业

六本木之丘不仅是东京城市更新实践的代表，也是城市土地高效利用、空间立体化设计的典范。一方面，六本木六町目地区专门建立了一个由国家与地方政府官员、学术和商业界人士共同组成的专业委员会，制定了一个周详的城市再开发设计方案。委员会根据六本木地区不同区块的特性，把该地区分为3类区块：保存现状的区块、修复型城市改建促进区块、综合型超高层规划区块。这些区块不受现有城市规划规定的限制，而是遵循专门为3类区块定制的设计准则。其中，六本木之丘所在地则被划为综合型超高层规划区块，该类型的用地单位区块面积不少于10公顷，容积率达到8，奠定了其“高层低密”的空间利用模式，促使其在充分挖掘城市的竖向空间的同时保证充足的绿化面积。

另一方面，六本木新城在规划时就考虑到将地铁交通系统与都市公共交通系统相结合，并建立了良好的区内交通体系。到达六本木新城主要可以经地铁涩谷线到“六本木站”、经地铁大江户线到“六本木站”或“麻布十番站”及经地铁南北线到“麻布十番站”。此外，都营公共汽车有4条路线、港区社区公共汽车有2条路线通往六本木新城。在这样的基础上，六本木之丘在设计之初就将人行动线放在第一位来考虑，并以垂直化动线组织来思考建筑的空间构成。森株式会社前社长森稔认为，日本人之所以每天有2.5小时的平均通勤时间，是因为习惯了由欧美现代城市所发展出来的职住分离模式。然而，当社会发展到了后工业信息时代，对城市地区土地效能的挖潜应该更进一步。因此，他将六本木之丘视为落实“垂直花园城市”这种新的城市形态的大好机会，应将以往职住分离型城市转变成职住混合型城市，以实现城市空间、自由时间、绿化面积、安全与选择都倍增的目标，从而设计出与纽约曼哈顿完全不同的、绿意盎然的超高层城市。在多年的坚持和努力之下，六本木之丘确实达到了这个目标：六本木之丘以 54 层高的森大楼为中心，配合巧妙的动线设计，有效地将森大楼、4 栋住宅大楼，以及君悦酒店、朝日电视台、维珍 TOHO 影城、图书馆、书店，甚至还有一座寺庙联系在一起。同时，设计者还利用不同的空间高差连接了不同高度的平台、绿地空间与都市广场，游走在这片区域宛如漫步于一个优美错落的山丘公园。

4. 站城一体化带来的立体城市启示

日本的站城一体化实践走向了一条和美国式“摊大饼”网格化截然不同的道路，大型公共交通加综合商业的配置相较于私人汽车加购物中心的配置，对汽车和路网的压力较小，对步行更加友好。这不仅为城市空间垂直化、集约化的高效利用积累了有益的经验，更为特大型都市发展的战略选择和开发模式提供了新的思路。同时，日本不同站城一体化项目背后的弹性运行机制一改从前政策法规单一化、城市格局均质化的“平头”模式，也可为土地调控、法规编制、空间设计等工作带来思路上的启发。

（三）日本古镇保护——古川町的社区营造

1. 古川町简介

岐阜县位于日本中部，是日本的第七大城市。岐阜县古川町始建于明治八年，整体城镇格局属于防卫型城下町，南边为城，北边为寺院，东边为武士住宅区，西边为商人住宅区。目前，古川町的主要产业以林业和小型物资业、旅游业为主，人口保持在 1.5 万—1.6 万之间。

20 世纪 50—70 年代，日本经济高度发展，古川町和日本其他的市町村一样也面临着巨大的挑战：劳动力人口的大量迁出导致人口的老龄化，空屋现象严重，产业发展受阻；环境污染加剧，穿城而过的濑户川遭到污染，其中的锦鲤数量持续减少；传统的古川町文化与风貌不断被破坏，古川祭仪式后继无人。也是在这样的大背景之下，日本在 1957 年第一次提出了社区营造的概念，并积极在日本各地开展实践。到了 80—90 年代，社区营造已进入多元化发展的阶段。古川町正是在这种社区营造热潮之中，开展广泛多样的社区营造活动，并于 1993 年获得了日本“故乡营造大奖”的殊荣，奠定了今日社区营造之典范的地位（图 10-27）。

图 10-27　古川町的空间变化图

（西村幸夫摄）

2. 古川町社区营造的缘起

古川町拥有丰富的林场，加上常年以来科学的管控和适度的砍伐，使得此处木材充足且质量上乘。古川町也是木匠之乡，町中的“飞驒匠师”早在一千多年前就已驰名全日本。据说，古川町每130人中便有一位匠师，且至今还保持着这样的数量。相应地，古川町浓厚的匠人营造传统也被很好地延续了下来。一方面，本地匠师继承了日本古代的建造技艺，使町内的建筑保持着很好的传统风貌，甚至形成了保护飞驒风格木造建筑传统的不成文的规定，即新建、改建建筑应与传统风貌一致或至少协调，现代风格的建筑在这里反而不被欢迎。这样的居民自发形成对“老规矩”的默契和共识在其他的正被现代化和城镇化冲击的村镇中非常少见。另一方面，整个古川町在保护传统风貌的过程中逐渐开始重视对町内城镇景观特色的打造。特别是从二三十年前开始，继承了传统风格的古川特有的町家设计开始广泛传播，形成了一种在木梁下装饰“云”样图案，不同木匠打造的云式雕饰各不相同，而这种“云”样图案也在后期发展为一个特有的形象而融合进了路牌、垃圾箱、店铺招牌等其他物件的设计上，形成了特点鲜明又具有整体性的建筑和文化特色。

1974年，有关是否要针对古川町编制城市景观保护条例问题第一次被提出来，但是这个问题仅仅引起了小范围的讨论，后续并未有额外的进展。1986年，民间组织古川町观光协会设立了古川町景观设计奖，并开始了以早先确立的町家设计为基础的建筑风格的推广活动。同年，日本国家信托组织对古川町开展了一次旅游资源保护调查。借助这次调查，古川町的城镇景观的价值得到了国内外的高度评价。1988年，来自观光协会、青年会议所的有志之士发表了报告，根据调查结果提出了保存中心地区的街道景观、整顿濑户川的景观等建议。至此，政府开始认为形成相应的城镇景观设计制度是必要的。

1991年10月，古川町召开了由38名镇民组成的第一届城镇景观研究委员会（由主体大委员会和工作组小委员会组成，统称委员会）。在这里，广大市民开始讨论古川町的景观形象目标。然而，这种讨论在较长的一段时间内一直没有达成一致。1992年10月，古川町景观指导计划制定调查（简称“指导计划调查”）启动。调查延续了前一年的委员会的五次讨论（包括3次小组委员会），并最终得出了对编制景观条例的基本原则：第一是在市中心形成以传统风格为基础的城镇景观；第二是审查应包括郊区在内的大范围大型建筑；第三是应通过不依赖于默认规则的条例进行管制和支持。然而，景观指导计划调查仅仅为景观条例的初步方案提供了基础，相应可操作的实施制度仍未成型。

在此期间，居民自发的活动也变得活跃起来。例如，1993年，当地居民志愿者和专家出版了旨在调研古川镇历史文脉和街区风貌的《飞驒古川城市足迹》（图10-28）。该书是一本社区散步导览手册，通过游历在古川町的所见所闻为脉络，阐述了古川町的空间特色和营造建议，具有很强的社区营造内涵。值得一提的是，《飞驒古川城市足迹》一书作为一个发自地方的构想，不仅启发了古川町当地的社区营造，还被采纳成为国家政策，导致了1996年度建设省道路局地方道科市町村道室的示范补助方案“游步之径（Walking Trail）”的诞生（西村幸夫，2007）。

3. 古川町景观基本计划

从1994年7月开始，为了制定具体的条例案，古川町又实施了“古川町景观基本计

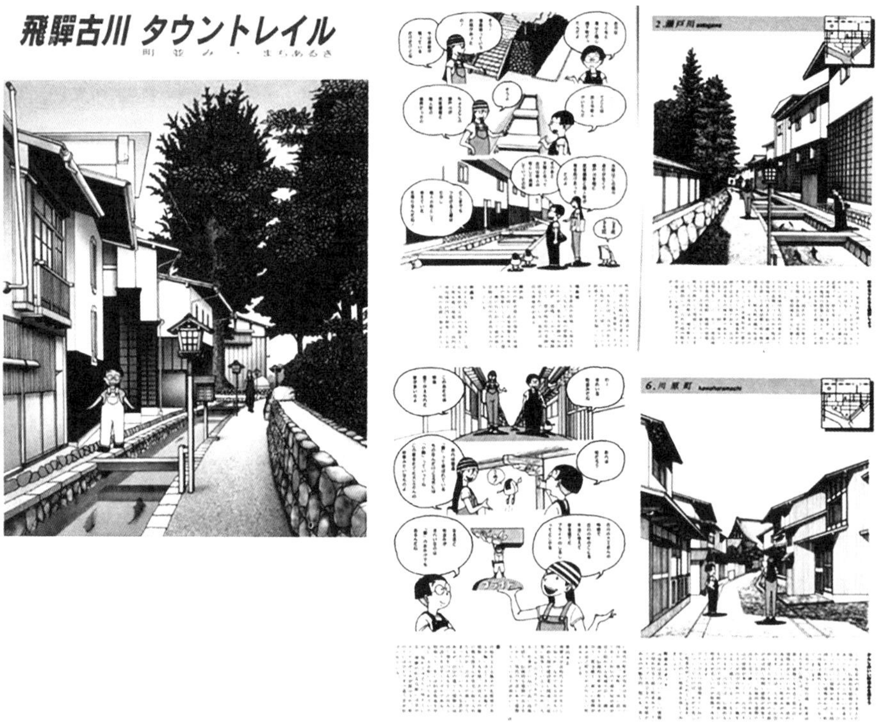

图 10-28 《飞驒古川城市足迹》内容摘选图

（据古川まちづくり研究会，1993）

划制定事业（古川町景観基本計画策定事業）”。在这个过程中，约 80 名町民组成的委员会通过“举旗征询”工作营或分组讨论的模式，尝试增加在景观条例制定过程中的公众参与度。在连续一年多反复的讨论与磨合之下，制定了《古川町景观基本计划》。

《古川町景观基本计划》的编制思路别具一格，是以“三大支柱”和共计“18 个关键词”为脉络对景观营造进行引导和解释的模式，逐一说明了关键词的前提条件、相关社区营造提案以及有代表性的参考照片。

第一个支柱是“社区营造之心”，关键词是“我们的古川”“古川巧思”“古川庆典”“老规矩”“飞驒的匠师”“优雅”。这是一种诗意却有针对性的阐述方式。例如“优雅”指的是鼓励建筑物、招牌、街灯等避免使用高彩度的原色，尽量节制装饰，以保存一种质朴、简单又令人感觉高尚的优雅气氛。

第二个支柱是“地方”，关键词是“被山和田园包围的地方”“和水共生的地方”“有历史气息的地方”“城下町的风情”“我们的玄关口”“新的聚落”“新的玄关口”。很明显，这些关键词的描述很好地反映了古川町的地方特色。

第三个支柱是“建筑”，关键词是“三寺”“仓库”“鱼的窝”“匠心巧意”“铲除屋顶积雪”。这些关键词分别对应了具有当地特色的建筑空间、建造技术和维护要点，以保证整体建筑群在空间和风貌上的协调。例如“仓库”这一项就规定了仓库的道路退让距离、檐口高度、与周边临街立面对齐、维护街道整体景观等要求。

4. 飞驒古川故乡景观条例

在《古川町景观基本计划》的基础上，《飞驒古川故乡景观条例》终于在 1996 年 3 月制定完成，并在同年 4 月公布并实施。就这样，古川町不成文的“老规矩”变成了明文规定的政策制度。

随着条例的实施，在大型建筑物等以及景观形成地区实施了通知、协商、补助制度等，进入了实现目标形象的阶段。同时成立了古川町城市景观理事会（以下简称理事会），每月 1 次，各 4 小时左右的讨论，对所有申报和资助的物业进行审查。古川町风貌保护进入了实现目标形象、进而改善制度的成熟活动时期，也开始了为期十年的环境整顿工程，包括对小街角、小广场的整建，电线杆的迁移，街屋的立面更新等。

古川町社区营造的可贵之处在于它细致的在地调查和充分的公众参与。改造城市的根本还是人的改变，即改造城市居民的观念。在居民认识到自己当地文化的独特性之后，再引导其建立新的标准和规范，才能让它更加可持续的发展、更新。虽然古川町的城镇规模很小，但是整个城镇对景观的认可度很高，并且城镇发展活动中有大量民众和专家的参与。虽然，这样的过程并不总是如此顺利，而且实际的方法应针对具体情况而定。但是，从规划初期就有不同主体自发参与的景观条例的研究与制定，并且遇到困难与瓶颈坚持到底没有半途而废，在类似的城市发展制度的规划工作中，它是一个很好的参考模型。

（四）日本乡村振兴——越后妻有的艺术介入型复兴策略

1. 越后妻有艺术节的产生背景

越后妻有地区位于日本主要稻米产区的本州岛新潟县的南部，有着较为丰富的自然资源，如温泉、梯田、河流，丰富的物产，如稻米、清酒、新鲜食材，以及传统产业，如丝绸、烧陶技术、现代花艺等，历代都是日本的重要粮仓，保留着传统的农耕文化。但由于交通较为闭塞，冬季雪期长，加上日本的产业转型，人口老龄化、少子化问题，故而在近几十年来的城市化中经济衰退，当地人也大多迁至现代产业发达的大城市，造成了大量的梯田、房屋和校舍的荒废（耿欣等，2014）。

从 1992 年开始，新潟县发布“新里创计划”，针对发展滞后的”里日本”发起 5 项倡议：①创造独特的地区价值；②城乡的广域协作；③居民作为参与主体；④重视软实力和过程；⑤市町村与县府的合伙制。同时还追加县府对于提升软实力的补助金，投入总额为 100 亿日元广告宣传费用，这在当时的日本属于是全国罕见的乡村振兴工程。

1994 年，越后妻有作为这一县府工程的一号地区，下辖的市町村与新潟县府共同组成了工作小组，进行乡村振兴的具体作业。1997 年，策展人北川富朗（Fram Kitagawa）正式加入，他深刻地意识到日本山村文化日渐流逝的严重性，故而坚定了通过艺术的力量进行乡土改造的决心，经过考察研究，他产生了“越后妻有艺术链整备构想”。作为召集人，北川富朗先后 2000 多次到乡村开展说明会，最终得到村民的理解和支持，在 2000 年促成并推出了第一届越后妻有艺术节。20 多年来，越后妻有大地艺术节每三年举办一次，每次的会期持续 50 天左右，艺术节所涵盖的区域总面积约 7600 公顷，成为世界上最大的国际艺术节之一（任亚鹏等，2018）。

2. 越后妻有艺术节的特色及代表作品

与其他世界有名的双年展、三年展不同，越后妻有大地艺术节并没有把场地选在大城市的传统展览空间，北川富朗选择把场地放在了“里山”的稻田和森林、河边和山腰、街道、广场和废弃房屋中，艺术家在与当地村民积极沟通交流之后，在对地域文化和自然条件充分了解、认知的基础上，开始主动介入到越后妻有这块土地，作品以独特的方式与自然产生互动和对话，成为自然的一部分。在这里，作品与场所与空间的关系表现为一种具有地域性和风土性的空间，场所不只是一个直接的空间概念，而隐现着地域文化、历史与记忆。以此为契机，艺术节用艺术的纽带把全球各地的人们聚集到这里进行各种各样的实践，重塑那些被遗忘的乡野，唤醒了村民的自我意识与认同感，加深了村民对这块土地的情感与归属感，重新激活了越后妻有片区，是艺术介入型乡村复兴的典范。

第一届艺术节的代表作品《梯田（The Rice Field）》是越后妻有大地艺术祭的象征作品，描绘了传统耕作稻米的情景，由诗文、梯田风景和农夫的雕塑共同构成，融合了“稻米”和“农”的主题（图 10-29）。田野中的艺术品浓缩了越后妻有地区的农耕文化，成为地区的标志，同时也未影响土地原本的使用功能。内海昭子于 2006 年创作的作品在广阔的田野间树立起一个类似窗框的装置，更有白色的窗帘随风飘荡，人们通过艺术的窗口以眺望的视角观看清津川、芋川这些司空见惯的场景，从另一个角度发现自然之美（图 10-30）。

图 10-29　梯田

(The Rice Field)

资料来源：https：//www. echigo-tsumari. jp/en/art/artwork/the_ rice_ field/.

图 10-30　为了那些失落的窗

(For Lots of Lost Windows)

资料来源：https：//www. echigo-tsumari. jp/en/art/artwork/for_ lots_ of_ lost_ windows/.

3. 越后妻有艺术节的理念

越后妻有大地艺术节从创办之初就奉行“人类是自然的一部分”的理念，每个艺术作品都充分展现人与自然的紧密联系。同时，随着展览逐届增加，目前共有来自世界艺术家的 200 多件永久艺术品，加上每年艺术节期间新增的艺术品一起，成为到访游客们游览里山景观的引领，作品间相互延展呼应，通过近观、远观、细品这一系列的关联效果，以串联感知使游客充分释放五感，将游客带入到全方位的浅山场景；同时也有利于地区和居民的艺术性的逐步提高。

在筹备、举办艺术节的过程中，居民被艺术家的热情所感染，逐渐自愿地将自家荒废的房屋及田地交由组委会和艺术家进行活化，并与艺术家一起投入艺术祭的筹备、布展以及后勤支援工作中。许多老龄村民也与大批来自大都市的年轻志愿者组建的“小蛇队（Kohebi-Tai）”也从充满困惑的相互碰撞，逐渐转化为相互欣赏与合作。这种跨代、跨地域、跨背景的合作，促进了居民的深入参与，使越后妻有大地艺术祭深受当地居民的支持与喜爱。而在艺术节中被重新利用的废弃房屋，引导人们关注生活中的艺术（Art de Vivre），也将社区的智慧和记忆传递给后代，充分彰显了地区的独特性和吸引力，让这种地域性的景观和文化被全世界的人所欣赏。[1]

4. 越后妻有艺术节的运营与经济

越后妻有艺术节的运营由十日町市和津南镇政府与2008年设立的非营利组织越后妻有里山合作组织牵头，并有IT公司负责人、企业家、影响者、公司和组织组成的官方支持者等多方合作。[2]在前两届推广、宣传、组织和运营等方面得到了所在地区文化厅、总务省、国土交通省等政府部门的大力财政支持，政府还推动了包括“市町村合并计划”“NEW新潟里内创计划”等在内的社区营造项目，打造着越后妻有大地艺术祭的品牌，以循环创新为资源，迅速激活市场并培育可持续客源。从第三届开始，消费支出的经济效果逐渐增加，在2015年经济效益达到近50.9亿日元，经济支出上也逐渐转向主要由民间文化艺术振兴财团、艺术基金和企业赞助共同支持。在最近的一届2018年的艺术节中，吸引了来自世界各地的54万游客，在票务及相关上下游产业相关收入、扩大就业和旅游业上起到极大的振兴效应（任亚鹏等，2018）。

越后妻有艺术节中运用艺术介入和融入乡村建设的方法，让我们看到了当代艺术和公共艺术在传统村落未来发展的更多可能性。

参考文献

日建设计站城一体开发研究会. 2014. 站城一体开发：新一代公共交通指向型城市建设［M］. 北京：中国建筑工业出版.

柴彦威，史育龙. 1997. 日本东海道大都市带的形成、特征及其研究动态［J］. 国外城市规划（2）：16-22.

董俊. 2020 . 20世纪中期以来的美国高速公路政策与中心城市的衰落［J］. 历史教学问题（6）：32-40+194-195.

葛莹，宋飞凤，李爱国，等. 2013. 美国公共土地测量系统（PLSS）剖析与启示［J］. 地理与地理信息科学（1）：55-59+72.

耿欣，陈可石，高若飞. 2014. 植根于地区风景和环境，通过艺术节实现地区振兴［J］. 中国园林（1）：88-92.

李荣欣. 2018. 日本东海道城市群建设启示录［J］. 前线（4）：76-78.

陆化普. 2017. 导读：日本式TOD及东京的启示［J］. 城市交通（1）：5-6.

马敬然，王浩锋. 2020. 弹性网格：曼哈顿城市形态及合并街区特征研究［J］. 国际城市规划（1）：62-

[1] [2] https：//www. echigo-tsumari. jp/en/about/.

70.
钱玲燕，干靓，张立，等. 2020. 德国乡村的功能重构与内生型发展［J］. 国际城市规划（5）：6-13.
任亚鹏，崔仕锦，王江萍. 2018. 日本浅山区振兴策略调查研究：以越后妻有艺术节为例［J］. 风景园林（12）：41-46.
孙小明. 2017. 战后日本都市圈建设研究［D］. 长春：吉林大学.
王君，刘宏. 2015. 从“花园城市”到“花园中的城市”：新加坡环境政策的理念与实践及其对中国的启示［J］. 城市观察（2）：5-16.
西村幸夫. 2007. 再造魅力故乡［M］. 北京：清华大学出版社.
张庭伟. 2010. 1950—2050年美国城市变化的因素分析及借鉴. 上［J］. 城市规划（8）：39-47.
张文忠. 2001. 日本东海道交通经济带形成和演化机制研究［J］. 世界地理研究（1）：12-19.
郑宇，方凯伦，牛通，等. 2020. 新加坡城市设计审查制度［J］. 国际城市规划（1）：154-158.
AGA（Arbeitsgruppe Artenschutzprogramm Berlin）. 1984. Landschaftsentwicklung und Umweltforschung［R］. Berlin：TU Berlin.
Ajuntament de Barcelona. 2016. Let's fill streets with life establishing superblocks in Barcelona［R］.
Greater London Authority. 2021. The London plan：spatial development strategy Greater London［R］.
Ministry of Housing，Communities & Local Government. 2020. England green belt statistics 2019［R］.
Ballon H . 2012. The greatest grid：the master plan of Manhattan，1811—2011［M］. New York：Columbia University Press.
Busquets Joan. 2005. Barcelona：the urban evolution of a compact city［M］. Boston：Harvard College.
Dahlberg R E. 1984. The public land survey system：the American rural cadastre［J］. Computers Environment & Urban Systems（2-3）：145-153.
Geidezis L，Kreutz M. 2012. Green Belt Europe：structure of the initiative and significance for a Pan European network［C］. Erfurt：Proceedings of the 1st Green Net Conference. University of Applied Sciences：12-21.
Kostof S . 1991. The city shaped：urban patterns and meanings through history［M］. London：Thames and Hudson.
Kowarik I. 2019. The“green belt Berlin”：establishing a greenway where the Berlin wall once stood by integrating ecological，social and cultural approaches［J］. Landscape and Urban Planning（4）：12-22.
Krieger A. 2010. Boston's big dig linear parkland instead of an elevated road system［J］. Topos：European Landscape Magazine（73）：68-76.
Marta B. 2016. Superblocks to the rescue：Barcelona's plan to give streets back to residents［EB/OL］.［06-25］. https：//www. theguardian. com/cities/2016/apr/01/story-cities-13-eixample-barcelona-ildefons-cerde-plannerurbanisation .
Mueller N，Rojas-Rueda D，Khreis H，et al. 2019. Changing the urban design of cities for health：the superblock model［J］. Environment International（134）：105132.
Prentkovskis Olegas，Sokolovskij Edgar，Bartulis Vilius. 2010. Investigating traffic accidents：a collision of two motor vehicles［J］. Transport，25（2）：105-115.
Siedentop S，Fina S，Krehl A. 2016. Greenbelts in Germany's regional plans：an effective growth management policy［J］. Landscape & Urban Planning（1）：71-82.
Smith C. 2006. The plan of Chicago：Daniel Burnham and the remaking of the American city［M］. Chicago：University of Chicago Press.
Tan K W. 2006. A greenway network for Singapore［J］. Landscape and Urban Planning（1-4）：45-66.
Wynn M. 1979. Barcelona：planning and change 1854—1977［J］. Town Planning Review，50（2）：185-

203.

Yuen Belinda. 1996. Creating the garden city: the Singapore experience [J]. Urban Studies (6): 955-970.

Yuen B. 2009. Guiding spatial changes: Singapore Urban Planning [M] // Lall S V., Freire M, Yuen B, Rajack R, Helluin J J. Urban Land Markets. Dordrecht: Springer: 363-384.

Gothe K, Ullrich J. 2019. Die bauliche entwicklung der dörfer und die perspektiven des baubestandes [M] // Nell W, Weiland M Hg. Dorf: Ein Interdisziplinäres Handbuch. Berlin: Springer-Verlag: 117-125.

Schmied D. 2009. Interkommunale allianz oberes werntal: gemeinsam von der außen-zur innenentwicklung [M] // Agrarsoziale Gesellschaft e. V.. Dörfer auf dem Weg in die Zukunft: Herausforderung Innenentwicklung. Göttingen: ASG: 18-21.

古川まちづくり研究会. 1993. 飛騨古川タウントレイル 町並み・まちあるき [M]. 飛騨古川: 古川まちづくり研究会.

附　　录

附表 1　城市国土空间设计重点指引一览表

国土空间类型	总体要求	总体国土空间设计层次重点指引	专项国土空间设计层次重点指引	详细国土空间设计层次重点指引
平坦开阔型城市（平原、盆地为主要地形）	在宏观层面，强调国土空间格局的整体性、空间过程的连续性、空间生态的连通性、空间景观的审美性、空间治理的差异性设计；在设计制度上强调“协同设计观”、在设计范围上主张“全局统筹观”、在设计策略上突显“大地设计观”、在设计目标上树立“多元开放的空间审美观”、在设计情感上呼吁“人文关怀和可持续发展观”	基于城市自身发展定位，重点研究区域气候及地貌的影响下，城乡空间结构与自然地理格局如何共融共生；推进城市总体格局与蓝绿廊道体系的耦合发展；突显城市特色，强调地域特点和历史文脉在空间设计中的体现，合理布局城市重要节点、空间廊道和特色片区，构建丰富有序的城市国土空间设计总蓝图	建议编制街区街道专项设计、重点地段专项设计、城市风貌专项设计、历史文化保护专项设计、公园景区专项设计、地下空间专项设计、城乡协同专项设计等	重点研究城市高度、天际线与重要界面设计；构建具有地方空间形态特征的开敞空间体系，有机嵌入历史文化保护要素；布局科学合理的街区形态、细化城市不同区块的职能分区和开发强度需求，合理设计相应的街区尺寸和道路尺度、街区内建筑群空间组合模式；强化建筑及景观风貌管控；打造有人情味的、高品质的有序场景
多山型城市（山地、丘陵为主要地形）		基于城市自身发展定位，重点研究区域气候及地貌的影响下，山与城、城与人、人与地的关系，探索山水生态格局与城乡空间结构的合理耦合关系；推进城市总体格局与复杂地形环境的有机融合，深化城市景观视廊眺望系统的建构；重视城市竖向空间的综合开发，强调生态和地形在特色文化景观塑造中的体现，形成依山就势、层次丰富的特色城市空间形态	建议编制沿山地带专项设计、山地竖向开发专项设计、山地综合交通专项设计、街区街道专项设计、重点地段专项设计、城市风貌专项设计、历史文化保护专项设计、公园景区专项设计、城镇与自然空间生态修复专项设计等	尊重地形，重点研究因地制宜的空间布局形态和交通组织模式；深化沿山地区建筑高度、建筑风貌和景观视廊的导控；突出沿山地带景观廊道、景观节点、景观标志物的塑造与连通；注重“吊脚、挑台、跌落、错层”等山地建筑模式的应用，打造突出山地空间的个性场景
滨岸型城市（与大尺度江河湖海相邻为主要地形）		基于城市自身发展定位，重点研究区域气候及地貌的影响下，水、陆、城、乡、人的时空关联；突出城市总体格局中从内陆空间至核心水体的渐进式空间层次，提升重要滨岸空间和城市界面的可识别性，明确风貌控制要求；注重滨岸人工环境的低影响开发和可持续发展，对于沿江河湖城市，推进开发核心水体的雨洪调蓄、生物栖息、污水净化等生态功能；对于沿海城市，推进海洋生境、海洋经济、海洋能源与城市开发模式的耦合	除编制常规专项设计之外，沿大型江河湖城市建议编制滨水空间（沿江、滨河、环湖）专项设计、水岸文化旅游专项设计、流域专项设计等；沿海城市建议编制海岸带专项设计、海岛保护利用专项设计、海洋文化旅游专项设计、海洋能源产业专项设计、海洋空间生态修复专项设计等	重点研究滨岸空间的功能布局，将城市交通、蓝绿廊网、空间视廊等一系列线性“通道”向岸线打通，形成面向核心水体的城市骨架结构；深化岸线空间、港湾空间、海岛等各类城市特色景观的营造；加强临海、沿江、滨河、环湖区域的特色塑造，打造城市滨水风光前景、建筑界面中景和远山天空背景相融合的特色场景，塑造视野开阔而富有韵律的城市空间

附表 2　乡村国土空间设计典型指引一览表

地区分布	总体要求	景观风貌指引	乡愁文化指引	通道结构指引	空间形态指引	意象意境指引
江南水乡乡村	明确地域性、自然性和乡愁情是乡村国土空间设计的 3 个最基本的特性。树立“面向未来”的历史观、“人地和谐”的审美观、“顺应自然”的生态观、“尊重文化”的人文观。在设计原则上，遵循整体性与多样性相结合、本土性与时代性相结合、现实性与持续性相结合、原真性与健康性相结合	重点研究以塘浦圩田、鱼米之乡为主要特征的农业生活生产景观；细化浙西、浙东、太湖流域等不同地区河湖水网格局和乡村聚落空间肌理的差异，进行景观风貌的分段设计指引；加强水田作物、水生动植物、竹木等乡土植物在景观设计中的应用；以“水、田、林、村”为基底进行生态筑景，塑造水行于外、田成于内、绕堤而居、水网纵横、白墙黑瓦的乡野大地景观	重点研究“小桥、流水、人家”式的吴越文化地缘特征和吴俗重祭的宗族血缘特征；深入挖掘物质形态的乡愁载体，如乡景、民居、美食、特产等，尤其是乡村重要的文化记忆空间；活态传承非物态形式存在的乡愁载体，包括吴侬软语等“乡音”，越剧昆曲和摇橹渔猎等“乡趣”，景德镇手工制瓷等“乡技”，鲜咸合一、清甜和“臭霉”等“乡味”	遵循地方发展脉络，在乡村道路设计时考虑陆路与水陆并行的交通路网特征；在水域空间设计时注重河、溪、渠等水系廊道的空间分布特征和生态服务功能，包括水体的自然生态性、水体动植物的多样性、自然驳岸和人工驳岸的结合等；自然而然地保护和修复“家园”，加强乡村家园与土地能量交换的通道通畅性，如乡村产业与实践活动契合，农民生活习惯与科技应用结合	突出较为密集的水网、复杂丰富的街巷格局和小微尺度的合院肌理相组合的蛛网式总体布局特征；协调新老交替空间的分区控制；在相对扁平化的空间序列中突出移步换景的景观组织方式和空间体验；加强对江南水乡建筑的高度、体量、立面、选材、色彩等特色风貌提炼，鼓励设计师实践具有现代性和未来感的空间形态语言	师法自然，立意取象，如清溪、苇塘、虫鸣、莲叶等自然景观，水稻田、油菜地、茶园等农田景观，水巷、田埂等道路景观；鱼渚、躬耕、采茶等农事活动；随象赋形，设计兼具江南水乡特质和现代使用功能的建（构）筑物，如拱桥、码头、乌篷船、竹篱、广场、美术馆、剧院、咖啡厅等；以时入境，构建烟雨蒙蒙、鱼戏莲叶、桂花浮玉、严霜结庭的场景化诗居境界
客家岭南乡村		重点研究以桑基鱼塘、蔗基鱼塘和果基鱼塘为主要特色的立体农业生产生活景观；细化福建、粤港澳、广西等不同地区山水格局和乡村聚落空间肌理的差异，进行景观风貌的分层设计指引；加强亚热带植物和热带雨林植物，如棕榈科植物、榕属植物、花灌木和色叶植物在景观设计中的应用；以“岭、田、水、村”为基底进行生态筑景，塑造内筑堤围垦、山水纵横、陆海相荡、层层梯田、青墙黛瓦白地的南国大地景观	重点研究“因水而兴、近水聚居”的广府文化地缘特征和依山就势的客家文化地缘特征，敬祖祭祀的岭南宗族血缘观；深入挖掘物质形态的乡愁载体，如乡景、民居、美食、特产等，尤其是乡村重要的文化记忆空间，如祠堂、碉楼、书院等；活态传承非物态形式存在的乡愁载体，包括阳江话、粤语等“乡音”，岭南武术、醒狮、鼓乐等“乡趣”，广州玉雕、粤秀、赣南客家剪纸等“乡技”，原汁原味和清淡鲜甜的“乡味”，岭南画派、广府诗坛等“乡艺”	遵循地方发展脉络，在乡村道路设计时在近水区域考虑水路与水陆并行、与海上丝绸之路相衔接的交通路网，靠山则更注重突显顺应山势和灵活曲折的交通路网特征；在绿道设计上将古驿道纳入廊道体系，把交通绿道、生态廊道与遗产廊道结合，整合串联沿线历史文化遗产、生态、旅游等资源	突出横向巷道较少、纵向里巷较深的梳式和棋盘式街巷格局，近水网格化，靠山自由松散的总体布局特征；充分考虑当地建筑文化特色和居民生活习惯，保留古村落三间两廊、客家围楼、顺德祠堂和南海庙等特色建筑类型，因地制宜提出新建住宅的占地面积、高度、装饰、色彩、风貌等管控与指引；引导村民建立对乡土材料的认同感，增加乡土材料在建造活动中的使用，如竹料、石材、土等，打破材料与建筑形态间传统的固定搭配，并对其进行改良和提升，形成新的组合方式	立意取象，如古榕、河涌、海口、高岗、塱草等自然景观；基塘、梯田、沙田、橡胶林等农田景观；采椰、春耕、稻田养鱼等农事活动；造船、航海等贸易活动；随象赋形，设计兼具岭南特质和现代使用功能的建（构）筑物，如港口、钓矶、广场、美术馆、剧院、咖啡厅等；以情入境，构建“涌生咸草、前长大榕，家伴黄皮、旁偎龙眼，村立白兰、山有沉香”的岭南园村美学场景

续表

地区分布	总体要求	景观风貌指引	乡愁文化指引	通道结构指引	空间形态指引	意象意境指引
西南民族乡村	明确地域性、自然性和乡愁情是乡村国土空间设计的3个最基本的特性。树立“面向未来”的历史观、“人地和谐”的审美观、“顺应自然”的生态观、“尊重文化”的人文观。在设计原则上，遵循整体性与多样性相结合、本土性与时代性相结合、现实性与持续性相结合、原真性与健康性相结合	重点研究以川西林盘、滇西纵谷、藏南谷地、藏东峡谷、陂塘梯田及“坝子（小平原）”为主要特色的农业生产生活景观；结合村庄地形地貌和聚落特征，按照村庄类型，对山体林地、水体田园等村庄自然环境要素进行风貌控制和引导；加强亚热带季风气候区植物在景观设计中的应用；以“山、田、水、村”为基底进行生态筑景，塑造雨林茂密、村寨俨然的乡野大地景观	重点研究巴蜀文化、三国文化、红色文化、康藏文化、少数民族文化等特色文化，通过对西南地区传统特色文化要素的挖掘和整合，得出西南地区历史文化城镇传统特色文化的传承体系；结合居民点传统风貌特色，确定整体风貌景观绿化、环境小品等风貌引导要求；探索形成具有地域特色农村民居新范式，遵循传统自然材料与现代建造工艺相结合，营造浓郁的乡土气息	通道结构形态主要有两种形式：地形较平坦的村庄为树枝状，地形高差比较大的山地村庄为条纹状；因循自然法则，依水而聚、筑林而居、近田而作，谷底而建、沿路而居形态，依山而建、团簇而居；民族文化与当地自然环境融合，建筑方式体现本民族的物质和精神	农房风貌要突出体现地域特点、民族特色、文化特征，农房屋面鼓励采用坡屋面，大步檐廊、住房风貌与村容村貌和自然环境相协调，明确农房建筑面积、层数高度，建筑材料、屋顶形式、典型符号与装饰、建筑色彩等风貌控制要求，提出特色民居图例（包括立面和户型结构）	塑造自然风光雄奇、民俗风情丰富、带有几分神秘色彩的空间意象；重点研究以地形参差、气温殊异、物产不均和少数民族为主要因素形成的多样性与奇异性的西南民俗风情，注意地形地貌与西南乡村建筑的关系；对吊脚楼、三合院、转角楼、四合院等不同的建筑形态予以保护和运用；保护洼田、梯田、河流等田园风光，保护峰林、喀斯特地貌等景观要素，维护少数民族举办民间节日的活动场所
华北平原乡村		包括北京市、天津市、河北省、山东省、河南省、安徽省等区域；由于地形和气候优势，华北平原乡村大面积农业种植是核心风貌特色；设计重点体现平原地区气派、疏阔的风光特色，表现阳刚的气质；农业以种植高粱、玉米、小麦等传统粮食作物，北方降雨量少，水资源缺乏，因此必须筑渠引水，满足灌溉的需要，因此形成“沟洫”“田成片，林成行”的农耕文化景观	设计“村口大槐树”、白杨树与厚实稳重民居组合、红砖灰瓦等物质乡愁记忆；聚落内建筑界面和街道界面设计应运用具有本地特色的乡土材料；植物配置宜考虑国槐、刺槐、杨白蜡、银杏等地方树种；空间设计需考虑文化、技艺传承、美食等“非物质”乡愁记忆，京剧、豫剧、评剧、黄梅戏等“乡趣”	遵循地方发展脉络，在乡村国土空间设计时考虑以陆路与河、渠等水系廊道为通道实体，充分考虑空间分布特征和生态系统服务功能，包括道路两侧植物配置和景观风貌、水体的自然生态性、水体动植物的多样性、自然驳岸和人工驳岸的结合等	乡村空间形态以“组团聚居、大田耕种”为典型特征，以大田、房舍、道路为核心构成要素；空间布局上形成村落散落于农田景观中，村落间阡陌交通、紧密相连、坐北朝南的形态肌理；空间集聚性和开放性兼而有之，孕育中国北部典型的耕种文化景观	华北地区囊括燕赵文化、齐鲁文化和苏北文化等地方文化特征，环境氛围感知多用“厚重”“浓郁”“古老”“传统”形容，其中黄河文化是自然风貌感知较为突出的组成部分，具体来说，皖北和鲁西北区域受地方传统文化影响，形成古风遗韵、厚朴雄浑的乡村意象；京津冀地区受都城文化熏陶，历史文化底蕴深厚，主要表现的是古都风韵，严整的建筑布局和富有秩序的乡村意象

续表

地区分布	总体要求	景观风貌指引	乡愁文化指引	通道结构指引	空间形态指引	意象意境指引
东北地区乡村	明确地域性、自然性和乡愁情是乡村国土空间设计的3个最基本的特性。树立"面向未来"的历史观、"人地和谐"的审美观、"顺应自然"的生态观、"尊重文化"的人文观。在设计原则上，遵循整体性与多样性相结合、本土性与时代性相结合、现实性与持续性相结合、原真性与健康性相结合	重点研究沃野千里、水绕山环、高寒游牧的农业生产生活景观；细化松嫩平原、辽河平原和三江平原等区域的江河水网格局和乡村聚落空间肌理的差异；加强东北严寒区植被针叶林、针阔叶混交林、草甸、冷季型植物，如杨树、松树、大榆树等乡土植物在景观设计中的应用；以"山、田、水、村"为基底进行生态筑景，塑造夏季漫山遍野、郁郁葱葱、雄伟挺拔，冬季白雪皑皑、白山黑水的乡野大地景观	重点研究农牧融合的关东文化地缘特征及由其衍生出的冰雪文化和拜火尚自然的宗族血缘特征；深入挖掘物质形态的乡愁载体，如乡景、民居、美食、特产等，尤其是乡村重要的文化记忆空间；活态传承非物态形式存在的乡愁载体，包括东北方言等"乡音"，二人转、东北大鼓、秧歌等"乡趣"，冰雕、盘坑等"乡技"，咸香酸混合的炖菜和咸甜分明的炒菜"乡味"	东北地势平坦开阔，道路受地形影响较小，在乡村国土空间设计时需着重考虑严寒气候和极端气候对道路设计的影响；加强尺度较小的乡村廊道与城市、自然生态廊道的紧密性和联通性，确保大型开放空间、森林和农田区域的生态安全，对其进行网络化空间设计并建立设计标准，例如东北虎等大中型哺乳动物迁徙廊道、东北中部自然灾害极端事件高发地区的洪涝通道等	地形地貌分为山地、平原、台地3种，聚落类型多放射状、带状、团块状或不规则状；建筑类型延续当地小家大院、平行联排、独栋前后院，狩猎和游牧民族的"撮罗子"等，建议针对村民的需求进行优化调整；在建筑风格上受少数民族及俄罗斯的影响，呈现融合的状态；加强对东北建筑的屋顶、高度、体量、立面、选材、色彩等特色风貌提炼	立意取象，如冰雪、火坑、河湖、旷野、林地等自然景观，麦田、玉米地、红高粱等农田景观，冬捕、夏耕，狩猎、机械化农业等农事活动；随象赋形，设计兼具关东文化特质和现代使用功能的建（构）筑物，如用混凝土、木材做出横平竖直、大开大合的公共建筑；以情入境，构建北国风光、千里冰封、万里雪飘的场景化旷达境界
西北地区乡村		重点研究地域文化特色在空间设计中的体现，强调戈壁沙滩、荒漠草原、戈壁荒漠、峡谷山丘等特色地貌与乡村空间的结合；深入调研具有当地特色的建筑空间，并在此基础上对其进行现代化升级，形成反映当地文化的、适应当地环境的、改善当地居住条件的建筑空间，并加强草甸、木屋、图腾、栅栏、民族建筑等村落特色元素在乡村设计中的应用	西北大地神奇壮美，雪山荒漠、秦岭山脉与黄土高原文化精神的土壤，诞生了中国山水画的人文气质；五里不同风，十里不同俗，加之一些民族又是西北地区特有民族，因此民俗事项十分独特，从岁时节会到人生礼仪、衣食住行、民间信仰、体育游艺、音乐舞蹈等，都有丰富的遗存，在乡村文化建设中予以挖掘与保护	西北少数民族聚居区大多为放牧为生，因此西北的聚落常常泽水而居，由于小河零散分布，所以点状、带状分布的村镇、农田零散分布，一般多在地势缓和的地区，马和骆驼为牧区重要运输工具；乡土树种生命力、适应性强，能有效地防治病虫害大爆发，在道路绿化树种的选择中要以乡土树种为主，适当引进外来物种，多用色彩鲜艳的彩叶植物，有利于提升乡村空间的明亮度，烘托乡村的景观色彩	"地形、气候、水系"区域分异的生态多样性特征及自然地理环境的生态脆弱性特征，奠定了村落营建的基础条件，传统住宅多采用前院或后院住宅形式，避险防灾成为空间形态营建的主要内容	塑造古朴、粗犷、自然、厚实的空间意象意境，同时结合西北地区的少数民族传统文化元素，如月亮、清水、牛、草原等的意象表达，使得乡村空间具有一定的审美亲和力、家园归属感

附表 3　国土空间设计编制、管控及传导要求一览表

国土空间设计主要内容		总体国土空间设计						城市国土空间设计									乡村国土空间设计		
		跨区域			市县域			中心城区总体设计			城市片区详细设计			城市街区（地块）详细设计					
		内容编制	引导控制	法定传导	内容编制	引导控制	法定传导	内容编制	引导控制	法定传导	内容编制	引导控制	法定传导	内容编制	引导控制	法定传导	内容编制	引导控制	法定传导
现状研究与评价	现状空间格局	●	—	—	●	—	—	●	—	—	●	—	—	●	—	—	●	—	—
	现状风貌特征	●	—	—	●	—	—	●	—	—	●	—	—	●	—	—	●	—	—
	历史文化价值	●	—	—	●	—	—	●	—	—	●	—	—	●	—	—	●	—	—
目标定位	区域功能的整体定位	●	■	▲	●	■	▲	●	■	▲	●	■	▲	●	—	▲	●	■	▲
	区域风貌的整体定位	●	■	▲	●	■	▲	●	■	▲	●	■	▲	●	—	▲	●	■	▲
	空间可持续设计机制	●	■	▲	●	■	▲	●	■	▲	●	■	▲	●	—	▲	●	■	▲
	空间治理差异性设计机制	●	■	▲	●	■	▲	●	■	▲	●	■	▲	●	—	▲	●	■	▲
资源保护与利用	自然资源保护与利用	●	■	▲	●	■	▲	●	■	▲	●	■	▲	●	—	▲	●	■	▲
	文化资源保护与利用	●	■	▲	●	■	▲	●	■	▲	●	■	▲	●	—	▲	●	■	▲
国土空间结构	总体空间结构设计	●	■	▲	●	■	▲	●	■	▲	●	■	▲	—	—	—	●	■	▲
	重大设施选址优化	○	□	△	●	■	▲	●	■	▲	●	■	▲	—	—	—	●	■	▲
	城乡空间联动设计	○	□	△	●	■	▲	●	■	▲	●	■	▲	—	—	—	●	■	▲
	陆海空间联动设计	○	□	△	●	■	▲	●	■	▲	●	■	▲	—	—	—	●	■	▲
	生境模式建构设计	○	□	△	●	■	▲	●	■	▲	●	■	▲	—	—	—	●	■	▲
国土空间强度	国土空间开发强度	○	□	△	●	■	▲	●	■	▲	●	■	▲	●	—	▲	●	■	▲
	国土空间利用效率	○	□	△	●	■	▲	●	■	▲	●	■	▲	●	—	▲	●	■	▲

续表

国土空间设计主要内容		总体国土空间设计						城市国土空间设计									乡村国土空间设计		
		跨区域			市县域			中心城区总体设计			城市片区详细设计			城市街区（地块）详细设计					
		内容编制	引导控制	法定传导	内容编制	引导控制	法定传导	内容编制	引导控制	法定传导	内容编制	引导控制	法定传导	内容编制	引导控制	法定传导	内容编制	引导控制	法定传导
国土空间用途	明确重要管控边界	○	□	△	●	■	▲	●	■	▲	●	■	▲	●	—	▲	●	■	▲
	优化国土空间用途	○	□	△	●	■	▲	●	■	▲	●	■	▲	●	—	▲	●	■	▲
国土空间布局	总体布局特征	○	□	△	●	■	▲	●	■	▲	●	■	▲	—	—	—	●	■	▲
	大地景观格局	○	□	△	●	■	▲	●	■	▲	●	■	▲	—	—	—	●	■	▲
	文化景观格局	○	□	△	●	■	▲	●	■	▲	●	■	▲	—	—	—	●	■	▲
	交通网络系统	○	□	△	●	■	▲	●	■	▲	●	■	▲	—	—	—	●	■	▲
	公共空间系统	○	□	△	●	■	▲	●	■	▲	●	■	▲	—	—	—	●	■	▲
国土空间形态与轮廓	本地发展适应性形态	—	—	—	○	□	△	●	□	△	●	□	△	●	—	△	●	□	△
	地形地貌适应性形态	—	—	—	○	□	△	●	□	△	●	□	△	●	—	△	●	□	△
	环境气候适应性形态	—	—	—	○	□	△	●	□	△	●	□	△	●	—	△	●	□	△
	空间高度控制	—	—	—	—	—	—	●	□	△	●	□	▲	●	—	▲	●	□	▲
	重要天际线设计	—	—	—	—	—	—	●	□	△	●	□	△	●	—	△	●	□	△
	重要国土空间界面设计	—	—	—	—	—	—	●	□	△	●	□	△	●	—	△	●	□	△
国土空间风貌与标志	空间风貌分区	—	—	—	○	□	△	●	■	△	●	■	△	●	—	△	●	■	△
	空间色彩控制	—	—	—	—	—	—	●	□	△	●	□	△	●	—	△	●	□	△
	景观轴线	○	□	△	○	□	△	●	■	△	●	■	△	●	—	△	●	■	△
	景观视廊	—	—	—	—	—	—	●	■	△	●	■	△	●	—	△	●	■	△
	标志性景观与节点	○	□	△	○	□	△	●	□	△	●	■	△	●	—	△	—	—	—

续表

国土空间设计主要内容			总体国土空间设计						城市国土空间设计									乡村国土空间设计		
			跨区域			市县域			中心城区总体设计			城市片区详细设计			城市街区（地块）详细设计					
			内容编制	引导控制	法定传导	内容编制	引导控制	法定传导	内容编制	引导控制	法定传导	内容编制	引导控制	法定传导	内容编制	引导控制	法定传导	内容编制	引导控制	法定传导
重点地区设计	重点功能发展地区（城市）	城市中心区	—	—	—	—	—	—	●	□	△	●	■	△	●	—	△	—	—	—
		城市门户地区	—	—	—	—	—	—	●	□	△	●	■	△	●	—	△	—	—	—
		新城新区	—	—	—	—	—	—	●	□	△	●	■	△	●	—	△	—	—	—
		旧城更新区	—	—	—	—	—	—	●	□	△	●	■	△	●	—	△	—	—	—
		产业园区核心区	—	—	—	—	—	—	●	□	△	●	■	△	●	—	△	—	—	—
		交通枢纽地区	—	—	—	—	—	—	●	□	△	●	■	△	●	—	△	—	—	—
		特色城市风貌地区	—	—	—	○	□	△	●	□	△	●	■	△	●	—	△	—	—	—
	重点功能发展地区（乡村）	乡村中心区	—	—	—	—	—	—	—	—	—	—	—	—	—	—	—	●	■	△
		村头与村尾	—	—	—	—	—	—	—	—	—	—	—	—	—	—	—	●	■	△
		特色乡村风貌地区	—	—	—	○	□	△	—	—	—	—	—	—	—	—	—	●	■	△
		重要农业空间	—	—	—	○	□	△	—	—	—	—	—	—	—	—	—	●	■	△
	重要景观资源相邻地区	重要沿山地区	—	—	—	○	□	△	●	□	△	●	■	△	●	—	△	●	■	△
		重要滨岸地区	—	—	—	○	□	△	●	□	△	●	■	△	●	—	△	●	■	△
		郊野生态及风景区	—	—	—	○	□	△	●	□	△	●	■	△	●	—	△	●	■	△
	历史风貌与遗产保护区	历史文化风貌地区	—	—	—	○	□	△	●	□	▲	●	■	▲	●	—	▲	●	■	▲
		遗产保护区	—	—	—	○	□	△	●	□	▲	●	■	▲	●	—	▲	●	■	▲

续表

国土空间设计主要内容			总体国土空间设计						城市国土空间设计									乡村国土空间设计		
			跨区域			市县域			中心城区总体设计			城市片区详细设计			城市街区（地块）详细设计					
			内容编制	引导控制	法定传导	内容编制	引导控制	法定传导	内容编制	引导控制	法定传导	内容编制	引导控制	法定传导	内容编制	引导控制	法定传导	内容编制	引导控制	法定传导
交通网络设计	城市交通网络	城市街区肌理	—	—	—	—	—	—	●	■	△	●	■	△	●	—	△	—	—	—
		城市街道设计	—	—	—	—	—	—	●	■	△	●	■	△	●	—	△	—	—	—
		特色街道、步行街设计	—	—	—	—	—	—	●	□	△	●	■	△	●	—	△	—	—	—
		（3维立体）慢行网络	—	—	—	—	—	—	●	□	△	●	■	△	●	—	△	—	—	—
		公共交通网络及换乘节点	—	—	—	—	—	—	●	□	△	●	■	△	●	—	△	—	—	—
		公共停车空间（包括机动车与非机动车）	—	—	—	—	—	—	●	□	△	●	■	△	●	—	△	—	—	—
	乡村交通网络	乡村聚落肌理	—	—	—	—	—	—	—	—	—	—	—	—	—	—	—	●	■	△
		乡村道路设计	—	—	—	—	—	—	—	—	—	—	—	—	—	—	—	●	■	△
		村内巷道设计	—	—	—	—	—	—	—	—	—	—	—	—	—	—	—	●	□	△
		田间小道设计	—	—	—	—	—	—	—	—	—	—	—	—	—	—	—	●	□	△
公共空间设计	生活服务圈与生活场景		—	—	—	—	—	—	●	■	△	●	■	△	●	—	△	●	■	△
	生产服务圈与生产场景		—	—	—	—	—	—	●	■	△	●	■	△	●	—	△	●	■	△
	重要开放空间		—	—	—	—	—	—	●	□	△	●	■	△	●	—	△	●	■	△
	重要活动场所		—	—	—	—	—	—	●	□	△	●	■	△	●	—	△	●	■	△

续表

国土空间设计主要内容		总体国土空间设计						城市国土空间设计									乡村国土空间设计		
		跨区域			市县域			中心城区总体设计			城市片区详细设计			城市街区（地块）详细设计					
		内容编制	引导控制	法定传导	内容编制	引导控制	法定传导	内容编制	引导控制	法定传导	内容编制	引导控制	法定传导	内容编制	引导控制	法定传导	内容编制	引导控制	法定传导
建筑设计	街区与聚落形态	—	—	—	—	—	—	●	□	△	●	■	△	●	—	△	●	■	△
	建筑形态	—	—	—	—	—	—	○	□	△	●	■	△	●	—	△	●	■	△
	建筑界面	—	—	—	—	—	—	○	□	△	●	■	△	●	—	△	●	■	△
	第五立面	—	—	—	—	—	—	—	—	—	●	■	△	●	—	△	●	■	△
	贴线率控制	—	—	—	—	—	—	—	—	—	●	■	△	●	—	△	—	—	—
	地面层空间功能与设计	—	—	—	—	—	—	—	—	—	●	■	△	●	—	△	—	—	—
地下空间设计	地上地下空间一体化	—	—	—	—	—	—	○	□	△	●	■	△	●	—	△	—	—	—
	特色地下空间设计	—	—	—	—	—	—	—	—	—	●	■	△	●	—	△	—	—	—
品质提升	景观照明与夜景营造	—	—	—	—	—	—	○	□	△	●	■	△	●	—	△	●	■	△
	广告标识与特色宣传	—	—	—	—	—	—	—	—	—	○	□	△	●	—	△	○	□	△
	公共艺术与城市家具	—	—	—	—	—	—	—	—	—	○	□	△	●	—	△	○	□	△
	无障碍设计与人文关怀	—	—	—	—	—	—	—	—	—	○	□	△	●	—	△	○	□	△

注：①内容编制维度中，“●”表示必须编制的内容，“○”表示建议编制的内容，“—”表示不做强制要求；②引导控制维度中，“■”表示对相关内容提出控制性要求，“□”表示对相关内容提出引导性要求，“—”表示不做强制要求；③法定传导维度中，“▲”表示相关内容需纳入法定规划，“△”表示相关内容需纳入地方性技术规定（导则），“—”表示不做强制要求。